Springer-Lehrbuch

Uwe Hellmann

Strafprozessrecht

Zweite, überarbeitete und aktualisierte Auflage

Professor Dr. Uwe Hellmann
Universität Potsdam
Lehrstuhl für Strafrecht,
insbesondere Wirtschaftsstrafrecht
August-Bebel-Straße 89
14482 Potsdam
hellmann@uni-potsdam.de
www.uni-potsdam.de/u/ls_hellmann/index.htm

ISBN-10 3-540-28282-3 Springer Berlin Heidelberg New York
ISBN-13 978-3-540-28282-2 Springer Berlin Heidelberg New York
ISBN 3-540-64489-X 1. Auflage Springer Berlin Heidelberg New York

Bibliografische Information Der Deutschen Bibliothek
Die Deutsche Bibliothek verzeichnet diese Publikation in der Deutschen Nationalbibliografie;
detaillierte bibliografische Daten sind im Internet über <http://dnb.ddb.de> abrufbar.

Dieses Werk ist urheberrechtlich geschützt. Die dadurch begründeten Rechte, insbesondere die der Übersetzung, des Nachdrucks, des Vortrags, der Entnahme von Abbildungen und Tabellen, der Funksendung, der Mikroverfilmung oder der Vervielfältigung auf anderen Wegen und der Speicherung in Datenverarbeitungsanlagen, bleiben, auch bei nur auszugsweiser Verwertung, vorbehalten. Eine Vervielfältigung dieses Werkes oder von Teilen dieses Werkes ist auch im Einzelfall nur in den Grenzen der gesetzlichen Bestimmungen des Urheberrechtsgesetzes der Bundesrepublik Deutschland vom 9. September 1965 in der jeweils geltenden Fassung zulässig. Sie ist grundsätzlich vergütungspflichtig. Zuwiderhandlungen unterliegen den Strafbestimmungen des Urheberrechtsgesetzes.

Springer ist ein Unternehmen von Springer Science+Business Media

springer.de

© Springer-Verlag Berlin Heidelberg 1998, 2006
Printed in Germany

Die Wiedergabe von Gebrauchsnamen, Handelsnamen, Warenbezeichnungen usw. in diesem Werk berechtigt auch ohne besondere Kennzeichnung nicht zu der Annahme, dass solche Namen im Sinne der Warenzeichen- und Markenschutz-Gesetzgebung als frei zu betrachten wären und daher von jedermann benutzt werden dürften.

Umschlaggestaltung: Design & Production, Heidelberg

SPIN 11538653   64/3153-5 4 3 2 1 0 – Gedruckt auf säurefreiem Papier

Vorwort zur 2. Auflage

Das vorliegende Lehrbuch wendet sich an Studierende der Rechtswissenschaften, die sich die für das erste juristische Staatsexamen erforderlichen Grundkenntnisse des Strafprozessrechts aneignen müssen, sowie an Referendare, die ihr Wissen vor dem Einstieg in die strafrechtliche Ausbildungsstation auffrischen wollen. Das Strafprozessrecht erfreut sich erfahrungsgemäß selbst bei den Studierenden, die am materiellen Strafrecht durchaus interessiert sind, oft keiner besonderen Beliebtheit. Das hat leider zur Folge, dass die Beschäftigung mit dieser Materie eher widerwillig und oberflächlich erfolgt und deshalb im ersten juristischen Staatsexamen nicht selten allenfalls rudimentäre Kenntnisse vorhanden sind. Nach meinem Eindruck besteht der Hauptgrund für diesen Mangel an Interesse darin, dass Studierende die Verfahrensrealität in aller Regel noch nicht kennenlernen konnten. Der Sinn zahlreicher strafprozessrechtlicher Fragestellungen erschließt sich nämlich erst vollständig, wenn deren praktische Relevanz erkannt wird. Ein Lehrbuch kann die Anschauung der Praxis naturgemäß nicht ersetzen. Ich hoffe aber, dass die diesem Buch zugrundeliegende Konzeption es auch dem mit der Praxis nicht vertrauten Leser ermöglicht, den Gang des Strafverfahrens von der Einleitung bis zum rechtskräftigen Abschluß nachzuvollziehen.

Die Darstellung folgt weitgehend dem Ablauf des Verfahrens und spricht die einschlägigen Gesichtspunkt zumeist dort an, wo sie erstmals relevant werden. Es empfiehlt sich daher, das Buch zur ersten Orientierung vom Anfang bis zum Ende „durchzulesen". Soweit geeignete Beispielsfälle aus der veröffentlichten Rechtsprechung zur Verfügung stehen, habe ich diese zur Erläuterung herangezogen. Eine umfassende Darstellung des Strafprozessrechts ist nicht bezweckt, sondern dieses Buch behandelt im Wesentlichen die Grundzüge. Dementsprechend knapp fallen die Nachweise aus. Umfangreichere Belege der Rechtsprechung und Literatur finden sich allerdings bei der Behandlung von Streitfragen, um eine vertiefte Auseinandersetzung zu ermöglichen. Die Nachweise weiterführender Literatur am Ende des jeweiligen Abschnitts beschränken sich auf wenige – möglichst aktuelle – Aufsätze. Die Hinweise auf die 2. Auflage der von mir herausgegebenen „Fallsammlung zum Strafprozessrecht" verknüpfen die systematische Darstellung mit Hausarbeits- bzw. Klausurlösungen der angesprochenen Thematik.

Die zahlreichen Änderungen der Strafprozessordnung insbesondere im Bereich des Ermittlungsverfahrens sowie die neue Rechtsprechung sind berücksichtigt. Das Paragraphenregister am Ende des Buches ermöglicht die gezielte Suche nach der Behandlung einzelner Vorschriften.

Die Vorbereitung der Neuauflage lag weitgehend in den Händen von Herrn Pavel Golovnenkov. Frau Diana Stage hat das Sachverzeichnis verbessert und das Paragraphenregister erarbeitet. Frau Susanne Claus und Frau Lisa Zimmermann haben ebenfalls auf vielfältige Weise an der Entstehung mitgewirkt. Die Erstellung der Druckvorlage wäre mir ohne die Unterstützung von Frau Dr. Katharina Beckemper nicht möglich gewesen. Ihnen allen spreche ich auch an dieser Stelle meinen herzlichen Dank aus. Bedanken möchte ich mich zudem bei Frau Brigitte Reschke vom Springer-Verlag für die stets angenehme Zusammenarbeit und die verständnisvolle Begleitung des Projekts.

Potsdam, im Juli 2005 *Uwe Hellmann*

Inhaltsverzeichnis

Abkürzungsverzeichnis XVII

Verzeichnis der abgekürzt zitierten Literatur XXI

Teil I. Grundlagen 1
    § 1   Funktion des Strafprozessrechts im Rechtsstaat 1
            I   Sicherung der Orientierungs- und Befriedungsfunktion
                 des Strafrechts 1
            II   Schutz des Beschuldigten 2
            III Schutz der sonstigen Beteiligten, insbesondere des
                 Opfers 4
            IV Synthese der Aufgaben 5
    § 2   Überblick über den Gang des Strafverfahrens 7
            I   Erkenntnisverfahren, Vollstreckung und Vollzug 7
            II   Das ordentliche Erkenntnisverfahren 8
                 1. Ermittlungs- oder Vorverfahren (§§ 151-177) 8
                 2. Zwischenverfahren (§§ 199-211) 9
                 3. Hauptverfahren (§§ 213-275) 9
                 4. Rechtsmittelverfahren 10
            III Besondere Verfahrensarten 10
                 1. Beschleunigtes Verfahren (§§ 417-420) 10
                 2. Strafbefehlsverfahren (§§ 407-412, 373a) 10
                 3. Privatklageverfahren (§§ 374-394) 11
                 4. Weitere Sonderverfahren 11

Teil II. Das Ermittlungsverfahren 13
    § 3   Einleitung des Ermittlungsverfahrens 13
            I   Verfahrenseinleitung kraft privater Initiative 13
            II   Verfahrenseinleitung durch Anzeigen von
                 Behörden 14
            III Verfahrenseinleitung kraft amtlicher Wahrnehmung 16
            IV Tatverdacht und Pflicht zur Verfahrenseinleitung
                 (Legalitätsprinzip) 17
                 1. Legalitätsprinzip 17
                 2. Tatverdacht 18
                 3. Keine Bindung der Staatsanwaltschaft an eine
                    gefestigte höchstrichterliche Rechtsprechung 20
            V   Zeitpunkt der Verfahrenseinleitung 21

		VI	Vorermittlungen	21
§ 4			Durchführung des Ermittlungsverfahrens	23
	I		Erforschungs- und Beweissicherungspflicht der Strafverfolgungsorgane	23
	II		Einflussnahme des Beschuldigten auf das Ermittlungsverfahren	24
	III		Mitwirkung des Verletzten	24
§ 5			Die Strafverfolgungsorgane	25
	I		Staatsanwaltschaft	25
		1.	Die Verfahrensherrschaft der Staatsanwaltschaft	25
		2.	Die Staatsanwaltschaft als monokratisch aufgebaute Justizbehörde	27
		3.	Die Objektivitätspflicht	33
		4.	Der befangene Staatsanwalt	33
		5.	Die staatsanwaltschaftliche Ermittlungstätigkeit	36
	II		Polizei	48
		1.	Polizeiliche Ermittlungen auf Weisung der Staatsanwaltschaft	48
		2.	Die eigenverantwortliche Ermittlungstätigkeit der Polizei	49
		3.	Die zuständigen Polizeibehörden	52
		4.	Anwendung unmittelbaren Zwanges zur Durchsetzung strafprozessualer Ermittlungsmaßnamen	55
		5.	Tatprovozierendes Verhalten als Ermittlungsmaßnahme	58
	III		Ermittlungspersonen der Staatsanwaltschaft	63
	IV		Ermittlungsrichter	65
		1.	Grundlinien der Regelung	65
		2.	Die Funktionen des Ermittlungsrichters im Einzelnen	66
		3.	Das Prüfungsrecht des Ermittlungsrichters	69
		4.	Ermittlungsrichter als „Notstaatsanwalt"	70
	V		Gerichtshilfe	71
§ 6			Die speziell geregelten grundrechtsbeeinträchtigenden Maßnahmen im Ermittlungsverfahren	72
	I		Grundlagen	72
		1.	Terminologie	72
		2.	Die unterschiedlichen Zweckrichtungen der Maßnahmen	72
		3.	Verhältnismäßigkeit als Voraussetzung aller grundrechtsbeschränkenden Maßnahmen	74
		4.	Rechtsschutz	76
	II		Untersuchungshaft	78
		1.	Die sachlichen Voraussetzungen	78
		2.	Überhaft	87
		3.	Verhaftungsverfahren	87
		4.	Vollzug der Untersuchungshaft	88

	5. Haftverschonung	89
	6. Aufhebung des Haftbefehls	90
	7. Überprüfung der Fortdauer der Untersuchungshaft	92
	8. Europäischer Haftbefehl	94
III	Vorläufige Festnahme und Identifizierung	95
	1. Typen der vorläufigen Festnahme	95
	2. Voraussetzungen	96
	3. Durchführung der Festnahme	99
	4. Identifizierungsverfahren	101
IV	Unterbringung zur Beobachtung und einstweilige Unterbringung	102
	1. Unterbringung zur Beobachtung	102
	2. Einstweilige Unterbringung	102
V	Vorführung	103
VI	Körperliche Untersuchung und körperliche Durchsuchung	103
	1. Abgrenzung von Untersuchung und Durchsuchung	103
	2. Die Voraussetzungen der körperlichen Untersuchung im Einzelnen	104
	3. Die DNA-Analyse insbesondere	106
	4. Körperliche Durchsuchung	110
VII	Erkennungsdienstliche Behandlung	112
VIII	Fahndungsmaßnahmen	113
	1. Ausschreibung zur Festnahme und zur Aufenthaltsermittlung sowie öffentliche Fahndung	113
	2. Strafprozessuale Kontrollstelle	114
	3. Rasterfahndung	115
	4. Datenabgleich	116
	5. Schleppnetzfahndung	116
	6. Ausschreibung zur polizeilichen Beobachtung	117
IX	Überwachung der Telekommunikation	118
	1. Telekommunikationsüberwachung im Strafprozess	118
	2. Überwachung der Telekommunikation und des Postverkehrs nach dem „G 10"	124
X	Einsatz technischer Mittel und Observation	126
	1. Lichtbilder und Bildaufzeichnungen	127
	2. Sonstige technische Mittel zur Observation	127
	3. „IMSI-Catcher"	128
	4. Abhören und Aufzeichnen des nichtöffentlich gesprochenen Wortes außerhalb der Wohnung	129
	5. Akustische Wohnraumüberwachung	130
	6. Länderfristige Observation	133
XI	Einsatz Verdeckter Ermittler	135
	1. Terminologie	135
	2. Einsatzvoraussetzungen	135
	3. Befugnisse des VE	136
	4. Geheimhaltung der wahren Identität des VE	137

		XII Amtliche Sicherstellung von Gegenständen und	
		Vermögensbestandteilen (Beschlagnahme)	137
		1. Sicherstellung potentieller Beweismittel	138
		2. Beschlagnahmeverbote	139
		3. Sicherstellung zur Sicherung des Vollstreckungsverfahrens	144
		4. Beschlagnahme zur Sicherung der Allgemeinheit	144
		5. Sicherstellung im Interesse des Verletzten	144
		6. Rückgabe beschlagnahmter Gegenstände	145
		XIII Durchsuchung von Sachen und Räumen	146
		1. Durchsuchung beim Beschuldigten	146
		2. Durchsuchung bei Dritten	147
		3. Anordnungsbefugnis	147
		4. Durchführung der Durchsuchung	148
		5. Zufallsfunde	149
		6. Durchsicht von Papieren	149
		XIV Annex: Dateiregelungen, staatsanwaltschaftliches Verfahrensregister und Verwendung der erhobenen Daten für verfahrensfremde Zwecke	150
		1. Dateiregelungen	150
		2. Das zentrale staatsanwaltschaftliche Verfahrensregister (ZStV)	151
		3. Akteneinsicht und Auskunftserteilung	152
		4. Verwendung personenbezogener Informationen zu präventiv-polizeilichen Zwecken	154
		5. Information der Polizei über den Verfahrensausgang	154
§ 7	Die Rechtsstellung des Beschuldigten		155
	I	Begründung der Beschuldigteneigenschaft	155
	II	Die Ambivalenz der Beschuldigtenrolle	157
		1. Die Objektsqualität des Beschuldigten	157
		2. Die Subjektstellung des Beschuldigten	158
	III	Beschuldigtenvernehmung	160
		1. Vernehmungsbegriff	160
		2. Der Ablauf der Vernehmung	161
		3. Pflichten des Beschuldigten	162
		4. Pflichten des Vernehmenden und Folgen ihrer Verletzung	163
	IV	Verbotene Vernehmungsmethoden	166
		1. Die verbotenen Mittel im Einzelnen	167
		2. Adressaten der Vorschrift	172
		3. Prävention und Sanktion von Verstößen	173
§ 8	Der Verteidiger		175
	I	Funktion des Verteidigers neben Staatsanwalt und Richter	175

		II	Stellung des Verteidigers zwischen dem Beschuldigten und der Rechtspflege	176

        II   Stellung des Verteidigers zwischen dem Beschuldigten
            und der Rechtspflege 176
        III   Die Rechte des Verteidigers im Ermittlungsverfahren......... 179
            1. Anwesenheitsrechte 179
            2. Recht zur Akteneinsicht und zur Besichtigung von
               Asservaten 180
            3. Verkehrsrecht mit dem Beschuldigten 181
            4. Ermittlungsrecht 182
        IV   Freiwillige und notwendige Verteidigung 183
        V   Wahl- und Pflichtverteidiger 184
        VI   Die Bestellung eines Pflichtverteidigers neben einem
            Wahlverteidiger 185
        VII Abberufung und Ausschließung des Verteidigers............... 186
            1. Zurücknahme und Widerruf der
               Pflichtverteidigerbestellung 186
            2. Ausschluss des Verteidigers 187
§ 9   Die Rechtsstellung des Verletzten im Ermittlungsverfahren....... 189
        I   Tendenzen zur Stärkung der Rechte des Verletzten 189
        II   Die Rechte des Opfers im Ermittlungsverfahren 190
            1. Private Ermittlungen des Verletzten 190
            2. Informations- und Beteiligungsrechte im
               Ermittlungsverfahren 192
            3. Zeugenschutz 193
            4. Sicherung der Schadloshaltung des Opfers 194
§ 10   Abschluss des Ermittlungsverfahrens 195
        I   Formen des Abschlusses des Ermittlungsverfahrens 195
        II   Erhebung der öffentlichen Klage 196
        III Verfahrenseinstellung nach § 170 II und
            Klageerzwingung 196
            1. Einstellungsverfahren 196
            2. Klageerzwingungsverfahren 197
        IV   Einstellung aus Opportunitätsgründen 198
            1. Einstellung wegen geringer Schuld 198
            2. Einstellung nach Erfüllung von Auflagen und
               Weisungen 200
            3. Einstellung von Nebenstraftaten 202
            4. Beschränkung der Strafverfolgung 203
            5. Sonstige Einstellungsmöglichkeiten 203
            6. Kronzeugenregelung 204

Teil III. Das Zwischenverfahren 205
§ 11   Das Gericht als Prozesssubjekt 205
        I   Zuständigkeit 205
            1. Sachliche Zuständigkeit 205
            2. Örtliche Zuständigkeit 207
            3. Zuständigkeitsregelung durch
               Geschäftsverteilungsplan 207

		II	Die Problematik des gesetzlichen Richters	207
		III	Ausschließung und Ablehnung von Gerichtspersonen	209
			1. Ausschließung	209
			2. Ablehnung	210
	§ 12	Funktion und Ablauf des Zwischenverfahrens		211
		I	Funktion	211
		II	Gang des Zwischenverfahrens	212
		III	Entscheidung des Gerichts	213
			1. Eröffnungsbeschluss	213
			2. Nichteröffnungsbeschluss	214
			3. Einstellungsbeschluss	215

Teil IV. Das Hauptverfahren 217

	§ 13	Ablauf des Hauptverfahrens		217
		I	Vorbereitung der Hauptverhandlung	217
		II	Überblick über den Ablauf der Hauptverhandlung	219
		III	Unterbrechung und Aussetzung der Hauptverhandlung	220
		IV	Anwesenheitspflichten	221
			1. Zur Urteilsfindung berufene Personen	221
			2. Staatsanwaltschaft und Verteidigung	222
			3. Angeklagter	222
			4. Urkundsbeamter der Geschäftsstelle	223
	§ 14	Grundsätze der Hauptverhandlung		224
		I	Öffentlichkeitsgrundsatz	224
			1. Gewährleistung der Öffentlichkeit	224
			2. Beschränkung der Medienöffentlichkeit	225
			3. Sonstige Schranken der Öffentlichkeit	226
			4. Ausschließung der Öffentlichkeit und einzelner Personen	226
		II	Unmittelbarkeit und Mündlichkeit	228
			1. Ausprägungen des Unmittelbarkeitsgrundsatzes	228
			2. Scheinbare und echte Durchbrechungen des Unmittelbarkeitsgrundsatzes	230
			3. Die Problematik „gesperrter" Zeugen	235
			4. Mündlichkeitsprinzip	236
		III	Instruktionsmaxime und richterliche Verhandlungsleitung	238
			1. Instruktionsmaxime	238
			2. Richterliche Verhandlungsleitung	238
		IV	Die Problematik der Absprachen im Strafverfahren	239
			1. Zulässigkeit	240
			2. Voraussetzungen	242
			3. Rechtsnatur und Konsequenzen der Absprache	243
	§ 15	Die Beweisaufnahme		246
		I	Grundlagen	246
			1. Beweisbedürftigkeit	246

		2. Streng- und Freibeweis	247
	II	Die Beweismittel	248
		1. Zeugenbeweis	249
		2. Sachverständigenbeweis	260
		3. Urkundenbeweis	264
		4. Augenscheinsbeweis	265
	III	Der Beweisantrag	267
		1. Beweisantrag und Beweisermittlungsantrag	267
		2. Stellung eines Beweisantrages	268
		3. Ablehnung eines Beweisantrages	270
	IV	Beweisverbote	273
		1. Grundlagen	273
		2. Die Beweisverwertungsverbote im Einzelnen	276
		3. Das Problem der Fernwirkung	278
§ 16		Die abschließende Entscheidung	279
	I	Beratung und Abstimmung	279
	II	Die Verarbeitung der erhobenen Beweise	280
		1. Freie Beweiswürdigung	280
		2. In dubio pro reo	284
	III	Formen der Entscheidung	286
	IV	Die Tat im prozessualen Sinn als Gegenstand des Urteils	287
		1. Der prozessuale Tatbegriff	287
		2. Die Veränderung der rechtlichen Bewertung durch das Gericht	290
		3. Die Ausdehnung auf nicht angeklagte Taten...............	291
	V	Urteilsverkündung	292
	VI	Absetzung und Inhalt des schriftlichen Urteils	292
	VII	Kosten- und Auslagenentscheidung	293
	VIII	Entschädigung für Strafverfolgungsmaßnahmen	293
§ 17		Die Rechtskraft	294
	I	Formen der Rechtskraft	294
		1. Formelle Rechtskraft	294
		2. Materielle Rechtskraft	294
		3. Teilrechtskraft	296
	II	Die rechtskraftfähigen Entscheidungen	299
	III	Rechtskraftdurchbrechungen	299

Teil V. Das Rechtsmittelverfahren 301

§ 18		Grundlagen	301
	I	Notwendigkeit eines Instanzenzuges	301
	II	Rechtsbehelfsarten	301
	III	Devolutiv- und Suspensiveffekt	302
	IV	Anfechtungsberechtigte	302
	V	Notwendigkeit einer Beschwer	302
	VI	Verbot der reformatio in peius	304
	VII	Rechtsmittelverzicht und Zurücknahme	305

XIV Inhaltsverzeichnis

§ 19   Berufung 307
       I   Begriff 307
       II   Zulässigkeitsvoraussetzungen 308
             1. Statthaftigkeit 308
             2. Frist und Form 308
       III   Berufungsgericht 309
       IV   Berufungsverfahren 309
             1. Zulässigkeitsprüfungen 309
             2. Hauptverhandlung 310
             3. Verfahren bei Abwesenheit des Angeklagten 311
       V   Die möglichen Entscheidungen 311
§ 20   Revision 313
       I   Begriff 313
       II   Zweck des Revisionsverfahrens 314
       III   Zulässigkeitsvoraussetzungen 315
             1. Statthaftigkeit 315
             2. Frist und Form 315
       IV   Revisionsgericht 317
       V   Revisionsgründe 318
             1. Absolute Revisionsgründe 318
             2. Relative Revisionsgründe 320
       VI   Revisionsverfahren 322
       VII   Entscheidungen 323
       VIII Erstreckung der Revision auf Mitangeklagte 324
§ 21   Beschwerde 326
       I   Begriff 326
       II   Zulässigkeitsvoraussetzungen 327
             1. Statthaftigkeit 327
             2. Form und Frist 328
       III   Beschwerdegericht 329
       IV   Beschwerdeverfahren und Entscheidungen 329
       V   Weitere Beschwerde 330
§ 22   Wiederaufnahme des Verfahrens 332
       I   Begriff 332
       II   Zulässigkeit 333
             1. Statthaftigkeit 333
             2. Form 334
             3. Beschwer 335
       III   Wiederaufnahmegericht 335
       IV   Wiederaufnahmegründe 336
             1. Wiederaufnahme zugunsten des Verurteilten 336
             2. Wiederaufnahme zuungunsten des Angeklagten 339
       V   Wiederaufnahmeverfahren 339
             1. Zulässigkeitsprüfung 339
             2. Begründetheitsprüfung 339
             3. Durchführung einer neuen Hauptverhandlung 340

Inhaltsverzeichnis XV

Teil VI. Sonderformen des Verfahrens 343
  § 23 Beteiligung des Verletzten am Strafverfahren 343
        I   Privatklageverfahren 343
            1. Begriff 343
            2. Ablauf des Verfahrens 344
            3. Rechtsmittelverfahren 345
        II Nebenklage 345
            1. Begriff 345
            2. Anschlusserklärung 346
            3. Rechtsstellung des Nebenklägers 346
        III Adhäsionsverfahren 347
            1. Begriff 347
            2. Verfahren 347
            3. Rechtsmittel 349
            4. Vollstreckung 349
  § 24 Vereinfachte Verfahren 350
        I   Beschleunigtes Verfahren 350
            1. Anwendungsbereich 350
            2. Verfahren 352
            3. Entscheidungen 353
            4. Kritik an dem beschleunigten Verfahren 353
        II Strafbefehlsverfahren 354
            1. Anwendungsbereich 354
            2. Antrag und Entscheidung nach Aktenlage 355
            3. Hauptverhandlung bei richterlichen Bedenken 355
            4. Verfahren bei Einspruch des Angeklagten 356
            5. Strafbefehl in der Hauptverhandlung 357
            6. Rechtskraft des Strafbefehls und Wiederaufnahme 357
  § 25 Sonstige Sonderverfahren 358
        I   Sicherungsverfahren 358
        II Verfahren bei Einziehung und Verfall 359
            1. Beteiligung Dritter 359
            2. Objektives Verfahren 360
        III Verfahren bei Anordnung der Verbandsgeldbuße 360
        IV Steuerstrafverfahren 360
            1. Ermittlungsbehörden 361
            2. Nebeneinander von Besteuerungs- und
               Steuerstrafverfahren 361
            3. Schutz vor Selbstbelastung wegen einer
               Nichtsteuerstraftat 362

Paragraphenregister 365

Sachverzeichnis 369

Abkürzungsverzeichnis

A.A.	Anderer Ansicht
a.F.	alte Fassung
Abs.	Absatz
AGGVG B-W	Ausführungsgesetz zum Gerichtsverfassungsgesetz Baden-Württemberg
Alt.	Alternative
Anm.	Anmerkung
AO	Abgabenordnung
Art.	Artikel
AT	Allgemeiner Teil
AufenthG	Aufenthaltsgesetz (Sartorius I Nr. 565)
Aufl.	Auflage
AWG	Außenwirtschaftsgesetz
BayObLG	Bayerisches Oberstes Landesgericht
BBG	Bundesbeamtengesetz (Sartorius I Nr. 160)
Bbg.	Brandenburg
Bspr.	Besprechung
BGB	Bürgerliches Gesetzbuch
BGBl.	Bundesgesetzblatt
BGH	Bundesgerichtshof
BGHSt	Entscheidungen des Bundesgerichtshofs in Strafsachen
BJagdG	Bundesjagdgesetz
BKA	Bundeskriminalamt
BKAG	Bundeskriminalamtgesetz (Sartorius I Nr. 450)
BND	Bundesnachrichtendienst
BRAO	Bundesrechtsanwaltsordnung (Schönfelder Nr. 98)
BR-Drucks.	Bundesratsdrucksachen
BRRG	Beamtenrechtsrahmengesetz (Sartorius I Nr. 150)
BT-Drucks.	Bundestagsdrucksachen
BtMG	Betäubungsmittelgesetz (Sartorius I Nr. 275)
Btx	Bildschirmtext
BVerfG	Bundesverfassungsgericht
BVerfGE	Entscheidungen des Bundesverfassungsgerichts
BVerfGG	Bundesverfassungsgerichtsgesetz (Sartorius I Nr. 40)
BVerwGE	Entscheidungen des Bundesverwaltungsgerichts
BZRG	Bundeszentralregistergesetz (Schönfelder Nr. 92)

bzw.	beziehungsweise
CR	Computer und Recht
d.h.	das heißt
DDR	Deutsche Demokratische Republik
ders.	derselbe
DJT	Deutscher Juristentag
DM	Deutsche Mark
DNA	Desoxyribose Nucleic Acid
DRiG	Deutsches Richtergesetz (Schönfelder Nr. 97)
DRiZ	Deutsche Richterzeitung
DStR	Deutsches Steuerrecht
EGGVG	Einführungsgesetz zum Gerichtsverfassungsgesetz (Schönfelder Nr. 95a)
EGMR	Europäischer Gerichtshof für Menschenrechte
EGStGB	Einführungsgesetz zum Strafgesetzbuch (Schönfelder Nr. 85a)
EMRK	Europäische Konvention zum Schutze der Menschenrechte und Grundfreiheiten
ErgBd	Ergänzungsband
etc.	et cetera
EuAbgG	Europaabgeordnetengesetz
EuHBG	Gesetz über den Europäischen Haftbefehl
f./ff.	folgende
Fn.	Fußnote
FS	Festschrift
G 10	Gesetz zu Artikel 10 Grundgesetz (Sartorius I Nr. 7)
GA	Goltdammer's Archiv für Strafrecht
GBA	Generalbundesanwalt
GG	Grundgesetz
GmbH	Gesellschaft mit beschränkter Haftung
GPS	Global Positioning System
GS	Großer Senat
GVBl.	Gesetz- und Verordnungsblatt
GVG	Gerichtsverfassungsgesetz (Schönfelder Nr. 95)
h.M.	herrschende Meinung
Halbs.	Halbsatz
HessSOG	Hessisches Gesetz über die öffentliche Sicherheit und Ordnung
IRG	Gesetz über die internationale Rechtshilfe
i.V.	in Verbindung
IPBR	Internationaler Pakt über bürgerliche und politische Rechte
JA	Juristische Arbeitsblätter
JBlRP	Justizblatt Rheinland-Pfalz
JGG	Jugendgerichtsgesetz (Schönfelder Nr. 89)
JR	Juristische Rundschau
JuMoG	Justizmodernisierungsgesetz
Jura	Juristische Ausbildung

JuS	Juristische Schulung
JVA	Justizvollzugsanstalt
JZ	Juristenzeitung
K&R	Kommunikation und Recht
KG	Kammergericht
KritV	Kritische Vierteljahresschrift für Gesetzgebung und Rechtswissenschaft
KronzeugenG	Kronzeugenregelung (Schönfelder, Anmerkung zu § 129a StGB)
KWKG	Kriegswaffenkontrollgesetz
LG	Landgericht
lit.	Buchstabe
LKA	Landeskriminalamt
LOStA	Leitender Oberstaatsanwalt
MAD	Militärischer Abschirmdienst
MDR	Monatsschrift für Deutsches Recht
Nachw.	Nachweise
Nds.	Niedersachsen/niedersächsisch
NJW	Neue Juristische Wochenschrift
Nr.	Nummer
NStZ	Neue Zeitschrift für Strafrecht
NStZ-RR	NStZ-Rechtsprechungs-Report
o.ä.	oder ähnlich(es)
OLG	Oberlandesgericht
OLG-NL	OLG-Rechtsprechung - Neue Länder
OrgKG	Gesetz zur Bekämpfung des illegalen Rauschgifthandels und anderer Erscheinungsformen der Organisierten Kriminalität vom 15.07.1992
OrgStA	Anordnung über Organisation und Dienstbetrieb der Staatsanwaltschaft
OWiG	Ordnungswidrigkeitengesetz (Schönfelder Nr. 94)
Pkw	Personenkraftwagen
POG RhPf	Polizeiorganisationsgesetz Rheinland-Pfalz
RAF	Rote-Armee-Fraktion
RGSt	Entscheidungen des Reichsgerichts in Strafsachen
RiJGG	Richtlinien zum Jugendgerichtsgesetz
RiStBV	Richtlinien für das Strafverfahren und das Bußgeldverfahren (abgedruckt bei Meyer-Goßner, Strafprozessordnung, Anhang 15)
RiVASt	Richtlinien für den Verkehr mit dem Ausland in strafrechtlichen Angelegenheiten
Rn.	Randnummer(n)
RStPO	Reichsstrafprozeßordnung
S.	Seite
SchwarzArbG	Gesetz zur Bekämpfung der Schwarzarbeit
SGB	Sozialgesetzbuch

SOG	Gesetz über die öffentliche Sicherheit und Ordnung
sog.	sogenannt(e)
StA	Staatsanwalt(schaft)
StGB	Strafgesetzbuch
StPÄG	Gesetz zur Änderung der Strafprozeßordnung und des Gerichtsverfassungsgesetzes vom 19.12.1964
StPO	Strafprozessordnung
StraFo	Strafverteidiger Forum
StuW	Steuer und Wirtschaft
StV	Strafverteidiger
StVG	Straßenverkehrsgesetz (Schönfelder Nr. 35)
StVollzG	Strafvollzugsgesetz (Schönfelder Nr. 91)
SubvG	Subventionsgesetz
TKG	Telekommunikationsgesetz
Teils.	Teilsatz
u.U.	unter Umständen
usw.	und so weiter
UZwG	Gesetz über den unmittelbaren Zwang bei Ausübung öffentlicher Gewalt durch Vollzugsbeamte des Bundes
VE	Verdeckter Ermittler
vgl.	vergleiche
VO	Verordnung
VRS	Verkehrsrechtssammlung
WaffG	Waffengesetz (Sartorius I Nr. 820)
wistra	Zeitschrift für Wirtschafts- und Steuerstrafrecht
z.B.	zum Beispiel
ZRP	Zeitschrift für Rechtspolitik
ZStV	Zentrales staatsanwaltschaftliches Verfahrensregister
ZStW	Zeitschrift für die gesamte Strafrechtswissenschaft
zust.	zustimmend

Verzeichnis der abgekürzt zitierten Literatur

AKStPO	Reihe Alternativkommentare, Kommentar zur Strafprozeßordnung, 1988-1996
Baumann/Weber/Mitsch	*Baumann, Jürgen/Weber, Ulrich/Mitsch, Wolfgang*, Strafrecht, Allgemeiner Teil, 11. Aufl. 2003
Beckemper, Verteidigerkonsultationsrecht	*Beckemper, Katharina*, Durchsetzbarkeit des Verteidigerkonsultationsrechts und die Eigenverantwortlichkeit des Beschuldigten, 2002
Beulke	*Beulke, Werner*, Strafprozeßrecht, 8. Aufl. 2005
Blau-FS	Festschrift für Günter Blau, 1985
Bockemühl, Private Ermittlungen	*Bockemühl, Jan*, Private Ermittlungen im Strafprozeß, 1996
Böse, Wirtschaftsaufsicht	*Böse, Martin*, Wirtschaftsaufsicht und Strafverfolgung, 2005
Bruns-FS	Festschrift für Hans-Jürgen Bruns, 1978
Burhoff, Ermittlungsverfahren	*Burhoff, Detlev*, Handbuch für das strafrechtliche Ermittlungsverfahren, 2. Aufl. 1999
Burhoff, Hauptverhandlung	*Burhoff, Detlev*, Handbuch für die strafrechtliche Hauptverhandlung, 3. Aufl. 1999
Dahs	*Dahs, Hans*, Die Revision im Strafprozess, 6. Aufl. 2001
Dünnebier-FS	Festschrift für Hanns Dünnebier, 1982
Eisenberg	*Eisenberg, Ulrich*, Beweisrecht der StPO, Spezialkommentar, 4. Aufl. 2002

XXII Verzeichnis der abgekürzt zitierten Literatur

Ellbogen, Verdeckte Ermittlungstätigkeit	*Ellbogen, Klaus,* Die verdeckte Ermittlungstätigkeit der Strafverfolgungsbehörden durch die Zusammenarbeit mit V-Personen und Informanten, 2004
Fezer	*Fezer, Gerhard,* Strafprozeßrecht, Juristischer Studienkurs, 2. Aufl. 1995
Franzen/Gast/Joecks, Steuerstrafrecht	*Franzen, Klaus/Gast-de Haan, Brigitte/Joecks, Wolfgang*, Steuerstrafrecht mit Zoll- und Verbrauchsteuerstrafrecht, Kommentar, 6. Aufl. 2005
Gallas-FS	Festschrift für Wilhelm Gallas, 1973
Gollwitzer-Kolloquium	Verfahrensrecht-Menschenrechte-Strafrecht, Kollquium für Walter Gollwitzer, 2004
Haller/Conzen	*Haller, Klaus/Conzen, Klaus*, Das Strafverfahren, Eine systematische Darstellung mit Originalakte und Fallbeispielen, 3. Aufl. 2003
Hanack-FS	Festschrift für Ernst-Walter Hanack, 1999
Heghmanns	*Heghmanns, Michael,* Das Arbeitsgebiet des Staatsanwalts, 3. Aufl. 2003
Hellebrand	*Hellebrand, Johannes*, Die Staatsanwaltschaft. Arbeitsgebiet und Arbeitspraxis, 1999
Hellmann, Anwendbarkeit	*Hellmann, Uwe,* Die Anwendbarkeit der zivilrechtlichen Rechtfertigungsgründe im Strafrecht, 1987
Hellmann, Neben-Strafverfahrensrecht	*Hellmann, Uwe,* Das Neben-Strafverfahrensrecht der Abgabenordnung, 1995
HKStPO	Heidelberger Kommentar zur Strafprozessordnung, 3. Aufl. 2001
Hübschmann/Hepp/Spitaler	*Hübschmann, Walter/Hepp, Ernst/Spitaler, Armin,* Abgabenordnung – Finanzgerichtsordnung, Kommentar, Loseblatt, Stand 2005
HWSt	*Achenbach, Hans/Ransiek, Andreas,* Handbuch Wirtschaftsstrafrecht, 2004
Ioakimidis, Rechtsnatur der Absprache	Ioakimidis, Ariadne, Die Rechtsnatur der Absprache im Strafverfahren, 2001
Jakobs, AT	*Jakobs, Günther*, Strafrecht, Allgemeiner Teil, 2. Aufl. 1993

Jescheck/Weigend, AT	*Jescheck, Hans-Heinrich/Weigend, Thomas*, Lehrbuch des Strafrechts, Allgemeiner Teil, 5. Aufl. 1996
Katholnigg	*Katholnigg, Oskar*, Strafgerichtsverfassungsrecht, Kommentar, 3. Aufl. 1999
Kissel/Mayer, GVG	*Kissel, Otto Rudolf/Mayer, Herbert*, Gerichtsverfassungsgesetz, Kommentar, 4. Aufl 2005
KKStPO	Karlsruher Kommentar zur Strafprozeßordnung und zum Gerichtsverfassungsgesetz, 5. Aufl. 2003
KMR	Kommentar zur Strafprozeßordnung, Loseblatt, Stand 2004
Kniemeyer, Verhältnis	*Kniemeyer, Claus-Dieter*, Das Verhältnis des Strafverteidigers zu seinem Mandanten: Vertrauen und Unabhängigkeit, 1997
Kohlmann, Steuerstrafrecht	*Kohlmann, Günter*, Steuerstraf- und Steuerordnungswidrigkeitenrecht einschließlich Verfahrensrecht, Loseblatt, Stand 2005
Koller, Staatsanwaltschaft	*Koller, Christoph*, Die Staatsanwaltschaft - Organ der Judikative oder Exekutivbehörde? 1997
Krause-FS	Festschrift für Friedrich-Wilhelm Krause, 1990
Krey I/II	*Krey, Volker*, Strafverfahrensrecht, Studienbuch, Band 1, 1988; Band 2, 1990
Krey, AT-2	*Krey, Volker*, Deutsches Strafrecht. Allgemeiner Teil. Band 2, 2.Aufl. 2005
Krey, BT-1	*Krey, Volker*, Strafrecht, Besonderer Teil, Band 1, 13. Aufl. 2005
Krey, Problematik privater Ermittlungen	*Krey, Volker*, Zur Problematik privater Ermittlungen des durch die Straftat Verletzten, 1994
Krey, Rechtsprobleme	*Krey, Volker*, Rechtsprobleme des strafprozessualen Einsatzes Verdeckter Ermittler, 1993
Kühl, AT	*Kühl, Kristian*, Strafrecht, Allgemeiner Teil, 4. Aufl. 2002

Kühne	*Kühne, Hans-Heiner*, Strafprozessrecht. Eine systematische Darstellung des deutschen und europäischen Strafverfahrensrechts, 6. Aufl. 2003
Küpper	*Küpper, Georg*, Strafrecht, Besonderer Teil 1, 2. Aufl. 2001
Lackner/Kühl	*Lackner, Karl/Kühl, Kristian*, Strafgesetzbuch mit Erläuterungen, 25. Aufl. 2004
Lesch	*Lesch, Heiko Hartmut*, Strafprozessrecht, 2. Aufl. 2001
LK	Leipziger Kommentar zum Strafgesetzbuch, 11. Aufl. 1992 ff.
LR[24]	Löwe-Rosenberg, Die Strafprozeßordnung und das Gerichtsverfassungsgesetz, Großkommentar, 24. Aufl. 1987-1994
LR[25]	Löwe-Rosenberg, Die Strafprozeßordnung und das Gerichtsverfassungsgesetz, Großkommentar, 25. Aufl. 1997 ff.
Mangakis-FS	Festschrift für G.-A. Mangakis, 1999
Marxen/Tiemann, Wiederaufnahme	*Marxen, Klaus/Tiemann, Frank*, Die Wiederaufnahme in Strafsachen, 1993
Meurer	*Meurer, Dieter*, Strafprozeßrecht, 3. Aufl. 1991
Meurer-GS	Gedächtnisschrift für Dieter Meurer, 2002
Meyer-Goßner	*Meyer-Goßner, Lutz*, Strafprozessordnung, Kommentar, 48. Aufl. 2005
Meyer-Goßner-FS	Festschrift für Lutz Meyer-Goßner, 2001
Meyer-GS	Gedächtnisschrift für Karlheinz Meyer, 1990
Miyazawa-FS	Festschrift für Koichi Miyazawa, 1995
OLG Brandenburg-FS	Festschrift zum 10-jährigen Bestehen des Brandenburgischen Oberlandesgerichts, 2003
Otto, Allg. Strafrechtslehre	*Otto, Harro*, Grundkurs Strafrecht, Allgemeine Strafrechtslehre, 7. Aufl. 2004
Perschke, Ermittlungsmethoden	*Perschke, Stefan*, Die Zulässigkeit nicht spezialgesetzlich geregelter Ermittlungsmethoden im Strafverfahren, 1997

Peters	*Peters, Karl*, Strafprozeß, Lehrbuch, 4. Aufl. 1985
Pfeiffer	*Pfeiffer, Gerd*, Strafprozessordnung, Kommentar, 5. Aufl. 2005
Putzke/Scheinfeld	*Putzke, Holm/Scheinfeld, Jörg*, Strafprozessrecht, 2005
Ranft	*Ranft, Otfried*, Strafprozeßrecht, Systematische Lehrdarstellung für Studium und Praxis, 3. Aufl. 2005
Riess-FS	Festschrift für Peter Riess, 2002
Roxin	*Roxin, Claus*, Strafverfahrensrecht, Ein Studienbuch, 25. Aufl. 1998
Roxin-FS	Festschrift für Claus Roxin, 2001
Rüping	*Rüping, Hinrich*, Das Strafverfahren, 3. Aufl. 1997
Rzepka	*Rzepka, Dorothea*, Zur Fairnis im deutschen Strafverfahren, 2000
Schlüchter, Kernwissen	*Schlüchter, Ellen*, Kernwissen Strafprozeßrecht, 3. Aufl. 1999
Schlüchter, Lehrbuch	*Schlüchter, Ellen*, Das Strafverfahren, 2. Aufl. 1984
Schlüchter-GS	Gedächtnisschrift für Ellen Schlüchter, 2002
Schmidt, Lehrkommentar I	*Schmidt, Eberhard*, Kommentar zur Strafprozeßordnung und zum Gerichtsverfassungsgesetz, Teil I, 2. Aufl. 1964
Schönke/Schröder	*Schönke, Adolf/Schröder, Horst*, Strafgesetzbuch, Kommentar, 26. Aufl. 2001
Schroeder	*Schroeder, Friedrich-Christian*, Strafprozeßrecht, 3. Aufl. 2001
Schroeder/Meindl	*Schroeder, Friedrich-Christian/ Meindl, Wolfhard*, Strafprozeßrecht, Fälle und Lösungen nach höchstrichterlichen Entscheidungen, 4. Aufl. 2004
SKStGB	Systematischer Kommentar zum Strafgesetzbuch, Loseblatt, Stand 2004
SKStPO	Systematischer Kommentar zur Strafpozessordnung und zum Gerichtsverfassungsgesetz, Loseblatt, Stand 2004
Tolksdorf, Mitwirkungsverbot	*Tolksdorf, Klaus*, Mitwirkungsverbot für den befangenen Staatsanwalt, 1989

Tröndle/Fischer	*Tröndle, Herbert/Fischer, Thomas*, Strafgesetzbuch und Nebengesetze, Kommentar, 52. Aufl. 2004
Volk,	*Volk, Klaus,* Grundkurs StPO, 4. Auflage 2005
Wassermann-FS	Festschrift für Rudolf Wassermann, 1985
Weiland	*Weiland, Bernd*, Einführung in die Praxis des Strafverfahrens, 2. Aufl. 1996
Wessels/Beulke, AT	*Wessels, Johannes/Beulke, Werner*, Strafrecht, Allgemeiner Teil, 34. Aufl. 2004

Teil I. Grundlagen

§ 1 Funktion des Strafprozessrechts im Rechtsstaat

Auf die Frage nach der Funktion des Strafprozessrechts scheint es eine einfache 1
Antwort zu geben: Es dient der Anwendung und Durchsetzung des materiellen
Strafrechts. Diese bloße rechtstechnische Charakterisierung bleibt jedoch inhaltsleer, da jede Verfahrensordnung die praktische Umsetzung des materiellen Rechts
bezweckt.

I Sicherung der Orientierungs- und Befriedungsfunktion des Strafrechts

Die Aufgabe des Strafprozessrechts lässt sich nicht erklären, ohne den Zweck 2
des Strafrechts zu berücksichtigen. Hier ist nicht der Ort, die Diskussion darüber aufzunehmen, ob der Einsatz der Strafe überhaupt legitim ist[1] und worin ihr Zweck
besteht[2]. Nach dem Willen des Gesetzgebers soll die (Freiheits-)Strafe – genauer
ihr Vollzug – den Täter dazu befähigen, „künftig in sozialer Verantwortung ein
Leben ohne Straftaten zu führen" (§ 2 S. 1 StVollzG), und die Allgemeinheit vor
weiteren Straftaten schützen (§ 2 S. 2 StVollzG). Mit der **Resozialisierung** und der
Sicherung der Allgemeinheit sind allerdings **keine Primärfunktionen** des Strafrechts beschrieben[3]. Man mag schon bezweifeln, ob sich die Strafe eignet, den
Täter zu resozialisieren, und ob es ihrer bedarf, um die Gesellschaft vor ihm zu
schützen. Spezialprävention durch Einwirkung auf den Täter könnte jedenfalls
auch auf andere Weise betrieben werden. Das Strafrecht erfüllt aber zwei Funktionen, die es sinnvoll erscheinen lassen und es sogar unverzichtbar machen:

Das Strafrecht ist geeignet, zur Erhaltung der Normorientierung und damit zur 3
Rechtsbewährung beizutragen. Die Schaffung und Entwicklung des Bewusstseins,
dass es der Einhaltung bestimmter Regeln bedarf, um das Zusammenleben vieler
zu ermöglichen, erfolgt zwar auf vielfältige Weise durch private und staatliche
Maßnahmen. Die Androhung und Anwendung der Strafe als schärfste staatliche

---

[1] Zum „Abolitionismus", der die Legitimität und Funktionstüchtigkeit der strafrechtlichen Sozialkontrolle in Frage stellt, siehe z.B. *Kaiser*, Kriminologie, 10. Aufl. 1997, S. 108 ff.; *Schwind*, Kriminologie, 14. Aufl. 2004, § 4 Rn. 48.
[2] Siehe z.B. *Hassemer*, ZRP 1997, 316 ff.; *Naucke*, Strafrecht, 10. Aufl. 2002, § 1 Rn. 138 ff.
[3] Anders *Roxin* (§ 1 Rn. 8, § 2 Rn. 6), der in der sozialstaatlichen Forderung nach resozialisierender Einwirkung auf den zu Verurteilenden ein Prozessziel sieht.

Reaktion auf abweichendes Verhalten ist aber ein taugliches Mittel, die Rechtstreue der Bevölkerung zu stärken. Der **Orientierungsfunktion** dienen schon die Ge- und Verbote des materiellen Strafrechts. Die bloße Existenz von Straftatbeständen genügt allerdings nicht, sondern erst die in der Durchführung des Strafverfahrens sichtbare öffentliche Reaktion auf ihre Verletzung dokumentiert der Bevölkerung, dass es sich lohnt, die als elementar erachteten Verhaltensnormen einzuhalten.

4   Sogar unverzichtbar ist das Strafrecht wegen seiner **Befriedungsfunktion**. Das Verlangen, auf bestimmte, als besonders schwerwiegend empfundene Rechtsverletzungen mit einer Übelszufügung zu reagieren, scheint in der menschlichen Natur begründet zu sein. In allen Zeiten und Gesellschaftsordnungen lassen sich jedenfalls Erscheinungen feststellen, die man als Strafrecht im weitesten Sinne bezeichnen kann. Es bedarf keiner näheren Darlegung, dass ein (rechts-)staatliches Strafrecht nicht der Befriedigung eines irrationalen Bedürfnisses nach Rache („Auge um Auge, Zahn um Zahn") dient, das auch im „modernen" Menschen noch vorhanden zu sein scheint, wie die Reaktionen in der Öffentlichkeit auf spektakuläre Straftaten immer wieder zeigen. Nicht zu verkennen ist aber, dass Straftaten den gesellschaftlichen Frieden stören und der gestörte Friede durch eine kollektiv organisierte Reaktion wiederhergestellt werden muss, um eine unkontrollierte und unkontrollierbare Reaktion des Einzelnen zu verhindern. Eine friedensstiftende Wirkung kommt dabei allein Sanktionen zu, die den Verantwortlichen treffen und als (schuld-)angemessen empfunden werden. Die bloße Suche nach einem „Sündenbock" oder eine schuldunangemessene Überreaktion kann im Einzelfall kurzfristig die über eine Straftat in Aufruhr geratene Öffentlichkeit beruhigen, auf Dauer würde ein solches Vorgehen jedoch den Rechtsfrieden nachhaltig beschädigen.

5   Das Strafrecht kann seine Orientierungs- und Befriedungsfunktion nur erfüllen, wenn der Staat – für den Bürger sichtbar – auf eine Straftat und die dadurch hervorgerufene Störung des Rechtsfriedens mit der Durchführung eines Strafverfahrens, an dessen Ende möglichst die „gerechte" Bestrafung des Täters steht, antwortet. Eine Aufgabe des Strafprozessrechts besteht deshalb darin, Regelungen bereitzuhalten, welche die **effektive Aufklärung der Straftat** und die **zügige Ermittlung und Aburteilung des Verantwortlichen** ermöglichen. Das BVerfG[4] betont deshalb zu Recht, dass die „Funktionstüchtigkeit der Strafrechtspflege" ein Element des Rechtsstaates ist.

II Schutz des Beschuldigten

6   Damit ist aber nur ein „Eckpunkt" für die Bestimmung der Aufgaben des Strafverfahrensrechts gesetzt. Ein weiterer besteht in der Sicherung der gebotenen Schutzrechte des Beschuldigten.

7   Würde die Aufgabe des Strafverfahrensrechts auf die Gewährleistung der umfassenden und schnellen Aufklärung von Straftaten beschränkt, so wäre letztlich

---
[4] BVerfGE 33, 367, 383; 44, 353, 374; 46, 214, 222; 51, 324, 344; 74, 257, 262; siehe auch die Auswertung der Rechtsprechung des BVerfG bei *Gusy*, StV 2002, 153 ff.

§ 1 Funktion des Strafprozessrechts im Rechtsstaat

jedes Mittel, das diesem Zweck zu dienen geeignet ist, zulässig. Unter der Geltung des Grundgesetzes versteht es sich jedoch von selbst, dass eine effektive Strafverfolgung nicht die einzige Maxime eines rechtsstaatlichen Strafprozessrechts sein kann. So folgt aus Art. 1 I GG das **Verbot**, den Beschuldigten **entwürdigenden Maßnahmen** zu unterwerfen und ihn durch die **Androhung oder Anwendung von Zwang zu einer aktiven Mitwirkung** an dem gegen ihn gerichteten Strafverfahren zu veranlassen[5].

Zu berücksichtigen ist auch, dass schon die bloße Einleitung eines Ermittlungsverfahrens den Beschuldigten belastet. Die negativen Folgen, z.B. die Beeinträchtigung seines sozialen und beruflichen Ansehens, können bisweilen sogar gravierender sein als die später verhängte Sanktion. Erst am Ende des Erkenntnisverfahrens, u.U. mit der Bestätigung des tatrichterlichen Urteils durch das Revisionsgericht, steht aber fest, ob der Beschuldigte die ihm vorgeworfene Straftat begangen hat oder nicht. Bis dahin gilt die **Unschuldsvermutung des Art. 6 II EMRK**. Das Strafprozessrecht darf deshalb in die Rechte des Beschuldigten nur in dem Maße eingreifen, wie es zur Durchführung des Verfahrens unabdingbar notwendig ist.

Das aus Art. 20 III GG in Verbindung mit Art. 2 I GG sowie aus Art. 6 I 1 EMRK folgende **Gebot des fairen Verfahrens**[6], das nicht nur einen allgemeinen Prozessgrundsatz darstellt, sondern zu einem subjektiven Recht des Beschuldigten erstarkt[7], ergänzt die – sonstigen – verfassungsrechtlichen Schutzrechte und die Unschuldsvermutung und sichert diese ab. Der Grundsatz des „fair trial", dessen Reichweite im Einzelnen noch nicht klar abgesteckt ist, gebietet es zudem, dem Beschuldigten wirksame Verteidigungsmöglichkeiten zu eröffnen, um ihn nicht zum bloßen Objekt des gegen ihn gerichteten Verfahrens zu degradieren[8], sowie rechtliches Gehör[9] und effektiven Rechtsschutz[10] zu gewähren.

Vereinzelt[11] wird darüber hinaus ein zusätzlicher Zweck des Strafverfahrens in der Rehabilitierung des Beschuldigten gesehen, sodass ein Strafverfahren auch dann mit dem Ziel eines Freispruchs (weiter) zu führen sei, wenn ein Verfahrenshindernis (z.B. fehlender Strafantrag, Verjährung) vorliegt und deshalb eine Beendigung ohne Entscheidung in der Sache in Betracht kommt. Das Strafverfahren besitzt diese Rehabilitierungsaufgabe jedoch nicht[12]. Es ist zwar nicht zu verkennen, dass der Bürger schon durch die bloße Beschuldigung, eine Straftat begangen zu haben, erheblichen Belastungen ausgesetzt sein kann, insbesondere wenn der

---

[5] BVerfGE 56, 37, 49; BVerfG, wistra 1988, 302.
[6] BVerfG, NStZ 1995, 555 f.; BGHSt 25, 325, 330; 38, 214, 220; 263, 266; 302, 305; BGH, NStZ 1996, 452; OLG Hamm, NStZ 1996, 454; EKMR, NJW 1963, 2247, 2248.
[7] Näher *Beckemper*, Verteidigerkonsultationsrecht, S. 43 ff.
[8] Vgl. BVerfGE 66, 313, 318.
[9] BVerfG, NStZ 1994, 551 ff.
[10] BVerfGE 96, 27, 39 f. Die 3. Kammer des Zweiten Senats leitet das Recht auf ein faires Verfahren hier aus Art. 19 IV 1 GG ab.
[11] Z.B. *Sternberg-Lieben*, ZStW 108 (1996), 721, 725 ff.
[12] Z.B. BGHSt 16, 374, 378 ff.; *Frisch*, in: SKStPO, vor § 296 Rn. 158. Zweifelnd *Tiedemann* (in: Roxin/Arzt/Tiedemann, Einführung in das Strafrecht und Strafprozessrecht, 4. Aufl. 2003, S. 119) der die h.M. für „diskussionsbedürftig" hält.

Vorwurf seinem beruflichen oder sozialen Umfeld oder gar öffentlich bekannt wird. Jede das Verfahren beendigende Entscheidung ohne Schuldspruch entlastet den Betroffenen aber von Rechts wegen, da er bis zum Beweis seiner Schuld unschuldig ist. Eine Fortführung des Verfahrens zum Zweck der Rehabilitierung des Beschuldigten würde zudem die belastende Situation aufrechterhalten, ohne dass sich vorhersehen lässt, ob der Unschuldsbeweis erbracht werden wird. Gelingt es nicht, den Tatverdacht auszuräumen oder findet er sogar eine Bestätigung, so kann gerade dies das Ansehen des Beschuldigten beschädigen.

III Schutz der sonstigen Beteiligten, insbesondere des Opfers

11   Nicht nur der einer Straftat Beschuldigte, sondern jedermann kann mit den Strafverfolgungsorganen in Kontakt kommen und den Ermittlungsmaßnahmen, die nicht selten mit massiven Grundrechtseingriffen verbunden sind, und anderen Belastungen durch das Strafverfahren ausgesetzt sein. Das gilt in besonderer Weise für das Opfer der Straftat, das als Zeuge oder sogar als „Augenscheinsobjekt" (vgl. § 81c) zur Teilnahme am Verfahren verpflichtet ist. Gerade Opfer von Sexualdelikten, aber nicht nur sie, müssen den am Strafverfahren Beteiligten und sogar der Öffentlichkeit Einblick in ihre Privat- und Intimsphäre gewähren. Nicht selten führen die wiederholten Vernehmungen dazu, dass das Opfer die Tat immer wieder durchleben muss und es die Belastungen des Strafverfahrens als ähnlich schwerwiegend wie die Tat selbst empfindet. Dem Zeugen können zwar nicht alle Unzuträglichkeiten erspart werden, seine Würde sowie die Rechte sonstiger Personen, die unverschuldet in das Verfahren geraten sind, bedürfen aber ebenfalls des Schutzes durch das Strafprozessrecht[13]. Besondere Rücksicht ist auf das Wohl kindlicher Opferzeugen zu nehmen[14].

12   Der Zeuge ist nicht nur den Belastungen durch die bloße Verfahrensbeteiligung ausgesetzt, sondern nicht selten führt seine Rolle im Prozess dazu, dass er – oder ein Angehöriger – von dem Beschuldigten oder mit ihm verbundenen Personen aus Rache oder zur Einschüchterung bedroht wird. Auch vor solchen Gefahren hat das Strafverfahrensrecht den Zeugen zu schützen.

13   Die Wahrnehmung der sonstigen – finanziellen – Interessen des Tatopfers gehört dagegen nicht zu den Hauptaufgaben des Strafprozessrechts[15]. Zahlreiche

---

[13] Siehe die Begründung zum Entwurf des Opferrechtsreformgesetzes, BT-Drucks. 15/1976, S. 7; *Goll*, ZRP 1998, 14.

[14] Zur Zulässigkeit von Videovernehmungen, um Kindern unnötige Belastungen zu ersparen, siehe LG Mainz, NJW 1996, 208 f.; *Wegner*, ZRP 1995, 406 ff.; *Zschockelt/ Wegner*, NStZ 1996, 305 ff.; kritisch *Mehle*, StraFo 1996, 2; *Strate*, StraFo 1996, 2 ff. Das Zeugenschutzgesetz vom 30. 4. 1998 hat zahlreiche Vorschriften in die StPO eingefügt, die unter bestimmten Voraussetzungen Videovernehmungen aller schutzbedürftigen Zeugen und das Vorführen der Aufzeichnungen zulassen; siehe dazu *Rn. 737 f.*

[15] OLG Düsseldorf, NJW 1996, 530; OLG Frankfurt, NStZ-RR 2005, 111, 112. Anders offensichtlich *Roxin* (§ 2 Rn. 6), der einen ausreichenden Opferschutz als Forderung des Sozialstaatsprinzips betrachtet; siehe auch *Hörstel* (NJW 1996, 497 f.), der eine Pflicht der Staatsanwaltschaft zum Schutz der Rechtsgüter eines Dritten annimmt, wenn die Staatsanwaltschaft von einer konkreten Gefahr für dessen Rechtsgüter Kenntnis erhält.

Regelungen dienen zwar dem Schutz der vermögensrechtlichen Interessen des Verletzten (z.B. die Sicherstellung im Interesse des Verletzten gemäß §§ 111b IV, 111c[16] und die Informations- und Beteiligungsrechte gemäß §§ 406d-h) und der Wiedergutmachung (z.B. das Adhäsionsverfahren, §§ 403 ff. StPO[17], die Wiedergutmachungsauflage, §§ 56b II 1 Nr. 1 StGB, 153a I 1 Nr. 1 StPO und der Täter-Opfer-Ausgleich, § 46a StGB). Die Berücksichtigung des Wiedergutmachungsgedankens ist zur Erfüllung der Frieden schaffenden Aufgabe des Strafverfahrens sogar erforderlich, weil die Straftat nicht nur für die Allgemeinheit, sondern in besonderem Maße für den Verletzten eine Friedensstörung bedeutet[18]. Daraus folgt aber nur, dass die strafprozessualen Instrumente im Interesse des Verletzten genutzt werden können und sollen, soweit sich dies mit der Erledigung der eigentlichen Aufgaben des Strafverfahrens vereinbaren lässt. § 406 I 4, 5 belegt, dass dieses Modell der StPO zugrunde liegt, denn auch nach der Ausdehnung des Adhäsionsverfahrens durch das Opferrechtsreformgesetz kann der Strafrichter von einer Entscheidung über den Antrag des Verletzten auf Verurteilung zum Schadensersatz absehen, wenn sich der Antrag auch unter Berücksichtigung der berechtigten Belange des Angeklagten, d.h. seines Rechts auf zügige Durchführung des Prozesses[19], nicht zur Erledigung im Strafverfahrens nicht eignet, insbesondere wenn die Prüfung des Antrags, selbst soweit eine Entscheidung nur über den Grund oder einen Teil des Anspruchs in Betracht kommt, zu einer erheblichen Verzögerung führen würde. Die Wiedergutmachung ist deshalb lediglich ein Nebenzweck des Strafverfahrens[20].

IV Synthese der Aufgaben

Es liegt auf der Hand, dass die zuvor beschriebenen Aufgaben des Strafverfahrens nicht gleichgerichtet sind, sondern gegenläufige Wirkungen entfalten (können). Einerseits errichten Schutzrechte des Beschuldigten und anderer Verfahrensbeteiligter Schranken, die eine schnelle und energische Aufklärung und Aburteilung der Tat behindern können, andererseits kann im Interesse einer effektiven Strafverfolgung nicht auf einschneidende Maßnahmen in die Rechte des Beschuldigten und Dritter verzichtet werden. Regelungen zum Schutz des Opfers – z.B. vor einer massiven oder gar herabsetzenden Befragung durch den Angeklagten oder seinen Verteidiger in der Hauptverhandlung – begrenzen die Verteidigungsmöglichkeiten gegen Beschuldigungen, die das Opfer äußert. Der Verzicht auf die Personalangaben eines Zeugen (§ 68 III 1) zum Schutz vor Racheakten oder Einschüchterungsversuchen erschwert die Überprüfung seiner Aussage und beeinträchtigt dadurch sowohl das Strafverfolgungsinteresse, weil die Bekundungen eines Unbekannten einen geringeren Beweiswert aufweisen als die eines Zeugen, dessen Identität

14

---

[16] Siehe dazu OLG Frankfurt, NJW 2005, 111, 112, mit weiteren Nachw.; *Achenbach*, in: AKStPO, §§ 111b-111d, Rn. 18 ff.
[17] Zur Stärkung des Adhäsionsverfahrens durch das Opferrechtsreformgesetz vom 24. 6. 2004 siehe *Ferber*, NJW 2004, 2562, 2564 f.; *Neuhaus*, StV 2004, 620.
[18] *Vogel*, NJW 1996, 3401, 3402; *ders.*, wistra 1996, 219, 220.
[19] BT-Drucks. 15/1976, S. 8.
[20] Eingehend dazu *Vogel*, wistra 1996, 219 ff.

bekannt ist, als auch die Verteidigung des Beschuldigten gegen die von dem Zeugen gemachten belastenden Aussagen.

15 Da keiner der Aufgaben von vornherein ein Vorrang gebührt, besteht die Funktion des Strafprozessrechts darin, sie sorgfältig auszubalancieren. Das dabei anzustrebende **Gleichgewicht** ist kein statischer Zustand, der – einmal hergestellt – für alle Zukunft Bestand hat, sondern es steht unter dem Einfluss verschiedener veränderlicher Faktoren. Schon die abstrakte Gewichtung der einzelnen Aufgaben wird in der rechtspolitischen und strafrechtlichen Diskussion ständig neu vorgenommen[21]. Während in den ersten Jahrzehnten nach der Gründung der Bundesrepublik Deutschland dem Schutz des Beschuldigten besonderes Gewicht beigemessen wurde[22], trat in den letzten dreißig Jahren vermehrt die Effektivierung des Strafverfahrens in den Vordergrund. Derzeit wird dem Opferschutz als Aufgabe des Strafverfahrensrechts ein besonderer Stellenwert in der rechtspolitischen Diskussion beigelegt[23], was zu zahlreichen – zum Teil weitreichenden – Änderungen der StPO geführt hat[24]. Verschiebungen der Gewichte resultieren aber auch aus Veränderungen der Kriminalitätswirklichkeit bzw. deren Wahrnehmung durch die Öffentlichkeit (z.B. Aufkommen des Terrorismus[25], der organisierten Kriminalität[26] und der ausländerfeindlichen Gewaltkriminalität[27]) sowie aus technischen und wissenschaftlichen Entwicklungen, die neue Ermittlungsmaßnahmen ermöglichen (z.B. Einsatz der EDV; „genetischer Fingerabdruck"). Immer größeren Einfluss auf die Ausgestaltung des Strafprozessrechts übt neuerdings der Kostenfaktor aus. Trotz steigender Arbeitsbelastung der Strafverfolgungsbehörden und Strafgerichte scheidet eine Vermehrung des Justizpersonals wegen der leeren öffentlichen Kassen derzeit aus, sodass verstärkt nach Möglichkeiten gesucht wird, eine Entlastung der Strafjustiz durch eine Vereinfachung und Straffung des Strafverfahrens zu erreichen[28].

16 Die Herstellung und Erhaltung der Balance zwischen den unterschiedlichen Aufgaben des Strafprozessrechts obliegt sowohl dem Gesetzgeber, dem – selbstverständlich innerhalb des durch das Grundgesetz vorgegebenen Rahmens – ein Entscheidungsspielraum bei der Gewichtung der einzelnen Gesichtspunkte zusteht, als auch dem Rechtsanwender, der bei seinen Entscheidungen jederzeit die

---

[21] Zu den Entwicklungslinien des Strafverfahrensrechts nach Inkrafttreten des Grundgesetzes näher *Ranft*, Rn. 9 ff.
[22] Wesentliche Verbesserungen der Rechtsstellung des Beschuldigten führte das Strafprozeßänderungsgesetz (StPÄG) 1964 vom 19. 12. 1964 herbei; siehe z.B. *Roxin*, § 72 Rn. 2 f.
[23] Zur Diskussion auf europäischer Ebene siehe *Kuhn*, ZRP 2005, 125 ff.
[24] Siehe nur das Opferschutzgesetz vom 18. 12. 1986, das Zeugenschutzgesetz vom 30. 4. 1998 und das Opferrechtsreformgesetz vom 24. 6. 2004.
[25] Z.B. Gesetz zur Änderung des StGB, der StPO, des GVG, der Bundesrechtsanwaltsordnung und des Strafvollzugsgesetzes vom 18. 8. 1976; sog. Kontaktsperregesetz vom 30. 9. 1977; Gesetz zur Änderung der StPO vom 14. 4. 1978.
[26] Gesetz zur Bekämpfung des illegalen Rauschgifthandels und anderer Erscheinungsformen der Organisierten Kriminalität (OrgKG) vom 15. 7. 1992 und Gesetz zur Verbesserung der Bekämpfung der Organisierten Kriminalität vom 4. 5. 1998.
[27] Verbrechensbekämpfungsgesetz vom 28. 10. 1994.
[28] Siehe das Gesetz zur Entlastung der Rechtspflege vom 11. 1. 1993.

Funktion des Strafprozessrechts im Auge behalten muss. Eine einseitige Ausrichtung auf ein effektives Strafverfahren genügt diesen Anforderungen nicht, da ein faires und humanes Strafverfahren zu den essentiellen Bestandteilen unseres Rechtsstaates zählt.

Kontrollfragen
1. Was ist unter der Befriedungsfunktion des Strafrechts zu verstehen? (Rn. 4)
2. Wo ist die Unschuldsvermutung gesetzlich geregelt? (Rn. 8)
3. Worin besteht die Funktion des Strafprozessrechts? (Rn. 14 ff.)

Literatur

Ferber, Das Opferrechtsreformgesetz, NJW 2004, 2562.
Geppert, Zum „fair-trial-Prinzip" nach Art. 6 Abs. 1 Satz 1 der Europäischen Menschenrechtskonvention, Jura 1992, 597.
Goll, Opferschutz im Strafverfahren, ZRP 1998, 14.
Gusy, Verfassungsfragen des Strafprozessrechts, StV 2002, 153.
Kuhn, Opferrechte und Europäisierung des Strafprozessrechts, ZRP 2005, 125.
Neuhaus, Das Opferrechtsreformgesetz, StV 2004, 620.

§ 2 Überblick über den Gang des Strafverfahrens

Die Anwendung und Durchsetzung des materiellen Strafrechts erfolgt in mehreren Schritten. Auf einer ersten Ebene lassen sich zwei Verfahrensabschnitte unterscheiden: Das **Erkenntnisverfahren**, das darauf gerichtet ist, eine Entscheidung darüber herbeizuführen, ob und gegebenenfalls gegen wen eine strafrechtliche Rechtsfolge zu verhängen ist, und das **Vollstreckungsverfahren**, in dem die verhängte Sanktion ausgeführt wird. 17

I Erkenntnisverfahren, Vollstreckung und Vollzug

Das Erkenntnisverfahren besteht wiederum aus mehreren Stadien und reicht **von der Einleitung des Strafverfahrens**, d.h. vom Auftauchen des Verdachts einer Straftat, **bis zu dessen Abschluss** durch ein rechtskräftiges Urteil oder eine andere das Verfahren beendigende Entscheidung. Die Regelungen des Erkenntnisverfahrens sind in §§ 1-444 und §§ 464-495 StPO und zahlreichen anderen Gesetzen (z.B. GVG, EGGVG, JGG, EMRK, AO) zu finden. 18

Hat das Erkenntnisverfahren zu einer – rechtskräftigen – verurteilenden Entscheidung des Strafrichters geführt, so schließt sich das Vollstreckungsverfahren an. Als Oberbegriff bezeichnet „Strafvollstreckung" die Anwendung sämtlicher Strafrechtsfolgen. In einem engeren Sinne wird dieser Begriff für die **Einleitung** 19

und generelle Überwachung der Urteilsdurchsetzung verwendet. Geregelt ist die Strafvollstreckung in §§ 449-463d. Terminus technicus für die eigentliche **Durchführung der freiheitsentziehenden Sanktionen** (Freiheitsstrafe, Sicherungsverwahrung, Unterbringung in einem psychiatrischen Krankenhaus und in einer Entziehungsanstalt) ist der Begriff „**Vollzug**"[1]. Die Regelungen wurden nicht in der StPO, sondern in dem Gesetz über den Vollzug der Freiheitsstrafe und der freiheitsentziehenden Maßregeln der Besserung und Sicherung, kurz Strafvollzugsgesetz, aus dem Jahr 1976 getroffen. Strafvollstreckungs- und -vollzugsrecht gehören zwar zum Strafverfahrensrecht im weiteren Sinne, aber nicht zum Strafprozessrecht. Auf eine Darstellung wird deshalb hier verzichtet.

II Das ordentliche Erkenntnisverfahren

20 Die StPO sieht mehrere voneinander erheblich abweichende Formen des Erkenntnisverfahrens vor. Das Gesetz benutzt das sog. ordentliche Erkenntnisverfahren, in dem eine mündliche Hauptverhandlung vor dem erkennenden Gericht stattfindet, gewissermaßen als Prototyp, von dem die Sonderformen abgeleitet sind. Das ordentliche Erkenntnisverfahren umfaßt **vier Stadien**, und zwar Ermittlungs-, Zwischen-, Haupt- und Rechtsmittelverfahren.

1. Ermittlungs- oder Vorverfahren (§§ 151-177)

21 Als Ermittlungs- oder Vorverfahren wird der Abschnitt des Strafverfahrens bezeichnet, in dem die Staatsanwaltschaft sich darüber Klarheit verschafft, ob sie Anklage beim Strafgericht erheben soll. Die Anklage ist eine notwendige Voraussetzung für die Befassung des Gerichts mit einer Strafsache.

22 Der **Endpunkt des Ermittlungsverfahrens** lässt sich exakt bestimmen: Er besteht in der Entscheidung der Staatsanwaltschaft über die Fortsetzung oder die Beendigung des Verfahrens. Gemäß § 170 I erhebt die Staatsanwaltschaft die öffentliche Klage durch Einreichung einer Anklageschrift bei dem zuständigen Gericht, wenn die Ermittlungen genügenden Anlass dazu bieten. Andernfalls, d.h., wenn die Ermittlungen keinen genügenden Anlass zur Anklageerhebung ergeben haben, stellt die Staatsanwaltschaft gemäß § 170 II das Verfahren ein. Darüber hinaus stehen der Staatsanwaltschaft weitere Möglichkeiten zur Verfügung, das Ermittlungsverfahren aus Opportunitätserwägungen nach Maßgabe der §§ 153 ff. einzustellen. Die Phase des Ermittlungsverfahrens endet jedenfalls mit der Einstellung oder der Klageerhebung.

23 Eine ausdrückliche Regelung des **Beginns des Ermittlungsverfahrens** und damit des Anfangs des Strafverfahrens überhaupt enthält die StPO dagegen nicht. §§ 152 II, 160 I und § 163 I verpflichten die Staatsanwaltschaft und die Polizei lediglich zum Einschreiten und zur Erforschung von Straftaten, wenn ein Tatverdacht vorliegt. Aus der Verpflichtung zur Aufnahme von Ermittlungen lässt sich jedoch der Schluss ziehen, dass das Ermittlungsverfahren beginnt, wenn Staatsanwaltschaft oder Polizei tatsächlich einschreiten. § 397 I AO enthält eine präzise

---

[1] *Roxin*, § 56 Rn. 1.

Definition der Einleitung des Ermittlungsverfahrens wegen Steuerstraftaten, die auch für das allgemeine Strafverfahren Gültigkeit besitzt[2]. Danach leitet ein jedes Verhalten eines Strafverfolgungsorgans, das – objektiv – darauf gerichtet ist, gegen eine – nicht notwendig bereits namentlich bekannte – Person das Strafrecht anzuwenden, das Ermittlungsverfahren ein[3]. Es kommt also weder auf einen Verfolgungswillen an noch auf die Vornahme einer formalen Handlung, z.B. das Anlegen einer Akte oder die Vergabe eines Aktenzeichens.

2. Zwischenverfahren (§§ 199-211)

Entschließt sich die Staatsanwaltschaft zur Anklageerhebung, so legt sie die Akten dem zuständigen Gericht mit dem Antrag vor, das Hauptverfahren zu eröffnen (§ 199 II). Das Hauptverfahren wird nicht etwa automatisch eröffnet, sondern es bedarf dazu einer Entscheidung des Gerichts, weil schon die bloße Durchführung des Hauptverfahrens den Betroffenen erheblich belastet und deshalb eine gerichtliche Kontrolle erforderlich ist, ob ihm diese Belastungen nach dem Ergebnis des Ermittlungsverfahrens zugemutet werden dürfen. In diesem als Zwischenverfahren bezeichneten Abschnitt prüft das Gericht gemäß § 203 den ihm vorgelegten Vorgang darauf, ob der Angeschuldigte einer Straftat hinreichend verdächtig ist, d.h., ob bei einer vorläufigen Tatbewertung unter Berücksichtigung des gesamten Akteninhalts auf Grund der vorhandenen oder noch zu erwartenden Beweismittel die **Wahrscheinlichkeit der späteren Verurteilung** besteht[4]. Es erfolgt somit sowohl eine Überprüfung der tatsächlichen Seite der Anklage, also der Beweisbarkeit des Vorwurfs, als auch der rechtlichen Beurteilung der Staatsanwaltschaft.

Kommt das Gericht zu dem Ergebnis, dass ein hinreichender Verdacht besteht, so muss es gemäß § 203 das Hauptverfahren eröffnen, ohne dabei an die Anträge der Staatsanwaltschaft gebunden zu sein (§ 206); es kann also sowohl die Beweiswürdigung als auch die rechtliche Bewertung der Staatsanwaltschaft durch eine eigene Beurteilung ersetzen[5]. Fehlt ein hinreichender Tatverdacht, so ergeht gemäß § 204 der Beschluss, das Hauptverfahren nicht zu eröffnen.

3. Hauptverfahren (§§ 213-275)

Lässt das Gericht die Anklage zu, so kommt es zum Hauptverfahren, in dem **gegen den Angeklagten verhandelt** wird und an dessen Ende das Urteil, entweder eine **Verurteilung** oder ein **Freispruch** steht.

Dieser Verfahrensabschnitt gliedert sich in die **Vorbereitung der Hauptverhandlung** (§§ 213-225a) und die **Hauptverhandlung** (§§ 226-275), das Kernstück des ordentlichen Erkenntnisverfahrens. In der Hauptverhandlung, deren Ablauf im Einzelnen vorgeschrieben ist, untersucht das Gericht im Strengbeweis-

---

[2] BGHSt 38, 214, 228; BGH, NJW 1997, 1591; eingehend dazu *Beckemper*, Verteidigerkonsultationsrecht, S. 96 f.
[3] Näher dazu *Hellmann*, Neben-Strafverfahrensrecht, S. 259 f.
[4] BGHSt 20, 304, 306; BayObLG NStZ 1983, 123.
[5] *Meyer-Goßner*, § 206 Rn. 1; *Rieß*, in: LR^{25}, § 206 Rn. 4; *Treier*, in: KKStPO, § 206 Rn. 2.

verfahren, d.h. unter Verwendung der vier gesetzlichen Beweismittel (Zeugen-, Sachverständigen-, Augenscheins- und Urkundenbeweis), die materiellen Voraussetzungen der Strafbarkeit. Es entscheidet nach Abschluss der Beweisaufnahme gemäß § 261 nach seiner freien, aus dem Inbegriff der Hauptverhandlung gewonnenen Überzeugung.

4. Rechtsmittelverfahren

28 Mit dem Urteil ist das Erkenntnisverfahren nicht notwendig abgeschlossen. Der Angeklagte und die Staatsanwaltschaft, ggf. auch der Nebenkläger, können ein Rechtsmittel einlegen.

29 Gegen Urteile des Amtsgerichts ist grundsätzlich das Rechtsmittel der **Berufung** (§§ 312-332) zulässig, die eine weitere Tatsacheninstanz eröffnet. Es findet also eine neue Hauptverhandlung einschließlich einer Beweisaufnahme statt.

30 Urteile, gegen die Berufung zulässig ist, Berufungsurteile und die erstinstanzlichen Urteile der Landgerichte können mit der **Revision** (§§ 333-358) angefochten werden. Die Revision führt – jedenfalls dem Grundsatz nach – nur zu einer Überprüfung der Rechtsanwendung durch das Tatsachengericht. Das Revisionsgericht legt also den Sachverhalt, so wie der Tatrichter ihn zu seiner Überzeugung festgestellt hat, zugrunde und prüft lediglich, ob das Urteil unter Beachtung des Strafprozessrechts zustande gekommen und das materielle Strafrecht zutreffend angewendet worden ist.

31 Entscheidungen, die keine Urteile sind, d.h. gerichtliche Beschlüsse und bestimmte richterliche Verfügungen, unterliegen der Anfechtung mit der **Beschwerde** (§§ 304-311a).

III Besondere Verfahrensarten

32 Neben diesem ordentlichen Erkenntnisverfahren existieren Sonderformen, die jeweils in einem oder mehreren Gesichtspunkten vom Regelverfahren abweichen.

1. Beschleunigtes Verfahren (§§ 417-420)

33 Kann die Sache sofort, d.h. ohne Durchführung umfangreicher Ermittlungen verhandelt werden, weil der Sachverhalt einfach oder die Beweislage klar ist, stellt die Staatsanwaltschaft gemäß § 417 den Antrag auf Entscheidung im beschleunigten Verfahren. Bei diesem vor dem Strafrichter und dem Schöffengericht zulässigen „Schnellverfahren" **entfällt das Zwischenverfahren**. Es findet zwar eine mündliche Hauptverhandlung statt, in der aber die **Beweisaufnahme vereinfacht** ist.

2. Strafbefehlsverfahren (§§ 407-412, 373a)

34 Bei dem Strafbefehlsverfahren handelt es sich um ein **schriftliches Verfahren** zur Aburteilung von Fällen kleiner und mittlerer Kriminalität, die zur Zuständigkeit des Strafrichters und des Schöffengerichts gehören. Die Staatsanwaltschaft stellt den Antrag auf Erlass eines Strafbefehls, wenn sie die Durchführung einer Haupt-

verhandlung nicht für erforderlich erachtet (§ 407 I 2). Der Strafrichter bzw. der Vorsitzende des Schöffengerichts erlässt den Strafbefehl, wenn er den Angeschuldigten nach der Aktenlage für hinreichend verdächtig hält und ihm die von der Staatsanwaltschaft beantragten Rechtsfolgen angemessen erscheinen (§ 408 III 1). Der Angeklagte kann gemäß § 410 I Einspruch gegen den Strafbefehl einlegen und dadurch eine Hauptverhandlung herbeiführen. Tut er dies nicht, so erwächst der Strafbefehl in Rechtskraft und entfaltet die gleichen Wirkungen wie ein rechtskräftiges Urteil.

Das Strafbefehlsverfahren hat sowohl für die Justiz als auch für den Angeschuldigten erhebliche Vorteile. Es entfällt der mit der Durchführung einer mündlichen Hauptverhandlung verbundene zeitliche und finanzielle Aufwand, und dem Angeschuldigten bleibt die „Prangerwirkung" der öffentlichen Hauptverhandlung erspart.

3. Privatklageverfahren (§§ 374-394)

§ 374 I enthält einen Katalog von Vergehen, die der Verletzte sowie gemäß § 374 II der Strafantragsberechtigte und gemäß § 374 III der gesetzliche Vertreter des Verletzten **ohne vorherige Anrufung der Staatsanwaltschaft** verfolgen kann. In der Praxis kommt es allerdings in der Regel erst zum Privatklageverfahren, nachdem die Staatsanwaltschaft, die gemäß § 376 Privatklagedelikte nur bei Vorliegen eines öffentlichen Interesses verfolgen darf, dieses verneint und das Verfahren deshalb einstellt. Wenn der Privatklageberechtigte es will, kann er dann selbst Klage zu Protokoll der Geschäftsstelle des Gerichts oder durch Einreichung einer Anklageschrift erheben (§ 381). Bei den in § 380 genannten Delikten ist dies jedoch erst zulässig, nachdem ein Sühneversuch erfolglos geblieben ist. Im gerichtlichen Verfahren, für das im Wesentlichen die regulären Vorschriften gelten, rückt der Privatkläger weitgehend in die Stellung der Staatsanwaltschaft.

4. Weitere Sonderverfahren

Die drei genannten stehen exemplarisch für weitere vom ordentlichen Verfahren abweichende Sonderformen des Strafverfahrens. Es gibt Verfahren ohne einen Angeklagten, nämlich **gegen Abwesende**, das allerdings nur zur **Sicherung von Beweisen** und zur **Erzwingung oder Sicherung der Gestellung des Beschuldigten** dient (§§ 276-295), ein **Sicherungsverfahren** gegen einen schuld- oder verhandlungsunfähigen Täter zur selbstständigen Anordnung einer Maßregel der Besserung und Sicherung (§§ 413-416), ein **Verfahren zur nachträglichen Anordnung der Sicherungsverwahrung** (§ 275a) und ein **objektives Verfahren**, in dem Gegenstände oder Vermögensbestandteile eingezogen oder für verfallen erklärt werden können, obwohl kein Täter ermittelt wurde oder der Täter nicht greifbar ist, z.B. weil er sich ins Ausland abgesetzt hat (§§ 440, 441, 442 I). Im **Adhäsionsverfahren** (§§ 403-406c) wird im Rahmen eines Strafverfahrens auf Antrag des Verletzten oder seines Erben nach den zivilrechtlichen Vorschriften über vermögensrechtliche Ansprüche entschieden. §§ 385-408 AO enthalten für das **Strafverfahren wegen Steuerstraftaten** erhebliche Modifizierungen des allgemeinen Strafprozessrechts.

38   Für das **Strafverfahren gegen Jugendliche** gelten die Regelungen der §§ 33-81, 102-104 JGG, die nach Maßgabe der §§ 107-109 JGG auch auf das Strafverfahren gegen Heranwachsende angewendet werden. Das Jugendstrafverfahrensrecht ist als Teil des Jugendstrafrechts Gegenstand besonderer Darstellungen, sodass es hier nicht näher behandelt wird.

Kontrollfragen
1. Welchen Zeitraum umfasst das Erkenntnisverfahren? (Rn. 18)
2. Welche Stadien durchläuft das ordentliche Erkenntnisverfahren? (Rn. 20)
3. Welche Sonderformen von Strafverfahren kennt die StPO? (Rn. 33 ff.)

Literatur

Albrecht, Vom Unheil der Reformbemühungen im Strafverfahren, StV 2001, 416.

Teil II. Das Ermittlungsverfahren

§ 3 Einleitung des Ermittlungsverfahrens

I Verfahrenseinleitung kraft privater Initiative

Die Mehrzahl der Ermittlungsverfahren kommt auf Veranlassung von Privatpersonen in Gang[1]. Das Gesetz unterscheidet in § 158 Strafanzeige und Strafantrag.

Die **Strafanzeige** ist eine **bloße Wissensmitteilung**, durch die der Anzeigerstatter die Staatsanwaltschaft, die Polizei oder das Amtsgericht über einen Sachverhalt in Kenntnis setzt und anregt zu prüfen, ob ein Ermittlungsverfahren einzuleiten ist[2]. Ein **Strafantrag** liegt dagegen vor, wenn über die Wissensmitteilung hinaus das **Begehren nach Strafverfolgung** deutlich wird[3]. Bei wahrheitsgemäßer Mitteilung von Verdachtsgründen besteht für den Anzeigerstatter bzw. Antragsteller kein Strafbarkeitsrisiko wegen übler Nachrede (§ 186 StGB) oder falscher Verdächtigung (§ 164 StGB), wenn sich der Verdacht nachträglich als unbegründet erweist[4].

Der Strafantrag besitzt im Gegensatz zur Strafanzeige eine Bedeutung für das weitere Verfahren. Da er in der Regel zugleich den Antrag auf Erhebung der öffentlichen Klage enthält[5], muss der Antragsteller gemäß § 171 einen Bescheid erhalten, wenn die Staatsanwaltschaft kein Ermittlungsverfahren einleitet oder ein eingeleitetes Ermittlungsverfahren einstellt (*Rn. 551*). Der Anzeigerstatter wird dagegen nicht beschieden. Nicht maßgeblich ist, welche Bezeichnung der Bürger gewählt hat, sodass trotz einer ausdrücklichen Benennung als Strafanzeige eine Bescheidung erfolgen muss, wenn ein Strafverfolgungsbegehren erkennbar ist[6] (falsa demonstratio non nocet).

Von dem Strafantrag im Sinne des § 158 I (zum Teil[7] auch als Strafverlangen oder Strafverfolgungsbegehren bezeichnet), den jedermann stellen kann, ist der Strafantrag des Verletzten bzw. der sonstigen Antragsberechtigten gemäß §§ 77 ff. StGB als Verfahrensvoraussetzung bei Strafantragsdelikten zu unterscheiden.

39

40

41

42

---

[1] Etwa 95 % der Ermittlungsverfahren im Bereich der allgemeinen Kriminalität; *Koch*, NJW 2005, 943.
[2] BayObLG, NJW 1986, 441, 442.
[3] *Heghmanns*, Rn. 202; *Pfeiffer*, § 158 Rn. 2; *Roxin*, § 37 Rn. 10.
[4] Näher dazu *Koch*, NJW 2005, 943 ff.
[5] *Schöch*, in: AKStPO, § 158 Rn. 4.
[6] *Roxin*, § 37 Rn. 11; vgl. auch *Achenbach*, in: AKStPO, § 171 Rn. 2.
[7] Z.B. *Ranft*, Rn. 262.

Beispiel: A teilte der Staatsanwaltschaft mit, die geschiedene Ehefrau (E) seines Nachbarn (N) habe trotz eines ausdrücklichen Verbots während des Urlaubs des N dessen Wohnung betreten. A war darüber empört und forderte energisch die Bestrafung der E.

43 Obwohl A ein Strafverfolgungsbegehren kundtut, nimmt die Staatsanwaltschaft nicht gleich die Ermittlungen auf, sondern sie befragt zunächst den Hausrechtsinhaber N, ob er einen Strafantrag gemäß § 123 II StGB stellen will. Nur wenn zu befürchten ist, dass Beweismittel verloren gehen, greift die Staatsanwaltschaft zur Beweissicherung ein. Erklärt N, keinen Strafantrag stellen zu wollen, eröffnet die Staatsanwaltschaft das Ermittlungsverfahren erst gar nicht oder sie stellt es – falls es zu Beweissicherungszwecken eingeleitet wurde – nach § 170 II ein. Darüber ist A als Antragsteller zu informieren.

44 Die **Wirksamkeit** der verschiedenen Arten von Anzeigen und Anträgen hängt von unterschiedlichen formellen Voraussetzungen ab. Die Strafanzeige und der Strafantrag im Sinne des § 158 I können schriftlich oder mündlich bei der Staatsanwaltschaft, der Polizei und dem Amtsgericht angebracht werden. Eine mündliche Anzeige muss der Beamte oder Richter gemäß § 158 I 2 lediglich beurkunden, d.h. in den Akten schriftlich niederlegen. An die Wirksamkeit des Strafantrags nach §§ 77 ff. StGB stellt § 158 II dagegen strengere Anforderungen. Dieser Antrag muss entweder schriftlich bei einem Gericht, der Staatsanwaltschaft bzw. einer anderen Strafverfolgungsbehörde oder zu Protokoll bei der Staatsanwaltschaft oder einem Gericht angebracht werden.

45 Eine **Anzeigepflicht existiert für Privatpersonen nicht**[8]. Für das materielle Strafrecht folgt daraus die Konsequenz, dass ein Bürger, der von einer – begangenen – Straftat Kenntnis erhält und diese nicht anzeigt, nicht wegen Strafvereitelung durch Unterlassen gemäß §§ 258, 13 StGB strafbar ist, weil es – mangels Anzeigepflicht – an einer Garantenstellung zum Schutz der Rechtspflege fehlt. Eine Anzeigepflicht ergibt sich nicht etwa aus § 138 StGB. Der Tatbestand verpflichtet den Bürger zwar zur Anzeige, wenn er von den dort genannten schweren Delikten Kenntnis erhält. Es handelt sich dabei aber nicht um eine Pflicht zum Ingangbringen eines Strafverfahrens, sondern die Regelung dient dazu, eine Straftat im Vorfeld ihrer Begehung durch die Information einer Behörde oder des Bedrohten abzuwenden. Eine Anzeigepflicht besteht deshalb auch nur, wenn die Ausführung der Tat oder der Erfolgseintritt noch abgewendet werden kann.

II Verfahrenseinleitung durch Anzeigen von Behörden

46 Eine generelle Pflicht zur Anzeige von Straftaten besteht für Behörden und Beamte, die keine Strafverfolgungsaufgaben wahrnehmen, nicht[9]. Einige Vorschriften untersagen sogar die Weitergabe dienstlich erlangter Informationen – auch – über Straftaten oder knüpfen die Offenbarung jedenfalls an strenge Voraussetzungen; siehe z.B. die Regelungen zur Wahrung des Steuergeheimnisses in §§ 30 I, V Nr. 5a, b, 31a AO und des Sozialgeheimnisses in § 35 SGB I, § 73 SGB X.

---

[8] *Roxin*, § 37 Rn. 5.
[9] RGSt 73, 265, 266; 74, 178, 180; *Meyer-Goßner*, § 158 Rn. 6; *Roxin*, § 37 Rn. 6.

Es existieren allerdings auch einige **gesetzliche Anzeigepflichten**. § 159 I verpflichtet die Polizei- und Gemeindebehörden zur Anzeige an die Staatsanwaltschaft oder das Amtsgericht, wenn Anhaltspunkte für einen unnatürlichen Tod einer Person vorhanden sind oder der Leichnam eines Unbekannten gefunden wird. § 183 GVG, der auch außerhalb der ordentlichen Gerichtsbarkeit anwendbar ist[10], errichtet eine – unbeliebte[11] und in der Praxis nicht selten ignorierte – Pflicht für Richter, Straftaten, die in der Sitzung geschehen sind, zu protokollieren und der Staatsanwaltschaft mitzuteilen, unter Umständen sogar den Täter vorläufig festzunehmen. Gemäß § 6 I 2, 3, IV SchwarzArbG, § 6 SubvG, § 90 I AufenthG, §§ 31a I Nr. 1a, II 1, 31b II AO, § 4 V Nr. 10 EStG müssen die jeweils in Anspruch genommenen öffentlichen Institutionen die Strafverfolgungsbehörden über den Verdacht einer Straftat in Kenntnis setzen. Die in § 116 I AO statuierte Pflicht für die Gerichte und alle Bundes-, Landes- und Kommunalbehörden, bei dem Verdacht einer Steuerstraftat die *Finanzbehörde* zu informieren, dient dagegen nicht der Durchführung eines Straf-, sondern eines Besteuerungsverfahrens[12]. Eine Anzeigepflicht kann sich darüber hinaus auch aus **beamtenrechtlichen Dienstvorschriften**[13] ergeben.

47

Strittig ist, ob Strafvollzugsbeamte verpflichtet sind, von Gefangenen verwirklichte oder an ihnen begangene Straftaten anzuzeigen.

48

> **Beispiel**: Der wegen Mordes zu einer 15-jährigen Freiheitsstrafe und anschließender Sicherungsverwahrung verurteilte Strafgefangene S beging in der Strafanstalt gegenüber weiblichen Bediensteten und externen Mitarbeiterinnen mehrere Sexualstraftaten. Der Leiter der JVA, dem diese Vorfälle bekannt waren, erstattete keine Strafanzeigen.

Das OLG Hamburg[14] leitete eine Anzeigepflicht des Anstaltsleiters aus seiner Verantwortung für die Erfüllung der Vollzugsziele (§ 156 II 2 StVollzG) her. Begehe ein Strafgefangener während des Vollzuges erneut eine – gewichtige – Straftat, so könne dies ein Indiz dafür sein, dass zur Erreichung des Vollzugszieles, den Strafgefangenen zu einem Leben ohne Straftaten zu befähigen (§ 2 S. 1 StVollzG), die bisher verhängte Sanktion noch nicht ausreicht. Deshalb sei es erforderlich, dass auf die neue Straftat reagiert werde, um auf eine angemessene Auseinandersetzung mit seiner Tat in einem neuen Strafverfahren hinzuwirken. Nach zutreffender Auffassung[15] ergibt sich aus den allgemeinen Rechtsgrundsätzen und Zielvorgaben des Strafvollzugs dagegen keine Anzeigepflicht für Strafvollzugsbeamte. Das gilt im Übrigen auch, wenn ein Vollzugsbeamter Kenntnis von Straftaten erhält, die Kollegen an Häftlingen (z.B. Misshandlungen) begangen haben[16].

49

---

[10] *Nierwetberg*, NJW 1996, 432, 433.
[11] Siehe *Nierwetberg* (NJW 1996, 432, 433 ff.), der die Anzeigepflicht auf eng umgrenzte Fälle beschränken und die Anzeige ansonsten in das Ermessen des Richters stellen will.
[12] *Hellmann*, Neben-Strafverfahrensrecht, S. 49; *Seer*, StuW 1991, 165, 168. A.A. *Pump*, wistra 1987, 322 ff.; *Weyand*, DStR 1990, 411, 412.
[13] *Roxin*, § 37 Rn. 6.
[14] OLG Hamburg, NStZ 1996, 102 f., mit zust. Anm. *Klesczewski*.
[15] BGHSt 43, 82, 89 f.; *Küpper*, JR 1996, 524 f.; *Rudolphi*, NStZ 1997, 600.
[16] BGHSt 43, 82, 84 f., mit zust. Anm. *Rudolphi*, NStZ 1997, 599 ff.

III Verfahrenseinleitung kraft amtlicher Wahrnehmung

50 Ein Ermittlungsverfahren kann darüber hinaus durch amtliche Wahrnehmung in Gang gesetzt werden. §§ 152 II, 160 I, 163 I 1 verpflichten die **Staatsanwaltschaft** und die **Polizei** zum Einschreiten, d.h. zur Erforschung des Sachverhalts, wenn sie von dem Verdacht einer Straftat Kenntnis erlangen. Für Staatsanwälte und Polizeibeamte gilt damit das **Legalitätsprinzip** (*Rn. 55*).

51 Eine uneingeschränkte Pflicht zur Verfahrenseinleitung besteht jedenfalls, wenn der Staatsanwalt oder der Polizeibeamte **dienstlich** von dem Verdacht einer Straftat erfährt. Strittig ist, ob und in welchen Fällen die dem Legalitätsprinzip verpflichteten Beamten bei **außerdienstlich erlangter Kenntnis** das Strafverfahren einleiten müssen. Diese Frage besitzt auch für das materielle Strafrecht Bedeutung, weil die pflichtwidrige Nichteinleitung des Strafverfahrens die Strafbarkeit des Beamten wegen Strafvereitelung im Amt (§ 258a StGB) begründen kann.

> **Beispiel:** Staatsanwalt S saß abends in seinem Stammlokal mit Freunden zusammen. Er bemerkte, dass ein anderer Gast (G), der in erheblichem Maße alkoholische Getränke zu sich genommen hatte, mit dem Auto fuhr. Muss S ein Ermittlungsverfahren gegen G einleiten?

52 Vertreten wird hierzu die gesamte Bandbreite möglicher Lösungen von der völligen Ablehnung einer Ermittlungspflicht[17] bis zur Annahme einer Einschreitenspflicht bei einer jeden privaten Kenntniserlangung[18] von einem strafrechtlich relevanten Verhalten. Nach Auffassung des BGH[19] und eines Teils der Literatur[20] besteht eine Ermittlungspflicht nur bei solchen Taten, bei denen die Abwägung der konkreten Umstände ergibt, dass sie „nach Art und Umfang die Belange der Öffentlichkeit und der Volksgesamtheit in besonderem Maße berühren". Diese Beschränkung der Ermittlungspflicht auf schwere Straftaten verdient grundsätzlich Zustimmung, doch bedarf sie – insbesondere im Hinblick auf die strafrechtlichen Konsequenzen – der Präzisierung. In der Literatur wird vorgeschlagen, dazu entweder den Katalog des § 138 StGB heranzuziehen[21] oder generell bei Verbrechen im Sinne des § 12 I StGB eine Verfolgungspflicht anzunehmen[22]. Denkbar wäre es auch, auf einen der inzwischen zahlreichen Kataloge in der StPO, die den Einsatz bestimmter Ermittlungsmaßnahmen gestatten (z.B. §§ 100a, 110a I, 163d I), zurückzugreifen[23]. Da diese Vorschriften nicht nur die Schwere der Delikte, sondern

---

[17] Z.B. *Hoyer*, in: SKStGB, § 258a Rn. 6; *Laubenthal*, JuS 1993, 907, 911 f.; *Mitsch*, NStZ 1993, 384, 385.
[18] So grundsätzlich *Eb. Schmidt* (Lehrkommentar I, S. 227), der die Verfolgungspflicht nur verneint, wenn das Verfahren nach § 153 StPO eingestellt werden kann.
[19] BGHSt 5, 225, 229; 12, 277, 281. Zur Frage, ob die außerdienstlich erlangte Kenntnis eine Garantenstellung zur Verhinderung von Straftaten begründet, siehe BGHSt 38, 388 ff., mit Anm. *Bergmann*, StV 1993, 518 f. und Bespr. *Laubenthal*, JuS 1993, 907 ff.
[20] *Beulke*, Rn. 91; *Lackner/Kühl*, § 258a Rn. 4; *Tröndle/Fischer*, § 258a Rn. 4.
[21] Z.B. *Geppert*, Jura 1982, 139, 148; *Roxin*, § 37 Rn. 3; *Schlüchter*, Lehrbuch, Rn. 69; *Schöch*, in: AKStPO, § 160 Rn. 11.
[22] *Krey* II, Rn. 209 f.
[23] *Ranft* (Rn. 288) erwägt, den Katalog des § 100a heranzuziehen.

auch ermittlungstaktische Gesichtspunkte berücksichtigen[24] und die Kataloge zudem zum Teil erheblich voneinander abweichen, scheidet eine solche Lösung jedoch aus. Auch die Heranziehung des § 138 StGB überzeugt nicht, da eine Begründung für die Annahme, gerade diese Tatbestände, nicht dagegen andere von vergleichbarem Schweregrad, würden den Staatsanwalt oder Polizeibeamten generell zur Aufnahme von Ermittlungen verpflichten, nicht ersichtlich ist. Zutreffend erscheint der Vorschlag, eine Pflicht des Beamten anzunehmen, wenn er **außerdienstlich** von dem **Verdacht eines Verbrechens** im technischen Sinne (§ 12 I StGB) Kenntnis erlangt. Denn dieser Weg beachtet die Wertung des Gesetzgebers, dass es sich bei dem von ihm als Verbrechen eingestuften Tatbestand um ein Delikt von besonderem Gewicht handelt. Da die von G möglicherweise begangenen Straßenverkehrsdelikte (§§ 316, 315c StGB) Vergehen sind, entfällt somit eine Pflicht des S zur Einleitung des Ermittlungsverfahrens.

Eine andere Frage ist es, ob Staatsanwälte und Polizeibeamte **außerhalb ihrer Dienstzeit strafverfolgend tätig werden dürfen**.

> **Beispiel:** Während eines Einkaufsbummels beobachtete der Polizeibeamte P den D bei der Begehung eines Diebstahls. Als D das Kaufhaus verlassen hatte, nahm P ihn zwecks Feststellung der Personalien fest. Er durchsuchte D und fand in dessen Kleidung Waren, die dieser nicht bezahlt hatte.

Staatsanwälte und Polizeibeamte werden in ihrer dienstfreien Zeit nicht sachlich unzuständig[25], sie können sich also jederzeit in den Dienst versetzen mit der Folge, dass sie eingreifen dürfen, wenn sie außerdienstlich von dem Verdacht einer Straftat Kenntnis erlangen. P hatte somit nicht nur das Recht zur Festnahme gemäß § 127 I 1, das jedermann zusteht, sondern darüber hinaus die Befugnis, D gemäß § 102 zu durchsuchen.

IV Tatverdacht und Pflicht zur Verfahrenseinleitung (Legalitätsprinzip)

1. Legalitätsprinzip

§ 152 II verpflichtet die Staatsanwaltschaft zum Einschreiten, d.h. zur Einleitung des Ermittlungsverfahrens, wenn ein Tatverdacht vorhanden ist. Die Vorschrift normiert das Legalitätsprinzip für die **Staatsanwaltschaft**. § 163 I 1 erstreckt es auf die **Behörden und Beamten des Polizeidienstes**[26]. Personen, die gemäß § 152 GVG zu Ermittlungspersonen der Staatsanwaltschaft ernannt worden und keine Polizeibeamten sind bzw. denen die Pflichten der Polizei nicht auferlegt wurden, sind nach zutreffender Meinung nicht verpflichtet, Straftaten aus eigener Initiative zu erforschen (näher dazu *Rn. 174 f.*).

---

[24] Siehe z.B. *Maiwald* (in: AKStPO, § 100a Rn. 2) für die Überwachung des Fernmeldeverkehrs.
[25] *Meyer-Goßner*, § 163 Rn. 8.
[26] *Achenbach*, in: AKStPO, § 163 Rn. 2; *Geppert*, Jura 1982, 139, 140 f.

56 **Uneingeschränkte Geltung** beansprucht das Legalitätsprinzip heute allerdings nur noch bei der **Verfahrenseinleitung**. Sie steht somit nicht im Ermessen der ihm verpflichteten Behörden und Beamten, sodass die Ermittlungen auch dann aufzunehmen sind, wenn dies im konkreten Fall unzweckmäßig oder unverhältnismäßig erscheint. Als weiterer Aspekt des Legalitätsprinzips wird die Pflicht zur Anklageerhebung bei hinreichendem Tatverdacht, wie sie in § 170 II niedergelegt ist, bezeichnet[27]. Das Gesetz eröffnet jedoch – insbesondere in §§ 153 ff. – zahlreiche Möglichkeiten zur Verfahrensbeendigung aus Opportunitätsgründen (*Rn. 555 ff.*), sodass von einem **Anklagezwang** nicht mehr die Rede sein kann[28].

2. Tatverdacht

57 Die Einleitung des Ermittlungsverfahrens setzt gemäß § 152 II „zureichende tatsächliche Anhaltspunkte" voraus, d.h. konkrete tatsächliche Anhaltspunkte, die es nach der kriminalistischen Erfahrung möglich erscheinen lassen, dass eine verfolgbare Straftat begangen worden ist[29]. Diese Formel beschreibt nicht, wann ein Tatverdacht gegeben ist, sondern lediglich die Methode der Verdachtsgewinnung. Es handelt sich um eine retrospektive Prognose, bei der aus einer bekannten Tatsache unter Anwendung eines Erfahrungssatzes auf eine unbekannte, in der Vergangenheit liegende Tatsache, die Straftat, geschlossen wird[30]. Ein bestimmter Grad der Wahrscheinlichkeit des Erfahrungssatzes ist zwar nicht zu fordern[31], Ermittlungen „ins Blaue hinein", d.h. allgemeine bzw. gefühlsmäßige Vermutungen oder vage Hinweise, die sich nicht auf konkrete Anhaltspunkte stützen lassen, begründen aber keinen Anfangsverdacht[32]. Der Verdacht muss sich nicht gegen eine konkrete Person, sondern er kann sich auch gegen „Unbekannt" richten.

58 Es muss sich um eine **verfolgbare Straftat** handeln. Das bedeutet zum einen, dass auf Grund der bisher bekannten Tatsachen bei vorläufiger Prüfung die **Strafbarkeit nach dem materiellen Strafrecht** gegeben zu sein scheint (= Straftat), wobei selbstverständlich auch entlastende Gesichtspunkte zu berücksichtigen sind, z.B. Irrtümer des Beschuldigten, Rechtfertigungs- und Entschuldigungsgründe oder persönliche Strafausschließungs- oder Strafaufhebungsgründe, zum anderen aber auch, dass der Verfolgung **keine prozessualen Hindernisse** (z.B. Verjährung, Fehlen eines Strafantrages) entgegenstehen dürfen (= Verfolgbarkeit).

59 Die Verdachtsgewinnung erfordert somit eine Würdigung in tatsächlicher und rechtlicher Hinsicht.

> **Beispiel:** O wurde auf dem Weg zu ihrer Wohnung von hinten niedergestochen und dadurch lebensgefährlich verletzt. Ihr geschiedener Ehemann E hatte mehrfach an-

---

[27] Z.B. *Geppert*, Jura 1982, 139, 142 f.; *Roxin*, § 14 Rn. 1.
[28] *Schulenburg*, JuS 2004, 765, 767 ff.
[29] Z.B. BVerfG, NStZ 1982, 430; NJW 1994, 783; BGH [Z], NJW 1989, 96, 97; *Beulke*, Rn. 111; *Heghmanns*, Rn. 179; *Hellebrand*, Rn. 189; *Meyer-Goßner*, § 152 Rn. 4.
[30] *Kühne*, Rn. 316 ff.; *ders.*, NJW 1979, 617, 619 ff.
[31] Vgl. *Schlüchter*, Lehrbuch, Rn. 393.2 f.
[32] OLG Düsseldorf, MDR 1991, 78, 79; *Burhoff*, Ermittlungsverfahren, Rn. 105; *Schulenburg*, JuS 2004, 765.

gekündigt, die O umzubringen. Ein Zeuge bekundete, unmittelbar vor der Tat eine Person, deren Beschreibung auf E passt, in unmittelbarer Nähe des Tatortes gesehen zu haben.

Die bekannten Tatsachen begründen eine gewisse, wenn auch noch geringe Wahrscheinlichkeit dafür, dass E der O den Messerstich versetzte. Die vorläufige rechtliche Bewertung ergibt einen Tatverdacht wegen versuchten Mordes (§§ 211, 22 StGB) und gefährlicher Körperverletzung (§ 224 StGB). **60**

Da die Gewinnung des Tatverdachts auf einer Prognose beruht, fließen in die Entscheidung **subjektive Wertungen des zur Strafverfolgung berufenen Beamten** ein. Ihm steht zwar kein Ermessen zu (*Rn. 56*), der Anfangsverdacht ist aber ein unbestimmter Rechtsbegriff, sodass der Beamte einen **Beurteilungsspielraum** hat[33]. Verschiedene Personen können also durchaus zu unterschiedlichen, gleichermaßen vertretbaren Ergebnissen hinsichtlich des Vorliegens eines Tatverdachts gelangen. Dieser Spielraum betrifft sowohl die tatsächliche Seite, also die Beurteilung, ob die bekannten Tatsachen für einen bestimmten Tathergang sprechen, als auch die rechtliche Subsumtion. Die Entscheidung wird damit jedoch nicht beliebig. Einerseits darf ein Ermittlungsverfahren – jenseits aller persönlichen Wertungen – nur eingeleitet werden, wenn der Annahme des Tatverdachts ein überprüfbarer Erfahrungssatz zugrunde liegt, mag dieser auch für einen anderen Beamten nach dessen Einschätzung nicht ausreichen, andererseits besteht bei gravierenden Anhaltspunkten eine Pflicht zur Verfahrenseinleitung. **61**

Das Legalitätsprinzip als Ausprägung des Willkürverbots fordert die Einleitung eines Ermittlungsverfahrens gegen jeden, bei dem **dieselbe Verdachtslage** besteht[34]. **62**

> **Beispiel:** Patient P verstarb infolge eines Behandlungsfehlers im Krankenhaus. Die Staatsanwaltschaft leitete nur gegen A, den leitenden Arzt der Intensivstation, das Ermittlungsverfahren ein, nicht jedoch gegen andere Ärzte, die ebenfalls an der Behandlung beteiligt waren und Mitverantwortung trugen.

Die Staatsanwaltschaft hat durch die unterlassene Einleitung des Ermittlungsverfahrens gegen die anderen Ärzte, die möglicherweise strafrechtlich für den Tod des P verantwortlich sind, das Legalitätsprinzip verletzt. Aus diesem gesetzwidrigen Zustand kann der Beschuldigte, gegen den ermittelt wird, jedoch kein rechtliches Hindernis für die Verfolgung der eigenen Straftat herleiten, da es keinen Anspruch auf Gleichheit im Unrecht gibt[35]. **63**

---

[33] BVerfG, NJW 1984, 1451, 1452; BGHSt 37, 48, 51 f.; 38, 214, 228; BGH, NJW 1989, 96, 97; *Beulke*, Rn. 111; *Pfeiffer*, § 152 Rn. 3.
[34] BVerfG, NStZ 1982, 430.
[35] BVerfG, NStZ 1982, 430; OLG Hamburg, NStZ 1988, 467; *Schöch*, in: AKStPO, § 152 Rn. 22.

3. Keine Bindung der Staatsanwaltschaft an eine gefestigte höchstrichterliche Rechtsprechung

64 Bei der rechtlichen Beurteilung unterliegt die Staatsanwaltschaft nach zutreffender Auffassung keiner Bindung an eine höchstrichterliche Rechtsprechung.

(a) Abweichung zuungunsten des Beschuldigten

65 Die Staatsanwaltschaft darf und muss das Ermittlungsverfahren auch dann einleiten (und ggf. Anklage erheben), wenn sie eine Rechtsprechung, die das Verhalten als nicht strafbar beurteilt, für unrichtig hält[36]. Würde man es der Staatsanwaltschaft verwehren, ein Ermittlungsverfahren einzuleiten, um diese Rechtsprechung den Gerichten erneut zur Entscheidung vorzulegen, so wäre damit eine möglicherweise **unzutreffende Rechtsmeinung auf Dauer festgeschrieben** und nicht wieder zu korrigieren.

(b) Abweichung zugunsten des Beschuldigten

66 Strittig ist dagegen, ob die Staatsanwaltschaft an eine **gefestigte höchstrichterliche Rechtsprechung**, die das Verhalten als strafbar ansieht, gebunden ist. Der BGH[37] und ein Teil der Literatur[38] nehmen eine solche **Bindung** an und führen als Begründung das Rechtsprechungsmonopol der Gerichte (Art. 92 GG), das Klageerzwingungsverfahren (§§ 172 ff.) und die Vorschriften über die Vorlagepflichten bei Divergenzen der höchstrichterlichen Rechtsprechung (§§ 121 II, 136 GVG) an. Eine Pflicht der Staatsanwaltschaft, gegen ihre eigene Rechtsüberzeugung das Ermittlungsverfahren einzuleiten und sogar Anklage zu erheben, ist jedoch abzulehnen[39]. Schon die praktischen Konsequenzen einer solchen Bindung wären befremdlich. Die Staatsanwaltschaft müsste den Bürger, den sie für unschuldig hält, den – unter Umständen erheblichen – Belastungen des Strafverfahrens aussetzen, in der Hauptverhandlung jedoch auf Freispruch plädieren, um auf diesem Wege eine Korrektur der Rechtsprechung zu erwirken. Aber auch die rechtliche Betrachtung spricht gegen eine Bindungswirkung. Gemäß § 150 GVG ist die Staatsanwaltschaft nämlich von den Gerichten unabhängig. Sie muss deshalb die tatsächlichen und rechtlichen Voraussetzungen der Straftat in eigener Verantwortung beurteilen. Hinzu kommt, dass die staatsanwaltschaftliche Entscheidung in vielen Fällen ohnehin der gerichtlichen Prüfung unterliegt, nämlich dann, wenn der Verletzte einen Strafantrag gestellt hat. Stellt die Staatsanwaltschaft das Verfahren mangels hinreichenden Tatverdachts gemäß § 170 II 1 ein, kann er gemäß §§ 172 ff. das Klageerzwingungsverfahren betreiben.

---

[36] *Beulke*, Rn. 89; *Krey* I, Rn. 358 f.; *Ranft*, Rn. 243. A.A. *Kühne*, Rn. 143.
[37] BGHSt 15, 155, 158 ff.
[38] *Beulke*, Rn. 90; *Meyer-Goßner*, Vor § 141 GVG Rn. 11; *Kühne*, Rn. 144; *Schmid*, in: KKStPO, § 170 Rn. 6; *Ranft*, Rn. 242. Differenzierend *Krey* (I, Rn. 350 ff.), der eine dienstrechtliche Bindung des Staatsanwalts an eine gefestigte höchstrichterliche Judikatur, aber keine strafbewehrte Verfolgungspflicht (§§ 258a, 13 StGB) annimmt.
[39] *Achenbach*, in: AKStPO, § 170 Rn. 12; *Fezer*, Fall 2 Rn. 32 ff.; *Koller*, Staatsanwaltschaft, S. 368 ff.; *Roxin*, § 10 Rn. 12; *ders.*, DRiZ 1997, 109, 114 ff.; *Weiland*, S. 8.

V Zeitpunkt der Verfahrenseinleitung

Aus der Pflicht zur Einleitung des Ermittlungsverfahrens bei Vorliegen eines Tatverdachts ergibt sich nicht, wann es in Gang kommt. Die StPO regelt den Zeitpunkt der Verfahrenseinleitung nicht. Nach h.M.[40] ist grundsätzlich ein **Willensakt der zuständigen Strafverfolgungsbehörde** erforderlich, der zum Ausdruck bringt, dass sie das Ermittlungsverfahren gegen jemanden als den für eine Straftat möglicherweise Verantwortlichen betreiben will. Diese Sicht verdient jedoch keine Zustimmung. § 397 I AO, der unmittelbar nur für die Einleitung des Steuerstrafverfahrens gilt, enthält einen Rechtsgedanken, der auf andere Verfahren übertragbar ist[41]. Nach dieser Vorschrift leitet jede Maßnahme der Finanzbehörde, der Polizei, der Staatsanwaltschaft, einer ihrer Ermittlungspersonen oder des Strafrichters, die erkennbar darauf abzielt, gegen jemanden wegen einer (Steuer-)Straftat vorzugehen, das (Steuer-)Strafverfahren ein. Dieser Regelung liegt eine Kombination **objektiver und subjektiver Merkmale** zugrunde[42]. Eingeleitet ist das Ermittlungsverfahren somit zum einen, wenn der Beamte einen Tatverdacht hegt, zum anderen aber auch, wenn die Maßnahme schon nach ihrem äußeren Erscheinungsbild belegt, dass der Beamte zur Aufklärung einer Straftat tätig wird[43]. Ob er dabei einen Verfolgungswillen hat, ist dann nicht entscheidend. Auch auf einen formalen Akt, z.B. das Anlegen einer Akte, die Vergabe eines Aktenzeichens o.ä. kommt es nicht an. Der Zeitpunkt der Verfahrenseinleitung ist für den Beschuldigten von besonderer Bedeutung, weil mit der Begründung des Beschuldigtenstatus die Schutzrechte der StPO entstehen. Der Beschuldigte darf nur den gesetzlich zulässigen Zwangsmaßnahmen unterworfen werden, und er kann gemäß § 136 I 2 entscheiden, ob er zu den Vorwürfen Stellung nehmen oder schweigen und einen Verteidiger hinzuziehen will (näher dazu *Rn. 427 ff.*).

67

VI Vorermittlungen

Rechtsprechung[44] und Literatur[45] vertreten zum Teil die Auffassung, es gebe ein Stadium der „Vorermittlungen" bzw. „Initiativermittlungen"[46], in dem zwar der für die Einleitung des – förmlichen – Ermittlungsverfahrens notwendige Anfangsverdacht noch nicht besteht, das die Staatsanwaltschaft aber berechtige oder sogar verpflichte, Ermittlungen anzustellen, um zu überprüfen, ob die Einleitung eines Ermittlungsverfahrens in Betracht kommt. Gemeint sind offensichtlich Fälle, in denen Verdachtsmomente von nur geringem Gewicht vorhanden sind. Ein solches Stadium existiert jedoch nicht[47]. Es folgt auch nicht – wie zum Teil behauptet

68

---

[40] Z.B. BGHSt 10, 8, 12; 34, 138, 140; 37, 48, 51 f.; BGH, NJW 1994, 2904, 2907; NJW 1997, 1591; *Meyer-Goßner*, Einl. Rn. 76; *Krey* I, Rn. 758.
[41] BGHSt 38, 214, 228; *Beulke*, Rn. 112.
[42] BGHSt 38, 214, 228; siehe dazu auch *Lesch*, JA 1995, 157, 159 f.
[43] BGHSt 38, 214, 228; BGH, NJW 1997, 1591 f.; *Beckemper*, Verteidigerkonsultationsrecht, S. 96 f.; *Beulke*, Rn. 112.
[44] Z.B. LG Offenburg, NStZ 1993, 506 f.
[45] Z.B. *Keller/Griesbaum*, NStZ 1990, 416, 417; *Wache*, in: KKStPO, § 163 Rn. 8.
[46] *Rogall*, in: SKStPO, Vorbem § 133 Rn. 42; *Schroeder*, Rn. 85.
[47] Eingehend dazu *Beckemper*, Verteidigerkonsultationsrecht, S. 90 ff.

wird[48] – aus § 159 I, der die Polizei- und die Gemeindebehörden zur sofortigen Anzeige an die Staatsanwaltschaft oder an das Amtsgericht verpflichtet, wenn Anhaltspunkte dafür bestehen, dass ein Mensch eines nicht natürlichen Todes gestorben ist, oder wenn der Leichnam eines Unbekannten gefunden wurde. Die Vorschrift belegt vielmehr, dass ein Tatverdacht schon bei entfernteren Verdachtsgründen, die nach kriminalistischer Erfahrung das Vorliegen einer verfolgbaren Straftat als möglich erscheinen lassen, gegeben sein kann[49]. Ist ein Mensch eines unnatürlichen Todes gestorben, z.B. durch Selbstmord, einen Unfall oder sonstige Fremdeinwirkung, so liegt nämlich ein strafbares Verhalten eines Dritten nicht völlig fern. Wird der Leichnam eines Unbekannten aufgefunden, kann eine nicht natürliche Ursache und damit ein strafbares Verhalten eines Dritten in der Regel ebenfalls nicht von vornherein ausgeschlossen werden. Die Anzeige gibt der Staatsanwaltschaft die Gelegenheit zu prüfen, ob Anhaltspunkte für eine Straftat vorhanden sind, die eine weitere Aufklärung erfordern (vgl. Nr. 33 I RiStBV). Nimmt die Staatsanwaltschaft Maßnahmen vor, z.B. eine Leichenschau nach § 87 I, so handelt es sich um Ermittlungen auf Grund eines Tatverdachts. § 159 I ändert somit nichts an dem Befund, dass die Strafverfolgungsorgane nicht einschreiten dürfen, und zwar auch nicht im Wege von „Vorermittlungen", wenn jegliche tatsächliche Anhaltspunkte für eine verfolgbare Straftat fehlen. Liegen sie dagegen vor, so leitet eine Maßnahme, die darauf gerichtet ist, die Verdachtsmomente zu erhärten oder zu entkräften, das „reguläre" Ermittlungsverfahren ein. Mit der Anerkennung von „Vorermittlungen" wäre im Übrigen nichts gewonnen, da sie jedenfalls mit dem strafprozessualen Befugnisinstrumentarium zu führen wären.

Kontrollfragen

1. Wodurch unterscheiden sich Strafanzeige und Strafantrag? (Rn. 40, 41)
2. Was ist unter dem Legalitätsprinzip zu verstehen? (Rn. 55 f.)
3. Welche Strafverfolgungsorgane unterliegen dem Legalitätsprinzip? (Rn. 55)

Literatur

Geppert, Das Legalitätsprinzip, Jura 1982, 139.
Koch, Die „fahrlässige Falschanzeige" – oder: Strafrechtliche Risiken der Anzeigeerstattung, NJW 2005, 943.
Nierwetberg, Strafanzeige durch das Gericht, NJW 1996, 432.
Schulenburg, Legalitäts- und Opportunitätsprinzip im Strafverfahren, JuS 2004, 765.

---

[48] *Krehl*, in: HKStPO, § 159 Rn. 1; *Lohner*, Der Tatverdacht im Ermittlungsverfahren, 1994, S. 79 ff.; *Maiwald*, NJW 1978, 561, 562; *Schöch*, in: AKStPO, § 159 Rn. 2.
[49] Vgl. BVerfG, NJW 1994, 783.

§ 4 Durchführung des Ermittlungsverfahrens

Auf welche Weise das Ermittlungsverfahren durchzuführen ist, gibt die StPO nicht im Einzelnen vor. Angesichts der Vielfalt denkbarer Fallgestaltungen wäre dies auch gar nicht möglich.

I Erforschungs- und Beweissicherungspflicht der Strafverfolgungsorgane

§§ 160 I-III, 161 I, 163 I stecken lediglich den Rahmen der staatsanwaltschaftlichen und polizeilichen Aufgaben und Befugnisse ab. Gemäß § 160 I hat die Staatsanwaltschaft zur Vorbereitung ihrer Entschließung, ob die öffentliche Klage zu erheben ist, nach der Kenntniserlangung von dem Verdacht einer Straftat den Sachverhalt zu erforschen. § 160 II, III präzisiert den Inhalt dieser **Erforschungspflicht**: Die Staatsanwaltschaft hat die den Beschuldigten **be- und entlastenden Umstände zu ermitteln** und die für das Verfahren **erforderlichen Beweismittel zu sichern** (Abs. 2). Sie ist nicht nur für die Ermittlung der Tatsachen zuständig, die für den **Schuldspruch** maßgeblich sind, sondern auch derjenigen Umstände, die für die **Rechtsfolgenbemessung** (Strafe und/oder Maßregeln der Besserung und Sicherung) Bedeutung haben (Abs. 3). § 161 I 1 bestimmt in genereller Form, welche Befugnisse der Staatsanwaltschaft zur Erfüllung ihrer Aufgaben zustehen. Sie kann von allen öffentlichen Behörden **Auskunft verlangen** und **eigene Ermittlungen jeder Art** selbst vornehmen oder von der Polizei vornehmen lassen. § 163 I 1 statuiert auch für die Polizei die Erforschungspflicht und mit anderen Worten (Treffen aller keinen Aufschub gestattenden Anordnungen, um die Verdunkelung der Sache zu verhüten) die Beweissicherungspflicht. Das StVÄG 1999 hat in § 163 I 2 eine der staatsanwaltschaftlichen Befugnisgeneralklausel ähnliche Regelung für die Polizei eingefügt. Im Gegensatz zur Staatsanwaltschaft kann die Polizei allerdings grundsätzlich nur ein **Auskunftsersuchen** an Behörden richten, lediglich bei Gefahr im Verzug, also wenn ein Verlust des Beweismittels zu befürchten ist, sowie im Fall von Ermittlungen auf Ersuchen bzw. im Auftrag der Staatsanwaltschaft (§ 161 I 2), kann die Polizei die Auskunft verlangen.

Nach h.M. bringen §§ 161 I, 163 I den **Grundsatz der freien Gestaltung des Ermittlungsverfahrens** zum Ausdruck[1]. Dieser Terminus ist jedoch missverständlich. Die Beamten können und müssen zwar die zur Sachverhaltsaufklärung und Beweissicherung geeigneten und erforderlichen Maßnahmen ergreifen. §§ 161 I, 163 I enthalten aber keine Generalklauseln, die alle erdenklichen Ermittlungsmaßnahmen gestatten. Nach § 160 IV sind Maßnahmen unzulässig, die besondere bundesgesetzliche oder entsprechende landesgesetzliche Verwendungsregelungen verletzen. Bundesgesetze, welche die Erhebung bestimmter Daten regeln, haben also immer Vorrang[2], Landesgesetze dann, wenn sie bundesgesetzlichen Regelungen entsprechen[3]. Mit **Grundrechtseingriffen verbundene Ermittlungshandlungen** stehen zudem unter dem Vorbehalt des Gesetzes, sie erfordern also eine

---
[1] Z.B. BVerfG, NStZ 1996, 45, *Meyer-Goßner*, § 161 Rn. 7; § 163 Rn. 47.
[2] *Krehl*, in: HKStPO, § 160 Rn. 13.
[3] BT-Drucks. 14/1484, 46.

gesetzliche Grundlage, welche die Voraussetzungen, den Inhalt und die Grenzen der Maßnahme regelt. Ob und in welchem Umfang sie auf §§ 161 I, 163 I gestützt werden können, ist heftig umstritten (*Rn. 133 ff., 141 ff.*). Zahlreiche Ermittlungsmaßnahmen haben eine spezielle Regelung erfahren. Häufig setzen sie eine richterliche Anordnung voraus, die gemäß § 162 I 1 nur von der Staatsanwaltschaft beantragt werden kann. Andere Maßnahmen stehen in der originären Kompetenz der Staatsanwaltschaft oder ihrer Ermittlungspersonen bzw. der Polizei oder dürfen von ihnen jedenfalls bei Gefahr im Verzug angeordnet werden. Bei der Entscheidung, welche Ermittlungshandlung im konkreten Fall zur Anwendung kommen soll, steht der Staatsanwaltschaft und in gewissen Grenzen auch der Polizei allerdings eine Gestaltungsfreiheit zu, die zutreffend als **taktisches Handlungsermessen** zu bezeichnen ist[4].

72 Da die Aufgaben und die Befugnisse der Strafverfolgungsorgane – Staatsanwaltschaft, Ermittlungspersonen der Staatsanwaltschaft, Polizei und Ermittlungsrichter – schon grundsätzlich voneinander abweichen, sind zunächst deren Rechts- und Pflichtenstellungen im Einzelnen darzulegen (*§ 5*), bevor die einzelnen speziell geregelten Ermittlungsmaßnahmen behandelt werden (*§ 6*).

II Einflussnahme des Beschuldigten auf das Ermittlungsverfahren

73 Die Strafverfolgungsorgane bestimmen nicht allein den Ablauf des Ermittlungsverfahrens, sondern der Beschuldigte und sein Verteidiger können durch die **Abgabe von Erklärungen** zu den Vorwürfen (vgl. § 136 II), die **Beantragung der Erhebung von Entlastungsbeweisen** (vgl. § 136 I 3) und die **Ausschöpfung der Rechtsschutzmöglichkeiten**[5] Einfluss nehmen. Auch die „Gegenrechte" des Beschuldigten und seines Verteidigers, die zum einen die Befugnisse der Strafverfolgungsorgane begrenzen und zum anderen eine aktive Mitgestaltung des Ermittlungsverfahrens ermöglichen, bedürfen deshalb der Erläuterung (*§ 7, § 8*).

III Mitwirkung des Verletzten

74 Der Verletzte ist inzwischen nicht mehr auf eine passive Rolle als Beweismittel (Zeuge, Augenscheinsobjekt) beschränkt, sondern er hat zahlreiche Möglichkeiten, auf den Ablauf des Strafverfahrens einzuwirken. Zu diesem Zweck stehen ihm bzw. dem Rechtsanwalt, dessen er sich als Beistand bedient, **Informations- und Mitwirkungsrechte** zur Verfügung (vgl. §§ 406e-g), deren Auswirkungen ebenfalls Berücksichtigung verdienen (*§ 9*).

---

[4] *Achenbach*, in: AKStPO, § 161 Rn. 1.
[5] Näher hierzu *Nagel*, StV 2001, 185 ff.

§ 5 Die Strafverfolgungsorgane

I Staatsanwaltschaft

Die Staatsanwaltschaft ist heute eine reine Strafverfolgungsbehörde. In der Vergangenheit hatte sie zwar einige – wenige – Aufgaben außerhalb des Strafverfahrens, ihre Beteiligung am Entmündigungsverfahren entfiel aber 1992 mit der Neuregelung des Betreuungsrechts und das Recht auf Erhebung der Ehenichtigkeitsklage nach § 24 I Ehegesetz mit Aufhebung dieses Gesetzes im Jahr 1998.

1. Die Verfahrensherrschaft der Staatsanwaltschaft

Die StPO weist der Staatsanwaltschaft die zentrale Rolle im Ermittlungsverfahren zu, indem das Gesetz ihr die **Herrschaft über das Ermittlungsverfahren** überträgt. Diese Stellung resultiert aus der Kombination zweier Grundsätze, die den deutschen Strafprozess prägen, und zwar des **Offizialprinzips** und des **Akkusationsprinzips**.

(a) Offizialprinzip

Unter Offizialprinzip ist der Grundsatz zu verstehen, dass Straftaten **von Amts wegen (ex officio) verfolgt** werden. **Durchbrechungen** dieses Prinzips finden sich nur bei der Verletzung von Straftatbeständen, deren Verfolgung nicht im öffentlichen Interesse, sondern im Interesse des Verletzten liegt bzw. deren Verfolgung in das Ermessen der zuständigen politischen Organe gestellt ist. Dies ist der Fall bei **reinen Antragsdelikten**, also solchen, die als Verfahrensvoraussetzung zwingend einen Strafantrag im Sinne des § 77 StGB erfordern *(Rn. 42 f.)* bzw. eine Ermächtigung (§§ 90 IV, 90b II, 97 III, 194 IV, 353a II, 353b IV StGB) oder ein Strafverlangen (§ 104a StGB), und bei **Privatklagedelikten** gemäß § 374, die von dem Verletzen oder einem sonstigen Privatklageberechtigten auch ohne vorherige Anrufung der Staatsanwaltschaft verfolgt werden dürfen *(Rn. 980 f.)*.

(b) Akkusationsprinzip

Aus der Festlegung, dass die Strafverfolgung – grundsätzlich – eine Sache des Staates ist, ergibt sich aber noch nicht, welcher Träger staatlicher Gewalt diese Aufgabe wahrnimmt. Denkbar ist es, dem Richter, der das Urteil zu sprechen hat, auch die Sachverhaltserforschung zu übertragen. Dieses Modell lag dem Inquisitionsprozess zugrunde, der in der Mehrzahl der deutschen Staaten noch bis zur Mitte des 19. Jahrhunderts praktiziert wurde. Dieses Verfahren weist jedoch den unbestreitbaren Nachteil auf, dass der Richter, der bereits die Sachverhaltserforschung betrieben hat, nicht mehr in der Lage ist, die ermittelten Tatsachen unvoreingenommen zu beurteilen. Der sog. reformierte deutsche Strafprozess[1] führte deshalb das Akkusationsprinzip ein. Die Befassung des Richters ist seither von der Erhebung einer **Klage** abhängig. Dieser Anklagegrundsatz hat in §§ 151, 155, 264 seinen Niederschlag gefunden. Mit Ausnahme der Privatklagedelikte, bei denen

---

[1] Zur geschichtlichen Entwicklung siehe *Roxin*, § 70.

der Privatklageberechtigte die Klage erheben darf, ist eine öffentliche Klage (Anklage) erforderlich. Zuständig für die **Erhebung dieser öffentlichen Klage** ist gemäß § 152 I die Staatsanwaltschaft[2].

(c) Das Verhältnis der Staatsanwaltschaft zu ihren Ermittlungspersonen und zur Polizei

79 Die Staatsanwaltschaft besitzt zwar die Herrschaft über das Ermittlungsverfahren und sie kann die ihr eingeräumten Ermittlungsbefugnisse auch selbst wahrnehmen. In der Praxis scheitert die eigene Ermittlungstätigkeit, jedenfalls bei der Verfolgung leichter und mittlerer Straftaten, aber an der geringen personellen Ausstattung der Staatsanwaltschaften. Da auch ein in die staatsanwaltschaftliche Behörde integrierter Ermittlungsunterbau fehlt, ist die Staatsanwaltschaft ein „**Kopf ohne Hände**"[3]. Die notwendige Unterstützung verschafft ihr § 152 GVG, welcher der Staatsanwaltschaft sog. **Ermittlungspersonen** zuordnet. Diese Bezeichnung wurde durch das Justizmodernisierungsgesetz vom 24.08.2004 eingeführt und ersetzt den bis dahin verwendeten, insbesondere von der Polizei als unangemessen empfundenen Terminus „Hilfsbeamte" der Staatsanwaltschaft. Bei diesen Ermittlungspersonen der Staatsanwaltschaft handelt es sich um Beamte und Angestellte, die in ihrem „Hauptamt" andere Funktionen ausüben, derer sich die Staatsanwaltschaft aber im Ermittlungsverfahren bedienen kann (dazu *Rn. 172 ff.*).

80 Neben diesen Ermittlungspersonen kann die Staatsanwaltschaft gemäß § 161 I zudem die **Behörden und Beamten des Polizeidienstes** zur Durchführung von Ermittlungsmaßnahmen heranziehen, und zwar auch die Beamten, die nicht Ermittlungspersonen sind. In der Regel besteht also eine zweifache Grundlage für die Inanspruchnahme der Polizei durch die Staatsanwaltschaft; sie kann Polizeibeamte zum einen auf Grund ihrer Stellung als Ermittlungspersonen der Staatsanwaltschaft und zum anderen unmittelbar auf Grund ihrer Eigenschaft als Polizeibeamte zu Ermittlungen heranziehen.

81 Die Polizeibehörden und -beamten unterliegen zudem gemäß § 163 I 1 dem Legalitätsprinzip (*Rn. 55*), d.h., sie müssen Straftaten aus eigener Initiative, also auch ohne einen Auftrag der Staatsanwaltschaft, erforschen und zur Beweissicherung tätig werden. Dabei handelt es sich aber nicht um eine eigene, von der Staatsanwaltschaft unabhängige Strafverfolgungskompetenz[4], sondern die Polizei übt diese für die Staatsanwaltschaft aus[5]. § 163 I räumt der Polizei nur den „**ersten Zugriff**" ein, denn § 163 II verpflichtet sie zur unverzüglichen Übersendung ihrer „Verhandlungen" an die Staatsanwaltschaft. Die Praxis entspricht dieser rechtlichen Lage zwar bei der „Erledigung" der Massenkriminalität nicht, weil die Polizei den Sachverhalt zumeist „ausermittelt" und die Akten der Staatsanwaltschaft erst nach Abschluss der Ermittlungen übersendet (*Rn. 140*). Rechtlich betrachtet

---

[2] Ausführlich zur Geschichte der Staatsanwaltschaft *Rüping*, GA 1992, 147 ff.
[3] *Hellebrand*, Rn. 127.
[4] So aber *Knemeyer/Deubert*, NJW 1992, 3131 f.
[5] *Achenbach*, in: AKStPO, § 163 Rn. 3; *Meyer-Goßner*, § 163 Rn. 1; *Krey* I, Rn. 470; *Pütz*, wistra 1990, 212, 214 f.; *Schoreit*, in: KKStPO, § 152 Rn. 17.

besitzt die Staatsanwaltschaft aber auch in diesen Fällen trotz des faktischen Übergewichts der Polizei[6] die Verfahrensherrschaft[7].

2. Die Staatsanwaltschaft als monokratisch aufgebaute Justizbehörde

(a) Die funktionelle Stellung als Justizbehörde

Die Staatsanwaltschaft gehört zwar im staatsrechtlichen Sinn zur Exekutive[8], funktionell ist sie aber ein **selbstständiges Organ der Rechtspflege** und als solches nach h.M. weder der Verwaltung im eigentlichen Sinn noch der Rechtsprechung zugeordnet[9]. Diese Zwischenstellung kommt in der Bezeichnung „Justizbehörde" zum Ausdruck; die Staatsanwaltschaft ist zwar eine Behörde, die aber keine Verwaltungstätigkeit wahrnimmt, sondern der in Funktionsteilung mit den Gerichten die Strafrechtspflege anvertraut ist[10]. Aus der in §§ 142 I, 143 GVG geregelten sog. **Sequenzzuständigkeit**, d.h. der Bindung der – sachlichen und örtlichen – Zuständigkeit der Staatsanwaltschaft an die eines bestimmten Gerichts, folgt nicht die Einbindung der Staatsanwaltschaft in das Gericht. § 150 GVG erklärt ausdrücklich, dass die Staatsanwaltschaft in ihren **amtlichen Verrichtungen von den Gerichten unabhängig** ist. § 142 I GVG legt nur fest, wer das Amt der Staatsanwaltschaft bei dem jeweiligen Gericht ausübt:

82

– beim Bundesgerichtshof der Generalbundesanwalt und ein oder mehrere Bundesanwälte;
– bei den Oberlandesgerichten und den Landgerichten ein oder mehrere Staatsanwälte;
– bei den Amtsgerichten ein oder mehrere Staatsanwälte oder Amtsanwälte.

Obwohl gemäß § 141 GVG bei jedem Gericht eine Staatsanwaltschaft bestehen soll, ist dies bei den Amtsgerichten nicht der Fall. Die staatsanwaltschaftlichen Aufgaben nimmt die Staatsanwaltschaft bei dem Landgericht wahr, in dessen Bezirk das Amtsgericht liegt; in einigen Bundesländern können nach Maßgabe des Landesrechts Zweigstellen der Staatsanwaltschaft für den Bezirk eines oder mehrerer Amtsgerichte errichtet werden[11].

83

(b) Aufbau der Staatsanwaltschaft

Die Justizbehörde Staatsanwaltschaft ist monokratisch aufgebaut[12], d.h., der leitende Beamte repräsentiert die Behörde. Der Leiter der Staatsanwaltschaft beim BGH heißt **Generalbundesanwalt** (§ 142 I Nr. 1 GVG), der Leiter der Staatsanwaltschaft beim OLG trägt die Amtsbezeichnung **Generalstaatsanwalt**, der

84

---

[6] *Heghmanns*, GA 2003, 433, 434; *Lilie*, ZStW 106 (1994), 625, 627 ff.
[7] *Rüping*, ZStW 95 (1985), 895, 909 ff.
[8] *Hellebrand*, Rn. 82; *Koller*, Staatsanwaltschaft, S. 315 ff.; *Krey/Pföhler*, NStZ 1985, 145, 146.
[9] BGHSt 24, 170, 171; *Heghmanns*, Rn. 4; *Meyer-Goßner*, Vor § 141 GVG Rn. 5 ff; *Ranft*, Rn. 208; *Roxin*, DRiZ 1997, 109,114; *Weiland*, S. 8. A.A. *Koller* (Staatsanwaltschaft, S. 315 ff.), der die Staatsanwaltschaft als reine Exekutivbehörde betrachtet.
[10] *Roxin*, § 10 Rn. 8.
[11] Z.B. Art. 12 II 2 BayAGGVG; § 8 II 2 BWAGGVG; § 5 BbgGerichtsneuordnungsG.
[12] *Krey/Pföhler*, NStZ 1985, 145.

Leiter der Staatsanwaltschaft beim Landgericht wird üblicherweise als **Leitender Oberstaatsanwalt** (LOStA) bezeichnet. Die Amtsbezeichnungen Generalstaatsanwalt und Leitender Oberstaatsanwalt entstammen nicht dem GVG, das in § 145 I GVG die Bezeichnung „erster Beamter der Staatsanwaltschaft bei dem Oberlandesgericht bzw. bei dem Landgericht" verwendet.

85 Bei den Staatsanwaltschaften sind nicht nur Staatsanwälte, die gemäß § 122 DRiG die Befähigung zum Richteramt besitzen müssen, sondern auch Amtsanwälte tätig. Sie sind keine Volljuristen, sondern in der Regel Rechtspfleger mit einer besonderen Ausbildung. Amtsanwälte dürfen gemäß §§ 142 II, 145 II GVG das Ermittlungsverfahren nur in Strafsachen führen, die in die Zuständigkeit des Amtsgerichts fallen[13]. Die Wahrnehmung von Aufgaben des Amtsanwalts kann gemäß § 142 III GVG auch Referendaren unter Aufsicht eines Staatsanwalts übertragen werden.

86 Eine Besonderheit ist in Strafverfahren, die ausschließlich eine Steuerstraftat zum Gegenstand haben, zu beachten. Für diese Steuerstrafverfahren bestehen bei den Finanzbehörden (Finanzamt, Hauptzollamt, Bundesamt für Finanzen, Familienkasse) besondere **„Steuerstaatsanwaltschaften"** (*Rn. 1029*).

87 Eine Europäische Staatsanwaltschaft existiert – im Gegensatz zu dem Europäischen Polizeiamt Europol (*Rn. 153 f.*) – nicht, obwohl es Forderungen nach einer Einführung einer solchen Behörde zur Verfolgung von Straftaten gegen die finanziellen Interessen der EG gibt[14]. Auf der Grundlage des Beschlusses des Rates der EU vom 28.02.2002[15] wurde zwar **Eurojust** mit Sitz in Den Haag geschaffen. Die Behörde ist mit einem Staatsanwalt, Richter oder Polizeibeamten mit gleichwertigen Befugnissen aus jedem Mitgliedstaat besetzt. Sie soll die justizielle Zusammenarbeit zwischen den Mitgliedstaaten, insbesondere bei der Bekämpfung der schweren Kriminalität, durch die Koordinierung der in den Mitgliedstaaten geführten Ermittlungsverfahren, die Förderung staatenübergreifender Strafverfolgungsmaßnahmen und die Erleichterung des Rechtshilfeverkehrs zwischen den Mitgliedstaaten verbessern[16]. Staatsanwaltschaftliche Aufgaben und Befugnisse in den Mitgliedstaaten besitzen die Beamten von Eurojust aber nicht. Die Strafverfolgung ist also nach wie vor Sache der nationalen Staatsanwaltschaften.

88 Gemäß § 144 1. Halbsatz GVG handeln die Staatsanwälte der jeweiligen Behörde als **Vertreter des Leiters**. Diese Vertretungsbefugnis unterliegt gemäß § 144 2. Halbsatz GVG keinen Beschränkungen, sodass die Handlungen eines Staatsanwaltes auch dann **im Außenverhältnis wirksam** sind, wenn er nach der innerbehördlichen Geschäftsverteilung[17] für das konkrete Ermittlungsverfahren

---

[13] Die bundeseinheitlich erlassene Anordnung über Organisation und Dienstbetrieb der Staatsanwaltschaft (OrgStA) beschränkt die Zuständigkeit der Amtsanwälte auf Strafverfahren wegen bestimmter Delikte, die zur Zuständigkeit des Strafrichters gehören; *Meyer-Goßner*, § 142 GVG Rn. 8.
[14] Zur Europäischen Staatsanwaltschaft siehe *Radtke*, GA 2004, 1 ff.
[15] ABlEG L 63/1. Siehe auch das Eurojustgesetz (EJG) vom 12.05.2004.
[16] Näher dazu *Esser/Herbold*, NJW 2004, 2421 ff.
[17] Zur Aufgabenverteilung zwischen den Staatsanwälten siehe *Weiland*, S. 12 f.

nicht zuständig ist oder die Handlung einer ausdrücklichen Weisung des Leiters des Staatsanwaltschaft widerspricht.

(c) Aufsichts- und Weisungsbefugnisse

Der Behördenleiter kann gemäß § 145 I GVG jedes Strafverfahren seiner Staatsanwaltschaft selbst übernehmen (sog. **Devolutionsrecht**) oder das Verfahren dem sachbearbeitenden Staatsanwalt entziehen und einen anderen Beamten mit der Durchführung beauftragen (sog. **Substitutionsrecht**). Diese Befugnisse sind nicht auf die jeweilige Behörde beschränkt, sondern sie gelten für den Bezirk der Staatsanwaltschaft. Der Generalstaatsanwalt kann deshalb das Übernahme- und das Ersetzungsrecht in allen Strafverfahren des Oberlandesgerichtsbezirks ausüben. Der Generalbundesanwalt hat jedoch keine Befugnisse gegenüber den Landesstaatsanwaltschaften.

89

Neben dem Devolutions- und Substitutionsrecht der Behördenleiter besteht das **Weisungsrecht** gemäß § 146 GVG. Die Beamten der Staatsanwaltschaft haben danach den dienstlichen Anweisungen ihrer Vorgesetzten nachzukommen. Dieses Recht umfasst sowohl die Erteilung von **Anweisungen zur Behandlung eines konkreten Einzelfalls** als auch den **Erlass allgemeiner Weisungen**, die in generalisierender Form Anleitungen für die Sachbehandlung geben[18]. Auf diesem Weisungsrecht beruhen die in der Praxis bedeutsamen Richtlinien für das Strafverfahren und das Bußgeldverfahren (RiStBV), die in einer bundeseinheitlich geltenden Fassung vom Bundesjustizminister und den Landesjustizministern bzw. -senatoren eingeführt wurden, und andere Richtlinien, z.B. für den Verkehr mit dem Ausland in strafrechtlichen Angelegenheiten (RiVASt)[19] und zum Jugendgerichtsgesetz (RiJGG)[20].

90

Weisungen – gleich welcher Art – verpflichten den Staatsanwalt allerdings nur im Innenverhältnis, sodass ein Verstoß gegen eine Weisung die Wirksamkeit der Handlung im Außenverhältnis nicht berührt. Gemäß § 144 2. Halbsatz GVG sind die Staatsanwälte zu allen Amtsverrichtungen ohne den Nachweis eines besonderen Auftrags berechtigt (siehe schon *Rn. 88*).

91

Das **Aufsichts- und Leitungsrecht** überträgt § 147 GVG dem Bundesjustizminister hinsichtlich des Generalbundesanwalts und der Bundesanwälte, den Landesjustizverwaltungen hinsichtlich sämtlicher staatsanwaltschaftlichen Beamten eines Bundeslandes, dem Generalstaatsanwalt hinsichtlich der Staats- und Amtsanwälte des Oberlandesgerichtsbezirks und dem Leitenden Oberstaatsanwalt hinsichtlich der Staats- und Amtsanwälte des Landgerichtsbezirks. Der Generalbundesanwalt ist in § 147 GVG zwar nicht genannt, er übt dieses Recht aber hinsichtlich der Bundesanwälte aus[21]. Das Weisungsrecht des Generalstaatsanwaltes bzw. des Leitenden Oberstaatsanwaltes wird als internes, das des Ministers als externes[22] bezeichnet, weil er außerhalb der Hierarchie der Staatsanwaltschaft steht.

92

---

[18] Ausführlich hierzu *Maier*, ZRP 2003, 387 ff.
[19] Abgedruckt bei *Piller/Hermann*, Justizverwaltungsvorschriften Nr. 2 f.
[20] Abgedruckt bei *Eisenberg*, Jugendgerichtsgesetz, 10. Aufl. 2004, Anhang 2.
[21] *Meyer-Goßner*, § 147 GVG Rn. 2.
[22] Näher zur Reichweite des externen Weisungsrechts *Krey/Pföhler*, NStZ 1985, 145, 151 f.

Einzelanweisungen richtet der Minister in der Praxis an den Generalstaatsanwalt, der sie an den sachbearbeitenden Staatsanwalt weitergibt. Auf diese Weise erfolgt eine Umsetzung der externen in eine interne Weisung[23].

Schaubild 1: Aufsichts- und Weisungsrechte gegenüber der Staatsanwaltschaft

93

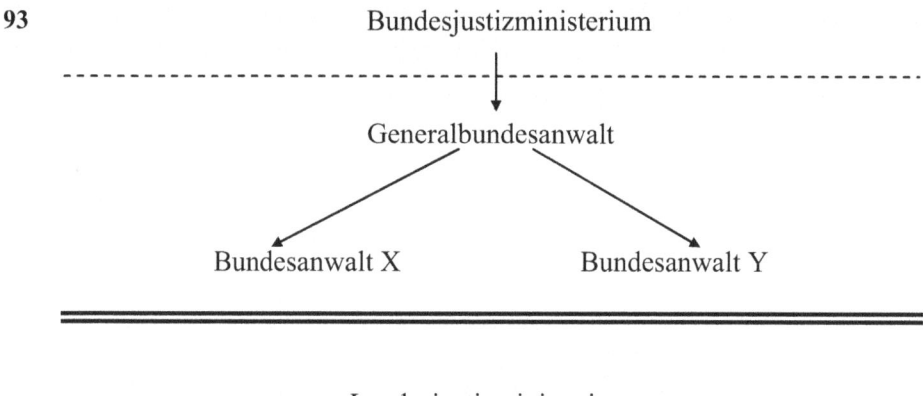

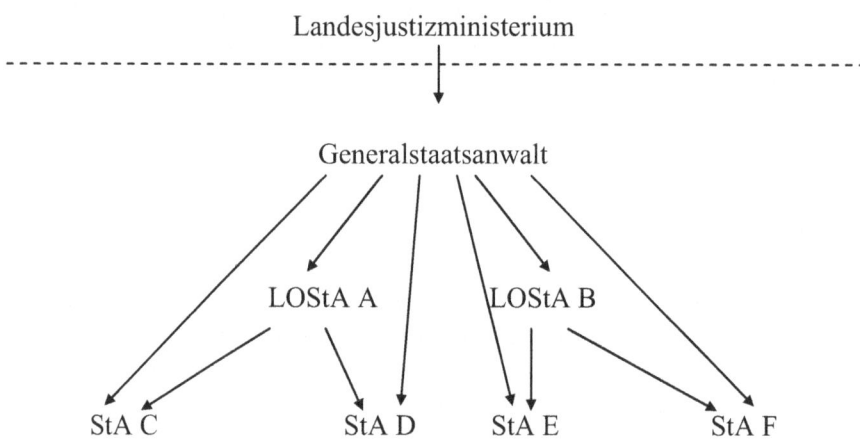

(d) Schranken des Weisungsrechts

94 Das Weisungsrecht wird allerdings durch das **Legalitätsprinzip** und ganz allgemein durch **Gesetz und Recht** (Art. 20 III GG) beschränkt[24]. Der sachbearbeitende Staatsanwalt darf einer Weisung nicht folgen, wenn diese rechtswidrig ist und er sich im Falle der Befolgung strafbar machen würde.

---

[23] *Meyer-Goßner*, § 146 GVG Rn. 1, § 147 GVG Rn. 1.
[24] *Kissel/Mayer*, § 146 Rn. 1 ff.; *Krey/Pföhler*, NStZ 1985, 145, 148.

Beispiel: Staatsanwalt S ermittelte gegen B, Geschäftsführer der B-Bau GmbH und Mitglied der X-Partei, wegen des Verdachts der Beteiligung an einer Submissionsabsprache. Justizminister J, ein Parteifreund des B, gab dem Generalstaatsanwalt G die Anweisung, für die Einstellung des Verfahrens mangels hinreichenden Tatverdachts (§ 170 II) zu sorgen. G wies den Leitenden Oberstaatsanwalt L und dieser den S an, so zu entscheiden. S war dagegen der – zutreffenden – Überzeugung, dass auf der Grundlage der Rechtsprechung des BGH[25] ein für die Anklageerhebung hinreichender Tatverdacht wegen Betruges (§ 263 StGB) und wegen wettbewerbsbeschränkender Absprache bei Ausschreibungen (§ 298 StGB) bestand.

Würde S der Anweisung folgen, so beginge er eine Strafvereitelung im Amt gemäß § 258a StGB. Die dienstliche Weisung entlastet ihn strafrechtlich nicht, denn sie ist kein Rechtfertigungsgrund. Der Beamte trägt nämlich gemäß § 38 I BRRG in Verbindung mit den landesgesetzlichen beamtenrechtlichen Regelungen die volle persönliche Verantwortung für die Rechtmäßigkeit seiner dienstlichen Handlungen. Gemäß § 38 II BRRG und den entsprechenden landesrechtlichen Vorschriften, die auch auf Staatsanwälte Anwendung finden, ist der Beamte verpflichtet, Bedenken gegen die Rechtmäßigkeit einer dienstlichen Anordnung auf dem Dienstweg geltend zu machen (sog. Remonstrationspflicht). Bestätigt der Vorgesetzte die Anweisung, so muss der Beamte sie grundsätzlich befolgen. Das gilt jedoch nicht, wenn sich der Beamte durch das aufgetragene Verhalten strafbar machen würde (§ 38 II 2, 2. Teilsatz BRRG). S darf also die Anweisung, das Verfahren mangels hinreichenden Tatverdachts einzustellen, nicht befolgen. Dies gilt im Übrigen auch, wenn der Staatsanwalt angewiesen wird, trotz fehlenden Tatverdachts gegen einen Unschuldigen vorzugehen. Die Einleitung und Durchführung des Ermittlungsverfahrens würde die Voraussetzungen des § 344 I StGB erfüllen. 95

Verweigert der Staatsanwalt die Befolgung der Weisung, so kann der Vorgesetzte entweder einen anderen Staatsanwalt mit der Vornahme der Handlung befassen, falls dieser die rechtlichen Bedenken seines Kollegen nicht teilt (Substitutionsrecht), oder aber das Verfahren selbst übernehmen (Devolutionsrecht) und sich damit der Gefahr der eigenen Strafverfolgung wegen Strafvereitelung oder Verfolgung Unschuldiger aussetzen. Dies erhellt, dass die auf den ersten Blick als überflüssig erscheinende Konkurrenz des Weisungsrechts und des Devolutions- und Substitutionsrechts notwendig ist, um den Willen der Dienstvorgesetzten durchzusetzen. 96

(e) Notwendigkeit des Weisungsrechts

Die Berechtigung der Weisungsgebundenheit der Staatsanwaltschaft ist nicht unumstritten[26]. Das gilt insbesondere für das externe Weisungsrecht, das – grundsätzlich – eine (partei-)**politische Einflussnahme** auf das Strafverfahren ermöglicht und deshalb der Funktion der Staatsanwaltschaft als selbstständiges Organ der Rechtspflege zu widersprechen scheint. Bemängelt wird vor allem, dass die Ver- 97

---

[25] BGHSt 38, 186 ff.
[26] Zweifelnd z.B. *Henn*, DRiZ 1972, 152; *Maier*, ZRP 2003, 387, 390; *Michel*, DRiZ 1984, 376; *Wagner*, JZ 1974, 212.

fahrensbeteiligten, d.h. der Angeklagte, sein Verteidiger und der Anzeigeerstatter, in der Praxis gar nicht erfahren, dass eine Weisung erteilt wurde, weil sie nicht in die Verfahrensakten aufgenommen werde. Soweit überhaupt eine schriftliche Weisung ergeht, werde sie nur in den – Dritten nicht zugänglichen – Handakten der Staatsanwaltschaft oder in Berichtsheften niedergelegt. Nicht selten würden Weisungen mündlich in internen Dienstbesprechungen oder in Form von „Bitten" des Vorgesetzten ausgesprochen[27].

98 Obwohl nicht zu bezweifeln ist, dass die Einbindung des einzelnen Staatsanwalts in die bis zum Justizministerium hinaufreichende Hierarchie die Gefahr einer nicht an Gesetz und Recht, sondern an politischen Interessen orientierten Beeinflussung eines konkreten Verfahrens birgt, sind die geltenden **Aufsichts- und Weisungsrechte sachgerecht und geboten**. Die Staatsanwaltschaft gehört im staatsrechtlichen Sinne zur vollziehenden Gewalt, und ihre Tätigkeit unterliegt deshalb der Kontrolle durch das Parlament, indem der Justizminister diesem gegenüber für die ihm nachgeordneten Behörden verantwortlich ist. Dann muss es dem Minister aber auch möglich sein, durch Weisungen das Handeln der Staatsanwaltschaft zu beeinflussen[28]. Die Beseitigung des Weisungsrechts würde zudem die Koordinierung der Strafverfolgung erheblich erschweren[29]. Im Übrigen begrenzen, wie oben dargelegt, schon das Strafverfahrens- und das Beamtenrecht die Einwirkungsmöglichkeiten, sodass ein Staatsanwalt, der eine Weisung für nicht mit dem Legalitätsprinzip vereinbar hält, zu ihrer Befolgung nicht gezwungen werden kann. Der Staatsanwalt kann sich also – wenn er die Courage aufbringt – einer rechtswidrigen Weisung erfolgreich widersetzen. Nachdrücklich zu fordern ist allerdings, dass die Weisung den Verfahrensbeteiligten und damit indirekt auch der Öffentlichkeit durch Niederlegung in den Verfahrensakten bekannt gemacht wird[30]. Die Schaffung von Transparenz dürfte bereits politisch motivierten Einwirkungen auf ein konkretes Ermittlungsverfahren hinreichend entgegenwirken. Um dieses Ziel zu erreichen, sollte § 146 GVG um einen Satz erweitert werden, der es dem sachbearbeitenden Staatsanwalt vorschreibt, die Erteilung von Weisungen und sonstige Einflussnahmen auf das Verfahren zu dokumentieren.

99 Die Möglichkeiten für eine politische Einflussnahme sind im Übrigen ohnehin begrenzt, weil die Handlungen der Staatsanwaltschaft in der Mehrzahl der richterlichen Kontrolle unterliegen, auf die der Minister keinen Einfluss zu nehmen vermag. Die Einstellung des Ermittlungsverfahrens mangels hinreichenden Tatverdachts kann der Verletzte nach Maßgabe der §§ 172 ff. im Klageerzwingungsverfahren angreifen. Wird gegen einen Unschuldigen ein Ermittlungsverfahren betrieben und erleidet er dadurch einen Schaden, so kann er einen Amtshaftungsanspruch gemäß § 839 BGB, Art. 34 GG geltend machen[31]. Zwangsmaßnahmen

---

[27] *Maier*, ZRP 2003, 387.
[28] *Koller*, Staatsanwaltschaft, S. 321 ff.; *Krey/Pföhler*, NStZ 1985, 145, 146 ff.; *Roxin*, DRiZ 1997, 109, 118 f.
[29] *Hund*, ZRP 1994, 470, 473 f.
[30] *Maier*, ZRP 2003, 387, 390 f.
[31] Vgl. BGH (Z), NJW 1989, 96 ff.

erfordern entweder eine richterliche Anordnung, oder der Betroffene kann ihre Zulässigkeit nachträglich vom Richter überprüfen lassen (*Rn. 185 ff., 212 ff.*).

Bedenklich ist es zudem, dass der Generalbundesanwalt gemäß § 36 I Nr. 5 BBG und die Generalstaatsanwälte in einigen Bundesländern politische Beamte sind, die jederzeit ohne Angabe von Gründen in den einstweiligen Ruhestand versetzt werden können[32]. **100**

3. Die Objektivitätspflicht

Die Staatsanwaltschaft ist im Strafverfahren nicht Partei[33], sondern als selbstständiges Organ der Strafrechtspflege wie das Strafgericht zur Objektivität verpflichtet. Sie darf sich deshalb nicht darauf beschränken, die belastenden Umstände zu ermitteln, sondern sie muss von Anfang an ihr Augenmerk in gleicher Weise auf die den Beschuldigten entlastenden Gesichtspunkte richten (§ 160 II). Nicht zu verkennen ist allerdings, dass die Erfüllung dieser Objektivitätspflicht in der Praxis durch die Situation, in der sich der ermittelnde Staatsanwalt befindet, gefährdet ist. Er wird auf Grund eines Tatverdachts tätig, erhält zunächst also nur einen Sachverhalt zur Kenntnis, der die Begehung eines Delikts naheliegend erscheinen lässt, sodass sich sein Bemühen darauf richten wird, die Tat aufzuklären und – wenn möglich – einen Tatverdächtigen zu ermitteln. Insbesondere in Aufsehen erregenden Fällen erzeugt die öffentliche Meinung, die einen „Erfolg" der Strafverfolgungsorgane fordert, häufig einen erheblichen Druck. Die Staatsanwaltschaften halten sich zwar ihre Objektivität zugute, zumindest in tatsächlich und rechtlich schwierigen Fällen bedarf es aber gleichwohl eines Gegengewichts, nämlich des Verteidigers, um die Interessen des Beschuldigten zu schützen. **101**

4. Der befangene Staatsanwalt

(a) Befangenheitsgründe

Da die Staatsanwaltschaft der Objektivität verpflichtet, also wie das Gericht an Wahrheit und Gerechtigkeit gebunden ist, müssen auch der **Ausschluss** und die **Ablehnung eines Staatsanwaltes**, der zu einer **unvoreingenommenen Führung des Ermittlungsverfahrens nicht in der Lage** ist, möglich sein[34]. In der StPO fehlt eine gesetzliche Regelung. §§ 22 ff. gelten unmittelbar nur für Richter, und §§ 31 I, 74 I dehnen den Anwendungsbereich auf Schöffen, Urkundsbeamte und Sachverständige aus. Einige Landesgesetze[35] schließen allerdings den befangenen Staatsanwalt von der Mitwirkung an einem Strafverfahren unter bestimmten Voraussetzungen aus. Die Wirksamkeit dieser Vorschriften ist jedoch zweifelhaft[36], da **102**

---

[32] Näher dazu *Krey/Pföhler*, NStZ 1985, 145, 147 f.; siehe auch *Schaefer*, NJW 1997, 1753 f.
[33] BGHSt 15, 155, 159; *Schäfer*, in: LR[24], Vor § 141 GVG Rn. 16.
[34] *Pawlik*, NStZ 1995, 309, 310 f.; *Roxin*, § 10 Rn. 13; *Weiland*, S. 89 ff. A.A. *Kissel/Mayer*, § 145 Rn. 8.
[35] § 11 BWAGGVG; § 7 NdsAGGVG; § 14 AGGVGLSA.
[36] *Meurer*, S. 26. Zum Teil wird die Heranziehung dieser Vorschriften als „allgemeine Richtlinien" befürwortet; OLG Stuttgart, NJW 1974, 1394, 1395; *Roxin*, § 10 Rn. 13.

gemäß Art. 74 Nr. 1 GG dem Bund für das Straf- und Strafverfahrensrecht die konkurrierende Gesetzgebungskompetenz zusteht und dieser von seiner Befugnis Gebrauch gemacht hat, sodass die Länder in diesem Bereich allenfalls Lücken ausfüllend gesetzgeberisch tätig werden dürfen[37]; § 6 EGStPO schließt eine landesrechtliche Gesetzgebung im Strafverfahrensrecht sogar ausdrücklich aus[38]. Die Rechtsprechung lässt noch keine eindeutige Linie erkennen. Das BVerfG[39] und der BGH[40] lehnen zwar eine analoge Anwendung der §§ 22 ff. ab, lassen aber offen, ob aus dem **fair-trial-Grundsatz** oder aus der **Struktur des Strafprozesses und der Stellung der Staatsanwaltschaft** ein Recht zur Ablehnung des Staatsanwaltes folgen könne.

103 Es trifft zu, dass eine pauschale Übertragung der Ausschluss- und Ablehnungsgründe der §§ 22 ff. auf den Staatsanwalt ausscheidet, weil seine Objektivitätspflicht der richterlichen nicht völlig entspricht. Auch der sachbearbeitende Staatsanwalt muss aber zu einer unvoreingenommenen Beurteilung der Sache in der Lage sein. Deshalb ist eine differenzierende Betrachtung geboten[41]. Ausgeschlossen ist der Staatsanwalt jedenfalls, wenn er als Verletzter der Straftat, als Ehegatte, Vormund oder Betreuer des Beschuldigten oder Verletzten oder wenn er wegen verwandtschaftlicher oder schwägerschaftlicher Beziehungen zum Beschuldigten oder Verletzten **persönlich betroffen** ist (vgl. § 22 Nr. 1-3). Eine **Tätigkeit in derselben Sache als Staatsanwalt, Polizeibeamter oder Richter**, die den Richter gemäß §§ 22 Nr. 4, 1. und 2. Alt., 23 disqualifiziert, hindert dagegen eine weitere Befassung nicht[42]. Eine frühere **Tätigkeit in dem Strafverfahren als Anwalt des Verletzten oder als Verteidiger des Beschuldigten** (vgl. § 22 Nr. 4, 3. und 4. Alt.) schließt den Staatsanwalt jedoch aus, weil diese an den Interessen der Vertretenen ausgerichtete Mitwirkung es befürchten lässt, dass er nicht mehr zu einer objektiven Bewertung der Ermittlungsergebnisse in der Lage ist. Die **Vernehmung des sachbearbeitenden Staatsanwalts als Zeuge oder Sachverständiger** in derselben Sache (vgl. § 22 Nr. 5) dürfte im Ermittlungsverfahren kaum vorkommen, da er seine Kenntnisse nicht auf einem solchen formalen Weg in das Verfahren einführen muss (zur Ausschließung des „Zeugenstaatsanwalts" in der Hauptverhandlung siehe *Rn. 714 f.*). Eine Ablehnung des Staatsanwalts wegen **Besorgnis der Befangenheit** ist somit grundsätzlich möglich, der **Befangenheitsmaßstab** entspricht aber nicht dem für Richter gemäß § 24 II geltenden. Im Gegensatz zum Richter, der während des Verfahrens nicht den Eindruck erwecken darf, dass er bereits eine verfestigte Überzeugung von der Schuld oder der Unschuld des Beschuldigten gewonnen hat, kann von dem Staatsanwalt der gleiche Eindruck von Unvoreingenommenheit nicht verlangt werden. Die Vornahme oder Beantragung von Ermittlungsmaßnahmen setzt gerade voraus, dass er einen Tatverdacht, im Falle der Beantragung eines Haftbefehls sogar einen dringenden

---

[37] *Tolksdorf*, Mitwirkungsverbot, S. 46 ff.
[38] Siehe dazu *Achenbach*, in: AKStPO, § 6 EGStPO Rn. 1 f.
[39] BVerfGE 25, 336, 345.
[40] BGH, NJW 1980, 845 f.; NStZ 1989, 583; NStZ 1991, 595.
[41] *Beulke*, Rn. 93 ff.; *Pawlik*, NStZ 1995, 309, 311 ff.
[42] BGH, NStZ 1991, 595, für eine frühere Mitwirkung als Richter in derselben Sache.

Tatverdacht, annimmt. Die Ablehnung wegen Besorgnis der Befangenheit kommt deshalb nur in Betracht, wenn der Staatsanwalt durch seine offensichtlich rechtswidrige Ermittlungstätigkeit zum Ausdruck bringt, dass es ihm nicht um die Aufklärung des Sachverhalts geht, sondern darum, dem Beschuldigten „etwas anzuhängen".

Beispiel: Staatsanwalt S ermittelte gegen B wegen des Verdachts des Mordes an X, einem Obdachlosen, der an seinem Schlafplatz im Park erschlagen aufgefunden worden war. B hatte am Tag zuvor einen heftigen Streit mit X gehabt. Obwohl ein Zeuge bekundete, dass sich mehrere ihm bekannte „Skinheads" zur Tatzeit im Park aufhielten, ließ S nicht nach ihnen fahnden. Zwei Bekannten des B, die angaben, dass er die Tatnacht mit ihnen in ihrer Wohnung verbracht und diese nicht verlassen habe, kündigte S an, sie als Mittäter in Untersuchungshaft nehmen zu lassen, falls sie bei ihrer Aussage bleiben sollten.

Die Ermittlungen des S lassen nur den Schluss zu, dass er sich von vornherein auf B als Täter festgelegt hat, obwohl nur geringfügige Verdachtsmomente, nämlich der Streit mit dem Opfer am Vortag, gegen ihn sprechen. Naheliegenden Anhaltspunkten für eine Begehung der Tat durch Dritte geht S erst gar nicht nach. Um eine den B entlastende Aussage zu verhindern, setzt er die Alibizeugen mit einer gemäß §§ 69 III, 136a I 3 verbotenen Vernehmungsmethode unter Druck, indem er ihnen die Inhaftierung androht, obwohl der gemäß § 112 I erforderliche dringende Tatverdacht nicht besteht. Dieses Vorgehen erweckt schwerwiegende Zweifel an der Unvoreingenommenheit des S. **104**

(b) Geltendmachung eines Ablehnungsgrundes

Strittig ist, auf welche Weise ein Ausschluss- oder Ablehnungsgrund geltend gemacht werden kann. Zum Teil wird die **Herbeiführung einer gerichtlichen Entscheidung** befürwortet, ohne dass Einigkeit über das Verfahren bestünde. Einige wollen §§ 22 ff.[43] analog heranziehen, also das mit dem Strafverfahren befasste Gericht entscheiden lassen, andere stufen die Ablehnung der Auswechslung des Staatsanwalts als Justizverwaltungsakt ein, der gemäß §§ 23 ff. EGGVG vor dem OLG angefochten werden könne[44]. Diese Vorschläge sind jedoch abzulehnen, da sie nicht berücksichtigen, dass die Staatsanwaltschaft gemäß § 150 GVG der gerichtlichen Kontrolle gerade nicht unterliegt und die Nichtersetzung des Staatsanwalts als innerbehördliche Maßnahme keinen Justizverwaltungsakt darstellt[45]. Der Beschuldigte kann deshalb die Auswechslung des disqualifizierten Staatsanwalts nur durch eine an die Vorgesetzten des Beamten gerichtete (Dienstaufsichts-)Beschwerde erreichen[46]. Auch das Gericht kann auf die Ablösung und Ersetzung des **105**

---

[43] Z.B. *Frisch*, Bruns-FS, 1978, S. 385, 407 ff; *Schairer*, Der befangene Staatsanwalt, 1983, S. 159 ff.
[44] *Bottke*, StV 1986, 120, 123; *Hilgendorf*, StV 1996, 50, 54; *Roxin*, § 10 Rn. 13.
[45] Vgl. OLG Hamm, NJW 1969, 808 f.; OLG Karlsruhe, MDR 1974, 423; *Beulke*, Rn. 96; *Pawlik*, NStZ 1995, 309, 313 f.
[46] *Beulke*, Rn. 96; *Burhoff*, Ermittlungsverfahren, Rn. 21c, 257; *Pawlik*, NStZ 1995, 309, 313; *Weiland*, S. 89 f.

Staatsanwalts gemäß § 145 GVG hinwirken, es kann sie allerdings nicht gegen den Willen der Staatsanwaltschaft durchsetzen[47]. Der Vorgesetzte hat den befangenen Staatsanwalt darüber hinaus von Amts wegen zu ersetzen, wenn er von einem Ausschließungs- oder Ablehnungsgrund erfährt[48]. Im Ermittlungsverfahren sind damit die Anfechtungsmöglichkeiten erschöpft. Die Mitwirkung eines disqualifizierten Staatsanwalts am Ermittlungsverfahren kann nach h.M. auch nicht mit der Revision gerügt werden[49]. Aber selbst wenn man Verfahrensverstöße der Staatsanwaltschaft im Ermittlungsverfahren grundsätzlich für revisibel hält[50], würde eine auf die unzulässige Mitwirkung des Staatsanwalts gestützte Revision allenfalls ausnahmsweise erfolgreich sein. Bei der Beteiligung eines disqualifizierten Staatsanwalts handelt es sich generell, d.h., unabhängig davon, ob sie im Ermittlungs- oder im Hauptverfahren erfolgt, um einen relativen Revisionsgrund, der gemäß § 337 I nur dann zur Aufhebung des Urteils führt, wenn nicht auszuschließen ist, dass es auf der Mitwirkung des Staatsanwalts beruht. Bei der Mitwirkung eines befangenen Staatsanwalts am Ermittlungsverfahren wird dies – wie bei anderen Verfahrensverstößen in diesem Verfahrensstadium auch – in der Regel nicht der Fall sein[51].

5. Die staatsanwaltschaftliche Ermittlungstätigkeit

106 § 161 I bestimmt, welche Befugnisse der Staatsanwaltschaft zur Erfüllung der ihr durch § 160 I-III übertragenen Aufgaben – Aufklärung des Sachverhalts und Beweissicherung (*Rn. 70*) – zustehen: Sie kann grundsätzlich – Ausnahme § 160 IV (*Rn. 70*) von allen öffentlichen Behörden Auskunft verlangen und eigene Ermittlungen jeder Art vornehmen oder durch die Polizei vornehmen lassen. Das StVÄG 1999 hat § 161 I 1 von einem „einfachen" Untersuchungs- und Aufklärungsrecht zu einer Befugnisgeneralklausel aufgewertet[52].

(a) Auskunftsanspruch der Staatsanwaltschaft und dessen Grenzen

107 Aus dem Recht der Staatsanwaltschaft, bei öffentlichen Behörden Auskünfte einzuholen, folgt die Pflicht der ersuchten Behörden zur Erteilung der angeforderten Informationen[53]. Die Auskunftspflicht besteht gegenüber der Staatsanwaltschaft, also nicht gegenüber ihren Ermittlungspersonen, gegenüber der Polizei bei Gefahr in Verzug (§ 163 I 2) und wenn diese auf Ersuchen oder im Auftrag der Staatsanwaltschaft Auskunft verlangt (§ 161 I 2). Es handelt sich um eine spezielle Ausprägung der generellen Pflicht zur Amtshilfe gemäß Art. 35 I GG. Alle Behörden haben danach dazu beizutragen, dass dem Strafgericht möglichst gute Beweismit-

---

[47] LG Mönchengladbach, StV 1987, 333, 334; *Meyer-Goßner*, Vor § 22 Rn. 4; *Krey* I, Rn. 436.
[48] *Krey* I, Rn. 435; *Tolksdorf*, Mitwirkungsverbot, 1989, S. 123.
[49] BGHSt 6, 326, 328; *Hanack*, in: LR[25], § 336 Rn. 6; *Meyer-Goßner*, § 336 Rn. 2; *Pawlik*, NStZ 1995, 309, 314.
[50] Vgl. *Rudolphi*, in: SKStPO Vor § 22 Rn. 41; *Schlüchter*, Lehrbuch, Rn. 66.1.
[51] Vgl. *Meyer-Goßner*, § 337 Rn. 38.
[52] BT-Drucks. 14/1484, 23 („Ermittlungsgeneralklausel").
[53] LG Karlsruhe, NJW 1986, 145, 146; *Meyer-Goßner*, § 161 Rn. 1.

tel zur Verfügung stehen[54], und dieser Pflicht müssen sie schon im Ermittlungsverfahren nachkommen, indem sie der Staatsanwaltschaft Auskunft erteilen.

Die Staatsanwaltschaft darf nach zutreffender Auffassung[55] nach § 161 I 1 auch von der Polizei Auskunft über Informationen verlangen, die von dieser im Zusammenhang mit ihrer **präventiv-polizeilichen Tätigkeit** – rechtmäßig[56] – erlangt worden sind. Eine ausdrückliche Regelung enthält die StPO zwar nicht, indirekt folgt das Auskunftsrecht aber aus § 161 II. Indem die Vorschrift – in Ausführung des Art. 13 V 2 GG – die Verwendung personenbezogener Informationen, die in oder aus einer Wohnung unter Einsatz technischer Mittel zur Eigensicherung im Zuge nicht offener Ermittlungen *auf polizeirechtlicher Grundlage* gewonnen wurden, zu Beweiszwecken im Strafverfahren besonderen Beschränkungen unterwirft (Beachtung des Verhältnismäßigkeitsgrundsatzes und Feststellung der Rechtmäßigkeit der Maßnahme durch den Ermittlungsrichter), setzt sie voraus, dass die Staatsanwaltschaft von der Polizei Auskunft über diese Informationen verlangen darf[57]. Die Polizei hat – wie andere Behörden – die Auskunft zu erteilen, soweit keine Beschränkung der Auskunftspflicht vorliegt.

108

§ 161 I 1 erweckt den Anschein, dass die Auskunftspflicht unbeschränkt gilt. Es existieren jedoch zahlreiche **Schranken**, die § 161 zwar nicht erwähnt, die von der Vorschrift aber vorausgesetzt werden. Sie können sich aus der StPO selbst ergeben oder aus Geheimhaltungspflichten, die in speziellen Gesetzen statuiert sind.

109

Eine Behörde darf die Auskunft verweigern, wenn die oberste Dienstbehörde (d.h. das zuständige Fachministerium) erklärt, dass die Auskunft dem Wohle des Bundes oder eines deutschen Landes Nachteile bereiten würde. Gefolgert wird dies aus § 96, der die Verweigerung der Vorlage von Akten gestattet, wenn das Ministerium eine solche **Sperrerklärung** abgibt (*Rn. 387*). Es bedarf der **analogen Anwendung des § 96** auf die Auskunftsverweigerung[58], weil sonst eine Umgehung der Regelung möglich wäre, indem die Staatsanwaltschaft, der die gesperrten Akten vorenthalten werden, sich über deren Inhalt im Wege des Auskunftsverlangens Kenntnis verschaffen könnte. Für den in der Praxis besonders bedeutsamen Fall der **Geheimhaltung der Identität eines Verdeckten Ermittlers** enthält § 110b III 3 eine Sonderregelung, die auch Bedeutung für die Auslegung des § 96 hat, indem sie bestimmt, dass Gefahren für Individualrechtsgüter, nämlich für Leib, Leben und Freiheit, als Nachteile für das Wohl des Bundes oder eines Landes anzusehen sind[59]. Gemäß § 110b III 2 ist die Identität zwar dem Staatsanwalt, der für die Zustimmung zum Einsatz des Verdeckten Ermittlers zu-

110

---

[54] BGHSt 29, 109, 112; vgl. auch BVerfGE 57, 250, 283.
[55] *Brodersen*, NJW 2000, 2536, 2538 f.; *Krehl*, in: HKStPO, § 161 Rn. 10; *Meyer-Goßner*, § 161 Rn. 19; a.A. *Hefendehl*, StV 2001, 705.
[56] *Wollweber*, NJW 2000, 3623 f., zutreffend gegen *Brodersen* (NJW 2000, 2536, 2538 f.), der dem Wortlaut des § 161 I 1 entnehmen will, dass es für die Zulässigkeit des Auskunftsverlangens nicht auf die Rechtmäßigkeit der Datenerhebung durch die Polizei ankomme.
[57] *Brodersen*, NJW 2000, 2536, 2538.
[58] BGH, NJW 1981, 1052.
[59] *Hilgers*, NStZ 1992, 532, 524 mit Fn. 154; *Meyer-Goßner*, § 110b Rn. 8.

ständig ist, zu offenbaren, gegenüber einem Staatsanwalt, der den Verdeckten Ermittler in einem anderen Strafverfahren als Zeugen vernehmen will, ist jedoch die Geheimhaltung möglich, sodass im Fall einer entsprechenden Sperrerklärung kein Anspruch auf Mitteilung der Personalien besteht.

111 Die Verweigerung der Auskunft über den Inhalt von Unterlagen, die sich im Gewahrsam einer Behörde befinden, ist zulässig, wenn ein **Beschlagnahmeprivileg** gemäß § 97 die Sicherstellung der Unterlagen verbietet. Auch hier ist eine analoge Anwendung des § 97 erforderlich, um eine Umgehung des Beschlagnahmeverbots durch die Einholung einer Auskunft über den Inhalt der Unterlagen zu verhindern[60].

112 Darüber hinaus existieren zahlreiche **spezialgesetzliche Geheimhaltungspflichten**, die den Auskunftsanspruch der Staatsanwaltschaft beschränken.

113 Das **Sozialgeheimnis** steht gemäß § 35 SGB I auch im Strafverfahren unter einem gewissen Schutz. Die Staatsanwaltschaft kann im Wege der Amtshilfe gemäß § 68 I SGB X generell Auskunft über Namen, Geburtsdatum und -ort, derzeitige Anschrift und derzeitigen Arbeitgeber erhalten. Weitergehende, zur Durchführung eines Strafverfahrens wegen eines Verbrechens (im technischen Sinn des § 12 I StGB) oder einer sonstigen Straftat von erheblicher Bedeutung erforderliche Auskünfte über Sozialdaten gestattet § 73 SGB X auf richterliche Anordnung.

114 Eine wichtige Grenze des staatsanwaltschaftlichen Auskunftsrechts markiert das in § 30 I AO geregelte **Steuergeheimnis**. Es verbietet jedoch nicht generell Auskünfte in einem strafrechtlichen Ermittlungsverfahren. Ohne Beschränkungen zulässig ist die Offenbarung an sich dem Steuergeheimnis unterliegender Informationen zur Durchführung eines Ermittlungsverfahrens wegen einer Steuerstraftat (§ 30 IV Nr. 1 AO)[61]. Das ist konsequent, da das Steuergeheimnis dem Steuerpflichtigen wahrheitsgemäße Angaben ermöglichen soll. Macht er unrichtige oder unvollständige Angaben und begeht er dadurch eine Steuerhinterziehung gemäß § 370 I AO, so verdient er den Schutz des Steuergeheimnisses nicht. Durchbrochen wird das Steuergeheimnis zudem zur Verfolgung von bestimmten Allgemeindelikten, und zwar von Verbrechen, vorsätzlichen schweren Vergehen gegen Leib, Leben, den Staat und seine Einrichtungen sowie gravierenden Wirtschaftsstraftaten (§ 30 IV Nr. 5a, b AO). Gegen diese Durchbrechung werden gewichtige verfassungsrechtliche Bedenken geltend gemacht, weil der Betroffene die Angaben unter dem Eindruck der Strafandrohung wegen Steuerhinterziehung und der steuerrechtlichen Zwangsmittel (§§ 328 ff. AO) gemacht hat, sodass die Verwertung gegen den aus dem Rechtsstaatsprinzip abgeleiteten Grundsatz „nemo tenetur se ipsum accusare" (*Rn. 433*) verstößt und damit verfassungswidrig ist[62]. Da es sich um ein nachkonstitutionelles Gesetz handelt, kann jedoch nur das BVerfG die Verfassungswidrigkeit feststellen. Dies ist bislang nicht geschehen, sodass die Vorschrift wirksam ist (siehe dazu auch *Rn. 1034*).

---

[60] *Achenbach*, in: AKStPO, § 161 Rn. 8.
[61] *Hellmann*, Neben-Strafverfahrensrecht, S. 29 ff.
[62] Z.B. *Joecks*, in: Franzen/Gast/Joecks, Steuerstrafrecht, § 393 Rn. 72 ff.; *Hellmann*, in: Hübschmann/Hepp/Spitaler, § 393 Rn. 180 ff.

Ein strafverfahrensresistentes **Bankgeheimnis** gibt es in Deutschland im Gegensatz zu manchen anderen Staaten nicht. Die Bankmitarbeiter sind zwar auf Grund der privatrechtlichen Beziehungen der Bank zu ihren Kunden zur Verschwiegenheit verpflichtet, ein Auskunftsverweigerungsrecht im Strafverfahren besteht aber nicht. Daraus folgert die h.M.[63], dass die Staatsanwaltschaft von öffentlich-rechtlichen Geldinstituten, insbesondere von Sparkassen und Landesbanken nach § 161 Auskunft verlangen könne. Dem wird jedoch zu Recht entgegengehalten, dass ein Auskunftsverlangen nicht auf § 161 gestützt werden kann, wenn sich das öffentlich-rechtliche Geldinstitut wie eine Privatbank betätigt, also etwa bei der Gehalts- und Geschäftskontenführung, bei normalen Kreditgeschäften usw., denn dann nimmt es keine Aufgaben der öffentlichen Verwaltung wahr[64]. Ein sachlicher Grund dafür, dass die Daten des Kunden einer Sparkasse leichter verfügbar sein sollten als die des Kunden einer Privatbank, von der die Staatsanwaltschaft keine Auskunft verlangen kann, ist nicht ersichtlich.

115

Nach der Neuordnung und Privatisierung der Post kann die Staatsanwaltschaft weder von der „gelben" Post noch von der Telekom – und erst recht nicht von einem sonstigen privaten Betreiber eines Fernmeldenetzes – Auskunft nach § 161 I 1 verlangen. Eingriffe in das durch Art. 10 I GG geschützte **Brief-, Post- und Fernmeldegeheimnis** sind der Staatsanwaltschaft nur nach §§ 99, 100 I (Beschlagnahme der an den Beschuldigten gerichteten oder von ihm herrührenden oder für ihn bestimmten Postsendungen und Telegramme bei Gefahr im Verzug) gestattet. Die originäre Kompetenz steht gemäß § 100 I dem Richter zu. Auskünfte über Telekommunikationsverbindungsdaten kann die Staatsanwaltschaft nach Maßgabe der §§ 100g f. von dem Erbringer geschäftsmäßiger Telekommunikationsdienstleistungen verlangen.

116

Mit dem auf § 161 I 1 gestützten, zwangsweise durchsetzbaren Auskunftsverlangen nicht zu verwechseln ist die Gestattung einer sog. **Abwendungsauskunft**, die bei Kreditinstituten – gleich ob öffentlich-rechtlich oder privatrechtlich organisiert – oder anderen Einrichtungen und Personen in Betracht kommen kann.

117

Beispiel: Staatsanwalt S ermittelte gegen den Geschäftsführer G der Y-GmbH wegen des Verdachts der Steuerhinterziehung, des Betruges und des Bankrotts. Er hatte Anhaltspunkte für die Annahme, dass G in großem Umfang Vermögen über die B-Bank AG verdeckt in das Ausland transferiert hatte. Mitarbeiter der Bank waren offensichtlich nicht in die Manipulationen verwickelt. S forderte die B-Bank auf, ihm mitzuteilen, ob G bei ihr Konten unterhalten habe und welche Geschäfte darüber abgewickelt wurden.

Die Aufforderung des S findet in § 161 I 1 keine Stütze, weil es sich bei der B-Bank um eine Privatbank handelt. S könnte die gewünschten Informationen deshalb an sich nur erlangen, indem er einen richterlichen Durchsuchungs- oder Beschlagnahmebeschluss gemäß §§ 103, 94 erwirkt, um die Kontounterlagen sicher-

118

---

[63] *Meyer-Goßner*, § 161 Rn. 4; *Pfeiffer*, § 161 Rn. 3; *Rieß*, in: LR[25], § 161 StPO Rn. 28.
[64] *Achenbach*, in: AKStPO, § 161 Rn. 13.

zustellen, oder – als milderes Mittel – ein Herausgabeverlangen gemäß § 95 erhebt bzw. die Bankangestellten als Zeugen vernimmt. Die Durchsuchung der Bank und die Sicherstellung oder Herausgabe umfangreicher Unterlagen würde den Geschäftsbetrieb jedoch erheblich beeinträchtigen. Um diese Nachteile zu vermeiden, kann S der B-Bank anbieten, dass sie von sich aus die erbetenen Informationen herausgibt. Ein solches Vorgehen wird S allerdings nur wählen, wenn er erwartet, dass die Bank richtige und vollständige Auskünfte erteilen wird und die Mitarbeiter keine Beweismittel beiseite schaffen werden. Lässt sich die Bank nicht auf die Abwendungsauskunft ein, so muss S auf die genannten anderen Maßnahmen zurückgreifen.

(b) Eigene Ermittlungshandlungen

119 § 161 I 1 erweckt zwar den Anschein, als dürfe die Staatsanwaltschaft alle im konkreten Fall erforderlichen Ermittlungshandlungen selbst vornehmen. Die meisten Zwangsmaßnahmen setzen aber eine Anordnung des (Ermittlungs-)Richters auf Antrag der Staatsanwaltschaft voraus und unterliegen damit seiner präventiven Rechtskontrolle.

120 Die Anordnung einiger Maßnahmen behält die StPO wegen der besonderen Eingriffsintensität **ausschließlich dem Richter** vor (z.B. Verhängung der Untersuchungs- und Ordnungshaft, §§ 114, 161a II 2; Vornahme der eidlichen Vernehmung, § 161a I 3; Anordnung der Beschlagnahme in einem Verlag, einer Redaktion, einer Druckerei oder einer Rundfunkanstalt, § 98 I 2). Andere stehen grundsätzlich in der Anordnungskompetenz des Ermittlungsrichters, bei **Gefahr im Verzug** dürfen aber die Staatsanwaltschaft, zum Teil auch ihre Ermittlungspersonen, diese Maßnahmen ohne vorherige richterliche Entscheidung anordnen bzw. vornehmen. Gefahr im Verzug liegt vor, **wenn die zeitliche Verzögerung durch die Einschaltung des Richters den Erfolg der Maßnahme gefährden würde**[65]. Da diese Eilbefugnisse aus der richterlichen Kompetenz abgeleitet sind, ist die Gefahr im Verzug eng auszulegen, sie muss mit auf den Einzelfall bezogenen Tatsachen begründet sein und Gerichte und Strafverfolgungsbehörden haben im Rahmen des Möglichen tatsächliche und rechtliche Vorkehrungen zu treffen, um die richterliche Regelzuständigkeit auch in der Masse der Alltagsfälle zu wahren[66].

121 Auf welche Beamten das Gesetz die Notkompetenz jeweils überträgt, ist den einschlägigen Vorschriften zu entnehmen. Zum Teil ist nur die Staatsanwaltschaft bei Gefahr im Verzug zuständig, z.B. zur Anordnung der Postbeschlagnahme (§ 100 I), der Überwachung der Telekommunikation (§ 100b I 2) oder der Rasterfahndung (§ 98b I 1). Überwiegend räumt die StPO auch den Ermittlungspersonen der Staatsanwaltschaft die Eilbefugnis ein, z.B. für die Beschlagnahme (§ 98 I), den Einsatz technischer Mittel (§ 100d I 1) oder die Durchsuchung (§ 105 I 1). Einige bei Gefahr in Verzug angeordnete Maßnahmen bedürfen der richterlichen Bestätigung, z.B. die Postbeschlagnahme (§ 100 II), die Überwachung der Tele-

---

[65] Z.B. BVerfGE 51, 97, 111; RGSt 23, 334.
[66] BVerfGE 103, 142, 151 ff., mit Anm. *Bittmann*, wistra 2001, 451 ff.; BVerfG, NJW 2004, 1442; NJW 2005, 1637, 1638; *Krehl*, wistra 2002, 294, 295; vgl. auch *Beichel/Kieninger*, NStZ 2003, 10.

kommunikation (§ 100b II 4) oder der Einsatz eines Verdeckten Ermittlers gegen einen bestimmten Beschuldigten (§ 110b II 4).

Beispiel: Staatsanwalt S ermittelte gegen B wegen des Verdachts der räuberischen Erpressung. B befand sich auf der Flucht. Am Freitagnachmittag erhielt S von der Polizei die Nachricht, sie habe durch einen Informanten in Erfahrung gebracht, dass B demnächst mit seiner Verlobten V Kontakt aufnehmen wolle, um ihr mitzuteilen, wo er sich aufhalte. S versuchte sogleich den Ermittlungsrichter E zu erreichen, der aber bereits Dienstschluss hatte. Daraufhin ordnete S – schriftlich – die Überwachung des Telefonanschlusses der V an.

Die Voraussetzungen des § 100a für die Anordnung der Überwachung der Telekommunikation liegen vor (siehe *Rn 329 f.*). Gemäß § 100b I 1 steht die Anordnung der Überwachung zwar dem Richter zu, § 100b I 2 überträgt die Eilkompetenz aber auf den Staatsanwalt. Würde S warten, bis der Ermittlungsrichter am Samstagmorgen wieder erreichbar ist, hätte sich B in der Zwischenzeit möglicherweise schon bei V gemeldet, sodass die Telefonüberwachung erfolglos sein würde. S durfte sie deshalb anordnen. Die Anordnung muss aber gemäß § 100b I 3 innerhalb von drei Tagen vom Richter bestätigt werden, sonst tritt sie automatisch außer Kraft.

Nur einige wenige Maßnahmen stehen in der **originären Kompetenz** der Staatsanwaltschaft:

Sie darf gemäß § 87 I – in der Regel unter Zuziehung eines Arztes – die **Leichenschau** durchführen, d.h. den Leichnam besichtigen. Die Leichenöffnung (Obduktion) und die Exhumierung darf sie gemäß § 87 IV 1, 2. Halbsatz nur bei Gefahr im Verzug anordnen; grundsätzlich ist der Richter zuständig, § 87 IV 1, 1. Halbsatz.

Die Staatsanwaltschaft ist unter den Voraussetzungen des § 100f I Nr. 1, 2, III 1 berechtigt, die **Herstellung von Lichtbildern und Bildaufzeichnungen** des Beschuldigten sowie die **Verwendung sonstiger technischer Mittel** gegen ihn anzuordnen (*Rn. 352, 354*). Eine ausdrückliche Regelung der Kompetenz der Staatsanwaltschaft zur Vornahme dieser Maßnahmen bzw. zur Anordnung ihrer Durchführung durch die Polizei enthält das Gesetz zwar nicht. § 100d I behält aber nur die Anordnung der Maßnahmen nach § 100c (Abhören und Aufzeichnen des nichtöffentlich gesprochenen Wortes mit technischen Mitteln) dem Richter vor, sodass die Zuständigkeit zur Vornahme bzw. Anordnung der Maßnahmen nach § 100f I Nr. 1 durch die Staatsanwaltschaft aus ihrer Verfahrensherrschaft gemäß § 161 I 1 folgt[67].

Die Staatsanwaltschaft ist gemäß § 110 I zur **Durchsicht der Papiere des von der Durchsuchung Betroffenen** zuständig, wenn der Inhaber der Papiere nicht ausdrücklich deren Durchsicht, d.h. die Kenntnisnahme von ihrem Inhalt, durch einen anderen Beamten genehmigt (§ 110 II 1). Der Begriff der Papiere ist weit auszulegen und umfasst neben schriftlichen Aufzeichnungen auch andere Informa-

---

[67] *Pfeiffer*, § 100d Rn. 1.

tionsträger[68] wie Zeichnungen, Filme, Tonbänder, elektronische Datenträger und Datenspeicher[69]. Diese ursprünglich dem Richter vorbehaltene Befugnis wurde der Staatsanwaltschaft 1968 für Geschäftspapiere und 1974 für Papiere aller Art mit Ausnahme von Postsendungen, deren Öffnung gemäß § 100 III 1 weiterhin grundsätzlich vom Richter vorgenommen wird, eingeräumt. Vereinzelt werden dagegen verfassungsrechtliche Bedenken vorgebracht[70], weil die Staatsanwaltschaft auch von solchen Schriftstücken, z.B. Tagebüchern, Kenntnis nehmen darf, die in dem konkreten Strafverfahren nicht verwertet werden dürfen (dazu unten *Rn. 397 f.; 789 f.*) oder gemäß § 97 einem Beschlagnahmeverbot unterliegen, und damit die Gefahr bestehe, dass der Staatsanwalt – gewollt oder ungewollt – seine Ermittlungen an den in Erfahrung gebrachten Informationen ausrichte. Zwar ist zuzugeben, dass der größtmögliche Schutz vor einer unzulässigen Verwertung gewährleistet wäre, wenn die Durchsicht dem Ermittlungsrichter vorbehalten wäre, weil er zu weitergehenden eigenen Ermittlungen nicht berechtigt ist, dies bedingt aber nicht die Verfassungswidrigkeit der Regelung, die ohnehin nur vom BVerfG festgestellt werden könnte.

127 Der **Einsatz eines Verdeckten Ermittlers**, eines Polizeibeamten mit auf Dauer angelegter, veränderter Identität (§ 110a II), bedarf gemäß § 110b I 1 der vorhergehenden Zustimmung der Staatsanwaltschaft. Bei Gefahr im Verzug, d.h., wenn die Einholung der Zustimmung der Staatsanwaltschaft den Erfolg des Einsatzes gefährden würde, kann die Polizei den Einsatz anordnen; hierbei handelt es sich somit um eine Eilbefugnis der Polizei, die aus der staatsanwaltschaftlichen Kompetenz abgeleitet ist. Eine Zustimmung des Ermittlungsrichters ist erforderlich, wenn der Verdeckte Ermittler gegen einen bestimmten Beschuldigten eingesetzt wird oder er eine allgemein nicht zugängliche Wohnung betreten soll (*Rn. 376*).

128 Ein wichtiger Bereich originärer staatsanwaltschaftlicher Kompetenz betrifft die **Beauftragung von Sachverständigen** im Ermittlungsverfahren und die **Vernehmung des Beschuldigten und der Zeugen**. Gemäß § 73 wählt zwar der Richter die Sachverständigen aus, nach h.M.[71] betrifft die Vorschrift aber nur die Zuziehung im gerichtlichen Verfahren, sodass im Ermittlungsverfahren auch die Staatsanwaltschaft Sachverständige beauftragen darf. Gegen ein Auswahlrecht der Staatsanwaltschaft werden gewichtige Bedenken vorgebracht[72]. Wegen der Methoden- und Meinungsvielfalt in der Wissenschaft kann die Beauftragung eines bestimmten Sachverständigen das Ergebnis des Gutachtens schon in gewissem Umfang vorwegnehmen. § 73 soll aber eine neutrale Auswahl des Sachverständigen garantieren. Trotz seiner Objektivitätspflicht besteht wegen der prozessualen

---

[68] BGH, StV 1988, 90.
[69] BGH, NStZ 2003, 670 f.; zur Zulässigkeit der Beschlagnahme eines „Notebooks" BVerfG, NJW 2002, 1410 f.
[70] *Amelung*, NJW 1988, 1002, 1006; *ders.,* in: AKStPO, § 110 Rn. 6.
[71] *Beulke*, Rn. 199; *Dölp*, ZRP 2004, 235; *Lemme*, wistra 2002, 281, 282 f.; *Meyer-Goßner*, § 73 Rn. 1, § 161a Rn. 12; *Pfeiffer*, § 73 Rn. 1; *Ranft*, Rn. 554. Für ein alleiniges richterliches Auswahlrecht dagegen *Dippel*, Die Stellung des Sachverständigen im Strafprozeß, 1986, S. 82 ff.
[72] *Achenbach*, in: AKStPO, § 161a Rn. 7; *Kühne*, Rn. 862.

Rolle des Staatsanwalts zumindest die Gefahr, dass er nicht in gleicher Weise wie der Richter unvoreingenommen ist. Die h.M. trifft jedoch trotz dieser Bedenken zu, da das Gesetz das Auswahlrecht der Staatsanwaltschaft anerkennt. Dies folgt zwar nicht aus der in § 161a I 1 statuierten Pflicht des Sachverständigen zum Erscheinen vor der Staatsanwaltschaft und zur Erstattung des Gutachtens, denn diese Pflichten setzen nicht notwendig ein Auswahlrecht der Staatsanwaltschaft voraus, aber aus der Regelung des § 78c I Nr. 3 StGB, welche die Unterbrechung der Verfolgungsverjährung durch eine Beauftragung eines Sachverständigen durch die Staatsanwaltschaft anordnet.

Der Staatsanwaltschaft steht ein durchaus machtvolles Instrumentarium zur Durchsetzung der Erscheinens- und Aussagepflichten der Zeugen und Sachverständigen (§ 161a I 1) zur Verfügung. Gemäß §§ 161a II 1, 51 I 1, 2, 70 I, 77 erlegt die Staatsanwaltschaft dem Zeugen oder Sachverständigen bei unberechtigtem Ausbleiben oder unberechtigter Weigerung die dadurch entstandenen **Kosten** und ein **Ordnungsgeld** auf, das unter Berücksichtigung der Umstände des Einzelfalles (wirtschaftliche Verhältnisse des Betroffenen, Bedeutung der Sache, Schwere der Pflichtverletzung, Relevanz der Aussage für das Verfahren) zwischen fünf und eintausend Euro (Art. 6 I EGStGB) beträgt. Kann das gegen einen Zeugen verfügte Ordnungsgeld nicht beigetrieben werden, so beantragt der Staatsanwalt bei dem (Ermittlungs-)Richter die Verhängung der **Ordnungshaft**, die auf eine Dauer zwischen einem Tag und sechs Wochen festgesetzt wird (Art. 6 II EGStGB). Darüber hinaus kann gemäß § 70 II bei einer Zeugnisverweigerung ohne gesetzlichen Grund der Richter auf Antrag der Staatsanwaltschaft die **Erzwingungshaft** bis zu sechs Monaten, nicht jedoch über die Zeit der Beendigung des Ermittlungsverfahrens hinaus, anordnen. Zur **Vollstreckung der Erzwingungshaft** ist gemäß § 36 II 1 die Staatsanwaltschaft zuständig[73]. Gegen einen Sachverständigen darf keine Ordnungs- oder Erzwingungshaft verhängt werden, da § 77 sie nicht vorsieht.

§ 161a II 1 i.V. mit § 51 I 3 räumt der Staatsanwaltschaft zudem die Befugnis zur **zwangsweisen Vorführung des Zeugen** ein, wenn er unentschuldigt auf eine Ladung, die ihn auf die mögliche Vorführung hinweist (§ 48), nicht erschienen ist. Die Verfassungsmäßigkeit dieser Regelung wird in der Literatur zum Teil bestritten mit der Begründung, auch bei der Vorführung handele es sich um eine Freiheitsentziehung, deren Anordnung gemäß Art. 104 II 1 GG durch den Richter zu erfolgen habe[74]. Der Gesetzgeber sah in der Vorführung dagegen lediglich eine Freiheitsbeschränkung (Art. 104 I 1 GG), sodass sie einer richterlichen Anordnung nicht bedürfe[75], und auch die h.M. bezweifelt das staatsanwaltschaftliche Vorführungsrecht nicht[76]. Der Gegenmeinung ist zuzugeben, dass die zwangsweise Vorführung die Bewegungsfreiheit des Betroffenen für eine nicht unerhebliche Dauer (in der Regel immerhin für mehrere Stunden) umfassend beschränkt. Aus Art. 104

---

[73] *Ranft*, Rn. 487.
[74] Z.B. *Achenbach*, in: AKStPO, § 161a Rn. 15.
[75] BT-Drucks. 7/551, S. 72 f.; 7/2600, S. 5. Siehe auch BT-Drucks. VI/3478, S. 75 für den gleichgelagerten Fall der Vorführung des Beschuldigten vor den Staatsanwalt.
[76] *Meyer-Goßner*, § 161a Rn. 5; *Kühne*, Rn. 354, 460; *Pfeiffer*, § 161a Rn. 5; *Roxin*, § 32 Rn. 28; *Weiland*, S. 25.

I 2 GG folgt aber, dass auch eine Festhaltung als Freiheitsbeschränkung eingestuft werden kann. Dies erfordert es, die Grenze zwischen einer Freiheitsbeschränkung und einer Freiheitsentziehung im Sinne des Art. 104 II 1 GG nach der Eingriffsschwere zu bestimmen; der bloße vorübergehende Entzug der Fortbewegungsfreiheit macht die Maßnahme noch nicht zur Freiheitsentziehung. Kriterien dafür sind insbesondere der räumliche Umfang des Eingriffs, seine Dauer, das angewandte Mittel, die Art und Weise der Überwachung und die diskriminierende Wirkung des Eingriffs[77]. Um eine Freiheitsentziehung handelt es sich jedenfalls dann, wenn der Betroffene durch die öffentliche Gewalt in eine spezielle Gewahrsamseinrichtung (Justizvollzugsanstalt, Haftraum, abgeschlossene Krankenanstalt usw.) eingesperrt oder eingeschlossen wird. Unter diesen Begriff fallen zudem Eingriffe, deren Auswirkungen einem Einsperren gleichkommen[78]. Die Vorführung beschränkt die Lebensumstände des Zeugen, der zum Erscheinen vor dem Staatsanwalt ohnehin verpflichtet ist, sodass er in dieser Zeit seinen Aufenthaltsort nicht frei wählen darf, jedoch nicht auf eine Weise, die einem Einsperren gleichkommt. Sie überschreitet die Grenze zur Freiheitsentziehung somit nicht. Aber selbst wenn man der Gegenmeinung zustimmt, besteht das Vorführungsrecht der Staatsanwaltschaft, solange das BVerfG die nachkonstitutionelle Regelung nicht wegen Verfassungswidrigkeit für nichtig erklärt hat. Sie zu akzeptieren fällt im Übrigen leichter, wenn man berücksichtigt, dass der Zeuge bereits gegen die Androhung der Vorführung in der Ladung nach h.M.[79] gerichtliche Entscheidung gemäß § 161a III 1 beantragen kann, er also der Vorführung nicht schutzlos ausgesetzt ist.

131 Auch der Beschuldigte ist verpflichtet, auf Ladung vor der Staatsanwaltschaft – nicht vor der Polizei – zu erscheinen (§ 163a III 1). Der Staatsanwalt darf diese **Erscheinenspflicht** mittels zwangsweiser Vorführung durchsetzen, wenn der Beschuldigte der Vernehmung unentschuldigt ferngeblieben ist und ihm in der Ladung die Vorführung für diesen Fall angedroht wurde (§§ 163a III 2, 133 II). Liegen die Voraussetzungen eines Haftbefehls vor, so darf der Staatsanwalt gemäß §§ 163a III 2, 134 die sofortige Vorführung, also eine solche ohne vorherige Ladung, verfügen[80]. Die zwangsweise durchsetzbare Erscheinenspflicht gilt sogar, wenn der Beschuldigte erklärt hat, nicht aussagen zu wollen. Allerdings darf die Androhung der Vorführung und ihre Durchführung nicht als Druckmittel benutzt werden, um eine Aussage des Beschuldigten herbeizuführen[81], sodass der Staatsanwalt sie nur dann in Erwägung ziehen wird, wenn die Anwesenheit eines nicht aussagebereiten Beschuldigten erforderlich ist, z.B. weil er Zeugen gegenübergestellt werden soll[82]. Im Gegensatz zum Zeugen darf der Beschuldigte selbstverständlich nicht zur Aussage gezwungen werden. Der Grundsatz nemo tenetur se

---

[77] *Hantel*, JuS 1990, 865, 870.
[78] *Hantel*, JuS 1990, 865, 870.
[79] BGH, NJW 1993, 868, für den gleichgelagerten Fall einer Androhung der zwangsweisen Vorführung des Beschuldigten gemäß § 163a III; unentschieden noch BGH, NStZ 1989, 539 f.; *Meyer-Goßner*, § 161a Rn. 21; *Pfeiffer*, § 161a Rn. 9; *Rieß*, in: LR[25], § 161a Rn. 51.
[80] *Meyer-Goßner*, § 163a Rn. 19.
[81] *Achenbach*, in: AKStPO, § 163a Rn. 33; *Rieß*, in: LR[25], § 163a Rn. 48, 53.
[82] BGH, NJW 1993, 868.

ipsum accusare (*Rn. 433*) verbietet die Androhung und Anwendung von Zwang, um den Beschuldigten zu einer aktiven Mitwirkung an dem gegen ihn gerichteten Strafverfahren zu bewegen. Im Übrigen gelten die oben für den Zeugen angeführten Erwägungen: Die auch gegen das Recht der Staatsanwaltschaft zur Vorführung des Beschuldigten vorgebrachten verfassungsrechtlichen Bedenken[83] verfangen nicht, und der Beschuldigte kann wie der Zeuge schon gegen die Vorführungsandrohung gerichtliche Entscheidung beantragen[84].

Die Staatsanwaltschaft besitzt zudem gemäß § 163b die Befugnis zur **Feststellung der Identität** eines Tatverdächtigen und sogar eines Dritten, wenn dies zur Aufklärung einer Straftat geboten ist (*Rn. 275 ff.*). In der Praxis werden die erforderlichen Maßnahmen aber in der Regel von Polizeibeamten vorgenommen, die gemäß § 163b ebenfalls zur Identifizierung befugt sind.

132

(c) § 161 I 1 als Ermächtigungsgrundlage ungeregelter Ermittlungsmaßnahmen

Ob und in welchem Umfang die Generalklausel des § 161 I 1 die Staatsanwaltschaft zu **Ermittlungsmaßnahmen mit grundrechtsbeschränkendem Charakter** befugt, ist noch weitgehend ungeklärt. Die Diskussion wird überwiegend im Zusammenhang mit der polizeilichen Generalklausel des § 163 I geführt, weil in der Regel die Polizei Maßnahmen vornimmt, die keine spezielle Regelung erfahren haben, und die Frage deshalb für polizeiliche Ermittlungshandlungen eine größere praktische Relevanz besitzt als für staatsanwaltschaftliche. § 161 I 1 ist für die staatsanwaltschaftliche Ermittlungstätigkeit jedoch nicht gänzlich ohne Bedeutung, sodass an dieser Stelle wenigstens die maßgeblichen Gesichtspunkte kurz zu skizzieren sind; die nähere Darstellung der Problematik erfolgt bei der Behandlung der polizeilichen Generalklausel (*Rn. 144 ff.*).

133

§ 161 I 1 schafft zwar nach zutreffender Auffassung prinzipiell eine Ermächtigungsgrundlage für grundrechtsbeschränkende Ermittlungsmaßnahmen[85]. Das bedeutet aber nicht, dass alle Ermittlungshandlungen in der Vorschrift eine Stütze finden, denn Grundrechtsbeeinträchtigungen erfordern eine **hinreichend bestimmte gesetzliche Grundlage**, die dem Gebot der Normenklarheit entspricht. Es ist deshalb festzulegen, für welche Maßnahmen § 161 I 1 die Voraussetzungen und den Umfang der Beschränkungen klar und für den Bürger erkennbar bezeichnet. Die Anforderungen an die gesetzliche Konkretisierung hängen von der „Wesentlichkeit" der Maßnahme ab[86]. Je wesentlicher die Grundrechtsbeeinträchtigung ist, desto genauer muss der Gesetzgeber die Voraussetzungen festlegen[87]. Ermächtigungen zu Beeinträchtigungen geringen Gewichts können auch durch eine Generalklausel erteilt werden[88].

134

Zwangsmaßnahmen finden danach generell in § 161 I 1 keine Stütze, da sie massiv in die allgemeine Handlungsfreiheit (Art. 2 I GG) und/oder die körperliche

135

---

[83] *Achenbach*, in: AKStPO, § 163a Rn. 35.
[84] BGH, NJW 1993, 868.
[85] *Rieß*, in: LR[25], § 161 Rn. 2; *Wolter*, in: SKStPO, Vor § 151 Rn. 92. A.A. z.B. *Achenbach*, in: AKStPO, § 161 Rn. 1; *Meyer-Goßner*, § 161 Rn. 7.
[86] Z.B. BVerfGE 49, 89, 127; 83, 130, 142.
[87] BVerfGE 56, 1, 13; 58, 257, 278.
[88] *Perschke*, Ermittlungsmethoden, S. 102 f.

Unversehrtheit bzw. die Freiheit der Person (Art. 2 II 1,2 GG) oder die räumliche Privatsphäre (Art. 13 I GG) des Betroffenen eingreifen. Das gilt auch für Beeinträchtigungen des Brief- Post- und Fernmeldegeheimnisses (Art. 10 GG). Die StPO macht die Zulässigkeit solcher Maßnahmen deshalb auch immer von einer speziellen gesetzlichen Ermächtigungsgrundlage abhängig. Bei den zahlreichen Ermittlungshandlungen, die auf die Erhebung personenbezogener Daten gerichtet und mit deren Speicherung, Verwendung und Weitergabe verbunden sind und die deshalb das **Recht auf informationelle Selbstbestimmung** als Teilaspekt des allgemeinen Persönlichkeitsrechts tangieren[89], ist dagegen zu **differenzieren**. Maßnahmen, die das Recht auf informationelle Selbstbestimmung erheblich beeinträchtigen, bedürfen einer speziellen Ermächtigungsgrundlage, während geringfügige Beeinträchtigungen auf § 161 I 1 gestützt werden können. Ein praktikabler, aus der „Sphärentheorie" zur Schutzwirkung des Allgemeinen Persönlichkeitsrechts[90] abgeleiteter Vorschlag besteht darin, die Grenze zu ziehen zwischen Daten, die für die Strafverfolgungsorgane allgemein zugänglich sind, weil der Betroffene sie in die Öffentlichkeitssphäre entlassen hat, und solchen, die er gegen Kenntnisnahme durch die Strafverfolgungsorgane besonders geschützt hat[91]. Den Zugriff auf allgemein zugängliche Daten gestattet § 161 I 1, ansonsten erfordern Beeinträchtigungen des Rechts auf informationelle Selbstbestimmung eine spezielle gesetzliche Regelung.

136 Die Befugnis der Staatsanwaltschaft zur Vornahme und Veranlassung der notwendigen Maßnahmen, um die Identität eines unbekannten Täters oder den Aufenthaltsort des Beschuldigten und eines wichtigen Zeugen zu ermitteln, die vor der Neuregelung der Fahndungsvorschriften in den §§ 131 ff. durch das StVÄG 1999 zum Teil aus der Ermittlungsgeneralklausel hergeleitet wurde, findet darin heute grundsätzlich keine Stütze mehr. Bei den §§ 131 ff. handelt es sich nämlich um „andere gesetzliche Vorschriften" im Sinne des § 161 I 1, letzter Teilsatz, welche die Öffentlichkeitsfahndung (§§ 131 III, 131a III, 131b) und die sonstige Fahndung (§§ 131 I, II, § 131a I, II) detailliert regeln (dazu *Rn. 311*). Diese Einzelermächtigungen versperren den Rückgriff auf § 161 I 1, wenn die Fahndungsmaßnahme in den Anwendungsbereich der §§ 131 ff. fällt, deren Voraussetzungen aber im Einzelfall nicht erfüllt sind[92]. Auf die Ermittlungsgeneralklausel kann jedoch nach wie vor der Einsatz von Fahndungs(hilfs)mitteln **unterhalb der Schwelle** der §§ 131 ff. gestützt werden[93], z.B. die Einholung von Auskünften aus Bundes-, Verkehrs-, Gewerbe- und Ausländerzentralregister, aus dem EDV-Fahndungssystem der Polizei INPOL und dem Schengener Informationssystem SIS (vgl. Nr. 40 I RiStBV). § 161 I 1 ermächtigt die Staatsanwaltschaft zudem zu Fahndungsmaßnahmen **außerhalb des Anwendungsbereichs** der §§ 131 ff. Das ist z.B. der Fall, wenn das Bild eines Getöteten zur Aufklärung eines Gewalt-

---

[89] Näher dazu *Perschke*, Ermittlungsmethoden, S. 80 ff.
[90] Z.B. BVerfGE 27, 1, 6 f.; 80, 367, 373 ff.
[91] *Perschke*, Ermittlungsmethoden, S. 106 ff.
[92] BT-Drucks. 14/1484, 23; *Krehl*, in: HKStPO, § 161 Rn. 5; *Pfeiffer*, § 161 Rn. 1; *Wohlers*, in: SKStPO, § 161 Rn. 5.
[93] *Hilger*, NStZ 2000, 561, 564.

verbrechens veröffentlicht werden soll. § 131b II ist nicht einschlägig, da der Tote kein Zeuge ist[94]. § 161 I 1 gestattet somit die Vornahme von Fahndungsmaßnahmen, die ein minus oder ein aliud zu den in §§ 131-131b geregelten darstellen[95].

Kontrollfragen
1. Was ist unter Offizial- und Akkusationsprinzip zu verstehen? (Rn. 77, 78)
2. Welche funktionelle Stellung hat die Staatsanwaltschaft? (Rn. 82)
3. Welche Schranken gelten für das Weisungsrecht der Vorgesetzten des Staatsanwalts? (Rn. 94 ff.)
4. Wo ist die staatsanwaltschaftliche Ermittlungsgeneralklausel geregelt? (Rn. 106)
5. Darf der Staatsanwalt den Beschuldigten oder einen Zeugen, der zur Vernehmung nicht erscheint, zwangsweise vorführen lassen? (Rn. 130 f.)

Literatur

Ambos, Staatsanwaltschaftliche Kontrolle der Polizei, Verpolizeilichung des Ermittlungsverfahrens und organisierte Kriminalität, Jura 2003, 674.
Esser/Herbold, Neue Wege für die justizielle Zusammenarbeit in Strafsachen – Das Eurojust-Gesetz, NJW 2004, 2421.
Heghmanns, Die prozessuale Rolle der Staatsanwaltschaft, GA 2003, 433.
Hund, Brauchen wir die „unabhängige Staatsanwaltschaft"? ZRP 1994, 470.
Krey/Pföhler, Zur Weisungsgebundenheit des Staatsanwaltes, NStZ 1985, 145.
Maier, Wie unabhängig sind Staatsanwälte in Deutschland?, ZRP 2003, 387.
Pawlik, Der disqualifizierte Staatsanwalt, NStZ 1995, 309.
Radtke, Der Europäische Staatsanwalt – Ein Modell für Strafverfolgung in Europa mit Zukunft?, GA 2004, 1.
Roxin, Zur Rechtsstellung der Staatsanwaltschaft damals und heute, DRiZ 1997, 109.

II Polizei

Neben die Staatsanwaltschaft tritt als weiteres Strafverfolgungsorgan die Polizei. Ein Aspekt des rechtlichen Verhältnisses dieser beiden Träger des Ermittlungsverfahrens wurde oben (*Rn. 79 f.*) bereits kurz angesprochen. Die Staatsanwaltschaft leitet danach kraft der ihr übertragenen Verfahrensherrschaft die Ermittlungen; sie kann sich zur Durchführung der Ermittlungen ihrer Ermittlungspersonen und der

137

---
[94] *Pueffgen*, in: SKStPO, § 131 Rn. 2.
[95] *Hilger*, NStZ 2000, 561, 564; ders., StraFO 2001, 109, 111, *Krehl*, in: HKStPO, § 161 Rn. 1; *Meyer-Goßner*, § 161 Rn. 1; *Wohlers*, in: SKStPO, § 161 Rn. 4.

Polizei bedienen. Die tatsächliche Bedeutung der polizeilichen Tätigkeit gibt diese Beschreibung der Rechtslage allerdings nicht zutreffend wieder. Das Ausmaß der faktischen Dominanz der Polizei im Ermittlungsverfahren[96] hängt auch davon ab, ob sie auf Weisung der Staatsanwaltschaft tätig wird oder aus eigener Initiative.

1. Polizeiliche Ermittlungen auf Weisung der Staatsanwaltschaft

138 Die Staatsanwaltschaft nimmt in der Praxis eigene Ermittlungen zur Erfüllung der ihr durch § 160 I 1-3 übertragenen Erforschungs- und Beweissicherungspflicht (*Rn. 70*) nur relativ selten vor, z.b. bei Kapitalverbrechen[97] (Mord, Totschlag, Brandstiftung usw.) und gravierenden Wirtschaftsstraftaten. In diesen Verfahren übt der Staatsanwalt zumeist auch von Anfang an seine Leitungsfunktion aus. Liegt der Verdacht eines Kapitalverbrechens vor, so unterrichtet die Polizei, die sich in der Regel zuerst am Tatort befindet, umgehend den zuständigen Staatsanwalt, der sich dann selbst dorthin begibt, um die Ermittlungen von Anfang zu leiten oder selbst durchzuführen. Er ist dabei allerdings auf die Unterstützung der Polizei angewiesen, weil ihm der kriminalistische Sachverstand und die technische Ausrüstung fehlen, um z.B. Fingerabdrücke aufzufinden und zu konservieren, Schusswaffenprojektile zu vergleichen usw., die bei der Polizei vorhanden sind. Auch bedeutende Wirtschaftsstrafverfahren stehen unter der Leitung der (Schwerpunkt-)Staatsanwaltschaft; der sachbearbeitende Staatsanwalt vernimmt die Zeugen, beteiligt sich an Durchsuchungs- und Beschlagnahmeaktionen etc.

139 In Routineverfahren ist die Staatsanwaltschaft dagegen aus tatsächlichen Gründen, nämlich wegen der erheblichen Zahl von Ermittlungsverfahren, die der einzelne Staatsanwalt zu bewältigen hat, gar nicht in der Lage, die erforderlichen Maßnahmen selbst durchzuführen. Hinzu kommt, dass der Aufwand für eigene Ermittlungen im Verhältnis zur Bedeutung der Sache nicht selten zu groß wäre, z.B. wenn auswärtige Zeugen zu vernehmen sind.

> **Beispiel**: X erstattete bei der Staatsanwaltschaft Potsdam Strafanzeige gegen B wegen Betruges und gab an, sein in Köln wohnender Freund Z könne bezeugen, dass B ihm (X) einen gebrauchten Videorecorder zum Preis von 100,- Euro abgekauft habe. Auf das Versprechen des B, den Kaufpreis am nächsten Tag zu überbringen, habe er ihm das Gerät ausgehändigt. Nachdem die Zahlung ausblieb, habe er in Erfahrung gebracht, dass B gar nicht über die finanziellen Mittel verfüge, um den Recorder zu bezahlen.

140 Die Übersendung der Akte an die Polizeibehörde in Köln mit dem Ersuchen, Z zu vernehmen, ist billiger, als wenn der Staatsanwalt sich zu dem Zeugen begibt oder ihn zur Vernehmung anreisen lässt. Der Staatsanwalt beauftragt deshalb in Routineverfahren die Polizei mit den Ermittlungen, wenn er durch eine Anzeige oder auf sonstige Weise von dem Verdacht einer Straftat Kenntnis erhält. Er soll die konkreten Ermittlungshandlungen möglichst genau anordnen, z.B. die Ver-

---

[96] Zu den Gründen *Hassemer*, Mangakis-FS, S. 621, 623 ff.; *Lilie*, ZStW 106 (1994), 625, 627 ff.
[97] *Weiland*, S. 15.

nehmung eines bestimmten Zeugen; eine pauschale Übertragung der gesamten Aufklärung ist zu vermeiden (Nr. 11 I RiStBV). § 161 I 2 verpflichtet die Polizeibehörden und die einzelnen Beamten ausdrücklich, dem Ersuchen der Staatsanwaltschaft nachzukommen. Nach der Vornahme der ihr aufgetragenen Maßnahmen übersendet die Polizei ihre Erhebungen dem Staatsanwalt, der dann über den Fortgang des Verfahrens befindet. Neben der Befugnis zur Beauftragung der Polizei aus § 161 I 1 hat die Staatsanwaltschaft die Möglichkeit, die Polizeibeamten, die gemäß § 152 GVG ihre Ermittlungspersonen sind (*Rn. 172*), zur Durchführung einzelner Ermittlungshandlungen in Anspruch zu nehmen.

2. Die eigenverantwortliche Ermittlungstätigkeit der Polizei

(a) Erster Zugriff

Die Polizei wird nicht nur auf Ersuchen der Staatsanwaltschaft tätig, sondern § 163 I 1 verpflichtet die Behörden und Beamten des Polizeidienstes darüber hinaus, **aus eigener Initiative** Straftaten zu erforschen und Maßnahmen vorzunehmen, die erforderlich sind, um die Verdunkelung der Straftat zu verhindern. Diese Pflicht erklärt sich daraus, dass in der Regel nicht die Staatsanwaltschaft zuerst von dem Verdacht einer Straftat Kenntnis erhält, sondern die Polizei. Müsste die Polizei zunächst die Staatsanwaltschaft informieren, um deren Anweisungen abzuwarten, so würde die daraus resultierende zeitliche Verzögerung nicht selten die Aufklärung der Straftat erschweren oder gar vereiteln. Die Ermittlungspflicht trifft alle Polizeibeamten, unabhängig davon, ob sie zu Ermittlungspersonen der Staatsanwaltschaft ernannt sind und ob sie der Schutz- oder Kriminalpolizei angehören. Für alle Polizeibeamten gilt das **Legalitätsprinzip** (*Rn. 55*) somit in gleicher Weise wie für die Staatsanwaltschaft mit der Folge, dass ein Beamter sich der Strafvereitelung im Amt strafbar machen kann, wenn er trotz Vorliegens eines Tatverdachts nicht einschreitet.

141

Nach dem Gesetz beschränkt sich die in § 163 I formulierte Aufgabe allerdings auf den sogenannten ersten Zugriff, denn § 163 II 1 schreibt vor, dass die Polizei ihre Verhandlungen, d.h. die Akten, in der die bisherigen Ermittlungsergebnisse festgehalten sind, ohne Verzug der Staatsanwaltschaft übersendet. Die Polizei scheint also lediglich die ersten unaufschiebbaren Maßnahmen aus eigenem Antrieb vornehmen zu dürfen. Die Praxis entspricht der gesetzlichen Regelung jedoch nur in Verfahren wegen Kapitaldelikten und schwerer Wirtschaftsstraftaten, in denen die Polizei die Staatsanwaltschaft frühzeitig einschaltet. In **Routineverfahren**, also in der Mehrzahl der Fälle, geschieht dies dagegen nicht, sondern die Polizei ermittelt den Sachverhalt „durch" und übersendet die vollständige Ermittlungsakte der Staatsanwaltschaft. Hält der Staatsanwalt weitere Maßnahmen für erforderlich, so kann er sie selbst vornehmen oder die Polizei damit beauftragen. In der Regel entscheidet er aber auf der Grundlage der polizeilichen Ermittlungen über die Art des Verfahrensabschlusses. Legt man § 163 weit aus, so entspricht dieses Vorgehen der Vorschrift noch. In Routineverfahren finden ohnehin nur in beschränktem Umfang Ermittlungen statt, und die erforderlichen Maßnahmen (Vernehmung des Beschuldigten und der Zeugen, Sicherstellung von Beweismit-

142

teln usw.) sind durch die Sache zumeist vorgegeben. Da die Staatsanwaltschaft ohnehin nicht in der Lage wäre, sie selbst durchzuführen, würde es lediglich einen zusätzlichen Aufwand erfordern, ihr zunächst die Akten zu übersenden, nur damit der zuständige Staatsanwalt die offensichtlich notwendigen Erhebungen ausdrücklich anordnet. Die Staatsanwaltschaft behält gleichwohl die ihr gebührende Verfahrensherrschaft. Sie kann zusätzliche Ermittlungen anordnen, und die Polizei muss sie zur Beantragung richterlicher Untersuchungshandlungen gemäß § 162 I 1 einschalten, soweit § 163 II 2 nicht ausnahmsweise die unmittelbare Einschaltung des Amtsgerichts erlaubt, weil die zeitliche Verzögerung durch die Information der Staatsanwaltschaft den Erfolg der Maßnahme gefährden würde (*Rn. 120*). Das „Durchermitteln" durch die Polizei ist dagegen bei schwerwiegenden Delikten und generell in ermittlungsschwierigen Verfahren unzulässig[98].

(b) Die Ermittlungsbefugnisse der Polizei

143 Der zu § 163 I a.F. bestehende Streit, ob die Vorschrift der Polizei nicht nur Aufgaben im Ermittlungsverfahren übertrug, sondern ihr auch Befugnisse verlieh, ist seit der Ergänzung des § 163 I um eine Befugnisgeneralklausel in Satz 2 durch das StVÄG 1999 obsolet geworden. Der Sache nach handelt es sich jedoch nur um eine Klarstellung, da nach zutreffender Auffassung[99] die Aufgabennorm des § 163 I a.F. auch Befugnisse einräumte.

144 Die Reichweite der Befugnisgeneralklausel muss allerdings näher bestimmt werden. Ermittlungsmaßnahmen, die mit der Androhung und Anwendung von Zwang verbunden sind, bedürfen einer speziellen gesetzlichen Grundlage (siehe *Rn. 135* für die staatsanwaltschaftliche Generalklausel). Zwangsmaßnahmen darf die Polizei deshalb nur vornehmen, wenn die StPO oder ein anderes Gesetz ihr dies ausdrücklich gestattet. Der Polizei stehen nur wenige **Ermittlungshandlungen kraft originärer Kompetenz** zu, und zwar die Durchführung der erkennungsdienstlichen Behandlung (§ 81b), die Identitätsfeststellung (§§ 127 I 2, 163b) sowie die Festnahme und Festhaltung von Personen, die bei zulässigen Amtshandlungen prozessualer Art stören oder sich den getroffenen Anordnungen widersetzen (§ 164). Die übrigen Zwangsmaßnahmen stehen in der originären Kompetenz des Richters oder der Staatsanwaltschaft. Einige wenige dürfen **alle Polizeibeamte bei Gefahr im Verzug** anordnen (§§ 110b I 2, 127 II), überwiegend behält die StPO die Eilkompetenz jedoch den Polizeibeamten vor, die **Ermittlungspersonen der Staatsanwaltschaft** sind (z.B. §§ 81a II, 81c V, 98 I 1, 100d I 1, 105 I 1, 111 II 2. Teilsatz, 111e I, 131c I, 132 II, 163d II 1).

145 Zum überkommenen Repertoire polizeilicher Ermittlungshandlungen gehören aber auch Maßnahmen, die bisher **keine spezielle gesetzliche Regelung** erfahren haben, z.B. die Informationssammlung durch „Herumfragen" am Tatort oder im beruflichen oder privaten Umfeld eines Tatverdächtigen (*Fallsammlung Rn. 265-268*), die – kurzfristige – Observation des Tatverdächtigen (zur längerfristigen Observation siehe aber *Rn. 370 ff.*), die Inanspruchnahme von Informanten und

---

[98] *Achenbach*, in: AKStPO, § 163 Rn. 4.
[99] BVerfG, NStZ 1996, 45 f.; *Perschke*, Ermittlungsmethoden, S. 93 ff.

der Einsatz sog. Vertrauenspersonen[100]. Zu klären ist deshalb, welche der ungeregelten Maßnahmen durch die Generalklausel gestattet sind.

Zum Teil wird die Auffassung vertreten, dass § 163 I der Polizei auch die Befugnis verleihe, Maßnahmen, deren Eingriffsintensität unterhalb der in der StPO geregelten Zwangsmaßnahmen liege, vorzunehmen (sog. **Schwellentheorie**[101]). Diese Sicht geriet durch das „Volkszählungsurteil"[102], in dem das BVerfG dem Recht auf informationelle Selbstbestimmung als Teilaspekt des Allgemeinen Persönlichkeitsrechts Grundrechtsqualität bescheinigte, verstärkt unter Druck. In dieses Recht darf nur eingegriffen werden, wenn eine **gesetzliche Grundlage**, die dem **Gebot der Normenklarheit** entspricht, die Voraussetzungen und den Umfang der Beschränkungen klar und für den Bürger erkennbar bezeichnet. Da Ermittlungsmaßnahmen im Strafverfahren zumeist der Erhebung personenbezogener Daten dienen, ist das informationelle Selbstbestimmungsrecht in der Regel tangiert. Streit besteht seither darüber, ob § 163 I eine hinreichend klare gesetzliche Grundlage darstellt. Der BGH hatte dies in einer Entscheidung zur Zulässigkeit einer – damals gesetzlich noch nicht geregelten – Videoüberwachung offen gelassen. In der Literatur wird zum Teil der Standpunkt vertreten, dass alle Ermittlungshandlungen, die zu einer Grundrechtsbeschränkung, also auch zu einer solchen des Rechts auf informationelle Selbstbestimmung führen, einer (spezial-)gesetzlichen Grundlage bedürfen[103]. Nach anderer Ansicht bietet § 163 I für alle Ermittlungsmaßnahmen, die nicht zwangsweise durchgesetzt werden dürfen und kein Strafgesetz verletzen, eine hinreichend bestimmte Rechtsgrundlage[104].

146

Zutreffend erscheint eine **differenzierte Betrachtung**. Die Ermittlungsgeneralklausel des § 163 I 2 gestattet nicht alle Ermittlungsmaßnahmen, die an Schärfe und Schwere unterhalb der Schwelle der in der StPO geregelten bleiben. Zutreffend ist vielmehr – wie oben (*Rn. 133 ff.*) schon dargelegt – eine **an der Wesentlichkeit der Beeinträchtigung ausgerichtete Betrachtung**. Zu beachten ist darüber hinaus, dass die polizeiliche Generalklausel weniger weit reicht als die staatsanwaltschaftliche (§ 161 I 1), da § 163 I nur den ersten Zugriff betrifft. Zulässig sind deshalb allein solche Maßnahmen, die nach Auftauchen des Tatverdachts sogleich ergriffen werden müssen, um zu verhindern, dass die Aufklärung des Sachverhalts oder die Erhebung der Beweise vereitelt oder erschwert wird. Dazu gehören z.B. die typische „Tatortarbeit" der Polizei, also die Auswertung von Spuren am Tatopfer oder im Bereich des Tatortes (Blut, Sperma, Hautfetzen, Haare, Fingerabdrücke, sonstige Abdrücke des Körpers, aufgefundene Sachen

147

---

[100] Vgl. Nr. 2 der Anlage D RiStBV: Informant ist eine Person, die der Strafverfolgungsbehörde im Einzelfall gegen Zusicherung der Vertraulichkeit Informationen gibt. Als Vertrauensperson (V-Person) wird eine Person bezeichnet, die, ohne einer Strafverfolgungsbehörde anzugehören, diese bei der Aufklärung von Straftaten auf längere Zeit vertraulich unterstützt und deren Identität grundsätzlich geheimgehalten wird.
[101] Z.B. *Beulke*, Rn. 104; *Rebmann*, NJW 1985, 1, 3.
[102] BVerfGE 65, 1, 42 f.
[103] Z.B. *Achenbach*, in: AKStPO, § 161 Rn. 1, § 163 Rn. 6 f.; *Kühne*, Rn. 367 f.; *Roxin*, § 10 Rn. 17; *Rudolphi*, in: SKStPO, Vor § 94 Rn. 47.
[104] Z.B. *Kramer*, NJW 1992, 2732 ff.; *Rieß*, in: LR^{25}, § 160 Rn. 6 f.

etc.)¹⁰⁵, die spontane Suche nach flüchtigen Verdächtigen, die Inanspruchnahme von Informanten und die Abfrage personenbezogener Daten aus Dateien zur Identifizierung von Personen oder zur Feststellung des Halters eines Kfz. Maßnahmen der Polizei außerhalb dieser ersten Phase des Ermittlungsverfahrens bzw. in anderen als Routineverfahren, in denen die Polizei den Sachverhalt „durchermitteln" darf (*Rn. 142*), können dagegen nicht auf die Generalklausel gestützt werden. § 163 I 1 gestattet der Polizei deshalb z.B. den maschinellen Datenabgleich gemäß § 98c¹⁰⁶ und den Einsatz technischer Mittel im Sinne des § 100c I Nr. 1a, b nur im Rahmen des ersten Zugriffs¹⁰⁷; ansonsten ist die Staatsanwaltschaft kraft ihrer umfassenden Verfahrensherrschaft gemäß § 161 I 1 zuständig.

148 Die Beschränkung auf den ersten Zugriff steht auch der **Beauftragung eines Sachverständigen** durch die Polizei entgegen. Die überwiegende Meinung¹⁰⁸ nimmt zwar eine Zuständigkeit der Polizei im Ermittlungsverfahren mit der Begründung an, § 73, der die Sachverständigenbestellung in die Kompetenz des Richters stellt, gelte nicht, da sich die Vorschrift nur auf das gerichtliche Verfahren beziehe. Selbst wenn man dieser Auslegung des § 73 grundsätzlich zustimmt (zur Befugnis der Staatsanwaltschaft, einen Sachverständigen im Ermittlungsverfahren zu beauftragen siehe *Rn. 128*), so folgt daraus aber noch nicht die Befugnis der Polizei zur Beauftragung eines Sachverständigen. Sie könnte sich nur aus § 163 I 2 ergeben. Da die Vorschrift aber allein zu Maßnahmen im ersten Zugriff berechtigt, die Bestellung eines Sachverständigen aber nicht zu den unaufschiebbaren Ermittlungshandlungen zählt, ist eine Kompetenz der Polizei abzulehnen¹⁰⁹.

3. Die zuständigen Polizeibehörden

(a) Regelzuständigkeit der Landespolizeibehörden

149 §§ 161 I 2, 163 I 1 verpflichten pauschal die Polizeibehörden und -beamten zur Vornahme der von der Staatsanwaltschaft angeordneten Ermittlungen sowie zur Erforschung von Straftaten aus eigener Initiative. Soweit nicht Sonderregelungen für bestimmte Straftaten eine besondere Zuständigkeit anderer Behörden begründen, nehmen die Landespolizeibehörden diese Aufgaben wahr. Im Ermittlungsverfahren wird vornehmlich die **Kriminalpolizei** tätig; die Schutzpolizei ist zumeist nur zur Aufklärung von Bagatelldelikten zuständig¹¹⁰. Die organisatorische Verselbstständigung von Schutz- und Kriminalpolizei in der Polizeibehörde bringt die

---

[105] Nach Auffassung der 2. Kammer des Zweiten Senats des BVerfG (NStZ 1996, 45 f.) ist die Auswertung von Spuren schon deshalb zulässig, weil sie zwar einen unmittelbaren Bezug zu einer Person aufweisen und damit den Persönlichkeitsbereich des Betroffenen berühren, sie aber doch von der Person gelöst und objektiviert sind, sodass die Auswertung nicht in das Allgemeine Persönlichkeitsrecht eingreife.
[106] Im Gegensatz zur Rasterfahndung (§ 98a), die gemäß § 98b I durch den Richter anzuordnen ist, bedarf es für den maschinellen Datenabgleich nach § 98c keiner richterlichen Anordnung, *Hilger*, NStZ 1992, 457, 461; *Pfeiffer*, § 98c Rn. 2.
[107] Für eine umfassende Kompetenz der Polizei offensichtlich *Hilger*, NStZ 1992, 457, 463, Fn. 118; *Pfeiffer*, § 100d Rn. 1.
[108] *Dahs*, in: LR²⁵, § 73 Rn. 2; *Meyer-Goßner*, § 73 Rn. 1; *Pfeiffer*, § 73 Rn. 1.
[109] *Achenbach*, in: AKStPO, § 161a Rn. 8.
[110] *Kühne*, Rn. 152.

unterschiedlichen Aufgaben – präventive und repressive Tätigkeit – zum Ausdruck. In dem obersten Beamten der Polizeibehörde, dem Polizeipräsidenten, Polizeidirektor oder Landrat, treffen beide Organisationsstränge aber wieder in einer Person zusammen. Größere Kriminalpolizeibehörden sind untergliedert in Kommissariate, die für die Verfolgung bestimmter Delikte zuständig sind (z.b. Kapital-, Einbruchs-, Betrugs-, Betäubungsmittel-, Sexualdelikte usw.). Es bestehen ein Erkennungsdienst, der z.B. Fotos der Beschuldigten herstellt und Vergleichsfingerabdrücke nimmt, eine Fahndungsstelle, die Personen aufspürt, die per Haftbefehl gesucht werden oder zur Fahndung ausgeschrieben worden sind, und ein kriminaltechnischer Untersuchungsdienst, der z.b. die Echtheit von Urkunden prüft, das Fingerabdruckarchiv betreut und Beschussproben von Schusswaffen durchführt. Straftaten, die wegen ihrer Schwere oder der räumlichen Ausdehnung überregionale Bedeutung aufweisen, fallen in die Zuständigkeit der Landeskriminalämter[111]. Dort – und beim Bundeskriminalamt (vgl. § 2 VI Nr. 1 BKAG) – finden sich weitere kriminaltechnische Einrichtungen.

Dieser konzentrierte Sachverstand steht auch der Staatsanwaltschaft zur Verfügung. Gemäß § 161 I StPO, § 152 GVG kann der Staatsanwalt einen bestimmten Beamten mit der Vornahme einer konkreten Ermittlungsmaßnahme beauftragen, in der Regel wird er sein Ersuchen jedoch an die Behörde richten, die es dann an den zuständigen Beamten weiterleitet.

150

(b) Bundeskriminalamt

Das in Wiesbaden errichtete Bundeskriminalamt hat zahlreiche Aufgaben[112], z.B. als Zentralstelle für das polizeiliche Auskunfts- und Nachrichtenwesen (§§ 2, 7 ff. BKAG), als Nationales Zentralbüro für die Internationale Kriminalpolizeiliche Organisation sowie als Kontaktbehörde im Rahmen der Zusammenarbeit mit ausländischen Justiz- und Polizeibehörden (§§ 3, 14, 15 BKAG) und als Behörde für den Schutz von Mitgliedern der Verfassungsorgane (§§ 5 I, 21-25 BKAG). Im strafrechtlichen Ermittlungsverfahren ist das BKA zur **Verfolgung der in § 4 I 1 Nr. 1-5 BKAG aufgeführten Straftaten** (z.B. international organisierte Waffen-, Sprengstoff- oder Betäubungsmitteldelikte, die eine Sachaufklärung im Ausland erfordern, gegen Verfassungsorgane gerichtete Tötungs- und Freiheitsdelikte und international organisierte terroristische Straftaten) zuständig. Es kann darüber hinaus – andere – Straftaten verfolgen, wenn eine **zuständige Landesbehörde darum ersucht,** der **Bundesinnenminister dies aus schwerwiegenden Gründen anordnet** oder der **Generalbundesanwalt darum ersucht oder einen Auftrag erteilt** (§ 4 II BKAG). Das BKA ist gemäß § 6 BKAG in diesen Ermittlungsverfahren auch zur Vornahme der erforderlichen **Zeugenschutzmaßnahmen** zuständig. § 16 I BKAG gestattet den Einsatz technischer Mittel zur Eigensicherung von Bediensteten, und zwar auch das **Abhören und Aufzeichnen von Gesprächen in einer Wohnung.**

151

---

[111] *Kühne*, Rn. 152.
[112] Im Einzelnen siehe *Schreiber*, NJW 1997, 2137, 2139.

(c) Steuer- und Zollfahndungsstellen

152 § 404 S. 1 AO überträgt den Steuerfahndungsstellen und den Zollfahndungsämtern für die Verfolgung von Steuerstraftaten die strafprozessualen Rechte und Pflichten der Polizei. Die Fahndungsstellen haben also die Stellung einer „**Steuerkriminalpolizei**" (*Rn. 1030*). Die Zollfahndungsämter sind darüber hinaus gemäß § 1 IIIc Zollverwaltungsgesetz (ZollVG) zur Erforschung und Verfolgung der international organisierten Geldwäsche (§ 261 StGB) sowie damit im Zusammenhang stehender Straftaten zuständig. Das **Zollkriminalamt** (ZKA) in Köln besitzt gemäß § 2 Zollfahndungsdienstgesetz (ZFdG) als Zentralstelle des Zollfahndungsdienstes eine ähnliche Stellung wie das BKA. Die Aufgaben regeln §§ 3 bis 5 ZFdG. In Fällen von überörtlicher Bedeutung kann es selbstständig ermitteln (§ 4 I 1 ZFdG).

(d) Europol

153 Das Europäische Polizeiamt (Europol) in Den Haag hat die Aufgabe, durch die **Sammlung von Informationen und deren Weitergabe** an die Mitgliedstaaten der Europäischen Union die Verhütung und Bekämpfung schwerwiegender Formen der organisierten internationalen Kriminalität sowie durch weitere Maßnahmen die Zusammenarbeit und Leistungsfähigkeit der zuständigen Behörden der Mitgliedstaaten zu verbessern (Art. 2 I, 3 Europol-Übereinkommen)[113]. Eine eigene Ermittlungszuständigkeit besitzt Europol nicht[114].

154 Die Ausgestaltung der Rechtsstellung des Amtes und seiner Bediensteten leidet an **schwerwiegenden Mängeln**. Bedenklich ist zum einen die **Weisungsunabhängigkeit** des Direktors und der Bediensteten der Behörde (Art. 30 I Europol-Übereinkommen), die dazu führt, dass die Staatsanwaltschaft keinen unmittelbaren Zugriff auf die Behörde nehmen kann, obwohl sie an der Strafverfolgung mitwirkt, und zum anderen die Gewährung von **Immunität** für die Mitarbeiter hinsichtlich der von ihnen in Ausübung ihres Amtes vorgenommenen Äußerungen und Handlungen[115]. Der Streit darüber, ob die Mitarbeiter auch im Falle des Verstoßes gegen die strafrechtlichen Vorschriften zum Schutz von Dienst- und Berufsgeheimnissen (§§ 203 ff., 353b StGB) Immunität genießen[116], ist in der Praxis obsolet, da nach § 8 S. 2 EuropolG die Strafverfolgung in Deutschland – neben der Ermächtigung der Bundesregierung – ein Strafverlangen des Direktors von Europol voraussetzt. Selbst wenn keine Immunität vorläge, kann er somit die Strafverfolgung der Europolbeamten durch Verweigerung der Zustimmung verhindern.

---

[113] Näher dazu *Gleß*, NStZ 2001, 623; *Zieschang*, ZRP 1996, 427 f.
[114] *Ostendorf*, NJW 1997, 3418, 3419; *Zieschang*, ZRP 1996, 427.
[115] Siehe dazu *Gleß*, NStZ 2001, 623, 625; *Hirsch*, ZRP 1998, 10 ff.; *Ostendorf*, NJW 1997, 3418, 3420.
[116] Siehe dazu *Böse*, NJW 1999, 2416 f.

4. Anwendung unmittelbaren Zwanges zur Durchsetzung strafprozessualer Ermittlungsmaßnahmen

Zahlreiche strafprozessuale Ermittlungsmaßnahmen sind auch gegen den Willen des Betroffenen durchsetzbar. Vereinzelt bestimmt die StPO dies ausdrücklich (§ 81b), überwiegend ergibt es sich aus der Art der jeweiligen Maßnahme (z.B. Vorführung, Festnahme, Vollzug der Untersuchungshaft, Durchsuchung, Beschlagnahme). Leistet der Betroffene der Anordnung nicht Folge oder widersetzt er sich ihr, so darf Zwang angewendet werden, um sie durchzuführen. Die Durchsetzung der Zwangsmaßnahmen erfolgt in der Regel durch Polizeibeamte, und zwar entweder auf Ersuchen der Staatsanwaltschaft (§ 161 I), wenn sie vom Ermittlungsrichter oder Staatsanwalt angeordnet worden sind, oder kraft eigener Zuständigkeit, soweit sie in der originären Kompetenz des Beamten stehen oder er als Ermittlungsperson der Staatsanwaltschaft Eilbefugnisse wahrnimmt.

(a) Art und Weise der Zwangsausübung

Die StPO regelt also, dass bzw. **ob** Zwang angewendet werden darf, z.B. um die körperliche Untersuchung (§ 81a), die erkennungsdienstliche Behandlung (§ 81b) oder die Verhaftung (§ 114a) durchzusetzen, nicht jedoch, **wie** dies zu geschehen hat, z.B. durch Fesselung oder unter Einsatz von Waffen, z.B. einer Schusswaffe.

Die überwiegende Meinung[117] befürwortet die Schließung dieser Regelungslücke durch die Anwendung des Gesetzes über den unmittelbaren Zwang bei Ausübung öffentlicher Gewalt durch Vollzugsbeamte des Bundes (UZwG)[118] auf Polizeibeamte des Bundes, z.B. Beamte des Bundeskriminalamtes, des Bundesgrenzschutzes und der Zollfahndungsämter, und der jeweiligen landesrechtlichen Vorschriften auf Landespolizeibeamte. Einige Landesgesetze ordnen ihre Geltung sogar ausdrücklich an[119]. Die Polizeirechte der Länder und das UZwG des Bundes enthalten nämlich – weitgehend ähnliche, allerdings nicht völlig übereinstimmende – detaillierte Regelungen der Anwendung unmittelbaren Zwanges. Sie gestatten die Fesselung einer Person unter anderem, wenn sie Widerstand leistet, zu fliehen versucht oder zu befürchten ist, dass sie sich aus dem Gewahrsam befreien wird (vgl. § 8 UZwG). Der Schusswaffengebrauch ist z.B. zulässig zum Anhalten eines auf frischer Tat Betroffenen, wenn sich die Tat als Verbrechen oder als ein unter Verwendung von Schusswaffen oder Sprengstoff begangenes Vergehen darstellt und sich der Verdächtige der Festnahme oder Identifizierung durch Flucht zu entziehen versucht, zur Vereitelung der Flucht oder zur Wiederergreifung einer Person, die sich auf Grund eines richterlichen Haftbefehls in Gewahrsam befindet oder befand usw. (vgl. § 10 I Nr. 2,3 UZwG). Der Beamte muss den Schusswaffengebrauch androhen, d.h. mindestens einen Warnschuss abgeben (vgl. § 13 UZwG). Darüber hinaus gibt es weitere konkrete Regelungen über den Einsatz unmittelbaren Zwangs.

---

[117] Z.B. BayObLG, NStZ 1988, 518 f.; OLG Karlsruhe, NJW 1974, 806 f.; *Benfer*, NJW 2002, 2688, 2689 f.; *Meyer-Goßner*, § 127 Rn. 20; *Krey* I, Rn. 508, Fn. 133; *Wendisch*, in: LR[25], § 127 StPO Rn. 31; *Ranft*, Rn. 792; *Roxin*, § 31 Rn. 11.
[118] Sartorius Nr. 115.
[119] Z.B. § 3 III HessSOG; § 3 II NiedersSOG; § 4 II SOG Sachsen-Anhalt.

158 Gegen die Anwendung der Landesgesetze spricht jedoch § 6 I EGStPO, der bestimmt, dass sich das Strafverfahren ausschließlich nach Bundesrecht richtet, soweit die StPO nicht ausdrücklich auf das Landesrecht verweist. Dadurch kommt zum Ausdruck, dass die Strafverfolgung im gesamten Bundesgebiet einheitlichen Regelungen folgen soll[120]. Die Landesgesetze stimmen in ihren Zwangsvorschriften zwar weitgehend überein, in einzelnen Punkten weichen sie aber doch voneinander ab. Vereinzelt wird deshalb eine analoge Anwendung des UZwG auf die zwangsweise Durchsetzung strafprozessualer Ermittlungsmaßnahmen durch Landespolizeibeamte vorgeschlagen[121]. Nach einer im Vordringen befindlichen Auffassung genügt eine solche Analogie angesichts der Erheblichkeit der Grundrechtsbeeinträchtigungen jedoch dem aus Art. 20 III GG folgenden Vorbehalt des Gesetzes nicht[122], statt dessen sei der jeweiligen Ermächtigungsnorm – soweit möglich – die Art und Weise der zwangsweisen Durchsetzung der Maßnahme zu entnehmen.

159 Nach alledem existiert allenfalls für Bundespolizeibeamte mit dem UZwG derzeit eine tragfähige und zugleich konkrete gesetzliche Grundlage für die Anwendung unmittelbaren Zwangs im Strafverfahren. Für den in der Praxis häufigsten Fall, dass Landesbeamte strafprozessuale Zwangsmaßnahmen vornehmen, vermag dagegen keine der vorgeschlagenen Lösungen völlig zu überzeugen. Die Anwendung der landesgesetzlichen Regelungen über die Anwendung unmittelbaren Zwanges hat zwar den Vorteil, dass sie der Polizei detaillierte Handlungsanweisungen gibt, § 6 I EGStPO verstellt aber diesen Weg. Dieser Vorschlag löst das Problem zudem nur zum Teil, da die zwangsweise Vornahme von strafprozessualen Ermittlungsmaßnahmen durch Polizeibeamte zwar den Regelfall darstellt, grundsätzlich können aber auch der Staatsanwalt oder Ermittlungspersonen der Staatsanwaltschaft, die nicht der Polizei angehören, Zwangsmaßnahmen selbst durchführen. Dabei handelt es sich keineswegs um einen theoretischen Fall. Im Steuerstrafverfahren werden die Steuer- und Zollfahndungsbeamten als „Steuerkriminalpolizei" tätig (*Rn. 152*), ohne dass für sie die Landespolizeigesetze gelten. Die Steuer- und Zollfahnder haben zwar gemäß § 404 AO die Rechte und Pflichten der Polizei nach der StPO, sie sind aber Finanz- und nicht Polizeibeamte. Die analoge Anwendung des UZwG hätte zwar den Vorteil, dass Zwangsmaßnahmen durch alle Strafverfolgungsorgane in ganz Deutschland nach einheitlichen Maßstäben vorzunehmen wären, die aus Art. 20 III GG resultierenden Zweifel wiegen jedoch schwer. Derzeit bleibt deshalb nur die Möglichkeit, den jeweiligen **strafprozessualen Ermächtigungsnormen** zu entnehmen, in welchen Umfang sie die Anwendung von Zwang zur Durchsetzung der konkreten Maßnahme erlauben[123]. Dieser Weg wird im Übrigen bei der Festnahme durch Private gemäß § 127 I 1

---

[120] *Achenbach*, in: AKStPO, § 6 EGStPO Rn. 4; *Paeffgen*, in: SKStPO, § 127 Rn. 31, 29; *Schmidt/Schöne*, NStZ 1994, 218, 220.
[121] *Borchert*, JA 1982, 338, 346.
[122] *Achenbach*, in: AKStPO, § 6 EGStPO Rn. 4; *Paeffgen*, in: SKStPO, § 127 Rn. 31, 29; *Schmidt/Schöne*, NStZ 1994, 218, 220.
[123] Eingehend *C. Müller*, Rechtsgrundlagen und Grenzen zulässiger Maßnahmen bei der Durchsuchung von Wohn- und Geschäftsräumen, 2003, S. 58 ff.

beschritten. Es ist jedoch nicht zu verkennen, dass die Polizei-, aber auch die Steuer- und Zollfahndungsbeamten, die häufig Zwangsmaßnahmen vorzunehmen haben, für ihre Tätigkeit möglichst genaue Handlungsanweisungen benötigen. Solange der (Bundes-)Gesetzgeber sie nicht schafft, erscheint nur die Orientierung an den vorhandenen gesetzlichen Regelungen zur Anwendung unmittelbaren Zwangs praktikabel zu sein[124]. Auch wenn ihre unmittelbare oder analoge Geltung ausscheidet, so sind sie doch immerhin – jedenfalls soweit sie übereinstimmen – Ausdruck eines Konsenses hinsichtlich der Art und Weise der Durchsetzung konkreter Maßnahmen mittels unmittelbaren Zwangs.

(b) Anwendung unmittelbaren Zwangs und Weisungsrecht der Staatsanwaltschaft
Theoretisch ist auch der Staatsanwalt zur Anwendung unmittelbaren Zwangs befugt, mangels entsprechender Ausbildung und Ausrüstung ist er faktisch dazu aber nicht in der Lage. Er muss sich deshalb in aller Regel zur Vornahme von Zwangsmaßnahmen der Hilfe der Polizei – oder anderer Ermittlungsbeamten der Staatsanwaltschaft – bedienen.

160

> **Beispiel**: Der als besonders brutal bekannte R nahm nach einem Banküberfall die Bankangestellte B als Geisel, mit der er die Bank verließ. Er hielt B eine Schusswaffe an den Kopf und drohte, sie zu erschießen, falls die Polizei ihm folgen sollte. Am Tatort waren Staatsanwalt S und Polizeipräsident P anwesend, die sich nicht darauf einigen konnten, ob ein neben dem Ausgang verborgener Polizeibeamter auf R schießen sollte, um ihn festzunehmen und die Geisel zu befreien.

Einigkeit besteht, dass die Verfahrensherrschaft der Staatsanwaltschaft die **Befugnis umfasst, die Polizei anzuweisen**, zum Zweck der Strafverfolgung von Zwangsmitteln Gebrauch zu machen[125]. Wie dies im Einzelnen zu geschehen hat, legt die Anlage A zu den RiStBV[126] fest, eine Dienstanweisung, die auf einer Vereinbarung der Justizminister und -senatoren und der Innenminister und -senatoren des Bundes und der Länder beruht. Der Staatsanwalt soll grundsätzlich nur allgemeine Weisungen zur Art und Weise der Zwangsausübung erteilen und deren Ausführung der Polizei überlassen. Konkrete Einzelanweisungen soll er nur geben, wenn die Polizei darum ersucht, es aus Rechtsgründen unerlässlich ist oder die Ausübung des unmittelbaren Zwangs Auswirkungen auf das weitere Ermittlungsverfahren hat, und nur dann, wenn er sich vor Ort befindet, er also die Sachlage aus eigener Anschauung kennt; die Anordnung des Schusswaffengebrauchs setzt die Anwesenheit am Einsatzort sogar zwingend voraus (B.II). Besondere Schwierigkeiten treten auf, wenn die beiden Aufgaben der Polizei, also Strafverfolgung und Gefahrenabwehr, in einer einzelnen Maßnahme zusammentreffen und sich kein Schwerpunkt bei der einen oder der anderen Aufgabe finden lässt. Ein solcher

161

---

[124] Enger *Schmidt/Schöne*, NStZ 1994, 218, 220, die für die Festnahme nach § 127 II eine angeblich aus dem Wortsinn folgende restriktive Auslegung befürworten, die z.B. den Einsatz von Waffen verbiete.
[125] Zum Teil wird ein Weisungsrecht der Staatsanwaltschaft zur Anwendung des Schusswaffengebrauchs allerdings bestritten, z.B. *Krey* I, Rn. 508.
[126] Abgedruckt z.B. bei *Meyer-Goßner*, Anhang 15.

Fall liegt z.B. vor, wenn der Täter eine Geisel nimmt und durch ihre Bedrohung seinen freien Abzug erzwingen will. Die Anwendung unmittelbaren Zwangs gegen den Geiselnehmer, um ihn festzunehmen (Strafverfolgung) und die Geisel zu befreien (Gefahrenabwehr), ist in dieser Situation eine echte **Doppelaufgabe**, sodass der Klärung bedarf, wie zu verfahren ist, wenn die für die Strafverfolgung zuständige Staatsanwaltschaft und die für die Gefahrenabwehr zuständige Polizei unterschiedliche Standpunkte zum Zwangsmitteleinsatz vertreten, z.B. wenn der Staatsanwalt den Schusswaffeneinsatz verlangt, um den Täter festzunehmen, die Polizei dies aber wegen der Gefahren für die Geisel ablehnt. Da keiner Aufgabe ein grundsätzlicher Vorrang zukommt[127], sollen die Staatsanwaltschaft und die Polizei unter Berücksichtigung der Belange des jeweils anderen möglichst ein Einvernehmen herstellen. Gelingt dies – auch nach Einschaltung der vorgesetzten Dienststellen – nicht, ist aber eine unverzügliche Entscheidung zu treffen, so entscheidet die Polizei (B.III. der Anlage A zu den RiStBV). Die Dienstanweisung löst diesen Konflikt also, indem sie der Polizei die letztendliche Zuständigkeit einräumt. In unserem Fall war somit die Entscheidung des Polizeipräsidenten maßgeblich.

5. Tatprovozierendes Verhalten als Ermittlungsmaßnahme

162 Die Besonderheit der in der polizeilichen Praxis bisweilen angewendeten Tatprovokation gegenüber sonstigen Ermittlungsmaßnahmen, die – ausschließlich – auf die Aufklärung einer bereits begangenen Straftat und die Sicherung der dafür vorliegenden Beweise gerichtet sind, besteht darin, dass **der Betroffene durch das Verhalten der Polizei erst zur Begehung einer Straftat veranlasst wird**. Zu unterscheiden sind Fälle, in denen bereits ein Tatverdacht wegen einer anderen Straftat vorliegt, von solchen, in denen ein bisher Unverdächtiger zur Tatbegehung provoziert wird

(a) Tatprovokation bei Vorliegen eines Tatverdachts

163 Setzt die Polizei das tatprovozierende Verhalten in der Situation des Anfangsverdachts ein, so handelt es sich um eine **strafprozessuale Ermittlungshandlung**, weil die Reaktion des Betroffenen als Mittel zu seiner Überführung wegen der begangenen Tat(en) dient. Die Zulässigkeit der konkreten Maßnahme hängt von der Art und Weise der Beeinflussung ab.

164 Bisweilen schafft die Polizei – ohne auf eine Person aktiv einzuwirken – lediglich eine **die Tat provozierende Situation**, z.B. indem sie einen „Köder" auslegt, der den bereits bekannten oder noch unbekannten Tatverdächtigen veranlassen soll zuzugreifen.

> **Beispiel**: Seit geraumer Zeit verschwanden bei der Post Briefe, die Geldscheine und Schecks enthielten. Die Umstände ließen vermuten, dass der Täter in einem bestimmten Briefverteilzentrum arbeiten müsse. Die Polizei gab mehrere Briefe auf, denen Barschecks beigelegt waren. Als der Postmitarbeiter P einen dieser Barschecks, den er ei-

---

[127] *Schlüchter*, Lehrbuch, Rn. 73.2. A.A. *Kühne* (Rn. 134, 149) und *Schulz/Leppin* (Jura 1981, 521, 532 f.), die einen Vorrang der Strafverfolgungsaufgabe annehmen.

nem Brief entnommen hatte, bei der bezogenen Bank einlösen wollte, wurde er von der Polizei festgenommen.

Das Vorgehen der Polizei war zulässig. Die bloße Herbeiführung von zur Tat anreizenden Umständen, die nach zutreffender Auffassung[128] mangels eines erforderlichen offenen geistigen Kontakts zum Täter nicht einmal den objektiven Tatbestand der Anstiftung gemäß § 26 StGB erfüllt, beeinträchtigt die Rechte des Betroffenen nicht, sodass es keiner speziellen Ermächtigungsgrundlage bedarf. Die Polizei ist deshalb im Anwendungsbereich des § 163 I aus eigener Initiative und sonst auf Anweisung der Staatsanwaltschaft befugt, eine tatprovozierende Situation zu schaffen. Zulässig ist es darüber hinaus, dass ein Polizeibeamter – oder eine Privatperson auf Veranlassung der Polizei – **auf das Angebot eines zur Tat bereits fest Entschlossenen (omnimodo facturus) eingeht**, z.B. indem ein Scheinaufkäufer ihm angebotene Betäubungsmittel oder Hehlerware ankauft[129]. Auch hier fehlt es an einer Rechtsbeeinträchtigung des Betroffenen. 165

Strittig ist dagegen die Zulässigkeit einer **aktiven und gezielten Einwirkung der Polizei**, z.B. durch den Einsatz eines Lockspitzels, auf die Willensbildung und den Tatentschluss des Provozierten, gegen den wegen einer anderen Tat ein Tatverdacht besteht, um ihn durch die Erlangung von Beweisen hinsichtlich einer oder mehrerer bereits begangener gleichartiger Taten zu überführen. Der BGH geht, ohne eine Rechtsgrundlage für dieses Verhalten der Polizei zu erwähnen, von der Zulässigkeit aus und folgert lediglich aus dem Rechtsstaatsprinzip die Grenzen dieser Maßnahme, die dann überschritten seien, wenn das Vorgehen des Lockspitzels unter Abwägung aller Umstände (Grundlage und Ausmaß des gegen den Täter bestehenden Verdachts, Art, Intensität und Zweck der Einflussnahme des Lockspitzels, Tatbereitschaft und eigene, nicht fremdgesteuerte Aktivitäten dessen, auf den eingewirkt wird) „unvertretbar übergewichtig" sei[130]. Vor der Festlegung der Grenzen eines tatprovozierenden Verhaltens ist jedoch zu klären, ob es eine Eingriffsbefugnis erfordert und – wenn dies der Fall ist – ob das geltende Recht eine solche enthält. Zum Teil wird behauptet, dass jede aktive und gezielte Einwirkung auf die Willensbildung und den Tatentschluss des Betroffenen, um ihn zur Begehung einer Straftat zu bewegen, in das Allgemeine Persönlichkeitsrecht gemäß Art. 2 I GG eingreife, sodass es dafür einer – spezialgesetzlichen – Ermächtigungsgrundlage bedürfe[131]. Das trifft so pauschal jedoch nicht zu. Belässt die Einwirkung auf den Provozierten diesem die freie Entscheidung, auf die Aufforderung zur Straftatbegehung einzugehen oder das ihm angesonnene Verhalten zu unterlassen, so liegt keine Beeinträchtigung des Allgemeinen Persönlichkeitsrechts vor mit der Folge, dass die allgemeine Aufgaben- und Befugnisnorm des § 163 I 1 166

---

[128] Z.B. *Cramer/Heine*, in: Schönke/Schröder, § 26 Rn. 4; *Jescheck/Weigend*, AT, § 64 II 1; *Krey*, AT 2, Rn. 253 ff.; *Roxin*, in: LK, § 26 Rn. 3 ff.; *Wessels/Beulke*, AT, Rn. 568. Jede Verursachung des Tatentschlusses lassen genügen BGHSt 2, 279, 281 ff.; 45, 373, 374; BGH, NStZ 2000, 421; *Lackner/Kühl*, § 26 Rn. 2.
[129] *Ellbogen*, Verdeckte Ermittlungstätigkeit, S. 52.
[130] BGHSt 32, 345, 346 f.; 33, 356, 362; siehe auch BGH, NJW 1981, 1626; NStZ 1982, 126; 156 f.; NStZ 1984, 78, 79. Zur Rechtsprechung eingehend *Herzog*, StV 2003, 410.
[131] *Fischer/Maul*, NStZ 1992, 7 f.

der Polizei grundsätzlich eine Rechtsgrundlage für den Lockspitzeleinsatz verschaffen kann[132]. Dabei ist jedoch zu berücksichtigen, dass die Vorschrift nur solche Maßnahmen erlaubt, die nach Auftauchen eines Tatverdachts sogleich ergriffen werden müssen, um die Aufklärung des Sachverhalts oder der Erhebung der Beweise zu sichern (*Rn. 146 f.*). Der Lockspitzeleinsatz bedarf jedoch zumeist einer längerfristigen Vorbereitung und Planung, sodass er in der Regel nicht zu den unaufschiebbaren Maßnahmen im Sinne des § 163 I 1 gehört. Außerhalb der Phase des ersten Zugriffs erfordert der Lockspitzeleinsatz deshalb die **Anordnung bzw. Zustimmung der Staatsanwaltschaft.**

167 Ist die Einwirkung dagegen mit der Ausübung massiven Drucks verbunden, sodass die Tatbegehung durch den Provozierten als „**überwiegend fremdgesteuert**" erscheint, greift die Provokation also in die Handlungsfreiheit des Betroffenen ein, dann findet die Maßnahme weder in § 163 I 1 noch in § 161 I 1 eine gesetzliche Grundlage[133]. Für einen Verzicht auf eine solche unzulässige Tatprovokation spricht im Übrigen auch ihr geringer Beweiswert. Lässt sich der Betroffene erst nach einer massiven Einwirkung durch den Provozierenden auf die Tatbegehung ein, so wird dies eher ausnahmsweise dazu führen, dass er wegen anderer Taten überführt werden kann. In der Sache ist dem BGH[134] mit den vorstehenden Präzisierungen deshalb zuzustimmen.

(b) Einwirkung auf einen Unverdächtigen

168 Anders liegt es dagegen, wenn ein bisher Unverdächtiger durch eine gezielte Einwirkung auf seine Willensbildung zur Tatbegehung provoziert wird.

> **Beispiel:** L, Beamter eines Landeskriminalamtes, rief als „Lockspitzel" über einen Zeitraum von sechs Monaten wöchentlich den A an und gab sich dabei als Käufer von Kokain aus. Er bot A erhebliche Geldbeträge für das zu beschaffende Betäubungsmittel an. Der bis dahin unbescholtene A vermochte der Verlockung des in Aussicht gestellten Geldes nicht zu widerstehen und beschaffte im Ausland etwa 260 Gramm Kokain.[135]

169 Das Verhalten des L war unzulässig. Der BGH, der in unserem Beispielsfall die Provokation Unverdächtiger noch in denselben Grenzen für zulässig hielt wie die Provokation Tatverdächtiger und eine Überschreitung dieser Grenzen abgelehnt hatte[136], ist dem Europäischen Gerichtshof für Menschenrechte (EGMR)[137] inzwischen jedoch darin gefolgt, dass die Provokation einer unverdächtigen und zunächst nicht tatgeneigten Person gegen den Grundsatz des fairen Verfahrens gemäß Art. 6 I EMRK verstoße und deshalb unzulässig sei[138]. Des Rückgriffs auf

---

[132] *Meyer-Goßner,* § 163 Rn. 34a; *Roxin,* § 10 Rn. 28. Für eine generelle Unzulässigkeit tatprovozierenden Verhaltens offensichtlich *Sommer,* NStZ 1999, 48, 49.
[133] Im Ergebnis ebenso *Roxin,* § 10 Rn. 28, der einen Verstoß gegen den Verhältnismäßigkeitsgrundsatz annimmt.
[134] Oben *Fn. 184.*
[135] Fall nach BGHSt 32, 345.
[136] BGHSt 32, 345, 346 f.
[137] NStZ 1999, 47, 48, mit Anm. *Sommer.* Ausführlich zur Rechtsprechung des EGMR zu dieser Frage *Gaede,* StV 2004, 46 ff.
[138] BGHSt 45, 321 ff.

Art. 6 I EMRK bedarf es allerdings nicht, um das zutreffende Ergebnis der Unzulässigkeit dieser Maßnahme zu begründen. Es fehlt nämlich bereits an einer tragfähigen Rechtsgrundlage. § 163 I 1 scheidet als Eingriffsbefugnis aus, weil die Vorschrift einen Tatverdacht voraussetzt, der aber fehlt, wenn die Polizei einen von ihr lediglich als straftatgeneigt eingeschätzten Unverdächtigen zur Begehung einer Straftat bewegen will. Es handelt sich somit in Wahrheit gar **nicht um eine strafprozessuale Maßnahme**[139], sodass selbst eine Anordnung oder Zustimmung der Staatsanwaltschaft ihr keine Grundlage verschaffen kann. Die Tatprovokation eines Unverdächtigen dient aber auch nicht, wie zum Teil behauptet wird[140], der Gefahrenabwehr im Sinne einer „vorbeugenden Verbrechensbekämpfung". Die Provozierung einer Straftat ist das Gegenteil von Gefahrenabwehr, die gerade auf die Verhinderung von Straftaten gerichtet sein muss. Ob sich die polizeirechtliche Zulässigkeit der Tatprovokation auf den Gedanken stützen lässt, dadurch würden schließlich Rauschgift oder anderen Gegenstände, z.B. Hehlerware, abgeschöpft, ist mindestens zweifelhaft, da die Nachfrage erst die Bedingungen für einen illegalen „Markt" schafft bzw. dessen Strukturen stärkt[141]. Die Provokation eines Unverdächtigen ist heute nach wohl einhelliger Auffassung **generell unzulässig**.

(c) Folgen einer unzulässigen Tatprovokation

Nach wie vor heftig umstritten sind dagegen die Konsequenzen, die sich aus einer unzulässigen Tatprovokation ergeben. In der Literatur wird zum Teil ein Verfahrenshindernis infolge Verwirkung des staatlichen Strafanspruchs[142] bzw. ein materiell-rechtlicher Strafausschließungsgrund[143] angenommen. Andere befürworten ein Verwertungsverbot mit Fernwirkung hinsichtlich der Beweismittel, die auf Grund der unzulässigen Tatprovokation erlangt wurden[144]. Der BGH hat nach ersten widersprüchlichen Stellungnahmen verschiedener Senate allen diesen Vorschlägen eine Absage erteilt und betrachtet die – unzulässige – Tatprovokation als **Strafmilderungsgrund**[145]. Auch die Entscheidung des EGMR zur Unzulässigkeit der Provokation eines Unverdächtigen[146] hat den BGH nicht zu einer Änderung seiner Auffassung bewegt[147].

170

Zutreffend ist eine **differenzierende Sicht**. Die generelle Annahme eines Verfahrenshindernisses oder eines materiell-rechtlichen Strafausschließungsgrundes

171

---

[139] *Ellbogen*, Verdeckte Ermittlungstätigkeit, S. 51; *Fischer/Maul*, NStZ 1992, 7, 10 f. Unklar BGHSt 41, 64, 68; die Aussage, die gezielte Provokation sei eine Strafverfolgungsmaßnahme, erweckt den Eindruck, dass dies generell gelte; in dem konkreten Fall handelte es sich jedoch offensichtlich nicht um eine Einwirkung auf eine unverdächtige Person.
[140] Z.B. *Körner*, BtMG, 5. Aufl. 2001, § 31 Rn. 112 f.
[141] Vgl. *Ellbogen*, Verdeckte Ermittlungstätigkeit, S. 51; *Fischer/Maul*, NStZ 1992, 7, 11.
[142] Z.B. *Bruns*, NStZ 1983, 49, 52 ff.; *Gössel*, NStZ 1984, 420, 421; *Herzog*, StV 2003, 410, 412; *Lüderssen*, Jura 1985, 113.
[143] Z.B. *Beulke*, Rn. 288; *Roxin*, § 10 Rn. 28.
[144] *Berz*, JuS 1982, 416, 419 ff.; *Franzheim*, NJW 1979, 2014 f.
[145] Vgl. den Beschluss des Großen Senats, BGHSt 33, 356, 362.
[146] *Fn. 191*.
[147] BGHSt 45, 321, 335 f.; 47, 44, 52; BGH, NJW 2001, 2981, 2983. Näher dazu *Herzog*, StV 2003, 410, 414; *Schaefer*, StV 2004, 212, 216.

bei einer unzulässigen Tatprovokation überzeugt nicht, weil dies voraussetzen würde, dass für die Entscheidung, ob eine verfolgbare Straftat vorliegt oder nicht, ausschließlich das Fehlverhalten eines einzelnen Amtsträgers und nicht – auch – die Schuld des Provozierten maßgeblich ist. Dafür dürfte jedoch eine überzeugende Begründung kaum zu finden sein[148]. Ein Verfahrenshindernis wegen einer Verletzung der Menschenwürde und des Rechtsstaatsprinzips kann allenfalls in Ausnahmefällen eingreifen[149]. Die Behauptung, die unzulässige Einwirkung des Lockspitzels auf den Provozierten führe generell zu einem Beweisverwertungsverbot, trifft ebenfalls nicht zu. Die gezielte, u.U. sogar massive Beeinflussung ist nicht gleichzusetzen mit einer unzulässigen Beeinträchtigung der Willensentschließungs- und Willensbetätigungsfreiheit, die gemäß § 136a zur Unverwertbarkeit einer Aussage des Beschuldigten führt. Eine Strafbarkeit des Provozierten kommt sogar nur in Betracht, wenn er trotz der Einwirkung Herr seiner Entschlüsse geblieben ist. Wendet der Lockspitzel ein Zwangsmittel oder eine Drohung an, so übt er dadurch als mittelbarer Täter die Willensherrschaft aus[150], während der Betroffene als bloßes Werkzeug straflos bleibt. Die Strafzumessungslösung ermöglicht es dagegen grundsätzlich, die Gesamtumstände, also das Ausmaß der Schuld des Täters und das Gewicht der Tatverstrickung des Lockspitzels angemessen zu berücksichtigen und so eine angemessene Entscheidung zu finden[151]. Ein Verwertungsverbot ist jedoch dann anzunehmen, wenn sich die Polizei bewusst über das Verbot einer unzulässigen Tatprovokation hinwegsetzt (*Rn. 784*). Das liegt insbesondere bei der Provokation einer unverdächtigen und nicht tatgeneigten Person nahe, da die Rechtsprechung des EGMR und des BGH den Polizeibeamten inzwischen bekannt sein dürfte.

Kontrollfragen

1. Welche beiden Arten strafprozessualer Ermittlungstätigkeit der Polizei sind zu unterscheiden? (Rn. 138, 141)
2. Was ist unter dem ersten Zugriff zu verstehen? (Rn. 142)
3. Darf die Staatsanwaltschaft der Polizei Anweisungen zur Anwendung unmittelbaren Zwangs im Ermittlungsverfahren erteilen? (Rn. 161)
4. Handelt es sich bei der Tatprovokation eines Unverdächtigen um eine strafprozessuale Ermittlungsmaßnahme? (Rn. 169)

---

[148] Näher BGHSt 32, 345, 348 ff.
[149] So die 3. Kammer des Zweiten Senats des BVerfG (NJW 1995, 651, 652) in einem obiter dictum; unter welchen Voraussetzungen dies der Fall sein könnte, erläutert die Entscheidung aber nicht.
[150] H.M.; vgl. z.B. *Krey*, AT-2, Rn. 97 ff.; *Lackner/Kühl*, § 25 Rn. 4; *Wessels/Beulke*, Rn. 537 f.
[151] Vgl. BGHSt 32, 345, 355.

Literatur

Benfer, Anwendung unmittelbaren Zwangs zur Durchsetzung strafprozessualer Rechtseingriffe, NJW 2002, 2688.
Bottke, Grundlagen des polizeilichen Legalitätsprinzips, JuS 1990, 81.
Fischer/Maul, Tatprovozierendes Verhalten als polizeiliche Ermittlungsmaßnahme, NStZ 1992, 7.
Gaede, Das Verbot der Umgehung der EMRK durch den Einsatz von Privatpersonen bei der Strafverfolgung, StV 2004, 46.
Gleß, Europol, NStZ 2001, 623.
Hassemer, Polizei im Rechtsstaat, Festschrift für Mangakis, 1999, S. 621.
Herzog, Infiltrativ-provokatorische Ermittlungsoperationen als Verfahrenshindernis, StV 2003, 410.
Lilie, Das Verhältnis von Polizei und Staatsanwaltschaft im Ermittlungsverfahren, ZStW 106 (1994), 625.
Schaefer, Grenzen erlaubter polizeilicher Ermittlungstätigkeit, StV 2004, 212.

III Ermittlungspersonen der Staatsanwaltschaft

Außer der Polizei kann sich die Staatsanwaltschaft gemäß § 152 GVG der zu Ermittlungspersonen der Staatsanwaltschaft erklärten Beamten und Angestellten zur Vornahme von Ermittlungshandlungen bedienen. StPO und GVG bestimmen nicht, welche Personen diese Rechtsstellung erlangen. Die Festlegung erfolgt zum Teil durch Bundesgesetze, z.B. § 404 S. 2, 2. Teilsatz AO (Steuer- und Zollfahndungsbeamte), § 19 I 2. Teilsatz BKAG (Beamte des BKA, die Strafverfolgungsaufgaben wahrnehmen), im Übrigen durch im Wesentlichen identische Rechtsverordnungen der Länder, die bestimmte Gruppen von Beamten und Angestellten zu Ermittlungspersonen der Staatsanwaltschaft erklären[152]. Es wird also nicht der Einzelne ernannt, sondern er ist **Ermittlungsperson auf Grund der Zugehörigkeit zu der jeweiligen Gruppe**. Die wichtigsten Ermittlungspersonen sind die Polizeibeamten. Die Rechtsverordnungen erklären aber nicht alle Polizisten zu Ermittlungspersonen der Staatsanwaltschaft, sondern nur die Beamten des mittleren und gehobenen Dienstes. Die polizeiliche Führung, also die Beamten im höheren Dienst zählen nicht dazu. Das hat die Konsequenz, dass die „einfachen" Polizeibeamten im Ermittlungsverfahren weitergehende Befugnisse besitzen als ihre Vorgesetzten. Die Rechtsverordnungen verleihen aber nicht nur Beamten der Landespolizeibehörden den Status von Ermittlungspersonen der Staatsanwaltschaft, sondern vielen anderen Gruppen, z.B. Beamten und Angestellten der Finanzverwaltung, insbesondere des Grenzaufsichts- und Grenzabfertigungsdienstes, Beamten der Landesforst- und Bergverwaltungen usw. Die Staatsanwaltschaft kann somit zahlreichen Ermittlungspersonen Anordnungen erteilen, denen zu folgen die entsprechenden Personen gemäß § 152 I GVG verpflichtet sind.

172

---

[152] Für Brandenburg siehe die VO vom 28. Dezember 1995; BbgGVBl. II 1996, S. 62.

173 Nach überwiegender Meinung ist die **sachliche Zuständigkeit** der Ermittlungspersonen auf ihr Hauptamt beschränkt[153]. Eine überzeugende Begründung für diese Sicht fehlt jedoch. § 152 I GVG, die einzige Vorschrift, die sich zu der Beziehung der Staatsanwaltschaft zu ihren Ermittlungspersonen verhält, bestimmt vielmehr, dass die Ermittlungspersonen den Anordnungen der Staatsanwaltschaft ihres Bezirks und der dieser vorgesetzten Beamten Folge leisten müssen. Eine Beschränkung der Anordnungsbefugnis enthält die Vorschrift nicht. Die Ermittlungspersonen der Staatsanwaltschaft unterliegen zwar nur „in dieser Eigenschaft" dem Weisungsrecht der Staatsanwaltschaft. Dieser Zusatz bringt aber lediglich zum Ausdruck, dass die Staatsanwaltschaft keinen Einfluss auf die Aufgabenerledigung in dem Hauptamt der Ermittlungsperson nehmen darf. Das hat zur Folge, dass die Staatsanwaltschaft z.B. die Steuer- und Zollfahndungsbeamten, die gemäß § 404 S. 2, 2. Teils. AO Ermittlungspersonen der Staatsanwaltschaft sind, auch in einem Ermittlungsverfahren wegen einer Nichtsteuerstraftat heranziehen darf, obwohl die Fahndungsbeamten gemäß § 404 S. 1 AO an sich nur in Steuerstrafverfahren zuständig sind[154]. Es steht somit im **Ermessen des sachbearbeitenden Staatsanwalts**, welcher Ermittlungsperson seines Bezirks er in welchem Umfang die Vornahme von Ermittlungsmaßnahmen aufträgt[155]. Die Auswahl beruht auf **Zweckmäßigkeitserwägungen**.

174 Strittig ist, ob aus der Eigenschaft eines Amtsträgers, Ermittlungsperson der Staatsanwaltschaft zu sein, die Aufgabe und Befugnis folgt, **aus eigenem Antrieb** Straftaten zu erforschen.

> **Beispiel**: Der Steuerfahndungsbeamte F bemerkte nach dem Abschluss seiner Ermittlungen gegen den Geschäftsführer G der X-GmbH wegen des Verdachts der Steuerhinterziehung, dass der Angestellte A Gegenstände der X-GmbH, die er offensichtlich entwendet hatte, im Kofferraum eines Pkw verstaute. F durchsuchte daraufhin das Auto des A und beschlagnahmte einige Gegenstände, die er im Kofferraum fand.

175 Die Pflicht zur Erforschung von Straftaten (Legalitätsprinzip) gilt gemäß §§ 152 II, 160 I 1 für die Staatsanwaltschaft und gemäß § 163 I 1 für die Behörden und Beamten des Polizeidienstes sowie für sonstige Behörden und Beamte, für die ausdrücklich die Geltung der strafprozessualen Rechte und Pflichten der Polizei angeordnet ist (z.B. § 404 S. 1 AO für die Steuer- und Zollfahndung)[156]. Dabei ist es unerheblich, ob die solcherart Verpflichteten zugleich – wie dies häufig, aber nicht notwendig der Fall ist – Ermittlungspersonen der Staatsanwaltschaft sind.

---

[153] Z.B. BayObLG, NJW 1954, 362, 363; *Katholnigg*, § 152 Rn. 5; *Meyer-Goßner*, § 152 GVG Rn. 5; *Schoreit*, in: KKStPO, § 152 GVG Rn. 11.
[154] Näher *Hellmann*, Neben-Strafverfahrensrecht, S. 314 ff. A.A. die h.M., z.B. *Kohlmann*, Steuerstraf- und Steuerordnungswidrigkeitenrecht, § 404 Rn. 54 ff.; *Pütz*, wistra 1990, 212, 216.
[155] *Kramer*, wistra 1990, 169, 177.
[156] *Hellmann*, Neben-Strafverfahrensrecht, S. 315 ff.; *K. Schäfer/Boll*, in: LR[25], § 152 GVG Rn. 14 ff. A.A. z.B. *Görgen*, Die organisatorische Stellung der Staatsanwaltschaft zu ihren Hilfsbeamten und zur Polizei, 1973, S. 150 f. Unentschieden *Nelles*, Kompetenzen und Ausnahmekompetenzen in der Strafprozeßordnung, 1980, S. 93, Fn. 53.

Gegen eine Ausdehnung der Ermittlungspflicht auf alle Ermittlungspersonen spricht im Übrigen § 127 I 2, der die identifizierungssichernde Flagranzfestnahme, eine typische Maßnahme des ersten Zugriffs, der Staatsanwaltschaft und den Beamten des Polizeidienstes vorbehält, also nicht den Ermittlungspersonen der Staatsanwaltschaft einräumt. Die Ermittlungspersonen der Staatsanwaltschaft, denen das Gesetz nicht die Rechte und Pflichten der Polizei überträgt, dürfen somit nur auf Anordnung der Staatsanwaltschaft tätig werden. In diesem Rahmen stehen ihnen die Zwangsbefugnisse zu, die ihnen die StPO überträgt. Enthalten die Regelungen Beschränkungen der sachlichen und örtlichen Zuständigkeit (z.B. §§ 1-3 Bundesgrenzschutzgesetz, § 404 S. 1 AO), so besteht das Recht und die Pflicht, Straftaten innerhalb dieser Grenzen zu erforschen; insofern sind die Befugnisse dann auf das Hauptamt beschränkt[157]. § 404 S. 1 AO berechtigt und verpflichtet F somit nur zur Erforschung von Steuerstraftaten, nicht jedoch zur Aufklärung von Allgemeindelikten. Als Ermittlungsperson der Staatsanwaltschaft darf er zwar gemäß §§ 105 I, 98 I bei Gefahr im Verzug Durchsuchungen und Beschlagnahmen vornehmen. Die Kompetenz zur Durchführung dieser Maßnahmen aus eigener Initiative ist jedoch auf das steuerstrafrechtliche Ermittlungsverfahren beschränkt. F durfte deshalb den Pkw des A nicht durchsuchen und die Gegenstände nicht beschlagnahmen. Es stand ihm jedoch frei, die Staatsanwaltschaft umgehend über seinen Verdacht in Kenntnis zu setzen. Wenn man der hier vertretenen Auffassung folgt, hätte die Staatsanwaltschaft die Durchsuchung und Beschlagnahme durch F anordnen dürfen.

Kontrollfragen
1. Sind alle Polizeibeamten Ermittlungspersonen der Staatsanwaltschaft? (Rn. 172)
2. Gilt für die Ermittlungspersonen der Staatsanwaltschaft das Legalitätsprinzip kraft ihrer Eigenschaft als Ermittlungsperson? (Rn. 175)

IV Ermittlungsrichter

Eine wichtige Rolle im Ermittlungsverfahren überträgt das Gesetz dem Richter. 176

1. Grundlinien der Regelung

Eine gerichtliche Voruntersuchung, die einige ausländische Rechtsordnungen vorsehen, gibt es im deutschen Strafprozess nicht mehr. §§ 178-197 StPO a.F. schrieben bis 1974 auch in der Bundesrepublik die Durchführung einer gerichtlichen Voruntersuchung vor für Strafsachen, die zur erstinstanzlichen Zuständigkeit des BGH, der Oberlandesgerichte und – unter bestimmten Voraussetzungen – der 177

---
[157] OLG Schleswig, NStZ 1981, 398, für die Beamten des Bundesgrenzschutzes.

Schwurgerichte gehörten. Sie wurde von einem Untersuchungsrichter geführt und ihr Zweck bestand in der hinreichenden Beweisermittlung, um dem Gericht die Unterlagen für die Entscheidung über die Eröffnung des Hauptverfahrens zu verschaffen, sowie in der Beweissicherung für die Hauptverhandlung und die Vorbereitung der Verteidigung (§ 190 StPO a.F.). Das 1. Strafverfahrensreformgesetz vom 9.12.1974 schaffte die gerichtliche Voruntersuchung ab. Seitdem besitzt die Staatsanwaltschaft die uneingeschränkte Verantwortlichkeit für das Ermittlungsverfahren. Übrig geblieben ist die Möglichkeit bzw. Notwendigkeit einer **punktuellen Mitwirkung des Richters**, dessen sich die Staatsanwaltschaft gemäß § 162 zur Vornahme oder Anordnung einzelner Maßnahmen bedienen kann.

178 Zuständig ist der **Ermittlungsrichter**. § 162 verwendet diesen Begriff zwar nicht, § 21 e I 1 GVG bestimmt aber, dass die Aufgaben des **Richters am Amtsgericht** im Ermittlungsverfahren von einem – durch den Geschäftsverteilungsplan des Gerichtes bestellten – Ermittlungsrichter wahrgenommen werden. Neben dem allgemein zuständigen Ermittlungsrichter des Amtsgerichts ist gemäß § 169 der **Ermittlungsrichter des BGH** für die Wahrnehmung dieser „Geschäfte" zuständig, wenn der Generalbundesanwalt das Ermittlungsverfahren betreibt (vgl. §§ 74a II, 142a GVG), bzw. der **Ermittlungsrichter des Oberlandesgerichts** in Verfahren, die gemäß § 120 GVG in die erstinstanzliche Zuständigkeit des OLG fallen und vom Generalstaatsanwalt geführt werden.

179 Der Ermittlungsrichter besitzt zwei Aufgaben. Zum einen ordnet er **Untersuchungshandlungen** an oder nimmt sie selbst vor, zum anderen gewährt er dem Beschuldigten oder anderen von Ermittlungshandlungen Betroffenen **Rechtsschutz**.

180 Er wird – wenn er nicht ausnahmsweise als Notstaatsanwalt eingreift (*Rn. 192*) – nicht von sich aus tätig. Die **Initiative zur Anordnung oder Vornahme richterlicher Ermittlungsmaßnahmen** geht gemäß § 162 von der Staatsanwaltschaft aus und die Gewährung nachträglichen Rechtsschutzes setzt einen entsprechenden **Antrag des Betroffenen** voraus.

2. Die Funktionen des Ermittlungsrichters im Einzelnen

(a) Ausübung präventiver richterlicher Rechtskontrolle

181 Die StPO behält einige Ermittlungsmaßnahmen, die in die Rechte des Beschuldigten oder Dritter besonders massiv eingreifen, **stets oder im Regelfall** dem Ermittlungsrichter vor. Er muss z.B. die körperliche Untersuchung des Beschuldigten (§ 81a II) bzw. anderer Personen (§ 81c V), die Beschlagnahme (§ 98 I) und Postbeschlagnahme (§ 100 I), die Rasterfahndung (§ 98b I), die Überwachung der Telekommunikation (§ 100b I 1), die Auskunftserteilung über Telekommunikationsdaten (§ 100h I 3), die Anwendung technischer Mittel bei Mobilfunkendgeräten (§ 100i IV 1), die Aufzeichnung des nichtöffentlich gesprochenen Wortes (§ 100d I 1), die Durchsuchung (§ 105 I 1), die Einrichtung von Kontrollstellen (§ 111 II), die Beschlagnahme nach § 111c und den dinglichen Arrest (§§ 111e I 1, 111o III 1), die Beschlagnahme von Druckwerken (§ 111n I), die Untersuchungshaft (§ 114 I), die einstweilige Unterbringung in einem psychiatrischen Kranken-

§ 5 Die Strafverfolgungsorgane   67

haus oder einer Entziehungsanstalt (§ 126a II), die Leistung einer Sicherheit (§ 132 II) und die Schleppnetzfahndung (§ 163d II 1) anordnen. Der Einsatz eines Verdeckten Ermittlers ist von der richterlichen Zustimmung abhängig, wenn der Verdeckte Ermittler gegen einen bestimmten Beschuldigten eingesetzt wird oder nicht allgemein zugängliche Wohnungen betritt (§ 110b II 1). Der Ermittlungsrichter ist zudem für die vorläufige Entziehung der Fahrerlaubnis (§ 111a I 1) und die Verhängung eines vorläufigen Berufsverbots (§ 132a I 1) zuständig. In allen diesen Fällen übt der Ermittlungsrichter eine präventive Rechtskontrolle über die Zulässigkeit der jeweiligen – von der Staatsanwaltschaft beantragten – Maßnahme aus.

(b) Bestätigung staatsanwaltschaftlicher Eilmaßnahmen

Die **Fortdauer** einiger Maßnahmen (Überwachung der Telekommunikation, Anordnung der Auskunftserteilung über Telekommunikationsdaten und des Einsatzes technischer Mittel bei Mobilfunkendgeräten), die von der Staatsanwaltschaft bei Gefahr in Verzug angeordnet werden dürfen, macht das Gesetz von der nachträglichen richterlichen Bestätigung abhängig (§§ 100b I 3, 100h I 3, 100i IV 1).   182

(c) Amtshilfe durch eigene Ermittlungshandlungen des Richters

Die Staatsanwaltschaft kann den Ermittlungsrichter auch zur Vornahme von Maßnahmen, die ihr an sich selbst zur Verfügung stehen, einschalten, wenn dies aus besonderen Gründen, insbesondere zur **Beweissicherung**, geboten ist. Der praktisch bedeutsamste Fall ist die **richterliche Vernehmung**. Der Staatsanwalt darf den Beschuldigten, die Zeugen und Sachverständigen selbst vernehmen und die Erscheinenspflicht des Beschuldigten sowie die Erscheinens- und Aussagepflicht der Zeugen und Sachverständigen gemäß §§ 163a III, 161a I, II sogar mit Zwangsmitteln durchsetzen (*Rn. 129 ff.*). Er kann aber auch den Richter wegen der **erleichterten Verlesbarkeit** oder des grundsätzlich **höheren Beweiswerts**[158] des Protokolls einer richterlichen Vernehmung einschalten.   183

Beispiel: Staatsanwalt S vernahm den Beschuldigten B wegen des Verdachts des Totschlags an dessen Lebensgefährtin. B legte ein Geständnis ab. S beantragte daraufhin die Vernehmung des B durch den Ermittlungsrichter E, weil er befürchtete, B werde in der Hauptverhandlung die Aussage zur Sache verweigern oder sein Geständnis widerrufen.

Der Grundsatz der persönlichen Vernehmung gemäß § 250 S. 1 gebietet dem Gericht, Personen, deren Wahrnehmungen Grundlage für den Beweis einer Tatsache sein sollen (Zeugen, Sachverständige, Mitbeschuldigte und Angeklagte[159]), in der Hauptverhandlung selbst zu vernehmen. § 254 gestattet aber die Verlesung eines richterlichen Protokolls über eine frühere Vernehmung des Angeklagten zum Zweck der Beweisaufnahme über ein Geständnis des Angeklagten bzw. zur Feststellung oder Behebung von Widersprüchen zwischen seiner Einlassung in der   184

---
[158] BGHSt 19, 354; *Dölling*, in: AKStPO, § 251 Rn. 42; *Gollwitzer*, in: LR²⁵, § 251 Rn. 60.
[159] *Dölling*, in: AKStPO, § 250 Rn. 1.

Hauptverhandlung und früheren Aussagen. Die Beantragung einer richterlichen Vernehmung kann somit zweckmäßig sein, um die Einführung der Aussage durch die Verlesung einer Niederschrift zu ermöglichen. In unserem Beispiel muss S die Vernehmung des B durch den Ermittlungsrichter beantragen, wenn er sicherstellen will, dass das Geständnis des B – notfalls – in der Hauptverhandlung verlesen werden kann.

(d) Gewährung nachträglichen Rechtsschutzes

185 Eine weitere Aufgabe des Ermittlungsrichters besteht in der Gewährung nachträglichen Rechtsschutzes. **Maßnahmen der Staatsanwaltschaft** kann der Betroffene der richterlichen Kontrolle überantworten, und zwar nicht nur, wenn das Gesetz dies ausdrücklich vorsieht (§§ 98 II 2, 128, 161a III, 163a III 3), sondern in analoger Anwendung des § 98 II 2 generell[160], also unabhängig davon, ob die Staatsanwaltschaft sie kraft originärer Zuständigkeit[161] oder bei Gefahr im Verzug[162] angeordnet hat. Mit Ausnahme des Antrags auf gerichtliche Entscheidung gegen Maßnahmen der Staatsanwaltschaft im Zusammenhang mit der Vernehmung von Zeugen, Sachverständigen und Beschuldigten, für den gemäß §§ 161a III 2, 163a III 3 das Landgericht, in dessen Bezirk die Staatsanwaltschaft ihren Sitz hat, zuständig ist, unterliegen somit die staatsanwaltschaftlichen Maßnahmen der Rechtskontrolle durch den Ermittlungsrichter. Das gilt auch für Maßnahmen, die von Ermittlungspersonen der Staatsanwaltschaft angeordnet oder vorgenommen worden sind.

186 Umstritten ist, welcher Rechtsweg gegen **Maßnahmen der Polizei**, die sie auf Grund ihrer **originären Kompetenz** (§§ 81b, 98c, 131 II 2, 163b, 164) ergriffen hat, eröffnet ist. Nach zutreffender Auffassung[163] ist auch hier der Ermittlungsrichter in analoger Anwendung des § 98 II 2 zuständig, die Gegenmeinung befürwortet eine Anfechtung vor dem Oberlandesgericht nach §§ 23 ff. EGGVG[164].

187 Bereits **erledigte Maßnahmen der Staatsanwaltschaft, ihrer Ermittlungspersonen und der Polizei** sind bei Vorliegen eines Feststellungsinteresses des Betroffenen (Vermögensschädigung, erhebliche fortdauernde Diskriminierungswirkung oder Wiederholungsgefahr) in analoger Anwendung des § 98 II 2 vor dem Ermittlungsrichter anfechtbar. Hinsichtlich der Überprüfung der Rechtmäßigkeit der Anordnung entsprach dies seit langem der h.M.[165]. Die Art und Weise der Durchführung der Maßnahme sollte dagegen nach überwiegender Auffassung im

---

[160] *Amelung*, StV 2001, 131 ff.; *Laser*, NStZ 2001, 120, 121 f.
[161] BGHSt 44, 171, 174; OLG Braunschweig, NStZ 1991, 551; OLG Oldenburg, NStZ 1990, 504; OLG Stuttgart, StV 1988, 424; *Krause*, in: LR[25], § 81b StPO Rn. 32, 34; *Roxin*, § 29 Rn. 8. Die Gegenmeinung (z.B. *Achenbach*, in: AKStPO, § 163 Rn. 36; *Fezer*, Jura 1982, 126, 131) lehnt eine analoge Anwendung des § 98 II 2 mit der Begründung ab, die Regelung sei nur auf Zwangsmaßnahmen übertragbar, die an sich eine präventive richterliche Kontrolle vorsehen, und befürwortet eine Anfechtung nach §§ 23 ff. EGGVG.
[162] BGHSt 35, 363, 364.
[163] Z.B. *Krach*, JR 2003, 140, 141, 143; *Roxin*, § 29 Rn. 10.
[164] Z.B. *Achenbach*, in: AKStPO, § 163 Rn. 36; *Fezer*, Jura 1982, 126, 131.
[165] BGHSt 28, 57, 58; 160, 161; 35, 363, 364; 37, 79, 82 f. A.A. *Krey* II, Rn. 528, der den Rechtsweg zum OLG nach §§ 23, 28 I 4 EGGVG für gegeben hält.

Verfahren nach § 28 I 4 EGGVG der Überprüfung durch das OLG unterliegen[166]. Zur Vermeidung dieser ungereimten Rechtswegaufspaltung bejahte die Gegenmeinung zu Recht eine analoge Anwendung des § 98 II 2 auch hinsichtlich der richterlichen Kontrolle der Modalitäten[167]. Dem ist nun auch der BGH für den Fall einer Überprüfung der Art und Weise des Vollzugs einer nach § 105 I 1 nichtrichterlich angeordneten abgeschlossenen Durchsuchung gefolgt[168]. – *Fallsammlung Rn. 239-241; 255-257 –*

3. Das Prüfungsrecht des Ermittlungsrichters

Der **Umfang der rechtlichen Prüfung** durch den Ermittlungsrichter hängt von der Art der Maßnahme ab. **188**

Handelt es sich um eine Maßnahme, die ihm stets oder im Regelfall vorbehalten ist, übt er also die **präventive Rechtskontrolle** aus, so muss er gemäß § 162 III eine **vollständige Prüfung der Zulässigkeit** der beantragten Maßnahme vornehmen. Dazu gehören seine sachliche und örtliche Zuständigkeit, die generelle Zulässigkeit des Ermittlungsverfahrens (Vorliegen eines Tatverdachts und der Prozessvoraussetzungen, Fehlen von Verfahrenshindernissen), die Voraussetzungen der jeweiligen Maßnahme sowie deren Notwendigkeit und Angemessenheit[169]. Die bloße Zweckmäßigkeit darf er jedoch nicht prüfen[170], da darüber ausschließlich die Staatsanwaltschaft auf Grund ihrer Verfahrensherrschaft entscheidet. **189**

In dem **gleichen Umfang** prüft der Ermittlungsrichter die gesetzliche Zulässigkeit einer von der Staatsanwaltschaft, ihren Ermittlungspersonen oder der Polizei angeordneten Maßnahme, die der **nachträglichen Rechtskontrolle** unterliegt. **190**

Bei **Untersuchungshandlungen, welche die Staatsanwaltschaft selbst vornehmen könnte**, also insbesondere bei der richterlichen Vernehmung, steht dem Ermittlungsrichter dagegen nur ein **eingeschränktes Prüfungsrecht** zu. Es beschränkt sich auf die Beurteilung der Frage, ob die Maßnahme, z.B. die Vernehmung, im konkreten Fall überhaupt zulässig ist. Dem Ermittlungsrichter ist es somit verwehrt, die generelle Zulässigkeit des Ermittlungsverfahrens sowie die Zweckmäßigkeit, Erforderlichkeit und Angemessenheit gerade der richterlichen Vernehmung zu überprüfen[171]. **191**

---

[166] Z.B. BGHSt 28, 206, 208; 37, 79, 82; OLG Hamm, NStZ 1983, 232, 233; *Dörr,* NJW 1984, 2258, 2260. Eine mögliche Grundrechtsbetroffenheit allein soll dabei kein anerkennenswertes Interesse an der nachträglichen Rechtskontrolle begründen, BVerfG (2. Kammer des Zweiten Senats), NJW 1998, 669.

[167] *Achenbach,* in: AKStPO, § 163 Rn. 38c; *Fezer,* Jura 1982, 126, 132; NStZ 1999, 151, 152; *Kühne,* Rn. 567; *Rudolphi,* in: SKStPO, Vor § 94 Rn. 82, § 98 Rn. 35 ff.

[168] BGHSt 44, 265, 270, mit Anm. *Einsele,* StV 1999, 298. Siehe dazu auch *Fezer,* NStZ 1999, 151 f., und *Laser,* NStZ 2001, 120, 122 f.

[169] *Achenbach,* in: AKStPO, § 162 Rn. 16.

[170] *Roxin,* § 10 Rn. 38.

[171] KG, JR 1965, 248; OLG Stuttgart, MDR 1983, 955; *Achenbach,* in: AKStPO, § 162 Rn. 17 f.; *Meyer-Goßner,* § 162 Rn. 14. Anders OLG Düsseldorf (Ermittlungsrichter), NStZ 1990, 144 f.; nach dieser Auffassung durfte der Ermittlungsrichter die Verhältnismäßigkeit der Untersuchungshandlung prüfen und in diesem Rahmen auch das Vorliegen eines Anfangsverdachts beurteilen.

4. Ermittlungsrichter als „Notstaatsanwalt"

192 Der Grundsatz, dass der Richter Ermittlungsmaßnahmen nur auf Antrag der Staatsanwaltschaft anordnet oder vornimmt, erfährt durch § 165 eine Einschränkung, wenn **Gefahr im Verzug** ist. Der Ermittlungsrichter darf ausnahmsweise von sich aus eingreifen, wenn ein Staatsanwalt nicht erreichbar ist und die Herbeiführung der staatsanwaltschaftlichen Entscheidung die Aufklärung der Sache gefährden oder den Verlust eines Beweismittels befürchten lässt. Die Polizei kann sich bei Unerreichbarkeit eines Staatsanwalts gemäß § 163 II 2 ausnahmsweise unmittelbar an den Ermittlungsrichter wenden und die Maßnahme anregen; ein Antragsrecht im eigentlichen Sinne ist darin allerdings nicht zu sehen[172]. Der Ermittlungsrichter wird dann als sogenannter Notstaatsanwalt tätig. Sonderregelungen enthalten §§ 125 I, 128 II 2 für den Erlass eines Haftbefehls.

> **Beispiel**: Auf Antrag der Staatsanwaltschaft vernahm Ermittlungsrichter E den B als Zeugen in einem Ermittlungsverfahren wegen Totschlags. Im Verlaufe der Vernehmung gewann E auf Grund der Angaben des B den Eindruck, dass dieser das Tatgeschehen nicht nur als Zeuge beobachtet hatte, sondern als Mittäter darin verwickelt war. E versuchte daraufhin, die Staatsanwaltschaft telefonisch zu unterrichten. Da sich die Vernehmung bis in die Abendstunden erstreckt hatte, war der sachbearbeitende Staatsanwalt jedoch nicht mehr zu erreichen. Auch der Notdienst der Staatsanwaltschaft meldete sich nicht. E erließ daraufhin einen Haftbefehl gegen B, da er befürchtete, B werde versuchen, sich durch Flucht der Strafverfolgung entziehen.

193 E darf gemäß § 125 I – das Vorliegen der Voraussetzungen der Untersuchungshaft (dringenden Tatverdacht, Haftgrund, Verhältnismäßigkeit) unterstellt – ausnahmsweise ohne Antrag der Staatsanwaltschaft einen Haftbefehl erlassen[173].

194 Einen weiteren Eingriff des Ermittlungsrichters in die Verfahrensherrschaft der Staatsanwaltschaft gestattet § 166. Danach muss der Richter – ohne Antrag der Staatsanwaltschaft – einzelne für den Beschuldigten günstige Beweise erheben, wenn der Beschuldigte dies bei seiner Vernehmung beantragt und Gefahr im Verzug ist oder die Beweiserhebung die Freilassung des verhafteten oder vorläufig festgenommenen Beschuldigten begründen kann.

195 Der Richter wird in allen Fällen jedoch nur als Vertreter des Staatsanwalts tätig[174]. § 167 bestimmt ausdrücklich, dass die Staatsanwaltschaft ihre Verfahrensherrschaft behält. Sie ist deshalb nicht an die vom Richter als Notstaatsanwalt ergriffenen Maßnahmen gebunden, sodass sie z.B. eine verfügte Beschlagnahme aufheben oder den verhafteten Beschuldigten freilassen kann.

---

[172] *Meyer-Goßner*, § 163 Rn. 26; § 165 Rn. 4.
[173] Die Initiativbefugnis des Ermittlungsrichters wird allerdings vereinzelt (*Koller*, Staatsanwaltschaft, S. 363 ff.) als verfassungswidrig angesehen.
[174] *Pfeiffer*, § 167 Rn. 1.

> **Kontrollfragen**
> 1. Welche Funktionen hat der Ermittlungsrichter? (Rn. 181 ff.)
> 2. Darf der Ermittlungsrichter aus eigener Initiative tätig werden? (Rn. 192 ff.)

Literatur

Amelung, Der Rechtsschutz gegen strafprozessuale Grundrechtseingriffe und die neue Rechtsprechung zur Auswertung des Eingriffsbegriff bei staatlichen Ermittlungsmaßnahmen, StV 2001, 131.

Fezer, Rechtsschutz gegen erledigte strafprozessuale Zwangsmaßnahmen, Jura 1982, 18 und 126.

Krach, Einheitlicher Rechtsschutz gegen die erkennungsdienstliche Behandlung des Beschuldigten, JR 2003, 140.

Laser, Das Rechtsschutzsystem gegen strafprozessuale Zwangsmaßnahmen, NStZ 2001, 120.

V Gerichtshilfe

Zu den Trägern des strafrechtlichen Ermittlungsverfahrens gehört auch die Gerichtshilfe. Gemäß § 160 III 2 kann sich die Staatsanwaltschaft ihrer zur Ermittlung der Umstände, die für die **Bemessung der Rechtsfolgen** maßgeblich sind, bedienen. Die Gerichtshilfe ist mit Sozialarbeitern besetzt und gehört gemäß Art. 294 EGStGB grundsätzlich zur Landesjustizverwaltung, sie kann durch Rechtsverordnung aber auch bei einer Sozialbehörde errichtet werden. In der Mehrzahl der Bundesländer wurde die Gerichtshilfe der Staatsanwaltschaft angegliedert[175].

196

Die Einschaltung der Gerichtshilfe liegt nahe, wenn der Einsatz von Mitteln der Sozialarbeit besondere Erkenntnisse über die Persönlichkeit des Täters und dessen soziale Verhältnisse für die richtige Bemessung der Rechtsfolgen verspricht. Sie steht im Strafverfahren gegen einen Erwachsenen – anders als im Jugendstrafverfahren, für das § 38 III JGG die möglichst frühzeitige Beteiligung der Jugendgerichtshilfe zwingend vorschreibt – allerdings im Ermessen der Staatsanwaltschaft, die in der Praxis nicht sehr geneigt zu sein scheint, sie heranzuziehen[176].

197

---

[175] *Roxin*, § 10 Rn. 44.
[176] *Meurer*, S. 25.

§ 6 Die speziell geregelten grundrechtsbeeinträchtigenden Maßnahmen im Ermittlungsverfahren

198 Das Gesetz stellt den Strafverfolgungsorganen ein umfangreiches Instrumentarium von Maßnahmen, die mit – zum Teil erheblichen – Grundrechtsbeeinträchtigungen verbunden sind und deshalb in den Generalklauseln der §§ 161 I 1, 163 I 2 keine hinreichend bestimmte Grundlage finden können, zur Verfügung.

I Grundlagen

1. Terminologie

199 In der Literatur werden die Eingriffsbefugnisse der Strafverfolgungsorgane häufig pauschal als strafprozessuale **Zwangsmaßnahmen** bezeichnet. Dieser Terminus kennzeichnet jedoch nur einen Teil der grundrechtsbeeinträchtigenden Ermittlungshandlungen. Zahlreiche Maßnahmen im Ermittlungsverfahren sind zwar tatsächlich zwangsbewehrt, d.h., sie können durch die Androhung und Anwendung von Beugemitteln oder von unmittelbarem Zwang gegen den Willen des Betroffenen durchgesetzt werden. Zwangsmaßnahmen beeinträchtigen deshalb die allgemeine Handlungsfreiheit (Art. 2 I GG) bzw. die körperliche Unversehrtheit und die Freiheit der Person (Art. 2 II 1,2 GG). Nicht wenige Maßnahmen greifen aber in andere Grundrechte ein, z.B. in das **Brief-, Post- und Fernmeldegeheimnis** (Art. 10 I GG), das **Recht auf Unverletzlichkeit der Wohnung** (Art. 13 GG) oder das **Recht auf informationelle Selbstbestimmung**. Für alle diese Maßnahmen gilt, dass sie eine spezielle gesetzliche Grundlage erfordern, wenn sie das betroffene Grundrecht wesentlich beeinträchtigen (*Rn. 134 f., 147*). Dies ist bei den Zwangsmaßnahmen ebenso der Fall wie bei Eingriffen in Art. 10, 13 GG, und auch Zugriffe auf nicht allgemein zugängliche personenbezogene Daten sind als wesentliche Beschränkungen des Rechts auf informationelle Selbstbestimmung nur auf einer speziellen gesetzlichen Grundlage zulässig (*Rn. 135*).

2. Die unterschiedlichen Zweckrichtungen der Maßnahmen

200 Die mit Grundrechtsbeeinträchtigungen verbundenen Ermittlungsmaßnahmen verfolgen unterschiedliche Ziele[1].

(a) Sicherung des Erkenntnisverfahrens

201 Ganz überwiegend bezwecken sie die Sicherung des Erkenntnisverfahrens. Die StPO gestattet den Strafverfolgungsorganen zur **Klärung des Tatverdachts** und zur **Vorbereitung des Hauptverfahrens** zahlreiche Ermittlungshandlungen, z.B. die körperliche Untersuchung, die Durchsuchung oder die Beschlagnahme, um die **Herbeischaffung der Beweise** zu ermöglichen, die für die Beurteilung der Schuld und für die Bemessung der Sanktionen voraussichtlich bedeutsam sein werden. Der Sicherung des Erkenntnisverfahrens dient darüber hinaus die **Sicherstellung der Anwesenheit des Beschuldigten** – notfalls durch seine Inhaftierung –, weil

---

[1] *Amelung*, JZ 1987, 737, 738 ff.; *Schroeder*, JZ 1985, 1028 ff.

§ 6 Geregelte grundrechtsbeeinträchtigende Maßnahmen im Ermittlungsverfahren

gegen einen abwesenden Angeklagten die Hauptverhandlung nicht durchgeführt werden kann (§ 230 I).

(b) Sicherung des Vollstreckungsverfahrens

Andere mit Grundrechtseingriffen verbundene Maßnahmen im Stadium des Ermittlungsverfahrens dienen der Sicherung des Vollstreckungsverfahrens. Beispiele für diese „Art" von Ermittlungsmaßnahmen sind §§ 111b, 111d, die zur Sicherung des Verfalls, der Einziehung, der Wertersatzeinziehung, der Geldstrafe und sogar der Kosten des Strafverfahrens die Anordnung der Beschlagnahme von Gegenständen und des dinglichen Arrests erlauben. Diese Sicherungsmaßnahmen garantieren die Vollstreckung der Rechtsfolgen, die endgültig erst im Urteil festgesetzt werden, indem sie das Beiseiteschaffen der Sachen oder der sonstigen Vermögensgegenstände durch den Beschuldigten oder einen Dritten und damit das Leerlaufen des Urteils verhindern.

202

(c) Vorläufige Maßregelverhängung zur Sicherung der Allgemeinheit

Völlig anders geartet ist die dritte Kategorie von Maßnahmen im Ermittlungsverfahren, die eine vorläufige Maßregelverhängung zur Sicherung der Allgemeinheit zum Gegenstand haben. Es handelt sich dabei um einen „**Vorwegvollzug**" einer strafrechtlichen Sanktion ohne rechtskräftiges Urteil. Der Vollstreckung einer Strafe ohne abschließende richterliche Entscheidung steht die Unschuldsvermutung des Art. 6 II EMRK entgegen. Für die Maßregeln der Besserung und Sicherung (§ 61 StGB), die nicht notwendig ein schuldhaftes Handeln des Täters voraussetzen, gilt die Unschuldsvermutung dagegen naturgemäß nicht. Einzelne dieser Maßregeln, die dem Schutz der Allgemeinheit dienen, können vorläufig, d.h. vor Rechtskraft der strafrichterlichen Entscheidung, verhängt werden.

203

Beispiel: Der Polizeibeamte P hielt den Pkw des B um 1.30 Uhr an, weil B in Schlangenlinien fuhr. P bemerkte, dass B angetrunken war. Ein Atemlufttest ergab eine Blutalkoholkonzentration in Höhe von etwa 1,5‰. P veranlasste daraufhin die Entnahme einer Blutprobe zur exakten Bestimmung der Blutalkoholkonzentration.

Die Blutentnahme (§ 81a I 2) dient der Sicherung des Erkenntnisverfahrens, indem der Beweis für die Fahruntüchtigkeit des B, eine tatbestandliche Voraussetzung des § 316 StGB, erhoben wird. Damit ist es in dieser Situation aber nicht getan. Zum einen besteht die Gefahr, dass B nach der Blutentnahme in sein Auto steigt und im fahruntüchtigen Zustand weiterfährt, zum anderen ist zu vermuten, dass sich B durch die Trunkenheitsfahrt als ungeeignet zum Führen eines Kraftfahrzeuges erwiesen hat (vgl. § 69 II Nr. 2 StGB) und er deshalb, auch wenn er in nüchternem Zustand mit seinem Auto fährt, die Allgemeinheit gefährdet. Die Ungeeignetheit des B wird aber erst später durch ein – rechtskräftiges – Strafurteil festgestellt. Das Gesetz gewährt den Interessen der Allgemeinheit gleichwohl den Vorrang, indem es vorläufige Sicherungsmaßnahmen zulässt. In unserem Fall wird folgendermaßen verfahren: P stellt gemäß § 94 III den Führerschein des B sicher. Die Beschlagnahme erfolgt zwar nicht zur Beweissicherung, weil der Führerschein keine Bedeutung für die Beweisführung im Strafverfahren gegen B besitzt.

204

Der Führerschein unterliegt aber im Falle der rechtskräftigen Verurteilung wegen Trunkenheit im Verkehr (§ 316 StGB) der Einziehung gemäß § 69 III 2 StGB und darf deshalb zur Sicherung des Vollstreckungsverfahrens beschlagnahmt werden (vgl. § 111a IV). P ist als Ermittlungsperson der Staatsanwaltschaft gemäß § 98 I 1 zur Anordnung der Beschlagnahme befugt, weil Gefahr im Verzug vorliegt. Gefahr im Verzug bedeutet in diesem Zusammenhang nämlich, dass zu besorgen ist, der Beschuldigte werde **ohne die Sicherstellung des Führerscheins weitere Trunkenheitsfahrten** unternehmen[2]. Die Beschlagnahme verhindert die Fortsetzung der Trunkenheitsfahrt, weil § 21 II Nr. 2 StVG das Fahren eines Kraftfahrzeuges trotz Inverwahrnahme, Sicherstellung oder Beschlagnahme des Führerscheins nach § 94 unter Strafe stellt. Bestätigt das Ergebnis der Blutprobe den Verdacht der Trunkenheitsfahrt und soll der Beschuldigte wegen der von ihm ausgehenden Gefahren für längere Zeit vom Straßenverkehr ferngehalten werden, so beantragt die Staatsanwaltschaft die vorläufige Entziehung der Fahrerlaubnis, über die gemäß § 111a I 1 der Ermittlungsrichter zu entscheiden hat. Diese vorläufige Entziehung entspricht in ihren Auswirkungen der Fahrerlaubnisentziehung gemäß § 69 StGB, die endgültig erst durch das rechtskräftige Strafurteil ausgesprochen wird.

205 Weitere vorbeugende Maßnahmen zur Sicherung der Allgemeinheit sind die **Inhaftierung des Beschuldigten wegen Wiederholungsgefahr** (§ 112a), die **einstweilige Unterbringung** in einem psychiatrischen Krankenhaus oder in einer Entziehungsanstalt (§ 126a) und das **vorläufige Berufsverbot** (§ 132a). Allen diesen Maßnahmen ist gemein, dass sie nicht der Strafverfolgung (Repression), sondern der **Gefahrenabwehr** (Prävention) dienen. Die Gesetzgebungskompetenz des Bundes für das Strafrecht gemäß Art. 74 Nr. 1 GG erstreckt sich gleichwohl wegen des engen sachlichen Zusammenhangs dieser Maßnahmen mit dem Strafprozessrecht auf diese Regelungen[3].

3. Verhältnismäßigkeit als Voraussetzung aller grundrechtsbeschränkenden Maßnahmen

206 **Zulässigkeitsvoraussetzung** für die Anordnung bzw. Vornahme von grundrechtsbeschränkenden Maßnahmen ist die Verhältnismäßigkeit[4], und zwar nicht nur dort, wo das Gesetz dies ausdrücklich anordnet (z.B. §§ 81 II 2, 112 I 2, 120 I 1, 163b II 2, 163d I 1), sondern generell. Trotz Vorliegens der Voraussetzungen einer konkreten Maßnahme kann sie im Einzelfall unverhältnismäßig und damit unzulässig sein. Der Verhältnismäßigkeitsgrundsatz umfasst drei Aspekte, nämlich **Eignung**, **Erforderlichkeit** und **Proportionalität**[5].

---

[2] BGHSt 22, 385, 387; *Meyer-Goßner*, § 111a Rn. 15; *Nack*, in: KKStPO, § 111a Rn. 15; *Rudolphi*, in: SKStPO, § 111a Rn. 25.
[3] *Ranft*, Rn. 597.
[4] Vgl. nur BVerfGE 70, 297, 311 ff.
[5] BVerfGE 67, 157, 173.

(a) Eignung

Eine Maßnahme ist geeignet, wenn mit ihrer Hilfe im konkreten Fall der **strafprozessuale Zweck** (Sicherung des Erkenntnis- oder Vollstreckungsverfahrens, ggf. Sicherung der Allgemeinheit) **gefördert** werden kann. Ungeeignet wäre zum Beispiel die Blutentnahme, wenn der Beschuldigte erst mehrere Stunden nach der Tat ergriffen wird und unwiderlegbar angibt, inzwischen eine erhebliche, im Einzelnen nicht mehr feststellbare Menge Alkohol zu sich genommen zu haben. Die gemäß § 81a I 2 „an sich" zulässige Blutentnahme muss unterbleiben, weil durch sie die Blutalkoholkonzentration zum Zeitpunkt der Tat nicht – mehr – ermittelt werden kann.

207

(b) Erforderlichkeit

Erforderlich ist eine Maßnahme, wenn kein anderes, gleich wirksames, aber die Grundrechte des Betroffenen nicht oder weniger fühlbar einschränkendes Mittel zur Verfügung steht.

208

> **Beispiel**: Staatsanwalt S ermittelte gegen B wegen des Verdachts der Steuerhinterziehung. Zur Klärung des Verdachts benötigte er Informationen über die Abwicklung bestimmter Überweisungsvorgänge, die B über seine Bank abgewickelt hatte. S beantragte deshalb beim Ermittlungsrichter einen Durchsuchungs- und Beschlagnahmebeschluss gegen die Bank.

S könnte die erforderlichen Informationen auch dadurch erlangen, dass er bei dem Ermittlungsrichter beantragt, die Bank gemäß § 95 I zur Vorlage der Unterlagen aufzufordern (*Rn. 382*). Ein solches Herausgabeverlangen würde die Bank weniger belasten, weil es nicht in die Betriebsabläufe eingreift und die Gefahr eines Ansehensverlustes durch Bekanntwerden der Durchsuchung vermeidet. Ein Herausgabeverlangen zur Abwendung der Durchsuchung und Beschlagnahme kommt als milderes Mittel allerdings nur dann in Betracht, wenn zu erwarten ist, dass die Bank die Unterlagen vollständig und unverfälscht vorlegen wird.

209

(c) Proportionalität

Unter Proportionalität ist die Verhältnismäßigkeit im engeren Sinne zu verstehen. Sie ist gewahrt, wenn die **Gesamtabwägung** ergibt, dass der Eingriff, d.h. die Beeinträchtigung, die dem Betroffenen oder einem Dritten durch die Maßnahme droht, wegen der Schwere des Tatvorwurfs und der Stärke des bestehenden Verdachts zumutbar ist[6].

210

> **Beispiel**: Z erstattete gegen B, seine Ehefrau, von der er inzwischen getrennt lebt, Anzeige wegen Veruntreuung. Er behauptete, dass B, die bei der Firma F angestellt ist, über einen Zeitraum von mehreren Jahren insgesamt etwa 5.000,- Euro an sich gebracht hätte. Der Vorwurf ließe sich durch die Sicherstellung der Buchführungsunterlagen in mehreren Niederlassungen der Firma F aufklären. Der Inhaber der Firma lehnte eine Herausgabe der Unterlagen ab, da sie dringend benötigt würden.

---

[6] Vgl. BVerfGE 30, 292, 316; 67, 157, 178; *Meyer-Goßner*, Einleitung Rn. 20.

211 Die Sicherstellung der Buchführungsunterlagen durch eine Beschlagnahme wäre zwar geeignet und erforderlich, den Tatverdacht gegen B zu klären. Sie würde aber zu Beeinträchtigungen der Betriebsabläufe und zu einem erheblichen finanziellen Verlust des Unternehmens führen, sodass sie wegen der relativen Geringfügigkeit des Tatvorwurfs unverhältnismäßig erscheint.

4. Rechtsschutz

212 Die Rechtsschutzmöglichkeiten gegen strafprozessuale Maßnahmen der Staatsanwaltschaft, ihrer Ermittlungspersonen und der Polizei wurden bereits oben (*Rn. 185 ff.*) im Zusammenhang mit den Aufgaben des Ermittlungsrichters dargestellt, sodass hier nur noch auf den Rechtsschutz gegen **Maßnahmen, die der Richter angeordnet oder vorgenommen** hat, einzugehen ist.

(a) Nicht erledigte richterliche Maßnahmen

213 Beschlüsse und Verfügungen des Ermittlungsrichters, deren **Wirkung noch fortdauert**, können gemäß § 304 I mit der **Beschwerde** angegriffen werden, soweit das Gesetz sie der Anfechtung nicht ausdrücklich entzieht. Eine Beschränkung der Anfechtungsmöglichkeit enthält § 304 V für Verfügungen des Ermittlungsrichters des OLG und des BGH. Die Beschwerde ist danach nur zulässig, wenn die Verfügung die Verhaftung, einstweilige Unterbringung, Beschlagnahme oder Durchsuchung betrifft. Über die Beschwerde gegen **Verfügungen des Ermittlungsrichters** beim Amtsgericht entscheidet gemäß §§ 73 I, 76 I GVG die große Strafkammer des Landgerichts. Verfügungen des Ermittlungsrichters des OLG bzw. des BGH unterliegen – soweit sie gemäß § 304 V angefochten werden können – der Kontrolle des Strafsenats des OLG (§ 120 III 2 GVG) bzw. des Strafsenats des BGH (§ 135 II GVG). Die Beschwerde ist darüber hinaus zulässig gegen die **Ablehnung eines Antrages auf richterliche Entscheidung** nach §§ 98 II 2, 111e II 3, und zwar auch dann, wenn die richterliche Kontrolle einer staatsanwaltschaftlichen oder polizeilichen Maßnahme auf einer analogen Anwendung des § 98 II 2 beruht[7]. Die Staatsanwaltschaft kann Beschwerde einlegen, wenn der Ermittlungsrichter eine von ihr **beantragte richterliche Ermittlungshandlung ablehnt**[8] oder wenn er eine für die weitere Wirksamkeit einer bereits angeordneten Maßnahme erforderliche **Bestätigung** (z.B. §§ 98 II 1, 98b I 2, 100 II) oder **Zustimmung** (z.B. § 110b II 1) **verweigert**[9].

(b) Erledigte richterliche Maßnahmen

214 Heftig umstritten war, ob bereits erledigte richterliche Maßnahmen im Ermittlungsverfahren angefochten werden können.

---

[7] *Meyer-Goßner*, § 98 Rn. 31.
[8] *Achenbach*, in: AKStPO, § 162 Rn. 21; *Pfeiffer*, § 162 Rn. 6.
[9] Z.B. *Amelung*, in: AKStPO, § 98 Rn. 36; *Meyer-Goßner*, § 98 Rn. 31, für die Versagung der Bestätigung nach § 98 II 1.

§ 6 Geregelte grundrechtsbeeinträchtigende Maßnahmen im Ermittlungsverfahren

Beispiel: Auf Grund eines Beschlusses des Ermittlungsrichters R durchsuchte die Polizei die Wohnung und die Geschäftsräume des B. Die Aktion wurde ergebnislos abgebrochen, weil die erwarteten Beweise – gestohlene Gegenstände, die B nach einem anonymen Hinweis angeblich in seinem Geschäft verkaufen sollte – nicht gefunden wurden. Aus Empörung über die nach seiner Ansicht rechtswidrige Durchsuchung und wegen des Ansehensverlustes, den er bei seinen Mitarbeitern und seinen Nachbarn erlitten habe, legte er Beschwerde gegen den Beschluss des R ein.

Die früher h.M.[10] betrachtete erledigte richterliche Maßnahmen wegen **prozessualer Überholung** grundsätzlich als **unanfechtbar**, weil Entscheidungen, die sich in der Feststellung der Rechtswidrigkeit einer richterlichen Anordnung erschöpfen, der StPO fremd seien; allenfalls ein im Sinne der Willkür ermessensfehlerhaftes Verhalten des Richters könne angegriffen werden[11]. Dieser Auffassung entzog das BVerfG[12] – unter Aufgabe seiner früheren Rechtsprechung – 1997 die Grundlage. Das Erfordernis eines effektiven Rechtsschutzes (Art. 19 IV GG) gebietet es, die Anfechtung einer erledigten richterlichen Maßnahme zuzulassen, wenn die Maßnahme in **tiefgreifender Weise in die Grundrechte des Betroffenen eingreift** und die von der Prozessordnung gegebene weitere Instanz nach dem typischen Verfahrensablauf nicht über die direkte Belastung durch den angegriffenen Hoheitsakt entscheiden kann. Diese Voraussetzungen liegen insbesondere bei einer Durchsuchung generell[13] vor, da sie in schwerwiegender Weise in das Grundrecht auf Unverletzlichkeit der Wohnung eingreift und in der Regel bereits abgeschlossen ist, bevor der Betroffene die richterliche Anordnung mit der Beschwerde angreifen kann. In unserem Fall kann B deshalb die Durchsuchungsanordnung des R anfechten. – *Fallsammlung Rn. 242-244.* –

215

Nach zutreffender Auffassung[14] können darüber hinaus erledigte richterliche Maßnahmen mit dem dafür vorgesehenen Rechtsmittel angefochten werden, wenn wegen der diskriminierenden Wirkung ein **Rehabilitierungsinteresse** des Betroffenen gegeben ist oder eine **Wiederholungsgefahr** besteht. In diesen Fällen fehlt es nämlich nicht an der für alle Rechtsmittel erforderlichen – noch fortdauernden – Beschwer des Betroffenen (vgl. *Rn. 862*).

216

---

[10] BVerfGE 49, 329, 340 ff.; BGHSt 28, 57, 58; 160, 161; BGH, NJW 1995, 3397; OLG Frankfurt, NStZ-RR 1996, 364; OLG Karlsruhe, NJW 1988, 983; *Meyer-Goßner*, Vor § 296 Rn. 17 f.
[11] BGHSt 28, 160, 161.
[12] BVerfGE 96, 27, 38 ff., mit Anm. *Amelung*, JR 1997, 384 ff.; *Rabe von Kühlewein*, NStZ 1998, 580 ff.; *Roxin*, StV 1997, 654 ff.; *Schroth*, StV 1999, 117 ff. Ebenso BVerfG, NJW 1998, 2131 f.; NJW 1999, 273 f.
[13] *Roxin*, StV 1997, 654, 655 f.; siehe auch LG Frankenthal, NStZ-RR 1998, 146.
[14] BVerfG, NJW 1997, 2163, 2164; *Amelung*, in: AKStPO, § 105 Rn. 52; *Beulke*, Rn. 325; *Rudolphi*, in: SKStPO, § 98 Rn. 24.

> **Kontrollfragen**
> 1. Welchen Zielen dienen die grundrechtsbeeinträchtigenden Maßnahmen im Ermittlungsverfahren? (Rn. 201-203)
> 2. Welche Aspekte umfasst der Verhältnismäßigkeitsgrundsatz? (Rn. 206)
> 3. Unter welchen Voraussetzungen kann eine erledigte richterliche Ermittlungsmaßnahme von dem Betroffenen angefochten werden? (Rn. 214-216)

Literatur

Amelung, Zur dogmatischen Einordnung strafprozessualer Grundrechtseingriffe, JZ 1987, 737.

Ders., Der Rechtsschutz gegen strafprozessuale Grundrechtseingriffe und die neue Rechtsprechung zur Auswertung des Eingriffsbegriffs bei staatlichen Ermittlungsmaßnahmen, StV 2001, 131.

Roxin, Zur richterlichen Kontrolle von Durchsuchungen und Beschlagnahmen, StV 1997, 654.

Schroeder, Eine funktionelle Analyse der strafprozessualen Zwangsmittel, JZ 1985, 1028.

II Untersuchungshaft

217 Im Haftrecht wird die Funktion des Strafprozessrechts, die unterschiedlichen Aufgaben des Strafverfahrens in eine Balance zu bringen (*Rn. 15 f.*), in besonderer Weise augenfällig. Zum einen handelt es sich bei der Inhaftierung um ein effektives Mittel zur Sicherung des Erkenntnis- und Vollstreckungsverfahrens, indem eine „Sabotage" durch den Beschuldigten verhindert wird, sowie zur Sicherung der Allgemeinheit vor Wiederholungstaten, zum anderen ist die Untersuchungshaft aber auch die Maßnahme im Ermittlungsverfahren mit den schwerwiegendsten Folgen für den Beschuldigten, sodass der Wahrung seiner Interessen erhebliches Gewicht zukommt. Sowohl die gesetzliche Ausgestaltung des Haftrechts als auch dessen praktische Anwendung muss diese Gesichtspunkte angemessen berücksichtigen.

1. Die sachlichen Voraussetzungen

218 Die Anordnung der Untersuchungshaft setzt im Ermittlungsverfahren grundsätzlich einen **Antrag der Staatsanwaltschaft** voraus; nur ausnahmsweise, nämlich bei Unerreichbarkeit eines Staatsanwalts, kann der Richter den Haftbefehl von Amts wegen erlassen (§§ 125 I, 128 II). Die Untersuchungshaft erfordert gemäß § 112 I 1 einen **dringenden Tatverdacht** und das **Vorliegen eines Haftgrundes**; § 112 I 2 bestimmt ausdrücklich, dass die **Verhältnismäßigkeit** gewahrt sein muss. Der Erlass des Haftbefehls ist nicht obligatorisch, sondern steht im pflicht-

gemäßen Ermessen des Richters[15]. Im Ermittlungsverfahren ist gemäß § 125 I der Ermittlungsrichter zuständig, nach Anklageerhebung das mit der Strafsache befasste Gericht, § 125 II.

(a) Dringender Tatverdacht

Dringender Tatverdacht verlangt nicht die Prognose, dass eine Verurteilung wahrscheinlich ist[16], sondern er ist gegeben, wenn **gerichtsverwertbare Beweise vorhanden sind, durch die der Beschuldigte mit großer Wahrscheinlichkeit überführt werden kann**[17]. Der Verdacht muss sich auf eine prozessual verfolgbare[18], rechtswidrige und schuldhafte Tat beziehen[19]. Das Fehlen eines erforderlichen Strafantrages hindert die Anordnung der Untersuchungshaft nicht, doch ist der Strafantragsberechtigte gemäß § 130 S. 1 sofort zu unterrichten, um ihm die Stellung eines Strafantrages zu ermöglichen. Stellt er den Strafantrag nicht innerhalb der ihm zu setzenden – kurzen – Frist, die eine Woche nicht überschreiten soll, so muss der Haftbefehl aufgehoben werden, § 130 S. 2.

219

Fehlte dem Beschuldigte mit großer Wahrscheinlichkeit bei der Tatbegehung die Schuld, so bewahrt ihn das zwar vor der Untersuchungshaft, es kommt aber gemäß § 126a I zur Sicherung der Allgemeinheit die **einstweilige Unterbringung** in einem psychiatrischen Krankenhaus oder in einer Entziehungsanstalt in Betracht (dazu unten *Rn. 279 ff.*).

220

(b) Haftgründe

Ursprünglich enthielt die StPO nur die Haftgründe **Flucht**, **Fluchtgefahr** und **Verdunkelungsgefahr**. Diese „klassischen" Haftgründe des § 112 II wurden um drei weitere, sehr problematische ergänzt. Das StPÄG[20] führte die Haftgründe „**Tatschwere**" (§ 112 III) und **Wiederholungsgefahr** (§ 112a) – wieder – ein, die es in ähnlicher Form bereits im Dritten Reich gegeben hatte[21]. Der Katalog der Straftaten, welche die Anordnung der Untersuchungshaft wegen der Tatschwere oder wegen Wiederholungsgefahr erlauben, wurde seitdem mehrfach ausgeweitet. 1997 hat der Gesetzgeber durch § 127b II den Haftgrund „**Sicherung des beschleunigten Verfahrens**" geschaffen.

221

Die Haftgründe Flucht (§ 112 II Nr. 1), Fluchtgefahr (§ 112 II Nr. 2) und Verdunkelungsgefahr (§ 112 II Nr. 3) dienen der **Sicherung des Erkenntnisverfahrens**, indem sie die Anwesenheit des Beschuldigten und die von ihm unbeeinflusste Beweiserhebung gewährleisten. Die Inhaftierung des flüchtigen oder fluchtverdächtigen Beschuldigten sichert darüber hinaus auch das **Vollstreckungsverfah-**

222

---

[15] BVerfGE 19, 342, 349; *Hilger*, in: LR[25], § 112 Rn. 74; *Meyer-Goßner*, § 112 Rn. 1.
[16] So aber die h.M., z.B. OLG Koblenz, StV 1994, 316, 317; OLG Köln, StV 1996, 389, 390; *Geppert*, Jura 1991, 269 f.; *Hilger*, in: LR[25], § 112 Rn. 17; *Nelles*, StV 1992, 385, 386.
[17] BGH, bei *Pfeiffer*, NStZ 1981, 94; BGHSt 38, 276, 278; *Deckers*, StV 2001, 116; *Meyer-Goßner*, § 112 Rn. 5.
[18] Z.B. OLG München, StV 1998, 270 f.
[19] *Pfeiffer*, § 112 Rn. 2; *Schlothauer*, StV 1996, 393.
[20] Gesetz zur Änderung der StPO und des GVG vom 19.12.1964, BGBl. I, S. 1067.
[21] Näher dazu *Deckers*, in: AKStPO, § 112 Rn. 3 f.; *Roxin*, § 30 Rn. 7 f., 12 ff.

ren, wenn er zu einer Freiheitsstrafe verurteilt wird. Diese Haftgründe sind deshalb – jedenfalls grundsätzlich – sachgerecht.

223 Der Haftgrund der **Flucht** bzw. des **Sich-Verborgen-Haltens** ist gegeben, wenn der Beschuldigte sich während oder nach Begehung der Tat von seinem bisherigen Lebensmittelpunkt entfernt bzw. wenn er den Strafverfolgungsbehörden seinen Aufenthalt vorenthält, z.B. indem er unangemeldet oder unter falschem Namen lebt, um für die Strafverfolgungsbehörden und das Gericht in dem gegen ihn gerichteten Strafverfahren dauernd oder für längere Zeit unerreichbar zu sein[22]. Erforderlich ist somit mindestens der **bedingte Vorsatz**, sich dem Verfahren zu entziehen, sodass ein Beschuldigter, der sich in Unkenntnis des gegen ihn gerichteten Verfahrens und ohne den Willen, unerreichbar zu sein, auf Reisen begibt, nicht flüchtig ist, selbst wenn sein Aufenthaltsort für eine geraume Zeit unbekannt ist[23]. Es liegt auf der Hand, dass der Haftbefehl gegen eine flüchtigen oder sich verborgen haltenden Beschuldigten ein probates Mittel ist, seiner habhaft zu werden, wenn er bei einer Personen- oder Fahrzeugkontrolle entdeckt oder beim Grenzübertritt ermittelt wird. Der Haftbefehl erlaubt den Polizei- oder Bundesgrenzschutzbeamten die Festhaltung des Beschuldigten. Der bloße Umstand, dass sich der Beschuldigte an seinem Wohnsitz im Ausland aufhält und deshalb der Strafverfolgung in Deutschland besondere Schwierigkeiten entgegenstehen, begründet den Haftgrund der Flucht nicht[24]. Das gilt auch dann, wenn der Beschuldigte seinen Lebensmittelpunkt erst nach der Tat ins Ausland verlegt, aber kein unmittelbarer Zusammenhang zwischen dem Umzug und dem Strafverfahren besteht, dieser also nicht dazu dient, sich der Strafverfolgung zu entziehen[25]. Dieses Ergebnis darf auch nicht dadurch umgangen werden, dass der Aufenthalt eines ausländischen Beschuldigten in seinem Heimatland und die Verweigerung der Kontaktaufnahme mit der Staatsanwaltschaft als Begründung für die Annahme von Fluchtgefahr genommen wird[26], denn diese setzt nach zutreffender Auffassung ein aktives Verhalten voraus (*Rn. 226*).

224 **Fluchtgefahr** liegt vor, wenn bei Würdigung der Umstände des konkreten Falles auf Grund bestimmter Tatsachen eine höhere Wahrscheinlichkeit dafür spricht, dass sich der Beschuldigte dem Strafverfahren entziehen wird, als für die Erwartung, er werde am Verfahren teilnehmen[27]. Es ist also eine Prognose anzustellen, die aus bestimmten Tatsachen abgeleitet und auf das Verfahren bezogen wird, in dem Untersuchungshaft angeordnet werden soll[28]. Eine – in der Praxis nicht selten anzutreffende – schematisierende Betrachtung genügt diesen Anforderungen nicht.

---

[22] *Geppert*, Jura 1991, 270; *Meyer-Goßner*, § 112 Rn. 13 f.
[23] OLG Bremen, NStZ-RR 1997, 334; *Hilger*, in: LR[25], § 112 Rn. 28 f.
[24] BGH, StV 1990, 309; OLG Dresden, StV 2005, 224, 225.
[25] OLG Bremen, StV 1997, 533, 534; OLG Karlsruhe, StV 1999, 36, 37; OLG Köln, StV 1998, 269; OLG München, StV 2002, 205; *Böhm*, NStZ 2001, 633, 635.
[26] OLG Celle, StV 2005, 224 f. A.A. OLG Köln, NStZ 2003, 219 f., mit abl. Anm. *Paeffgen*, NStZ 2004, 77, 78; kritisch auch *Dahs/Riedel*, StV 2003, 416, 417.
[27] OLG Köln, StV 1994, 582 f.; *Beulke*, Rn. 212; *Boujong*, in: KKStPO, § 112 Rn. 15; *Meyer-Goßner*, § 112 Rn. 17; *Roxin*, § 30 Rn. 9. Strenger *Paeffgen*, in: SKStPO, § 112 Rn. 24, der eine „hochgradige" Wahrscheinlichkeit verlangt.
[28] *Deckers*, in: AKStPO, § 112 Rn. 18.

§ 6 Geregelte grundrechtsbeeinträchtigende Maßnahmen im Ermittlungsverfahren

> **Beispiel**: Die Staatsanwaltschaft ermittelte gegen B, Geschäftsführer einer GmbH, deren Anteile er mehrheitlich hielt, wegen des Verdachts der Untreue mit einem Schaden der GmbH in Millionenhöhe und wegen Steuerhinterziehung. Ermittlungsrichter E ordnete gegen B, der bis dahin unbescholten war und keinerlei Anstalten zur Flucht getroffen hatte, die Untersuchungshaft an, weil B eine Farm in Kanada besaß, auf die er Freunde und wichtige Geschäftspartner zur Jagd einlud.

Die bloße Tatsache, dass B Grundbesitz im Ausland hatte, genügt nicht zur Annahme des Fluchtverdachts, wenn seine persönlichen und geschäftlichen Bindungen im Übrigen ausschließlich im Inland bestehen[29] und keine weiteren Umstände (z.B. Transferierung von Vermögen ins Ausland oder „gefestigte Auslandsbeziehungen") auf eine bevorstehende Flucht hindeuten[30]. Jeder Beschuldigte hat schließlich die Möglichkeit, sich ins Ausland abzusetzen. Dem kann im Übrigen durch geeignete Maßnahmen (Abgabe des Reisepasses, tägliche Meldung bei der Polizei usw.) vorgebeugt werden. Der von § 112 II Nr. 2 geforderten Gesamtwürdigung der Umstände entspricht es auch nicht, die Fluchtgefahr – nur – aus einer hohen Straferwartung zu folgern[31], wie dies in der Praxis nicht selten geschieht[32]. Zwar kann die Vermutung, dass der Beschuldigte sich dem Strafverfahren um so eher entziehen wird, je höher die zu erwartende Strafe ist[33], eine gewisse Plausibilität für sich in Anspruch nehmen, empirisch abgesichert ist sie aber nicht[34]. Auch das Fehlen sozialer Bindungen durch Familie, geregelte Arbeit, Wohnung usw. spricht nicht zwingend für eine Fluchtgefahr, zumal der „Durchschnittsbeschuldigte" in der Regel nicht über die persönlichen Beziehungen und die finanziellen Mittel verfügt, die es ihm ermöglichen würden, sich über längere Zeit verborgen zu halten. Gleichwohl ist die Fluchtgefahr der häufigste Haftgrund; in rund 90% der Fälle wird der Haftbefehl darauf gestützt[35].

225

Fluchtgefahr liegt nicht nur vor, wenn zu erwarten ist, der Beschuldigte werde flüchten oder untertauchen, sondern auch dann, wenn Tatsachen dafür sprechen, dass er die Durchführung des Verfahrens gegen sich **auf andere Weise durch „aktive Verfahrenssabotage"**[36] verhindern will, z.B. durch Herbeiführung der Verhandlungsunfähigkeit[37]. Ein bloßes Unterlassen, z.B. die gezielte Nichteinnahme ärztlich verordneter Medikamente, die zur Erhaltung der Verhandlungsfähigkeit notwendig sind, begründet dagegen entgegen der h.M.[38] eine Fluchtgefahr

226

---

[29] OLG Brandenburg, StV 2002, 147; OLG Hamm, StV 2003, 509, 510.
[30] OLG Saarbrücken, StV 2002, 489, 490; *Böhm*, NStZ 2001, 633, 635; *Bleckmann*, StV 1995, 552; *Hilger*, in: LR[25], § 112 Rn. 36; *Meyer-Goßner*, § 112 Rn. 20.
[31] Z.B. KG, StV 1998, 207; OLG Köln, StV 1995, 419 f.
[32] Z.B. OLG Braunschweig, JZ 1965, 619 f.; KG, NJW 1965, 1390, 1391; OLG Karlsruhe, NJW 1978, 333.
[33] OLG Hamburg, StV 2002, 490, 491; OLG Hamm, StV 1999, 215, 216; KG, NJW 1965, 1390, 1391.
[34] *Deckers*, in: AKStPO, § 112 Rn. 21; *Paeffgen*, in: SKStPO, § 112 Rn. 25.
[35] *Gerche*, StV 2004, 675.
[36] *Dalakouras*, Mangakis-FS, S. 453, 454; *Paeffgen*, NStZ 1990, 431.
[37] KG, JR 1974, 165 f.; *Ranft*, Rn. 633; *Roxin*, § 30 Rn. 9; *Hilger*, in: LR[25], § 112 Rn. 38.
[38] OLG Oldenburg, StV 1990, 165 f., mit zustimmender Anm. *Wendisch*; *Pfeiffer*, § 112 Rn. 6.

nicht[39]. Auch eine Suizidgefahr kann der Fluchtgefahr nicht gleichgesetzt werden[40]. Die Tätigkeit muss nämlich von einem auf die Entziehung gerichteten Willen getragen sein, wobei es ausreicht, dass der Beschuldigte den Erfolg der Verfahrensverhinderung als Konsequenz seines Verhaltens bewusst in Kauf nimmt[41]. Dieses Bewusstsein wird dem Suizidenten in der psychischen Ausnahmesituation, in der er sich befindet, aber fehlen.

227 **Verdunkelungsgefahr** setzt den dringenden Verdacht voraus, der Beschuldigte werde die Beweislage zu seinem Vorteil manipulieren, z.B. indem er Beweismittel beseitigt, verändert oder verfälscht oder indem er auf Mitbeschuldigte, Zeugen oder Sachverständige einwirkt, damit sie falsche Angaben machen oder einen Dritten zu einem solchen Verhalten veranlassen. Die Verdunkelungsgefahr erfordert – wie die Fluchtgefahr – konkrete tatsächliche Anhaltspunkte für eine Gefährdung des Erkenntnisverfahrens, sodass die bloße Möglichkeit zur Beweismanipulation nicht ausreicht[42]. Das gilt im Übrigen auch für solche Täter- und Deliktstypen, bei denen nach der kriminalistischen Erfahrung in besonderer Weise mit Verdunkelungshandlungen zu rechnen ist[43]. Insbesondere bei Ablegung eines umfassenden und glaubhaften Geständnisses wird Verdunkelungsgefahr ausscheiden[44].

228 § 112 III erlaubt seinem Wortlaut nach bei einem dringenden Tatverdacht wegen der dort aufgelisteten **schweren Straftaten** die Anordnung der Untersuchungshaft, ohne dass es eines Haftgrundes im technischen Sinne bedürfe. Die Vorschrift gilt auch für den Versuch einer Katalogtat[45] und für die Teilnahme[46]. Bei einem wörtlichen Verständnis verstößt § 112 III nach Auffassung des BVerfG[47] gegen das Rechtsstaatsprinzip, weil die Untersuchungshaft angeordnet werden könnte, ohne dass dies zur Sicherung der Durchführung des Strafverfahrens erforderlich ist. Die Vorschrift ist deshalb nur in einer **verfassungskonformen Auslegung** mit dem Grundgesetz vereinbar. Auch bei den genannten schweren Straftaten sind danach – trotz § 112 III – die Haftgründe Flucht- oder Verdunkelungsgefahr unverzichtbar, lediglich die Anforderungen an deren Feststellung sind reduziert. Es müssen zwar Umstände vorhanden sein, welche die Gefahr

---

[39] *Hilger*, in: LR[25], § 112 Rn. 38; *Paeffgen*, NStZ 1990, 431.
[40] OLG Oldenburg, NJW 1961, 1984; *Boujong*, in: KKStPO, § 112 Rn. 17; *Meyer-Goßner*, § 112 Rn. 18; *Paeffgen*, JR 1995, 75, 76 f.; *Ranft*, Rn. 633. A.A. OLG Bremen, JZ 1956, 375; nach Auffassung des OLG Hamburg, JR 1995, 72, 74, kann ein Selbstmordversuch ein Indiz dafür sein, dass der Beschuldigte ungefestigt ist und sich dem Strafverfahren entziehen will.
[41] BGHSt 23, 380, 384; OLG Düsseldorf, NJW 1986, 2204, 2205; OLG Koblenz, NStZ 1985, 88.
[42] *Roxin*, § 30 Rn. 11.
[43] OLG Hamm, StV 2002, 205, 206; OLG Frankfurt, NStZ 1997, 200, 201; OLG München, NJW 1996, 941, 942; *Paeffgen*, NStZ 1996, 25; *Volk*, NJW 1996, 879, 882. A.A. *Weiland*, S. 45 f.
[44] OLG Stuttgart, StV 2005, 225.
[45] BGHSt 28, 355.
[46] *Pfeiffer*, § 112 Rn. 8.
[47] BVerfGE 19, 342, 350 ff.; siehe auch BVerfG, NJW 1991, 2821, 2822; OLG Köln, NJW 1996, 1686.

§ 6 Geregelte grundrechtsbeeinträchtigende Maßnahmen im Ermittlungsverfahren

begründen, dass ohne die Inhaftierung des Beschuldigten die Aufklärung und Ahndung der Tat verhindert oder erschwert werden könnte. Im Gegensatz zu § 112 II muss diese Gefahr aber nicht mit bestimmten Tatsachen belegbar sein, sondern es genügt, dass sie nach den Umständen des Falles nicht auszuschließen ist[48]. Bei den Katalogtaten besteht somit eine widerlegliche Vermutung für das Vorliegen eines Haftgrundes[49]. § 112 III befreit den Richter zwar von den „strengen Fesseln des § 112 II"[50], nicht aber von der Prüfung und Darlegung, dass im konkreten Fall Flucht- oder Verdunkelungsgefahr nicht ausgeschlossen werden kann[51].

Beispiel: B hatte seine Ehefrau F zusammengeschlagen. F erstattete daraufhin Strafantrag wegen Körperverletzung. Nachdem B, der in einem festen Arbeitsverhältnis stand, mehrfach den Wunsch geäußert hatte, sich aussöhnen und für die Familie sorgen zu wollen, bezogen er und F mit ihrem gemeinsamen Kind eine neue Wohnung. Zu weiteren Auseinandersetzungen kam es in der folgenden Zeit nicht. Vier Monate nach der Tat wurde der Schwager des B als Zeuge vernommen, der bekundete, B habe unmittelbar nach dem Vorfall gesagt: „Das nächste Mal werfe ich F richtig aus dem Fenster". Ermittlungsrichter E nahm dringenden Tatverdacht wegen versuchten Totschlags an und erließ gegen B einen Haftbefehl, den er auf § 112 III stützte.

Der Anwendung des § 112 III steht nicht entgegen, dass nur ein versuchter Totschlag in Betracht kommt. Die Entwicklung nach der Tat spricht aber gegen eine Flucht- oder Verdunkelungsgefahr, sodass die weitere Aufklärung und Ahndung der Tat nicht in Frage gestellt ist. Der Haftbefehl durfte deshalb nicht ergehen, zumal auch eine Wiederholungsgefahr ausgeschlossen werden konnte[52].

Einen weiteren Haftgrund enthält § 127b II, der die Anordnung der Untersuchungshaft bis zu einer Dauer von einer Woche ab dem Tag der Festnahme erlaubt, wenn auf Grund bestimmter Tatsachen zu befürchten ist, dass der Beschuldigte der Hauptverhandlung im beschleunigten Verfahren fernbleiben wird. Die sogenannte **Hauptverhandlungshaft** ähnelt in ihren Voraussetzungen dem Haftgrund der Fluchtgefahr, doch weist sie gegenüber § 112 II Nr. 2 zwei Unterschiede auf[53]. Zum einen fordert sie nicht die Gefahr, dass der Beschuldigte der Hauptverhandlung fernbleiben wird, sondern begnügt sich mit der „Befürchtung", also einer geringeren Wahrscheinlichkeit. Zum anderen – und darin besteht die eigentliche Abweichung – erlaubt § 127b II die Inhaftierung des Beschuldigten, obwohl von ihm keine aktive Einwirkung auf das Verfahren, sondern lediglich eine Untätigkeit, nämlich das Nichterscheinen zur Hauptverhandlung im beschleunigten Verfahren zu erwarten ist. § 127b II soll somit nicht die Durchführung eines geordneten Strafverfahrens, sondern eines bestimmten Verfahrenstyps, den der Gesetzgeber aus general- und spezialpräventiven Gründen verstärkt zur Anwendung

229

230

---

[48] BVerfGE 19, 342, 350.
[49] *Deckers*, in: AKStPO, § 112 Rn. 29; *Hilgers*, LR[25], § 112 Rn. 53.
[50] *Geppert*, Jura 1991, 269, 271.
[51] BVerfG, NJW 1991, 2821, 2822.
[52] OLG Köln, StV 1994, 584.
[53] *Hellmann*, NStZ 1997, 2145, 2146; *Lemke*, in: HKStPO, § 127b Rn. 17.

bringen will[54], gewährleisten. Wegen dieser erheblichen Reduzierung der Anforderungen an die Freiheitsentziehung ohne rechtskräftiges Urteil werden schwerwiegende Bedenken gegen die Hauptverhandlungshaft vorgebracht[55]. Bei der gebotenen restriktiven Auslegung des § 127b besitzt die Hauptverhandlungshaft jedoch nur einen beschränkten Anwendungsbereich. Sie wird nämlich nur ausnahmsweise in Betracht kommen, weil in aller Regel mit der Vorführung ein **milderes Mittel** zur Verfügung steht, um den Zweck, die Sicherstellung der Anwesenheit in der Hauptverhandlung, zu erreichen. Da § 127b II gerade keine Fluchtgefahr, also keine auf die Verhinderung oder Erschwerung des Verfahrens gerichteten Aktivitäten verlangt, sondern einen Ungehorsam, die Nichtbefolgung der Ladung zur Hauptverhandlung, genügen lässt, kann die Anwesenheit in der Regel durch die Vorführung gewährleistet werden, sodass die Inhaftierung nicht erforderlich und damit **unverhältnismäßig** ist. Für eine ähnliche Konstellation – Erzwingung der Anwesenheit eines Angeklagten, der unentschuldigt der Hauptverhandlung ferngeblieben ist (§ 230 II) – ist anerkannt, dass die Vorführung Vorrang vor dem Haftbefehl hat[56]. § 127b II sieht – anders als § 230 II – die Vorführung zwar nicht alternativ neben der Anordnung der Haft vor, doch darf dieses Versäumnis des Gesetzgebers nicht zu Lasten des Beschuldigten gehen[57]. Die Hauptverhandlungshaft darf somit nur verhängt werden, wenn die Anwesenheit des Beschuldigten nicht durch die Vorführung gewährleistet werden kann[58]. In der Praxis kommt die Hauptverhandlungshaft im Übrigen anscheinend kaum zur Anwendung[59].

231 Die Anordnung der Untersuchungshaft wegen **Wiederholungsgefahr** gemäß § 112a I bezweckt nicht die Sicherung des Erkenntnis- oder Vollstreckungsverfahrens, sondern die sogenannte **Sicherungshaft** dient ausschließlich dem Schutz der Allgemeinheit; sie ist deshalb gemäß § 112a II nicht zu verhängen, wenn der Beschuldigte bereits nach § 112 inhaftiert werden kann. Die Sicherungshaft darf gegen den Beschuldigten angeordnet werden, wenn ein dringender Tatverdacht wegen einer Straftat gegen die sexuelle Selbstbestimmung (§ 112a I Nr. 1) oder wegen einer in dem Katalog des § 112a I Nr. 2 genannten Tat besteht, bestimmte Tatsachen die Gefahr begründen, dass der Beschuldigte vor der rechtskräftigen Aburteilung weitere erhebliche Straftaten der gleichen Art begehen wird und die Haft zur Abwendung der Wiederholungsgefahr erforderlich ist. Handelt es sich bei der Anlasstat um ein Sexualdelikt, so ist die Sicherungshaft schon nach der ersten Tat ungeachtet der konkreten Straferwartung zulässig. Bei den Katalogtaten des § 112a I Nr. 2 sind die Voraussetzungen strenger: Die Sicherungshaft darf erst bei einer wiederholten Begehung angeordnet werden, d.h. bei Vorliegen des dringenden Verdachts, dass der Beschuldigte durch mindestens eine weitere selbstständige

---

[54] BT-Drucks. 13/ 2576, S. 3.
[55] *Asbrock*, StV 1997, 43 ff.; *Hartenbach*, ZRP 1997, 227 f.; *Stintzing/Hecker*, NStZ 1997, 569, 571 ff.; gegen diese Bedenken *Fülber*, Die Hauptverhandlungshaft, 2000, S. 75 ff.
[56] BVerfGE 32, 87, 93; OLG Düsseldorf, NStZ 1990, 295, 296; LG Gera, StraFo 1997, 61; *Gollwitzer*, in: LR[25], § 230 Rn. 27; *Tolksdorf*, in: KKStPO, § 230 Rn. 8.
[57] Anders offensichtlich *Hilger* (in: LR[25], § 127b Rn. 4), der meint, § 127b lasse die Vorführung nicht zu.
[58] Näher dazu *Hellmann*, NJW 1997, 2145, 2148 f.
[59] *Lemke*, in: HKStPO, § 127b Rn. 2.

Handlung (§ 53 StGB) denselben Tatbestand verletzt hat[60]; die weitere Alternative der fortgesetzten Begehung ist obsolet geworden, weil der BGH die Rechtsfigur der fortgesetzten Handlung nicht mehr anerkennt[61]. Die wiederholt begangenen Straftaten müssen die Rechtsordnung schwerwiegend beeinträchtigen. Das ist der Fall, wenn Art und Ausmaß des Schadens erheblich sind[62]. Die Sicherungshaft nach § 112a I Nr. 2 kommt zudem nur bei einer Straferwartung von mindestens einem Jahr Freiheitsstrafe in Betracht.

Gegen den Haftgrund der Wiederholungsgefahr werden einige Bedenken geltend gemacht[63], die jedoch nur für bestimmte Anwendungsfälle durchgreifen. Soweit die Inhaftierung erforderlich ist, um die naheliegende Wiederholung von gravierenden Sexual-, Körperverletzungs-, Gewalt- oder Brandstiftungsdelikten zu verhindern, wird man das Recht und sogar die Pflicht des Staates, den Bürger schon vor der rechtskräftigen Aburteilung des Beschuldigten zu schützen, nicht bezweifeln können. Die notwendigen Maßnahmen ließen sich zwar auch in einem Verwaltungsverfahren treffen, dessen Durchführung aber eine gewisse Zeit in Anspruch nehmen würde. In dieser Zeit könnte der Beschuldigte weitere Taten begehen. Die Nutzung des Strafverfahrens zum schnellen Eingreifen ist deshalb jedenfalls nicht sachwidrig, zumal der Tatverdacht den Anlass zum Einschreiten bietet. Bedenklich ist allerdings die Weite des Katalogs des § 112a I Nr. 2, der auch bestimmte Eigentums- und Vermögensdelikte (§§ 243, 244, 253, 260, 263, 306 StGB) sowie Betäubungsmitteldelikte umfasst, bei denen das Schutzbedürfnis der Allgemeinheit erheblich weniger schwer wiegt, sodass es eine vorbeugende Maßnahme von dem Gewicht der Sicherungshaft gegen einen noch nicht rechtskräftig Verurteilten nicht rechtfertigt. Das BVerfG hält § 112a jedoch bei einer strengen Begrenzung auf Ausnahmefälle für verfassungsgemäß[64].

232

(c) Verhältnismäßigkeit

Dritte Voraussetzung für die Anordnung der Untersuchungshaft ist deren Verhältnismäßigkeit[65]. § 112 I 2 unterstreicht die besondere Bedeutung dieser für alle grundrechtsbeeinträchtigenden Maßnahmen geltenden Zulässigkeitsvoraussetzung (*Rn. 206 ff.*) im Haftrecht. Zum Teil wird behauptet, die Verhältnismäßigkeit sei keine positive Voraussetzung der Untersuchungshaft, sondern die Unverhältnismäßigkeit ein Haftausschließungsgrund[66] mit der Folge, dass der Grundsatz „in dubio pro reo" nicht gelte und die Anordnung der Untersuchungshaft deshalb nur

233

---

[60] *Meyer-Goßner*, § 112a Rn. 8; *Pfeiffer*, § 112a Rn. 3.
[61] BGHSt (GS) 40, 138, 145 ff. Die Entscheidung betrifft zwar nur bestimmte Sexualdelikte und den Betrug, der BGH erstreckte den Ausschluss aber auf zahlreiche weitere Tatbestände (Nachweise bei *Lackner/Kühl*, Vor § 52 Rn. 16), sodass die Rechtsfigur der fortgesetzten Handlung faktisch abgeschafft ist, *Geppert*, NStZ 1996, 57, 59.
[62] BVerfGE 35, 185, 192.
[63] Siehe nur *Hassemer*, StV 1984, 38, 40 f.; *Humberg*, JA 2005, 376, 377 ff.; *Roxin*, § 30 Rn. 14.
[64] BVerfGE 19, 342, 350 f.; 35, 185, 190 f.
[65] BVerfGE 19, 342, 347 f.; *Deckers*, in: AKStPO, § 112 Rn. 32; *Kühne*, Rn. 416; *Roxin*, § 30 Rn. 3; *Hilger*, in: LR^{25}, Vor § 112 Rn. 29 ff.
[66] OLG Düsseldorf, NStZ 1993, 554; *Beulke*, Rn. 216; *Meyer-Goßner*, § 112 Rn. 8; *Pfeiffer*, Vor § 112 Rn. 1.

ausscheide, wenn die Unverhältnismäßigkeit festgestellt sei. Diese Sicht verkennt jedoch, dass der Zweifelsgrundsatz nur bei der Feststellung von Tatsachen anwendbar ist, nicht dagegen bei der Anwendung eines Rechtsbegriffs wie der Verhältnismäßigkeit. Diese Rechtsfrage muss der Ermittlungsrichter deshalb entscheiden. § 112 I 2 gilt im Übrigen für alle Haftgründe, also auch für einen auf die Tatschwere oder Wiederholungsgefahr gestützten Haftbefehl.

234 Die Vorschrift nennt ausdrücklich zwar nur die Verhältnismäßigkeit im engeren Sinn, die Untersuchungshaft muss aber auch geeignet und erforderlich sein, ihren Zweck, nämlich die Verfahrenssicherung oder den Schutz der Allgemeinheit, zu erreichen[67]. Maßgeblich für die Proportionalität sind die **Bedeutung der Sache** und die **konkrete Rechtserfolgenerwartung**. Bei der Beurteilung der Bedeutung der Sache sind die gesetzliche Strafandrohung, die Art des verletzten Rechtsguts, die konkrete Erscheinungsform und sonstige tatbezogene Umstände zu berücksichtigen[68]. Um die zu erwartenden Rechtsfolgen zu ermitteln, sind die Zumessungserwägungen anzustellen, von denen sich das Gericht voraussichtlich leiten lassen wird[69]. Zum Teil wird die Untersuchungshaft generell als unverhältnismäßig angesehen, wenn nur eine Geldstrafe zu erwarten ist[70]. Nach zutreffender h.M.[71] ist eine zu erwartende Geldstrafe dagegen grundsätzlich kein Hinderungsgrund für den Erlass eines Haftbefehls. Das ergibt sich auch aus § 113, der eine Konkretisierung des Verhältnismäßigkeitsgrundsatzes für Delikte mit einer geringen Strafandrohung enthält. Die Regelung verbietet für den Bereich der Kleinkriminalität zwar die Untersuchungshaft wegen Verdunkelungsgefahr, die Anordnung ist aber bei Fluchtgefahr unter den dort genannten Voraussetzungen zulässig. Der Verhältnismäßigkeitsgrundsatz kann bei einer geringen Straferwartung dem Erlass eines Haftbefehls allerdings aus einem anderen Grund entgegenstehen. Der Haftbefehl ist nämlich in der Regel gemäß § 120 I 1 aufzuheben, wenn die erlittene Untersuchungshaft die Dauer der zu erwartenden Strafe erreicht oder überschreitet. Ist schon bei der Beantragung des Haftbefehls ersichtlich, dass er noch vor Ergehen einer rechtskräftigen, vollstreckbaren Entscheidung wieder aufgehoben werden muss, weil nur eine kurze Geld- oder Freiheitsstrafe zu erwarten ist, kann die Untersuchungshaft ihren verfahrenssichernden Zweck also gar nicht erfüllen, so ist bereits ihre Anordnung unverhältnismäßig[72]. – *Fallsammlung, Rn. 219-230* –

---

[67] *Hilger*, in: LR[25], Vor § 112 Rn. 29; *Paeffgen*, in: SKStPO, § 112 Rn. 11; vgl. auch BVerfGE 19, 342, 347 f.; 20, 45, 49.
[68] *Deckers*, in: AKStPO, § 112 Rn. 34; *Lemke*, in: HKStPO, § 112 Rn. 10; *Pfeiffer*, § 112 Rn. 3.
[69] *Deckers*, in: AKStPO, § 112 Rn. 35.
[70] *Roxin*, § 30 Rn. 3. Noch strenger *Hassemer*, StV 1984, 38, 41, der die Untersuchungshaft nur für verhältnismäßig hält, wenn eine Freiheitsstrafe von mindestens einem Jahr zu erwarten ist.
[71] OLG Düsseldorf, NJW 1997, 2965; *Hellmann*, NJW 1997, 2145, 2148; *Meyer-Goßner*, § 112 Rn. 11, § 113 Rn. 1; *Paeffgen*, in: SKStGB, § 112 Rn. 20; *Seetzen*, NJW 1973, 2001.
[72] Vgl. OLG Düsseldorf, StV 1988, 390 f.; *Deckers*, in: AKStPO, § 112 Rn. 32; *Paeffgen*, NStZ 1989, 418.

2. Überhaft

Den **Erlass eines – weiteren – Haftbefehls** hindert es nicht, dass bereits **wegen einer anderen Tat** (*Rn. 250*) die Untersuchungshaft angeordnet wurde. Die sogenannte Überhaft ist sogar notwendig, damit der Beschuldigte in Haft gehalten werden kann, wenn ein anderer Haftbefehl – aus welchen Gründen auch immer – aufgehoben wird. 235

3. Verhaftungsverfahren

§§ 114-115a, 125 regeln das Verhaftungsverfahren bis in die Details: 236

Der Ermittlungsrichter ordnet die Untersuchungshaft gemäß § 114 in einem **schriftlichen Haftbefehl** an, der den Beschuldigten bezeichnet, die ihm vorgeworfene Tat beschreibt, den Haftgrund nennt und die Tatsachen anführt, aus denen sich der dringende Tatverdacht sowie der Haftgrund ergeben. Diese strengen Anforderungen dienen zum einen dazu, den Richter zur Selbstkontrolle zu veranlassen und die Überprüfung seiner Entscheidung zu ermöglichen, zum anderen aber auch der Information des Beschuldigten[73]. Ein Haftbefehl, der nicht hinreichend konkretisiert ist, kann keine Grundlage für die Untersuchungshaft sein[74]. 237

Der Haftbefehl muss dem Beschuldigten gemäß § 114a bei der Verhaftung **bekanntgegeben** werden. Das geschieht durch die Aushändigung einer Abschrift des Haftbefehls. Ist die Bekanntgabe bei der Verhaftung nicht möglich, weil der festnehmende Beamte zufällig auf den Beschuldigten gestoßen ist, so ist die Bekanntgabe unverzüglich, d.h. ohne schuldhaftes Zögern, nachzuholen. 238

Der Ermittlungsrichter muss unverzüglich einen **Angehörigen** des Beschuldigten oder eine andere **Person seines Vertrauens** von der Inhaftierung und jeder weiteren Entscheidung über die Fortdauer der Untersuchungshaft **unterrichten** (§ 114b I). Gemäß § 114b II ist zusätzlich dem Beschuldigten die **Benachrichtigung** eines Angehörigen oder einer sonstigen Vertrauensperson zu **ermöglichen**; dieses Recht darf nur beschränkt werden, wenn der Zweck des Ermittlungsverfahrens gefährdet wäre, z.B. durch die Information eines Mitbeschuldigten. 239

§§ 115, 115a dienen der **Gewährung des rechtlichen Gehörs**. Der Verhaftete muss unverzüglich, spätestens am Tage nach seiner Verhaftung dem zuständigen Richter, d.h., dem Richter, der den Haftbefehl erlassen hat, oder falls dies in der Frist nicht möglich ist, dem Ermittlungsrichter des nächsten Amtsgerichts **vorgeführt** werden, damit der Verhaftete Gelegenheit erhält, sich zu der Beschuldigung und zu den Verdachts- und Haftgründen zu äußern. Bis zu diesem Zeitpunkt konnte der Beschuldigte zumeist noch keine Stellungnahmen abgeben, da die Anordnung der Untersuchungshaft gegen einen in Freiheit befindlichen Verdächtigen in der Regel ohne Anhörung ergeht, um ihn nicht zu warnen und dadurch zur Flucht oder zu Verdunkelungshandlungen anzureizen. Eine **eigene Entscheidung über den Fortbestand des Haftbefehls** darf nur der Richter treffen, der ihn erlassen hat (§ 126 I 1). Der Ermittlungsrichter des nächsten Amtsgerichts muss die ergriffene 240

---

[73] OLG Brandenburg, NStZ-RR 1997, 107, 108; OLG Düsseldorf, NStZ-RR 1996, 267 f.; OLG Karlsruhe, NStZ 1986, 134, 135.
[74] OLG Oldenburg, StV 2005, 226.

Person jedoch gemäß § 115a II 3 freilassen, wenn der Haftbefehl bereits aufgehoben wurde oder der Ergriffene nicht die im Haftbefehl bezeichnete Person ist. Setzt der „nächste" Richter den Beschuldigten nicht auf freien Fuß, so kann der Beschuldigte gemäß § 115a III 1 die Vorführung vor den zuständigen Richter und damit eine Entscheidung über den Bestand des Haftbefehls herbeiführen. Die Einschränkung der Entscheidungsbefugnis des Richters des nächsten Amtsgerichts führt in der Praxis allerdings nicht selten dazu, dass der Beschuldigte bis zur Vorführung vor den zuständigen Ermittlungsrichter – wegen der langen Dauer der üblichen Gefangenensammeltransporte[75] – mehrere Tage in Haft bleibt, obwohl bereits der erste Richter das Fehlen einer Untersuchungshaftvoraussetzung feststellt. Zur Beseitigung dieses Missstandes wird zum Teil[76] vorgeschlagen, dem „nächsten" Richter eine weiter gehende Freilassungskompetenz zuzugestehen. Dem steht jedoch der eindeutige Wortlaut der §§ 115a II 3, 126 I 1 entgegen, sodass eine Freilassung grundsätzlich nur in den gesetzlich geregelten Fällen in Betracht kommt[77]. Im Übrigen fordert das geltende Recht eine zügige Entscheidung des zuständigen Ermittlungsrichters, was in der Praxis freilich nicht immer hinreichend beachtet wird. Der nächste Richter muss ihm nämlich auf dem schnellsten Weg, d.h. telefonisch oder per Fax, Einwendungen des Beschuldigten oder eigene Bedenken gegen den Haftbefehl oder dessen Vollzug mitteilen (§ 115a II 4). Hebt der zuständige Richter den Haftbefehl nicht auf oder setzt er den Vollzug nicht aus, so ist der Beschuldigte ihm – notfalls per Einzeltransport durch die Polizei – unverzüglich vorzuführen (§§ 115a III 1, 115 I)[78]. Dennoch bleiben Konstellationen, in denen das gesetzliche Modell – Vorführung vor den nächsten Richter und ggf. Herbeiführung der Entscheidung des zuständigen Richters – versagt, nämlich dann, wenn der zuständige Richter nicht erreichbar ist, z.B. am Wochenende oder an Feiertagen. Diese Regelungslücke kann dadurch geschlossen werden, dass der nächste Richter den Haftbefehl in analoger Anwendung des § 116 „einstweilig" außer Vollzug setzt; die endgültige Entscheidung über die Aufrechterhaltung des Haftbefehls bleibt dem zuständigen Richter vorbehalten, sobald diese wieder erreichbar ist[79].

4. Vollzug der Untersuchungshaft

241   Im Gegensatz zum Vollzug der rechtskräftig verhängten Freiheitsstrafe, der im Strafvollzugsgesetz (StVollzG) eine detaillierte Grundlage findet, existiert für die Durchführung der Untersuchungshaft nur eine **fragmentarische gesetzliche Regelung** in § 119. Der Untersuchungsgefangene darf nicht mit anderen (Straf-) Gefangenen in einem Haftraum untergebracht werden, und er ist auch sonst nach

---

[75] Siehe dazu *Kropp*, ZRP 2005, 96 ff.
[76] Z.B. LG Frankfurt a.M., StV 1985, 464 (Anordnung der Freilassung wegen Haftunfähigkeit); *Maier*, NStZ 1989, 59, 60 f.; *Ziegert*, StV 1997, 439, 441 f.; unter engen Voraussetzungen auch *Paeffgen*, in: SKStPO, § 115a Rn. 6.
[77] *Boujong*, in: KKStPO, § 115a Rn. 4; *Lemke*, in: HKStPO, § 115a Rn. 4; *Schmitz*, NStZ 1998, 165, 168 ff.
[78] *Schmitz*, NStZ 1998, 165, 171.
[79] *Schröder*, StV 2005, 241, 243 ff.

§ 6 Geregelte grundrechtsbeeinträchtigende Maßnahmen im Ermittlungsverfahren

Möglichkeit von anderen Strafgefangenen getrennt zu halten (§ 119 I). Eine Unterbringung mit anderen Untersuchungsgefangenen darf gemäß § 119 II gegen seinen Willen nur erfolgen, wenn sein körperlicher oder geistiger Zustand es erfordert, z.B. weil Selbstmordgefahr besteht. Unter den in § 119 V genannten Voraussetzungen ist die **Fesselung** des Untersuchungsgefangenen zulässig; kraft ausdrücklicher Anordnung (§ 178 I, II StVollzG) gelten die Vorschriften der §§ 94-101 StVollzG über die **Anordnung und Anwendung unmittelbaren Zwanges** durch Justizvollzugsbedienstete auch gegenüber dem Untersuchungsgefangenen. **Sonstige Beschränkungen** dürfen ihm gemäß § 119 III nur auferlegt werden, wenn der Zweck der Untersuchungshaft oder die Ordnung in der Vollzugsanstalt dies erfordern. Zuständig ist grundsätzlich der Ermittlungsrichter, in dringenden Fällen auch der Staatsanwalt, der Anstaltsleiter oder ein sonstiger Vollzugsbeamter (§ 119 VI). **Bequemlichkeiten und Beschäftigungen** darf sich der Gefangene auf eigene Kosten verschaffen, soweit sie mit dem Zweck der Untersuchungshaft vereinbar sind und die Ordnung in der Anstalt nicht stören (§ 119 IV).

Die Lektüre des Gesetzes vermittelt den Eindruck, dass der Untersuchungsgefangene, jedenfalls wenn er über die notwendigen finanziellen Mittel verfügt, in der Haft ein relativ angenehmes Leben führen kann, indem er seine Einzelzelle mit Fernsehgerät, Stereoanlage, Computer und Büchern ausstattet, sich täglich aus einem Restaurant das Essen anliefern lässt usw. In der Realität ist er jedoch mannigfaltigen Beschränkungen ausgesetzt. Dabei handelt es sich zum einen um Maßnahmen, die dem Zweck der Untersuchungshaft dienen, indem sie die Flucht oder Verdunkelungshandlungen verhindern, z.B. Brief- und Paketkontrolle, Begrenzung und Überwachung des Besuchs- und Telefonverkehrs, Untersagung eines Rundfunk- oder Fernsehinterviews[80], zum anderen aber auch und vor allem um Beschränkungen, die von der Anstaltsleitung zur Aufrechterhaltung der Ordnung in der Vollzugsanstalt verfügt werden. In Ermangelung einer gesetzlichen Regelung werden dem Untersuchungsgefangenen auf der Grundlage der – bundeseinheitlich erlassenen – Untersuchungshaftvollzugsordnungen der Länder, bloßen Verwaltungsvorschriften, die den Begriff „Ordnung in der Vollzugsanstalt" sehr weit auslegen, viele Annehmlichkeiten versagt, sodass der Freiraum des Untersuchungsgefangenen praktisch geringer ist als der des Strafgefangenen[81]. Zur Verabschiedung eines Untersuchungshaftvollzugsgesetzes, das einige Missstände beseitigen oder jedenfalls die Rechtsstellung des Untersuchungsgefangenen präzisieren könnte, ist es bisher nicht gekommen, obwohl mehrere Entwürfe vorliegen[82].

5. Haftverschonung

Der Ermittlungsrichter muss gemäß §§ 116, 116a den **Vollzug des Haftbefehls aussetzen**, wenn weniger einschneidende Maßnahmen als die Inhaftierung ausreichen, um den Zweck der Untersuchungshaft zu erreichen. Diese sogenannte Haftverschonung ist ebenfalls eine Ausformung des Verhältnismäßigkeitsgrundsatzes

---
[80] BGH (Ermittlungsrichter), NStZ 1998, 205.
[81] *Kühne*, Rn. 447; *Roxin*, § 30 Rn. 43.
[82] Siehe dazu *Krause*, in: AKStPO, § 119 Rn. 29; *Meyer-Goßner*, § 119 Rn. 2.

im Haftrecht. Die Außervollzugsetzung ist keine Aufhebung der Untersuchungshaft, d.h. der Haftbefehl bleibt bestehen, der Beschuldigte wird aber nicht inhaftiert.

244 Die Haftverschonung kommt grundsätzlich **bei jedem Haftgrund** in Betracht. § 116 regelt zwar nur die Aussetzung des Vollzugs bei Fluchtgefahr (Abs. 1), Verdunkelungsgefahr (Abs. 2) und Wiederholungsgefahr (Abs. 3), das BVerfG[83] hat jedoch – mit Bindungswirkung gemäß § 31 I BVerfGG – festgestellt, dass die Möglichkeit der Haftverschonung auch für den Haftgrund „Tatschwere" gilt. Der Ermittlungsrichter muss den Vollzug des Haftbefehls aussetzen, wenn weniger einschneidende Maßnahmen die Erwartung hinreichend begründen, dass der Zweck der Untersuchungshaft auch ohne Inhaftierung erreicht werden wird. Für die Haftverschonung bei Fluchtgefahr nach § 116 I ergibt sich die **Aussetzungspflicht** schon aus dem Wortlaut, der dem Richter kein Ermessen einräumt. Ihm steht lediglich ein Beurteilungsspielraum bei der Beantwortung der Frage zu, ob andere Maßnahmen die Erwartung hinreichend begründen, d.h. mit großer Wahrscheinlichkeit erwarten lassen, dass sie den Beschuldigten von der Flucht abhalten werden[84]. § 116 II, III scheint dagegen bei den Haftgründen Verdunkelungs- und Wiederholungsgefahr die Haftverschonung in das Ermessen des Richters zu stellen („Kann-Vorschriften"). Unter Anwendung des Verhältnismäßigkeitsgrundsatzes ist der Richter aber auch in diesen Fällen zur Aussetzung verpflichtet, wenn der Zweck durch weniger belastende Maßnahmen erreicht werden kann[85].

245 § 116 I enthält für die Haftverschonung bei Fluchtgefahr einen Katalog von Anweisungen und Auflagen, der nur Beispielcharakter besitzt, sodass auch andere geeignete Ersatzmittel für die Untersuchungshaft, z.B. die Sperrung von Bankkonten, die Entziehung von Personalpapieren oder des Führerscheins, die Anweisung, eine bestimmte Wohnung zu nehmen oder sich einer Wohngruppe zur Drogentherapie anzuschließen, angeordnet werden können[86]. Eine besondere praktische Bedeutung kommt der Stellung einer Kaution gemäß § 116 I Nr. 4 zu; die Einzelheiten regelt § 116a.

246 Gemäß § 116 IV **ordnet der Richter den Vollzug des Haftbefehls wieder an**, wenn der Beschuldigte den ihm auferlegten Pflichten und Beschränkungen gröblich zuwiderhandelt, er durch das Treffen von Fluchtvorbereitungen, das unentschuldigte Nichterscheinen trotz Ladung oder auf andere Weise zeigt, dass das in ihn gesetzte Vertrauen nicht gerechtfertigt ist, oder neue Umstände auftreten, die eine Verhaftung erforderlich machen.

6. Aufhebung des Haftbefehls

247 §§ 120, 121 II führen drei Gründe an, die den Richter zur Aufhebung des Haftbefehls verpflichten.

---

[83] BVerfGE 19, 342, 351 ff.
[84] *Lemke*, in: HKStPO, § 116 Rn. 10; *Meyer-Goßner*, § 116 Rn. 4.
[85] LG Bochum, StV 1998, 207, 208; *Boujong*, in: KKStPO, § 116 Rn. 4; *Deckers*, in: AKStPO, § 116 Rn. 5; *Hilger*, in: LR[25], § 116 Rn. 8.
[86] *Meyer-Goßner*, § 116 Rn. 11 f.

§ 6 Geregelte grundrechtsbeeinträchtigende Maßnahmen im Ermittlungsverfahren

Gemäß § 120 I 1 ist der Haftbefehl aufzuheben, wenn eine **Voraussetzung der Untersuchungshaft** (dringender Tatverdacht, Haftgrund, Verhältnismäßigkeit) nachträglich **entfällt**. Das ist z.B. der Fall, wenn die weiteren Ermittlungen den Tatvorwurf insgesamt oder hinsichtlich einzelner Tatbestandsmerkmale nicht erhärten, wenn bei einem auf Verdunkelungsgefahr gestützten Haftbefehl der Beschuldigte ein Geständnis abgelegt hat bzw. alle Beweise gesichert sind oder wenn durch eine Änderung des Tatvorwurfs bzw. wegen der inzwischen erlittenen Untersuchungshaft die weitere Inhaftierung unverhältnismäßig wäre. § 120 I 2 schreibt die Aufhebung des Haftbefehls zwingend vor bei einem Freispruch, auch wenn dieser noch nicht rechtskräftig ist, bei einer Ablehnung der Eröffnung des Hauptverfahrens gemäß § 204 sowie bei einer endgültigen Einstellung des Verfahrens durch das Gericht gemäß §§ 206a, 206b. Mit der Aufhebung ordnet der Richter zugleich die Freilassung des Inhaftierten an, wenn keine Überhaft (*Rn. 235*) notiert ist, also kein weiterer Haftbefehl gegen den Beschuldigten vorliegt. Die Einlegung eines Rechtsmittels gegen den Aufhebungsbeschluss (Beschwerde, § 304 I, und weitere Beschwerde, § 310 I) hindert die Freilassung des Beschuldigten nicht, § 120 II. Der Verhältnismäßigkeitsgrundsatz kann im Übrigen auch die Aufhebung eines außer Vollzug gesetzten Haftbefehls gebieten, wenn er über viele Jahre aufrechterhalten wurde, weil die mit der Haftverschonung verbundenen freiheitsbeschränkenden Weisungen und der von dem Haftbefehl ausgehende psychische Druck den Beschuldigten erheblich belasten[87].

248

Der Richter muss den Haftbefehl gemäß § 120 III 1 zudem aufheben, wenn die **Staatsanwaltschaft dies vor Anklageerhebung beantragt**. Die Vorschrift unterstreicht die Verfahrensherrschaft der Staatsanwaltschaft im Ermittlungsverfahren. Mit der Stellung des Aufhebungsantrags „kann" die Staatsanwaltschaft gemäß § 120 III 2 die Freilassung des Beschuldigten anordnen. Der Staatsanwaltschaft steht dennoch kein Ermessen zu, sodass sie ihn unverzüglich auf freien Fuß zu setzen hat[88].

249

Nach sechs Monaten muss der Haftbefehl grundsätzlich aufgehoben werden, wenn bis zu diesem Zeitpunkt noch kein auf Freiheitsstrafe oder freiheitsentziehende Maßregel lautendes Urteil ergangen ist (§ 121 I, II). Die Beschränkung gilt zwar nur für die Untersuchungshaft „wegen derselben Tat", der Begriff derselben Tat ist jedoch weit auszulegen und umfasst zum einen alle mutmaßlichen Taten eines Beschuldigten, die bei Erlass des Haftbefehls bekannt waren und deshalb in diesen hätten aufgenommen werden können[89], und zum anderen Teile dieser Tat(en), die erst im Laufe der Ermittlungen aufgedeckt werden[90]. Auf diese Weise wird einer „Reservehaltung" von Haftbefehlen vorgebeugt. § 121 I gestattet die

250

---

[87] Vgl. BVerfGE 53, 152, 161 f.; in dem Fall bestand der Haftbefehl seit zwölf Jahren.
[88] *Boujong*, in: KKStPO, § 120 Rn. 28; *Meyer-Goßner*, § 120 Rn. 14; *Hilger*, in: LR[25], § 120 Rn. 46; *Wankel*, in: KMR, § 120 Rn. 11.
[89] OLG Bremen, NStZ-RR 1997, 334, 335; OLG Celle, NStZ 1987, 571, 572; OLG Köln, NStZ-RR 2004, 125 f.; OLG Zweibrücken, NStZ-RR 1998, 182; *Fahl*, JR 1997, 177, 178; A.A. OLG Koln, NStZ-RR 1998, 181 f. Instruktiv zum Ganzen *Summa*, NStZ 2002, 69 ff.
[90] *Hilger*, in: LR[25], § 121 Rn. 15; *Meyer-Goßner*, § 121 Rn. 13.

Aufrechterhaltung der Untersuchungshaft über sechs Monate hinaus nur, wenn die Ermittlungen besonders schwierig oder umfangreich sind oder ein anderer wichtiger Grund (Verzögerung des Verfahrens durch Umstände, denen die Strafverfolgungsbehörden nicht wirksam entgegenwirken konnten[91]) den Abschluss des Verfahrens nicht zugelassen hat. Justizinterne Organisationsmängel oder eine – vorhersehbare – dauerhafte Überlastung des Staatsanwalts oder des Gerichts stellen dagegen keine wichtigen Gründe dar[92]. Erhebliche Verstöße gegen das in Haftsachen geltende Gebot einer beschleunigten Bearbeitung des Verfahrens[93] verbieten generell die Aufrechterhaltung des Haftbefehls über sechs Monate hinaus[94]. Solange kein Urteil ergangen ist, behält § 121 II die Anordnung der Fortdauer der Untersuchungshaft dem Oberlandesgericht vor. Das Beschleunigungsgebot in Haftsachen gilt im Übrigen auch nach Ergehen eines erstinstanzlichen Urteils, sodass der Justiz zurechenbare erhebliche Verzögerungen im Revisionsverfahren der Fortdauer der Untersuchungshaft entgegenstehen[95].

7. Überprüfung der Fortdauer der Untersuchungshaft

251 Eine obligatorische Kontrolle der Untersuchungshaft erfolgt – wie oben (*Rn. 240*) dargestellt – gemäß §§ 115, 115a bereits nach der Ergreifung des Beschuldigten. Bestätigt der Richter den Fortbestand des Haftbefehls, so stehen dem Beschuldigten zwei Möglichkeiten offen, nachträglich gegen die Fortdauer der Untersuchungshaft vorzugehen. Er kann die Bestätigung mit dem allgemeinen Rechtsmittel der Beschwerde gemäß §§ 304 ff. anfechten (sogenannte **Haftbeschwerde**) oder einen besonderen Rechtsbehelf des Haftrechts ergreifen, nämlich gemäß §§ 117 ff. den Antrag auf **Haftprüfung** stellen.

(a) Haftbeschwerde

252 Die Beschwerde, die gemäß § 304 I grundsätzlich gegen alle Verfügungen des Ermittlungsrichters zulässig ist, kann der Beschuldigte auch gegen die Anordnung der Untersuchungshaft erheben. Es gelten im Wesentlichen die allgemeinen Beschwerdevorschriften (*Rn. 941 ff.*). Die Haftbeschwerde ist also bei dem Ermittlungsrichter einzulegen (§ 306 I), der ihr abhelfen (§ 306 II 1. Teilsatz), d.h. den **Haftbefehl aufheben** kann. Tut er dies nicht, so legt er die Beschwerde dem

---

[91] Z.B. Erkrankung des sachbearbeitenden Staatsanwalts oder Verhinderung wichtiger Zeugen (*Meyer-Goßner*, § 121 Rn. 21) oder behutsame Führung der Ermittlungen zum Schutze des Wohles kindlicher Opfer einer Sexualstraftat (OLG Bamberg, NJW 1995, 1689, mit Besprechung *Meinen*, NStZ 1997, 110 f.).
[92] BVerfG, NStZ 1995, 459, 460; NStZ 2004, 49 f.; StV 2005, 220, 222 ff.; OLG Düsseldorf, NJW 1996, 2587; OLG Frankfurt, NJW 1996, 1485, 1486 f.; KG, StV 2000, 36, 37.
[93] Siehe dazu EGMR, StV 2005, 136, 137 ff., mit Anm. *Pauly*.
[94] OLG Düsseldorf, NJW 1996, 2588; OLG Frankfurt, NStZ-RR 1996, 268, 270. Zum Teil (OLG Düsseldorf, MDR 1996, 955; OLG Jena, NStZ 1997, 452 f.) wird behauptet, die Fortdauer der Untersuchungshaft sei gerechtfertigt, wenn eine Verfahrensverzögerung bei der Staatsanwaltschaft durch eine besonders beschleunigte Bearbeitung durch das Gericht ausgeglichen wird; dagegen zu Recht *Paeffgen*, NStZ 1998, 75.
[95] BVerfG, StV 2005, 220, 221 ff.

nächst höheren Gericht (*Rn. 213*) zur Entscheidung vor (§ 306 II 2. Teilsatz); die Haftbeschwerde hat somit einen **Devolutiveffekt**. § 118 II gestattet – abweichend vom regulären Beschwerderecht (vgl. § 309 I) – die Anberaumung einer mündlichen Verhandlung nach dem Ermessen des Gerichts. Gegen die Entscheidung des Beschwerdegerichts ist gemäß § 310 I die weitere Beschwerde zulässig. Da es sich bei der Haftbeschwerde um ein allgemeines Rechtsmittel handelt, kann sie **nur einmal** eingelegt werden. Wurde das Beschwerdeverfahren durchgeführt, so ist die Entscheidung mit diesem Rechtsmittel also nicht mehr anfechtbar.

(b) Haftprüfung

Mit dem besonderen haftrechtlichen Rechtsbehelf der Haftprüfung kann der Beschuldigte gemäß § 117 I die **Aufhebung des Haftbefehls** oder die **Haftverschonung** beantragen. Im Gegensatz zur Haftbeschwerde hat der Antrag auf Haftprüfung keinen Devolutiveffekt, d.h. die Entscheidung verbleibt bei dem Richter, der den Haftbefehl erlassen hat. Seine Entscheidung kann aber wiederum mit der Beschwerde und der weiteren Beschwerde angefochten werden[96]. 253

Das Haftprüfungsverfahren besitzt gegenüber der Haftbeschwerde, der es gemäß § 117 II 1 vorgeht, mehrere Vorteile. Der Haftprüfungsantrag kann **wiederholt** werden. Im Gegensatz zur Haftbeschwerde, bei der gemäß § 118 II die Durchführung einer mündlichen Verhandlung im Ermessen des Beschwerdegerichts steht, kann der Beschuldigte gemäß § 118 I im Haftprüfungsverfahren eine **mündliche Verhandlung erzwingen**; die Einzelheiten der mündlichen Haftprüfung regelt § 118a. Die mündliche Verhandlung kann der Beschuldigte allerdings nicht beliebig oft herbeiführen. Gemäß § 118 III besteht erst nach zwei Monaten seit der letzten mündlichen Verhandlung ein erneuter Anspruch und das auch nur, wenn der Beschuldigte mindestens drei Monate in Untersuchungshaft verbracht hat. Hat er unmittelbar nach seiner Ergreifung eine mündliche Haftprüfung beantragt, so kann erst nach drei Monaten eine weitere mündliche Verhandlung verlangen, dann erst wieder nach zwei Monaten. Die Haftprüfung führt zudem **schneller** zu einer Entscheidung, weil gemäß § 118 V die mündliche Verhandlung unverzüglich, spätestens zwei Wochen nach Antragstellung anzuberaumen ist. **Von Amts wegen** findet gemäß § 117 V nach drei Monaten eine Haftprüfung statt, falls der Beschuldigte nicht zuvor selbst Haftbeschwerde eingelegt oder einen Haftprüfungsantrag gestellt hat und er nicht durch einen Verteidiger vertreten wird. Nach zutreffender Ansicht[97] kann der Ermittlungsrichter zudem jederzeit von Amts wegen auf Grund eigener Ermessensentscheidung eine Haftprüfung vornehmen. Eine zwingende Haftprüfung durch das OLG findet zudem gemäß §§ 121, 122 statt, wenn die Untersuchungshaft länger als sechs Monate dauern soll. – *Fallsammlung Rn. 2-26* – 254

---

[96] *Meyer-Goßner*, § 117 Rn. 7; *Pfeiffer*, § 117 Rn. 3.
[97] *Hilger*, in: LR^{25}, § 117 Rn. 2; *Schröder*, NStZ 1998, 68 ff. A.A. *Meyer-Goßner*, § 117 Rn. 23.

8. Europäischer Haftbefehl

255 Das Europäische Haftbefehlsgesetz (EuHbG) vom 21.07.2004 setzte den **Rahmenbeschluss des Rates über den Europäischen Haftbefehl und die Übergabeverfahren zwischen den Mitgliedstaaten der Union** vom 13.06.2002 in deutsches Recht um, indem das Gesetz über die Internationale Rechtshilfe in Strafsachen (IRG) um Vorschriften ergänzt wurde, die bei Vorliegen eines Europäischen Haftbefehls eines anderen Mitgliedstaates der EU die Aus- und Durchlieferung von Beschuldigten zur Strafverfolgung oder Strafvollstreckung erleichtern.

256 Das Bundesverfassungsgericht hat durch Urteil vom 18.07.2005 (2 BvR 2236/04) das EuHbG für nichtig erklärt. Das Gericht beanstandet nicht etwa die grundsätzliche Zulässigkeit der Auslieferung eines Deutschen an einen Mitgliedstaat, sondern es rügt, dass dieses Gesetz die Spielräume des Rahmenbeschlusses zum Schutz deutscher Staatsangehöriger nicht hinreichend genutzt und zudem keine hinreichenden Rechtsschutzmöglichkeiten vorgesehen hat. Im Folgenden werden deshalb dennoch die Grundzüge des EuHbG dargestellt.

257 Die **Auslieferung zur Strafverfolgung** setzt voraus, dass die abstrakte Strafdrohung nach dem Recht des ersuchenden Staates im Höchstmaß mindestens ein Jahr Freiheitsstrafe beträgt, eine **Auslieferung zur Strafvollstreckung** darf nur erfolgen, wenn eine freiheitsentziehende Sanktion von mindestens vier Monaten verhängt wurde[98]. Grundsätzlich möglich ist auch die **Auslieferung eines deutschen Staatsbürgers**. Das Grundgesetz steht dem nicht entgegen, da nach Art. 16 II 2 das Auslieferungsverbot des Art. 16 II 1 durch Gesetz für Auslieferungen an einen Mitgliedstaat der EU – oder an der Internationalen Strafgerichtshof – durchbrochen werden kann. Ein Deutscher darf im Übrigen nur ausgeliefert werden, wenn der ersuchende Mitgliedstaat zusichert[99], dass die verhängte Freiheitsstrafe oder sonstige (freiheitsentziehende) Sanktion auf Wunsch des Verfolgten in Deutschland vollstreckt werden kann bzw. der Verfolgte bei Auslieferung zur Vollstreckung der Auslieferung zustimmt. Es versteht sich von selbst, dass auch im Europäischen Haftbefehlsverfahren der Verhältnismäßigkeitsgrundsatz und das Beschleunigungsgebot gelten[100].

258 Die Auslieferung ist **ausgeschlossen**, wenn Strafklageverbrauch (*Rn. 836*) durch rechtskräftige Entscheidung über dieselbe Tat in einem anderen Mitgliedstaat eingetreten ist, die Sanktion bereits vollständig oder teilweise verbüßt wurde oder ein Vollstreckungshindernis vorliegt. Nach § 19 StGB Schuldunfähige dürfen ebenfalls nicht ausgeliefert werden; es besteht also ein Auslieferungsverbot für Kinder. Bei einer Verurteilung in Abwesenheit darf ebenfalls nicht ausgeliefert werden.

---

[98] Maßgeblich ist nach Auffassung des OLG Stuttgart (NStZ-RR 2005, 115 f.) die Höhe der Sanktion, nicht die noch zu verbüßende Zeit.

[99] Die Mehrzahl der Oberlandesgerichte lässt es genügen, dass die Bewilligungsbehörde die Bewilligung der Auslieferung mit der Bedingung einer späteren Rücküberstellung auf Wunsch des Betroffenen verknüpft; OLG Celle, StV 2005, 231 f. mit Nachweisen.

[100] OLG Karlsruhe, NStZ-RR 2005, 116 f.

§ 6 Geregelte grundrechtsbeeinträchtigende Maßnahmen im Ermittlungsverfahren

Kontrollfragen
1. Welche Voraussetzungen müssen für die Anordnung der Untersuchungshaft erfüllt sein? (Rn. 218)
2. Welche Haftgründe gibt es? (Rn. 221)
3. Was ist unter Haftverschonung zu verstehen? (Rn. 243)
4. Mit welchen Rechtsbehelfen kann der Betroffene die Fortdauer der Untersuchungshaft angreifen? (Rn. 251)
5. Darf ein Deutscher an einen ausländischen Staat ausgeliefert werden? (Rn. 256)

Literatur
Dahs/Riedel, Ausländereigenschaft als Haftgrund? – Zur Problematik eines Haftbefehls gegen im Ausland lebende ausländische Staatsbürger, StV 2003, 416.
Dalakouras, Kritische Gedanken zur Legitimation der Untersuchugnshaft und zu den Haftgründen, Mangakis-FS, 1999, S. 453.
Geppert, Vorläufige Festnahme, Verhaftung, Vorführung und andere Festnahmearten, Jura 1991, 269.
Gercke, Der Haftgrund der Fluchtgefahr bei EU-Bürgern, StV 2004, 675.
Hassemer, Die Voraussetzungen der Untersuchungshaft, StV 1984, 38.
Humberg, Der Haftgrund der Wiederholungsgefahr gemäß § 112a StPO, Jura 2005, 376.
Schünemann, Europäischer Haftbefehl und EU-Verfassungsentwurf auf schiefer Ebene, ZRP 2003, 185.
Schröder, Freiheitsentzug entgegen richterlicher Erkenntnis? § 115a Abs. 2 StPO und die Kompetenz des nächsten Richters, StV 2005, 241.
Schroeder, „Untersuchungshaft" - Ein Gang durch die Grundprinzipien und die Geschichte des Strafprozesses, JuS 1990, 176.
Seetzen, Zur Verhältnismäßigkeit der Untersuchungshaft, NJW 1973, 2001.
Summa, Der Tatbegriff i.S. des § 121 I StPO, NStZ 2002, 69.

III Vorläufige Festnahme und Identifizierung

Die vorläufige Festnahme gemäß §§ 127-130 weist eine gewisse Nähe zum Haftrecht auf. Sie geht dem Erlass des Haftbefehls zudem häufig voraus. Eine Sonderstellung im System der Ermittlungsmaßnahmen nimmt das Festnahmerecht ein, indem § 127 I 1 ausnahmsweise einer **Privatperson** zur Sicherung des Strafverfahrens Zwangsbefugnisse einräumt. 259

1. Typen der vorläufigen Festnahme

§§ 127, 127b enthalten fünf Typen der vorläufigen Festnahme, und zwar die **anwesenheitssichernde Flagranzfestnahme** (§ 127 I 1, 1. Alt.), die **identifizierungssichernde Flagranzfestnahme** (§ 127 I 1, 2. Alt.), die **identifizie-** 260 rungssichernde amtliche Festnahme durch Staatsanwaltschaft und Polizei (§ 127 I 2 i.V. mit §§ 163b/c), die **haftsichernde amtliche Festnahme** (§ 127 II) sowie die **Flagranzfestnahme durch Staatsanwaltschaft und Polizei zur Sicherung des beschleunigten Verfahrens** (§ 127b I).

2. Voraussetzungen

(a) Betreffen und Verfolgen auf frischer Tat

261 Während die amtlichen Festnahmerechte generell bei Tatverdacht (§§ 127 I 2, 163b/c) bzw. dringendem Tatverdacht (§ 127 II) zulässig sind, setzen die Flagranzfestnahmerechte (§§ 127 I 1, 127b I) voraus, dass der Festgenommene „auf frischer Tat betroffen oder verfolgt" worden ist.

> **Beispiel**: Wachmann W hörte auf seinem nächtlichen Rundgang das Geräusch einer splitternden Scheibe. Er fand das eingeschlagene Oberlicht, sah aber zunächst niemanden. Daraufhin suchte er das Gebäude ab und entdeckte hinter einer Werkbank den T. W hielt T bis zum Eintreffen der von ihm alarmierten Polizei fest.

262 Ein Betreffen auf frischer Tat liegt vor, wenn die Person **bei der Begehung einer rechtswidrigen Tat oder unmittelbar danach am Tatort oder in dessen unmittelbarer Nähe angetroffen wird**. Der erforderliche raum-zeitliche Zusammenhang zwischen der Tat (§§ 123, 303 StGB) und der Festnahme ist hier somit gegeben.

263 Hat sich die Person bereits vom Tatort entfernt, so ist die Festnahme zulässig, wenn die **Verfolgung auf Grund von konkreten Anhaltspunkten unverzüglich begonnen wird**[101].

> **Beispiel**: Wachmann W hörte Hammerschläge. In einem Aufenthaltsraum fand er einen aufgebrochenen Getränkeautomaten, dessen Geldbehälter geleert worden war. Er machte sich sogleich auf die Suche und sah, wie D mit einem Plastikbeutel in der Hand über den Zaun stieg, der das Werksgelände umgibt. Da die Person bereits die angrenzende Straße erreicht hatte, rief W einem zufällig vorbeikommenden Passanten P zu: „Halten Sie den Dieb fest!" P lief hinter D her. Zunächst verlor er ihn aus den Augen, entdeckte ihn aber einige Straßen weiter hinter einem Gebüsch. P ergriff D am Arm und hielt ihn fest.

264 Die unmittelbare Verknüpfung von Tatbegehung und Festnahme liegt vor, sodass P den D auf frischer Tat verfolgt hat. Die **zeitliche Dauer der Verfolgung ist nicht begrenzt** und eine **ununterbrochene Wahrnehmung des Fliehenden durch den Verfolger nicht erforderlich**[102]. § 127 I 1 setzt im Übrigen nicht voraus, dass der Entdecker der Tat den – mutmaßlichen – Täter festnimmt[103]; P war somit zur Festnahme berechtigt.

---

[101] *Beulke*, Rn. 235.
[102] *Meyer-Goßner*, § 127 Rn. 6.
[103] *Boujong*, in: KKStPO, § 127 Rn. 13.

(b) Der Tatbegriff des § 127 I 1

Ein dogmatisches Problem des Festnahmerechts, das allerdings nur die Festnahme durch eine Privatperson betrifft, resultiert daraus, dass § 127 I 1 – anders als andere Vorschriften, die Zwangsmaßnahmen im Ermittlungsverfahren gestatten – nicht ausdrücklich an einen **Tatverdacht** anknüpft, sondern die Verwendung des Begriffs „frische Tat" eine **tatsächlich begangene Straftat** zu fordern scheint. In der Literatur und auch in der Rechtsprechung ist deshalb heftig umstritten, ob das Festnahmerecht von Privatpersonen eine tatsächlich begangene Straftat voraussetzt[104] oder ob ein – dringender – Tatverdacht genügt[105]. Den Hintergrund dieser Auseinandersetzung bilden die materiell-strafrechtlichen Folgen.

265

> **Beispiel**: A erwachte durch das Geräusch splitternden Glases. Er zog sich schnell an und lief auf die Straße. Dort sah er T, der durch die eingeschlagene Seitenscheibe in das Innere des vor dem Hause geparkten Pkw des A schaute. A vermutete in T den Täter und rief: „Stehenbleiben!" Als T – sichtlich erschrocken – weglief, nahm A die Verfolgung auf. Er holte T ein und hielt ihn mit einem schmerzhaften Griff am Arm fest. T versetzte A daraufhin einen Faustschlag gegen die Brust, um sich zu befreien. A gelang es jedoch, den T zu überwältigen. Als zehn Minuten später die Polizei eintraf, behauptete T, ein türkischer Staatsbürger, auf seinem Nachhauseweg zufällig an dem Auto vorbeigekommen zu sein und nur den Schaden besehen zu haben. Als A ihm entgegenlief, sei er in Panik geraten, weil er A für einen „Neo-Nazi" gehalten habe, der ihn zusammenschlagen wolle; erst vor wenigen Wochen sei er des Nachts überfallen und misshandelt worden. Da T keine aus dem Pkw entwendeten Gegenstände bei sich trug und ihm auch sonst nichts nachzuweisen war, ließen die Polizeibeamten ihn nach Aufnahme seiner Personalien gehen. Die Staatsanwaltschaft stellte später das gegen den unbescholtenen T eingeleitete Ermittlungsverfahren mangels hinreichenden Tatverdachts gemäß § 170 II 1 ein.

Die strafverfahrensrechtliche Seite des Geschehens um den Aufbruch des Autos ist mit der Einstellung des Ermittlungsverfahrens gegen T erledigt. Für die Beurteilung der Strafbarkeit des A wegen Körperverletzung, Freiheitsberaubung und Nötigung und der Strafbarkeit des T wegen Körperverletzung ist es dagegen relevant, ob § 127 I 1 das Verhalten des A rechtfertigt. Die erstgenannte Auffassung muss eine Rechtfertigung des A ablehnen, weil nicht festgestellt werden kann, dass T die Tat wirklich begangen hat. Begründet wird diese Sicht damit, dass auch alle anderen für Privatpersonen geltenden Rechtfertigungsgründe das objektive Vorliegen der rechtfertigenden Umstände erfordern und sich nicht mit einer Verdachtslage begnügen. So erlaubt z.B. die Notwehr gemäß § 32 StGB die Verteidigung nur, wenn tatsächlich ein Angriff stattfindet und nicht schon dann, wenn die Umstände den Eindruck eines Angriffs erwecken. Diese Auffassung verkennt jedoch den **strafprozessualen Charakter des Festnahmerechts**. Alle

266

---

[104] KG, VRS 45, 35, 37; OLG Hamm, NJW 1972, 1826; NJW 1977, 590; *Beulke*, Rn. 235; *Meyer-Goßner*, § 127 Rn. 4; *Lenckner*, in: Schönke/Schröder, StGB, Vor § 32 Rn. 82.
[105] BGH, NJW 1981, 745; BayObLG, MDR 1986, 956; OLG Zweibrücken, NJW 1981, 2016; *Boujong*, in: KKStPO, § 127 Rn. 9; *Borchert*, JA 1982, 338, 341 ff; *Roxin*, § 31 Rn. 4.

Zwangsmaßnahmen im Ermittlungsverfahren knüpfen notwendigerweise an einen Tatverdacht an, weil die Gewissheit über das Vorliegen einer Straftat sich immer erst aus der rechtskräftigen Entscheidung ergibt, die erst einige Zeit später ergeht. Es muss aber schon im Zeitpunkt der Vornahme einer Ermittlungsmaßnahme feststehen, ob sie zulässig ist oder nicht. Für die Maßnahmen der Strafverfolgungsbehörden ist dies allgemein anerkannt, und zwar auch für die anwesenheitssichernde Flagranzfestnahme gemäß § 127 I 1, 1. Alt. durch die Staatsanwaltschaft und die Polizei. Für die unterschiedliche Behandlung einer Privatperson und der Strafverfolgungsorgane spricht nicht, dass der Bürger keiner Verfolgungspflicht unterliegt[106], weil für ihn das Legalitätsprinzip nicht gilt, während Staatsanwaltschaft und Polizei zum Eingreifen verpflichtet sind. § 127 I 1 bringt zum Ausdruck, dass sich der Staat ausnahmsweise, nämlich in einer Situation, in der die Strafverfolgungsorgane nicht rechtzeitig eingreifen können, des Bürgers bedient, um die Durchführung des Strafverfahrens zu sichern. Wenn der Bürger quasi als Strafverfolgungsorgan tätig wird, dürfen an sein Handeln keine strengeren Rechtmäßigkeitsanforderungen gestellt werden als an das Verhalten der Strafverfolgungsorgane. Es genügt deshalb, wenn die wahrnehmbaren Umstände mit großer Wahrscheinlichkeit darauf hindeuten, dass der Festgenommene eine rechtswidrige Tat begangen hat. Die Lösung führt auf der anderen Seite dazu, dass der Verdächtige die Festnahme selbst dann dulden muss, wenn er unschuldig ist. Setzt er sich gewaltsam zur Wehr, so kann das die Strafbarkeit z.B. wegen Nötigung oder Körperverletzung begründen. Es ist akzeptabel, dem Unschuldigen diese Duldungspflicht, die ihn im Übrigen bei Ermittlungsmaßnahmen der Strafverfolgungsorgane ebenfalls trifft, aufzuerlegen, weil die Anforderungen an die Verdachtslage streng sind. Für den Ausgangsfall folgt daraus, dass A den T festnehmen durfte, weil die wahrnehmbaren Umstände (Anwesenheit am Tatort in unmittelbarer zeitlicher Nähe zur Tat; Flucht beim Hinzukommen des A) es naheliegend erscheinen ließen, dass T den Pkw aufgebrochen hatte. A hat T somit nicht rechtswidrig angegriffen, sodass der Faustschlag, mit dem sich T zur Wehr setzte, nicht durch Notwehr gerechtfertigt war. T handelte jedoch in einem Erlaubnistatbestandsirrtum, da er nicht erkannte, dass A das Festnahmerecht ausübte, T sich also vorstellte, dass A ihn rechtswidrig angriff. Der Erlaubnistatbestandsirrtum führt nach zutreffender – fast einhelliger – Auffassung zum Ausschluß der Vorsatzstrafbarkeit[107]. Die Strafbarkeit wegen fahrlässiger Körperverletzung bleibt davon zwar grundsätzlich unberührt, doch dürfte sie in unserem Fall an der fehlenden subjektiven Sorgfaltswidrigkeit scheitern, weil T wegen der von ihm gemachten negativen Erfahrung nicht zu einer nüchternen Erfassung der Situation in der Lage war. A und T sind somit straflos. – Zur gutachtenmäßigen Lösung eines solchen Falles siehe *Fallsammlung Rn. 228-314.* –

---

[106] Ursprünglich bestand sogar eine Pflicht des Bürgers, den flüchtigen Straftäter zu ergreifen, *Kramer*, MDR 1993, 111.
[107] Siehe nur *Krey*, AT-1, Rn. 697 ff., 710; *Wessels/Beulke*, AT, Rn. 470 ff.

§ 6 Geregelte grundrechtsbeeinträchtigende Maßnahmen im Ermittlungsverfahren

(c) Festnahmegründe

§ 127 I 1, 1. Alt. erlaubt **Privaten, der Staatsanwaltschaft und der Polizei** die Festnahme – des bekannten Tatverdächtigen – wegen **Fluchtverdachts**, wenn nach den Umständen des Falles vernünftigerweise die Annahme gerechtfertigt ist, er werde sich dem Strafverfahren durch Flucht entziehen[108]. 267

Die Festnahme zur **Identifizierungssicherung** – für Private in § 127 I 1, 2. Alt. und für Staatsanwaltschaft und Polizei in §§ 127 I 2, 163b/c geregelt[109] – ist zulässig, wenn der Betroffene Angaben zur Person verweigert oder sich nicht ausweisen und die Identität nicht ohne Nachforschungen festgestellt werden kann[110]. 268

Die Festnahme nach § 127 II durch Staatsanwaltschaft und Polizei bei Gefahr im Verzug ist zulässig, wenn die **Voraussetzungen für die Anordnung der Untersuchungshaft** gemäß §§ 112, 112a oder der **einstweiligen Unterbringung** gemäß § 126a vorliegen. 269

§ 127b I gestattet die Festnahme eines auf frischer Tat Betroffenen oder Verfolgten durch Staatsanwaltschaft und Polizei, wenn eine **unverzügliche Entscheidung im beschleunigten Verfahren wahrscheinlich** und auf Grund bestimmter Tatsachen **zu befürchten ist, dass der Festgenommene der Hauptverhandlung fernbleiben wird**. Die gebotene restriktive Auslegung der Hauptverhandlungshaft (*Rn. 230*) gilt grundsätzlich auch für dieses Festnahmerecht, doch sind an die Entscheidung über die Festnahme weniger strenge Anforderungen zu stellen als an den Erlass des Haftbefehls, da der Festnehmende eine Eilentscheidung in einer Situation zu treffen hat, in der ihm nur ein begrenztes Beurteilungsvermögen zur Verfügung steht[111]. 270

3. Durchführung der Festnahme

Einigkeit besteht darüber, dass die Anwendung **angemessener körperlicher Gewalt** auch bei der Festnahme durch Private zulässig ist, also festes Zufassen, falls erforderlich auch die Fesselung. Umstritten ist, ob und in welchem Umfang **Gesundheitsschädigungen**, insbesondere der **Einsatz von Waffen**, durch das Festnahmerecht gerechtfertigt sind. Eine Auffassung in der Literatur[112] hält Gesundheitsschädigungen generell für unzulässig und lehnt vor allem den Schusswaffengebrauch – mit Ausnahme von Warnschüssen – strikt ab. Diese Sicht hat zur Konsequenz, dass der Festnahmebereite den Tatverdächtigen flüchten lassen muss, wenn dieser mit „einfacher" körperlicher Gewalt nicht aufgehalten werden kann. Die Gegenmeinung folgt dieser schematischen Betrachtung nicht, sondern stellt auf die Verhältnismäßigkeit des Festnahmemittels ab, sodass bei schweren Delikten (Mord, Totschlag, Raub usw.) auch gesundheitsschädigende Maßnahmen bis hin zum gezielten Schusswaffeneinsatz gerechtfertigt sein können, wenn der mut- 271

---

[108] BGH, bei *Kusch*, NStZ 1992, 27.
[109] Siehe dazu *Kramer*, MDR 1993, 111 ff.
[110] *Meyer-Goßner*, § 127 Rn. 11.
[111] Näher dazu *Hellmann*, NJW 1997, 2145, 2149.
[112] *Beulke*, Rn. 237; *Borchert*, JA 1982, 338, 344; *Meyer-Goßner*, § 127 Rn. 15; *Roxin*, § 31 Rn. 19.

maßliche Täter anders nicht aufgehalten werden kann[113]. Die letztgenannte Auffassung trifft zu. Wenn § 127 I 1 es Privatpersonen gestattet, zur Sicherung der Strafverfolgung einen Tatverdächtigen mit Gewalt festzunehmen, dann muss dieses Recht gerade auch bei schweren Delikten, an deren Verfolgung ein besonderes Interesse besteht, gelten. In der Regel werden das aber Fälle sein, in denen der Täter die größten Anstrengungen unternehmen wird, sich der Strafverfolgung zu entziehen. Dadurch werden häufig massive Maßnahmen erforderlich, um ihn aufzuhalten. Gegen eine Anwendung des § 127 I 1 auf gesundheitsschädigende Festnahmemittel spricht auch nicht der Wortlaut[114], denn der Begriff Fest*nehmen* geht über das bloße Fest*halten* hinaus. Grundsätzlich sind somit auch Gesundheitsschädigungen zulässig, jedoch nur unter **strikter Beachtung des Verhältnismäßigkeitsgrundsatzes**. Das Festnahmemittel muss erforderlich sein, d.h., es darf keine mildere, gleichermaßen wirksame Maßnahme zur Verfügung stehen. Das Ausmaß der zulässigen Gewaltanwendung hängt insbesondere vom Grad des Tatverdachts und der Bedeutung der Sache ab. Bei dem Verdacht eines Bagatelldelikts scheidet eine Gesundheitsschädigung immer aus. Im Bereich der mittleren Kriminalität können leichte Gesundheitsschädigungen erlaubt sein. Der Einsatz von Waffen, insbesondere von Schusswaffen, kommt nur bei schwersten Straftaten in Betracht, und dann auch nur, wenn der Festnehmende im Umgang so geübt ist, dass er die Folgen seines Verhaltens kontrollieren kann.

272 Im Übrigen berechtigt § 127 I 1 eine Privatperson ausschließlich zur Festnahme. Weiter gehende Befugnisse, z.B. zum Eindringen in eine fremde Wohnung, zur Durchsuchung des Festgenommenen usw. verleiht die Vorschrift nicht.

273 Die StPO regelt die **Durchführung der Festnahme durch die Staatsanwaltschaft und die Polizei** nicht. Nach der hier vertretenen Auffassung sind zwar weder die Landespolizeigesetze noch das UZwG analog anwendbar, die Strafverfolgungsbehörden können sich aber an den dort getroffenen Regelungen über die Anwendung unmittelbaren Zwangs orientieren (*Rn. 158 f.*).

274 Die Festnahme darf nur solange dauern, wie es **zur Erreichung des Festnahmezwecks notwendig** ist. Der zur Identifizierung Festgenommene ist also freizulassen, wenn seine Identität feststeht. § 163c I 1 bestimmt das ausdrücklich für die Staatsanwaltschaft und die Polizei. Eine Privatperson wird den Festgenommenen in aller Regel zur nächsten Polizeidienststelle bringen oder die Polizei rufen, damit die zur Identifizierung notwendigen Maßnahmen ergriffen werden können. Wird der Festgenommene nicht wieder freigelassen, so muss er gemäß § 128 I **unverzüglich, spätestens am nächsten Tag dem Richter vorgeführt** werden. Nähere Regelungen enthält § 163c für die amtliche Festnahme zur Identifizierung. Gemäß § 163c I 2 ist der Festgenommene unverzüglich dem Richter vorzuführen, es sei denn, die Vorführung würde die Dauer der Festhaltung verlängern. § 163c III beschränkt die Dauer der Festhaltung zur Identifizierung generell auf **zwölf Stunden**. Die Vorschrift ist somit erheblich strenger als § 128 I.

---

[113] BGH, bei *Holtz*, MDR 1979, 985; BGH, bei *Pfeiffer*, NStZ 1981, 94; BGH, NJW 1999, 2533 f., mit Anm. *Ingelfinger*, JR 2000, 297; *Boujong*, in: KKStPO, § 127 Rn. 28; *Hilger*, in: LR[25], § 127 Rn. 29. Offengelassen in BGH, NStZ-RR 1998, 50.
[114] So aber *Schmidt/Schöne*, NStZ 1994, 218, 220 f.

4. Identifizierungsverfahren

Die Staatsanwaltschaft und die Polizei dürfen gemäß § 163b I 1 die erforderlichen Maßnahmen zur Identifizierung treffen. Zulässig ist es danach z.B., den Verdächtigen anzuhalten, ihn nach seinen Personalpapieren zu befragen und deren Aushändigung zu verlangen oder ihn Zeugen gegenüberzustellen[115]. Der Verdächtige darf festgehalten werden, wenn seine Identität sonst nicht oder nur unter erheblichen Schwierigkeiten festgestellt werden kann (§ 163b I 2). § 163b I 3 erlaubt zudem die **Durchsuchung des Verdächtigen und seiner Sachen** sowie die **Durchführung erkennungsdienstlicher Maßnahmen**.

275

Gemäß § 163b II 1 ist sogar die **Festhaltung eines Unverdächtigen** zulässig, wenn die Feststellung seiner Identität zur Aufklärung einer Straftat geboten erscheint und er sich nicht freiwillig ausweist. § 163b II 2, 1. Halbsatz hebt die Verhältnismäßigkeit besonders hervor, sodass der Staatsanwalt bzw. der Polizeibeamte das Aufklärungsinteresse gegen den Eingriff in das Freiheitsrecht des Unverdächtigen abzuwägen hat und die Freiheitsbeschränkung jedenfalls bei Bagatelldelikten ausscheidet[116]. Gegen seinen Willen darf der Unverdächtige zudem weder durchsucht noch erkennungsdienstlich behandelt werden (§ 163b II 2, 2. Halbsatz). Nach der Feststellung seiner Identität sind gemäß § 163c IV die dabei angefallenen Unterlagen zu vernichten.

276

§ 163c II 1 schreibt die **unverzügliche Benachrichtigung** eines Angehörigen des Festgenommenen oder einer anderen Vertrauensperson vor. Außerdem ist ihm die Unterrichtung eines Angehörigen oder einer sonstigen Vertrauensperson zu ermöglichen; dem Verdächtigen kann dies allerdings versagt werden, wenn der Untersuchungszweck durch die Benachrichtigung gefährdet wäre.

277

Kontrollfragen
1. Welche Typen der vorläufigen Festnahme gibt es? (Rn. 260)
2. Was ist unter dem Begriff der „Tat" in § 127 I 1 zu verstehen? (Rn. 265 f.)
3. Wie lange darf eine Person zur Feststellung ihrer Identität festgehalten werden? (Rn. 274)

Literatur

Achenbach, Vorläufige Festnahme, Identifizierung und Kontrollstelle im Strafprozeß, JA 1981, 660.
Borchert, Die vorläufige Festnahme nach § 127 StPO, JA 1982, 338.
Kramer, „Jedermann" nach § 127 Abs. 1 StPO: Staatsanwälte und Polizeibeamte? MDR 1993, 111.
Schmidt/Schöne, Zwangsmitteleinsatz im Rahmen des § 127 II StPO, NStZ 1994, 218.

---

[115] *Achenbach*, JA 1981, 660, 663.
[116] BT-Drucks. 8/1482, S. 10; *R. Müller*, in: KKStPO, § 163b Rn. 28; *Rieß*, in: LR^{25}, § 163b Rn. 26; weitergehend *Achenbach*, in: AKStPO, § 163b Rn. 14.

IV Unterbringung zur Beobachtung und einstweilige Unterbringung

278 Nach Maßgabe der §§ 81, 126a dürfen Beschuldigte, an deren Schuldfähigkeit Zweifel bestehen, einer freiheitsentziehenden Maßnahme im Ermittlungsverfahren unterworfen werden.

1. Unterbringung zur Beobachtung

279 Gemäß § 81 I kann der Beschuldigte auf richterliche Anordnung zur Vorbereitung eines Gutachtens über seinen psychischen Zustand für maximal sechs Wochen (§ 81 V) in ein psychiatrisches Krankenhaus gebracht und dort beobachtet werden. Wie die Anordnung der Untersuchungshaft erfordert die Unterbringung einen **dringenden Tatverdacht** (§ 81 II 1). Zweifel an der Schuldfähigkeit des Beschuldigten schließen den dringenden Tatverdacht allerdings nicht aus, da die Unterbringung häufig gerade der Feststellung der Schuldunfähigkeit dient[117]; die Unterbringung erfordert somit das Vorliegen gerichtsverwertbarer Tatsachen, durch die der Beschuldigte mit großer Wahrscheinlichkeit einer **rechtswidrigen Tat** überführt werden kann (vgl. *Rn. 219*). Gemäß § 81 II 2 ist auch hier die **Verhältnismäßigkeit** dieser Maßnahme zu beachten. Vor der Einweisung müssen ein Sachverständiger und der Verteidiger des Beschuldigten gehört werden (§ 81 I). Über die Unterbringung entscheidet nicht der Ermittlungsrichter, sondern gemäß § 81 III das für die **Eröffnung des Hauptverfahrens zuständige Gericht**. Gegen den Unterbringungsbeschluss ist die sofortige Beschwerde zulässig, die kraft ausdrücklicher Anordnung aufschiebende Wirkung besitzt (§ 81 IV).

2. Einstweilige Unterbringung

280 Anders als die Unterbringung zur Beobachtung dient die einstweilige Unterbringung nach § 126a nicht der Sicherung des Erkenntnisverfahrens, sondern es handelt sich um eine **vorläufige Maßregelverhängung zur Sicherung der Allgemeinheit**.

281 § 126a I gestattet die einstweilige Unterbringung des Beschuldigten in einem **psychiatrischen Krankenhaus** oder in einer **Entziehungsanstalt**, wenn er dringend verdächtig ist, im Zustand der Schuldunfähigkeit oder der verminderten Schuldfähigkeit (§§ 20, 21 StGB) eine rechtswidrige Tat (§ 11 I Nr. 5 StGB) begangen zu haben, derentwegen mit hoher Wahrscheinlichkeit die Verhängung einer freiheitsentziehenden Maßregel nach §§ 63, 64 StGB gegen ihn zu erwarten ist, und die begründete Erwartung besteht, er werde auf Grund seines Zustandes oder seines Hanges vor der Anordnung der endgültigen Unterbringung **weitere erhebliche Straftaten** begehen, die nur durch die einstweilige Unterbringung verhindert werden können[118].

---

[117] *Wassermann*, in: AKStPO, § 81 Rn. 3.
[118] *Krause*, in: AKStPO, § 126a Rn. 2.

V Vorführung

Die zwangsweise Vorführung des Zeugen und des Beschuldigten vor den **Richter** zum Zweck der Vernehmung im Ermittlungsverfahren regeln §§ 51 I 3, 134, 135. Auch die **Staatsanwaltschaft** ist gemäß §§ 161a II 1, 163a III 2 zur Anordnung der Vorführung berechtigt, weil es sich um eine bloße Freiheitsbeschränkung handelt, für die der Richtervorbehalt des Art. 104 II 1 GG nicht gilt (*Rn. 130*). Die Vorführung ist darüber hinaus auch ohne ausdrückliche Regelung **als milderes Mittel** zulässig, wenn die Voraussetzungen für die Anordnung einer freiheitsentziehenden Maßnahme vorliegen, deren Zweck schon durch die Vorführung erreicht werden kann[119].

282

VI Körperliche Untersuchung und körperliche Durchsuchung

Zulässig sind die körperliche Untersuchung des Beschuldigten (§ 81a) und seine Durchsuchung (§ 102) sowie – in engen Grenzen – auch die Untersuchung (§ 81c) und Durchsuchung Dritter (§ 103).

283

1. Abgrenzung von Untersuchung und Durchsuchung

Die h.M.[120] unterscheidet Untersuchung und Durchsuchung nach dem **Zweck** der Maßnahme: Bei der Untersuchung werde der Körper des Betroffenen zum Beweismittel gemacht, d.h. die Beschaffenheit seines Körpers oder einzelner Körperteile festgestellt, bei der Durchsuchung werde am Körper oder in den natürlichen Körperöffnungen nach Beweismitteln geforscht. Zutreffenderweise ist die Unterscheidung jedoch nach dem **Mittel** vorzunehmen[121]. Um eine Durchsuchung handelt es sich, wenn in oder unter der Kleidung nach Gegenständen gesucht wird, um eine Untersuchung, wenn der unbekleidete Körper oder die Körperöffnungen in Augenschein genommen werden oder dort nach Beweismitteln gesucht wird. Unabhängig von der Kategorisierung unterfallen Maßnahmen, die mit Verletzungen oder einem Verletzungsrisiko verbunden sind, als **körperliche Eingriffe** generell § 81a I 2.

284

> **Beispiel:** Zollfahndungsbeamte brachten drei Beschuldigte, die sie auf Grund konkreter Hinweise an der Grenze festgenommen hatten, in das nächstgelegene Krankenhaus und forderten den diensthabenden Arzt A auf, Rektaluntersuchungen vorzunehmen, um versteckte Rauschgift aufzufinden. A weigerte sich mit der Begründung, „er sei berufen, kranke Menschen gesund zu machen und nicht bei gesunden Menschen in irgendwelchen Körperöffnungen etwas zu suchen". Daraufhin bestellte der von den Zollbeamten informierte Staatsanwalt S den A telefonisch zum Sachverständigen und drohte ihm für den Fall der Nichtvornahme der Untersuchung ein Ordnungsgeld in Höhe von 500,- Euro an. A weigerte sich gleichwohl. Erst nach sieben Stunden fanden die Zollbeamten

---

[119] Vgl. OLG Celle, NStZ 1991, 598 f.: Vorführung zur ambulanten Befragung durch einen psychiatrischen Sachverständigen (§ 80 I) statt Unterbringung zur Beobachtung gemäß § 81.
[120] *Beulke*, Rn. 241; *Ranft*, Rn. 719; *Roxin*, § 33 Rn. 6.
[121] *Rüping*, Rn. 261; *Wassermann*, in: AKStPO, § 81a Rn. 2.

einen anderen Arzt, der die Rektaluntersuchung vornahm und im Enddarm eines Beschuldigten 20 Gramm Heroin – verpackt in einem Präservativ – entdeckte.

285 Die Maßnahme ist als Untersuchung im Sinne des § 81a einzustufen, weil es sich wegen der – wenn auch geringfügigen Körperverletzung – um einen körperlichen Eingriff gemäß § 81a I 2 handelt[122]. Allein diese Sicht wird dem Interesse des Betroffenen gerecht. Nicht ungefährliche Eingriffe in seine körperliche Integrität müssen dem Arzt, der sie nach den Regeln der ärztlichen Kunst vornimmt, vorbehalten bleiben. Damit ist im Übrigen ein Weg eröffnet, einen Arzt auch gegen seinen Willen zur Vornahme des Eingriffs zu verpflichten. Eine Pflicht des Arztes, auf Verlangen der Strafverfolgungsorgane körperliche Untersuchungen durchzuführen, ergibt sich zwar weder aus dem Standesrecht noch aus § 81a, gemäß § 73 kann aber der Richter und im Ermittlungsverfahren auch der Staatsanwalt (*Rn. 128*) einen Arzt, der über die entsprechende Sachkunde verfügt, zum Sachverständigen ernennen. Liegen die Voraussetzungen des § 75 vor, so besteht die Pflicht zur Vornahme der gewünschten Maßnahme (*Rn. 751*).

2. Die Voraussetzungen der körperlichen Untersuchung im Einzelnen

(a) Untersuchung des Beschuldigten

286 § 81a I unterscheidet **einfache körperliche Untersuchungen** (Satz 1) und **körperliche Eingriffe**, zu denen auch die **Entnahme von Blutproben** gehört (Satz 2). Körperliche Eingriffe muss ein Arzt vornehmen, gegen den Willen des Beschuldigten sind sie nur zulässig, wenn gesundheitliche Nachteile nicht zu befürchten sind (§ 81a I 2), d.h., wenn sie sich mit an Sicherheit grenzender Wahrscheinlichkeit ausschließen lassen[123]. Darüber hinaus bedarf der Verhältnismäßigkeitsgrundsatz bei allen körperlichen Eingriffen der besonderen Beachtung, sodass die Maßnahme nur angeordnet werden darf, wenn sie unerlässlich ist und in einem angemessenen Verhältnis zum Grad des Tatverdachts und der Schwere der Tat steht[124]. Zur Aufklärung eines Tötungsdelikts kann allerdings sogar die Entnahme einer Blutprobe, insbesondere zur Durchführung einer DNA-Analyse, angeordnet werden, wenn sich die Ermittlungen auf einen zahlenmäßig großen Kreis von potentiell Tatverdächtigen erstrecken (*Rn. 294 f.*).

287 Die körperliche Untersuchung des Beschuldigten ist zulässig zur Feststellung von Tatsachen, die für das Verfahren von Bedeutung sind. Die Untersuchung kann unter Anwendung von Zwang durchgeführt werden, den der Beschuldigte dulden muss. Die vorübergehende Festnahme zur Durchführung der Maßnahme ist auch

---

[122] LG Trier, NJW 1987, 722 f. Bei der Besichtigung der Mundhöhle zum Auffinden dort vermuteter Beweismittel (z.B. Betäubungsmittel) handelt es sich nach der hier vertretenen Auffassung (*Rn. 284*) ebenfalls um eine Untersuchung. A.A. OLG Celle (NJW 1997, 2463 f.), das eine Durchsuchung annimmt.
[123] *Meyer-Goßner*, § 81a Rn. 17.
[124] BVerfGE 17, 108, 117.

dann zulässig, wenn die Voraussetzungen des § 127 II nicht vorliegen[125]. Zu einer aktiven Mitwirkung ist der Beschuldigte dagegen nicht verpflichtet[126].

Beispiel: B wurde von dem Polizeibeamten P angehalten, weil B mit seinem Pkw in Schlangenlinien fuhr. P, der eine „Alkoholfahne" des B wahrnahm, forderte ihn auf, in ein Atemalkoholtestgerät zu blasen. Da B sich weigerte, verbrachte P den sich sträubenden B in den Streifenwagen und fuhr mit ihm zu dem Polizeiarzt A. Dort widersetzte sich B der Entnahme einer Blutprobe, indem er auf P einschlug. Erst nachdem zwei weitere Beamte ihrem Kollegen zur Hilfe geeilt waren, gelang es, den Arm des B so festzuhalten, dass A die Blutprobe entnehmen konnte.

B war zwar nicht verpflichtet, in das Testgerät zu blasen, die erforderlichen Maßnahmen zur Blutentnahme musste er aber dulden; er durfte sich ihnen somit nicht widersetzen. Da es sich bei der Anordnung und Durchführung der Blutprobenentnahme um eine Vollstreckungshandlung im Sinne des § 113 I StGB handelt und B bei der Vornahme mit Gewalt Widerstand leistete, machte er sich sogar wegen Widerstandes gegen Vollstreckungsbeamte strafbar. **288**

Heftig umstritten ist, ob § 81a I 2 auch den **Einsatz eines Brechmittels** durch einen Arzt zum Auffinden verschluckter Beweismittel (z.B. „Kokainbömbchen") gestattet. Zum Teil wird die Unzulässigkeit behauptet mit der Begründung, die Maßnahme verletze die durch Art. 1 I GG geschützte Menschenwürde und den aus Art. 2 I i.V. Art. 1 I GG folgenden Grundsatz der Selbstbelastungsfreiheit[127]. Das BVerfG hat in einem Nichtannahmebeschluss jedoch den Brechmitteleinsatz grundsätzlich als verfassungsrechtlich unbedenklich erachtet[128]. Nicht zu verkennen ist, dass der Brechmitteleinsatz – wie jede Verabreichung chemischer Substanzen – mit einem gewissen gesundheitlichen Risiko, z.B. durch Auslösen einer allergischen Reaktion, verbunden ist[129]. Nach zutreffender Auffassung[130] ist der Einsatz eines Brechmittels dennoch in engen Grenzen erlaubt, nämlich wenn ein Nachteil für die Gesundheit des Betroffenen – soweit möglich – auszuschließen und der Verhältnismäßigkeitsgrundsatz gewahrt ist; zum Nachweis eines Bagatelldelikts oder geringen Verdachtsmomenten scheidet diese Maßnahme somit generell aus. **289**

---

[125] *Pfeiffer*, § 81a Rn. 6.
[126] *Beulke*, Rn. 241; *Kühne*, Rn. 477; *Roxin*, § 33 Rn. 6. A.A. *Lesch*, Kap. 4 Rn. 66 ff.
[127] OLG Frankfurt, NJW 1997, 1647, 1648 f.; *Binder/Seemann*, NStZ 2002, 234 ff.; *Dallmeyer*, StV 1997, 606, 607 ff.; KritV 2000, 252, 254 ff.; *Hackethal*, JR 2001, 164, 165; *Paulus*, in: KMR, § 81a Rn. 11; *Rüping*, Rn. 266; *Zaczyk*, StV 2002, 125.
[128] BVerfG, NStZ 2000, 96; siehe dazu *Rixen*, NStZ 2000, 381 f., der zutreffend darauf hinweist, dass diese Feststellung der 2. Kammer des 2. Senats keine Bindungswirkung gemäß § 31 I BVerfGG entfaltet.
[129] Zu einem tragischen Todesfall bei Einsatz eines Brechmittels siehe *Binder/Seemann*, NStZ 2002, 234.
[130] OLG Bremen, NStZ-RR 2000, 270; KG, JR 2001, 162; StV 2002, 122; *Beulke*, Rn. 241; *Grüner*, JuS 1999, 122, 125; *Fahl*, JuS 2001, 47, 52; *Rogall*, NStZ 1998, 66, 67 f.; zum Einsatz eines Abführmittels siehe OLG Karlsruhe, StV 2005, 376 f. mit Anm. *Dallmeyer*.

(b) Untersuchung Dritter

290 Die Voraussetzungen für die körperliche Untersuchung eines unverdächtigen Dritten sind strenger. § 81c gestattet die körperliche Untersuchung ohne seine Einwilligung, wenn er als **Zeuge** in Betracht kommt und soweit an seinem Körper eine **Spur oder Folge der Straftat** festgestellt werden muss. Gemäß § 81c II ist gegen seinen Willen nur ein körperlicher Eingriff zulässig, nämlich die **Blutentnahme**. § 81c IV hebt den – ohnehin zu beachtenden – **Verhältnismäßigkeitsgrundsatz** für körperliche Untersuchungen Dritter besonders hervor.

291 Personen, denen ein Zeugnisverweigerungsrecht nach § 52 zusteht, können gemäß § 81c III die **Untersuchung verweigern**[131]. Über dieses Recht sind sie bzw. ihre gesetzlichen Vertreter gemäß § 81c III 2, 2. Teilsatz i.V. mit § 52 III zu belehren. Ein Verstoß gegen diese Belehrungspflicht führt zur Unverwertbarkeit der erhobenen Befunde, es sei denn, der Betroffene kannte sein Verweigerungsrecht[132].

(c) Zweckbindung und Vernichtung

292 Die Verwendung der dem Beschuldigten oder einem Dritten entnommenen Blutproben und sonstigen Körperzellen ist gemäß §§ 81a III 1. Teilsatz, 81c V 2 nicht auf das Strafverfahren beschränkt, in dem sie gewonnen wurden, sondern sie ist auch für Zwecke eines anderen – anhängigen – Strafverfahrens zulässig. Weiterführende Arbeiten mit dem Material, z.B. zu wissenschaftlichen Forschungszwecken, sind dagegen ausgeschlossen[133]. Das Material muss – auf Anordnung der Staatsanwaltschaft[134] - unverzüglich vernichtet werden, sobald es für das Strafverfahren nicht mehr benötigt wird (§§ 81a III 2. Teilsatz, 81c V 2).

(d) Anordnungsbefugnis

293 Die körperliche Untersuchung ordnet der **Ermittlungsrichter**, bei Gefahr im Verzug auch die **Staatsanwaltschaft** oder eine ihrer **Ermittlungspersonen** an (§§ 81a II, 81c V 1).

3. Die DNA-Analyse insbesondere

294 §§ 81e bis 81g regeln die Verwendung des Zellmaterials zur Erstellung eines sogenannten „**genetischen Fingerabdrucks**" zur **Aufklärung der Straftat, anlässlich der das Material gewonnen wurde**, und zur **Identitätsfeststellung in künftigen Strafverfahren**. Bei der DNA-Analyse handelt es sich um ein Verfahren, das die formale Struktur bestimmter Sequenzen des DNA-Moleküls in einer Art Strichcode sichtbar macht. Diese Struktur ist zwar in allen Körperzellen desselben

---

[131] Für Personen, die gemäß §§ 53, 53a das Zeugnis oder gemäß § 55 die Auskunft verweigern dürfen, gilt das Untersuchungsverweigerungsrecht nicht; *Meyer-Goßner*, § 81c Rn. 23. A.A. *Suffa*, Das Untersuchungsverweigerungsrecht aus § 81c Abs. 3 StPO als Beweiserhebungsverbot, 2003, S. 55, 103.
[132] BGH, NJW 1995, 1501, 1502.
[133] BT-Drucks. 13/667, S. 6.
[134] *Senge*, NJW 1997, 2409, 2410.

§ 6 Geregelte grundrechtsbeeinträchtigende Maßnahmen im Ermittlungsverfahren   107

Menschen identisch, sie unterscheidet sich aber von der anderer Personen[135], sodass dieses Verfahren die Zuordnung von Zellen (Blut, Sperma, Speichel, Haare oder Hautfetzen), die von einem Tatverdächtigen stammen, zu einer bestimmten Person ermöglicht. Dadurch kann festgestellt werden, ob eine Person mit hoher Wahrscheinlichkeit als Täter in Betracht kommt oder ob dies auszuschließen ist.

(a) Aufklärung der Anlasstat

Die DNA-Analyse genügt zwar nicht als alleiniger Nachweis der Täterschaft, sie kann aber ein gewichtiges Indiz darstellen[136].   295

> **Beispiel**: Am Körper und in der Wohnung des Opfers eines Tötungsdelikts wurden Spermaspuren sichergestellt, die offensichtlich von dem – unbekannten – Täter stammten. Die Polizei erhielt mehrere Hinweise aus der Bevölkerung, dass in der Nähe der Wohnung des Opfers wiederholt und auch in der Tatnacht ein Porsche mit Münchener Kennzeichen abgestellt worden war. Die Polizei erstreckte deshalb ihre Ermittlungen auf alle männlichen Personen, die zur Tatzeit einen Porsche mit einem Münchener Kennzeichen besaßen. Nachdem einige Personen wegen ihres Alters oder auf Grund eines Alibis aus dem Kreis der Tatverdächtigen ausgeschieden worden waren, wurden die übrigbleibenden 750 Porsche-Halter ersucht, sich auf freiwilliger Grundlage der Entnahme einer Blutprobe für eine DNA-Vergleichsuntersuchung zu unterziehen. A, der zum Kreis der Halter eines Porsche gehörte, weigerte sich. Daraufhin ordnete der Ermittlungsrichter des Amtsgerichts auf Antrag der Staatsanwaltschaft die Blutentnahme an.

Die Rechtsprechung[137] hatte die Anordnung einer Blutentnahme zur Gewinnung von Zellmaterial und die Durchführung einer DNA-Analyse schon vor der Einfügung der §§ 81e/f unter Berufung auf § 81a gebilligt, wenn die DNA-Analyse ohne Offenlegung von Erbinformationen erfolgt. §§ 81e/f stellen diese Praxis auf eine gesicherte gesetzliche Grundlage und präzisieren zugleich die Voraussetzungen. Gemäß § 81e I 1,2, II 1 dürfen **molekulargenetische Untersuchungen**, d.h. außer der DNA-Analyse auch andere Gen-Analysen[138], an den nach §§ 81a I, 81c erlangten Körperzellen sowie an aufgefundenem Spurenmaterial durchgeführt werden, um die **Abstammung** zu klären oder festzustellen, ob das entnommene oder aufgefundene **Zellmaterial vom Beschuldigten oder vom Verletzten der Straftat stammt**; dabei darf auch das **Geschlecht** bestimmt werden. Darüber hinausgehende Feststellungen oder Untersuchungen verbietet § 81e I 3 ausdrücklich, sodass die Analyse nicht auf psychische, charakter- oder krankheitsbezogene Merkmale oder Erbanlagen ausgedehnt werden darf[139]. Zur Sicherung der vorgesehenen Verwendungsbeschränkung dürfen mit der Durchführung der Analyse gemäß § 81f II 1 nur Sachverständige beauftragt werden, die der er-   296

---

[135] Die Wahrscheinlichkeit einer Übereinstimmung bei mehreren Menschen beträgt 1 zu 30 Milliarden, vgl. *Kühne*, Rn. 485, Fn. 39.
[136] BGHSt 37, 157, 159.
[137] BVerfG, NJW 1996, 771, 772 f.; NStZ 1996, 606 f.; BGHSt 37, 157, 158 f. Ablehnend z.B. *Keller*, NJW 1989, 2289, 2295 f.; *Koriath*, JA 1993, 270 ff.
[138] BT-Drucks. 13/667, S. 6.
[139] *Senger*, NJW 1997, 2409, 2411.

mittlungsführenden Behörde nicht angehören bzw. von ihr jedenfalls organisatorisch oder sachlich getrennt sind. Weitere organisatorische und technische Maßnahmen zur Verhinderung von Missbräuchen enthält § 81f II 2-5.

297 Zweifelhaft ist, ob die in der Praxis nicht selten durchgeführten **DNA-Massentests**, bei denen eine Vielzahl von Personen, die bestimmte Merkmale aufweisen, z.B. Halter eines Fahrzeugtyps, Einwohner eines Dorfes oder gar eines größeren Gebietes zu sein, untersucht wird, zulässig sind. Eine ausdrückliche Regelung solcher Massentests enthält das Gesetz nicht. Zum Teil wird behauptet, dass sowohl die Entnahme des Zellmaterials, die heute in der Regel durch die Gewinnung einer Speichelprobe erfolgt, als auch dessen Untersuchung erlaubt sei, wenn der Betroffene damit einverstanden ist[140]. Diese Auffassung überzeugt jedoch schon deshalb nicht, weil § 81f I die schriftliche Anordnung des Richters fordert[141]. Von einer freiwilligen Teilnahme an einem solchen Test kann schon deshalb nicht die Rede sein, weil ein erheblicher sozialer Druck entsteht, sich der Prozedur zu unterziehen, und der Betroffene im Falle der Weigerung befürchten muss, sich gerade durch seine Weigerung verdächtig zu machen und dadurch zum Beschuldigten zu werden, gegen den dann ein – mit Zwangsmitteln durchsetzbarer – DNA-Test nach § 81e I 1 angeordnet wird[142]. Der eigentliche Zweck solcher Massentests besteht im Übrigen weniger darin, eine der untersuchten Personen als Täter zu überführen, obwohl es bisweilen sogar vorkommt, dass auch der Täter „freiwillig" teilnimmt, sondern darin, die Unverdächtigen, die sich zur Teilnahme bereit erklären, als Täter auszuschließen und so den Kreis der Verdächtigen auf diejenigen zu begrenzen, die sich verweigern. Andere betrachten § 81e I 2, der die Untersuchung des Zellmaterials Unverdächtiger zulässt, als tragfähige Rechtsgrundlage[143]. Dem wird jedoch entgegen gehalten, das von einem Unverdächtigen nach § 81c erlangte Material dürfe molekulargenetisch nur zu den Zwecken des § 81e I 1 untersucht werden, also zur Feststellung der Abstammung oder der Tatsache, ob aufgefundenes Spurenmaterial vom Beschuldigten oder dem Verletzten stammt. Der Massentest diene dagegen dazu festzustellen, ob das Spurenmaterial vom Betroffenen stammt[144]. Der Gesetzestext ist unklar, weil der Begriff „entsprechende Feststellungen" in § 81e I 2 beide Deutungen zulässt; näher liegt allerdings die Auslegung der Gegenmeinung, zumal den Gesetzesmaterialien nicht zu entnehmen ist, dass § 81e I 2 ein „Massenscreening" ermöglichen soll. Wünschenswert ist deshalb eine ausdrückliche gesetzliche Regelung[145].

298 Nicht um einen Massentest handelt es sich dagegen, wenn die molekulargenetische Untersuchung mehrerer als Täter in Betracht kommender Personen angeordnet wird, z.B. der Personen, die sich zur Tatzeit in einer bestimmten

---

[140] *Krause*, in: LR[25], § 81f Rn. 17; *Sprenger/Fischer*, NJW 1999, 1830 ff.
[141] *Graalmann-Scheerer*, NStZ 2004, 297, 298. A.A. *Sprenger/Fischer*, NJW 1999, 1830, 1831 f.
[142] *Beulke*, Rn. 242; *Graalmann-Scheerer*, NStZ 2004, 297, 298.
[143] *Beulke*, Rn. 242; *Meyer-Goßner*, § 81e Rn. 6; *Senge*, in: KKStPO, § 81e Rn. 3a.
[144] *Graalmann-Scheerer*, NStZ 2004, 297, 299; *Satzger*, JZ 2001, 639, 646; *E. Volk*, NStZ 2002, 561, 563.
[145] Siehe dazu *Graalmann-Scheerer*, NStZ 2004, 297, 299 ff.

Räumlichkeit aufgehalten haben. Sie sind Beschuldigte, sodass § 81e I 1 einschlägig ist. – *Fallsammlung Rn. 321-328.* –

Die Befugnis zur – schriftlichen – Anordnung der molekulargenetischen Untersuchung liegt gemäß § 81f I 1 ausschließlich beim **Ermittlungsrichter**. Der richterlichen Anordnung der Untersuchung, nicht der Entnahme der Körperzellen, bedarf es nach zutreffender Auffassung auch dann, wenn der Betroffene der Untersuchung zustimmt[146]. Die Staatsanwaltschaft und ihre Ermittlungspersonen dürfen bei Gefahr in Verzug lediglich die Entnahme des Zellmaterials anordnen (§§ 81a II, 81c V)[147].

(b) DNA-Identitätsfeststellung

Unter derzeit[148] noch recht strengen Voraussetzungen gestattet § 81g I, der 1998 durch das DNA-Identitätsfeststellungsgesetz (DNA-IFG) in die StPO eingefügt wurde, die Entnahme von Körperzellen des Beschuldigten und die molekulargenetische Untersuchung zum Zweck der **Identitätsfeststellung in künftigen Strafverfahren**. Der Beschuldigte muss einer Straftat von erheblicher Bedeutung oder eines Sexualdelikts (vgl. den nicht abschließenden Katalog der Anlage zu § 2c DNA-IFG[149]) verdächtig sein und es müssen bestimmte Erkenntnisse Grund zu der Annahme geben, dass gegen den Beschuldigten künftig Strafverfahren wegen solcher Straftaten zu führen sind (sog. Negativprognose). Die Maßnahme ist eine Art vorsorglicher Beweissicherung zu erkennungsdienstlichen Zwecken und wird deshalb zum Teil als Fremdkörper in der StPO betrachtet[150]. Das BVerfG sieht darin jedoch ein „genuines Strafprozessrecht", weil es auf die künftige Strafverfolgung, nicht auf Gefahrenabwehr ausgerichtet sei[151] (siehe auch *Rn. 306* zu der vergleichbaren Situation bei § 81b). Die DNA-Identitätsfeststellung bei bereits Verurteilten oder wegen Schuldunfähigkeit, auf Geisteskrankheit beruhender Verhandlungsunfähigkeit oder wegen fehlender Verantwortlichkeit nach § 3 JGG nicht Verurteilten kann zwar nicht auf § 81e gestützt werden, § 2 DNA-IFG lässt sie aber unter den gleichen Voraussetzungen zu. Die Regelungen verschaffen der beim BKA – als Verbunddatei des BKA und der Landeskriminalämter – geführten **zentralen Gen-Datenbank** eine gesetzliche Grundlage[152].

Trotz der Unschärfe der in § 81g I verwendeten Begriffe („Straftat von erheblicher Bedeutung", „Grund zu der Annahme ..., dass gegen ihn künftig Strafverfah-

---

[146] LG Hannover, NStZ-RR 2001, 20; LG Wuppertal, NJW 2000, 2687 f.; *Golembiewski*, NJW 2001, 1036 ff. A.A. *Lemke*, in: HKStPO, § 81g Rn. 17; *Meyer-Goßner*, § 81g Rn. 15; *Pfeiffer*, § 81g Rn. 5 (zu Untersuchungen nach § 81g).
[147] BT-Drucks. 13/667, S. 7; *Rogall*, in: SKStPO, § 81f Rn. 4.
[148] Zur Diskussion über die Ausdehnung des Anwendungsbereichs siehe *Wagner*, ZRP 2004, 14 f. (pro) und *Lütkes/Bäumler*, ZRP 2004, 87 ff.
[149] Abgedruckt bei *Lemke*, in: HKStPO, § 81g Rn. 20.
[150] *Meyer-Goßner*, § 81g Rn. 2; *Ohler*, StV 2000, 326, 327 f. A.A. *Rogall*, in: SKStPO, § 81e Rn. 1; *Vath*, Der genetische Fingerabdruck zur Identitätsfeststellung in künftigen Strafverfahren, 2003, S. 26 ff., 29.
[151] BVerfGE 103, 21, 30 f.; siehe auch BGH, StV 1999, 302; *Lemke*, in: HKStPO, § 81g Rn. 7.
[152] Instruktiv zur DNA-Analysedatei des BKA und den rechtlichen Grundlagen für die Speicherung der DNA-Identifizierungsmuster *Busch*, NJW 2002, 1754 ff.

ren ... zu führen sind") hat das BVerfG die Regelung zwar grundsätzlich gebilligt[153], es folgert aber aus dem Grundrecht auf informationelle Selbstbestimmung strenge Aufklärungs-, Abwägungs- und Begründungsanforderungen an den anordnenden Richter[154]. Weder schließt das Gesetz für bestimmte Straftatbestände eine Negativprognose aus[155], noch schreibt es eine Gefahrenprognose für bestimmte Deliktstypen zwingend und ausnahmslos vor[156].

302 Sowohl die Entnahme der Körperzellen als auch die Untersuchung ordnet nach § 81g III i.V. mit §§ 81a II, 81f I grundsätzlich der Ermittlungsrichter an. Die Anordnung ergeht schriftlich und ist „einzelfallbezogen" zu begründen. Die Regelung soll sicherstellen, dass auch die Gefahrenprognose durch den Richter getroffen wird[157]. Bei Gefahr in Verzug dürfen die Staatsanwaltschaft und ihre Ermittlungspersonen lediglich die Entnahme der Körperzellen anordnen, also nicht deren Untersuchung. Strittig ist, ob es der richterlichen Anordnung auch bedarf, wenn der Beschuldigte mit der Untersuchung einverstanden ist. Nach zutreffender Auffassung setzt die Untersuchung des Zellmaterials nach § 81g – wie die nach § 81e (*Rn. 297*) – generell, also auch bei Vorliegen eines Einverständnisses des Betroffenen, eine richterliche Anordnung voraus[158]. Für die Speicherung der gewonnenen DNA-Identifizierungsmuster bei BKA gilt dagegen kein Richtervorbehalt[159].

4. Körperliche Durchsuchung

(a) Durchsuchung des Verdächtigen

303 Die körperliche Durchsuchung des – als Täter oder Teilnehmer einer Straftat – **Verdächtigen** lässt § 102 zu, wenn zu vermuten ist, dass sie zur **Auffindung von Beweismitteln** führen wird. Zum Teil wird aus der Bezeichnung Verdächtiger statt Beschuldigter geschlossen, der Tatverdacht gegen den Betroffenen müsse sich noch nicht so weit konkretisiert haben, dass die Beschuldigteneigenschaft begründet sei[160]. Diese Sicht trifft jedoch nicht zu. Schon die Durchsuchung des Betroffenen auf Grund eines gegen ihn bestehenden Verdachtes macht ihn zum Beschuldigten, da es sich dabei um eine Maßnahme eines Strafverfolgungsorgans handelt, die erkennbar darauf abzielt, gegen den Betroffenen strafrechtlich vorzugehen (*Rn. 67*). Für die körperliche Durchsuchung des Beschuldigten genügt allerdings ein **einfacher Tatverdacht**. Es sind zudem keine konkreten Tatsachen erforderlich, die auf das Vorhandensein von Beweismitteln hinweisen. Es genügt vielmehr

---

[153] *BVerfG, NJW 2001, 879 ff.*
[154] BVerfG, NJW 2001, 879, 881; 2320, 2321.
[155] *Markwardt/Brodersen*, NJW 2000, 692, 695.
[156] *Wollweber*, NJW 2001, 2304.
[157] BT-Drucks. 13/10791, S. 5; *Rogall*, in: SKStPO, § 81g Rn. 20.
[158] *Busch*, NJW 2002, 1754, 1756; *Krehl/Kolz*, StV 2004, 454; *Senge*, NStZ 2001, 331, 332; *E. Volk*, NStZ 1999, 165, 169. A.A. LG Düsseldorf, NJW 2003, 1883 ff.; LG Hamburg, NJW 2000, 2288; NJW 2001, 2563; *Meyer-Goßner*, § 81g Rn. 17; *Pfeiffer*, § 81g Rn. 5; ebenso *Lemke*, in: HKStPO, § 81g Rn. 17, der aber wegen der prozessualen Risiken die Einholung einer richterlichen Entscheidung empfiehlt.
[159] LG Hamburg, NJW 2001, 2563 f.; *Wollweber*, NJW 2002, 1771.
[160] Z.B. *Meyer-Goßner*, § 102 Rn. 3.

die Vermutung, die schon bei einer generellen kriminalistischen Erfahrung, dass der Beschuldigte Beweismittel in seiner Kleidung oder an seinem Körper verborgen hat, vorliegen kann[161]. Das ist der Fall, wenn es wegen der Art der Straftat und in der konkreten Situation, in der er aufgegriffen wird, naheliegt, dass eine körperliche Durchsuchung zur Auffindung von Beweismitteln führen wird. Wegen der weiten Anordnungsvoraussetzungen bedarf der Verhältnismäßigkeitsgrundsatz besonderer Beachtung; das gilt insbesondere für körperliche Durchsuchungen, die das Schamgefühl verletzen.

(b) Durchsuchung eines Dritten

Die körperliche Durchsuchung Nichtverdächtiger richtet sich nach § 103. Der Wortlaut der Vorschrift nimmt zwar Bezug auf die Durchsuchung von Räumen, ihr liegt aber der gleiche Durchsuchungsbegriff zugrunde wie § 102[162]. Die Anforderungen an die Durchsuchung Dritter sind jedoch strenger. Sie ist zur **Feststellung von Tatspuren** an der Kleidung oder am Körper des Betroffenen und zur **Beschlagnahme bestimmter Beweismittel** nur zulässig, wenn Tatsachen auf das Vorhandensein einer Spur oder eines Gegenstands, den der Dritte – bewusst oder unbewusst – in seiner Kleidung oder an seinem Körper trägt, hindeuten.

304

(c) Anordnungsbefugnis

Körperliche Durchsuchungen ordnet der Richter an; bei Gefahr im Verzug steht die Anordnungsbefugnis auch der Staatsanwaltschaft und ihren Ermittlungspersonen zu, § 105 I 1.

305

Kontrollfragen

1. Wodurch unterscheidet sich die körperliche Untersuchung von der körperlichen Durchsuchung? (Rn. 284)
2. Zu welchen Zwecken darf eine DNA-Analyse durchgeführt werden? (Rn. 294)
3. Sind DNA-Massentests zulässig? (Rn. 297)
4. Unter welchen Voraussetzungen darf die Untersuchung von Zellmaterial zum Zweck der DNA-Identitätsfeststellung angeordnet werden? (Rn. 300)

Literatur

Binder/Seemann, Die zwangsweise Verabreichung von Brechmitteln zur Beweissicherung, NStZ 2002, 234.
Busch, Die Speicherung von DNA-Idenfizierungsmustern in der DNA-Analysedatei, NJW 2002, 1754.
Graalmann-Scheerer, DNA-Massentest de lege lata und de lege ferenda, NJW 2004, 297.
Krehl/Kolz, Genetischer Fingerabdruck und Verfassung, StV 2004, 447.

---

[161] Vgl. BGH, StV 1988, 90; *Nack,* in: KKStPO, § 102 Rn. 3.
[162] *Lemke,* in: HKStPO, § 103 Rn. 4; *Nack,* in KKStPO, § 103 Rn. 3; *Pfeiffer,* § 103 Rn. 2.

Senge, Strafverfahrensänderungsgesetz – DNA-Analyse, NJW 1997, 2409.
Volk, DNA-Identitätsfeststellungsgesetz – Kein Ende der Begehrlichkeiten, NStZ 2002, 561.
Wollweber, DNA-Analysen und Richtervorbehalt, NJW 2002, 1717.

VII Erkennungsdienstliche Behandlung

306 § 81b regelt nicht die Zulässigkeit der erkennungsdienstlichen Behandlung als solche, sondern die Vorschrift bestimmt lediglich, dass **ohne Zustimmung** allein der **Beschuldigte** erkennungsdienstlich behandelt werden darf. Die erkennungsdienstliche Behandlung eines Unverdächtigen setzt dagegen dessen Einverständnis voraus; § 163b II 2, 2. Teilsatz bestimmt dies ausdrücklich für die Identifizierung eines Unverdächtigen. Unter erkennungsdienstlicher Behandlung sind die Aufnahme von Lichtbildern (auch Videoaufzeichnungen[163]) und Fingerabdrücken des Beschuldigten sowie die Vornahme von Messungen, insbesondere seiner Körpergröße zu verstehen. Die Maßnahmen dienen zum einen der **Strafverfolgung in dem konkreten Ermittlungsverfahren**, d.h. zur Identifizierung des Beschuldigten (§ 163b I 3), zur Wiedererkennung durch Zeugen und zur Gewinnung von Vergleichsfingerabdrücken, und zum anderen „**für die Zwecke des Erkennungsdienstes**". Gemeint sind damit die vorbeugenden Informationssammlungen der Polizei, in denen Lichtbilder und Fingerabdrücke aufbewahrt werden, um in zukünftigen Ermittlungsverfahren die Identifizierung tatverdächtiger Personen zu erleichtern[164]. Das BVerfG vertrat deshalb den Standpunkt, dass § 81b – in verfassungsrechtlich unbedenklicher Weise – eine strafprozessuale und eine polizeirechtliche Maßnahme zusammenfasse[165]. Inzwischen hat sich das BVerfG jedoch zur DNA-Identitätsfeststellung nach § 81f, die ebenfalls der Aufklärung zukünftiger Straftaten dient, der zutreffenden Auffassung angeschlossen, es handele sich bei dieser Art der „vorbeugenden Verbrechensbekämpfung" nicht um Gefahrenabwehr, sondern um eine strafprozessuale Aufgabe[166] (vgl. *Rn. 300*).

307 Die Zulässigkeit der **Anwendung unmittelbaren Zwangs** zur Durchsetzung der erkennungsdienstlichen Behandlung ergibt sich unmittelbar aus § 81b. Der Beschuldigte darf somit zwangsweise zur Dienststelle gebracht, dort festgehalten und den Maßnahmen unterworfen werden[167]. Zur Vorbereitung der Identifizierung darf das Äußere des Beschuldigten – notfalls unter Einsatz von Zwangsmitteln – verändert werden, z.B. durch Entfernen oder Aufsetzen einer Perücke, Verändern der Haar- oder Barttracht, Überziehen einer Strumpfmaske[168]. Die Wahllichtbildvorlage, d.h. die Vorlage von Photos über Personen, die in früheren Ermittlungs-

---

[163] BVerfG, NStZ 1983, 84. A.A. *Fezer*, 6/22.
[164] *Lemke*, in: HKStPO, § 81b Rn. 1.
[165] BVerfGE 47, 239, 252.
[166] A.A. z.B. *Lemke*, in: HKStPO, § 81b Rn. 1, der die DNA-Identitätsfeststellung jedoch als „Strafverfolgung im weiteren Sinne" betrachtet.
[167] *Meyer-Goßner*, § 81b Rn. 15.
[168] BGH, NStZ 1993, 47 f.; *Lemke*, in: HKStPO, § 81b Rn. 6; *Roxin*, § 33 Rn. 17. Nach Auffassung des BVerfG (NJW 1978, 1149, 1150) findet die Veränderung der Haar- und Barttracht in § 81a eine gesetzliche Grundlage.

verfahren aufgenommen wurden, kann dagegen nicht auf § 81b gestützt werden, da die Vorschrift nur Maßnahmen gegenüber einem formell Beschuldigten gestattet[169].

Die erkennungsdienstliche Behandlung darf vom Richter, von der Staatsanwaltschaft und ihren Ermittlungspersonen sowie im ersten Zugriff auch von Polizeibeamten, die dieses Status nicht haben, angeordnet werden.

308

Zur Durchführung des Strafverfahrens gewonnene Unterlagen des Beschuldigten werden zu den Strafakten genommen und solange aufbewahrt wie diese. Die **Aufbewahrung** ist aus präventiv-polizeilichen Gründen zulässig, wenn nach der Persönlichkeit des Beschuldigten und nach der Art, der ihm zur Last gelegten Tat nach der kriminalistischen Erfahrung damit zu rechnen ist, dass er künftig strafrechtlich in Erscheinung treten wird und die Unterlagen dann die Ermittlungen fördern können[170]. Hat das Strafverfahren die Unschuld des Beschuldigten ergeben oder kann aus anderen Gründen ausgeschlossen werden, dass er in Zukunft Straftaten begehen wird, zu deren Aufklärung die Unterlagen beitragen können, so sind sie zu vernichten. Wegen der – vermeintlich – präventiv-polizeilichen Natur der Aufbewahrung zum Zweck des Erkennungsdienstes soll für die Anfechtung durch den Betroffenen der Verwaltungsrechtsweg eröffnet sein, wenn er die Vernichtung der von der Polizeibehörde zur Aufbewahrung vorgesehenen Unterlagen herbeiführen will[171]. Da es sich bei der Verweigerung der Vernichtung jedoch um eine strafprozessuale Maßnahme, nämlich einen Justizverwaltungsakt, handelt, ist nach zutreffender Meinung der Rechtsweg zu dem OLG nach §§ 23 ff. EGGVG gegeben[172].

309

VIII Fahndungsmaßnahmen

§§ 131a-c enthalten Vorschriften über die Fahndung durch Inanspruchnahme anderer Strafverfolgungsorgane und der Öffentlichkeit. Darüber hinaus sind weitere Fahndungsmaßnahmen, die in besonderer Weise in die Rechte des Beschuldigten, Zeugen oder unbeteiligter Dritter eingreifen, gesetzlich geregelt.

310

1. Ausschreibung zur Festnahme und zur Aufenthaltsermittlung sowie öffentliche Fahndung

Nach § 131 können der (Ermittlungs-)Richter oder die Staatsanwaltschaft, in Eilkompetenz auch ihre Ermittlungspersonen, die **Ausschreibung des Beschuldigten zur Festnahme** (Abs. 1, 2) und bei einer Straftat von erheblicher Bedeutung die **öffentliche Fahndung** (Abs. 3) veranlassen, wenn ein Haft- bzw. Unterbringungsbefehl ergangen ist oder wenn die Voraussetzungen gegeben sind, der Erlass aber nicht abgewartet werden kann. Die öffentliche Fahndung setzt zusätzlich voraus, dass andere Formen der Aufenthaltsermittlung erheblich weniger erfolgversprechend oder wesentlich erschwert wären (qualifizierte Subsidiaritätsklausel;

311

---
[169] *Riegel*, ZRP 1997, 476, 478.
[170] BVerwGE 26, 169, 171, 172; 66, 192, 199.
[171] BVerfGE 16, 89, 94; BVerwGE 11, 181, 182; *Lemke*, in: HKStPO, § 81b Rn. 15.
[172] *Kramer*, JR 1994, 224, 228 ff.

vgl. *Rn. 318*). Öffentlichkeitsfahndung ist jede Art der Fahndung, die bestimmt und geeignet ist, einem offenen Kreis von unbestimmten Adressaten (Lichtbilder und/oder Personalia) zugänglich zu machen[173]. Zulässig sind die Inanspruchnahme von Presse, Funk und Fernsehen sowie die Fahndung via Internet[174]. Besondere Beachtung verdienen der Persönlichkeitsschutz[175] und der Verhältnismäßigkeitsgrundsatz[176].

312 § 131a I StPO gestattet die **Ausschreibung zur Aufenthaltsermittlung eines Beschuldigten oder eines Zeugen**, wenn deren Aufenthalt nicht bekannt ist[177]. Der Beschuldigte darf nach § 131a II zudem zur Aufenthaltsermittlung ausgeschrieben werden, wenn dies zur Sicherstellung eines Führerscheins, zur erkennungsdienstlichen Behandlung, zur Anfertigung einer DNA-Analyse oder zur Feststellung seiner Identität erforderlich ist. Ein **Aufruf an die Öffentlichkeit** zu diesen Zwecken gemäß § 131a III setzt einen dringenden Tatverdacht wegen einer Straftat von erheblicher Bedeutung voraus. Zudem gilt nach § 131a III 1 ebenfalls eine qualifizierte Subsidiaritätsklausel. Die Berücksichtigung der schutzwürdigen Interessen des Zeugen bei der Öffentlichkeitsfahndung schreibt § 131a IV 2-4 vor.

313 § 131b regelt die so genannte **Aufklärungs- und Identitätsfahndung**[178]. Darunter ist die **Veröffentlichung von Abbildungen** eines Beschuldigten oder Zeugen zur Aufklärung einer Straftat, insbesondere zur Feststellung der Identität eines unbekannten Täters oder Zeugen zu verstehen. Diese Fahndungsmaßnahme ist gegen den Beschuldigten zulässig, wenn ein einfacher Tatverdacht wegen einer Straftat von erheblicher Bedeutung besteht und die Aufklärung bzw. Identitätsfeststellung auf andere Weise erheblich weniger erfolgversprechend oder wesentlich erschwert wäre (§ 131b I). Abbildungen eines Zeugen dürfen gemäß § 131b II nur veröffentlicht werden, wenn die Aufklärung einer Straftat oder seine Identifizierung sonst aussichtslos oder wesentlich erschwert wäre (strenge Subsidiaritätsklausel).

314 Die Maßnahmen nach §§ 131a, 131b dürfen nur durch den Ermittlungsrichter, bei Gefahr im Verzug auch durch die Staatsanwaltschaft und ihre Ermittlungspersonen angeordnet werden (§ 131c).

2. Strafprozessuale Kontrollstelle

315 Bei Vorliegen eines auf Tatsachen gestützten Verdachts, dass eine Straftat nach § 129a StGB, auch in Verbindung mit § 129b StGB, eine der in § 129a StGB bezeichneten Straftaten oder eine Tat nach § 250 I Nr. 1 StGB begangen worden ist, gestattet § 111 I bei einer begründeten Aussicht auf Ergreifung der Täter oder auf Auffindung von Beweismitteln die Einrichtung von Kontrollstellen an öffentlich

---

[173] *Paeffgen*, in: SKStPO, § 131 Rn. 6, § 131a Rn. 7.
[174] *Pätzel*, NJW 1997, 3131 ff.; *Soiné*, NStZ 1997, 166 ff., 321 ff.
[175] *Achenbach*, in: AKStPO, § 161 Rn. 3.
[176] Siehe Nr. 2 der Anlage B zu den RiStBV, die detaillierte Anweisungen zur „Inanspruchnahme von Publikationsorganen zur Fahndung nach Personen bei der Strafverfolgung" enthält; vgl. auch *Paeffgen*, in: SKStPO, § 131 Rn. 6.
[177] Eingehend dazu *Ranft*, StV 2002, 38, 40 ff.
[178] BR-Drucks. 961/96, S. 20.

zugänglichen Orten. An einer solchen Kontrollstelle dürfen die **Identität aller dort angetroffenen Personen festgestellt** und die **von ihnen mitgeführten Sachen durchsucht** werden. Kann der Betroffene sich nicht ausweisen und lässt sich seine Identität anders nicht ermitteln, so darf er gemäß § 111 III nach Maßgabe des § 163b **erkennungsdienstlich behandelt** werden. Strittig ist, ob die in § 163b getroffene Unterscheidung von Maßnahmen gegen Verdächtige und Unverdächtige auch hier gilt. Eine Auffassung[179] lehnt dies mit der Begründung ab, dass § 111 diese Unterscheidung gerade aufgebe. Nach zutreffender – wohl herrschender – Meinung[180] verweist § 111 III jedoch in vollem Umfang auf § 163b, sodass die erkennungsdienstliche Behandlung eines Unverdächtigen nur mit seinem Einverständnis vorgenommen werden darf.

Die Anordnungsbefugnis liegt bei dem Ermittlungsrichter, bei Gefahr im Verzug auch bei der Staatsanwaltschaft und ihren Ermittlungspersonen (§ 111 II). 316

3. Rasterfahndung

Die Rasterfahndung gemäß §§ 98a/b ist eine Ermittlungsmethode, die – an sich unverfänglich, nicht für Zwecke des Strafverfahrens in Dateien anderer Stellen als Strafverfolgungsbehörden gespeicherte – **Daten einer Vielzahl auch unbeteiligter Personen unter Anwendung tätertypischer Prüfkriterien** (Raster), die sich **aus der kriminalistischen Erfahrung** ergeben haben, so **miteinander verknüpft**, dass sich kriminalistisch interessante Informationen herausfiltern lassen. 317

> **Beispiel**: Die Strafverfolgungsbehörden hatten festgestellt, dass die konspirativen Wohnungen der Mitglieder einer terroristischen Vereinigung bestimmte Charakteristika aufwiesen. Sie befanden sich in anonymen Hochhäusern, die über eine gute Anbindung an – möglichst mehrere – Autobahnen oder Schnellstraßen verfügen. Die Stromrechnungen wurden nicht direkt bei dem Stromversorgungsunternehmen bezahlt, sondern über den Vermieter. Der Ermittlungsrichter ordnete auf Antrag der Staatsanwaltschaft die Rasterfahndung an. Die Polizei verschaffte sich daraufhin zunächst Unterlagen von den Elektrizitätsgesellschaften über die Kunden, die ihre Stromrechnungen über ihren Vermieter begleichen ließen. Anhand dieser Aufstellung wurden die Wohnungen auf ihre Lage usw. überprüft. Danach blieb eine erheblich kleinere Zahl von Objekten übrig, die durch Nachfragen beim Melderegister weiter reduziert werden konnte. Die dadurch „herausgefilterten" wenigen tauglichen Täterwohnungen wurden dann mit den üblichen Ermittlungsmethoden überprüft.

§ 98a I 1 beschränkt die Anordnung der Rasterfahndung in zweifacher Weise. Sie darf ohnehin nur bei Vorliegen eines Anfangsverdachts wegen bestimmter schwerer, **im Katalog des § 98a I 1 aufgeführter Delikte** eingesetzt werden. Aber auch dann ist ihre Anordnung nur zulässig, wenn die Erforschung des Sachverhalts oder die Ermittlung des Aufenthaltsorts des Täters durch andere Maß- 318

---

[179] Z.B. *Meyer-Goßner*, § 111 Rn. 10 f.; *Schäfer*, in: LR[24], Einl. Kapitel 5 Rn. 91, Fn. 46; *Schlüchter*, Rn. 338.
[180] *Achenbach*, in: AKStPO, § 111 Rn. 22, 26; *Nack*, in: KKStPO, § 111 Rn. 14; *Roxin*, § 35 Rn. 20; *Rudolphi*, in: SKStPO, § 111 Rn. 23; *G. Schäfer*, in: LR[25], § 111 Rn. 28.

nahmen **erheblich weniger erfolgversprechend oder wesentlich erschwert** wäre (qualifizierte Subsidiaritätsklausel). Das ist der Fall, wenn andere Maßnahmen zur Aufklärung nicht annähernd in demselben Maße beitragen[181] oder wenn sie einen erheblich größeren Zeitaufwand erfordern und daher zu einer wesentlichen Verfahrensverzögerung führen würden[182]. Diese Voraussetzungen lagen in unserem Fall vor, sodass die Anordnung der Rasterfahndung zulässig war.

319   Die so genannte **„BAföG-Rasterfahndung"**, bei der die Daten über den Vermögensstand der Empfänger von Ausbildungsleistungen mit den bei dem Bundesamt für Finanzen vorhandenen Daten über die steuerliche Freistellung von Zinseinkünften abgeglichen werden, um Anhaltspunkte für das Verschweigen von Bankguthaben und daraus erzielten Einnahmen zu erlangen, findet in § 98a schon deshalb keine Stütze, weil die in Betracht kommende Straftat, nämlich § 263 StGB, nicht zu den Katalogtaten des § 98a gehört. Die Zulässigkeit des Datenabgleichs beruht auf steuergesetzlichen (§ 45d EStG) und sozialrechtlichen (§ 67 I i.V. mit §§ 35, 11, 18 SGB I) Vorschriften[183].

320   Die Anordnung der – strafprozessualen – Rasterfahndung nimmt gemäß § 98b I 1 der Ermittlungsrichter, bei Gefahr im Verzug auch die Staatsanwaltschaft vor. Die staatsanwaltschaftliche Eilanordnung bedarf gemäß § 98b I 2 der unverzüglichen richterlichen Bestätigung. Erfolgt sie nicht, so tritt die Anordnung automatisch nach drei Tagen außer Kraft (§ 98b I 3). Ordnungs- und Zwangsmittel verhängt ebenfalls der Richter sowie in Eilkompetenz die Staatsanwaltschaft; die Anordnung der Ordnungshaft bleibt jedoch generell dem Richter vorbehalten (§ 98b II).

321   Die erlangten Daten sind nach Durchführung der Rasterfahndung **zurückzugeben bzw. zu löschen**, § 98b III 1,2. In anderen Verfahren dürfen sie gemäß § 98b III 3 nur verwendet werden, wenn es sich ebenfalls um eine Katalogtat nach § 98a I handelt.

4. Datenabgleich

322   § 98c lässt den Datenabgleich zu, d.h. die **automatisierte vergleichende Auswertung von Daten**, die in anderen Strafverfahren oder zu präventivpolizeilichen Zwecken gewonnen wurden. Es handelt sich dabei nicht um eine Rasterfahndung, sodass der Datenabgleich weder auf einen bestimmten Straftatenkatalog beschränkt ist noch der Subsidiaritätsklausel des § 98a I 2 unterfällt.

5. Schleppnetzfahndung

323   Bei der sog. Schleppnetzfahndung gemäß § 163d werden **personenbezogene Informationen** bei Kontrollen an der Grenze oder an Kontrollstellen nach § 111 **nach bestimmten Merkmalen oder Eigenschaften**, die mit denen des Beschuldigten übereinstimmen, gespeichert. Diese Maßnahme ist insbesondere deshalb

---

[181] *Pfeiffer*, § 98a Rn. 3.
[182] *Meyer-Goßner*, § 98a Rn. 3 i.V. mit § 100a Rn. 7.
[183] Näher dazu *Krapp*, ZRP 2004, 261 ff.

§ 6 Geregelte grundrechtsbeeinträchtigende Maßnahmen im Ermittlungsverfahren

bedenklich[184], weil in großem Umfang personenbezogene Daten unbescholtener Bürger – überwiegend heimlich – aufgezeichnet und verarbeitet werden müssen, um Informationen herauszufiltern, die zur Ergreifung des Täters oder zur Aufklärung der Tat führen können[185].

Die Schleppnetzfahndung anläßlich einer Grenzkontrolle ist – unter Beachtung des Verhältnismäßigkeitsgrundsatzes – nur zulässig bei Vorliegen eines Anfangsverdachts wegen einer Straftat aus den Katalogen der §§ 100a S. 1 Nr. 3, 4, 111. Besteht ein Tatverdacht wegen einer Straftat, die zur Einrichtung einer Kontrollstelle nach § 111 berechtigt (*Rn. 315*), so dürfen auch die an einer solchen Kontrollstelle erhobenen Daten aufgezeichnet und ausgewertet werden (§ 163d I 1). Die **schriftliche Anordnung** muss die Merkmale oder Eigenschaften (z.B. persönliche Identitätsmerkmale; Typ und Kennzeichen des benutzten Kraftwagens; Ort, Art und Weise sowie sonstige Umstände der Identitätsfeststellung[186]) der Personen, deren Daten gespeichert werden sollen, möglichst genau beschreiben, Art und Dauer der Maßnahme festlegen und sie räumlich und zeitlich – auf maximal drei Monate – begrenzen (§ 163d III). Die gespeicherten Daten dürfen gemäß § 163d IV 4 zwar grundsätzlich nur in dem Strafverfahren verwendet werden, das den Anlaß zur Anordnung der Maßnahme gegeben hat[187], doch gestattet § 163d IV 5 die Verwertung von Zufallsfunden zur Aufklärung einer anderen Straftat oder zur Ermittlung einer Person, die zur Fahndung oder Aufenthaltsfeststellung aus Gründen der Strafverfolgung oder Strafvollstreckung ausgeschrieben ist.

Die Anordnungskompetenz liegt beim Ermittlungsrichter, bei Gefahr im Verzug auch bei der Staatsanwaltschaft und ihren Ermittlungspersonen (§ 163d II 1). Eine in Notkompetenz getroffene Anordnung bedarf der unverzüglichen richterlichen Bestätigung. Wird diese nicht binnen drei Tagen erteilt, so tritt die Anordnung außer Kraft (§ 163d II 2,3).

6. Ausschreibung zur polizeilichen Beobachtung

Die polizeiliche Beobachtung gemäß § 163e dient dazu, aus Informationen, die außerhalb eines Strafverfahrens, nämlich durch polizeiliche Personen- oder Fahrzeugkontrollen, erlangt werden, ein „**Bewegungsbild**" einer Person zu gewinnen, z.B. um Zusammenhänge und Querverbindungen innerhalb eines kriminellen Personenkreise zu erkennen[188]. Die Maßnahme darf bei Vorliegen eines Anfangsverdachts wegen einer Straftat von erheblicher Bedeutung angeordnet werden, und zwar gegen den **Beschuldigten** sowie gegen **Kontaktpersonen** des Beschuldigten (§ 163e I 2,3), wenn die Erforschung des Sachverhalts oder die Ermittlung des Aufenthaltsortes des Beschuldigten auf andere Weise erheblich weniger erfolgversprechend oder wesentlich erschwert wäre (qualifizierte Subsidiaritätsklausel). Personenbezogene Informationen über **unbeteiligte Dritte** dürfen gemäß § 163e

---
[184] Zur Problematik der Schleppnetzfahndung *Achenbach*, in: AKStPO, § 163d Rn. 2.
[185] *Meyer-Goßner*, § 163d Rn. 10.
[186] *Meyer-Goßner*, § 163d Rn. 6.
[187] *Rieß*, in: LR[25], § 163d Rn. 67; *Rogall*, NStZ 1986, 385, 392.
[188] *Hilger*, NStZ 1992, 523, 525.

III nur gemeldet werden, wenn es sich um einen Begleiter der ausgeschriebenen Person oder den Führer des ausgeschriebenen Fahrzeugs handelt.

327 Die Ausschreibung ordnet grundsätzlich der **Richter** an, bei **Gefahr im Verzug** auch die **Staatsanwaltschaft** (§ 163e IV 1,2). Eine staatsanwaltschaftliche Anordnung bedarf der unverzüglichen richterlichen Bestätigung; wird sie nicht innerhalb von drei Tagen erteilt, so tritt die Maßnahme automatisch außer Kraft (§ 163e IV 3,4).

Literatur

Hilger, Neues Strafverfahrensrecht durch das OrgKG, NStZ 1992, 457, 523.
Ders., Zum Strafverfahrensrechtsänderungsgesetz 1999 (StVÄG 1999), NStZ 2000, 561, NStZ 2001, 15.
Krapp, BAföG-Rasterfahndung, ZRP 2004, 261.
Ranft, Fahndung nach Beschuldigten und Zeugen gemäß dem StVÄG 1999, StV 2002, 38.

IX Überwachung der Telekommunikation

328 Die vielfältigen Formen der Telekommunikation eröffnen den Strafverfolgungsbehörden zahlreiche Ermittlungsmöglichkeiten. Deshalb ist inzwischen ein Geflecht von Vorschriften, die unterschiedliche Eingriffe in das durch Art. 10 I GG geschützte Fernmeldegeheimnis gestatten, entstanden.

1. Telekommunikationsüberwachung im Strafprozess

(a) Inhaltsüberwachung

329 Die Überwachung und Aufzeichnung der Telekommunikation darf als Ermittlungsmaßnahme im Strafverfahren angeordnet werden, wenn ein auf Tatsachen gegründeter Verdacht einer **Katalogtat** des § 100a S. 1 besteht und die Erforschung des Sachverhalts oder die Ermittlung des Aufenthaltsortes des Beschuldigten durch andere Maßnahmen aussichtslos oder wesentlich erschwert wäre (strenge Subsidiaritätsklausel). Die Telekommunikationsüberwachung umfasst neben dem Telefonverkehr im herkömmlichen Sinne **alle Formen der Datenübermittlung** (Computerdaten, Telefax, Btx usw.), die über Anlagen, die für den öffentlichen Telekommunikationsverkehr bestimmt sind, abgewickelt wird[189]. Auch die Zugriffnahme auf die Datenbestände einer **Mailbox** und die Informationsübermittlung von und zu der angeschlossenen Mailbox setzt die Anordnung einer Telekommunikationsüberwachung voraus[190]. Nach § 100b III müssen die geschäfts-

---

[189] BGH, NStZ 2003, 668, 669; *Bär*, CR 1993, 578, 580 ff. Zur Häufigkeit von Telefonüberwachungen und zum technischen Ablauf siehe *Thommes*, StV 1997, 657 f.
[190] BGH, NJW 1997, 1934 ff.; NStZ 1997, 247 ff.; LG Hanau, NJW 1999, 3647; *Dübbers*, StV 2000, 355; *Jäger*, StV 2002, 243, 244; *Meyer-Goßner*, § 100a Rn. 2. A.A. LG Ravensburg, NStZ 2003, 325 f.; *Nack*, in: KKStPO, § 100a Rn. 8.

mäßigen Erbringer von Telekommunikationsdiensten dem Richter, der Staatsanwaltschaft und ihren *im Polizeidienst tätigen* Ermittlungspersonen den Netzzugang zur Überwachung und Aufzeichnung gewähren.

Die Telekommunikationsüberwachung darf gemäß § 100a S. 2 **gegen den Beschuldigten** angeordnet werden, **gegen Dritte** nur dann, wenn auf Grund bestimmter Tatsachen anzunehmen ist, dass sie für den Beschuldigten bestimmte oder von ihm herrührende Mitteilungen entgegennehmen oder weitergeben (sog. **Nachrichtenmittler**) oder dass er ihren **Anschluss benutzt**. Nach h.M. ist grundsätzlich auch die Überwachung von Personen zulässig, denen ein Zeugnisverweigerungsrecht nach §§ 52 ff. zusteht[191]. Der Anschluss des Verteidigers darf jedoch nicht überwacht werden, da § 148 I den ungehinderten Verkehr des Verteidigers mit dem Beschuldigten gewährleistet[192]. 330

Ob § 100a die Aufzeichnung und Verwertung eines „**Raumgesprächs**" gestattet, ist zweifelhaft. 331

Beispiel: Der Mobiltelefonanschluss des Y, gegen den die Staatsanwaltschaft wegen des Verdachts des bandenmäßigen Handels mit Betäubungsmitteln ermittelte, wurde auf Grund einer richterlich angeordneten Telekommunikationsüberwachung abgehört. Y rief von seinem Pkw den K an, der das Gespräch aber nicht annahm, sodass sich die Mobilbox des K einschaltete. Y wollte aber keine Nachricht hinterlassen und schloss die Tastaturklappe seines Telefons, um das Gespräch zu beenden. Aus Versehen unterließ er es, die Taste zur Gesprächsbeendigung zu drücken. Daher wurde bis zum automatischen Ende der Mobilboxaufzeichnung nach sieben Minuten das Gespräch mit seinem Beifahrer übertragen und von der Polizei aufgezeichnet. Aus dem Gespräch ergaben sich Indizien für die Verabredung eines schweren Raubes. Die Aufzeichnung wurde in der Hauptverhandlung abgespielt und das Landgericht stützte seine Verurteilung des Y wegen Verbrechensverabredung auch auf das abgehörte und aufgezeichnete Gespräch.

Der BGH hatte in einem ähnlich gelagerten Fall unter Geltung des § 100a StPO a.F., der die Überwachung des *Fernmeldeverkehrs* gestattete, die Verwertung eines Raumgespräches in der Hauptverhandlung abgelehnt[193]. Der Festnetzanschluss des in jenem Verfahren Beschuldigten wurde auf Grund einer richterlichen Anordnung abgehört. Nach einem Telefonat hatte einer der Hausbewohner den Hörer nicht richtig aufgelegt, sodass möglich war, die anschließend in dem Raum, in dem das Telefon stand, geführte Unterhaltung mitzuhören und aufzuzeichnen. In diesem Gespräch zog der Beschuldigte die Bilanz aus seinen bisherigen Heroingeschäften. Die Unverwertbarkeit des Raumgespräches begründete der BGH zutreffend damit, dass der damals von § 100a verwendete Terminus „Fernmeldeverkehr" außer dem eigentlichen Gespräch nur die damit notwendigerweise unmit- 332

---

[191] *Beulke*, Jura 1986, 642, 643 f.; *Joecks*, JA 1983, 59, 60; *Meyer-Goßner*, § 100a Rn. 10. A.A. *Duttge*, JZ 1999, 261, 264. Ausführlich zu dieser Problematik *Kühne*, StV 1998, 685, 686.
[192] BGHSt 33, 347, 350; BGH, NStZ 1988, 562 f.; *Beulke*, Jura 1986, 642, 644 f.; *Joecks*, JA 1983, 59, 60.
[193] BGHSt 31, 296 ff.

telbar verbundenen Vorgänge umfasse, z.B. das Anwählen und wohl auch Gespräche, die der Fernsprechteilnehmer während des Telefonates mit anderen im Raum anwesenden Personen führt[194], nicht dagegen Unterhaltungen, die ohne Inanspruchnahme einer Fernsprecheinrichtung im häuslichen Bereich geführt werden. Das Raumgespräch durfte deshalb nicht aufgezeichnet werden. Das Verbot der Verwertung der Aufzeichnung folgerte der BGH daraus, dass es sich um ein Gespräch im Familienkreis handelte, das dem unantastbaren Bereich der privaten Lebensgestaltung und damit dem absoluten Schutz des Grundrechts aus Art. 2 I i.V. mit Art. 1 I GG unterfällt. – *Fallsammlung Rn. 513-519.* –

333 In unserem Beispiel gelangte der BGH zu dem gegenteiligen Ergebnis mit der Begründung, der Begriff „Telekommunikation" sei inhaltsgleich mit der Legaldefinition des § 3 Nr. 22 Telekommunikationsgesetz (TKG) und unterscheide sich von dem früher verwendeten Terminus Fernmeldeverkehr dadurch, dass er „die Vorgänge des Aussendens, Übermitteln und Empfangens von Nachrichten jeglicher Art, also grundsätzlich den gesamten Datenverkehr mittels Telekommunikationsanlagen" umfasse. Auch Vorgänge, die sich im konkreten Fall nicht mit aktuellem Willen oder Wissen der betroffenen Person vollziehen, seien Telekommunikation[195]. Dieser – formalen – Argumentation hält die Literatur[196] überzeugend entgegen, dass der Telekommunikationsbegriff des TKG anderen Zwecken dient als der des § 100a, der die Strafverfolgungsorgane zu einem Eingriff in Art. 10 GG ermächtigt. Diese Funktion erfordert eine Auslegung, die diesen Grundrechtsbezug berücksichtigt. In persönlicher Hinsicht schützt Art. 10 GG die an dem Telekommunikationsvorgang Beteiligten und wer daran beteiligt ist, bestimmt der Initiator des Vorgangs. Telekommunikation erfordert folglich nicht nur, dass der Übermittlungsvorgang wissentlich in Gang gebracht wird, sondern auch, dass der Initiator die Verbindung wissentlich zum Zweck der Nachrichtenübermittlung einsetzen will. Daran fehlte es hier jedoch, da Y meinte, die Telefonverbindung beendet zu haben. Aus der Unzulässigkeit der Aufzeichnung des Raumgespräches folgt nach Auffassung des BGH in unserem Fall jedoch kein Verwertungsverbot, da die Abwägung der Gesamtumstände (siehe dazu *Rn. 784*) ein Überwiegen des staatlichen Strafverfolgungsinteresses gegenüber dem Persönlichkeitsrecht des Betroffenen, da es sich – anders als in dem Fall BGHSt 31, 296 – nicht um ein Gespräch im höchstpersönlichen Lebenskreis des Y handelte und die Aufzeichnung zudem auf legalem Weg zu erlangen gewesen wäre, nämlich durch eine Maßnahme nach § 100c I Nr. 2, die von den Polizeibeamten als Ermittlungspersonen der Staatsanwaltschaft bei Gefahr im Verzug zulässigerweise hätte angeordnet werden dürfen[197].

334 Die durch eine Überwachung der Telekommunikation gewonnenen personenbezogenen Informationen dürfen **in anderen Strafverfahren** nur verwendet werden, wenn sie ebenfalls eine Katalogtat des § 100a zum Gegenstand haben (§ 100b

---

[194] OLG Düsseldorf, NJW 1995, 975, 976. A.A. *Meyer-Goßner*, § 100a Rn. 1.
[195] BGH, NJW 2003, 2034 f.
[196] *Braum*, JZ 2004, 128, 130; *Fezer*, NStZ 2003, 625 ff.; *Weßlau*, StV 2003, 483, 484.
[197] BGH, NJW 2003, 2034, 2035 f. A.A. *Braum*, JZ 2004, 128, 130 f.; *Fezer*, NStZ 2003, 625, 628 ff.; *Weßlau*, StV 2003, 483, 484.

§ 6 Geregelte grundrechtsbeeinträchtigende Maßnahmen im Ermittlungsverfahren

V). Die für die Strafverfolgung nicht mehr benötigten Unterlagen müssen gemäß § 100b VI unverzüglich unter Aufsicht der Staatsanwaltschaft **vernichtet** werden. Die Betroffenen sind von der Telekommunikationsüberwachung nach Maßgabe des § 101 I nachträglich zu **unterrichten**.

Die Befugnis zur Anordnung steht dem Ermittlungsrichter zu, bei Gefahr im Verzug auch der Staatsanwaltschaft (§ 100b I 1, 2). Die in Eilkompetenz getroffene Anordnung der Staatsanwaltschaft tritt automatisch nach drei Tagen außer Kraft, wenn sie nicht durch den Richter bestätigt wird (§ 100b I 3). Die richterliche Anordnung ist zeitlich auf höchstens drei Monate zu begrenzen, sie kann aber – auch mehrfach – verlängert werden, jeweils aber wiederum um höchstens drei Monate (§ 100b II 4,5). Liegen die Voraussetzungen des § 100a nicht mehr vor, so ist die Maßnahme gemäß § 100b IV 1 unverzüglich zu beenden. 335

(b) Technische Überwachung

§§ 100g/h regeln die **Auskunft über Telekommunikationsverbindungsdaten**. Die Vorschriften ersetzten zum 01.01.2002 die Vorgängerregelung des § 12 Fernmeldeanlagengesetz (FAG)[198], welche die sich aus der Digitalisierung ergebende Fülle von Auskunftsmöglichkeiten der Telekommunikationsdienstleister an die Strafverfolgungsbehörden über Verbindungsdaten nicht mehr zeitgemäß erfasste. Die Geltungsdauer der §§ 100g/h war ursprünglich bis zum 31.12.2004 begrenzt, da bis dahin ein „harmonisches System der strafprozessualen heimlichen Ermittlungsmethoden" geschaffen werden sollte[199]. Da dieses Vorhaben nicht umgesetzt wurde, ist die Geltungsdauer bis zum 31.12.2007 verlängert worden[200]. 336

Im Gegensatz zu §§ 100a geht es in § 100g nicht um den Inhalt der Telekommunikation, sondern um die Feststellung technischer Daten[201] („kleine Telefonüberwachung"[202]). Die in § 100g III abschließend aufgezählten Telekommunikationsverbindungsdaten (z.B. Kartennummer, Standortkennung (*Rn. 341 f.*), Rufnummer oder Kennung, z.B. elektronische Gerätekennung von Mobiltelefonen und IP-Adresse von Computern[203], des anrufenden oder angerufenen Anschlusses, Beginn und Ende der Verbindung, in Anspruch genommene Telekommunikationsdienstleistung), über die von denjenigen, die **geschäftsmäßig Telekommunikationsdienste erbringen** (vgl. § 3 Nr. 5 TKG), unverzüglich Auskunft zu erteilen ist, werden von Dienstanbietern ohnehin erhoben, verarbeitet und genutzt, stehen also legal zur Verfügung[204]. Da § 100g III Nr. 1 die Auskunftserteilung auf die dort genannten Daten nur „im Falle der Verbindung" und bezogen auf „den anrufenden und angerufenen Anschluss" zulässt, darf nach dieser Vorschrift kein Bewegungs- 337

---

[198] Siehe dazu z.B. BGH, NStZ 1993, 192, mit Anm. *Klesczewski*, NStZ 1993, 446; BGH, StV 1993, 1998, 173.
[199] BR-Drucks. 702/01, S. 10 f.
[200] Gesetz vom 09.12.2004, BGBl. I 2004, S. 3231.
[201] *Meyer-Goßner*, § 100g Rn. 3; *Welp*, GA 2002, 535, 552.
[202] *Wolter*, in: SKStPO, § 100g Rn. 1.
[203] Die Pflicht des Internet-Providers zur Auskunft über Name und Anschrift des hinter einer IP-Adresse stehenden Endgerätenutzers soll sich nicht aus § 100g ergeben, sondern aus § 113 I 1 TKG, LG Stuttgart, NStZ 2005, 285 f.
[204] BT-Drucks. 14/7008, S. 6 f.; *Wohlers/Demko*, StV 2003, 241, 242.

bild anhand der Verbindungsdaten eines im „Stand by"-Betrieb befindlichen Mobilfunkgerätes erstellt werden[205] (näher dazu *Rn. 341 f.*).

338 Die Auskunftspflicht besteht unter relativ engen Voraussetzungen. § 100g I 1 setzt den **begründeten Verdacht einer erheblichen Straftat**, insbesondere einer Katalogtat des § 100a S. 1 oder einer Straftat, die mittels einer Endeinrichtung im Sinne des § 3 Nr. 3 TKG (z.B. Telefon, PC) begangen wurde[206], und die **Erforderlichkeit** der Auskunft für die Untersuchung voraus[207]. Diese Anordnungsvoraussetzungen gelten nach Auffassung des BVerfG[208] auch für das Auslesen der in den Einzelverbindungsnachweisen der Telekommunikationsdienstleister oder in elektronischen Speichern der SIM-Karte oder des Mobiltelefons aufgezeichneten oder gespeicherten Verbindungsdaten. Die allgemeinen Beschlagnahmevoraussetzungen (*Rn. 383*) genügen deshalb für die Beschlagnahme dieser Datenträger mit dem Ziel der Offenbarung der Verbindungsdaten nicht. Nicht ausdrücklich geregelt ist die Art und Weise der Auskunftserteilung; §§ 100g, 100h enthalten jedoch die konkludente Ermächtigung zur Anordnung der erforderlichen Begleitmaßnahmen, z.B. der Übermittlung der Verbindungsdaten auf elektronischen Datenträgern[209]. § 100g I 3 erstreckt – anders als § 12 FAG – den Auskunftsanspruch auch auf Daten zukünftiger Verbindungen. Dadurch sollen „Kettenanordnungen", d.h. wiederholt in kurzen Zeitabständen in die Vergangenheit gerichtete Auskunftsverlangen, vermieden werden[210]. Der Kreis der von der Auskunft betroffenen Personen (§ 100g I 2) entspricht dem des § 100a S. 2 (Beschuldigter, „Nachrichtenmittler", Personen, deren Anschluss der Beschuldigte benutzt; vgl. *Rn. 330*). Strengere Voraussetzungen gelten nach § 100g II für die sog. **Zielwahlsuche**, mittels derer die Anschlussnummern ermittelt werden, von denen aus in dem Auskunftszeitraum Telekommunikationsverbindungen zu einem bekannten Anschluss – der in § 100g I 2 – genannten Personen hergestellt worden sind. Da im Rahmen der Ermittlung der herauszugebenden Verbindungsdaten auch viele Telekommunikationsverbindungen Unverdächtiger einbezogen werden[211], ist diese Maßnahme nur zulässig, wenn die Erforschung des Sachverhalts oder die Ermittlung des Aufenthaltsortes des Beschuldigten auf andere Weise aussichtslos oder wesentlich erschwert wäre (strenge Subsidiaritätsklausel)[212].

339 Die **Anordnungsbefugnisse** sind wie bei der Inhaltsüberwachung nach § 100a geregelt, da § 100h I 3 auf § 100b I, II 1 und 3 verweist (vgl. *Rn. 335*). Die Auskunftserteilung ist also vom Ermittlungsrichter anzuordnen; die Notkompetenz liegt bei der Staatsanwaltschaft, deren Anordnung binnen drei Tagen außer Kraft tritt, wenn sie nicht vom Richter bestätigt wird. Die Anordnung einer in die Zu-

---

[205] BT-Drucks. 14/7258, S. 4; *Demko*, NStZ 2004, 57 ff.; *Meyer-Goßner*, § 100g Rn. 5.
[206] Der Verdacht einer abstrakt schweren Katalogtat muss auch im konkreten Fall besonders schwer wiegen, BVerfGE 107, 299, 322.
[207] Hierzu *Hilger*, GA 2002, 229.
[208] BVerfG, NJW 2005, 1637, 1640, mit krit. Anm. *Hauschild*, NStZ 2005, 339 f.
[209] BGH (Ermittlungsrichter), NStZ 2005, 278 f.
[210] BT-Drucks. 14/7008, S. 7.
[211] BT-Drucks. 14/7008, S. 7.
[212] Zu den Bedenken gegen diese Regelung *Welp*, GA 2002, 535, 545; *Weßlau*, ZStW 113 (2001), 690; *Wohlers/Demko*, StV 2003, 241, 247.

kunft gerichteten Auskunftserteilung ist auf maximal drei Monate zu befristen, sie kann aber – auch mehrfach – verlängert werden[213].

Gemäß § 100h II darf die **Auskunftserteilung nicht angeordnet werden**, soweit davon Verbindungen von und zu Personen, denen die Zeugverweigerungsrechte nach § 53 I Nr. 1, 2, 4 zustehen (Geistliche, Verteidiger, Mitglieder gesetzgebender Körperschaften), betroffen sind. Im Zeitpunkt der Anordnung wird sich jedoch häufig nicht absehen lassen, ob der von der Auskunftserteilung Betroffene eine Verbindung zu einer Person aus diesem Kreis herstellen bzw. ob ein Zeugnisverweigerungsberechtigter mit dem Betroffenen in Kontakt treten wird[214]. Deshalb errichtet § 100h I 1, 2. Teilsatz ein **Verwertungsverbot** für erteilte Auskünfte. Verwertet werden dürfen die Verbindungsdaten jedoch dann, wenn der Zeugnisverweigerungsberechtigte einer Teilnahme, Begünstigung, Strafvereitelung oder Hehlerei verdächtig ist (§ 100h II 2). Verbindungsdaten des Verteidigers sind allerdings davon auszunehmen[215] (siehe schon *Rn. 330*).

340

(c) Aufenthaltermittlung mittels Standortkennung eines Mobiltelefons

Ein eingeschaltetes Mobiltelefon stellt ständig, also nicht nur, wenn damit telefoniert wird, eine Verbindung zu der nächstgelegenen Funkzelle her, um erreichbar zu sein. Werden diese Positionsmeldungen aufgezeichnet, lässt sich ein komplettes **Bewegungsbild** desjenigen, der das Telefon bei sich führt, erstellen[216].

341

> **Beispiel:** Staatsanwalt S ermittelte gegen A wegen des Verdachts der gewerbsmäßigen Handels mit Betäubungsmitteln. S beantragte bei dem Ermittlungsrichter E die Anordnung der Überwachung des Mobiltelefons des A einschließlich der Positionsmeldungen des Telefons, auch wenn A nicht telefoniert, um festzustellen, ob sich A an Orte begab, von denen bekannt war, dass dort Rauschgifthandel betrieben wurde. E entsprach diesem Antrag.

Ob der Aufenthalt eines Beschuldigten mittels der Standortkennung seines im „Stand by"-Betrieb befindlichen Mobiltelefons festgestellt werden darf, ist heftig umstritten. Außer Zweifel steht lediglich, dass diese Maßnahme wegen ihrer Eingriffsintensität nicht auf die Befugnisgeneralklauseln der §§ 161 I 1, 163 I 2 (*Rn. 133 ff., 144 ff.*) gestützt werden kann, sondern einer Spezialermächtigung bedarf. Die wohl h.M.[217] wendet § 100a an, da zur Überwachung der Telekommunikation auch die Aufzeichnung der Standortkennung gehöre. Die – zutreffende – Gegenmeinung in der Literatur[218] hält diese Maßnahme mangels Eingriffsermäch-

342

---

[213] Zu der Gefahr einer „Dauerobservation" *Wohlers/Demko*, StV 2003, 241, 244.
[214] *Meyer-Goßner*, § 100h Rn. 9.
[215] *Welp*, GA 2002, 535, 548, 550 f.; *Wolter*, in: SKStPO, § 100h Rn. 11; offen gelassen von *Meyer-Goßner*, § 100h Rn. 5.
[216] Zu den technischen Möglichkeiten *Altkämper*, Kriminalistik 1998, 202 ff.; *Deckers*, StraFo 2002, 109, 118; *Welp*, GA 2002, 535, 553; *Weßlau*, ZStW 113 (2001), 681, 688.
[217] BGH (Ermittlungsrichter), StV 2001, 214; LG Aachen, StV 1999, 590; LG Dortmund, NStZ 1998, 577; LG Ravenburg, NStZ-RR 1999, 84; *Altkämper*, Kriminalistik 1998, 202, 206; 2001, 427; *Bar*, MMR 2001, 443, 444.
[218] *Bernsmann*, NStZ 2002, 103 f.; *Bernsmann/Jansen*, StV 1999, 590; *Demko*, NStZ 2004, 57, 59; *Wohlers/Demko*, StV 2003, 241, 247.

tigung für unzulässig. Jedenfalls die Einfügung des § 100g hat der h.M. die Grundlage entzogen, indem das Gesetz nunmehr die Überwachung des Inhalts der Telekommunikation (§ 100a) und der Telekommunikationsverbindungsdaten (§ 100g) unterscheidet. Die Ermittlung des Aufenthaltsortes des Beschuldigten anhand der Standortkennung ist somit nur nach Maßgabe des § 100g zulässig. Da die Standortkennung jedoch nach § 100g III Nr. 1 allein „im Falle der Verbindung" zu den Telekommunikationsverbindungsdaten gehört, die der Auskunftspflicht unterliegen, scheidet die Vorschrift als Eingriffsermächtigung aus. § 100i ist ebenfalls nicht einschlägig, da die Vorschrift lediglich den Einsatz eines bestimmten technischen Mittels zur Ermittlung des Standortes eines aktiv geschalteten Mobiltelefons gestattet (dazu *Rn. 355 ff.*), also nicht die Überwachung der Telekommunikationsverbindungsdaten. – *Fallsammlung Rn. 247-253* –

2. Überwachung der Telekommunikation und des Postverkehrs nach dem „G 10"

343 Im Strafverfahren dürfen in nicht unerheblichem Umfang auch bestimmte Erkenntnisse, die aus der Überwachung der Telekommunikation und des Postverkehrs durch die **Verfassungsschutzbehörden**, das **Amt für den Militärischen Abschirmdienst** (MAD) und den **Bundesnachrichtendienst** (BND) stammen, verwertet werden. Die Regelungen finden sich nicht in der StPO, sondern im Gesetz zu Artikel 10 Grundgesetz (G 10)[219], dessen derzeitige Fassung aus dem Jahr 2001 stammt. Die Novellierung berücksichtigt die Vorgaben des BVerfG, das insbesondere die lückenhaften Regelungen der „verdachtlosen Rasterfahndung" und der Voraussetzungen der Übermittlung der gewonnenen Erkenntnisse an die Strafverfolgungsbehörden gerügt hatte[220]. Dennoch bestehen gegen die Vermengung nachrichtendienstlicher Aufgaben und Befugnisse mit solchen der polizeilichen Gefahrenabwehr und Strafverfolgung grundsätzliche Bedenken.

(a) Individualmaßnahmen

344 Nach § 3 I 1 i.V. mit § 1 I Nr. 1 G 10 kann auf Antrag der Nachrichtendienste – in den Grenzen des § 3 II G 10 – zur Abwehr von drohenden Gefahren für die freiheitlich demokratische Grundordnung, den Bestand oder die Sicherheit des Bundes und der Länder sowie die Sicherheit der in Deutschland stationierten – auch ausländischen – Streitkräfte die Überwachung und Aufzeichnung der Telekommunikation sowie die Öffnung von Sendungen, die dem Brief- oder Postgeheimnis unterliegen, und die Kenntnisnahme von ihrem Inhalt angeordnet werden, wenn tatsächliche Anhaltspunkte für den Verdacht[221] vorliegen, dass eine Straftat aus dem Katalog des § 3 I 1 G 10 (bestimmte **Staatsschutzdelikte, §§ 129a-130 StGB; § 95 I Nr. 8 Aufenthaltsgesetz;** soweit sie sich gegen die freiheitlich demokratische Grundordnung, den Bestand oder die Sicherheit des Bundes oder eines Landes richten auch **Mord, Totschlag, erpresserischer Menschenraub,**

---

[219] *Sartorius* Nr. 7
[220] BVerfGE 100, 313 ff.; siehe dazu auch *Huber*, NJW 2001, 3296 ff.
[221] Es genügt das Vorliegen eines einfachen Anfangsverdachts, *Huber*, NJW 2001, 3296, 3297; *Meyer-Goßner*, § 98a Rn. 7.

Geiselnahme, Brandstiftungsdelikte und bestimmte gemeingefährliche Straftaten) geplant ist, begangen wird oder begangen worden ist. Die Anordnung einer solchen Maßnahme setzt gemäß § 3 II 1 G 10 voraus, dass die Erforschung des Sachverhalts auf andere Weise aussichtslos oder wesentlich erschwert wäre (strenge Subsidiaritätsklausel). Zulässig ist sie gemäß § 3 II 2 G 10 nur gegen den Verdächtigen oder Personen, bei denen der durch Tatsachen konkretisierte Verdacht besteht, dass sie Nachrichtenmittler (*Rn. 330*) sind oder der Verdächtige ihren Telekommunikationsanschluss benutzt. Abgeordnetenpost ist grundsätzlich geschützt (§ 3 II 4 G 10).

Die aus der Individualkontrolle erlangten personenbezogenen Daten dürfen nach § 4 IV Nr. 2 G 10 zur **Verfolgung von Straftaten übermittelt** werden, also an die Staatsanwaltschaft oder die Polizei, wenn bestimmte Tatsachen den Verdacht begründen, dass jemand eine Straftat aus dem Katalog des § 3 I oder des § 7 IV 1 G 10 (z.B. Geldwäsche, Straftaten nach dem AWG, KWKG oder BtMG, aber auch Raub oder räuberische Erpressung) begangen hat.

345

(b) Strategische Beschränkungsmaßnahmen (verdachtlose Rasterfahndung)

Auf Antrag des BND kann gemäß § 5 I 1 G 10 darüber hinaus die strategische (d.h. nicht auf bestimmte Personen abzielenden) Kontrolle der internationalen Telekommunikation **ohne konkreten Verdacht** zum Zwecke der rechtzeitigen Entdeckung und Abwehr der in dem Katalog des § 5 I 3 G 10 genannten Taten („verdachtlose Rasterfahndung")[222] angeordnet werden. Es handelt sich dabei um eine **computergesteuerte Überwachung**, die **mit Hilfe von Suchbegriffen** aus der Vielzahl der überwachten Telekommunikationsbeziehungen solche herausfiltern soll, die möglicherweise relevante Informationen enthalten. Die Daten dürfen nach § 7 IV 2 G 10 an die Strafverfolgungsbehörden zur Verfolgung der in § 7 IV 1 G 10 genannten Straftaten übermittelt werden. Die Daten unterliegen einer strengen Zweckbindung (§ 7 VI 1 G 10). Sie sind von der empfangenden Stelle unverzüglich zu löschen, wenn sie nicht mehr benötigt werden (§ 7 VI 3 i.V. mit § 6 I 2, 3 G 10).

346

(c) Maßnahmen zur Abwehr einer Leibes- oder Lebensgefahr im Ausland

Auf Antrag des BND darf gemäß § 8 I 1 G 10 zudem die Überwachung und Aufzeichnung der Telekommunikation angeordnet werden, wenn dies erforderlich ist, um eine im Einzelfall bestehende Gefahr für Leib oder Leben einer Person im Ausland abzuwehren, und durch die Gefahr Belange der Bundesrepublik Deutschland unmittelbar in besonderer Weise berührt sind. Die Regelung soll es insbesondere ermöglichen, dass die Bundesregierung bei der Entführung eines Deutschen oder einer in Deutschland ansässigen Person im Ausland für ein rasches Ende der Geiselnahme sorgen kann[223]. Die Übermittlung der erlangten Daten zum Zweck der Verfolgung von Straftaten, die zur Entstehung oder Aufrechterhaltung dieser Gefahr beigetragen haben, gestattet § 8 VI 2 G 10.

347

---

[222] Näher dazu *Arndt*, NJW 1995, 169 ff.; *Riegel*, ZRP 1995, 176 ff.
[223] BT-Drucks. 14/5655, S. 22.

(d) Anordnungsbefugnis

348 Alle Beschränkungen nach dem G 10 bedürfen der Anordnung auf Antrag des zuständigen Nachrichtendienstes (§ 9 G 10). Über Anträge der Landesverfassungsschutzämter entscheidet die zuständige oberste Landesbehörde (in der Regel der Innenminister), im Übrigen ein vom Bundeskanzler beauftragtes Bundesministerium (§ 10 I G 10). Zum Teil ist darüber hinaus die Zustimmung parlamentarischer Kontrollgremien erforderlich (§§ 1 II, 5 I 2, 8 II 1 G 10).

Kontrollfragen

1. Ist im Rahmen einer Telefonüberwachung die Aufzeichnung eines Raumgesprächs zulässig? (Rn. 331 ff.)
2. Unter welchen Voraussetzungen darf die Auskunft über Telekommunikationsverbindungsdaten angeordnet werden? (Rn. 338)
3. Darf mittels der Standortkennung seines Mobiltelefons ein „Bewegungsbild" des Beschuldigten erstellt werden? (Rn. 342)
4. Dürfen im Strafverfahren Erkenntnisse verwertet werden, die von den Geheimdiensten durch eine Überwachung der Telekommunikation erlangt wurden? (Rn. 344 ff.)

Literatur

Bär, Die Überwachung des Fernmeldeverkehrs – Strafprozessuale Eingriffsmöglichkeiten in den Datenverkehr, CR 1993, 578.
Beulke, Überwachung des Fernsprechanschlusses eines Verteidigers, Jura 1986, 642.
Braum, Expansive Tendenzen der Telekommunikationsüberwachung, JZ 2004, 128.
Demko, Die Erstellung von Bewegungsbildern mittels Mobiltelefon als neuartige strafprozessuale Observationsmaßnahme, NStZ 2004, 57.
Fezer, Überwachung der Telekommunikation und Verwertung eines „Raumgesprächs", NStZ 2003, 625.
Huber, Das neue G 10-Gesetz, NJW 2001, 3296
Joecks, Die strafprozessuale Telefonüberwachung, JA 1983, 59.
Thommes, Verdeckte Ermittlungen im Strafprozeß aus der Sicht des Datenschutzes, StV 1997, 657.
Wohlers/Demko, Der strafprozessuale Zugriff auf Verbindungsdaten (§§ 100g, 100h StPO), StV 2003, 241.

X Einsatz technischer Mittel und Observation

349 Das OrgKG verschaffte 1992 dem – heimlichen – Einsatz technischer Mittel, der auch vorher häufig praktiziert wurde, aber nur bruchstückhaft (§§ 81b, 100a) geregelt war, durch die Einfügung der §§ 100c, 100d StPO *a.F.* eine gesetzliche

Grundlage. Das Gesetz zur Verbesserung der Bekämpfung der Organisierten Kriminalität führte 1998 – nach der erforderlichen Änderung des Art. 13 GG – den „großen Lauschangriff", d.h. die akustische Wohnraumüberwachung ein (§§ 100c I Nr. 3, 100e/f StPO *a.F.*). 2002 kam § 100i, der den Einsatz eines speziellen Mittels zur Ermittlung des Standortes eines Mobiltelefons erlaubt, hinzu. Eine Umgestaltung erfuhr der recht unübersichtliche Regelungskomplex, der die Anordnung der verschiedenen Mittel von unterschiedlich strengen Voraussetzungen und Subsidiaritätsklauseln abhängig macht, durch das Gesetz vom 24.06.2005[224] zur Umsetzung des Urteils des Bundesverfassungsgerichts vom 03.03.2004, in dem es die ursprüngliche Regelungen der akustischen Wohnraumüberwachung für verfassungswidrig erklärt hatte (dazu *Rn. 362*).

1. Lichtbilder und Bildaufzeichnungen

Fotos, Film- und Videoaufnahmen des **Beschuldigten** dürfen gemäß § 100f I Nr. 1, III 1 (§ 100c I Nr. 1a, II 1 *a.F.*) ohne Beschränkung auf einen bestimmten Straftatenkatalog bei Vorliegen eines einfachen Anfangsverdachts heimlich angefertigt werden, wenn die Erforschung des Sachverhalts oder die Ermittlung des Aufenthaltsortes des Täters sonst weniger erfolgversprechend oder erschwert wäre (einfache Subsidiaritätsklausel). Bildaufzeichnungen des Beschuldigten, der sich in einer Wohnung befindet, sind nur dann zulässig, wenn sie ohne weiteres einsehbar ist[225]. Vor Einfügung des § 163f durch das StVÄG 1999 im Jahre 2000 stützte die Rechtsprechung nicht nur kurzfristige Beobachtungen, sondern auch längerfristige Observationen unter Einsatz von Bildaufzeichnungsgeräten auf § 100c I Nr. 1a[226]. Nunmehr gelten aber für die Anordnung einer Observation, die durchgehend länger als 24 Stunden dauert oder an mehr als zwei Tagen stattfindet, die Voraussetzungen des § 163f. (*Rn. 370 ff.*).

350

Gezielte Bildaufnahmen eines **Nichtverdächtigen** sind ohne dessen Wissen nach § 100f III 2 (§ 100c II 2 *a.F.*) nur zulässig, wenn die Aufklärung durch andere Maßnahmen erheblich weniger Erfolg versprechend oder wesentlich erschwert wäre (qualifizierte Subsidiaritätsklausel). Sind Dritte durch eine Bildaufnahme des Beschuldigten oder eines Nichtverdächtigen unvermeidbar mitbetroffen, so hindert dies gemäß § 100f IV (§ 100c III *a.F.*) die Durchführung der Maßnahme nicht, d.h., es gelten – nur – die Voraussetzungen des gezielten Einsatzes.

351

Eine ausdrückliche Regelung der Kompetenz für die Anordnung von Bildaufnahmen existiert nicht. § 100d I gilt nur für das Abhören und Aufzeichnen des nichtöffentlich gesprochenen Wortes, sodass die Staatsanwaltschaft auf Grund ihrer allgemeinen Verfahrensherrschaft gemäß § 161 I 1 und die Polizei im ersten Zugriff gemäß § 163 I 2 zur Anordnung befugt sind (*Rn. 125, 147 – Fallsammlung Rn. 260-263 –*). Bei längerfristigen Observationen ist § 163f III zu beachten; die Anordnungskompetenz liegt also bei der Staatsanwaltschaft, bei Gefahr im Verzug

352

---

[224] BGBl. I 2005, 1841; zu der Neuregelung *Löffelmann*, NJW 2005, 2033 ff.
[225] *Eisenberg*, NStZ 2002, 638 ff.
[226] BGH, StV 1998, 169 f. A.A. *Bernsmann/Jansen*, StV 1998, 217, 223, 229.

auch bei ihren Ermittlungspersonen, die aber unverzüglich die Zustimmung der Staatsanwaltschaft einholen müssen.

2. Sonstige technische Mittel zur Observation

353 § 100f I Nr. 2 (§ 100c I Nr. 1b *a.F.*) gestattet den Einsatz sonstiger technischer Mittel zu Observationszwecken (z.B. Nachtsichtgeräte, Peilsender, Bewegungsmelder). Auch das „Global Positioning System" (GPS), ein satellitengestütztes Ortungssystem, das es ermöglicht, nach dem – verdeckten – Einbau eines Empfängers die Bewegungen und Standzeiten eines Kraftfahrzeuges zu verfolgen und aufzuzeichnen, gehört nach zutreffender h.M. zu diesen Mitteln[227]. § 100f I Nr. 2 enthält zwar keine ausdrückliche Regelung darüber, welche Maßnahmen zulässig sind, um den Empfänger in das Fahrzeug einzubauen. Der BGH entnimmt der Vorschrift aber eine „Annexkompetenz" zur Vornahme geringfügiger Eingriffe in den Rechtskreis des Betroffenen, sodass z.B. ein Pkw heimlich geöffnet oder kurzzeitig in eine Werkstatt verbracht werden darf[228]. Mehrere Observationsmaßnahmen, z.B. Video- und GPS-Überwachung, dürfen grundsätzlich kumuliert werden, eine lückenlose Totalüberwachung wäre jedoch unverhältnismäßig[229]. Bei einer längerfristigen Observation unter Einsatz technischer Mittel gilt ebenfalls daneben § 163f. – *Fallsammlung Rn 365-383.* –

354 Technische Observationsmittel dürfen gegen den **Beschuldigten** bei Vorliegen eines Anfangsverdachts wegen einer Straftat von erheblicher Bedeutung, d.h. mindestens einer solchen der mittleren Kriminalität[230], eingesetzt werden. Die einfache Subsidiaritätsklausel ist auch hier zu beachten. Der gezielte Einsatz gegen **Dritte** ist gemäß § 100f III 3 zulässig, wenn auf Grund bestimmter Tatsachen anzunehmen ist, dass sie mit dem Beschuldigten in Verbindung stehen oder eine solche Verbindung hergestellt wird (**Kontaktpersonen**) und die Maßnahme zur Erforschung des Sachverhalts oder Ermittlung des Aufenthaltsorts führen wird, und nur dann, wenn die Aufklärung durch andere Maßnahmen aussichtslos oder wesentlich erschwert wäre (strenge Subsidiaritätsklausel). Hinsichtlich der Anordnungskompetenz gilt das zu § 100f I Nr. 1 Gesagte (*Rn. 352.*). Die betroffenen Personen müssen nach § 101 I unter den dort genannten Voraussetzungen nachträglich von der Durchführung benachrichtigt werden.

3. „IMSI-Catcher"

355 § 100i erlaubt den Einsatz eines **besonderen technischen Mittels**, des sog. IMSI Catchers, zum Zweck der Geräte- und Kartenkennung sowie der Ermittlung des Standortes eines Mobilfunkendgerätes. Zur Verkehrsabwicklung in den Mobil-

---

[227] BGHSt 46, 266, 271; OLG Düsseldorf, StV 1998, 268 ff.; *Lemke*, in: HKStPO, § 100c Rn. 12; *Pfeiffer*, § 100c Rn. 3; *Steinmetz*, NStZ 2001, 344. A.A. *Bernsmann*, StV 2001, 382, 384; *Comes*, StV 1998, 569 ff.
[228] BGHSt 46, 266, 273 f.; ebenso *Nack*, in: KKStPO, § 100c Rn. 14. A.A. *Bernsmann*, StV 2001, 382, 385; *Kühne*, JZ 2001, 1148.
[229] Näher dazu BGHSt 46, 266, 274 ff.; *Steinmetz*, NStZ 2001, 344, 345 f.
[230] *Meyer-Goßner*, § 111c Rn. 3.

funknetzen sind die Endgeräte, also die Mobiltelefone, mit einer Gerätenummer (International Mobile Equipment Identity – IMEI) und die Chipkarten mit einer – unveränderlichen, allein dem Netzbetreiber bekannten und weltweit nur einmal vergebenen – Kartennummer (International Mobile Subscriber Identity – IMSI) versehen[231]. Die IMEI und die IMSI und damit auch der Standort eines Mobiltelefons kann mittels einer speziellen Messtechnik, des „IMSI-Catchers", ermitteln werden[232].

Der Einsatz dieses Mittels ist zum einen zulässig, **zur Vorbereitung einer Maßnahme nach § 100a**, also zur Überwachung der Telekommunikation, die über das Endgerät geführt wird (§ 100i I Nr. 1). Mit den durch den IMSI-Catcher erhobenen Kennungen kann die Rufnummer des Betroffenen durch den Netzbetreiber ermittelt und dann die Telekommunikationsüberwachung vorgenommen werden[233]. Gemäß § 100i II 1 gelten grundsätzlich die Anordnungsvoraussetzungen des § 100a und eine geringfügig veränderte Subsidiaritätsklausel (Unmöglichkeit oder wesentliche Erschwerung der Durchführung der Überwachung; vgl. Rn. 329). Zum anderen darf der Einsatz des IMSI-Catchers gemäß § 100i 1 Nr. 2 **zur Ermittlung des Standortes des Mobiltelefons** angeordnet werden, um den Beschuldigten bei Vorliegen der Voraussetzungen eines Haftbefehls vorläufig festzunehmen (§ 127 II) oder ihn auf Grund eines Haft- oder Unterbringungsbefehls zu ergreifen, sowie zur Eigensicherung der bei der Festnahme oder Ergreifung eingesetzten Polizeibeamten (§ 100i II 3). Die Maßnahme kann nicht nur gegen den Beschuldigten, sondern auch gegen Kontaktpersonen gerichtet sein (§ 100i II 2 i.V. mit § 100f III 2). Einschränkend verlangt § 100i II 2, dass es sich um eine Straftat von erheblicher Bedeutung handelt und die Ermittlung des Aufenthaltsortes des Beschuldigten auf andere Weise weniger erfolgversprechend oder erschwert wäre (einfache Subsidiaritätsklausel).

356

Die – auf maximal sechs Monate zu befristende – Maßnahme ist von dem Ermittlungsrichter anzuordnen, die Notkompetenz besitzt die Staatsanwaltschaft, deren Anordnung allerdings automatisch außer Kraft tritt, wenn sie nicht binnen drei Tagen richterlich bestätigt wird (§§ 100i IV 1, 100b I).

357

4. Abhören und Aufzeichnen des nichtöffentlich gesprochenen Wortes außerhalb der Wohnung

Das Abhören und Aufzeichnen des nichtöffentlich gesprochenen Wortes mittels technischer Mittel (z.B. Richtmikrofone und Aufzeichnungsgeräte) ist gemäß § 100f II 1 (§ 100c I Nr. 2 a.F.) zulässig, wenn bestimmte Tatsachen den Verdacht wegen einer in dem Katalog des § 100a aufgeführten Straftat begründen und – unabhängig davon, ob sich die Maßnahme gegen den Beschuldigten oder Dritten richtet – die Aufklärung durch andere Maßnahmen aussichtslos oder wesentlich erschwert wäre (strenge Subsidiaritätsklausel). Das bloße – zufällige oder gezielte

358

---

[231] *Meyer-Goßner*, § 100i Rn. 1.
[232] *Gercke*, StraFo 2003, 78; *Gundermann*, K&R 1998, 48, 54; *Wolter*, in: SKStPO, § 100g Rn. 10, 19.
[233] *Meyer-Goßner*, § 100i Rn. 1.

– Mithören ohne Einsatz eines technischen Mittels, z.B. eines Gesprächs, das in einer Gaststätte am Nebentisch geführt wird, fällt nicht in den Anwendungsbereich des § 100f II, die strengen Voraussetzungen der Vorschrift gelten also nicht[234]. Da § 100c eine Sonderregelung für das Abhören und Aufzeichnen des in einer Wohnung nichtöffentlich gesprochenen Wortes enthält, gilt § 100f II nur **außerhalb des Schutzbereichs des Art. 13 GG**[235]. § 100f II 1 gestattet deshalb weder das Hineinhorchen von außen in die Wohnung, z.B. mit einem Richtmikrofon, noch – entgegen einer in der Literatur vertretenen Auffassung[236] – das heimliche Abhören und Aufzeichnen eines Gespräches innerhalb des durch Art. 13 GG geschützten Bereichs mittels eines Mikrofons, das ein Verdeckter Ermittler oder eine andere Person am Körper trägt („bemannte Wanze"). Diese Maßnahmen sind somit nur unter den strengeren Voraussetzungen des § 100c zulässig. – *Fallsammlung Rn. 338-340; 347-349; 354-364. –*

359 Trotz Fehlens einer ausdrücklichen gesetzlichen Regelung der zulässigen Maßnahmen zur Vorbereitung und Durchführung des Abhörens, z.B. heimliches Öffnen eines Autos zum Einbau einer „Wanze", sind diese – wie bei § 100f I Nr. 2 (*Rn. 353*) – zulässig[237].

360 Personenbezogene Informationen, die durch eine Maßnahme nach § 100f II 1 erlangt wurden, dürfen **in anderen Strafverfahren** nur verwendet werden, wenn es sich um eine Katalogtat nach § 100a handelt (§ 100f V). Werden die durch die Maßnahme erlangten Unterlagen zur Strafverfolgung nicht mehr benötigt, so sind sie unter Aufsicht der Staatsanwaltschaft unverzüglich zu **vernichten** (§§ 100f II 3, 100b VI).

361 Die Anordnungsbefugnis liegt beim Ermittlungsrichter, bei Gefahr im Verzug bei der Staatsanwaltschaft und ihren Ermittlungspersonen (§ 100f II 2). Die in Eilkompetenz getroffene Anordnung bedarf gemäß §§ 100f II 3, 98b I 2 der unverzüglichen richterlichen Bestätigung; wird sie nicht erteilt, so tritt die Anordnung nach drei Tagen außer Kraft (§§ 100f II 3, 100b I 3).

5. Akustische Wohnraumüberwachung

362 Der schon im Gesetzgebungsverfahren heftig umstrittene[238] „große Lauschangriff" wurde 1998 nach langer Diskussion durch das Gesetz zur Verbesserung der Bekämpfung der Organisierten Kriminalität eingeführt, nachdem Bundestag und Bundesrat zuvor mit der erforderlichen 2/3-Mehrheit einer Änderung des Art. 13

---

[234] *Beulke*, Rn. 265; *Meyer-Goßner*, § 100c Rn. 7.
[235] Der Schutzbereich des Art. 13 GG ist weit. Darunter fallen auch nicht allgemein zugängliche Arbeits-, Betriebs- und Geschäftsräume (z.B. BVerfGE 32, 54, 75 f.), Vorgärten von Wohnungen (BGH, NJW 1997, 2189 f.), Vereinsbüros (BGHSt 42, 372, 375 ff.), Hotelzimmer, Hinterzimmer von Gaststätten usw.
[236] *Hilger*, NStZ 1992, 457, 462.
[237] BGH (Ermittlungsrichter), NJW 1997, 2189; *Janker*, NJW 1998, 269, 270 f. (zu § 100c I Nr. 1b StPO *a.F.*).
[238] Siehe nur *Dittrich* NStZ 1998, 336 ff.; *Leutheusser-Schnarrenberger*, ZRP 1998, 87 ff.; *Lorenz*, GA 1997, 51 ff.; *Meyer/Hetzer*, NJW 1998, 1017, 1029.

GG zugestimmt hatten. Das BVerfG[239] hat 2004 zwar die Einfügung des Art. 13 III GG, der die akustische Wohnraumüberwachung im Strafverfahren unter den dort genannten Voraussetzungen akzeptiert, aber festgestellt, dass die einfachgesetzliche Umsetzung in §§ 100c I Nr. 3, II, III, 100d III *a.F.* in weiten Teilen nicht dem Grundgesetz vereinbar ist, weil diese Regelungen dem unantastbaren Bereich privater Lebensgestaltung und dem Verhältnismäßigkeitsgrundsatz nicht hinreichend Rechnung tragen. Das Gericht gab dem Gesetzgeber auf, bis zum 30. 6. 2005 einen verfassungsgemäßen Rechtszustand herzustellen, und die Anwendung der beanstandeten Normen unter Berücksichtigung des Schutzes der Menschenwürde und des Verhältnismäßigkeitsgrundsatzes bis zu diesem Datum zugelassen. Das Gesetz müsse insbesondere regeln, dass die akustische Wohnraumüberwachung **von vornherein unterbleibt**, wenn Anhaltspunkte für eine Verletzung der Menschenwürde durch einen Eingriff in den Kernbereich der privaten Lebensgestaltung (Gespräche im Familienkreis oder mit bestimmten Vertrauenspersonen) bestehen[240], dass die **Maßnahme abgebrochen wird**, wenn eine Situation eintritt, in der das abgehörte Gespräch diesem Kernbereich zuzurechnen ist[241], und dass die **Verwertung unterbleibt**, wenn ein solches Gespräch dennoch aufgezeichnet wurde[242]. Im Übrigen genüge der Straftatenkatalog des § 100c I Nr. 3 *a.F.* nicht dem **Verhältnismäßigkeitsgrundsatz**, weil er nicht auf Straftaten begrenzt sei, die bei abstrakter Betrachtung besonders schwer im Sinne des Art. 13 III GG sind[243]. Die gesetzliche Umsetzung[244] dieser Forderungen erfolgte kurz vor Ablauf der vom BVerfG eingeräumten Übergangsfrist (*Rn.* 349).

§ 100c I gestattet das Abhören und Aufzeichnen des **in einer Wohnung nichtöffentlich gesprochenen Wortes** nur unter strengen Voraussetzungen, nämlich wenn bestimmte Tatsachen den Verdacht einer in § 100c II aufgeführten – abstrakt – besonders schweren Straftat begründen (Nr. 1), die Tat auch im konkreten Fall besonders schwer wiegt (Nr. 2), auf Grund tatsächlicher Anhaltspunkte anzunehmen ist, dass durch die Überwachung Äußerungen des Beschuldigten erfasst werden, die für die Erforschung des Sachverhalts oder die Ermittlung des Aufenthaltsortes eines Mitbeschuldigten von Bedeutung sind (Nr. 3) und die Erforschung des Sachverhalts oder die Ermittlung des Aufenthaltsorts eines Mitbeschuldigten auf andere Weise unverhältnismäßig erschwert oder aussichtslos wäre (Nr. 4, strenge Subsidiaritätsklausel). Vor der Einfügung der Regelung hatte der „große Lauschangriff" bisweilen durch die „Hintertür" des Polizeirechts Eingang in das Strafverfahren gefunden, indem der in der Mehrzahl der Landespolizeigesetze[245] gestattete Einsatz technischer Mittel zur Erhebung öffentlich nicht zugänglicher Informationen in und aus Wohnungen zu präventiv-polizeilichen Zwecken in un-

363

---

[239] BVerfGE 109, 279 ff.; siehe dazu *Haas*, NJW 2004, 3082 ff.; *Rüthig*, GA 2004, 587 ff.
[240] BVerfGE 109, 279, 312 ff., 314, 315, 319, 320.
[241] BVerfGE 109, 279, 324.
[242] BVerfGE 109, 279, 323, 324.
[243] BVerfGE 109, 279, 315 ff.
[244] Vgl. BT-Drucks. 15/4533.
[245] Siehe *Kutscha*, NJW 1994, 85.

zulässiger Weise[246] – trotz Vorliegens eines Tatverdachts – als Maßnahme der vorbeugenden Verbrechensbekämpfung deklariert wurde und die so gewonnenen Informationen in einem Strafverfahren verwendet wurden. § 100d VI Nr. 3 bestimmt, dass verwertbare Erkenntnisse aus einer präventiven akustischen Wohnraumüberwachung nur zur Aufklärung einer Straftat, auf Grund derer die Maßnahme nach § 100c angeordnet werden könnte, oder zur Ermittlung des Aufenthalts der einer solchen Straftat beschuldigten Person verwendet werden dürfen. (siehe auch §16 III 1, 2 BKAG).

364   Die Abhörmaßnahmen dürfen grundsätzlich nur **gegen den Beschuldigten und in dessen Wohnungen** vorgenommen werden (§ 100c III 1), in Wohnungen **Dritter**, wenn auf Grund bestimmter Tatsachen anzunehmen ist, dass sich der Beschuldigte dort aufhält oder die Überwachung der Wohnung des Beschuldigten allein nicht ausreicht und die Erforschung der Tat oder die Ermittlung des Aufenthaltsorts eines Mitbeschuldigten auf andere Weise unverhältnismäßig erschwert oder aussichtslos wäre (§ 100c III 2). Die unvermeidbare Mitbetroffenheit anderer hindert die Anordnung jedoch nicht (§ 100c III 3). §§ 100c IV-VII, 100d III enthalten einige **Beschränkungen** der akustischen Wohnraumüberwachung. Die Abhörmaßnahme darf nur angeordnet werden, soweit auf Grund tatsächlicher Anhaltspunkte (Art der Räumlichkeit, Verhältnis der zu überwachenden Personen zueinander) anzunehmen ist, dass durch die Überwachung Äußerungen, die zum Kernbereich privater Lebensgestaltung gehören (*Rn. 362*), nicht erfasst werden (§ 100c IV 1). Privatwohnungen dürften danach in aller Regel von einer akustischen Überwachung ausgeschlossen sein, sodass faktisch allein die Überwachung von Betriebs- und Geschäftsräumen in Betracht kommt (vgl. § 100c IV 2). Werden solche geschützten Äußerungen dennoch erfasst, so ist die Abhör- und Aufzeichnungsmaßnahme unverzüglich zu unterbrechen (§ 100c V 1). Bereits erfolgte Aufzeichnungen sind zu löschen und Erkenntnisse dürfen nicht verwertet werden (§ 100c V 2, 3); die Entscheidung über die Verwertbarkeit trifft nicht die Staatsanwaltschaft, sondern das anordnende Gericht (§ 100c VII 1). Eine nach § 100c V 1 unterbrochene Überwachungsmaßnahme darf im Zweifel erst auf Grund einer neuen gerichtlichen Entscheidung fortgesetzt werden (§ 100c V 3). Wohnungen eines **Berufsgeheimnisträgers** (§ 53) dürfen generell nicht abgehört werden (§ 100c VI 1). Ist dennoch abgehört worden, so gilt ein Verwertungsverbot nach § 100c V 2-4 Bei der Entscheidung über die Verwertung von Erkenntnissen, für das Zeugnisverweigerungsrecht eines Angehörigen (§ 52) oder Berufshelfers (§ 53a) gilt, ist das zugrunde liegende Vertrauensverhältnis im Rahmen der Verhältnismäßigkeitsprüfung besonders zu berücksichtigen (§ 100c VI 2). Die Beschränkungen gegenüber den zur Verweigerung des Zeugnisses berechtigten Personen gelten jedoch nicht, wenn sie selbst der Beteiligung oder einer Begünstigung, Strafvereitelung oder Hehlerei verdächtig sind (§ 100c VI 3). Personenbezogene Informationen, auch solche, die durch eine entsprechende polizeirechtliche Maßnahme erlangt wurden (*Rn. 363*), dürfen in einem anderen Strafverfahren nur

---

[246] *Bockemühl*, JA 1996, 695, 698 ff.; *Köhler*, StV 1996, 186 f.; *Staechelin*, ZRP 1996, 430 ff.; *Welp*, NStZ 1995, 602 ff. Der BGH (NJW 1996, 405 f.) billige dagegen dieses Vorgehen.

verwendet werden, wenn es ebenfalls eine Katalogtat des § 100c II betrifft, oder wenn die Informationen der Ermittlung des Aufenthalts der einer solchen Straftat beschuldigten Person dienen (§ 100d VI Nr. 1, 3). § 100d VI Nr. 2 S. 1, 2 lässt zudem die Verwendung zur **Abwehr einer Gefahr** für Leib, Leben oder Freiheit einer Person, für die dort genannten Gegenstände sowie für sonstige bedeutende Vermögenswerte zu.

§ 100c I regelt nicht, welche Maßnahmen zur **Vorbereitung** der Wohnraumüberwachung zulässig sind. Daraus kann jedoch nicht geschlossen werden, dass Beeinträchtigungen der Rechte des Wohnungsinhabers über das Abhören hinaus generell rechtswidrig seien. Das Betreten der Wohnung zur Anbringung der technischen Einrichtungen ist in der Regel eine notwendige Voraussetzung für das Abhören. § 100c I setzt die Zulässigkeit solcher Maßnahmen also offensichtlich voraus. Die Räumlichkeit darf deshalb heimlich geöffnet und betreten werden. Unzulässig ist es dagegen, dass sich die Strafverfolgungsbehörden den Zutritt durch Täuschung erschleichen, z.B. indem sich der Beamte als Hausverwalter oder Handwerker ausgibt. 365

Die Anordnungsbefugnis liegt gemäß § 100d I 1 bei der nach § 74a IV GVG zuständigen **Kammer des Landgerichts**, bei Gefahr im Verzug kann auch der Vorsitzende die Wohnraumüberwachung anordnen (§ 100d I 2); eine in Eilkompetenz angeordnete Maßnahme tritt nach drei Tagen außer Kraft, wenn sie nicht binnen dieser Frist von der Kammer bestätigt wird (§ 100d I 3). Die Anordnung ist auf höchstens einen Monat zu befristen, eine – mehrfache – Verlängerung ist jedoch möglich (§ 100d I 4, 5). Nach sechs Monaten entscheidet jedoch das OLG über weitere Verlängerungen (§ 100d I 6). – *Fallsammlung Rn. 337, 341-346, 350-352.* – 366

§ 100e verpflichtet die Staatsanwaltschaft zur **Berichterstattung** an den jeweiligen Landesjustizminister und die Bundesregierung zur Unterrichtung des Bundestages. 367

Die von der Wohnraumüberwachung Betroffenen (§ 100d VIII 3) sind über die Maßnahme **nachträglich zu informieren** und dabei über die Möglichkeit des nachträglichen Rechtsschutzes (*Rn. 369*) sowie die dafür vorgesehene zweiwöchige Frist hinzuweisen (§ 100d VIII 1, 2, X 1). Ist die Benachrichtigung nicht binnen sechs Monaten nach Beendigung der Maßnahme erfolgt, so hat die Staatsschutzkammer bzw. das mit der Sache befasste Gericht über die weitere Geheimhaltung zu entscheiden (§ 100d IX). 368

Der Beschuldigte und Dritte, deren Wohnung abgehört wurde, können die Rechtmäßigkeit der Maßnahme und die Art und Weise des Vollzugs binnen zwei Wochen **gerichtlich überprüfen** lassen, und zwar auch nach der Erledigung der Maßnahme (§ 100d X). 369

6. Längerfristige Observation

§ 163f, der die Voraussetzungen der **längerfristigen planmäßigen Beobachtung** des Beschuldigten und seiner Kontaktpersonen regelt, wurde durch das StVÄG 1999 in die StPO eingefügt. Solche Observationen wurden auch schon vorher durchgeführt, und zwar auf der Grundlage der polizeilichen Ermittlungsgeneral- 370 klausel, ob diese eine tragfähige Rechtsgrundlage darstellt, war aber zweifelhaft. Kurzfristige Beobachtungen, also solche unterhalb der zeitlichen Grenzen des § 163f I 1, können jedoch nach wie vor auf § 163 I 2 gestützt werden (*Rn. 145*).

371 Gemäß § 163f I 1, 2 darf eine planmäßig angelegte Beobachtung, die länger als 24 Stunden dauert oder an mehr als zwei Tagen stattfindet, gegen den **Beschuldigten** angeordnet werden bei zureichenden tatsächlichen Anhaltspunkten, also nicht schon bei einem bloßen Anfangsverdacht, für eine Straftat von erheblicher Bedeutung, wenn die Erforschung des Sachverhalts oder des Aufenthaltsortes des Täters auf andere Art erheblich weniger Erfolg versprechend oder wesentlich erschwert wäre (qualifizierte Subsidiaritätsklausel). Unter den gleichen Voraussetzung ist nach § 163f I 3 die Observation von Kontaktpersonen (*Rn. 354*) des Beschuldigten zulässig. Der Anordnung steht in beiden Fällen nicht entgegen, dass – unbeteiligte – Dritte unvermeidbar betroffen werden (§ 163f II). Werden Bildaufzeichnungsgeräte oder sonstige technische Mittel zur Observation eingesetzt, so müssen zusätzlich die Voraussetzungen des 100f I Nr. 2, III 1 erfüllt sein (*Rn. 350, 353*).

372 Die Regelzuständigkeit für die Anordnung der längerfristigen Observation liegt bei der Staatsanwaltschaft, die Notkompetenz bei ihren Ermittlungspersonen, die jedoch binnen drei Tagen unverzüglich die Bestätigung der Staatsanwaltschaft einzuholen haben, sonst tritt die Anordnung außer Kraft (§ 163f III). Die Anordnung, die unter Angabe der maßgeblichen Gründe in den Akten zu vermerken ist, ist auf maximal einen Monat zu befristen (§ 163f IV 1). Eine Verlängerung bedarf einer richterlichen Anordnung (§ 163f IV 2).

Kontrollfragen
1. Dürfen heimliche Bildaufzeichnungen des Beschuldigten nach § 100c I Nr. 1a auch dann angefertigt werden, wenn unbeteiligte Dritte unvermeidbar mitbetroffen sind? (Rn. 350)
2. Darf ein Pkw zur Abbringung eines technischen Observationsmittels heimlich geöffnet? (Rn. 353)
3. Welche Wohnungen dürfen generell nicht abgehört werden? (Rn. 362, 364)
4. Welche Vorschriften sind zu beachten, wenn eine längerfristige Observation unter Einsatz eines Bildauszeichnungsgerätes durchgeführt wird? (Rn. 350, 353, 371)

Literatur

Bockemühl, Zur Verwertbarkeit von päventiv-polizeilichen Erkenntnissen aus „Lauschangriffen" im Strafverfahren, JA 1996, 695.
Eisenberg, Zur Unzulässigkeit optischer Ermittlungsmaßnahmen (Observation) betreffend Wohnungen, NStZ 2002, 638.
Haas, Der „Große Lauschangriff" – klein geschrieben, NJW 2004, 3082.
Rüthig, Verfassungsrechtliche Grenzen der heimlichen Datenerhebung aus Wohnungen, GA 2004, 587.

XI Einsatz Verdeckter Ermittler

Der Einsatz Verdeckter Ermittler hat 1992 durch das OrgKG eine gesetzliche Legitimation erfahren. Die Rechtsprechung[247] hatte diese schon vor der Einfügung der §§ 110a-e seit langem praktizierte Ermittlungsmaßnahme auch ohne ausdrückliche Regelung akzeptiert.

373

1. Terminologie

Nach der Legaldefinition des § 110a II handelt es sich bei einem Verdeckten Ermittler (VE) um einen **Polizeibeamten**, der unter einer ihm verliehenen, auf Dauer angelegten veränderten Identität, einer sog. **Legende**, ermittelt. Der VE ist zu unterscheiden von **sonstigen nichtoffen ermittelnden Beamten**, die nur gelegentlich unter Verdeckung ihrer wahren Identität, eventuell unter Verwendung einer Teillegende, strafverfolgend tätig werden[248], z.B. als Scheinaufkäufer von Betäubungsmitteln oder Hehlerware. Entscheidend sind Art und Umfang des Ermittlungsauftrages. Daraus folgt zum einen, dass der Beamte auch dann als VE handelt, wenn er über einen längeren Zeitraum unter Benutzung seiner Legende in einem bestimmten Zusammenhang ermittelt, der Kontakt zu einzelnen Personen jedoch nur kurz ist[249], und zum anderen, dass §§ 110a ff. nicht anwendbar sind, wenn sich die Beteiligung eines VE an einem Ermittlungsverfahren, in das er ansonsten nicht einbezogen ist, auf die Vornahme einer Einzelaktion beschränkt[250]. Der VE ist zudem nicht zu verwechseln mit der **Vertrauensperson** (VP), einer Privatperson, die auf längere Zeit die Strafverfolgungsbehörden vertraulich unterstützt. §§ 110a-e gelten nur für den Einsatz eines VE, sie sind auf VP auch nicht entsprechend anwendbar[251], sodass die Heranziehung der übrigen verdeckt handelnden Personen auf der Grundlage der staatsanwaltschaftlichen bzw. polizeilichen Generalklauseln der §§ 161 I 1, 163 I 2 erfolgt[252].

374

2. Einsatzvoraussetzungen

Ein VE darf eingesetzt werden bei Vorliegen eines Anfangsverdachts wegen einer Straftat von erheblicher Bedeutung auf dem Gebiet der Rauschgift-, Waffen-, Geldfälschungs- und Staatsschutzkriminalität sowie wegen gewerbs-, gewohnheits-, bandenmäßig oder sonst organisiert begangener erheblicher – anderer – Straftaten (§ 110a I 1 Nr. 1-4) und wegen eines Verbrechens, soweit auf Grund bestimmter Tatsachen eine Wiederholungsgefahr besteht (§ 110a I 2). Zu beachten ist die Subsidiaritätsklausel des § 110a I 3, welche den Einsatz nur zulässt, wenn die Aufklärung mit anderen Maßnahmen aussichtslos oder wesentlich erschwert

375

---

[247] BVerfGE 57, 250, 284 f.; BGHSt (GS) 32, 115, 120 f.; 39, 335, 346 f.; BGH, NJW 1994, 2904, 2905.
[248] *Krey*, Miyazawa-FS, S. 595, 605 f.; Schneider, NStZ 2004, 359, 360 f.
[249] BGHSt 41, 64, 65 ff., mit zustimmenden Anm. *Beulke/Rogat*, JR 1996, 517, 518; *Krey/Jäger*, NStZ 1995, 517, 518 f.
[250] BGH, NJW 1996, 2108 f.
[251] BGHSt 41, 42, 44 ff.
[252] *Ellbogen*, Verdeckte Ermittlungstätigkeit, S. 110 ff., 122.

wäre. Darüber hinaus ist der Einsatz gemäß § 110a I 4 bei Vorliegen eines Anfangsverdachts wegen eines Verbrechens von besonderer Bedeutung zulässig, wenn die Aufklärung ansonsten aussichtslos wäre.

376 Der Einsatz des VE steht grundsätzlich in der Kompetenz der Staatsanwaltschaft, die ihre Zustimmung schriftlich zu erteilen und zu befristen hat (§ 110b I 1, 3). Bei Gefahr im Verzug darf auch die Polizei den Einsatz anordnen, sie muss die Zustimmung der Staatsanwaltschaft aber unverzüglich einholen. Geschieht dies nicht innerhalb von drei Tagen, so ist die Maßnahme zu beenden (§ 110b I 2). Soll sich der VE nicht nur in einem bestimmten Umfeld bewegen, um auf diese Weise in einem Ermittlungsverfahren „gegen Unbekannt" Informationen zu sammeln, sondern richtet sich das **Ermittlungsverfahren gegen einen bestimmten Beschuldigten** oder soll im Verlauf des Einsatzes eine **Wohnung betreten** werden, die nicht allgemein zugänglich ist, so ist gemäß § 110b II statt der staatsanwaltschaftlichen eine richterliche Zustimmung erforderlich. Die Begründung der zustimmenden Entscheidung muss erkennen lassen, dass der Richter eine Abwägung der relevanten Gesichtspunkte vorgenommen hat[253]. Bei **Gefahr im Verzug** genügt die Zustimmung der **Staatsanwaltschaft**, doch muss sie die richterliche Entscheidung unverzüglich, spätestens binnen drei Tagen herbeiführen. Unterbleibt die nachträgliche Zustimmung des Richters, so ist der Einsatz des VE zwar gemäß § 110b II 4 zu beenden, die in Eilzuständigkeit von der Staatsanwaltschaft erteilte Zustimmung wird aber nicht rückwirkend unwirksam, sodass Erkenntnisse, die bis dahin erlangt worden sind, verwertet werden dürfen[254].

3. Befugnisse des VE

377 Der VE darf gemäß § 110a II 2 **unter seiner Legende am Rechtsverkehr teilnehmen**, also Verträge schließen, Prozesse führen, sich als Eigentümer eines Grundstücks im Grundbuch eintragen lassen, Firmen gründen, einen Wohnsitz oder ein Fahrzeug anmelden usw. § 110c S. 1 gestattet zudem das **Betreten einer fremden Wohnung mit Zustimmung des Hausrechtsinhabers**. Gegen die Verfassungsmäßigkeit dieser Regelung werden gewichtige Bedenken geltend gemacht, weil Art. 13 GG einen solchen Eingriff in das Grundrecht der Unverletzlichkeit der Wohnung nicht legitimiert[255]. Der VE darf das Einverständnis des Hausrechtsinhabers jedenfalls nicht durch Vortäuschen eines Zutrittsrechts (z.B. als Stromableser oder Angestellter der Hausverwaltung) erschleichen (§ 110c S. 2). Der Berechtigte muss von dem Einsatz eines VE in seiner Wohnung gemäß § 110d nachträglich benachrichtigt werden, wenn kein in der Vorschrift genannter Ausschlussgrund vorliegt.

378 Eine Befugnis zur Begehung von Straftaten besitzt der VE nicht. Er darf sich somit auch nicht an Straftaten der „Szene", in die er eingeschleust wurde, beteili-

---

[253] BGHSt 42, 103, 105 f.
[254] BGHSt 41, 64, 67.
[255] Z.B. *Frister*, StV 1993, 151 ff.; *Felsch*, StV 1998, 285, 287 ff. ; *Roxin*, StV 1998, 43 f. Für verfassungsgemäß halten die Regelung z.B. *Hilger*, NStZ 1997, 449 f.; *Krey*, Rechtsprobleme, Rn. 240 ff. Offengelassen in BGH, NStZ 1997, 448 f.

§ 6 Geregelte grundrechtsbeeinträchtigende Maßnahmen im Ermittlungsverfahren

gen, selbst wenn von ihm die Begehung einer Straftat als Beweis seiner Zugehörigkeit zu dem Umfeld, in dem er sich bewegt („Keuschheitsprobe"), verlangt wird (vgl. II 2.2 Anlage D RiStBV). Die Strafbarkeit eines tatbestandsmäßigen Verhaltens kann allerdings im konkreten Fall nach allgemeinen strafrechtsdogmatischen Grundsätzen (z.B. „agent provocateur", Rechtfertigung) entfallen[256].

4. Geheimhaltung der wahren Identität des VE

Die Identität des VE kann gemäß § 110b III 1,3 i.V. mit § 96 – auch nach Beendigung des Einsatzes – geheim gehalten werden, wenn die Offenbarung dem **Wohl des Bundes oder eines deutschen Landes Nachteil bereiten** würde. Das ist unter anderem der Fall, wenn die Offenbarung seiner wahren Identität Leben, Leib oder Freiheit des VE oder einer anderen Person oder die Möglichkeit des weiteren Einsatzes gefährden würde. Für die Abgabe der **Sperrerklärung** entsprechend § 96 ist nach h.M. der Innenminister als oberste Dienstbehörde zuständig[257]. Lediglich der zur Zustimmungserteilung zuständige Staatsanwalt oder Richter kann gemäß § 110b III 2 die Offenbarung verlangen.

379

Kontrollfragen
1. Was ist unter einem Verdeckten Ermittler zu verstehen? (Rn. 374)
2. Welche Befugnisse hat der Verdeckte Ermittler? (Rn. 377 f.)

Literatur

Krey, Zur Problematik strafprozessualer verdeckter Ermittlungen ohne Einsatz technischer Mittel im Kampf gegen die Organisierte Kriminalität, in: Miyazawa-FS (1995), S. 595.
Schneider, Ausgewählte Rechtsprobleme des Einsatzes verdeckter Ermittler, NStZ 2004, 359.

XII Amtliche Sicherstellung von Gegenständen und Vermögensbestandteilen (Beschlagnahme)

Die Sicherstellung von Gegenständen und Vermögensbestandteilen ist zulässig zur **Sicherung des Erkenntnis- oder Vollstreckungsverfahrens** und als Maßnahme der **vorläufigen Maßregelverhängung**. § 111b IV gestattet darüber hinaus die Sicherstellung zur **Schadloshaltung des Verletzten**.

380

---
[256] *Ellbogen*, Verdeckte Ermittlungstätigkeit, S. 33 f.; *Krey*, Rechtsprobleme, Rn. 474 ff.
[257] BGHSt 41, 36, 38 ff. A.A. *Ellbogen*, Verdeckte Ermittlungstätigkeit, S. 143 ff. (Justizminister).

1. Sicherstellung potentieller Beweismittel

381 §§ 94 I, II, 95-99 regeln die amtliche Sicherstellung von – beweglichen und unbeweglichen – Gegenständen, die als Beweismittel für das Strafverfahren von Bedeutung sein können. Die Sicherstellung erfordert eine Handlung, die zum Ausdruck bringt, dass die Sache der amtlichen Obhut untersteht.

(a) Arten der Sicherstellung

382 Die Sicherstellung kann gemäß § 94 I dadurch erfolgen, dass das potentielle Beweismittel in **amtliche Verwahrung** genommen, d.h. in den Besitz der Behörde (Staatsanwaltschaft oder Polizei, im Steuerstrafverfahren auch der Finanzbehörde) oder einer beauftragten Stelle oder Person überführt wird[258]. Die Inverwahrnahme ist eine formlose Maßnahme, die bei einer freiwilligen Herausgabe oder bei gewahrsamslosen Sachen in Betracht kommt. Die Sicherstellung von Gegenständen, die sich im Gewahrsam einer Person befinden, welche die Herausgabe verweigert, erfordert gemäß § 94 II eine förmliche **Beschlagnahme**. Darunter ist die – gegebenenfalls gewaltsame – Wegnahme des Gegenstands bzw. die Entziehung der Sache durch andere Maßnahmen (z.B. Versiegelung oder Absperrung von Räumen oder Grundstücken) nach ausdrücklicher Anordnung zu verstehen[259]. Die in § 94 I angeführte Sicherstellung **in anderer Weise**, z.B. durch das an den Besitzer gerichtete Verbot, die Sache zu verändern oder über sie zu verfügen[260], ist nur bei einer Beschlagnahme möglich[261]. Sichergestellte Gegenstände genießen **materiell-strafrechtlichen Schutz** durch § 133 StGB, der die Zerstörung, Beschädigung, Unbrauchbarmachung oder Entziehung dienstlich verwahrter Gegenstände unter Strafe stellt. Förmlich beschlagnahmte Gegenstände sind zudem geeignete Tatobjekte des § 136 I StGB. Statt durch eine Beschlagnahme kann die Sache gemäß § 95 durch ein mit den Ordnungs- und Zwangsmitteln des § 70 durchsetzbares, an den Besitzer gerichtetes **Herausgabeverlangen** sichergestellt werden. Es kommt in Betracht, wenn ein Beschlagnahmeversuch erfolglos geblieben ist, weil das gesuchte Beweismittel nicht auffindbar und sein Verbleib unbekannt ist[262]. Darüber hinaus ist dem Herausgabeverlangen nach zutreffender Auffassung[263] – als milderes Mittel – generell vor der Beschlagnahme der Vorzug zu geben, wenn nicht zu befürchten ist, dass der Betroffene das Beweismittel beiseite schaffen wird (*Rn. 209*).

(b) Voraussetzungen

383 § 94 I schreibt die Sicherstellung eines Gegenstandes bei Vorliegen eines Anfangsverdachts und potentieller Beweisbedeutung grundsätzlich zwingend vor. Grenzen ergeben sich jedoch aus dem Verhältnismäßigkeitsgrundsatz und aus den Beschlagnahmeverboten (*Rn. 387 ff.*).

---

[258] *Meyer-Goßner*, § 94 Rn. 15.
[259] *Beulke*, Rn. 247.
[260] *Roxin*, § 34 Rn. 4.
[261] *Meyer-Goßner*, § 94 Rn. 16; *Pfeiffer*, § 94 Rn. 3.
[262] LG Bonn, NStZ 1983, 327; *Roxin*, § 34 Rn. 7; *G. Schäfer*, in: LR^{25}, § 94 Rn. 25.
[263] *Amelung*, in: AKStPO, § 94 Rn. 14; *Kurth*, NStZ 1983, 327.

§ 6 Geregelte grundrechtsbeeinträchtigende Maßnahmen im Ermittlungsverfahren

(c) Anordnungsbefugnis und richterliche Entscheidung

Die Anordnungsbefugnis liegt gemäß § 98 I 1 beim Ermittlungsrichter, die Notkompetenz bei der Staatsanwaltschaft und ihren Ermittlungspersonen. Dies gilt nach zutreffender Auffassung[264] auch für das Herausgabeverlangen nach § 95 I. Die Beschlagnahme in einer Redaktion, einem Verlag, einer Druckerei oder einer Rundfunkanstalt darf ausschließlich der Richter anordnen (§ 98 I 2). Erfolgt die Beschlagnahme eines Druckwerkes zu Beweiszwecken, so ist nur die Sicherstellung eines oder weniger Exemplare zulässig[265]. Der – schriftliche – Beschlagnahmebeschluss muss die Beweisgegenstände so genau bezeichnen, dass Zweifel über den Umfang nicht aufkommen können[266].

384

Gegen die Anordnung der Beschlagnahme bzw. der Herausgabe in Notkompetenz kann der Betroffene gemäß § 98 II 2 die richterliche Entscheidung beantragen *(Rn. 185 ff.)*.

385

(d) Postbeschlagnahme

Für die Postbeschlagnahme gelten strengere Voraussetzungen. Gemäß § 99 dürfen Postsendungen und Telegramme, die sich im Gewahrsam von Personen oder Unternehmen befinden, die geschäftsmäßig Post- oder Telekommunikationsdienste erbringen, wenn sie an den Beschuldigten gerichtet sind, von ihm herrühren oder für ihn bestimmt sind und ihr Inhalt für das Ermittlungsverfahren Bedeutung haben kann. Die Notkompetenz liegt gemäß § 100 I ausschließlich bei der Staatsanwaltschaft, die innerhalb von drei Tagen die richterliche Bestätigung herbeiführen muss, sonst tritt die Beschlagnahme außer Kraft (§ 100 II). Die Öffnung der ausgelieferten Gegenstände erfolgt durch den Richter, der sie bei Gefahr im Verzug der Staatsanwaltschaft übertragen kann (§ 100 III).

386

2. Beschlagnahmeverbote

(a) Sperrerklärung

Grundsätzlich dürfen auch Gegenstände, insbesondere Akten und andere Schriftstücke, die sich im **Gewahrsam einer Behörde** befinden, herausverlangt und nach zutreffender Auffassung sogar beschlagnahmt werden[267]. Das Vorlegungs- oder Auslieferungsverlangen sowie die Beschlagnahme sind gemäß § 96 jedoch unzulässig, wenn die oberste Dienstbehörde, also in der Regel das zuständige Fachministerium, eine Sperrerklärung abgibt, weil das Bekanntwerden des Inhalts der Akten usw. dem Wohl des Bundes oder eines Landes schaden würde (siehe dazu

387

---

[264] KG, NStZ 1989, 192; LG Bonn, NStZ 1983, 327; LG Stuttgart, NJW 1992, 2646 f.; *Roxin*, § 34 Rn. 7. Für eine generelle Zuständigkeit der Staatsanwaltschaft LG Gera, NStZ 2001, 276; LG Halle, NStZ 2001, 276 f.; LG Koblenz, wistra 2002, 359; *Meyer-Goßner*, § 95 Rn. 2; *Rudolphi*, in: SKStPO, § 95 Rn. 7.
[265] *Achenbach*, in: Löffler, Presserecht, 4. Aufl. 1997, Vorbem. §§ 13 ff. LPG Rn. 8.
[266] OLG Düsseldorf, StV 1982, 513; OLG Oldenburg, wistra 1987, 38; OLG München, MDR 1967, 687.
[267] BGHSt 38, 237, 238 ff., mit Anm. *Amelung*, NStZ 1993, 48 ff., und *Taschke*, NStZ 1993, 94; OLG Jena, NJW 2001, 1290 ff., mit Anm. *Hohmann*, wistra 2001, 196; KG, NStZ 1989, 541 f; *Meyer-Goßner*, § 96 Rn. 2.

Rn. 379). Dieses Verbot darf nicht durch eine Vernehmung der Bediensteten der Behörde unterlaufen werden (*Rn. 110*). Eine bloße Vertraulichkeitsbitte der Akten führenden Stelle ist allerdings unbeachtlich[268].

(b) Beschlagnahmefreie Gegenstände

388 § 97 enthält zahlreiche Beschlagnahmeverbote, welche die **Zeugnisverweigerungsrechte** nach §§ 52, 53, 53a ergänzen und deren Umgehung verhindern[269]:

389 Schriftliche Mitteilungen zwischen dem Beschuldigten und Personen, denen ein Zeugnisverweigerungsrecht nach §§ 52, 53 I 1 Nr. 1-3b (z.B. Verlobter, Ehegatte, Lebenspartner, Verwandte, Geistliche, Verteidiger, Rechtsanwälte, Steuerberater, Ärzte, Beratungsstellenmitglieder) zukommt, dürfen gemäß § 97 I Nr. 1 nicht beschlagnahmt werden. Einem Beschlagnahmeverbot gemäß § 97 I Nr. 2 unterliegen darüber hinaus Aufzeichnungen der Berufsgeheimnisträger, die in Beziehung zu dem Beschuldigten stehen, sowie gemäß § 97 I Nr. 3 andere Gegenstände, auf die sich das Zeugnisverweigerungsrecht bezieht, z.B. ärztliche Untersuchungsbefunde. Gemäß § 97 IV gelten die Beschlagnahmeverbote auch für die in § 53a I genannten Berufshelfer.

390 Beschlagnahmefrei sind die Gegenstände – mit Ausnahme der Gesundheitskarte, § 291a SGB V – allerdings nur, wenn sie sich im **Gewahrsam des Zeugnisverweigerungsberechtigten** oder der Einrichtung, für die er tätig ist, befinden (§ 97 II 1, 2) und der Zeugnisverweigerungsberechtigte **nicht selbst der Teilnahme an der Straftat bzw. einer Begünstigung, Strafvereitelung oder Hehlerei verdächtig** ist (§ 97 II 3). Generell dürfen gemäß § 97 II 3 die **Tatinstrumente und Tatprodukte** beschlagnahmt werden. Für den Verteidiger des Beschuldigten ist jedoch die Besonderheit zu beachten, dass § 148 den ungehinderten Verkehr zwischen dem Beschuldigten und seinem Verteidiger schützt; schriftliche Mitteilungen des einen an den anderen sind deshalb beschlagnahmefrei, gleich in wessen Gewahrsam sie sich befinden[270]. Nicht beschlagnahmt werden dürfen darüber hinaus Unterlagen, auch lesbare Daten aus der Software von EDV-Anlagen[271], die der Beschuldigte erkennbar zu seiner Verteidigung in dem gegen ihn laufenden Strafverfahren angefertigt hat[272].

391 Neben den ausdrücklich geregelten existieren **weitere Ausnahmen von der Beschlagnahmefreiheit**. Gibt der Zeugnisverweigerungsberechtigte die Sache nach Belehrung über das Beschlagnahmeverbot **freiwillig** heraus, so soll die Sicherstellung – und Verwertung – des Gegenstandes nach h.M.[273] generell zulässig sein, und zwar sogar, wenn der Gewahrsamsinhaber mit der Einwilligung gegen § 203 StGB verstößt. Zulässig ist die Beschlagnahme jedenfalls, wenn sich der Gegenstand im Gewahrsam eines zur Verweigerung des Zeugnisses berechtigten Angehörigen befindet und dieser ihn freiwillig herausgibt. Das Zeugnisverweige-

---

[268] BGHSt 42, 71 ff.
[269] BGHSt 38, 144, 146; *Amelung*, in: AKStPO, § 97 Rn. 1.
[270] *Beulke*, Rn. 248.
[271] BVerfG, NJW 2002, 1410 f.
[272] BGHSt 44, 46, 47 ff.; OLG München, StV 2005, 118, 119 f.
[273] *Meyer-Goßner*, § 97 Rn. 5 f.; *Laufhütte*, in: KKStPO, § 97 Rn. 3; *G. Schäfer*, in: LR[25], § 97 Rn. 33.

rungsrecht des Angehörigen schützt nämlich nicht die Interessen des Beschuldigten, sondern die des Angehörigen[274], indem ihm der „Konflikt zwischen Wahrheitspflicht und Verwandtenliebe" erspart bleiben soll[275]. Der Verzicht auf das Beschlagnahmeverbot steht somit in der Entscheidung des zeugnisverweigerungsberechtigten Angehörigen, sodass ein an sich beschlagnahmefreier Gegenstand mit seinem Einverständnis sichergestellt werden darf. Das Zeugnisverweigerungsrecht der Berufsgeheimnisträger schützt dagegen die Kommunikationsbeziehungen des Beschuldigten zu den in § 53 I 1 Nr. 1-3b genannten Personen, also seine Interessen und nicht die des Zeugnisverweigerungsberechtigten[276]. Dies folgt zum einen daraus, dass der Beschuldigte die Geheimnisträger im Sinne des § 53 I 1 Nr. 2-3b gemäß § 53 II von der Verschwiegenheitspflicht entbinden kann, zum anderen aus dem materiell-strafrechtlichen Verbot der Geheimnisverletzung nach § 203 StGB. Eine in der Literatur vertretene Auffassung[277] folgert daraus, dass die freiwillige Herausgabe einer an sich beschlagnahmefreien Sache durch den Berufsgeheimnisträger deren Sicherstellung nicht erlaubt, wenn die Herausgabe als Geheimnisverletzung nach § 203 StGB strafbar ist. Die behaupteten strafprozessualen Auswirkungen besitzt der Tatbestand der Geheimnisverletzung jedoch nicht, denn § 53 errichtet kein Aussageverbot, sondern räumt den Berufsgeheimnisträgern lediglich ein Zeugnisverweigerungsrecht ein (siehe dazu *Rn. 728 f.*). Da das Beschlagnahmeverbot dieses Recht absichert, hindert die unbefugte Offenbarung durch den Berufsgeheimnisträger die Verwertung der Informationen grundsätzlich nicht, sodass freiwillig herausgegebene Gegenstände sichergestellt werden dürfen. Die Verwertung scheidet jedoch dann aus, wenn die Informationen der Intimsphäre zugehören; betreffen sie die Privatsphäre, so ist die Verwertung nur zulässig, wenn unabweisbare Bedürfnisse einer wirksamen Strafverfolgung und Verbrechensbekämpfung dies rechtfertigen (vgl. *Rn. 398*). Zulässig ist die Beschlagnahme – entsprechend § 53 II – darüber hinaus, wenn der Beschuldigte einverstanden ist[278].

Strittig ist, ob das Verbot der Beschlagnahme bei einem Berufsgeheimnisträger **392** auch dann gilt, wenn der Beschuldigte ihm belastende Beweismittel übergibt, um sie dem **Zugriff der Strafverfolgungsbehörden zu entziehen**.

> **Beispiel**: Die Staatsanwaltschaft ermittelte gegen B wegen des Verdachts der Steuerhinterziehung. B schaffte seine Geschäftsunterlagen, unter anderem auch gefälschte Belege, zu seinem Steuerberater X. Ermittlungsrichter E ordnete auf Antrag der Staatsanwaltschaft die Beschlagnahme der Unterlagen, die X nicht zur Erstellung einer Steuererklärung benötigte, an. Als die Polizei bei X erschien und die Herausgabe der Unterlagen forderte, verweigerte X dies unter Berufung auf § 97 I Nr. 3.

Der Beschlagnahme steht kein Verbot entgegen. Abzustellen ist auf den Zweck **393** des Zeugnisverweigerungsrechts, der darin besteht, die Kommunikationsbezie-

---

[274] BGHSt 22, 35, 36 f.; *Dahs*, in: LR[25], § 52 Rn. 1; *Hellmann*, Neben-Strafverfahrensrecht, S. 108.
[275] *Roxin*, § 26 Rn. 14.
[276] BGHSt 38, 144, 146.
[277] *Fezer*, JuS 1978, 765, 767 f.; *Rudolphi*, in: SKStPO, § 97 Rn. 29.
[278] BGHSt 38, 144, 146; *Meyer-Goßner*, § 97 Rn. 26; *Nack*, in: KKStPO, § 97 Rn. 5.

hungen des Beschuldigten zu bestimmten Berufsangehörigen, deren – seelsorgerische, juristische, medizinische usw. – Hilfe und Sachkunde er in Anspruch nimmt, zu schützen. Nach zutreffender Auffassung[279] ist § 97 deshalb nicht anwendbar, wenn die Stellung des Berufsgeheimnisträgers lediglich dazu missbraucht wird, Akten, Schriftstücke oder andere Gegenstände den Strafverfolgungsbehörden zu entziehen.

394 § 97 III regelt die Beschlagnahmefreiheit bei **Abgeordneten** des Bundestages (siehe auch Art. 47 S. 2 GG) und der Länderparlamente; für Abgeordnete des Europaparlaments gilt § 6 S. 2 EuAbgG. Nicht beschlagnahmt werden dürfen danach Schriftstücke (auch andere Informationsträger wie Filme, Tonbänder, Disketten usw.[280]), die dem Abgeordneten im Zusammenhang mit seinem besonderen Status anvertraut werden. Da § 97 III nicht auf die in § 97 II enthaltenen Ausnahmen von der Beschlagnahmefreiheit Bezug nimmt, unterliegen die Gegenstände nach zutreffender Auffassung dem Beschlagnahmeverbot auch dann, wenn der Abgeordnete an ihnen keinen Gewahrsam hat[281] oder wenn er selbst teilnahmeverdächtig ist.

395 Das Beschlagnahmeverbot bei **Mitarbeitern von Presse und Rundfunk** hat in § 97 V eine besondere Regelung erfahren. Beschlagnahmefrei sind danach Schriftstücke, Ton-, Bild- und Datenträger, Abbildungen und andere Darstellungen, die sich im Gewahrsam der gemäß § 53 I 1 Nr. 5 zeugnisverweigerungsberechtigten Person oder der Redaktion, des Verlages, der Druckerei oder der Rundfunkanstalt, für die sie tätig ist, befinden und im redaktionellen Teil oder in einem redaktionell aufbereiteten Informations- oder Kommunikationsdienst verwendet werden sollen (§ 53 I 2). Da das Zeugnisverweigerungsrecht und das Beschlagnahmeverbot dem Schutz des Vertrauensverhältnisses zwischen den Medien und dem privaten Informanten dient, ist die Beschlagnahme von Gegenständen – unter Beachtung des Verhältnismäßigkeitsgrundsatzes – zulässig, wenn der Informantenschutz dadurch nicht beeinträchtigt wird.

> **Beispiel**: Der Generalbundesanwalt ermittelte gegen A, B und C wegen des Verdachts der Mitgliedschaft in der terroristischen Vereinigung „K" und der Vorbereitung einer Sprengstoffexplosion (§§ 129a I Nr. 3, 310 I Nr. 2 StGB). Die Tageszeitung T veröffentlichte ein Bekennerschreiben der terroristischen Vereinigung, das zum Teil falsche, auf eine Täuschung der Strafverfolgungsbehörden gerichtete Informationen enthielt. Der Ermittlungsrichter des BGH ordnete auf Antrag des Generalbundesanwalts die Durchsuchung der Redaktion der T und die Beschlagnahme des Bekennerschreibens an, um durch kriminaltechnische Untersuchungen Spuren an dem Originalschreiben zu sichern und auszuwerten.

---

[279] *Meyer-Goßner*, § 97 Rn. 39; *Ranft*, Rn. 978; *Rudolphi*, in: SKStPO, § 97 Rn. 47. A.A. *G. Schäfer*, in: LR[25], § 97 Rn. 61.
[280] *Amelung*, in: AKStPO, § 97 Rn. 42.
[281] *Müller*, in: KMR, § 97 Rn. 16; *Rudolphi*, in: SKStPO, § 97 Rn. 58. Anders die h.M., z.B. *Meyer-Goßner*, § 97 Rn. 43; *Nack*, in: KKStPO, § 97 Rn. 16; *G. Schäfer*, in: LR[25], § 97 Rn. 89.

Die Beschlagnahme des Bekennerschreibens ist zulässig[282], weil der Einsender **396** zu den übermittelten Informationen stehen will. Ihm kommt es also auf die Vertraulichkeit gerade nicht an, sodass auch nicht zu befürchten ist, er werde zukünftig die Unterrichtung der Presse unterlassen, weil er die Beschlagnahme befürchten muss. Für **selbst recherchiertes Material**, z.B. Fotos oder Filmaufnahmen, die anlässlich einer Demonstration aufgenommen wurden und auf denen Gewalttäter aufgezeichnet worden sind, das vor der Neuregelung des Zeugnisverweigerungsrechts von Pressemitarbeitern im Jahre 2002 mangels Gefährdung des Vertrauensverhältnisses als beschlagnahmefähig betrachtet wurde[283], gilt nunmehr das Zeugnisverweigerungsrecht (§ 53 I 2) und damit auch das Beschlagnahmeverbot des § 97 V – *Fallsammlung Rn. 152-161.* –

(c) Verfassungsrechtliche Beschlagnahmeverbote

Beschlagnahmeverbote können sich auch unmittelbar aus dem **Grundgesetz** ergeben. **397**

> **Beispiel**: Der Generalbundesanwalt führte gegen B ein Ermittlungsverfahren wegen geheimdienstlicher Agententätigkeit (§ 99 StGB) für die Hauptverwaltung Aufklärung des Ministeriums für Staatssicherheit der ehemaligen DDR. Bei der Durchsuchung der Wohnung seiner Freundin F wurden zwei verschlossene Aktenkoffer, die mehrere Tagebücher des B enthielten, gefunden. Der Ermittlungsrichter des BGH ordnete auf Antrag des GBA die Beschlagnahme der Tagebücher an. B erhob dagegen Beschwerde.

Ein Beschlagnahmeverbot nach § 97 I Nr. 1 liegt nicht vor, weil F nicht zu **398** dem Kreis der zeugnisverweigerungsberechtigten Personen gehört. Der Beschlagnahme steht aber das durch Art. 2 I i.V. mit Art. 1 I GG verbürgte allgemeine Persönlichkeitsrecht entgegen. Strittig ist, ob **tagebuchartige Aufzeichnungen** dem unantastbaren Kernbereich privater Lebensgestaltung (Intimsphäre) zugehören mit der Folge, dass sie der öffentlichen Gewalt schlechthin entzogen sind. Die Rechtsprechung lehnt dies ab[284] und ordnet sie der Privatsphäre zu, in die aus Gründen des überwiegenden Allgemeininteresses eingegriffen werden darf. Tagebücher dürfen deshalb dann, aber auch nur dann beschlagnahmt – und verwertet – werden, wenn unabweisbare Bedürfnisse einer wirksamen Strafverfolgung und Verbrechensbekämpfung dies rechtfertigen[285]. Dafür ist insbesondere die Schwere des Tatvorwurfs maßgeblich, sodass eine Beschlagnahme allenfalls bei dem Verdacht eines gravierenden Verbrechens (z.B. Mord) in Betracht kommt, nicht dage-

---

[282] BGHSt 41, 363, 366 f.; vgl. auch BVerfG, NStZ 1982, 253, 254.
[283] BVerfG, NStZ 1988, 33, 34. Zu den Bedenken siehe *Achenbach*, in: Löffler, Presserecht, 4. Aufl. 1997, § 23 LPG Rn. 61 ff.
[284] BVerfGE 80, 367, 374 f., die Entscheidung erging allerdings bei Stimmengleichheit, vier Richter des Zweiten Senats rechneten tagebuchartige Aufzeichnungen dem unantastbaren Kernbereich des allgemeinen Persönlichkeitsrechts zu; BGHSt 34, 397, 401. Vereinzelt wird in diesen Konstellationen ein Beschlagnahmeverbot aus Art. 4 I GG (Gewissensfreiheit) gefolgert, *Amelung*, NJW 1990, 1753, 1758 f.; differenzierend *Ellbogen*, NStZ 2001, 460 ff., der Aufzeichnungen mit höchstpersönlichem Charakter dem Kernbereich und andere der Privatsphäre zuordnet.
[285] BVerfGE 80, 367, 375.

gen in einem Ermittlungsverfahren wegen eines Vergehens wie § 99 StGB. Die Tagebücher unterliegen somit einem Beschlagnahmeverbot[286]. – *Fallsammlung Rn. 144-147.* –

3. Sicherstellung zur Sicherung des Vollstreckungsverfahren

399 §§ 111b-111p enthalten detaillierte Vorschriften über die Sicherstellung von Gegenständen und Vermögensvorteilen zum Zweck der Vollstreckungssicherung. Nach Maßgabe der §§ 111b-111k kann die Beschlagnahme oder der dingliche Arrest zur **Sicherung des Verfalls** (§§ 73 ff. StGB), der **Einziehung** (§§ 74 ff. StGB), der **Geldstrafe** und der **Verfahrenskosten** angeordnet werden. Verschärfte Anforderungen gelten gemäß §§ 111m/n für die Beschlagnahme von Schriften im Sinne des § 11 III StGB und ihren Herstellungsmitteln zur **Sicherung der Einziehung oder Unbrauchbarmachung**. §§ 111o/p regeln die Sicherstellung des Vermögens des Beschuldigten durch die Anordnung des dinglichen Arrests oder die Vermögensbeschlagnahme zur **Sicherung der Vermögensstrafe** gemäß § 43a StGB, die allerdings in ihrer derzeitigen Ausgestaltung verfassungswidrig ist[287] und deshalb nicht verhängt oder vollstreckt werden darf.

4. Beschlagnahme zur Sicherung der Allgemeinheit

400 Beschlagnahmt die Staatsanwaltschaft oder einer ihrer Ermittlungspersonen gemäß §§ 94 III, 98 I 1 in Notkompetenz einen Führerschein, um weitere Trunkenheitsfahrten zu verhindern, so handelt es sich faktisch um eine Maßnahme zur Sicherung der Allgemeinheit (*Rn. 203*). An sich ist die vorläufige Entziehung der Fahrerlaubnis gemäß § 111a durch den Richter die Präventivmaßnahme zur Sicherung der Allgemeinheit, und dem Wortlaut nach betrifft § 94 III nur die Beschlagnahme eines Führerscheins zur Sicherung der Einziehung, also des Vollstreckungsverfahrens. Die h.M.[288] lässt die Beschlagnahme aber auch dann zu, wenn die Gefahr besteht, dass der Beschuldigte weitere Trunkenheitsfahrten begehen wird. Die Beschlagnahme bezweckt in einem solchen Fall somit den Schutz der Allgemeinheit.

5. Sicherstellung im Interesse des Verletzten

401 § 111b IV gestattet die Beschlagnahme von Gegenständen und Vermögensbestandteilen zur Schadloshaltung des Verletzten der Straftat, sogenannte **Zurückgewinnungshilfe**.

> **Beispiel**: B wurde beschuldigt, Unterschlagungen begangen zu haben, indem er in 49 Fällen die in Geldbomben verwahrten Tageseinnahmen (insgesamt 1,425 Millionen Euro) des Geschäftes, bei dem er beschäftigt war, nicht bei der Bank eingeworfen, sondern für sich behalten zu haben. Anlässlich einer Durchsuchung beschlagnahmte die

---

[286] BGH, NJW 1994, 1970 f.
[287] BVerfGE 105, 135, 152 ff.
[288] Oben *Fn. 2.*

Polizei unter anderem einen Pkw Mercedes, der offensichtlich aus Beutemitteln erworben worden war.

Eine Sicherstellung des Autos nach § 94 kommt nicht in Betracht, da es nicht als Beweismittel im Strafverfahren benötigt wird. Die Beschlagnahme nach § 111b I scheidet ebenfalls, weil die Voraussetzungen des Verfalls nicht gegeben sind. Zwar handelt es sich bei dem Mercedes um ein Surrogat, das an sich dem Verfall gemäß § 73 II 2 StGB unterliegt, die Anordnung des Verfalls unterbleibt aber gemäß § 73 I 2 StGB, wenn der Verletzte aus der Tat einen Anspruch hat und die Anordnung des Verfalls, d.h. die Überführung des Gegenstandes in das Eigentum des Staates, dem Täter den Wert des aus der Tat Erlangten entziehen würde. Der Pkw muss B gleichwohl nicht belassen werden, sondern § 111b IV gestattet die Beschlagnahme zu dem Zweck, dem Verletzten die Durchsetzung seiner zivilrechtlichen Ansprüche gegen den Täter zu ermöglichen[289]. Die Sicherstellung erfolgt somit ausschließlich im Interesse des Verletzten. Die Anordnung der Maßnahme steht zwar im Ermessen des Richters, doch reduziert sich das Ermessen nach zutreffender Meinung auf Null, wenn ohne die Sicherstellung der endgültige Verlust des Vermögensgegenstandes zu befürchten ist[290].

402

6. Rückgabe beschlagnahmter Gegenstände

Wird der beschlagnahmte Gegenstand für Zwecke des Strafverfahrens nicht mehr benötigt und kommen auch Einziehung, Verfall oder Unbrauchbarmachung nicht in Betracht, so ist er gem. § 111k zurückzugeben[291]. Die Einzelheiten regelt nicht die StPO, sondern Nr. 75 RiStBV. Grundsätzlich erfolgt die Herausgabe an den letzten Gewahrsamsinhaber (Nr. 75 II), und zwar dort, wo der Gegenstand beschlagnahmt oder zur Abwendung der Beschlagnahme freiwillig übergeben wurde[292]. Der Gegenstand soll von der Staatsanwaltschaft jedoch an den Verletzten, dem er durch die Straftat entzogen herausgegeben werden, wenn dessen Ansprüche offensichtlich begründet sind und der letzte Gewahrsamsinhaber zustimmt; im Falle der Verweigerung der Zustimmung hat die Staatsanwaltschaft einen Gerichtsbeschluss herbeizuführen (Nr. 75 III). Nach Nr. 75 IV 1 erfolgt die Herausgabe an einen Dritten, wenn diesem ein offensichtlich begründeter Anspruch zusteht. Ist zweifelsfrei, dass der letzte Gewahrsamsinhaber die Sache unrechtmäßig erlangt hat und lässt sich der Verletzte nicht ermitteln, so ist die Sache nach Maßgabe der §§ 983 i.V. mit §§ 979-982 BGB zu versteigern (Nr. 75 V).

403

---

[289] OLG Frankfurt, NStZ-RR 1996, 301, 302.
[290] *Achenbach*, in: AKStPO, §§ 111b-111d Rn. 22 f.; NStZ 2001, 401 ff.
[291] Nach zutreffender Auffassung bedeutet dies, dass die Sache zurückzubringen ist, eine Aufforderung, der Betroffene solle ihn abholen, genügt nicht; siehe dazu *Hoffmann/Knierim*, NStZ 2000, 461 ff.; zur Zuständigkeit in den verschiedenen Verfahrensstadien siehe *Jahn/Moericke*, DRiZ 2004, 322 ff.
[292] *Damrau*, NStZ 2003, 408 ff. A.A. BGH (Z), NJW 2005, 988 (Rückgabe an dem Ort, an dem die beschlagnahmte Sache aufzubewahren war).

Kontrollfragen
1. Zu welchen Zwecken ist die Sicherstellung von Gegenständen zulässig? (Rn. 380)
2. Welche Arten der Sicherstellung potentieller Beweismittel gibt es? (Rn. 382)
3. Woraus ergeben sich Beschlagnahmeverbote? (Rn. 387 ff.)
4. Gilt das Beschlagnahmeprivileg der Presse- und Rundfunkmitarbeiter auch für selbst recherchiertes Material? (Rn. 396)
5. Dürfen Tagebücher des Beschuldigten zu Beweiszwecken beschlagnahmt werden? (Rn. 398)
6. An wen ist ein für das Strafverfahren nicht mehr benötigter beschlagnahmter Gegenstand herauszugeben? (Rn. 403)

Literatur

Achenbach, Obligatorische Zurückgewinnungshilfe, NStZ 2001, 401.
Amelung, Die zweite Tagebuchentscheidung des BVerfG, NJW 1990, 1753.
Ellbogen, Die Fluchttagebücher Frank Schmökel und ihre Verwertbarkeit im Strafprozess, NStZ 2001, 460.
Hoffmann/Knierim, Rückgabe von im Strafverfahren sichergestellten und beschlagnahmten Gegenständen, NStZ 2000, 461.
Ransiek, Durchsuchung, Beschlagnahme und Verwertungsverbot, StV 2002, 565.

XIII Durchsuchung von Sachen und Räumen

404 Die Durchsuchung von Sachen und Räumlichkeiten ist mit der Beschlagnahme verwandt und geht dieser häufig voraus. In der Praxis werden die Durchsuchungs- und die Beschlagnahmeanordnung in der Regel miteinander verbunden. Die Voraussetzungen der körperlichen Durchsuchung, die in denselben Vorschriften geregelt ist wie die Durchsuchung von Sachen und Räumlichkeiten, wurden oben (*Rn. 303 ff.*) schon dargestellt.

1. Durchsuchung beim Beschuldigten

405 § 102 erlaubt bei Vorliegen eines Anfangsverdachts die Durchsuchung der **Wohnung und anderer Räumlichkeiten** des Beschuldigten, um nach ihm zu suchen oder Beweisgegenstände aufzufinden. Zum Zweck des Auffindens von Beweismitteln ist zudem die Durchsuchung der **Sachen** des Beschuldigten zulässig. Es genügt die bloße Vermutung, dass sich Beweismittel in den Räumlichkeiten oder Sachen befinden[293]. Um eine Durchsuchung beim Beschuldigten handelt es sich auch dann, wenn auf Grund eines Tatverdachts gegen den Geschäftsführer die

---
[293] *Sommermeyer,* Jura 1992, 449, 451.

§ 6 Geregelte grundrechtsbeeinträchtigende Maßnahmen im Ermittlungsverfahren   147

Räume des Unternehmens, für das er tätig geworden ist, durchsucht werden[294]. Räumlichkeiten von Berufsgeheimnisträgern, die einer Straftat verdächtig sind, dürfen zwar durchsucht werden, die Anordnung der Durchsuchung muss aber die besondere Rolle des Betroffenen und die Auswirkungen auf die geschützten Grundrechte berücksichtigen[295].

2. Durchsuchung bei Dritten

Durchsuchungen bei Dritten dürfen gemäß § 103 I 1 grundsätzlich nur vorgenommen werden, wenn auf Grund bewiesener Tatsachen die Annahme gerechtfertigt ist, dass der **Beschuldigte sich in den Räumlichkeiten befindet** bzw. **Spuren oder Beweismittel in dem Raum oder der Sache aufgefunden** werden. Diese Beschränkungen gelten gemäß § 103 II jedoch nicht für Räume, in denen der Beschuldigte ergriffen worden ist oder die er während der Verfolgung betreten hat. § 103 I 2 gestattet darüber hinaus die Durchsuchung eines ganzen Gebäudes zur Ergreifung eines Terroristen. 406

Durchsuchungen bei zeugnisverweigerungsberechtigten Personen sind grundsätzlich zulässig, doch dürfen sie nicht angeordnet und durchgeführt werden, um Gegenstände aufzufinden und sicherzustellen, die einem Beschlagnahmeverbot unterliegen[296]. 407

3. Anordnungsbefugnis

Die Durchsuchung ordnet in der Regel der Richter an. Die Notkompetenz liegt bei der Staatsanwaltschaft und ihren Ermittlungspersonen (§ 105 I 1), die **Anordnung der Gebäudedurchsuchung** nach § 103 I 2 behält § 105 I 2, 2. Teils. der Staatsanwaltschaft vor. Oben (*Rn. 120*) wurde bereits dargelegt, dass die Notkompetenz eng auszulegen ist, sodass grundsätzlich versucht werden muss, eine richterliche Anordnung zu erwirken[297]. In Eilfällen kann dies auch fernmündlich geschehen[298]. 408

Eine aus ermittlungstaktischen oder sonstigen Gründen **nicht sogleich vollstreckte richterliche Durchsuchungsanordnung** verliert ihre Wirksamkeit jedenfalls dann, wenn nach dem Erlass eine relevante Änderung der Ermittlungslage eintritt[299]. Aber auch bei unveränderter Sachlage wird der Durchsuchungsbeschluss spätestens nach sechs Monaten ungültig, weil bei einem großen zeitlichen Abstand zwischen Anordnung und Vollzug der Durchsuchung nicht mehr gewähr- 409

---

[294] Vgl. BGH, wistra 1997, 107, 108.
[295] BVerfG, NJW 2005, 965 f. (Durchsuchung von Redaktionsräumen); BVerfG, StV 2005, 195 f. (Durchsuchung beim Verteidiger wegen Geldwäscheverdacht).
[296] KG, JR 1983, 382; LG Fulda, NJW 2000, 1508; *Lemke*, in: HKStPO, § 103 Rn. 7; *Meyer-Goßner*, § 103 Rn. 7.
[297] BVerfGE 103, 142, 153 ff.; BVerfG, NJW 2004, 1442; NJW 2005, 1637, 1638; *Amelung*, NStZ 2001, 337, 339; *Asbrock*, StV 2001 322, 323; *Daleman/Heuchemer*, JA 2003, 430 ff.; *Einmahl*, NJW 2001, 1393 ff.; *Gusy*, JZ 2001, 1033, 1034.
[298] BGH, NJW 2005, 1060, 1061; *Nack*, in: KKStPO, § 105 Rn. 3.
[299] LG Osnabrück, NStZ 1987, 522, mit Anm. *Kronisch*; *Cassardt*, NJW 1996, 554, 555 f.; *G. Schäfer*, in: LR[25], § 105 Rn. 52.

leistet ist, dass die seinerzeit festgestellten Tatsachen die Entscheidung noch tragen[300].

4. Durchführung der Durchsuchung

410 Die Art und Weise der Durchführung einer Durchsuchungsanordnung regelt das Gesetz zwar detailliert, aber trotzdem lückenhaft. Zu der Durchsuchung einer Wohnung, eines Geschäftsraums oder eines befriedeten Besitztums (**Haussuchung**), die von der Polizei ohne Beisein eines Richters oder Staatsanwaltes durchgeführt wird, sollen gemäß § 105 II ein Gemeindebeamter oder zwei Gemeindemitglieder hinzugezogen werden. Der oder die Inhaber der Räumlichkeiten haben ein **Anwesenheitsrecht** (§ 106 I 1). Ist der Inhaber abwesend, so soll gemäß § 106 I 2 eine Vertrauensperson (Vertreter oder erwachsener Angehöriger des Inhabers, Hausgenosse, Nachbar) hinzugezogen werden. Nach Beendigung der Durchsuchung ist dem Betroffenen eine **Durchsuchungsbescheinigung** und auf sein Verlangen ein **Verzeichnis der sichergestellten Gegenstände** oder – falls nichts Verdächtiges gefunden wurde – eine Negativbescheinigung auszuhändigen. **Nächtliche Haussuchungen** sind – mit Ausnahme der in § 104 II angeführten Räumlichkeiten – nur in engen Grenzen zulässig, nämlich bei Verfolgung des auf frischer Tat betroffenen Beschuldigten, bei Gefahr im Verzug oder zur Wiederergreifung eines entwichenen Gefangenen.

411 Der **eigentliche Durchsuchungsvorgang** ist dagegen nicht geregelt.

> **Beispiel**: Staatsanwalt S ermittelte gegen die Geschäftsführer und einige Mitarbeiter der X-GmbH wegen des Verdachts eines Verstoßes gegen das Außenwirtschaftsgesetz. S erschien mit fünfzig Polizeibeamten in dem Unternehmen, um den vom Ermittlungsrichter erlassenen Durchsuchungsbeschluss zu vollziehen. Ein Polizeibeamter besetzte sogleich die Pförtnerloge und unterband den Telefonverkehr, um Warnanrufe zu verhindern. S verbot den Beschuldigten, ihre Büroräume zu verlassen. Dann wurden die Räume der X-GmbH durchsucht. Geschäftsführer B, der die Durchsuchung seines Schreibtisches verhindern wollte, wurde bis zum Abschluss der Maßnahme in einem Nebenraum eingeschlossen.

412 Die **Verhinderung von Störungen** der Durchsuchung und **prophylaktische Maßnahmen zur Sicherung des Durchsuchungserfolges** sind grundsätzlich zulässig[301]. Die Festnahme des B findet in § 164, der die Abwehr von Störungen amtlicher Tätigkeiten gestattet, eine Grundlage. Vorbeugende Maßnahmen können nach zutreffender Auffassung jedoch nicht auf die Vorschrift gestützt werden[302]. Die Zulässigkeit der Anwendung des erforderlichen – und verhältnismäßigen – unmittelbaren Zwanges ergibt sich aber unmittelbar aus §§ 102 ff. Telefonsperre und

---

[300] BVerfG, NJW 1997, 2165, 2166; LG Neuruppin, NStZ 1997, 563, 564; *Cassardt*, NJW 1996, 554, 556 f. Kritisch zu dieser starren Grenzziehung *Roxin*, StV 1997, 654 f.
[301] *C. Müller*, S. 74 ff.; *Sommermeyer*, Jura 1992, 449, 457.
[302] *Amelung*, in: AKStPO, § 164 Rn. 9; *C. Müller*, Rechtsgrundlagen und Grenzen zulässiger Maßnahmen bei der Durchsuchung von Wohn- und Geschäftsräumen, 2003, S. 84 ff. Anders *Rengier*, NStZ 1981, 372, 374 f.

„Stubenarrest" durften hier verhängt werden, weil die Gefahr bestand, dass die Beschuldigten, insbesondere wenn sie frühzeitig über das Eintreffen der Beamten informiert worden wären, belastende Schriftstücke in der Kleidung verbergen und aus ihren Büroräumen schaffen konnten. Dem Beschuldigten darf das Telefonat mit seinem Verteidiger allerdings auf keinen Fall verweigert werden[303].

5. Zufallsfunde

Die Beschlagnahme von Sachen, die in keiner Beziehung zu dem Ermittlungsverfahren stehen, in dem die Durchsuchung angeordnet wurde, die aber als Beweismittel für eine andere Straftat in Betracht kommen (Zufallsfunde), ist gemäß § 108 zulässig. Die Regelung darf jedoch nicht zu einer Suche nach „Zufallsfunden" missbraucht werden.

413

Beispiel: Staatsanwalt S vermutete, dass B in großem Umfang Subventionsbetrügereien begangen hatte. Die tatsächlichen Anhaltspunkte reichten für die Beantragung eines Durchsuchungsbeschlusses jedoch nicht aus. S lagen aber Beweise vor, die auf die Begehung einer Steuerhinterziehung hindeuteten. Er erwirkte bei dem Ermittlungsrichter die Anordnung der Durchsuchung der Geschäftsräume des B wegen des Verdachts der Steuerhinterziehung und beauftragte die Steuerfahndungsbeamten, nach Beweisen für den Subventionsbetrug zu suchen. Die Beamten beschlagnahmten daraufhin Unterlagen, die B des Subventionsbetruges überführten.

§ 108 gestattet nur die Beschlagnahme von Gegenständen, die **„bei Gelegenheit"** der Durchsuchung, also zufällig, gefunden werden. Die gezielte und systematische Suche nach Beweismitteln für ein anderes Ermittlungsverfahren war unzulässig, und die aufgefundenen Beweise dürfen deshalb nicht verwertet werden[304].

414

6. Durchsicht von Papieren

Die Papiere – unter diesen Begriff fallen alle Gegenstände, in denen Informationen verkörpert sind wie Filme, Ton- und Datenträger[305] – des von der Durchsuchung Betroffenen dürfen ohne seine Zustimmung gemäß § 110 I nur durch die Staatsanwaltschaft, wenn der Richter die Durchsuchung durchführt oder leitet auch durch ihn, durchgesehen werden. Im Steuerstrafverfahren gestattet § 404 S. 2 AO zudem den Steuer- und Zollfahndungsdienststellen die Durchsicht. Die Übertragung dieser Befugnis auf die „Steuerkriminalpolizei" ist jedoch nicht sachgerecht[306].

415

---

[303] *Rengier*, NStZ 1981, 372, 375.
[304] *Amelung*, in: AKStPO, § 108 Rn. 9.
[305] BGH, NStZ 2003, 670 f.; *Meyer-Goßner*, § 110 Rn. 1; *Nack*, in: KKStPO, § 110 Rn. 2; *Rudolphi*, in: SKStPO, § 110 Rn. 3.
[306] Näher dazu *Hellmann*, Neben-Strafverfahrensrecht, S. 393 ff.

> **Kontrollfragen**
> 1. Darf eine Durchsuchung angeordnet werden, wenn die aufzuspürenden Beweisgegenstände einem Beschlagnahmeverbot unterliegen? (Rn. 407)
> 2. Was sind Zufallsfunde? (Rn. 413)
> 3. Wer darf die Papiere des von einer Durchsuchung Betroffenen durchsehen? (Rn. 415)

Literatur

Beulke, Beschlagnahmefreiheit von Verteidigungsunterlagen, Lüderssen-FS, S. 693.
Dalemam/Heuchemer, Verwertungsverbot für die Beweisergebnisse rechtswidriger Hausdurchsuchungen?, JA 2003, 430.
Einmahl, Gefahr im Verzug und Erreichbarkeit des Ermittlungsrichters bei Durchsuchungen und Beschlagnahmen, NJW 2001, 1393.
Rengier, Praktische Frage bei Durchsuchungen, insbesondere in Wirtschaftsstrafsachen, NStZ 1981, 372.
Sommermeyer, Die materiellen und formellen Voraussetzungen der strafprozessualen Hausdurchsuchung, Jura 1992, 449.

XIV Annex: Dateiregelungen, staatsanwaltschaftliches Verfahrensregister und Verwendung der erhobenen Daten für verfahrensfremde Zwecke

416 Staatsanwaltschaft und Polizei tragen im Rahmen ihrer Erforschungspflicht (*Rn. 70*) eine Fülle personenbezogener Informationen zusammen. Das aus dem allgemeinen Persönlichkeitsrecht nach Art. 2 I i.V. mit Art. 1 I GG folgende Recht auf informationelle Selbstbestimmung[307] schützt den Einzelnen gegen unbegrenzte Erhebung und Verwendung seiner persönlichen Daten. Der Umgang mit diesen Daten im Ermittlungsverfahren, aber auch im Hauptverfahren und nach Abschluss des Strafverfahrens, war bis zur Einfügung der §§ 474 ff. durch das StVÄG 1999[308] nur sehr fragmentarisch gesetzlich geregelt. Zuvor wurden bereits 1994 die gesetzlichen Grundlagen für die Einführung eines länderübergreifenden staatsanwaltschaftlichen Verfahrensregisters geschaffen, da die geplante einheitliche Regelung der gesamten Materie zum damaligen Zeitpunkt noch scheiterte[309].

1. Dateiregelungen

417 §§ 483-491 schaffen eine ausdrückliche und detaillierte Rechtsgrundlage für den **Umgang mit personenbezogenen Daten für Zwecke der Strafverfolgung**. § 483 I, II gestattet den mit dem jeweiligen Verfahrensabschnitt befassten Stellen

---
[307] BVerfGE 65, 1 ff.
[308] Siehe *Brodersen*, NJW 2000, 2536 ff.; *Hilger*, NStZ 2000, 561 ff.; NStZ 2001, 15 ff.
[309] *Lemke*, NStZ 1995, 484 f.

die Speicherung, Veränderung und Nutzung der Daten für das **konkrete und andere Strafverfahren sowie die internationale Rechtshilfe in Strafsachen und Gnadensachen**. Für polizeiliche Dateien, deren Datenbestand meistens sowohl repressiven als auch präventiven Zwecken dienen (sog. Mischdateien)[310], sodass sich die einzelne Information nicht eindeutig als Strafverfahrens- oder Gefahrenabwehrinformation einordnen lässt[311], ist gemäß § 483 III dagegen das für die speichernde Stelle geltende Polizeirecht maßgeblich. Nach Maßgabe des § 484 dürfen die dort genannten in einem Strafverfahren erhobenen Daten auch für Zwecke **künftiger Strafverfahren** von den Strafverfolgungsbehörden gespeichert, verändert und genutzt werden. Die Verwendung von Daten, die von der Polizei für diesen Zweck gespeichert worden sind, richtet sich wiederum nach den einschlägigen Polizeigesetzen (§ 484 IV). Den Umgang mit Daten für Zwecke der **Vorgangsverwaltung** regelt § 485. §§ 483-485 betreffen Dateien der einzelnen Stellen. Nach § 486 können sie **gemeinsame Dateien** schaffen, und zwar sowohl innerhalb eines Landes als auch länderübergreifend. Ein solches Informationssystem kann einen umfangreicheren Datenbestand aufweisen als das zentrale staatsanwaltschaftliche Verfahrensregister[312] (dazu Rn. *419 ff.*).

§§ 487, 488 regeln die Zulässigkeit und die Grenzen der **Übermittlung** gespeicherter Daten sowie eines **automatischen Abrufverfahrens**. Auskunft darf in dem Umfang erteilt werden, in dem Akteneinsicht oder Auskunft aus den Akten gewährt werden kann (§ 487 II, IV). Die übermittelten Daten unterliegen gemäß § 487 VI einer strengen Zweckbindung. Die Löschung von Daten erfolgt nach Maßgabe des § 489.

418

2. Das zentrale staatsanwaltschaftliche Verfahrensregister (ZStV)

Die Errichtung einer speziellen länderübergreifenden Datensammlung sah bereits das Verbrechensbekämpfungsgesetz aus dem Jahr 1994 vor, nämlich des zentralen staatsanwaltschaftlichen Verfahrensregisters, das bei dem Bundeszentralregister (BZRG) geführt wird. Die Vorschriften waren ursprünglich in §§ 474 ff. StPO *a.F.* geregelt, heute sind sie in §§ 492 ff. eingestellt. Das ZStV bezweckt in erster Linie die **Stärkung der Funktionstüchtigkeit der Strafrechtspflege** insbesondere bei rechtsextremistischen und ausländerfeindlichen Gewalttaten durch die umfassende Information der Staatsanwaltschaften über Tathintergründe, Tat- und Täterverbindungen verbessern, indem Doppelverfahren vermieden, Sammelverfahren frühzeitig gebildet, unwesentliche Taten ausgeschieden und sonstige sachgerechte Verfahrenserledigungen vorbereitet werden[313]. Im Gesetzestext findet sich jedoch keine Beschränkung auf die genannten Taten, nach § 492 II 1 sind nämlich alle Delikte in das Register aufzunehmen[314]. Als weiteren Zweck führt die Entwurfsbegründung den **Schutz des Beschuldigten vor einer unkoordinierten Strafverfolgung**

419

---

[310] Vgl. *Soiné*, Kriminalistik 2001, 245, 250.
[311] *Pfeiffer*, § 483 Rn. 5.
[312] *Brodersen*, NJW 2000, 2536, 2541.
[313] BT-Drucks. 12/6853, S. 19, 37.
[314] *Hellmann*, in: AKStPO, vor § 474 Rn. 2.

durch die Verbindung mehrerer gegen eine Person geführter Ermittlungs- oder Strafverfahren und die Bildung einer Gesamtstrafe an[315].

420 In das Register **einzutragen** sind die in § 492 II 1 aufgezählten Informationen (Personendaten des Beschuldigten, ggf. weitere zur Identifizierung geeignete Merkmale wie Größe, Augenfarbe, körperliche Anomalien; zuständige Stelle und Aktenzeichen; Tatzeiten; Tatvorwürfe; Einleitung des Verfahrens sowie Art der Verfahrenserledigung). Die Staatsanwaltschaft – in Steuerstrafverfahren auch die „Steuerstaatsanwaltschaft" (*Rn. 1029*) –, die gegen einen Beschuldigten ein Ermittlungsverfahren einleitet, hat dies gemäß § 492 II 1 dem Register mitzuteilen, sodass eine andere Staatsanwaltschaften, die gegen denselben Beschuldigten ebenfalls ermitteln, durch eine Anfrage beim ZStV frühzeitig in Erfahrung bringen kann, dass weitere Verfahren anhängig sind. Auch die Art der späteren Erledigung (Einstellung, Anklageerhebung, Strafbefehlsantrag, Nichteröffnung des Hauptverfahrens, Verurteilung, Freispruch) ist von der mit der Sache befassten Staatsanwaltschaft mitzuteilen.

421 **Auskünfte** aus dem ZStV dürfen nach § 492 III 2 grundsätzlich nur an die Strafverfolgungsbehörden zum Zwecke eines Strafverfahrens erteilt werden, also nicht an die Verwaltungsbehörde zur Durchführung eines Bußgeldverfahrens (§ 46 III 4 OWiG). Auch die Strafgerichte erhalten Auskunft nur über die Staatsanwaltschaft[316]. Nach Maßgabe des § 18 III Bundesverfassungsschutzgesetz erhalten allerdings die Verfassungsschutzämter des Bundes und der Länder, der MAD und der BND eine auf die Personendaten, zuständige Stelle und Aktenzeichen beschränkte Auskunft[317] (§ 492 IV). Die Datenübermittlung an die Staatsanwaltschaft durch ein **automatisiertes Abrufverfahren** regelt § 493.

422 Die **Berichtigung** erhobener Daten erfolgt auf Mitteilung der Staatsanwaltschaft, welche die Verantwortung für die Richtigkeit und Aktualität der Daten trägt (§ 494 I). Die gespeicherten Daten sind gemäß § 494 II 1 – umgehend – zu **löschen**, wenn die Speicherung unzulässig ist oder in dem Verfahren, aus dem die Daten übermittelt worden sind, eine Eintragung in das BZRG erfolgt ist. Im Falle eines rechtskräftigen Freispruchs, eines unanfechtbaren Nichteröffnungsbeschlusses oder einer endgültigen Verfahrenseinstellung sind die Daten zwei Jahre nach der Erledigung des Verfahrens zu löschen, wenn nicht innerhalb dieser Frist dem ZStV ein weiteres Verfahren mitgeteilt wird (§ 494 II 2).

3. Akteneinsicht und Auskunftserteilung

423 §§ 474-480 lassen die zahlreichen anderen Auskunfts- und Akteneinsichtsvorschriften (z.B. §§ 80 II, 147, 385 III, 397 I 2, 406e, 434 I 2, 442 I, 444 II 2 StPO, §§ 12 ff. EGGVG) unberührt (§ 480). Gemäß § 474 I erhalten **Gerichte, Staatsanwaltschaften und andere Justizbehörden** (insbesondere die strafverfolgend tätige Polizei und die Steuer- und Zollfahndungsstellen) Einsicht in die Akten eines laufenden oder abgeschlossenen Strafverfahrens, wenn dies für – verfah-

---

[315] BT-Drucks. 12/6853, S. 37.
[316] Kritisch hierzu *Meyer-Goßner*, § 492 Rn. 9.
[317] Siehe dazu *Hellmann*, in: AKStPO, § 474 Rn. 10 ff.

§ 6 Geregelte grundrechtsbeeinträchtigende Maßnahmen im Ermittlungsverfahren

rensexterne[318] – Zwecke erforderlich ist. **Andere öffentliche Stellen** können unter den Voraussetzungen des § 474 II um die Übermittlung von Informationen aus den Strafakten ersuchen. **Privatpersonen**, die nicht schon als Verfahrensbeteiligte, z.B. als Sachverständige nach § 80 II oder als Verletzte nach § 406e ein Akteneinsichtsrecht haben (z.B. ein nicht verletzter Zeuge[319]), und sonstige Stellen können nach Maßgabe des § 475 Akteneinsicht oder Auskunft erhalten. Die Auskunft wird gemäß § 475 I grundsätzlich (siehe aber auch § 475 IV) über einen Rechtsanwalt erteilt[320], wenn ein berechtigtes Interesse dargelegt wird (§ 475 I 1). Strengere Voraussetzungen gelten, wenn der Angeklagte freigesprochen, die Eröffnung des Hauptverfahrens abgelehnt oder das Verfahren eingestellt wurde sowie bei geringfügigen Verurteilungen (§ 477 III). Die Auskunft ist zu versagen, wenn der Betroffene ein schutzwürdiges Interesse, z.B. Wahrung seiner Privatsphäre oder eines Geschäfts- oder Betriebsgeheimnisses, daran hat (§ 475 I 2) sowie bei Entgegenstehen bundes- oder landesgesetzlicher Verwendungsregelungen (§ 477 II 1). Eine Abwägung der Interessen des Antragstellers und des Betroffenen findet nach dem eindeutigen Wortlaut des § 475 I 2 nicht statt, sodass bei Vorliegen eines schutzwürdigen Interesses die Auskunft stets zu versagen ist[321]. Eine detaillierte Regelung der Auskunftserteilung für Zwecke der **wissenschaftlichen Forschung** enthält § 476.

Im **gerichtlichen Verfahren** entscheidet der Vorsitzende des mit der Sache befassten Gericht über die Gewährung der Akteneinsicht, **im Ermittlungsverfahren und nach rechtskräftigem Abschluss** des Strafverfahrens die Staatsanwaltschaft (§ 478 I 1). Die Entscheidung ergeht ohne vorherige Anhörung[322] oder nachträgliche Unterrichtung[323] des Betroffenen. Die Staatsanwaltschaft kann auch nach Anklageerhebung Auskünfte erteilen (§ 478 II 1) sowie die Polizei zur Gewährung der Akteneinsicht und Auskunftserteilung an Privatpersonen (§ 475) ermächtigen (§ 478 I 3). Gegen die Entscheidung der Staatsanwaltschaft über die Akteneinsicht bzw. Auskunftserteilung für Privatpersonen kann gerichtliche Entscheidung beantragt werden (§ 478 III 1 i.V. mit § 161a III 2-4). In den Fällen der §§ 474, 476 ist die Entscheidung als Justizverwaltungsakt im Verfahren nach §§ 23 ff. EGGVG anfechtbar. Hat der Vorsitzende über die Gewährung der Akteneinsicht an eine Privatperson entschieden, so ist die Anfechtung gemäß § 478 III 2 ausgeschlossen[324]. Sonst kann die Entscheidung grundsätzlich[325] mit der Beschwerde gemäß § 304 angefochten werden.

424

---

[318] *Meyer-Goßner*, § 474 Rn. 1.
[319] OLG Hamburg, NJW 2000, 1590.
[320] Zur verfassungsrechtlichen Unbedenklichkeit der Ablehnung der Einsichtnahme durch einen Nichtanwalt BVerG, NJW 20002, 2307 f.
[321] LG Frankfurt, StV 2003, 495, 496; *Hilger*, in: LR[25], § 475 Rn. 7. A.A. *Franke*, in: KKStPO, § 475 Rn. 2; *Meyer-Goßner*, § 475 Rn. 3.
[322] BT-Drucks. 14/1484, S. 29; vgl. auch OLG Karlsruhe, JR 1995, 79, 82. A.A. *Hilger*, in: LR[25], § 478 Rn. 7.
[323] *Meyer-Goßner*, § 478 Rn. 1.
[324] OLG Hamburg, NJW 2002, 1590.
[325] Zu den Voraussetzungen und Ausnahmen *Meyer-Goßner*, § 478 Rn. 4, § 304 Rn. 6 f.

4. Verwendung personenbezogener Informationen zu präventiv-polizeilichen Zwecken

425 Die Staatsanwaltschaft darf von der Polizei Auskunft über deren präventiv-polizeilich erhobene Informationen verlangen und diese im Strafverfahren verwenden (*Rn. 108*). § 481 regelt den umgekehrten Fall, nämlich die Übermittlung und Verwendung der im Strafverfahren erlangten personenbezogenen Informationen zu präventiv-polizeilichen Zwecken. § 481 I erlaubt eine weitgehende Änderung der Zweckbestimmung der Informationen durch alle Behörden, die polizeiliche Aufgaben wahrnehmen[326]. Die Informationen dürfen grundsätzlich zu allen in den Polizeigesetzen genannten Zwecken von den Strafverfolgungsbehörden an Polizeibehörden übermittelt (§ 481 I 2) und von diesen verwendet werden mit Ausnahme der Fälle, in denen die Polizei ausschließlich zum Schutz privater Rechte tätig wird (§ 481 I 3). Die Übermittlung und Verwendung ist gemäß § 481 II zudem unzulässig, wenn bundes- oder entsprechende landesgesetzliche Verwendungsregelungen entgegenstehen (vgl. *Rn. 71*).

5. Information der Polizei über den Verfahrensausgang

426 Nach § 482 teilt die Staatsanwaltschaft von Amts wegen der Polizeibehörde, die mit der Angelegenheit befasst war, das Aktenzeichen und den Ausgang des Verfahrens mit. Zu den Polizeibehörden gehören auch die Finanzbehörde gemäß § 402 AO sowie die Steuer- und Zollfahndung (*Rn. 1030 f.*). In Steuerstrafverfahren, die von der Staatsanwaltschaft geführt werden, gelten im Übrigen die weitergehenden Informations- und Beteiligungsrechte nach § 403 AO (Information über Ermittlungshandlungen; Mitteilung der Anklageschrift und des Strafbefehlsantrags; Anhörung der Finanzbehörde bei beabsichtigter Einstellung).

Kontrollfragen

1. Zu welchen Zwecken dürfen die in einem Strafverfahren erhobenen Informationen verwendet werden? (Rn. 417 f.)
2. Welchen Zwecken dient das ZStV? (Rn. 419 ff.)
3. Wer entscheidet im Strafverfahren über die Gewährung von Akteneinsicht? (Rn. 424)

Literatur

Brodersen, Das Strafverfahrensänderungsgesetz 1999, NJW 2000, 2536.
Lemke, Landesübergreifendes staatsanwaltschaftliches Verfahrensregister, NStZ 1995, 484.
Richter, Errichtung eines Strafverfahrensregisters, NJW 1999, 1785.
Schoreit, Datenverarbeitung, Datenschutz und Strafrecht, DRiZ 1987, 82.

---

[326] *Meyer-Goßner,* § 481 Rn. 1; *Soiné,* Kriminalistik 2001, 249.

§ 7 Die Rechtsstellung des Beschuldigten

I Begründung der Beschuldigteneigenschaft

Eine Person wird dadurch zum Beschuldigten, daß ein Strafverfolgungsorgan auf Grund eines Anfangsverdachts (*Rn. 57 ff.*) das Ermittlungsverfahren gegen sie einleitet. Wie oben (*Rn. 67*) bereits dargelegt wurde, ist für die Einleitung des Ermittlungsverfahrens nicht notwendig ein Willensakt der zuständigen Strafverfolgungsbehörde erforderlich, der zum Ausdruck bringt, dass sie das Strafverfahren gegen eine Person als den für eine Straftat möglicherweise Verantwortlichen betreiben will. Zwar begründet die förmliche Einleitung eines Ermittlungsverfahrens oder die Vornahme einer Maßnahme, die nur gegen den Beschuldigten zulässig ist, die Beschuldigteneigenschaft[1]. Darüber hinaus leiten aber auch Maßnahmen eines Strafverfolgungsorgans, die nach ihrem **äußeren Befund** belegen, dass es eine Person als möglichen Täter betrachtet, das Ermittlungsverfahren gegen ihn ein[2].

427

> **Beispiel:** B war unter Alkoholeinfluss (1,67‰) mit seinem Pkw von der Straße abgekommen. Er ließ das stark beschädigte Fahrzeug stehen und entfernte sich. Der Polizeibeamte P fand in dem Pkw einen Führerschein. Eine halbe Stunde später traf P auf B, der auf der vom Unfallort wegführenden Straße ging. P fragte B, ob er die in dem Führerschein bezeichnete Person sei und ob er das Unfallfahrzeug geführt habe. B räumte ein, dass es sich um seinen Führerschein handele; das Auto habe er aber nicht gefahren, sondern er sei Beifahrer gewesen. Er weigerte sich, den Namen des Fahrers zu nennen und sagte auch nichts zum Unfallhergang. In der Hauptverhandlung vor dem Amtsgericht ließ sich B nicht zur Sache ein. Das Amtsgericht verurteilte ihn wegen Trunkenheit im Straßenverkehr. Es stützte dieses Urteil auf die Aussage des P, der die Erklärungen, die B ihm gegenüber auf der Straße gemacht hatte, wiedergab. Das Gericht sah es deshalb als erwiesen an, dass sich B zum Unfallzeitpunkt in dem Pkw befunden hatte. Die Angabe, nur Beifahrer gewesen zu sein, betrachtete es als unwahre Schutzbehauptung.

Schon aus der Art der Befragung folgt, dass P dem B als Beschuldigten begegnete. Es handelte sich nicht um ein informatorisches „Herumfragen" am Unfallort, durch das sich ein Polizeibeamter erst einmal Klarheit über den Hergang verschaffen will, sondern um eine gezielte Ansprache der Person, die als Täter einer möglichen Straftat in Betracht kommt. Die Befragung leitete somit das Ermittlungsverfahren ein, und A wurde dadurch zum Beschuldigten, sodass P ihn gemäß §§ 136 I 2, 163a IV 2 auf sein Schweigerecht hätte hinweisen müssen[3]. Wegen der fehlen-

428

---

[1] *Beulke*, Rn. 111, 112.
[2] BGHSt 38, 214, 228; BGH, NJW 1997, 1591; *Achenbach*, in: AKStPO, § 163a Rn. 20; *Beulke*, Rn. 112; *Gundlach*, in: AKStPO, § 136 Rn. 3 ff.; *Lesch*, JA 1995, 157, 158 ff.; *Roxin*, § 25 Rn. 11.
[3] BGHSt 38, 214, 218, 228.

den Belehrung unterfällt die Einlassung des A, der das Schweigerecht nicht gekannt hatte, einem Verwertungsverbot (dazu *Rn. 451*).

429 Diese Grundsätze müssen insbesondere auch für **förmliche Vernehmungen** von Personen gelten, gegen die bereits Verdachtsmomente bestehen.

> **Beispiel**: Nachdem die Kriminalbeamten G und H die Leiche des S in einer Situation, die eindeutig auf das Vorliegen eines Tötungsdelikts hindeutete, aufgefunden hatten, befragten sie V, gegen den der Verdacht bestand, er habe am Tattage Kontakt zu S gehabt. Die Beamten erklärten dabei ausdrücklich, es handele sich um eine zeugenschaftliche Vernehmung in der Vermisstensache S. V bestritt zunächst, sich am Tage des Verschwindens des S mit diesem getroffen zu haben. Erst nach einer mehrstündigen Vernehmung teilten die Beamten ihm mit, dass die Leiche des S entdeckt worden war. Auch danach blieb V zunächst bei seiner Behauptung, gab dann aber an, S am Tattage getroffen, wieder verlassen und später zufällig seine Leiche gefunden zu haben. Er bestritt aber, S getötet zu haben. Erst am Ende der Vernehmung des V, die sich über mehr als acht Stunden erstreckte, erklärten die Beamten, dass gegen ihn ein dringender Tatverdacht bestehe und er deswegen nunmehr vorläufig festgenommen werde. Bei den Beschuldigtenvernehmungen, die in den darauffolgenden Tagen stattfanden, legte V vor der Polizei und dem Ermittlungsrichter Geständnisse ab.

430 Nach Auffassung des BGH[4] war es nicht zu beanstanden, dass die Beamten den V nicht sogleich als Beschuldigten vernahmen, weil sich der von Anfang an bestehende Verdacht, V habe mit S am Tattage Kontakt gehabt, erst am Ende der Vernehmung bestätigte. Für die Frage, wann von einer Zeugen- zu einer Beschuldigtenvernehmung überzugehen sei, komme es auf die Stärke des Tatverdachts an. Es unterliege der pflichtgemäßen Beurteilung des Vernehmenden, ob er den Verdacht für so gravierend erachtet, dass er den Betroffenen als Beschuldigten verfolgt und ihn als solchen vernimmt. Bei dem besonders schweren Vorwurf der Begehung eines Tötungsdelikts seien die Grenzen des Beurteilungsspielraums erst überschritten, wenn der Vernehmende trotz eines starken Tatverdachts nicht zur Beschuldigtenvernehmung übergehe bzw. wenn dem Verdächtigen willkürlich der Beschuldigtenstatus vorenthalten werde[5]. In dem konkreten Fall sah der BGH keinen Missbrauch darin, dass V erst am Ende der Vernehmung eröffnet wurde, es bestehe ein – dringender – Tatverdacht gegen ihn.

431 Diese Sicht überzeugt jedoch nicht. Es trifft zwar zu, dass für die Feststellung eines Tatverdachts auch subjektive Wertungen des zur Strafverfolgung berufenen Beamten maßgeblich sind und ihm insofern ein Beurteilungsspielraum einzuräumen ist (*Rn. 61*). Das gilt sowohl für die Entscheidung, ob die bekannten Tatsachen für die Begehung einer Straftat sprechen, als auch für Beurteilung, ob eine bestimmte Person als Täter oder Teilnehmer in Betracht kommt. Die Anerkennung dieses Spielraums dient aber nur dazu, die Grenzen abzustecken, innerhalb derer unterschiedliche Beurteilungen der Verdachtssituation durch verschiedene Personen vertretbar sind. Die Maßgeblichkeit der subjektiven Einschätzung des Beamten für die Begründung der Beschuldigteneigenschaft folgt daraus keineswegs.

---

[4] BGHSt 37, 48, 51 f.
[5] BGHSt 10, 8, 12; BGH, NJW 1994, 2904, 2907.

Würde man die Entstehung der Beschuldigtenrechte von der Beurteilung des Strafverfolgungsorgans abhängig machen, so ergäbe sich nämlich die befremdliche Konsequenz, dass bei ansonsten völlig gleichen Umständen der Vernommene, gegen den Verdachtsmomente bestehen, im einen Fall die schwache Stellung eines Zeugen besäße, im anderen dagegen den vergleichsweise starken Beschuldigtenstatus. Nach zutreffender Auffassung[6] vernimmt der zur Strafverfolgung berufene Beamte den Befragten auch bei einem Verdacht geringeren Gewichts als Beschuldigten, wenn die Umstände der Vernehmung ergeben, dass er diesen als Täter oder Teilnehmer der Straftat in Betracht zieht. In unserem Fall spricht bereits die unwahre Erklärung, es handele sich um eine Vernehmung in einer Vermisstensache, dafür, dass die Beamten schon zu Beginn der Vernehmung einen Tatverdacht gegen V hegten, denn es ist kein Grund ersichtlich, weshalb sie einem unbeteiligten Zeugen den Fund der Leiche des S hätten verschweigen sollen. Jedenfalls legt die Fortsetzung der Befragung, obwohl V einen Kontakt mit S am Tattage abgestritten hatte, die Schlussfolgerung nahe, dass sie V nicht glaubten und ihn mit dem Tötungsdelikt in Verbindung brachten. Spätestens zu diesem Zeitpunkt ging die Zeugen- in eine Beschuldigtenvernehmung über mit der Folge, dass V nach Maßgabe des §§ 136 I 2, 163a IV 2 hätte belehrt werden müssen. – *Fallsammlung Rn. 109-112.* –

II Die Ambivalenz der Beschuldigtenrolle

Die Einleitung des Ermittlungsverfahrens macht den Beschuldigten einerseits – in gewissen Grenzen – zum **Objekt der staatlichen Strafverfolgung**, indem er zulässige grundrechtsbeeinträchtigende Maßnahmen dulden muss. Andererseits stattet ihn das Gesetz mit Rechten aus, durch die er einen nicht unerheblichen Einfluss auf den Gang des Verfahrens nehmen kann; insofern ist der Beschuldigte zugleich **Verfahrenssubjekt**[7].

1. Die Objektsqualität des Beschuldigten

Die StPO gibt den Strafverfolgungsbehörden zahlreiche Ermittlungsmaßnahmen an die Hand, die gegen den Beschuldigten auch ohne bzw. gegen seinen Willen eingesetzt werden dürfen. Widersetzt er sich ihnen, so ist zu ihrer Durchsetzung notfalls die Androhung und Anwendung von Zwang zulässig. Der Grundsatz **„nemo tenetur se ipsum accusare"**, der aus Art. 2 I i.V. mit Art. 1 GG folgt[8], verbietet aber den Einsatz von Zwangsmitteln gegen den Beschuldigten, um ihn zu einer aktiven Mitwirkung an dem gegen ihn gerichteten Strafverfahren zu bewegen. Die Anerkennung des **Mitwirkungsverweigerungsrechts** entspricht der Achtung vor der Menschenwürde, sie schützt das Persönlichkeitsrecht des Beschuldigten und ist notwendiger Bestandteil eines fairen Verfahrens. Ausprägungen dieses Grundsatzes sind das Schweigerecht des Beschuldigten gemäß §§ 136 I 2, 243 IV

432

433

---

[6] Oben *Fn. 2.*
[7] Zu den Gründen für die Anerkennung der Rechtsstellung als Prozesssubjekt *Kahlo*, KritV 1997, 183, 193 ff.
[8] BVerfGE 56, 37, 43; BVerfG, wistra 1988, 302; BGHSt 38, 214, 220.

1 sowie das in § 136a und in Art. 14 III g des Internationalen Pakts über bürgerliche und politische Rechte niedergelegte Verbot der Anwendung von Zwang zur Herbeiführung einer selbst belastenden Aussage. Das Mitwirkungsverweigerungsrecht beseitigt die Objektsqualität des Beschuldigten zwar nicht, es begrenzt sie aber doch immerhin erheblich.

2. Die Subjektstellung des Beschuldigten

434 Der Beschuldigte hat nicht nur das Recht, im Ermittlungsverfahren passiv zu bleiben, sondern er kann den Gang der Ermittlungen in erheblichem Maße beeinflussen. Diesem Zweck dienen der Grundsatz des **rechtlichen Gehörs**, das **Recht zur Verteidigerkonsultation**, das **Beweisantragsrecht** und das **Recht, an bestimmten richterlichen Untersuchungshandlungen teilzunehmen**.

(a) Rechtliches Gehör

435 Das **Verfahrensgrundrecht** des Art. 103 I GG, dass jedermann vor Gericht Anspruch auf rechtliches Gehör hat, gilt auch für den Beschuldigten. Rechtliches Gehör ist ihm gemäß § 33 I nicht nur in der Hauptverhandlung zu gewähren, sondern gemäß § 33 III grundsätzlich auch **vor Ergehen richterlicher Entscheidungen** im Ermittlungsverfahren. § 33 IV enthält allerdings die notwendige Einschränkung, dass richterliche Maßnahmen, deren Zweck durch die vorherige Anhörung gefährdet wären, ohne eine solche ergehen dürfen. Das gilt für zahlreiche Ermittlungsmaßnahmen, die heimlich angeordnet und durchgeführt werden müssen, um zu verhindern, dass der Beschuldigte ihren Erfolg vereitelt. Für diese Fälle sieht § 33a die **Nachholung des rechtlichen Gehörs** vor, wenn zum Nachteil des Beschuldigten Tatsachen und Beweisergebnisse verwertet worden sind und ihm gegen den Beschluss kein anderer Rechtsbehelf zusteht. Die Anfechtung der Maßnahme mit der Beschwerde oder einem anderen Rechtsbehelf geht § 33a somit vor.

436 Auf Maßnahmen der Staatsanwaltschaft oder der Polizei sind §§ 33, 33a zwar nicht anwendbar. Die von den Strafverfolgungsbehörden ohne vorherige Anhörung angeordneten bzw. durchgeführten Ermittlungsmaßnahmen unterliegen aber der **nachträglichen richterlichen Rechtskontrolle** (*Rn. 185 ff.*), in deren Rahmen dem Beschuldigten dann rechtliches Gehör gewährt wird.

437 Ausdruck des Anspruchs auf rechtliches Gehör im Ermittlungsverfahren ist zudem § 163a I. Der Beschuldigte muss danach **vor dem Abschluss der Ermittlungen vernommen** werden, es sei denn, das Verfahren wird eingestellt. Nach h.M. entfällt die Vernehmungspflicht bei allen Einstellungen, also auch bei solchen aus Opportunitätserwägungen nach §§ 153 ff.[9]. Nach zutreffender Auffassung gilt die Regelung jedoch nur für die Einstellung mangels hinreichenden Tatverdachts gemäß § 170 II 1, denn nach der Terminologie der StPO ist nur diese gemeint[10]. Der Ausschluss der Vernehmungspflicht ist aber auch bedenklich, wenn man § 163a I in diesem engen Sinne versteht. Wurde der Beschuldigte nicht ver-

---
[9] *Meyer-Goßner*, § 163a Rn. 3; *Wache*, in: KKStPO, § 163a Rn. 5; *Pfeiffer*, § 163a Rn. 1.
[10] *Achenbach*, in: AKStPO, § 163a Rn. 5.

nommen, so setzt ihn die Staatsanwaltschaft nämlich in aller Regel auch nicht über die Einstellung des Verfahrens in Kenntnis, weil § 170 II 2 die Unterrichtungspflicht grundsätzlich an die Vernehmung knüpft. Es werden also zahlreiche Ermittlungsverfahren durchgeführt, ohne dass der Beschuldigte je davon erfährt[11]. Dieser Zustand kann nicht damit gerechtfertigt werden, dass die Ermittlungen zu keinem den Beschuldigten beschwerenden Abschluss geführt haben. Denn schon die bloße Existenz des Verfahrens oder die Anhörung von Vorgesetzten, Kollegen, Geschäftspartnern, Nachbarn und Bekannten kann ihm erhebliche Nachteile in seinen beruflichen und privaten Beziehungen bereiten, ohne dass er sich diese erklären kann. Die Pflicht der Strafverfolgungsorgane zur **unverzüglichen Unterrichtung** des Beschuldigten über die gegen ihn erhobenen Vorwürfe folgt aus Art. 6 III lit. a EMRK, der nach zutreffender Auffassung entgegen dem Wortlaut der deutschen Übersetzung nicht erst nach Eröffnung des Hauptverfahrens, durch die der Beschuldigte gemäß § 157 zum Angeklagten wird, gilt, sondern in jeder Lage des Strafverfahrens[12]. Die Information des Beschuldigten darf nur unterbleiben, wenn und solange die Heimlichkeit der Ermittlungen erforderlich ist, um den Erfolg der Maßnahmen zu gewährleisten.

Die Vernehmung im Sinne des § 163a I kann vom Ermittlungsrichter, der Staatsanwaltschaft oder der Polizei vorgenommen werden. Es genügt, dass der Beschuldigte irgendwann im Laufe des Ermittlungsverfahrens vernommen wird. Die Vernehmung kann in einfachen Sachen gemäß § 163a I 2 durch die Aufforderung, sich schriftlich zu den Vorwürfen zu äußern, ersetzt werden. **438**

(b) Recht zur Verteidigerkonsultation

Der Beschuldigte hat gemäß § 137 I 1 das Recht, sich in jeder Lage des Verfahrens, also auch im Ermittlungsverfahren, des Beistands eines Verteidigers zu bedienen. Es handelt sich dabei nicht um ein Zugeständnis des Gesetzgebers, sondern um einen **verfassungsrechtlich verbürgten Anspruch**, der aus dem Rechtsstaatsprinzip und Art. 2 I GG folgt[13]. Durch die Hinzuziehung eines Verteidigers kann der Beschuldigte dem auf Seiten der Strafverfolgungsorgane vorhandenen juristischen und kriminalistischen Sachverstand ein Gegengewicht entgegensetzen. Eine besondere Bedeutung kommt dem Recht auf Verteidigerkonsultation bei einer Vernehmung gemäß § 136 I 2 zu. Die Einzelheiten werden deshalb unten *(Rn. 452 ff.)* erörtert. **439**

(c) Beweisantragsrecht

Unmittelbaren Einfluss auf den Gang der Ermittlungen kann der Beschuldigte gemäß § 163a II durch die Beantragung der Aufnahme von Entlastungsbeweisen nehmen. Die Regelung besitzt einen eigenständigen Anwendungsbereich neben **440**

---

[11] *Gillmeister*, StraFo 1996, 114, 115.
[12] *Frister*, StV 1998, 159 ff.; *Gillmeister*, StraFo 1996, 114, 115 f.; ähnlich *Gollwitzer*, in: LR[25], Art. 6 MRK Rn. 164. A.A. *Hanack*, in: LR[25], § 136 StPO Rn. 17, der den Anwendungsbereich des Art. 6 III lit. a MRK auf das Verfahren nach Anklageerhebung beschränkt.
[13] Z.B. BVerfGE 66, 313, 319; 68, 237, 255; eingehend dazu *Beckemper*, Verteidigerkonsultationsrecht, S. 39 ff.

§ 160 II, der die Staatsanwaltschaft zur Erhebung der entlastenden Beweise von Amts wegen verpflichtet. § 163a II gewährt dem Beschuldigten ein **subjektives öffentliches Recht** gegen die Staatsanwaltschaft auf Erhebung der Beweise, wenn sie von Bedeutung sind. Diese Bedeutung ist dann gegeben, wenn die beantragte Beweiserhebung geeignet erscheint, die Entschließung der Staatsanwaltschaft über die Erhebung der öffentlichen Klage zu beeinflussen[14]. Die Beschränkung der Pflicht auf erhebliche Beweise räumt der Staatsanwaltschaft kein Ermessen ein[15], sondern es handelt sich um einen unbestimmten Rechtsbegriff, sodass der Staatsanwaltschaft bei der Anwendung zwar ein Beurteilungsspielraum zusteht, sie aber bei Vorliegen der Voraussetzungen verpflichtet ist, den Beweis zu erheben.

(c) Anwesenheitsrechte

441 Der Beschuldigte hat gemäß §§ 168c II, 168d I 1 grundsätzlich das Recht, an **richterlichen Vernehmungen** der Zeugen und Sachverständigen sowie an der **Einnahme des richterlichen Augenscheins** teilzunehmen. Er kann davon jedoch ausgeschlossen werden, wenn seine Anwesenheit den Untersuchungszweck gefährdet (§§ 168c III, 168d I 2). Die h.M.[16] lehnt eine analoge Anwendung des § 168c II auf die Vernehmung eines Mitbeschuldigten ab. Nach zutreffender Auffassung[17] handelt es sich bei der Nichterwähnung des Mitbeschuldigten dagegen um eine verdeckte Regelungslücke, sodass eine entsprechende Anwendung in Betracht kommt. In der Praxis wird die Teilnahme des Beschuldigten bei der Vernehmung eines Mitbeschuldigten allerdings häufig wegen einer Gefährdung des Untersuchungszwecks ausscheiden.

III Beschuldigtenvernehmung

442 Die Voraussetzungen und der Ablauf der Vernehmung des Beschuldigten stimmen in allen Verfahrensstadien im Wesentlichen überein (vgl. §§ 136, 163a III, IV, 243 II 2, IV).

1. Vernehmungsbegriff

443 Strittig ist, ob alle Äußerungen des Beschuldigten, die direkt oder indirekt von einem Strafverfolgungsorgan herbeigeführt werden, unter den Begriff Vernehmung fallen[18] (sogenannter funktioneller Vernehmungsbegriff), oder nur förmliche Vernehmungen[19].

---

[14] *Achenbach*, in: AKStPO, § 163a Rn. 8; *Rieß*, in: LR[25], § 163a Rn. 112 f.
[15] So aber *Meyer-Goßner*, § 163a Rn. 15; *Wache*, in: KKStPO, § 163a Rn. 8.
[16] BGHSt 42, 391, 395 ff.; *Krehl*, in: HKStPO, § 168c Rn. 2; *Ranft*, Rn. 439.
[17] OLG Karlsruhe, StV 1996, 302 f.; *Achenbach*, in: AKStPO, § 168c Rn. 4; *Rieß*, in: LR[25], § 168c Rn. 14.
[18] LG Darmstadt, StV 1990, 104; *Dencker*, StV 1994, 667, 674 f.; *Seebode*, JR 1988, 427, 428.
[19] BGHSt (GS) 42, 139, 145 f.; BGH, NStZ 1995, 410; *Beulke*, Rn. 115; *Schlüchter/Radbruch*, NStZ 1995, 345 f.

> **Beispiel**: Die Polizei verdächtigte B, an einem schweren Raub beteiligt gewesen zu sein. Der Zeuge Z bekundete, dass B ihm gegenüber am Telefon seine Täterschaft eingeräumt habe. Die Polizeibeamten veranlassten daraufhin ein weiteres Telefongespräch zwischen Z und B, das sie und der Dolmetscher D mithörten. In diesem Telefonat machte B erneut Angaben zur Tat. Das LG vernahm D in der Hauptverhandlung und legte seine Aussage der Verurteilung des B zugrunde.

Der Große Senat des BGH verneinte eine unmittelbare Anwendung der §§ 163a, 136 auf die sogenannte „**Hörfalle**", weil die Veranlassung des Telefongesprächs zwischen Z und B nicht als Vernehmung anzusehen sei. Um eine solche handele es sich nur, wenn der zur Strafverfolgung berufene Beamte dem Beschuldigten in amtlicher Funktion gegenübertritt und von ihm in dieser Funktion eine Aussage verlangt[20]. Dass diese Sicht zutrifft, die Regelungen also die Vernehmung in einem formellen und nicht in einem funktionellen Sinne meint, ergibt sich auch daraus, dass § 110a den Einsatz eines Verdeckten Ermittlers (Polizeibeamter) gestattet. Würde jede Erklärung des Beschuldigten, die er auf Veranlassung des Verdeckten Ermittlers diesem gegenüber macht, als Vernehmung gelten, so müsste der Beamte den Beschuldigten über sein Schweigerecht belehren mit der Folge, dass die von § 110a vorausgesetzte heimliche Ermittlung praktisch unmöglich wäre. Es liegt aber auch **keine vernehmungsähnliche Situation** vor, sodass §§ 163a, 136 nicht analog anwendbar sind. Der Sinn der Belehrungspflichten besteht nämlich nicht – wie zum Teil behauptet wird[21] – darin zu verhindern, dass der Staat den Beschuldigten durch Vorenthaltung der Belehrung dazu veranlasst, sich selbst zu belasten, sondern darin, ihn vor der irrtümlichen Annahme zu bewahren, er müsse einem amtlichen Auskunftsverlangen nachkommen[22]. Tritt eine – vermeintliche – Privatperson mit dem Beschuldigten in Kontakt, so weiß er, dass er nicht zu einer Äußerung verpflichtet ist. Er kann sich vor einer Selbstbelastung schützen, indem er schweigt. Äußert er sich gleichwohl, so weiß er, dass er auf eigenes Risiko handelt[23].

444

Nicht unter den Vernehmungsbegriff fallen zudem **Orientierungsfragen**, durch die ein Strafverfolgungsorgan sich erst einmal Klarheit über das Geschehen verschaffen will, ohne dass gegen die befragte Person bereits ein Anfangsverdacht besteht[24], sowie **Spontanäußerungen**, die jemand ohne Befragung abgibt. – *Fallsammlung Rn. 105-108.* –

445

2. Der Ablauf der Vernehmung

Die Vernehmung des Beschuldigten beginnt mit der Feststellung seiner Identität. Bei der ersten Vernehmung ist dem Beschuldigten danach gemäß §§ 136 I 1, 163a III 2, IV 1 zu eröffnen, welche Tat ihm zur Last gelegt wird. Der Richter und die

446

---

[20] BGHSt 42, 139, 145 f.; im Ergebnis zustimmend *Kudlich*, JuS 1997, 696, 698 ff.; *Popp*, NStZ 1998, 95 ff.
[21] *Roxin*, NStZ 1995, 465, 466 ff.; NStZ 1997, 18; ähnlich *Fezer*, NStZ 1996, 289, 290.
[22] BGHSt 42, 139, 147.
[23] BGHSt 39, 335, 347; 40, 211, 215; *Sternberg-Lieben*, Jura 1995, 299, 308.
[24] *Achenbach*, in: AKStPO, § 163a Rn. 23; *Beulke*, Rn. 113, 118.

Staatsanwaltschaft müssen ihm dabei die in Betracht kommenden Strafvorschriften nennen. Sodann ist der Beschuldigte über sein Recht zur Aussageverweigerung, zur Verteidigerkonsultation und zur Beantragung der Erhebung von Entlastungsbeweisen zu belehren (§§ 136 I 2, 3, 163a III 2, IV 2). Die Vernehmung zur Sache setzt voraus, dass sich der Beschuldigte bereit erklärt, Angaben zu machen. Weigert er sich, so verbietet der nemo-tenetur-Grundsatz die Androhung und Anwendung von Zwang, um ihn zur Aussage zu bewegen.

3. Pflichten des Beschuldigten

(a) Erscheinenspflicht

447 Der Beschuldigte ist im Ermittlungsverfahren verpflichtet, vor dem **Richter** und vor dem **Staatsanwalt** auf Ladung zu erscheinen. § 133 II setzt die Erscheinenspflicht zur richterlichen Vernehmung voraus, ohne sie ausdrücklich zu nennen, indem die Vorschrift bestimmt, dass die Ladung des Beschuldigten unter Androhung der Vorführung für den Fall des Ausbleibens erfolgen kann. Für die staatsanwaltschaftliche Vernehmung legt § 163a III 1 die Erscheinenspflicht ausdrücklich fest. Die Staatsanwaltschaft kann – wie der Richter – die Anwesenheit des Beschuldigten durch die Anordnung der Vorführung erzwingen (*Rn. 131*). Eine Verpflichtung zum Erscheinen bei der Polizei besteht dagegen nicht. Die Polizei darf den Beschuldigten zwar vernehmen, wie sich aus § 163a IV ergibt. Er ist aber nicht verpflichtet, vor ihr zu erscheinen, sodass sie keine rechtliche Handhabe besitzt, die Vernehmung zwangsweise durchzusetzen. Die Polizei kann deshalb im Falle der Weigerung nur die Staatsanwaltschaft bitten, den Beschuldigten zur Vernehmung zu laden, um dann an der staatsanwaltschaftlichen Vernehmung teilzunehmen.

(b) Pflicht zur Angabe der Personalien

448 Nach h.M.[25] ist der Beschuldigte verpflichtet, Angaben zur Person zu machen. Die Gegenmeinung verneint eine Pflicht zur Personalienangabe generell[26] oder jedenfalls für den Fall, dass die Angaben einer Selbstbezichtigung gleichkämen[27]. Es handelt sich dabei nicht um eine Frage des Strafprozessrechts, da gegen den Beschuldigten keine Beugemittel zulässig sind, um ihn zur Personalienangabe zu bewegen, sondern um eine solche der Anwendbarkeit des § 111 OWiG, der bei einer Verweigerung der Personalienangabe eine Geldbuße androht. Bei einer Selbstbelastungsgefahr scheitert nach zutreffender Auffassung die Verhängung einer Geldbuße an der Unzumutbarkeit normgemäßen Verhaltens[28]. Zur Feststellung der Identität ist aber die Anordnung der erkennungsdienstlichen Behandlung zulässig, und zur Duldung dieser Maßnahme darf der Beschuldigte gezwungen werden.

---

[25] BGHSt 21, 334; 364; 25, 13, 17; *Boujong*, in: KKStPO, § 136 Rn. 7; *Meyer-Goßner*, § 136 Rn. 5; *Krey* I, Rn. 787.
[26] Z.B. *Dingeldey*, JA 1984, 407, 411 f.; *Rüping*, Rn. 101; *Seebode*, MDR 1970, 185 ff.
[27] *Rogall*, in: SKStPO, vor § 133 Rn. 71; *Roxin*, § 25 Rn. 8.
[28] *Roxin*, § 25 Rn. 8.

(c) Wahrheitspflicht bei Aussagebereitschaft?

Angaben zur Sache muss der Beschuldigte nicht machen. Entschließt er sich zur Aussage, so besteht **keine Wahrheitspflicht**[29]. Daraus folgt allerdings nicht das Recht auf Lüge in dem Sinne, dass die Behauptung unwahrer Tatsachen für ihn keinerlei Nachteile haben dürfte. Der Beschuldigte darf zwar den Verdacht von sich ablenken, bezichtigt er jedoch einen anderen wahrheitswidrig der ihm vorgeworfenen Straftat, so kann er sich dadurch gemäß §§ 145d, 164, 187 StGB strafbar machen.

449

4. Pflichten des Vernehmenden und Folgen ihrer Verletzung

(a) Belehrung über das Schweigerecht

Der Beschuldigte muss gemäß §§ 136 I 2, 163a III 2, IV II **vor jeder ersten richterlichen, staatsanwaltschaftlichen und polizeilichen Vernehmung** über sein Schweigerecht belehrt werden. Das gilt auch dann, wenn er von einem anderen Strafverfolgungsorgan zuvor bereits in derselben Sache vernommen und belehrt worden war. Eine bestimmte Form ist nicht vorgeschrieben, die Belehrung muss jedoch in einer für den Beschuldigten verständlichen Weise erteilt werden, die ihn in die Lage versetzt, eigene Erwägungen über die Ausübung seines Schweigerechts anzustellen. Der Beschuldigte darf darauf hingewiesen werden, dass die Einlassung nach Ansicht des Vernehmenden vorteilhaft sein kann, weil sie zur Entlastung beitragen könnte, doch ist es unzulässig, den nicht aussagebereiten Beschuldigten durch hartnäckiges Nachfragen oder das Inaussichtstellen gesetzlich nicht vorgesehener Vorteile zu einer Aussage zu „überreden". Das Nichtverstehen der Belehrung über die Aussagefreiheit infolge einer geistig-seelischen Störung hindert nach Auffassung des BGH die Vernehmung des Beschuldigten nicht, wenn er sich zur Aussage bereit erklärt[30].

450

In der Praxis unterbleibt bisweilen die Belehrung über das Schweigerecht aus Versehen oder in der Absicht, den Beschuldigten über seine Rechte im Unklaren zu lassen. Äußert sich der Beschuldigte im Ermittlungsverfahren zu dem gegen ihn erhobenen Vorwurf, verweigert er aber später in der Hauptverhandlung die Aussage, so ist zu entscheiden, **ob und unter welchen Voraussetzungen seine frühere Aussage berücksichtigt werden darf**. Ursprünglich nahm der BGH bei einer Verletzung der Belehrungspflicht im Ermittlungsverfahren nur ausnahmsweise ein Verwertungsverbot an, und zwar dann, wenn der Vernehmende den Beschuldigten bewusst nicht belehrt hatte, um seine Unkenntnis auszunutzen. Eine versehentlich unterbliebene Belehrung begründete danach kein Verbot der Verwertung des Inhalts der Aussage durch eine Vernehmung der Verhörsperson[31]. Die Literatur lehnte diese Sicht dagegen fast einhellig ab und forderte die Anerkennung eines Verwertungsverbotes. Der BGH[32] beugte sich schließlich der Kritik

451

---
[29] BGHSt 3, 149, 152; *Beulke*, Rn. 125; *Meyer-Goßner*, § 136 Rn. 18. A.A. *Peters*, S. 207.
[30] BGHSt 39, 349, 350.
[31] BGHSt 22, 170, 173 ff.; 31, 395, 398 ff.
[32] BGHSt 38, 214, 220 ff.; ebenso OLG Celle, NStZ 1991, 403, 404; NJW 1993, 545 f.; OLG Oldenburg, NStZ 1995, 412.

und erkennt nun ebenfalls die besondere Bedeutung an, welche der Kenntnis des Beschuldigten von seinem Schweigerecht für die Wahrung seiner Rechte zukommt. Eine Aussage, die der Beschuldigte ohne Belehrung über sein Schweigerecht gemacht hat, unterliegt deshalb einem **Verwertungsverbot**, es sei denn, der Beschuldigte kannte dieses Recht[33]. Die Aussage darf nach Auffassung des BGH allerdings durch die Vernehmung der Verhörsperson in das Verfahren eingeführt werden, wenn nicht feststeht, dass die Belehrung unterblieb, oder der Verteidiger bzw. der unverteidigte Angeklagte, der über das Widerspruchsrecht belehrt wurde, der Verwertung in der Stellungnahme gemäß § 257 nicht ausdrücklich widerspricht[34]. Auch die Aussage eines Beschuldigten, der die Belehrung infolge seines geistig-seelischen Zustands nicht verstanden hat, soll bei einem fehlenden Widerspruch verwertet werden dürfen[35]. Dem kann jedoch nicht zugestimmt werden. Die erstgenannte Einschränkung scheint zwar mit dem von der überwiegenden Meinung[36] vertretenen Standpunkt, dass der Grundsatz „in dubio pro reo" für den Nachweis von Verfahrensfehlern nicht gilt (dazu unten *Rn. 811 f.*), in Einklang zu stehen. Hier ist aber zu berücksichtigen, dass es sich bei der Belehrung um eine den Strafverfolgungsorganen ausdrücklich auferlegte Pflicht handelt. Deshalb haben sie für den Nachweis der Befolgung Sorge zu tragen, indem sie die Belehrung aktenkundig machen (vgl. Nr. 45 I RiStBV). Gelingt dieser Nachweis nicht, so ist davon auszugehen, dass der Hinweis unterblieb mit der Folge der Unverwertbarkeit der Aussage[37]. Die zweite Einschränkung ist ebenfalls abzulehnen, da die Mitwirkung eines Verteidigers das Gericht nicht von seiner Pflicht entbindet, Verfahrensverstöße aufzuklären[38]. Zulässig ist die Verwertung allerdings dann, wenn der Beschuldigte nach Belehrung über sein Widerspruchsrecht bzw. der Verteidiger der Verwertung ausdrücklich zustimmt[39].

(b) Ermöglichung der Verteidigerkonsultation

452 Auch für die Belehrung über das Recht des Beschuldigten, jederzeit einen Verteidiger zu befragen, gilt, dass der Hinweis in verständlicher Form zu erfolgen hat. Entschließt sich der Beschuldigte, einen Verteidiger zu Rate zu ziehen, so muss die **Vernehmung unterbrochen** werden, um ihm eine Kontaktaufnahme zu ermöglichen[40]. Hat sich bereits vor der Vernehmung ein Verteidiger für den Be-

---

[33] Z.B. *Beulke*, Rn. 117; *Hanack*, in: LR[25], § 136 Rn. 55; *Meyer-Goßner*, § 136 Rn. 20; *Roxin*, JZ 1992, 923, 924. A.A. *Wohlers*, JR 2002, 294, 295.
[34] BGHSt 38, 214, 224 ff.; BayObLG, NJW 1997, 404, 405; OLG Stuttgart, NStZ 1997, 405; *Widmaier*, NStZ 1992, 519, 521.
[35] BGHSt 39, 349, 350.
[36] BGHSt 16, 164, 167; *Meyer-Goßner*, § 136a Rn. 32; *Rogall*, in: SKStPO, § 136a Rn. 83. A.A. *Roxin*, § 15 Rn. 40; *Hanack*, in: LR[25], § 136a Rn. 69.
[37] *Fezer*, JR 1992, 385, 386; *Hauf*, MDR 1993, 195, 197; *Meyer-Goßner*, § 136 Rn. 20; *Roxin*, JZ 1992, 923.
[38] *Beulke*, Rn. 150; *Bohlander*, NStZ 1992, 504, 505; *Lesch*, JA 1995, 157, 162; *Maul/Eschelbach*, StraFo 1996, 66, 69 f.; *Rogall*, in: SKStPO, Vor § 133 Rn. 178; *Ventzke*, StV 1997, 543, 547 ff.
[39] *Hamm*, NJW 1996, 2185, 2186 ff.; *Hanack*, in: LR[25], § 136 Rn. 57.
[40] BGHSt 38, 372, 373; 42, 15, 19; *Achenbach*, in: AKStPO, § 163a Rn. 18a; *Meyer-Goßner*, § 136 Rn. 10.

schuldigten gemeldet, so muss ihm dies mitgeteilt werden[41]. Der Vernehmende darf auf keinen Fall dem Beschuldigten die Kontaktaufnahme mit seinem Verteidiger verweigern[42].

In der Rechtsprechung ist streitig, ob und in welcher Weise der Vernehmende dem Beschuldigten bei der **Herstellung eines Kontakts zu einem Verteidiger behilflich** sein muss.

453

> **Beispiel**: B, ein des Deutschen nicht mächtiger italienischer Staatsbürger, wurde in Hamburg wegen des Verdachts der Beteiligung an einem Mord festgenommen. Zu Beginn der Vernehmung, die in den Abendstunden stattfand, erklärte B nach ordnungsgemäßer Belehrung über sein Recht zur Verteidigerkonsultation dem vernehmenden Kriminalpolizeibeamten K, dass er einen anwaltlichen Beistand wünsche. Da B keinen Verteidiger benennen konnte, legte ihm K das Branchentelefonbuch von Hamburg vor, in dem sich unter dem Stichwort „Rechtsanwaltsbüros" eine große Anzahl von Eintragungen befindet. K verschwieg B aber, dass in Hamburg ein anwaltlicher Notdienst für die Abend- und Nachtstunden existiert. Für B entstand dadurch der Eindruck, dass es ihm nicht möglich sein würde, einen Anwalt zu erreichen. Nach einer erneuten Befragung durch K, ob er unter diesen Umständen zu einer Aussage bereit sei, verzichtete B auf die Hinzuziehung eines Verteidigers und machte Angaben zu dem Tatvorwurf. Der Inhalt seiner Aussage wurde durch die Vernehmung des K in die Hauptverhandlung, in der B von seinem Aussageverweigerungsrecht Gebrauch machte, eingeführt und zu seinen Ungunsten verwertet.

Nach Auffassung des 5. Strafsenats des BGH genügt es nicht, dass der Vernehmende den Beschuldigten über sein Recht zur Befragung eines Verteidigers belehrt, sondern er muss dem Beschuldigten bei der Herstellung des Kontakts **in effektiver Weise helfen**, wenn dieser anwaltlichen Beistand verlangt. Dieser Hilfestellung bedürfe es, weil der Beschuldigte häufig – insbesondere im Falle einer Festnahme – durch die Ereignisse verwirrt und durch die ungewohnte Umgebung bedrückt und verängstigt sei. Im konkreten Fall sei die Vorlage des Branchentelefonbuchs keine wirksame Hilfe, sondern eher dazu geeignet gewesen, den Beschuldigten davon zu überzeugen, dass eine alsbaldige Kontaktaufnahme wegen der Unerreichbarkeit eines Anwalts in den Abendstunden scheitern müsse. K hätte B deshalb auf das Vorhandensein des anwaltlichen Notdienstes hinweisen müssen[43].

454

Diese von der Literatur[44] zu Recht einhellig begrüßten beschuldigtenfreundlichen Grundsätze nahm der 1. Strafsenat[45] jedoch kurz darauf zum Teil wieder zurück. Nach seiner Auffassung ist es nicht zu beanstanden, wenn der Vernehmende nach ordnungsgemäßer Belehrung die Vernehmung fortsetzt, obwohl der Beschuldigte zunächst nach einem Verteidiger verlangt, sich dann aber in der Über-

455

---

[41] BGH, NStZ 1997, 502.
[42] BGHSt 38, 372, 373; *Beckemper*, Verteidigerkonsultationsrecht, S. 62.
[43] BGHSt 42, 15, 19.
[44] *Beulke*, NStZ 1996, 257 ff.; *Hamm*, NJW 1996, 2185 f.; *Herrmann*, NStZ 1997, 209, E. *Müller*, StV 1996, 358 f.; *Roxin*, JZ 1997, 343, 344; *Ventzke*, StV 1996, 524 f.
[45] BGHSt 42, 170, 172.

zeugung, eine Kontaktaufnahme sei derzeit nicht möglich, doch zu einer Aussage entschließt. Dieser Sicht kann nicht zugestimmt werden, weil die Behauptung, dem Beschuldigten werde die volle Entscheidungsfreiheit darüber belassen, ob er aussagen wolle, nicht ausreicht, um die Fortsetzung der Vernehmung zu rechtfertigen. Erkennt der Beschuldigte, dass eine Kontaktaufnahme zu einem Verteidiger derzeit scheitert, so ist er eben nicht in der Lage, sich frei für oder gegen eine Vernehmung unter den von ihm gewünschten Umständen zu entscheiden. Die Vernehmung muss deshalb nach zutreffender Meinung[46] solange unterbrochen werden, bis der Beschuldigte seinen bereits benannten Verteidiger oder einen von ihm erst noch zu suchenden Anwalt konsultiert hat. Der BGH lässt dagegen eine Fortsetzung der Vernehmung im Falle des Scheiterns der Kontaktaufnahme zu, allerdings erst nach einer erneuten Belehrung über das Verteidigerkonsultationsrecht[47]. Der Vernehmende sei zudem nicht verpflichtet, den ordnungsgemäß belehrten Beschuldigten, der nicht den Wunsch auf Hinzuziehung eines Verteidigers äußert, von sich darauf hinzuweisen, dass ein anwaltlicher Notdienst besteht[48].

456   Nach zutreffender Auffassung führen die Verletzung der Pflicht zur Belehrung über das Recht zur Verteidigerkonsultation[49], die Verweigerung der Kontaktaufnahme[50], die unterlassene Information des Beschuldigten darüber, dass sich für ihn bereits ein Verteidiger gemeldet hatte[51], und die unterbliebene Hilfeleistung bei der Kontaktaufnahme zu einem Verbot der Verwertung des Inhalts einer Aussage des Beschuldigten. Entgegen der Meinung des BGH[52] ist das Verwertungsverbot nicht von einem ausdrücklichen Widerspruch des Verteidigers oder des Beschuldigten abhängig[53]. Die Verwertung erfordert auch hier die ausdrückliche Zustimmung des Beschuldigten bzw. seines Verteidigers (vgl. *Rn. 451*). – *Fallsammlung Rn. 114-117.* –

IV Verbotene Vernehmungsmethoden

457   § 136a sichert das Verbot der Androhung und Anwendung unzulässigen Zwanges zur Herbeiführung einer selbst belastenden Aussage gesetzlich ab und verbietet die Beeinträchtigung der Willensentschließungs- und Willensbetätigungsfreiheit des Beschuldigten durch Misshandlung, Ermüdung, körperliche Eingriffe, Verabreichen von Mitteln, Quälerei, Täuschung oder Hypnose. Die Vorschrift wurde 1950 durch das Vereinheitlichungsgesetz als Reaktion auf die schwerwiegenden Menschenrechtsverletzungen in der Zeit des Nationalsozialismus eingeführt.

---

[46] *Roxin*, JZ 1997, 343, 344.
[47] BGHSt 42, 15, 19; 170, 171 ff.; zustimmend *Beckemper*, Verteidigerkonsultationsrecht, S. 287 ff.; *Schwaben*, NStZ 2002, 288, 290.
[48] BGHSt 47, 233, 234 f., mit Anm. *Roxin*, JR 2002, 898. A.A. *Kutschera*, StraFo 2001, 262.
[49] *Hanack*, in: LR[25], § 136 Rn. 68; *Roxin*, JZ 1993, 426, 427. Offengelassen in BGH, NStZ 1997, 609 f.
[50] BGHSt 38, 372, 373.
[51] BGH, NStZ 1997, 502.
[52] BGHSt 42, 15, 22 ff.
[53] *Beulke*, NStZ 1996, 257, 262.

§ 136a schützt zwar vornehmlich die Menschenwürde des Betroffenen, die Vorschrift dient aber auch dem Funktionieren des Strafverfahrens, weil die verbotenen Vernehmungsmethoden zu Falschaussagen führen können[54].

1. Die verbotenen Mittel im Einzelnen

Unter **Misshandlung** ist – wie in § 223 StGB – jede nicht nur unerhebliche Beeinträchtigung der körperlichen Unversehrtheit oder des körperlichen Wohlbefindens zu verstehen[55]. 458

Ermüdung liegt vor, wenn sich der Beschuldigte auf Grund der schlaflosen Zeit in einem psychischen Zustand befindet, in dem er der Vernehmung nicht mehr in freier Willensentschließung folgen kann[56]. Wann dies der Fall ist, lässt sich nicht abstrakt bestimmen, sondern hängt von den Umständen des Einzelfalles ab. Der BGH lässt auch länger dauernde Vernehmungen und solche zur Nachtzeit zu. Nach 24 Stunden ohne Schlaf soll der Beschuldigte nicht ohne weiteres ermüdet sein[57], bei einer schlaflosen Zeit von 30 Stunden nahm der BGH dagegen Ermüdung an[58]. 459

Körperliche Eingriffe sind Maßnahmen, die sich unmittelbar auf den Körper des Beschuldigten auswirken. Schmerzzufügung ist nicht erforderlich. Körperliche Eingriffe erfüllen oft zugleich die Voraussetzungen der Misshandlung, des Verabreichens von Mitteln oder der Quälerei. 460

Verboten ist das **Verabreichen von Mitteln**, d.h. jede Einführung von festen, flüssigen oder gasförmigen Stoffen in den Körper, gleich in welcher Form das Verabreichen erfolgt, z.B. durch Einatmenlassen, Einspritzen, Einführen in Köperöffnungen, Beimischen in Speisen und Getränke, die der Beschuldigte zu sich nimmt, usw. Es muss sich jedoch um ein Mittel handeln, das die Willensfreiheit beeinträchtigt. Unzulässig ist insbesondere die Verabreichung berauschender, betäubender, hemmungslösender, einschläfernder oder aufputschender Substanzen. Der Vernehmende darf dem Beschuldigten Mittel zur Verfügung stellen, die der Stärkung oder Erfrischung dienen, z.B. Traubenzucker, Kaffee, Tee oder Zigaretten. 461

Quälerei ist Zufügung länger andauernder oder sich wiederholender körperlicher oder seelischer Schmerzen oder Leiden[59]. Sie kann auch in einer entwürdigenden Behandlung bestehen, z.B. in fortwährenden Beschimpfungen. Quälerei liegt insbesondere vor, wenn bei dem Beschuldigten ein Gefühl der Angst oder Hoffnungslosigkeit erzeugt wird. 462

Die **Täuschung** unterscheidet sich von den übrigen verbotenen Vernehmungsmethoden, weil sie im Gegensatz zu jenen nicht ohne weiteres die Menschenwürde verletzt[60]. Deshalb, und weil zu einer Vernehmung ein gewisses Maß 463

---

[54] Näher dazu *Krack*, NStZ 2002, 120 ff.
[55] *Hanack*, in: LR[25], § 136a Rn. 18.
[56] BGHSt 38, 291, 293.
[57] BGH, bei *Pfeiffer/Miebach*, NStZ 1984, 15.
[58] BGHSt 13, 60, 61.
[59] *Meyer-Goßner*, § 136a Rn. 11.
[60] *Beulke*, Rn. 135; *Hanack*, in: LR[25], § 136a Rn. 33.

an „Taktik" gehört, besteht weitgehende Einigkeit, dass der Täuschungsbegriff restriktiv auszulegen ist[61], da nicht jede kriminalistische List unzulässig sein kann. Wann eine Täuschung vorliegt und wie sie von einer erlaubten kriminalistischen List abzugrenzen ist, ist jedoch im Einzelnen unklar. Grundsätzlich handelt es sich bei der Täuschung um ein irreführendes Verhalten des Vernehmenden. Ein solches ist jedenfalls dann gegeben, wenn dem Beschuldigten falsche Tatsachen zur Kenntnis gebracht werden, um in ihm einen Irrtum zu erregen.

> **Beispiel**: A und B wurden unter dem Verdacht, gemeinschaftlich einen Einbruchsdiebstahl begangen zu haben, festgenommen. Die Kriminalbeamten X und Y vernahmen die beiden in getrennten Räumen. Nach zwei Stunden erschien X in dem Zimmer, indem Y den B vernahm, und erklärte, weiteres Leugnen sei nun zwecklos, da A die Tat eingestanden habe. Tatsächlich hatte auch A beharrlich eine Tatbeteiligung abgestritten. Daraufhin brach der innere Widerstand des B zusammen, und er legte ein Geständnis ab.

464 Es handelt sich um eine verbotene **Irreführung durch eine falsche Tatsachenbehauptung**. Ebenso liegt es bei der Konfrontation des Beschuldigten mit einem falschen Beweismittel, z.B., indem der Vernehmende dem Beschuldigten dessen Fingerabdruck präsentiert, der angeblich am Tatort gefunden wurde, der in Wahrheit aber von einer Kaffeetasse stammt, die der Beschuldigte während der Vernehmung benutzt hatte.

465 Unter den Täuschungsbegriff fallen zudem **bewusst falsche Rechtsauskünfte**.

> **Beispiel**: Bei der Vernehmung des C erklärte der Polizeibeamte P ihm, es werde auf Grund der Beweislage ein Haftbefehl gegen C ergehen, wenn er nicht gestehe. Dann werde der Richter nämlich den Haftgrund der Verdunkelungsgefahr annehmen. Die Voraussetzungen eines Haftbefehls lagen jedoch – wie P wusste – nicht vor. C gestand, um der Untersuchungshaft zu entgehen.

466 Zulässig ist dagegen die Anwendung einer **kriminalistischen List**.

> **Beispiel**: Im Rahmen der Ermittlungen wegen eines Einbruchs in ein Bürogebäude wurde auch ein Fingerabdruck des B gesichert. Der Kriminalbeamte K vernahm B als Beschuldigten und belehrte ihn ordnungsgemäß über seine Rechte. Als B bestritt, die Tat begangen zu haben, fragte K ihn, ob er überhaupt einmal in dem Gebäude gewesen sei. Die Tatsache, dass ein Fingerabdruck des B gefunden worden war, hatte K ihm bis dahin verschwiegen. Das Vorenthalten dieser Information sollte verhindern, dass B eine unverfängliche Erklärung für das Vorhandensein der Spur abgab. B behauptete, niemals in dem Gebäude gewesen zu sein. Daraufhin konfrontierte K ihn mit dem Beweismittel. B legte ein Geständnis ab, da er weiteres Leugnen für zwecklos hielt.

467 Der Vernehmende darf zwar weder ausdrücklich noch konkludent falsche Angaben machen, er ist aber nicht verpflichtet, sein Tatsachenwissen dem Beschul-

---

[61] BGHSt (GS) 42, 139, 149; *Boujong*, in: KKStPO, § 136a Rn. 19; *Hanack*, in: LR[25], § 136a Rn. 33; *Meyer-Goßner*, § 136a Rn. 12; *Roxin*, § 25 Rn. 23. A.A. *Ransiek*, Die Rechte des Beschuldigten in der Polizeivernehmung, 1990, S. 68.

digten vor der Vernehmung vollständig zu offenbaren⁶². K durfte deshalb B die **„Fangfrage"** stellen. Das bloße **Ausnutzen eines Irrtums**, den der Beamte nicht hervorgerufen hat, fällt ebenfalls nicht unter den Täuschungsbegriff⁶³.

Außerhalb des soeben umrissenen Kernbereichs sind die Voraussetzungen der Täuschung unklar. So ist strittig, ob sie ein bewusstes Irreführen erfordert⁶⁴ oder ob bereits **irrtümlich falsche Angaben** des Vernehmenden unter § 136a fallen⁶⁵. Zutreffend ist eine differenzierende Sicht⁶⁶. Gibt der Vernehmende falsche Informationen über Tatsachen, die er selbst irrtümlich für wahr hält, so liegt darin kein Fehlverhalten, das die Vernehmung als rechtsstaatswidrig erscheinen lässt. Die Veranlassung einer Aussage durch eine irrtümlich falsche Rechtsauskunft, z.B. durch die unzutreffende Behauptung, der Beschuldigte könne der Anordnung der Untersuchungshaft nur durch die Ablegung eines Geständnisses entgehen, fällt dagegen unter § 136a, weil der Beschuldigte einen Anspruch darauf hat, dass die rechtlichen Erklärungen der Strafverfolgungsorgane richtig sind.

468

Streit besteht auch über die Anwendbarkeit des § 136a in Fällen, in denen eine Privatperson auf Veranlassung eines Strafverfolgungsorgans oder ein Verdeckter Ermittler den Beschuldigten in ein **vermeintliches Privatgespräch** verwickelt und ihn dadurch aushorcht. Eine Auffassung in der Literatur nimmt eine Täuschung im Sinne des § 136a an, wenn das Verhalten über eine Verschleierung der wahren Umstände durch bloßes Verschweigen hinausgeht und dem Beschuldigten durch zusätzliche Maßnahmen die Privatheit des Gesprächs vorgetäuscht wird⁶⁷. Die Lösung kann jedoch nicht aus § 136a hergeleitet werden, da die Vorschrift – wie § 136 – zutreffenderweise nur auf förmliche Vernehmungen bzw. vernehmungsähnliche Situationen anwendbar ist (*Rn. 444*). Die Zulässigkeit eines verdeckten Vorgehens hängt vielmehr davon ab, ob die konkrete Maßnahme auf eine Eingriffsgrundlage gestützt werden kann. Die Ausforschung des Beschuldigten durch einen Verdeckten Ermittler ist deshalb nach Maßgabe der §§ 110a ff. zulässig. Soweit der Einsatz von Informanten und Vertrauenspersonen durch die staatsanwaltschaftlichen oder polizeilichen Generalklauseln der §§ 161 I 1, 163 I 2 gedeckt ist (vgl. *Rn. 134 ff., 147*), dürfen auch diese Personen grundsätzlich zu verdeckten Ausforschungen herangezogen werden⁶⁸. Ihrem Einsatz sind jedoch rechtsstaatliche Grenzen gesetzt. Unzulässig ist es z.B., den in Untersuchungshaft befindlichen Beschuldigten durch einen anderen Gefangenen, der zu dem Beschuldigten in die Zelle gesperrt wird, aushorchen zu lassen, weil von der Unter-

469

---

⁶² OLG Köln, MDR 1972, 965, 966; *Boujong*, in: KKStPO, § 136a Rn. 20; *Hanack*, in: LR²⁵, § 136a Rn. 37.
⁶³ BGH, NStZ 1997, 251 f.; *Hanack*, in: LR²⁵, § 136a Rn. 38; *Joerden*, JuS 1993, 927, 930.
⁶⁴ BGHSt 31, 396, 399 f.; 35, 328, 329 ff.; 37, 53; BGH, StV 1989, 515; *Lemke*, in: HKStPO, § 136a Rn. 29.
⁶⁵ OLG Düsseldorf, NJW 1960, 210, 211; *Puppe*, GA 1978, 289, 295 f.
⁶⁶ *Achenbach*, StV 1989, 515, 516 ff.; *Hanack*, in: LR²⁵, § 136a Rn. 42; *Meyer-Goßner*, § 136a Rn. 13; *Rüping*, Rn. 106.
⁶⁷ *Beulke*, Rn. 138; *Hanack*, in: LR²⁵, § 136a Rn. 37a; *Lagodny*, StV 1996, 167, 170 ff.
⁶⁸ BGHSt (GS) 42, 139, 150.

suchungshaft Zwangswirkungen ausgehen, welche die freie Willensentschließung einschränken[69].

470 Unter **Hypnose** ist jede Einwirkung zu verstehen, durch die unter Ausschaltung des bewussten Willens eine Einengung des Bewusstseins auf die von dem Hypnotisierenden gewünschte Vorstellungsrichtung erreicht wird[70].

471 § 136a I 2 verbietet die **Anwendung von Zwang** außer in den gesetzlich zugelassenen Fällen. Unter das Zwangsmittelverbot fällt insbesondere die Anordnung der Untersuchungshaft, um den Beschuldigten zu einem Geständnis zu bewegen, obwohl die Voraussetzungen für einen Haftbefehl nicht vorliegen. Strittig ist, ob § 136a auch eingreift, wenn der Beschuldigte eine Aussage unter dem Eindruck der Zwangswirkung einer objektiv rechtswidrigen Untersuchungshaft macht, die jedoch nicht gezielt als Mittel zur Herbeiführung einer Erklärung eingesetzt wurde.

> **Beispiel**: Die Staatsanwaltschaft beantragte in einem Ermittlungsverfahren wegen des Verdachts zahlreicher Weinverfälschungen beim Ermittlungsrichter E den Erlass eines Haftbefehls gegen B. E ordnete die Untersuchungshaft wegen Flucht- und Verdunkelungsgefahr an. Das LG verwarf die von B eingelegte Beschwerde. In der Haft wurde B mehrfach von Staatsanwalt S vernommen und gestand schließlich die Vorwürfe ein. Daraufhin wurde der Haftbefehl außer Vollzug gesetzt. In der Hauptverhandlung verweigerte B die Einlassung zur Sache. Das Gericht lehnte eine Vernehmung des S über den Inhalt der Aussage des B mit der Begründung ab, das Geständnis sei unverwertbar, weil zu keinem Zeitpunkt die Voraussetzungen für einen Haftbefehl vorgelegen hätten und die Aussage deshalb unter der Wirkung unzulässigen Zwanges zustande gekommen wäre.

472 Eine Auffassung in der Literatur[71] befürwortet die Anwendung des § 136a I 2 auf alle Fälle, in denen der Beschuldigte durch objektiv unzulässigen Druck zur Aussage bewegt wurde. Zustimmung verdient jedoch die h.M., die aus dem Schutzzweck des § 136a I 2 und der Überschrift der Vorschrift zu Recht folgert, dass prozessual unzulässiger Zwang dem Zwangsmittelverbot nur unterfalle, wenn er als Vernehmungsmittel oder -methode eingesetzt wird[72]. In unserem Beispiel wurde das Geständnis des B deshalb auch dann nicht durch Zwang im Sinne des § 136a I 2 herbeigeführt, wenn die Beurteilung des erkennenden Gerichts zuträfe, dass der Erlass des Haftbefehls objektiv rechtswidrig war[73]. Für die Annahme, dass die Staatsanwaltschaft und der Ermittlungsrichter die Voraussetzungen der Untersuchungshaft wider besseres Wissen bejaht hatten, enthält der Sachverhalt keine Anhaltspunkte.

473 Unzulässig ist gemäß § 136a I 3 zudem die **Drohung mit einer unzulässigen Maßnahme**, z.B. den Erlass wegen Flucht- oder Verdunkelungsgefahr, obwohl

---

[69] BGHSt 34, 362, 363 f.
[70] *Meyer-Goßner*, § 136a Rn. 19
[71] *Fezer*, StV 1996, 77, 78; *Paeffgen*, NStZ 1997, 119.
[72] BGH, NStZ 1990, 195; NStZ 1995, 605, 606; *Hanack*, in: LR[25], § 136a Rn. 47.
[73] BGH, NStZ 1995, 605 f.

eine solche nicht besteht[74], und das **Versprechen eines gesetzlich nicht vorgesehenen Vorteils**, z.B. die Ankündigung, ein anderes Ermittlungsverfahren einzustellen, obwohl die Einstellungsvoraussetzungen nicht vorliegen. Es versteht sich von selbst, dass es sich bei der **Androhung von Folter** um eine verbotene Vernehmungsmethode handelt. Strittig ist dagegen, ob die Androhung oder gar die Anwendung der Folterung eines Beschuldigten präventiv-polizeilich zulässig ist, um Leib und Leben eines Entführungsopfers zu retten. Nach zutreffender Auffassung gilt das Folterverbot absolut[75].

Die Aufzählung der verbotenen willensbeeinträchtigenden Vernehmungsmethoden ist **nicht abschließend**. Andere Maßnahmen, die in vergleichbarer Weise die Menschenwürde oder das Persönlichkeitsrecht verletzen, sind in analoger Anwendung des § 136a I ebenfalls unzulässig. Darauf stützte die vormals überwiegende Auffassung[76] die Annahme der Unzulässigkeit des Einsatzes eines **Polygraphen** („Lügendetektor"). Das Gerät zeichnet während einer Befragung verschiedene Körperreaktionen (Herzfrequenz, Blutdruck, Atembewegung, Muskelreflexe, Schweißabsonderung, Hautwiderstand) auf, die der Vernommene nicht steuern kann. Die Auswertung dieser Messungen durch einen Sachverständigen soll Rückschlüsse darauf erlauben, ob der Befragte wahrheitsgemäß geantwortet oder gelogen hat. Dieses Verfahren mache den Befragten zum Objekt des Vorgangs, da nicht seine Aussage, sondern die nicht willensgesteuerten Reaktionen ausgewertet werden. Damit verletze es jedenfalls das Persönlichkeitsrecht des Vernommenen[77]. Der Polygraph dürfe deshalb auch nicht – wie zum Teil gefordert[78] – auf Verlangen des Beschuldigten zum Zweck seiner Entlastung eingesetzt werden. Der BGH lehnt bei einer freiwilligen Mitwirkung des Beschuldigten zwar heute einen Verstoß gegen § 136a ab, das Gericht betrachtet den Polygraphen aber wegen der fehlenden Validität der Ergebnisse[79] als völlig ungeeignetes Beweismittel, sodass ein Beweisantrag, der auf eine polygraphische Untersuchung gerichtet ist, gemäß § 244 III 2, 4. Alt. abgelehnt werden dürfe[80]. Zutreffen dürften beide Einwände gegen den Einsatz des Polygraphen, also verfassungsrechtliche Unzulässigkeit und Ungeeignetheit.

474

---

[74] BGH, NStZ 2005, 279 f.
[75] BVerfG, NJW 2005, 656, 657; LG Frankfurt/Main, NJW 2005, 692 ff. („Fall Daschner"), mit ablehnender Anm. *Götz*, NJW 2005, 953 ff.; *Hilgendorf*, JZ 2004, 331, 338; eingehend dazu *Ellbogen*, Jura 2005, 339 ff. Siehe aber auch *Herzberg*, JZ 2005, 321 ff, der eine Rechtfertigung nach § 32 StGB annimmt.
[76] BVerfG, NJW 1982, 375; BGHSt 5, 332, 333; LG Wuppertal, NStZ-RR 1997, 75, 76 f.; *Beulke*, Rn. 141; *Rüping*, Rn. 107; offen gelassen von BVerfG, NStZ 1998, 523 f.; StraFo 1998, 16.
[77] BVerfG, NJW 1982, 375; *Achenbach*, NStZ 1984, 350, 351. Der BGH (St 5, 332, 333) nimmt eine Verletzung der Menschenwürde an.
[78] *Amelung*, NStZ 1982, 38 ff.; *Kühne*, in: AKStPO, § 136a Rn. 57; *Meyer-Mews*, NJW 2000, 916, 917 ff.
[79] Vgl. *Rill/Vossel*, NStZ 1998, 481 ff.
[80] BGHSt 44, 308, 312 ff., mit Anm. *Amelung*, JR 1999, 384; zustimmend *Kargl/Kirsch*, JuS 2000, 537, 539; *Schorelt*, StV 2004, 284, 285; kritisch *Schüssler*, JR 2003, 188, 190 f. Ebenso BGH (Z), NJW 2003, 2527 ff. für die polygraphische Untersuchung als Beweismittel im Zivilprozess.

475 § 136a II verbietet darüber hinaus **Maßnahmen, die das Erinnerungsvermögen oder die Einsichtsfähigkeit des Beschuldigten beeinträchtigen**. Es handelt sich dabei regelmäßig um Mittel, die schon nach § 136a I verboten sind, sodass die Vorschrift nur eine geringe praktische Bedeutung besitzt.

2. Adressaten der Vorschrift

476 § 136a gilt für **alle Strafverfolgungsorgane**, also Richter, Staatsanwälte (§ 163a III 2) und Polizeibeamte (§ 163a IV 2). Nach h.M.[81] ist die Vorschrift zudem anwendbar auf **Sachverständige**, die zur Vorbereitung ihres Gutachtens den Beschuldigten untersuchen, da der Sachverständige im Auftrag der Staatsanwaltschaft oder des Richters an der Aufklärung des Sachverhalts mitwirkt und sich die Befragung des Beschuldigten („Exploration") in der Sache kaum von einer förmlichen Vernehmung unterscheidet. Bei psychiatrischen und psychologischen Untersuchungen besteht sogar ein besonderes Schutzbedürfnis, weil der Sachverständige in aller Regel das Vertrauen des Beschuldigten erlangen muss, damit die Methoden greifen. Eine Täuschung des Beschuldigten fällt deshalb leichter als in Vernehmungen der Strafverfolgungsorgane.

477 § 136a ist dagegen nicht anwendbar auf Befragungen des Beschuldigten durch andere Verfahrensbeteiligte, z.B. den Verteidiger[82], und durch Privatpersonen[83]. Von **Dritten** mit den Mitteln des § 136a erlangte Aussagen des Beschuldigten sind nach zutreffender h.M. deshalb grundsätzlich verwertbar. Ein **Verwertungsverbot** greift allerdings ein, wenn die Erklärung durch eine **krasse Verletzung der Menschenwürde** des Beschuldigten herbeigeführt wurde[84]. Zulässig ist danach die Verwertung einer Aussage des Beschuldigten, die ein Privatdetektiv diesem durch eine Täuschung entlockt hat, während ein Geständnis, zu dem der Beschuldigte von einem Dritten durch die Anwendung körperlicher Gewalt oder die Drohung mit dem Tode gezwungen wurde, einem Verwertungsverbot unterliegt.

478 § 136a berührt die Zulässigkeit der Androhung und Anwendung von Zwang zur Durchsetzung einer Aussagepflicht in einem anderen – **nichtstrafrechtlichen – Verfahren** nicht, selbst wenn für den Betroffenen die Gefahr einer strafrechtlichen Selbstbezichtigung besteht.

> **Beispiel**: B, über dessen Vermögen das Insolvenzverfahren eröffnet worden war, sollte vor dem Insolvenzgericht zu der Übereignung von Vermögensgegenständen befragt werden. B verweigerte jedoch die Aussage, weil gegen ihn ein Ermittlungsverfahren wegen Insolvenzdelikten anhängig sei und er sich durch die Beantwortung der Fragen

---

[81] BGHSt 11, 211, 212; *Boujong*, in: KKStPO, § 136a Rn. 5; *Hanack*, in: LR²⁵, § 136a Rn. 8; *Joerden*, JuS 1993, 927, 928. A.A. *Kühne*, in: AKStPO, § 136a Rn. 8; *Rogall*, in: SKStPO, § 136a Rn. 8.
[82] BGHSt 14, 189, 192.
[83] *Roxin*, § 24 Rn. 45.
[84] OLG Celle, NJW 1985, 640, 641; *Meyer-Goßner*, § 136a Rn. 3; *Roxin*, § 24 Rn. 45. Enger z.B. *Hanack*, in: LR²⁵, § 136a Rn. 10, *Ranft*, Rn. 1621; *Rogall*, in: SKStPO, § 136a Rn. 14 ff. Die Gegenmeinung (*Joerden*, JuS 1993, 927, 928; *Kühne*, in: AKStPO, § 136a Rn. 13) befürwortet ein generelles Verbot der Nutzung von Erkenntnissen, die ein Dritter unter Anwendung der in § 136a genannten Mittel erlangt hat.

möglicherweise einer strafbaren Handlung bezichtigen müsse. Das Insolvenzgericht lehnte ein Aussageverweigerungsrecht ab und ordnete gemäß § 98 II Nr. 1 InsO Beugehaft an.

Der nemo-tenetur-Grundsatz (*Rn. 433*) gilt nicht nur für die Anwendung staatlichen Zwangs im Strafverfahren, sondern er stellt auch sicher, dass Informationen, die der Beschuldigte unter dem Eindruck von Zwangsmitteln in einem Zivil- oder Verwaltungsverfahren offenbart hat, nicht zu seiner Überführung im Strafverfahren herangezogen werden; das BVerfG hat dies in dem sog. „Gemeinschuldnerbeschluss" zur erzwingbaren Mitwirkung des Gemeinschuldners nach der – bis 1998 geltenden – Konkursordnung (§§ 75, 101 II KO) festgestellt[85]. Der Schutz des Beschuldigten kann auf zwei Wegen erreicht werden, und zwar entweder durch ein Verbot der Zwangsanwendung bei einer Selbstbelastungsgefahr oder durch ein Verbot der Verwertung erzwungener Informationen. Zum Teil verbieten die jeweiligen Verfahrensordnungen den Einsatz von Zwangsmitteln zur Durchsetzung einer Mitwirkungspflicht bei Selbstbelastungsgefahr (z.B. § 393 I 2 AO). Ist das nicht der Fall, so dürfen die zulässigen Zwangsmittel angewendet werden, die Erklärungen unterliegen jedoch einem Verwertungsverbot im Strafverfahren. § 97 I 3 InsO bestimmt dies nunmehr ausdrücklich. Die KO enthielt zwar keine solche Regelung, das Verwertungsverbot ergab sich aber unmittelbar aus dem verfassungsrechtlich fundierten nemo-tenetur-Grundsatz. Die Anordnung der Beugehaft durch das Insolvenzgericht war deshalb rechtmäßig.

479

3. Prävention und Sanktion von Verstößen

Die Schutzwirkung des § 136a ist mehrfach abgesichert.

480

§ 343 StGB greift einige verbotene Vernehmungsmethoden auf und stellt den Amtsträger, der in einem Strafverfahren einen anderen durch eine körperliche Misshandlung, Anwendung oder Androhung von Gewalt oder seelisches Quälen zu einer Aussage oder Erklärung bewegen will, wegen **Aussageerpressung** unter Strafe.

481

§ 136a III 2 errichtet ein absolutes **Verwertungsverbot** für Aussagen, die der Beschuldigte unter dem Einfluss einer verbotenen Vernehmungsmethode gemacht hat. Es gilt gemäß § 136a III 1 selbst dann, wenn sich der Beschuldigte mit der Verwertung einverstanden erklärt. Er kann die Aussage aber selbstverständlich wiederholen. Die neue Aussage darf allerdings nur verwertet werden, wenn der Beschuldigte zuvor darüber belehrt worden war, dass die ursprüngliche Aussage einem Verwertungsverbot unterliegt, sie ihn also in dem weiteren Verfahren nicht mehr belastet („qualifizierte Beschuldigtenbelehrung")[86].

482

Umstritten ist, ob § 136a III eine **Fernwirkung** entfaltet mit der Folge, dass auch Beweismittel, die auf Grund der Aussage gefunden worden sind, nicht verwertet werden dürfen.

483

---

[85] BVerfGE 56, 37, 50 f.
[86] LG Dortmund, NStZ 1997, 356, 358 m. Bespr. *Neuhaus*, NStZ 1997, 312 ff.; LG Frankfurt, StV 2003, 325, 326, mit Anm. *Weigend*, StV 2003, 436 ff.; *Hanack*, in: LR[25], § 136a Rn. 65.

> **Beispiel**: Nach dem Verschwinden des O geriet B in den Verdacht, ihn getötet zu haben. Der Kriminalbeamte K brachte B durch eine absichtliche Täuschung dazu, den Ort preiszugeben, an dem B die Leiche des O versteckt hatte. Auf Grund der an der Leiche gefundenen Spuren ließ sich nachweisen, dass B den O getötet hatte.

484 Das Verwertungsverbot des § 136a III 2 nützt dem Beschuldigten hier nichts. Verweigert er in der Hauptverhandlung die Aussage, so darf zwar der Inhalt seiner früheren Erklärung nicht durch die Vernehmung des K festgestellt werden. Er kann aber durch die Beweise, die erst auf Grund seiner Aussage ermittelt wurden, überführt werden. Eine Auffassung[87] lehnt jede Fernwirkung ab. Andere[88] befürworten – unter Berufung auf eine Rechtsfigur des Strafprozessrechts der USA, die „fruit of the poisonous tree doctrine" – eine generelle Fernwirkung des § 136a III 2. Beide Extrempositionen überzeugen nicht. Einerseits spricht gegen die Annahme einer generellen Fernwirkung, dass dadurch unter Umständen das gesamte weitere Strafverfahren blockiert würde, da sich oft kaum klären lässt, ob die Aussage des Beschuldigten für die Ermittlung der übrigen Beweismittel ursächlich war. Andererseits muss der Beschuldigte aber vor den Folgen schwerwiegender Verletzungen seiner Menschenwürde geschützt werden. Zutreffend ist deshalb eine **differenzierende Betrachtung**, welche die Umstände des Einzelfalls berücksichtigt[89]. Eine Fernwirkung entfalten jedenfalls krasse Verstöße gegen § 136a. Als Maßstab bietet sich § 343 StGB an, der den Einsatz der dort genannten Vernehmungsmittel sogar als Verbrechen einstuft. Bei weniger gravierenden Beeinträchtigungen – wie Ermüdung oder Täuschung – ist eine Fernwirkung anzunehmen, wenn ausgeschlossen werden kann, dass die Strafverfolgungsorgane die weiteren Beweismittel ohne die Aussage des Beschuldigten ermittelt hätten.

Kontrollfragen

1. Was besagt der Grundsatz „nemo tenetur se ipsum accusare? (Rn. 433)
2. Welche Pflichten haben die Strafverfolgungsorgane im Zusammenhang mit Vernehmungen des Beschuldigten? (Rn. 450, 452 ff.)
3. Dürfen Aussagen, die der Beschuldigte ohne Belehrung über sein Schweigerecht gemacht hat, verwertet werden? (Rn. 451)
4. Entfaltet § 136a III 2 eine Fernwirkung? (Rn. 483 f.)

---

[87] BGHSt 34, 362, 364; OLG Hamburg, MDR 1976, 601; OLG Stuttgart, NJW 1973, 1941, 1942; *Meyer-Goßner*, § 136a Rn. 31.
[88] LG Hannover, StV 1986, 521, 522; *Beulke*, Rn. 144 ff.; 482; *Roxin*, § 24 Rn. 44.
[89] *Hanack*, in: LR^{25}, § 136a Rn. 67; *Rogall*, in: SKStPO, § 136a Rn. 90 ff. Vgl. auch BGHSt 29, 244, 249.

Literatur

Beulke, Muß die Polizei dem Beschuldigten vor der Vernehmung „Erste Hilfe" bei der Verteidigerkonsultation leisten? NStZ 1996, 257.
Ellbogen, Zur Unzulässigkeit von Folter (auch) im präventiven Bereich, Jura 2005, 339.
Gillmeister, Rechtliches Gehör im Ermittlungsverfahren, StraFo 1996, 114.
Hilgendorf, Folter im Rechtsstaat?, JZ 2004, 331.
Joerden, Verbotene Vernehmungsmethoden – Grundfragen des § 136a StPO, JuS 1993, 927.
Kudlich, Reden ist Silber, Schweigen ist Gold – Zur „Mit-Hör-Fallen"-Entscheidung des Großen Strafsenats, JuS 1997, 696
Lesch, Der Beschuldigte im Strafverfahren – über den Begriff und die Konsequenzen der unterlassenen Belehrung, JA 1995, 157.
Krack, Der Normzweck des § 136a StPO, NStZ 2002, 120.
Schoreit, Einsatz von Polygraphen und Glaubhaftigkeits-Gutachten psychologischer Sachverständiger im Strafprozess, StV 2004, 284.

§ 8 Der Verteidiger

I Funktion des Verteidigers neben Staatsanwaltschaft und Richter

Der Verteidiger bildet als Vertreter der Interessen des Beschuldigten ein **Gegengewicht** zu dem auf Seiten der Strafverfolgungsbehörden vorhandenen kriminalistischen und juristischen Sachverstand. Zwar sind auch die Staatsanwaltschaft und der Ermittlungsrichter verpflichtet, die Rechte des Beschuldigten zu berücksichtigen; die Staatsanwaltschaft durch den Auftrag gemäß § 160 II, die zu seiner Entlastung dienenden Umstände zu ermitteln, der Richter durch die Ausübung der präventiven oder nachträglichen Kontrolle der Ermittlungsmaßnahmen. Die Verpflichtung zur Objektivität garantiert aber noch nicht, dass diese auch gewahrt wird. Der Staatsanwaltschaft – und der Polizei – erschwert schon die Situation, in der sie tätig werden, die unvoreingenommene Wahrnehmung der Umstände. Da die Annahme eines Tatverdachts als Voraussetzung für die Einleitung eines Ermittlungsverfahrens nicht zuletzt auf der subjektiven Wertung des zur Strafverfolgung berufenen Beamten beruht (*Rn. 61*), hat er bereits die Entscheidung getroffen, dass die vorhandenen Tatsachen für das Vorliegen einer Straftat sprechen. Der ermittelnde Beamte ist folglich mit einem „Vorurteil" belastet, das seine Wahrnehmung der Realität beeinflusst. Der Richter kann dem Beschuldigten in dieser Situation nur einen unvollkommenen Schutz gewähren. Steht die Anordnung einer Ermittlungsmaßnahme in seiner Kompetenz, so entscheidet er in der Regel auf der Grundlage von Tatsachen, die ihm von der Staatsanwaltschaft vorgelegt werden. Diese unterbreitet dem Richter aber ihre Sicht des Tatgeschehens, die wiederum von ihrer Voreingenommenheit geprägt sein kann. Maßnahmen, die von der

485

Staatsanwaltschaft oder der Polizei kraft originärer oder Notkompetenz durchgeführt worden sind, unterliegen zwar der nachträglichen richterlichen Rechtskontrolle. Diese erfolgt aber nicht automatisch, sondern grundsätzlich nur auf Antrag des Beschuldigten.

486 Der Beschuldigte ist – jedenfalls wenn es sich um ein tatsächlich oder rechtlich schwieriges Ermittlungsverfahren handelt – regelmäßig nicht in der Lage, seine Rechte wirkungsvoll wahrzunehmen. Auf Grund seiner persönlichen Betroffenheit verfügt er häufig nicht über den Abstand zu der Sache, der für die Entwicklung einer geschickten Verteidigungsstrategie erforderlich ist. Vor allem aber fehlen ihm in aller Regel die notwendigen Rechtskenntnisse, sodass er trotz der ihm eingeräumten Möglichkeiten auf den Gang des Ermittlungsverfahrens kaum wirksam Einfluss nehmen kann. Das gilt in besonderem Maße, wenn die Handlungsmöglichkeiten des Beschuldigten eingeschränkt sind, weil er sich in Untersuchungshaft befindet. Die anzustrebende **„Waffengleichheit"** von Staatsanwaltschaft und Beschuldigtem[1] kann in schwierigen Ermittlungsverfahren nur die Beteiligung eines Verteidigers sichern, der als Garant der Unschuldsvermutung[2] die Position des Beschuldigten vertritt, indem er die Strafverfolgungsorgane kontrolliert und den Beschuldigten bei der Wahrung seiner Rechte unterstützt bzw. diese für ihn wahrnimmt[3].

II Stellung des Verteidigers zwischen dem Beschuldigten und der Rechtspflege

487 Die Erklärung der Funktion des Verteidigers beschreibt seine Stellung allerdings noch nicht präzise. Gemäß § 137 ist der Verteidiger der **Beistand** des Beschuldigten. Für die Bestimmung der Rechtsstellung des Verteidigers ist dieser Terminus jedoch nicht sehr fruchtbar, da er nicht festlegt, in welcher Weise er dem Beschuldigten Beistand leisten darf und muss. Die Stellung des Verteidigers bedarf aber der Klärung, da er sich auf einem gefährlichen Terrain bewegt. Die Abgrenzung von erlaubtem und unerlaubtem Verhalten entscheidet nämlich nicht selten darüber, ob sich der Verteidiger wegen Strafvereitelung oder wegen anderer Delikte strafbar macht.

> **Beispiel**: Verteidiger V vertrat den Beschuldigten B in einem Ermittlungsverfahren wegen umfangreicher Betrugstaten und Wechselfälschungen. Der gegen B angeordnete Haftbefehl wurde gegen eine Sicherheitsleistung von 300.000 DM außer Vollzug gesetzt. B begab sich über Spanien nach Tanger, wo er unter falschem Namen lebte. V legte mehrere Atteste eines spanischen Arztes vor, wonach B wegen einer schweren Nierenerkrankung nicht nach Deutschland kommen konnte, und versicherte, B werde sich der Staatsanwaltschaft stellen, sobald er genesen sei. Später besuchte V seinen

---

[1] BVerfGE 38, 105, 111; 66, 313, 318 f.; BVerfG, NStZ 1983, 273; *Beulke*, Rn. 148; *Kniemeyer*, Verhältnis, S. 20 ff.; *Kühne*, Rn. 174 ff.
[2] *Kniemeyer*, Verhältnis, S. 24 ff.; *Roxin*, § 19 Rn. 1.
[3] Zur Verstärkung der Rechte des Verteidigers im Ermittlungsverfahren *Freyschmidt/Ignor*, NStZ 2004, 465 ff.; *Schlothauer/Weider*, StV 2004, 504 ff.

Mandanten und erkannte bei diesem Besuch, dass dieser völlig gesund war. Nachdem die Staatsanwaltschaft den Verfall der Kaution gemäß § 124 beantragt hatte, legte V ihr ein Telefax des Schwagers des B vor, aus dem sich ergab, dass B im Krankenhaus sei. Gleichwohl erklärte das Gericht die Sicherheitsleistung für verfallen. V legte gegen den Beschluss sofortige Beschwerde ein und reichte die ihm aus Spanien übersandte Fotokopie einer Sterbeurkunde eines spanischen Krankenhauses ein, auf der sich der Beglaubigungsvermerk der Deutschen Botschaft in Madrid befand. Bei allen von V vorgelegten Urkunden handelte es sich um Totalfälschungen.

Nach h.M. hat der Verteidiger eine **Doppelstellung**. Er ist zwar der Beistand des Beschuldigten, als Rechtsanwalt aber gemäß § 1 BRAO zugleich ein unabhängiges Organ der Rechtspflege[4]. Der Verteidiger ist danach kein einseitiger Interessenvertreter des Beschuldigten, sondern er ist auch den Belangen einer funktionstüchtigen Strafrechtspflege verpflichtet. Die Bestimmung des Inhalts und der Grenzen seiner Tätigkeit erfolgt deshalb im Wege einer Abwägung der Interessen des Beschuldigten und der öffentlichen Belange. **488**

Eine Auffassung in der Literatur versteht den Verteidiger – unter Ablehnung der Organtheorie – dagegen als einseitigen Vertreter des Beschuldigten, der diesem bei der Wahrnehmung selbst definierter Interessen helfe und grundsätzlich wie dieser zur Lüge berechtigt sei[5]. Zum Teil[6] wird diese Definition auf eine rein zivilrechtliche Betrachtung gestützt, welche die öffentlich-rechtliche Komponente ausblendet. Die Stellung des Verteidigers ergebe sich allein aus dem zwischen ihm und dem Mandanten geschlossenen Geschäftsbesorgungsvertrag gemäß § 675 BGB. Der Verteidiger ist bei dieser Sicht von den Weisungen seines Mandanten abhängig, er muss also grundsätzlich tun, was dieser will. Grenzen ziehen allerdings die §§ 134, 138 BGB, sodass der Verteidiger Weisungen, die gegen ein gesetzliches Verbot oder gegen die guten Sitten verstoßen, nicht befolgen darf. Verboten ist danach zudem die Aufstellung unwahrer Behauptungen, durch die der Verteidiger als Alleintäter oder als mittelbarer Täter den Tatbestand der Strafvereitelung erfüllt, nicht jedoch das bloße lügnerische Zusammenwirken mit dem Mandanten. Nach einer dritten Ansicht ist der Verteidiger Inhaber eigener, von der Zustimmung des Mandanten unabhängiger Rechte, die er aber strikt zu dessen Verteidigung einzusetzen habe[7]. **489**

Zustimmung verdient die h.M., die den Verteidiger als eigenverantwortlichen, den Belangen der Strafrechtspflege verpflichteten Fürsprecher des Beschuldigten betrachtet. Zweifelhaft ist die Interessenvertretertheorie schon deshalb, weil das von ihr vorausgesetzte Bild des Beschuldigten als einer Person, die ihre Verteidigungsstrategie „autonom" zu bestimmen vermag, allenfalls ausnahmsweise der Realität entspricht. Hinzu kommt, dass der Beschuldigte viel weniger als ein Nichtbetroffener in der Lage sein wird abzuschätzen, ob die von ihm vorgebrach- **490**

---

[4] BVerfGE 53, 207, 214; BGHSt 12, 367, 369; 38, 345, 347 f.; *Haller/Conzen*, Rn. 214; *Meyer-Goßner*, Vor § 137 Rn. 1; *Kühne*, Rn. 171 f., 178 ff.; *Roxin*, § 19 Rn. 2, 5 ff.; *Rüping*, Rn. 118; *Schroeder*, Rn. 149.
[5] *Ostendorf*, NJW 1987, 1345, 1349 f.; *Stern*, in: AKStPO, Vorbem. § 137 Rn. 24.
[6] *Lüderssen*, in: LR[25], Vor § 137 Rn. 33 ff.
[7] *Wolf*, Das System des Rechts der Strafverteidigung, 2000, S. 436.

ten entlastenden Behauptungen der Staatsanwaltschaft und dem Richter plausibel erscheinen werden[8]. Gegen die Organtheorie spricht nicht, dass sie bisweilen als Argument für eine weitgehende Disziplinierung des Verteidigers missbraucht wird. Bei einem zutreffenden Verständnis lassen sich aus ihr nämlich keine wesentlichen Beschränkungen einer effektiven Verteidigung herleiten, zumal bei einem Konflikt zwischen der Organstellung und der Beistandsfunktion letzterer ein Vorrang zukommt[9]. Es wäre sogar zu befürchten, dass die Anerkennung eines an der einseitigen Interessenvertretung orientierten Verteidigerbildes letztlich zu einer gesetzlichen Beschneidung der Rechte der Verteidigung, z.B. zur Abschaffung des Akteneinsichtsrechts[10], führen würde.

491 Der Verteidiger ist somit als Rechtspflegeorgan – wie die Staatsanwaltschaft und der Richter – der Wahrheit und der Gerechtigkeit verpflichtet. Allerdings ergibt sich aus der Beistandsfunktion eine Beschränkung dieser Pflicht auf die **Geltendmachung der für seinen Mandanten sprechenden Umstände und der diesem zustehenden Rechte**. Der Verteidiger gewährleistet durch die Wahrnehmung dieser Rechte die **Durchführung eines justizförmigen Verfahrens**. Er darf deshalb nicht lügen, d.h., eine falsche Information als im eigenen Wissen begründet in das Verfahren einführen, und er darf nicht mit seinem Mandanten konspirieren, ihm also weder zur Flucht verhelfen noch Verdunkelungshandlungen selbst vornehmen oder solche des Mandanten fördern. Die Wahrheitspflicht reicht jedoch selbstverständlich nicht so weit, dass der Verteidiger den Strafverfolgungsorganen Umstände mitteilen müsste, die seinen Mandanten belasten. § 203 I Nr. 3 StGB verbietet dem Verteidiger sogar die Offenbarung solcher Informationen.

492 Die Anwendung dieser Grundsätze auf unseren Fall ergibt, dass V jedenfalls nicht verpflichtet war, die Staatsanwaltschaft über seinen Besuch bei B und den dabei gewonnenen Eindruck von dessen Gesundheitszustand zu informieren. V war sogar befugt, die ihm von B zugeleiteten Urkunden der Staatsanwaltschaft vorzulegen. Zwar folgt aus der Organstellung des Verteidigers, dass er ein Beweismittel, dessen Unechtheit oder Unrichtigkeit er erkennt, nicht verwenden darf. Er darf und muss das Beweismittel aber vorlegen, wenn er lediglich Zweifel an dessen Echtheit hegt, selbst wenn diese Zweifel erheblich sind[11]. Diese Konstellation zeigt im Übrigen, dass die Anerkennung der Organstellung die Handlungsmöglichkeiten des Verteidigers nicht notwendig eingrenzt, sondern ihm sogar Freiräume eröffnen kann. Nach Auffassung des BGH hat der Verteidiger, der ein Beweismittel von zweifelhafter Richtigkeit oder Zuverlässigkeit in das Verfahren einführt, nämlich in aller Regel den inneren Vorbehalt, die Staatsanwaltschaft bzw. der Richter werde das Beweismittel einer kritischen Würdigung unterziehen und dessen Fragwürdigkeit nicht übersehen. Dieser Vorbehalt, den der BGH gerade aus der Organstellung des Verteidigers und der damit verbundenen Wahrnehmung

---

[8] *Eisenberg*, NJW 1991, 1257, 1258.
[9] OLG Köln, NJW 1975, 459, 460; OLG Frankfurt, NStZ 1981, 144, 145; *Krekeler*, NStZ 1989, 146, 147.
[10] *Hamm*, NJW 1993, 289.
[11] BGHSt 38, 345, 350.

fremder Interessen folgert[12], schließt den Vorsatz aus und bewahrt den Verteidiger somit vor einer Bestrafung wegen Strafvereitelung, Urkundenfälschung und Betruges.

III Die Rechte des Verteidigers im Ermittlungsverfahren

Schon aus der Beistandsfunktion des Verteidigers gemäß § 137 ergeben sich einige seiner Rechte. Der Verteidiger kann für den Beschuldigten **Erklärungen zu den Vorwürfen abgeben**, die **Erhebung von Entlastungsbeweisen beantragen** und **Ermittlungsmaßnahmen der richterlichen Kontrolle überantworten**. Die StPO räumt dem Verteidiger darüber hinaus andere wichtige Rechte ein, die zum Teil dem Beschuldigten selbst nicht zustehen.

493

1. Anwesenheitsrechte

Gemäß §§ 168c I, 163a III 2 ist dem Verteidiger die Anwesenheit bei **richterlichen und staatsanwaltschaftlichen Vernehmungen des Beschuldigten** gestattet. Der Verteidiger muss gemäß §§ 168c V 1, 163a III 2 grundsätzlich von dem Vernehmungstermin unterrichtet werden. Wird er wegen einer Gefährdung des Untersuchungserfolges nicht informiert (§ 168c V 2), so darf er gleichwohl an der Vernehmung teilnehmen, wenn er auf andere Weise von dem Termin erfahren hat[13]. Die überwiegende Meinung[14] zieht aus dem Fehlen einer Anwesenheits- und Terminsmitteilungsregelung in § 163a IV den Schluss, dass bei einer **polizeilichen Beschuldigtenvernehmung** kein Anwesenheitsrecht des Verteidigers bestehe. Diese Auffassung trifft jedoch nicht zu[15]. Sie widerspricht zum einen § 137 I 1, der dem Beschuldigten das Recht gibt, sich in jeder Lage des Verfahrens des Beistands eines Verteidigers zu bedienen. Zum anderen folgt bereits unmittelbar aus dem Verfassungsrecht, und zwar aus dem Anspruch des Beschuldigten auf ein rechtsstaatliches, faires Verfahren, ein Anwesenheitsrecht des Verteidigers. Gerade bei polizeilichen Vernehmungen bedarf der Beschuldigte des Beistands, weil die Polizei über Vernehmungsexperten verfügt, die in der Lage sind, aus dem Beschuldigten Informationen „herauszuholen", die er eigentlich gar nicht offenbaren will. Verweigert die Polizei dennoch unter Berufung auf die h.M. dem Verteidiger die Teilnahme, so sollte er seinem Mandanten raten, in seiner Abwesenheit keine Angaben zu machen.

494

§ 168c II berechtigt den Verteidiger zudem zur Anwesenheit bei einer **richterlichen Vernehmung von Zeugen und Sachverständigen**. Grundsätzlich steht zwar auch dem Beschuldigten ein Teilnahmerecht zu, ihm kann aber gemäß § 168c III die Anwesenheit verweigert werden, wenn seine Teilnahme den Untersuchungszweck gefährden würde. Der Verteidiger darf mit dieser Begründung

495

---

[12] BGHSt 38, 345, 350 f.
[13] BGHSt 29, 1, 5; *Rüping*, Rn. 131.
[14] *Beulke*, Rn. 156; *Meyer-Goßner*, § 163 Rn. 16; *Ranft*, Rn. 404, 439; *Rieß*, in: LR[25], § 163a Rn. 92, 95; *Roxin*, § 19 Rn. 62; *Schlüchter*, Lehrbuch, Rn. 112.
[15] *Achenbach*, in: AKStPO, § 163a Rn. 32; *Beckemper*, Verteidigerkonsultationsrecht; S. 126; *Kniemeyer*, Verhältnis, S. 192; *Kühne*, Rn. 225; *Nelles*, StV 1986, 74, 75 f.

dagegen nicht ausgeschlossen werden. Hier gehen die Rechte des Verteidigers somit sogar über die des Beschuldigten hinaus.

496 Ein Recht des Verteidigers zur Anwesenheit bei **Vernehmungen von Zeugen und Sachverständigen durch die Staatsanwaltschaft** und auf Benachrichtigung vom Termin besteht nach h.M.[16] nicht, weil § 161a dies nicht vorsieht. Zwar ist anzuerkennen, dass die Durchführung der Ermittlungen häufig ein heimliches Vorgehen erfordert, sodass ein generelles Anwesenheits- und Terminsmitteilungsrecht des Verteidigers nicht in Betracht kommt. Gefährdet die Anwesenheit des Verteidigers im konkreten Fall den Untersuchungserfolg nicht, so fehlt aber ein tragfähiger Grund für die Versagung der Teilnahme. Deshalb ist dem Verteidiger in diesen Fällen nach zutreffender Auffassung die Anwesenheit zu gestatten[17].

497 An der **Einnahme des richterlichen Augenscheins** darf der Verteidiger gemäß § 168d I teilnehmen.

2. Recht zur Akteneinsicht und zur Besichtigung von Asservaten

498 Dem Verteidiger ist gemäß § 147 I Akteneinsicht und die Besichtigung der amtlich verwahrten Beweisstücke (Asservate) zu gewähren. Ein uneingeschränktes Akteneinsichtsrecht gilt allerdings nur nach Abschluss der Ermittlungen. Während des Ermittlungsverfahrens kann die Staatsanwaltschaft, die in dieser Phase über die Gewährung der Akteneinsicht entscheidet (§ 147 V), gemäß § 147 II die Einsichtnahme bei einer **Gefährdung des Untersuchungszwecks** verweigern. Die Begründung der ablehnenden Entscheidung der Staatsanwaltschaft muss erkennen lassen, dass sie das ihr eingeräumte Ermessen ausgeübt hat[18]. Die Abschirmung des Ermittlungswissens der Strafverfolgungsbehörden durch die Verweigerung der Akteneinsicht soll auch zulässig sein, wenn ein Haftbefehl bereits erlassen, aber noch nicht vollzogen wurde[19]. Die Gewährung der Akteneinsicht wird von der Praxis in Deutschland unter Berufung auf die Gefährdung des Untersuchungszwecks häufig auch dann recht restriktiv gehandhabt, wenn die Haftentscheidung von der Verteidigung gerichtlich angefochten wird. Es besteht jedoch ein Anspruch des inhaftierten Beschuldigten auf Einsicht seines Verteidigers in die Akten, wenn und soweit er die darin befindlichen Informationen zur effektiven Vorbereitung der gerichtlichen Anfechtung einer Haftentscheidung benötigt, sodass zumindest eine Teilakteneinsicht hinsichtlich der für die Haftentscheidung relevanten Tatsachen und Beweismittel zu gewähren ist[20]. Der EGMR folgert dieses Akteneinsichtsrecht aus Art. 5 IV EMRK, der die gerichtliche Überprüfung der Rechtmäßigkeit der Haft gewährleistet[21].

---

[16] *Kühne*, Rn. 226; *Ranft*, Rn. 404; *Roxin*, § 19 Rn. 62.
[17] *Achenbach*, in: AKStPO, § 161a Rn. 11.
[18] Vgl. *Burkhard*, wistra 1996, 171, 173.
[19] BVerfG, NStZ-RR 1998, 108 f.; OLG Hamm, NStZ-RR 2001, 254.
[20] BGH (Ermittlungsrichter), NJW 1996, 734.
[21] EGMR, NJW 2002, 2013 ff.; 2015 ff.; 2018 ff. Siehe dazu *Ambos*, NStZ 2003, 14 f.; *Kempf*, StV 2001, 202; *Kierschke/Osterwald*, NJW 2002, 2003 ff.; *Kühne/Esser*, StV 2002, 383, 390 ff.

Die Versagung der Akteneinsicht durch die Staatsanwaltschaft kann der Verteidiger nach § 147 V 2 in den dort genannten Fällen (nach Abschluss der Ermittlungen, Einsicht in bestimmte Niederschriften, Inhaftierung des Beschuldigten), so kann nach Maßgabe des § 161a III 2-4 gerichtliche Entscheidung beantragt werden[22]. Ansonsten ist die Versagung durch die Staatsanwaltschaft nach h.M.[23] nur mit der **Dienstaufsichtsbeschwerde** anfechtbar. Da die ablehnende Entscheidung nicht nur verfahrensgestaltender Natur ist, sondern die Rechte des Verteidigers unmittelbar berührt, handelt es sich nach zutreffender Auffassung[24] jedoch um einen **Justizverwaltungsakt**, der nach Maßgabe der §§ 23 ff. EGGVG vor dem Oberlandesgericht anfochten werden kann.

499

Der Beschuldigte selbst hat grundsätzlich[25] kein Akteneinsichtsrecht. Allerdings darf – und muss – der Verteidiger ihn grundsätzlich über den Akteninhalt **informieren** und ihm angefertigte Kopien überlassen[26]. Die Rechtsprechung[27] und ein Teil der Literatur[28] hält die Weitergabe zwar für unzulässig, wenn die vollständige Information den Untersuchungserfolg gefährden würde. Die Verhinderung einer Gefährdung des Untersuchungserfolgs ist aber nicht Aufgabe des Verteidigers, sondern der Staatsanwaltschaft, die bei einer solchen Gefahr die Akteneinsicht verweigern kann[29]. Der Verteidiger darf seinen Mandanten allerdings dann nicht unterrichten, wenn er weiß, dass dieser die Informationen zur Grundlage eines strafbaren oder prozessual unzulässigen Verhaltens machen wird[30].

500

3. Verkehrsrecht mit dem Beschuldigten

Im Grundsatz besteht gemäß § 148 I ein **uneingeschränktes Verkehrsrecht** des Verteidigers mit seinem Mandanten. Weder der Schriftverkehr noch der mündliche Kontakt unterliegt irgendwelchen Beschränkungen. Das gilt auch, wenn der Mandant sich in Untersuchungshaft befindet, sodass Beschränkungen der Besuchsdauer, die keine sachlichen Gründe haben, unzulässig sind[31].

501

Eine Ausnahme gilt nur in Strafverfahren wegen einer Straftat nach § 129a, auch i.V. mit § 129b I StGB. § 148 II 1 ordnet die **Kontrolle des Schriftverkehrs** zwischen dem inhaftierten Beschuldigten und seinem Verteidiger zwar nicht aus-

502

---

[22] Siehe dazu *Schlothauer*, StV 2001, 192 ff.
[23] OLG Hamm, NStZ 1984, 280; NStZ-RR 1997, 179; OLG Koblenz, NJW 1985, 2038; *Eisenberg*, NJW 1991, 1257, 1260.
[24] OLG Celle, NStZ 1983, 379; *Bottke*, StV 1986, 120, 123; *Burkhard*, wistra 1996, 171, 175.
[25] Ein Miteinsichtsrecht ist dem Beschuldigten jedoch zu gewähren, wenn er allein den Akteninhalt verstehen kann, OLG Köln, StV 1999, 12.
[26] BGHSt 29, 99, 102; OLG Frankfurt, NStZ 1981, 144, 145; *Burkhard*, wistra 1996, 171, 173; *Meyer-Goßner*, § 147 Rn. 20.
[27] BGHSt 29, 99, 103.
[28] *Beulke*, Rn. 160; *Meyer-Goßner*, § 147 Rn. 21; *Laufhütte*, in: KKStPO, § 147 Rn. 12.
[29] *Burkhard*, wistra 1996, 171, 173; *Lüderssen*, in: LR[25], § 147 Rn. 127; *Stern*, in: AKStPO, § 147 Rn. 40.
[30] *Krekeler*, NStZ 1989, 146, 149; *Kühne*, Rn. 220.
[31] Vgl. OLG Stuttgart, StV 1998, 147, 149 f. Bedenklich OLG Karlsruhe, NStZ 1997, 407 f.; siehe dazu *Schriever*, NStZ 1998, 159 f.

drücklich an, Schriftstücke und andere Gegenstände werden aber nur weitergegeben, wenn sich der Absender mit der Einsichtnahme durch den Richter einverstanden erklärt. Ein unkontrollierter Schriftverkehr wird dadurch unterbunden. Für die Überwachung ist gemäß § 148a I 1 ein Richter des Amtsgerichts, in dessen Bezirk die Vollzugsanstalt liegt, zuständig. Die Kontrolle dient allein dem Zweck, die Lenkung von terroristischen Aktivitäten aus dem Gefängnis heraus zu verhindern. Der Überwachungsrichter ist deshalb gemäß § 148a II von der Mitwirkung in der Strafsache ausgeschlossen und darf Informationen, die ihm aus der Kontrolle bekannt werden, nur dann weitergeben, wenn er zu einer Anzeige nach § 138 StGB verpflichtet ist. Die Kontrolle des Schriftverkehrs ordnet der Ermittlungsrichter an.

503 Ist die Kontrolle des Schriftverkehrs angeordnet, so sind gemäß § 148 II 3 für das Gespräch zwischen dem Verteidiger und seinem inhaftierten Mandanten **Vorrichtungen** vorzusehen, z.B. eine Trennscheibe, die eine Übergabe von Schriftstücken und anderen Gegenständen ausschließen. Das Gespräch selbst darf aber weder optisch noch akustisch überwacht werden[32].

504 Schon die genannten Eingriffe in das Verkehrsrecht des Verteidigers mit dem Beschuldigten beschränken das Recht auf Verteidigung erheblich. Noch gravierender ist der Eingriff in das Verkehrsrecht während einer **„Kontaktsperre"** nach § 31 EGGVG. Die Vorschrift erlaubt zur Abwehr einer Gefahr für Leben, Leib oder Freiheit einer Person die Isolation eines Gefangenen, der wegen einer Straftat nach § 129a, auch i.V. mit § 129b I StGB, oder wegen einer Straftat aus dem Katalog des § 129a StGB rechtskräftig verurteilt ist oder sich wegen einer solchen Tat in Untersuchungshaft befindet. Die Kontaktsperre unterbindet jede Verbindung zu anderen Gefangenen und zur Außenwelt einschließlich des Verteidigers. Die Regelung wurde geschaffen, um insbesondere bei terroristischen Aktivitäten, z.B. Geiselnahmen oder Flugzeugentführungen, eine Einflussnahme der Inhaftierten auf die in Freiheit befindlichen Täter zu verhindern. Die radikale Schärfe dieser Regelung wird nur etwas abgemildert durch § 34a EGGVG, der bestimmt, dass dem Gefangenen auf seinen Antrag ein Rechtsanwalt als Kontaktperson, die während der Sperre die Interessen des Gefangenen wahrnimmt, beizuordnen ist. Der Verteidiger darf gemäß § 34a III 2 EGGVG nicht beigeordnet werden. Die Kontaktsperre, die von der Landesregierung oder der von ihr bestimmten obersten Landesbehörde bzw. dem Bundesjustizminister angeordnet wird (§ 32 EGGVG), verliert nach 30 Tagen ihre Wirkung, sie kann jedoch – auch mehrfach – wiederholt werden (§ 36 EGGVG).

4. Ermittlungsrecht

505 Das Recht – und die Pflicht – des Verteidigers, eigene Ermittlungen vorzunehmen, ist zwar nicht ausdrücklich geregelt, die Zulässigkeit der Ermittlungstätigkeit, z.B. Untersuchung des Tatortes, Vernehmung von Zeugen oder Beauftragung eines

---

[32] Vgl. EGMR, NJW 1992, 3090.

Sachverständigen, folgt aber aus der Beistandsfunktion[33]. Der Verteidiger darf allerdings keine Beweismittel beseitigen oder verfälschen[34].

IV Freiwillige und notwendige Verteidigung

Die StPO gewährt dem Beschuldigten in § 137 I 1 nicht nur das Recht, sich des Beistands eines Verteidigers zu bedienen, sondern sie schreibt für bestimmte Konstellationen die Mitwirkung eines Verteidigers sogar zwingend vor. Die Vorschriften über die notwendige Verteidigung konkretisieren das Rechtsstaatsprinzip in seiner Ausgestaltung als Gebot fairer Verfahrensführung[35], sie sind also keine Zugeständnisse des Gesetzgebers. Die Mitwirkung eines Verteidigers ist von Verfassung wegen geboten, wenn es evident erscheint, dass der Beschuldigte nicht in der Lage ist, die Besonderheiten des Sachverhalts zu erfassen, selbst Folgerungen aus der Beweislage zu ziehen und durch geeignetes Vorbringen zur Wahrung seiner Rechte auf den Gang und das Ergebnis des Verfahrens Einfluss zu nehmen. § 140 I enthält einen – nicht abschließenden – Katalog der Gründe, die zur Bestellung eines Pflichtverteidigers verpflichten. § 140 II ergänzt diesen Katalog um einige Generalklauseln. Die Bestellung eines Pflichtverteidigers für das Ermittlungsverfahren erfolgt gemäß § 141 III auf Antrag der Staatsanwaltschaft. Der Beschuldigte kann den Antrag nach zutreffender Auffassung aber auch selbst stellen[36]. Die Mitwirkung des Pflichtverteidigers ist im Ermittlungsverfahren insbesondere geboten bei vorweggenommenen Beweisaufnahmen und gravierenden Eingriffen in die Rechte des Beschuldigten[37], insbesondere – zumindest in aller Regel – bei Beantragung eines Haftbefehls[38]. 506

Außer § 140 I enthalten §§ 117 IV, 118a II 2,3, 350 III 1, 364a, 364b zwingende Gründe für die Verteidigerbestellung. Über diese katalogmäßig erfassten Fälle hinaus schreibt § 140 II 1 die Mitwirkung eines Verteidigers vor, wenn dies wegen der Schwere der Tat oder wegen der Schwierigkeit der Sach- oder Rechtslage geboten erscheint oder wenn ersichtlich ist, dass sich der Beschuldigte nicht selbst verteidigen kann. 507

Einigkeit besteht darüber, dass sich die **Schwere der Tat** in erster Linie nach der Höhe der zu erwartenden Strafe bzw. der Schwere sonstiger Rechtsfolgen beurteilt. Streitig ist jedoch, ab welcher Strafhöhe von einer schweren Tat im Sinne der Vorschrift auszugehen ist. Die Bandbreite der Vorschläge reicht von sechs Monaten Freiheitsstrafe ohne Bewährung[39] über ein Jahr[40] bis zu zwei Jahren 508

---

[33] *König*, StraFo 1996, 98; *Kniemeyer*, Verhältnis, S. 191 f.; *Krekeler*, NStZ 1989, 146, 150; *Laufhütte*, in: KKStPO, Vor § 137 Rn. 4; *Lüderssen*, in: LR[25], Vor § 137 Rn. 115.
[34] *Krekeler*, NStZ 1989, 146, 151.
[35] BVerfGE 46, 202, 210; 63, 380, 390; BVerfG, NJW 1986, 767, 771.
[36] LB Bremen, StV 1999, 532; *Beckemper*, NStZ 1999, 221, 225 f.; *Lüderssen*, in: LR[25], § 141 Rn. 24; *Stern*, in: AKStPO, § 141 Rn. 11. A.A. *Beulke*, Rn. 171; *Meyer-Goßner*, § 141 Rn. 5.
[37] *Herrmann*, StV 1996, 396, 401 ff.
[38] LG Hamburg, StV 2005, 207, mit Anm. *Rogosch*; *Teuter*, StV 2005, 233 ff.
[39] OLG Köln, StV 1986, 238; *Roxin*, § 19 Rn. 16.
[40] OLG Düsseldorf, NStZ 1984, 43, 44; OLG Hamm, NStZ-RR 2001, 107; KG, StV 1990, 298; LG Gera, StraFo 1999, 308; *Dahs*, NJW 1978, 140; *Molketin*, Jura 1992, 120, 121.

Freiheitsstrafe⁴¹. Zutreffenderweise ist eine schwere Tat immer dann anzunehmen, wenn eine Freiheitsstrafe von mehr als einem Jahr zu erwarten ist, da diese gemäß § 56 I, II StGB nicht regelmäßig, sondern nur bei Vorliegen besonderer Umstände zur Bewährung ausgesetzt wird. Ist die Vollstreckung einer Freiheitsstrafe zu erwarten, so ist die Mitwirkung eines Verteidigers generell notwendig. Darüber hinaus muss ein Verteidiger mitwirken, wenn gravierende Maßregeln der Besserung und Sicherung zu erwarten sind oder das Strafverfahren voraussichtlich schwerwiegende haftungs- oder disziplinarrechtliche Konsequenzen (z.B. Verlust der Beamtenstellung) haben wird⁴².

509 Wann von einer **schwierigen Sach- oder Rechtslage** auszugehen ist, lässt sich nur im Einzelfall bestimmen⁴³. Typischerweise ist die Mitwirkung eines Verteidigers z.B. notwendig, wenn die sachdienliche Verteidigung die Kenntnis des Akteninhalts erfordert⁴⁴, sowie in Verfahren, in denen die Schuldfähigkeit problematisch⁴⁵ oder die Beweislage schwierig ist⁴⁶.

510 Auch die **Unfähigkeit des Beschuldigten zur Selbstverteidigung** richtet sich nach den konkreten Umständen. Eine Pflichtverteidigerbestellung kommt insbesondere in Betracht, wenn dem Verletzten ein Anwalt beigeordnet ist, darüber hinaus bei mangelnden geistigen Fähigkeiten des Beschuldigten, einem schlechten Gesundheitszustand oder bei Verständigungsschwierigkeiten auf Grund fehlender Sprachkenntnisse.

511 Auf seinen Antrag hin ist zudem einem hör- oder sprachbehinderten Beschuldigten ein Verteidiger zu bestellen (§ 140 II 2).

V Wahl- und Pflichtverteidiger

512 Die Unterscheidung von Wahl- und Pflichtverteidigern beruht allein auf der **Art der Beauftragung**. Der vom Beschuldigten beauftragte Verteidiger wird als Wahlverteidiger bezeichnet, der vom Richter bestellte als Pflichtverteidiger. Auswirkungen auf die Rechtsstellung des Verteidigers ergeben sich daraus nicht. Der Beschuldigte kann grundsätzlich auch den Pflichtverteidiger wählen. Gemäß § 142 I 2 soll der Vorsitzende des für das Hauptverfahren zuständigen Gerichts, der nach § 141 IV über die Bestellung entscheidet, ihm nämlich Gelegenheit geben, einen Verteidiger zu benennen. Schlägt der Beschuldigte einen Verteidiger vor, so hat der Richter dem Wunsch zu entsprechen, wenn kein wichtiger Grund entgegensteht (§ 142 I 3). Ein solcher Grund liegt z.B. bei einer unzulässigen Mehrfachverteidigung (*Rn. 515*) vor oder wenn der Verteidiger nicht über erforderliche Spezialkenntnisse verfügt⁴⁷ oder fachlich unfähig ist⁴⁸. Benennt der Beschuldigte inner-

---
⁴¹ BGHSt 6, 199, 200 f.; BayObLG, NStZ 1990, 250.
⁴² Näher dazu *Molketin*, Jura 1992, 120, 121 f.
⁴³ Siehe die Übersicht bei *Molketin*, Jura 1992, 120, 122 f.
⁴⁴ KG, StV 1993, 5; *Eisenberg*, NJW 1991, 1257, 1261; *Molketin*, Jura 1992, 120, 122.
⁴⁵ *Lehmann*, StV 2003, 356 ff.; *Roxin*, § 19 Rn. 17.
⁴⁶ *Meyer-Goßner*, § 140 Rn. 26.
⁴⁷ OLG Hamm, StV 1989, 242; OLG Schleswig, StV 1987, 478, 479; *Meyer-Goßner*, § 142 Rn. 13. A.A. *Julius*, in: HKStPO, § 142 Rn. 6.
⁴⁸ *Eisenberg*, NJW 1991, 1257, 1262.

halb der ihm gesetzten Frist keinen Verteidiger, so wählt der Richter nach § 142 I 1 einen Verteidiger – möglichst aus dem Kreis der im Gerichtsbezirk zugelassenen Rechtsanwälte[49] – aus.

In der Praxis wird dem Beschuldigten nicht selten sein bisheriger Wahlverteidiger als Pflichtverteidiger beigeordnet, wenn es sich um einen Fall der notwendigen Verteidigung handelt. Dieser Übergang erfolgt, indem der Verteidiger sein Mandat niederlegt und dann zum Pflichtverteidiger bestellt wird[50]. 513

Zu Verteidigern können nicht nur **Rechtsanwälte**, sondern gemäß § 138 I auch **Rechtslehrer an deutschen Hochschulen** gewählt werden. **Referendaren**, die das erste juristische Staatsexamen bestanden haben und sich seit einem Jahr und drei Monaten im Vorbereitungsdienst befinden, kann gemäß § 139 die Verteidigung mit Zustimmung des Beschuldigten übertragen werden. Unter den Voraussetzungen des § 142 II kommt sogar die Bestellung eines Referendars als Pflichtverteidiger in Betracht. 514

Gemäß § 137 I 2 darf der Beschuldigte von **höchstens drei Verteidigern** vertreten werden. § 146 verbietet die **Mehrfachverteidigung**, d.h. die Vertretung mehrerer Beschuldigter, gegen die wegen derselben prozessualen Tat (*Rn. 815 ff.*) oder in demselben Strafverfahren ermittelt wird. Diese Regelung soll den Beschuldigten davor schützen, dass der Verteidiger in einen Interessenwiderstreit gerät und dadurch die Beistandsfunktion gefährdet wird[51]. 515

VI Die Bestellung eines Pflichtverteidigers neben einem Wahlverteidiger

Hat der Beschuldigte einen Wahlverteidiger beauftragt, so ist damit § 140 an sich Genüge getan, sodass es der Bestellung eines Pflichtverteidigers nicht bedarf. Es ist jedoch grundsätzlich zulässig, dem Beschuldigten neben einem von ihm gewählten Verteidiger einen Pflichtverteidiger beizuordnen, wenn der Wahlverteidiger keine ausreichende Gewähr dafür bietet, dass das Verfahren zum Abschluss gebracht werden kann[52]. Die Beiordnung kann sogar gegen den Willen des Beschuldigten erfolgen. In Betracht kommt die Bestellung eines „**Sicherungsverteidigers**" allerdings weniger im Ermittlungsverfahren, sondern insbesondere in lang dauernden Hauptverhandlungen, die „platzen" können, wenn der Wahlverteidiger sein Mandat niederlegt und der Angeklagte damit ohne Verteidiger dasteht. Handelt es sich um einen Fall der notwendigen Verteidigung, so begründet die fehlende Mitwirkung eines Verteidigers nämlich die Revision (vgl. § 338 Nr. 5). Die Beiordnung eines Sicherungsverteidigers muss aber auf Fälle beschränkt bleiben, in denen gewichtige Anhaltspunkte für eine – missbräuchliche – Niederlegung des Mandats bestehen[53]. 516

---

[49] Bei Vorliegen besonderer Umstände kann allerdings auch die Bestellung eines auswärtigen Verteidigers geboten sein, BGHSt 43, 153, 156 ff.
[50] *Meyer-Goßner*, § 142 Rn. 7.
[51] BVerfGE 45, 354, 358.
[52] BVerfGE 39, 238, 246.
[53] *Beulke*, Rn. 170.

VII Abberufung und Ausschließung des Verteidigers

1. Zurücknahme und Widerruf der Pflichtverteidigerbestellung

517 Die Bestellung zum Pflichtverteidiger ist gemäß § 143 zurückzunehmen, wenn der Beschuldigte einen Wahlverteidiger beauftragt und dieser die Wahl angenommen hat. Darüber hinaus kann die Bestellung **aus wichtigem Grund** widerrufen werden. Der Widerruf ist gesetzlich zwar nicht geregelt, nach wohl einhelliger Auffassung aber zulässig, wenn Umstände vorliegen, die den Zweck der Pflichtverteidigung, dem Beschuldigten einen geeigneten Beistand zu sichern und einen ordnungsgemäßen Verfahrensablauf zu sichern, ernsthaft gefährden[54]. Das ist insbesondere der Fall, wenn das Vertrauensverhältnis zwischen dem Beschuldigten und dem Verteidiger nachhaltig zerrüttet ist[55], dem Verteidiger auf Grund einer länger andauernden Erkrankung oder sonstiger Gründe die Fortführung der Verteidigung faktisch unmöglich ist[56] oder er seine Pflichten in schwerwiegender Weise verletzt[57]. Die Unfähigkeit des Verteidigers soll den Widerruf nach h.M.[58] ausnahmsweise rechtfertigen, wenn klar erkennbar ist, dass der Verteidiger zu einer sachgerechten Verteidigung nicht in der Lage ist. Eine Entpflichtung aus diesem Grund kommt allerdings nur in extremen Fällen in Betracht, z.B. wenn der Verteidiger schwere und offensichtliche Fehler begeht oder die Verteidigung nur nachlässig betreibt. Ein – nach Auffassung des Gerichts – unzweckmäßiges oder prozessordnungswidriges Verhalten erlaubt den Widerruf dagegen nicht, da die Art und Weise der Verteidigung nicht der Kontrolle des Gerichts unterliegt[59]. Deshalb scheidet in aller Regel der Widerruf der Pflichtverteidigerbestellung auch dann aus, wenn der Verteidiger durch ein extensives Gebrauchmachen von prozessualen Rechten (z.B. durch die Stellung zahlreicher Ablehnungs- und Beweisanträge), heftige Auseinandersetzungen mit dem Gericht und anderen Verfahrensbeteiligten (sog. „Konfliktverteidigung"), die Durchführung des Verfahrens verzögert[60]. Einem Widerruf muss jedenfalls eine „Abmahnung" prozessordnungsgemäßen Verhaltens vorausgehen[61]. Der nachträgliche Wegfall der Voraussetzungen der notwendigen Verteidigung führt grundsätzlich nicht zu einem Widerruf der Pflichtverteidigerbestellung. Dies ist im Gegenschluss aus der Regelung des § 140 III 1 zu folgern, welche die Aufhebung der Bestellung nur zulässt, wenn die Anstaltsunterbringung des

---

[54] BVerfGE 39, 238, 245; OLG Frankfurt, NStZ-RR 1997, 77; OLG Köln, StV 1994, 234 f.; *Beulke*, Rn. 169; *Meyer-Goßner*, § 143 Rn. 3.
[55] BGH, NStZ 1993, 600, 601 f.; OLG Karlsruhe, NJW 1978, 1172; *Beulke*, Rn. 169; *Meyer-Goßner*, § 143 Rn. 5. Strenger *Hilgendorf*, NStZ 1996, 1, 5 (Widerruf nur im Falle der Unzumutbarkeit weiterer Verteidigung), und *Krey* I, Rn. 724 (Widerruf nur ausnahmsweise zulässig).
[56] *Hilgendorf*, NStZ 1996, 1, 3 f.
[57] OLG Frankfurt, NStZ-RR 1997, 77.
[58] BGH, bei Kusch, NStZ 1996, 21; *Hilgendorf*, NStZ 1996, 1, 4. A.A. *Barton*, Mindeststandards der Strafverteidigung, 1994, S. 218 f.; *Beulke*, Der Verteidiger im Strafverfahren, 1980, S. 129.
[59] *Meyer-Goßner*, § 143 Rn. 4.
[60] OLG Nürnberg, StV 1995, 287, 289 f. m. zustimmender Anm. *Barton*.
[61] OLG Hamburg, NJW 1998, 621, 623.

Beschuldigten, die gemäß § 140 I Nr. 5 die Mitwirkung des Verteidigers notwendig gemacht hatte, zwei Wochen vor Beginn der Hauptverhandlung endet. Im Übrigen ist die Aufrechterhaltung der Pflichtverteidigung auch deshalb geboten, weil der Beschuldigte im Vertrauen auf den Beistand des Verteidigers möglicherweise auf eigene Verteidigungsbemühungen verzichtet hat[62].

Über die Zurücknahme und den Widerruf entscheidet – wie über die Bestellung – der Vorsitzende des für das Hauptverfahren zuständigen Gerichts[63]. Die Entscheidung können der Beschuldigte und nach zutreffender Auffassung auch der Pflichtverteidiger[64] mit der Beschwerde gemäß § 304 I anfechten.

2. Ausschluss des Verteidigers

Unter den Voraussetzungen der §§ 138a/b kann der Verteidiger von der Mitwirkung an einem Strafverfahren ausgeschlossen werden[65]. Der Ausschluss führt gemäß § 138a IV 1 zu einem **Verbot der Verteidigung**, das nicht nur in dem anhängigen Strafverfahren gilt, sondern in allen gesetzlich geordneten Verfahren gegen denselben Beschuldigten, in denen dieser einen Verteidiger wählen darf, d.h. in Straf- und Bußgeldverfahren sowie in Ehren- und Berufsgerichtsverfahren, nicht dagegen in Zivil- oder Verwaltungsprozessen[66]. Nach zutreffender Auffassung sind die Vorschriften nicht nur auf den Wahl-, sondern auch auf den Pflichtverteidiger anwendbar[67]; das Vorliegen der Voraussetzungen der §§ 138a/b ist also kein wichtiger Grund, der den Widerruf der Bestellung rechtfertigt.

In normalen Strafverfahren ist der Verteidiger gemäß § 138a I auszuschließen, wenn er dringend oder hinreichend verdächtig ist (zum hinreichender Tatverdacht *Rn. 606*), an der Tat seines Mandanten, die den Gegenstand des Verfahrens bildet, **beteiligt** zu sein, den Verkehr mit seinem inhaftierten Beschuldigten zur Begehung einer Straftat oder zur Gefährdung der Sicherheit der Vollzugsanstalt zu **missbrauchen** oder eine **Begünstigung, Strafvereitelung oder Hehlerei** im Zusammenhang mit der Tat des Beschuldigten **begangen zu haben**. Entgegen einer in der Literatur vertretenen Auffassung[68] setzt die Ausschließung nicht voraus, dass gegen den Verteidiger bereits Anklage erhoben bzw. das Ermittlungsverfahren zumindest bis zur „Anklagereife" durchgeführt worden ist, da die Formulierung

518

519

520

---

[62] *Hilgendorf*, NStZ 1996, 1, 3.
[63] *Meyer-Goßner*, § 143 Rn. 1.
[64] *Beulke*, Rn. 169; *Hilgendorf*, NStZ 1996, 1, 6; *Julius*, in: HKStPO, Rn. 10; *Krey* I, Rn. 726. A.A. OLG Hamburg, NJW 1998, 621; OLG Hamm, MDR 1993, 1226; *Meyer-Goßner*, § 143 Rn. 7.
[65] Siehe den systematischen Überblick über die Ausschließungsgründe bei *Frye*, StV 2005, 86 ff.
[66] *Lüderssen*, in: LR^{25}, § 138a Rn. 157; *Stern*, in: AKStPO, § 138a Rn. 45.
[67] BGHSt 42, 94, 95 ff.; OLG Düsseldorf, NStZ 1988, 519 f.; OLG Frankfurt, StV 1992, 360, 361; *Laufhütte*, in: KKStPO, § 138a Rn. 2; *Lüderssen*, in: LR^{25}, § 138a Rn. 4 f.; *Roxin*, § 19 Rn. 51. A.A. OLG Köln, NStZ 1982, 129; *Beulke*, Rn. 169; *Ranft*, Rn. 473.
[68] *Julius*, in: HKStPO, § 138a Rn. 5; *Mehle*, NStZ 1990, 91 f.; *Stern*, in: AKStPO, § 138a Rn. 15 ff.

nur einen Verdachtsgrad und nicht – auch – einen bestimmten Verfahrensstand bezeichnet[69].

521 § 138a II erleichtert den Ausschluss in einem Verfahren wegen einer Straftat nach § 129a StGB, indem bereits ein durch bestimmte Tatsachen begründeter Verdacht, dass der Verteidiger an der Tat beteiligt ist oder er sein Verkehrsrecht missbraucht, genügt. Die Ausschließung erfordert also nicht die Wahrscheinlichkeit, dass dies der Fall ist, sondern es genügt ein konkretisierter Anfangsverdacht.

522 In Staatsschutzsachen ist der Verteidiger gemäß § 138b schon dann auszuschließen, wenn bestimmte Tatsachen die Annahme rechtfertigen, dass die Mitwirkung des Verteidigers eine Gefahr für die Sicherheit der Bundesrepublik Deutschland herbeiführen würde. Gemeint ist ein Verdachtsgrad, der dem Anfangsverdacht entspricht[70].

523 Über den Ausschluss entscheidet grundsätzlich das OLG; führt der Generalbundesanwalt das Ermittlungsverfahren oder ist das Verfahren beim BGH anhängig, so ist der BGH zuständig (§ 138c I). Die Entscheidung ergeht nach mündlicher Verhandlung (§ 138d I). Im Ermittlungsverfahren gegen den Beschuldigten oder nach Eintritt der Rechtskraft des gegen ihn ergangenen Urteils kommt das Ausschließungsverfahren gegen den Verteidiger auf Antrag der Staatsanwaltschaft in Gang, nach Anklageerhebung bis zum rechtskräftigen Abschluss des Strafverfahrens auf Vorlage des Gerichts, bei dem das Verfahren gegen den Mandanten anhängig ist (§ 138 II 1,2).

524 Die Ausschließung ist gemäß § 138a III **aufzuheben**, sobald ihre Voraussetzungen nicht mehr vorliegen, wenn der Verteidiger von dem gegen ihn erhobenen Vorwurf freigesprochen worden ist oder wenn nicht innerhalb eines Jahres gegen ihn das Hauptverfahren in einem Straf-, Ehrengerichts- oder Berufsgerichtsverfahren eröffnet oder ein Strafbefehl erlassen worden ist.

Kontrollfragen

1. Inwiefern besitzt der Verteidiger eine Doppelstellung? (Rn. 488, 490 f.)
2. Darf der Verkehr des Verteidigers mit dem Beschuldigten beschränkt werden? (Rn. 501 ff.)
3. Was ist unter notwendiger Verteidigung zu verstehen? (Rn. 506)
4. Wodurch unterscheidet sich der Pflichtverteidiger vom Wahlverteidiger? (Rn. 512)
5. Unter welchen Voraussetzungen kann der Verteidiger von der Mitwirkung an dem Strafverfahren ausgeschlossen werden? (Rn. 519 ff.)

---

[69] BGHSt 36, 133, 134; BGH, wistra 1996, 272 f.; *Ranft*, Rn. 472.
[70] *Lüderssen*, in: LR[25], § 138b Rn. 5; *Stern*, in: AKStPO, § 138b Rn. 1.

Literatur

Beckemper, Der Antrag auf Bestellung eines Pflichtverteidigers im Ermittlungsverfahren, NStZ 1999, 221.
Eisenberg, Aspekte der Rechtsstellung des Strafverteidigers, NJW 1991, 1257.
Frye, Die Ausschließung des Verteidigers, StV 2005, 86.
Freyschmidt/Ignor, Mehr Verteidigung im Ermittlungsverfahren?, NStZ 2004, 465.
Hilgendorf, Die Aufhebung der Pflichtverteidigerbestellung gem. § 143 StPO, NStZ 1996, 1.
König, Wege und Grenzen eigener Ermittlungstätigkeit des Strafverteidigers, StraFo 1996, 98.
Krekeler, Strafrechtliche Grenzen der Verteidigung, NStZ 1989, 146.
Molketin, Die notwendige Verteidigung des Angeklagten nach § 140 Abs. 2 StPO, Jura 1992, 120.
Schlothauer/Wieder, Erweiterte Handlungsspielräume – gesteigerte Verantwortung der Verteidigung im künftigen Ermittlungsverfahren, StV 2004, 504.
Teuter, Die Beiordnung eines Pflichtverteidigers im Ermittlungsverfahren, speziell in Haftsachen, StV 2005, 233.

§ 9 Die Rechtsstellung des Verletzten im Ermittlungsverfahren

I Tendenzen zur Stärkung der Rechte des Verletzten

Das Opfer der Straftat spielte bis in die jüngere Vergangenheit eine eher untergeordnete Rolle im Strafverfahren. Zwar sah schon die RStPO Möglichkeiten der Einflussnahme des Verletzten auf das Strafverfahren (Privat- und Nebenklage, Klageerzwingung) bzw. zur Durchsetzung seiner vermögensrechtlichen Ansprüche (Adhäsionsverfahren) vor. Diese Institute waren aber überwiegend nur unzureichend ausgestaltet. Im Übrigen trat das Opfer der Straftat nur als Beweismittel, nämlich als Zeuge oder als Augenscheinsobjekt, in Erscheinung. Die „Wiederentdeckung" des Opfers im Strafprozess ist vornehmlich der Viktimologie, welche die Rechtsstellung des Verletzten verstärkt zum Gegenstand wissenschaftlicher Forschung machte, und der Sensibilisierung der Öffentlichkeit für die Belastungen, denen das Tatopfer im Strafverfahren – insbesondere wegen Sexualdelikten – ausgesetzt ist, zu verdanken. Die Bemühungen um die Stärkung der prozessualen Rechte des Verletzten fanden vor allem im **Opferschutzgesetz** vom 18.12.1986, das die Nebenklagebefugnisse und die sonstigen Möglichkeiten der Einflussnahme des Verletzten auf das Strafverfahren erweiterte, ihren Niederschlag, während das Verbrechensbekämpfungsgesetz vom 28.10.1994 Regelungen in das StGB (§§ 46a, 56 II 2, 56b II 2, 59a II) einfügte, die dem Täter-Opfer-Ausgleich und der Schadenswiedergutmachung dienen. Eine weitere Verbesserung der Rechtsstellung des Opfers bewirkte das **Zeugenschutzgesetz** durch die Zulassung der Videotechnologie bei Vernehmungen und die Beiordnung eines anwaltlichen Beistands,

525

wenn der Zeuge seine Befugnisse ersichtlich nicht selbst wahrnehmen kann. Das 2004 in Kraft getretene **Opferrechtsreformgesetz** verbesserte die Rechte des Opfers weiter, und zwar durch eine stärkere Akzentuierung des allgemeinen Persönlichkeitsrechts, die Ausweitung aktiver Teilhaberechte und die Verbesserung der Geltendmachung vermögensrechtlicher Ansprüche im Strafverfahren[1].

II Die Rechte des Opfers im Ermittlungsverfahren

526 Die Rechtsstellung des Verletzten ist in den verschiedenen Verfahrensstadien unterschiedlich stark ausgeprägt. Die Befugnisse der §§ 397, 401 stehen dem Opfer, vorausgesetzt es ist gemäß § 395 zur Nebenklage berechtigt und hat sich der Anklage der Staatsanwaltschaft erfolgreich angeschlossen (*Rn. 986 ff.*), erst nach Anklageerhebung zu. In der Phase des Ermittlungsverfahrens räumen §§ 406e bis 406g dem Verletzten dagegen lediglich **Informations- und Beteiligungsrechte** ein. Eine unmittelbare Einflussnahme auf die Ermittlungen durch ihn sieht die StPO für dieses Verfahrensstadium – mit Ausnahme des § 127 I 1 – zwar nicht vor, aus dem Schweigen des Gesetzes folgt aber nicht, dass eine aktive Teilnahme des Verletzten an der Aufklärung der Straftat unzulässig wäre. Es steht ihm grundsätzlich frei, aus eigener Initiative **Nachforschungen** zur Aufklärung des Tatgeschehens und zur Ermittlung des Täters vorzunehmen.

1. Private Ermittlungen des Verletzten

527 Die Verfolgung von Straftaten ist zwar Aufgabe des Staates. Daraus folgt aber kein staatliches strafprozessuales Ermittlungsmonopol, sondern das allgemeine Persönlichkeitsrecht berechtigt den an dem Verfahren beteiligten Bürger – insbesondere das Straftatopfer – zur **aktiven Teilnahme am Strafprozess**[2]. Dieses Recht umfasst die Vornahme von Ermittlungen durch den Verletzten selbst und durch von ihm beauftragte Dritte, insbesondere Rechtsanwälte und Privatdetektive. Die von dem Privaten rechtmäßig erlangten Beweismittel dürfen im Strafverfahren grundsätzlich verwertet werden[3].

Beispiel: B, Mitarbeiter eines Geldtransportunternehmens, hatte Geld im Wert von 2,5 Millionen Euro unterschlagen und war spurlos verschwunden. Staatsanwaltschaft und Polizei vermuteten, dass sich B ins Ausland abgesetzt habe. Der Inhaber des geschädigten Unternehmens G erteilte dem Privatdetektiv D den Auftrag, den Aufenthaltsort des B zu ermitteln. D suchte einige Personen, die mit B bekannt waren, auf und versprach ihnen die Zahlung von 100.000,- Euro für Hinweise auf den derzeitigen Aufenthaltsort des B. F teilte D daraufhin mit, dass sich B in Kenia befinde. D flog dorthin und spürte B in einem von Ausländern bewohnten Vorort von Mombasa auf. Er fand zudem heraus, dass B über ein Bankkonto mit einem Guthaben von umgerechnet 1,5 Millionen Euro verfügte. Diese Informationen gab G an die Staatsanwaltschaft weiter, die einen

---

[1] Ausführlich dazu *Ferber*, NJW 2004, 2562 ff.; *Neuhaus*, StV 2004, 620 ff.
[2] *Bockemühl*, Private Ermittlungen, S. 32 ff.; *Krey*, Problematik privater Ermittlungen, S. 25 ff.
[3] Näher dazu *Bockemühl*, Private Ermittlungen, S. 116 ff.

Auslieferungsantrag stellte. B wurde verhaftet und nach Deutschland gebracht. Das Bankguthaben wurde G ausgezahlt.

Die Maßnahmen des D zur Ermittlung des Aufenthaltsortes des B und das Aufspüren des Rests der Tatbeute durch D auf Veranlassung des G begegnen keinen rechtlichen Bedenken. Die Staatsanwaltschaft durfte die rechtmäßig erlangten Informationen auch gegen B verwenden. 528

Aus der prinzipiellen Zulässigkeit privater Ermittlungen ergeben sich für den Verletzten und die in seinem Auftrag tätigen Dritten allerdings **keine speziellen Befugnisse**, sodass Eingriffe in rechtlich geschützte Interessen anderer einer ausdrücklichen Erlaubnis bedürfen. Das gilt insbesondere für Ermittlungsmaßnahmen, die einen Straftatbestand erfüllen, z.B. Beeinträchtigungen der körperlichen Integrität (§ 223 StGB), der Fortbewegungsfreiheit (§ 239 StGB), der Willensbildungs- und Willensbetätigungsfreiheit (§ 240 StGB), des Hausrechts (§ 123 StGB), des Rechts am eigenen Wort (§ 201 StGB), des Briefgeheimnisses (§ 202 StGB) sowie des Interesses an der Geheimhaltung von Daten (§ 202a StGB). Sie sind nur bei Vorliegen der Voraussetzungen des § 127 I 1 oder eines allgemeinen Rechtfertigungsgrundes (z.B. § 34 StGB) erlaubt. Unzulässig sind private Nachforschungen zudem, wenn sie die staatlichen Ermittlungen stören (vgl. § 164), z.B. weil der Beschuldigte von dem gegen ihn gerichteten Verfahren Kenntnis erlangt und dadurch zur Flucht oder zu Verdunkelungshandlungen veranlasst wird, oder wenn die konkrete Maßnahme die Menschenwürde des Betroffenen verletzt[4]. Darüber hinaus werden zum Teil[5] verdeckte, technikgestützte Ermittlungen (z.B. „Anzapfen" des Telefons, Einsatz von „Wanzen", Richtmikrofonen, Peilsendern oder Videokameras) generell als unzulässig erachtet. Diese Auffassung wird auf die Behauptung gestützt, §§ 100a, 100c, 100f entfalteten eine Sperrwirkung für private Nachforschungen, indem die Vorschriften den Einsatz technischer Mittel den Strafverfolgungsbehörden vorbehalten würden. Danach wäre bereits das heimliche Fotografieren des Beschuldigten (vgl. § 100f I Nr. 1) nicht gestattet. Dem kann so allerdings nicht zugestimmt werden. Die Telekommunikationsüberwachung sowie andere Maßnahmen zum Abhören und Aufzeichnen des nichtöffentlich gesprochenen Wortes mittels technischer Hilfsmittel durch eine Privatperson sind zwar grundsätzlich unzulässig. Dies folgt aber nicht aus einer Sperrwirkung der §§ 100a/c/f, sondern daraus, dass § 201 StGB die Verletzung der Vertraulichkeit des Wortes verbietet, falls die Tathandlung nicht ausnahmsweise, z.B. zur Verhinderung einer Beweisnot, durch einen allgemeinen Rechtfertigungsgrund gerechtfertigt ist[6]. Das Herstellen von Lichtbildern und Bildaufzeichnungen im Zuge privater Ermittlungen sowie die Verwendung von technischen Mitteln zu Observationszwecken, z.B. von Nachtsichtgeräten oder Peilsendern, die keinen Straftatbestand erfüllen, ist dagegen nicht deshalb unzulässig, weil § 100f I Nr. 1 eine Regelung dieser Maßnahmen für die Strafverfolgungsorgane enthält. Dass 529

---

[4] *Bockemühl,* Private Ermittlungen, S. 51 ff.
[5] *Bockemühl,* Private Ermittlungen, S. 82 ff.; *Krey,* Problematik privater Ermittlungen, S. 86 ff.; *Lenckner,* in: Schönke/Schröder, § 201 Rn. 31a.
[6] Näher dazu *Lenckner,* in: Schönke/Schröder, § 201 Rn. 30 ff.

§ 100f I Nr. 1 eine Präklusionswirkung entfaltet und Privatpersonen von diesen Maßnahmen ausschließt, ist eine bloße – unbewiesene – Behauptung. Die Benutzung eines technischen Hilfsmittels ist somit nicht generell unzulässig, sondern nur dann, wenn dadurch ein Straftatbestand verwirklicht wird, z.B. indem die Privatperson zum Anbringen einer versteckten Videokamera in eine von § 123 StGB geschützte Räumlichkeit eindringt, die Maßnahme die staatlichen Ermittlungen stört oder die Menschenwürde verletzt. – *Fallsammlung Rn. 66-100.* –

530 Aus der **rechtswidrigen Erlangung eines Beweismittels** durch eine Privatperson folgt nach zutreffender h.M.[7] **nicht generell ein Verwertungsverbot** im Strafverfahren, sondern es ist im Einzelfall unter Berücksichtigung aller maßgeblichen Umstände eine Abwägung des öffentlichen Interesses an einer möglichst vollständigen Wahrheitsermittlung und der schutzwürdigen Interessen des Betroffenen vorzunehmen. Für den praktisch bedeutsamen Fall der heimlichen Aufzeichnung des nichtöffentlich gesprochenen Wortes bedeutet dies, dass die Aufnahme immer unverwertbar ist, wenn sie die Intimsphäre als unantastbaren Bereich des allgemeinen Persönlichkeitsrechts betrifft. Berührt sie lediglich die Privatsphäre, so darf die Aufzeichnung verwendet werden, wenn die Heranziehung als Beweismittel zur Aufklärung schwerer Straftaten geboten ist[8]. Ein Verwertungsverbot besteht darüber hinaus, wenn die private Maßnahme die Menschenwürde verletzt[9]. Das ist z.B. der Fall, wenn die Privatperson ein Geständnis des vermeintlichen Täters unter Einsatz körperlicher Gewalt oder folterähnlicher Praktiken erzwingt.

2. Informations- und Beteiligungsrechte im Ermittlungsverfahren

531 §§ 406e-406h stärken die Rechtsstellung des Verletzten schon im Ermittlungsverfahren, indem die Vorschriften ihm bzw. seinem Rechtsanwalt Informations- und Beteiligungsrechte gewähren.

532 Der Rechtsanwalt des Verletzten hat gemäß § 406e I 1 ein **Akteneinsichtsrecht**. Zur Geltendmachung genügt die Darlegung eines berechtigten Interesses, es muss also nicht glaubhaft gemacht werden. Ein solches berechtigtes Interesse liegt z.B. vor, wenn die Staatsanwaltschaft das Ermittlungsverfahren nach § 170 II eingestellt hat und der Verletzte ein Klageerzwingungsverfahren gemäß § 172 betreiben kann, oder wenn er Informationen zur Geltendmachung eines zivilrechtlichen Anspruchs benötigt[10]. Keine Akteneinsicht wird dagegen gewährt, wenn die Einsichtnahme lediglich der Ausforschung des Beschuldigten dienen soll. Ist der Verletzte gemäß § 395 zur Nebenklage berechtigt, so bedarf es gemäß § 406e I 2 nicht einmal der Geltendmachung eines berechtigten Interesses; das Gesetz setzt

---

[7] BGHSt 36, 167, 173; BayObLG, NStZ 1994, 503, 504; *Senge*, in: KKStPO, Vor § 48 Rn. 52; *Rogall*, in: SKStPO, § 136a Rn. 10 ff., 14 f. Die Gegenauffassung lehnt eine Verwertung ausnahmslos ab, da sich der Staat nicht zum „Hehler" des rechtswidrig erlangten Beweismittels machen dürfe, *Schroeder*, Rn. 133.
[8] BGHSt 36, 167, 173 f.
[9] *Bockemühl*, Private Ermittlungen, S. 124 ff.; *Wolter*, in: SKStPO, Vor § 151 Rn. 116.
[10] OLG Koblenz, NStZ 1990, 604 f.; LG Bielefeld, wistra 1995, 118; *Kurth*, in: HKStPO, § 406e Rn. 6; *Schöch*, in: AKStPO, § 406e Rn. 9.

es voraus. Gemäß § 406e II 1 beschränken überwiegende schutzwürdige Interessen des Beschuldigten oder einer anderen Person das Akteneinsichtsrecht. Die Einsichtnahme kann darüber hinaus versagt werden, wenn der Untersuchungszweck gefährdet erscheint oder eine erhebliche Verfahrensverzögerung eintreten würde (§ 406e II 2).

Der Verletzte hat gemäß § 406f I das Recht, sich zur Wahrnehmung seiner Befugnisse des **Beistands eines Rechtsanwalts** zu bedienen oder sich durch ihn vertreten zu lassen. Dem Verletztenbeistand ist bei zeugenschaftlichen Vernehmungen seines Mandanten durch den Richter oder die Staatsanwaltschaft die Anwesenheit erlaubt (§ 406f II 1). Gemäß § 406f III kann auch einer – anderen – Vertrauensperson des Verletzten die Anwesenheit bei einer zeugenschaftlichen Vernehmung gestattet werden. 533

§ 406g dehnt die **Beteiligungsrechte** des Rechtsanwalts in den Fällen aus, in denen eine **Nebenklageberechtigung** des Verletzten besteht. Der Anwalt hat ein weitgehendes Beteiligungsrecht in allen Verfahrensstadien, das gemäß § 406g II 2 auch die Anwesenheit bei richterlichen Vernehmungen und Augenscheinseinnahmen umfasst und nur durch die Gefährdung des Untersuchungszwecks begrenzt wird. Kann sich der Verletzte keinen Rechtsanwalt leisten, so wird ihm nach Maßgabe des § 406g IV ein Rechtsanwalt als Beistand **vom Gericht bestellt**. 534

Nach § 406h ist der Verletzte grundsätzlich auf seine Befugnisse hinzuweisen. 535

3. Zeugenschutz

Dem Verletzten kommen zudem die Zeugenschutzvorschriften zugute. § 168e lässt den **Einsatz der Videotechnik** bei richterlichen Vernehmungen zu, wenn die Gegenwart der zur Anwesenheit Berechtigten eine dringende, nicht anders abwendbare Gefahr für das Wohl des Zeugen bedeutet. Die Vernehmung erfolgt dann getrennt von den Anwesenheitsberechtigten, denen sie zeitgleich in Bild und Ton übertragen wird. Hat der Zeuge noch keinen anwaltlichen Beistand, wird ein solcher für die Dauer der Vernehmung bestellt, wenn ersichtlich ist, dass er seine Befugnisse nicht selbst wahrnehmen kann (§ 68b). Besonderen Schutz bietet das Gesetz jugendlichen Zeugen, die Opfer eines Sexual- oder Tötungsdelikts sowie einer Misshandlung von Schutzbefohlenen geworden sind. Nach §§ 168e S. 4, 58a I Nr. 1 soll die – richterliche – Vernehmung eines Zeugen unter sechzehn Jahren auf Bild-Ton-Träger aufgezeichnet werden. Die Videoaufzeichnung kann gemäß § 255a II in der Hauptverhandlung wegen der genannten Delikte die Zeugenaussage ersetzen, wenn der Angeklagte und sein Verteidiger Gelegenheit hatten, an der früheren richterlichen Vernehmung mitzuwirken. Auf diese Weise wird dem jugendlichen Zeugen die Belastung erspart, mehrfach über die Geschehnisse berichten zu müssen[11]. 536

Bei Gefahren für den Zeugen können **polizeiliche Zeugenschutzmaßnahmen** ergriffen werden (z.B. Verbringen an einen geheimgehaltenen Ort[12]). Das Zeugen- 537

---
[11] *Diemer*, NJW 1999, 1667, 1673; *Julius*, in: HKStPO, § 255a Rn. 2.
[12] Vgl. LG Karlsruhe, NJW 1997, 3183.

schutz-Harmonisierungsgesetz (ZSHG) vom 11.12.2001[13] enthält Maßnahmen, die einem für das Verfahren unverzichtbaren Zeugen, ggf. auch seinen Angehörigen, Schutz vor Gefährdungen von Leib, Leben Gesundheit, Freiheit oder wesentlicher Vermögenswerte im Falle der Aussagebereitschaft gewähren (§ 1 ZSHG). Insbesondere in Verfahren wegen organisiert begangener Straftaten versuchen Beschuldigte oder mit ihnen verbundene Dritte bisweilen, einen Zeugen durch Drohung oder Gewaltanwendung gegen ihn selbst, seine Familie oder andere ihm nahe stehende Personen von einer Aussage abzuhalten. Das ZSHG regelt den Zeugenschutz allerdings nicht abschließend, sondern es ergänzt bundes- und landesrechtliche Regelungen zur Abwehr einer für die zu schützende Person bestehenden Gefahr (§ 2 I 2 ZSHG). Die Zeugenschutzdienststellen – des BKA oder eines LKA – sowie alle anderen öffentlichen Stellen auf deren Ersuchen können die personenbezogenen Daten der zu schützenden Personen sperren und die Übermittlung verweigern (§ 4 ZSHG). Nach Maßgabe des § 5 ZSHG kann diesen Personen eine vorübergehende Tarnidentität verschaffen, unter der sie am Rechtsverkehr teilnehmen dürfen (§ 5 ZSHG).

4. Sicherung der Schadloshaltung des Opfers

538 Entschädigungsansprüche kann der Verletzten oder sein Erbe im Strafprozess gemäß §§ 403 ff. erst im Rahmen des Hauptverfahrens geltend machen (*Rn. 990 ff.*). § 111b IV sieht aber eine Maßnahme vor, die der Sicherung der zivilrechtlichen Ansprüche des Verletzten schon im Ermittlungsverfahren dient (näher dazu *Rn. 401 f.*).

Kontrollfragen

1. Darf der Verletzte der Straftat eigene Nachforschungen zur Aufklärung des Tatgeschehens und zur Ermittlung des Täters anstellen? (Rn. 527 ff.)
2. Welche Rechte räumt die StPO dem Verletzten im Ermittlungsverfahren ein? (Rn. 531 ff.)
3. Darf einem gefährdeten Zeugen eine vorübergehende Tarnidentität verschafft werden, um ihn vor schweren Gefährdungen auf Grund seiner Aussagebereitschaft zu schützen? (Rn. 537)

Literatur

Ferber, Das Opferrechtsreformgesetz 2004, NJW 2004, 2562.
Neuhaus, Das Opferrechtsreformgesetz 2004, StV 2004, 620.

---

[13] Schönfelder, Ergänzungsband, Nr. 90b.

§ 10 Abschluss des Ermittlungsverfahrens

Wenn nach Ausschöpfung der Beweismittel keine weitere Aufklärung des Tatgeschehens mehr zu erwarten ist, trifft die **Staatsanwaltschaft** die Entscheidung, ob das Strafverfahren seinen Fortgang nehmen soll oder zu beenden ist. In Steuerstrafverfahren, die von der Finanzbehörde nach § 386 II AO selbständig durchgeführt wurden, befindet grundsätzlich die Strafsachenstelle über den Abschluss des Ermittlungsverfahrens (*Rn. 1028*). Die Polizei besitzt keine Entscheidungsbefugnis.

539

I Formen des Abschlusses des Ermittlungsverfahrens

§ 170 erweckt den unzutreffenden Eindruck, dass die Staatsanwaltschaft nur die Alternative habe, die **öffentliche Klage zu erheben** (Abs. 1) oder das **Verfahren mangels hinreichenden Tatverdachts einzustellen** (Abs. 2). Tatsächlich stehen der Staatsanwaltschaft jedoch weitere Möglichkeiten der Verfahrensbeendigung zur Verfügung:

540

Bei **vorübergehenden Verfahrenshindernissen** tatsächlicher oder rechtlicher Art, die in der Person des Beschuldigten liegen, erfolgt eine **vorläufige Einstellung** des Verfahrens analog § 205[1].

541

Eine große Zahl von Ermittlungsverfahren endet mit einer **Einstellung aus Opportunitätserwägungen** gemäß §§ 153 ff.; Sonderregelungen für geringfügige Steuer- und Betäubungsmittelstraftaten enthalten §§ 398 AO, 31a BtMG. Die „**kleine Kronzeugenregelung**" des § 37 BtMG eröffnet unter den dort genannten Voraussetzungen die Möglichkeit zur Verfahrenseinstellung trotz Vorliegens eines genügenden Anlasses zur Klageerhebung; die Kronzeugenregelung bei terroristischen Straftaten[2] ist am 31.12.1999 abgelaufen. Im Gegensatz zur Verfahrenseinleitung (*Rn. 55 f.*) gilt das Legalitätsprinzip für den Abschluss des Ermittlungsverfahrens also nur mit – erheblichen – Einschränkungen.

542

Ist der Beschuldigte schuldunfähig und muss das Ermittlungsverfahren deshalb nach § 170 II eingestellt werden oder steht der Durchführung des Hauptverfahrens seine Verhandlungsunfähigkeit entgegen, so kann die Staatsanwaltschaft gemäß §§ 413 ff. bei dem Strafgericht die selbständige Anordnung von Maßregeln der Besserung und Sicherung in einem sogenannten **Sicherungsverfahren** beantragen (*Rn. 1020 ff.*). Scheitert die Strafverfolgung einer bestimmten Person aus tatsächlichen Gründen, z.B. weil der Täter nicht ermittelt werden konnte, weil der Beschuldigte flüchtig oder verstorben ist oder weil er sich im Ausland aufhält und seine Gestellung vor das zuständige Gericht nicht ausführbar erscheint, so kann die Staatsanwaltschaft den Antrag stellen, die Einziehung, den Verfall, die Vernichtung, die Unbrauchbarmachung oder die Beseitigung eines gesetzwidrigen Zustandes in einem **Objektiven Verfahren** gemäß §§ 76a StGB, 440, 442 I selb-

543

---

[1] *Achenbach*, in: AKStPO, § 170 Rn. 5; *Meyer-Goßner*, § 205 Rn. 3; *Ranft*, Rn. 1133; vgl. Nr. 104 RiStBV.
[2] Abgedruckt im Schönfelder als Anmerkung zu § 129a StGB.

ständig anzuordnen (*Rn. 1026*). Beide Verfahren sind keine Strafverfahren im eigentlichen Sinne.

II Erhebung der öffentlichen Klage

544   Die Staatsanwaltschaft erhebt die öffentliche Klage gemäß § 170 I, wenn die Ermittlungen einen **genügenden Anlass für die Klageerhebung** ergeben haben und die Staatsanwaltschaft von der Möglichkeit einer Verfahrenseinstellung aus Opportunitätserwägungen keinen Gebrauch macht.

545   Genügender Anlass zur Klageerhebung liegt vor, wenn der Beschuldigte der ihm vorgeworfenen Tat **hinreichend verdächtig** ist (vgl. § 203). Das ist nach zutreffender Auffassung[3] der Fall, wenn der sachbearbeitende Staatsanwalt bei vorläufiger Tatbewertung zu dem Ergebnis gelangt, dass er nach Durchführung der Hauptverhandlung wahrscheinlich die Verurteilung des Beschuldigten beantragen würde. Nach h.M.[4] ist dagegen nicht die eigene – tatsächliche und rechtliche – Bewertung der Tat durch den Staatsanwalt maßgeblich, sondern die Prognose, wie das Gericht voraussichtlich entscheiden wird. Wie bei der Verfahrenseinleitung (*Rn. 64-66*) gilt jedoch auch hier, dass die Staatsanwaltschaft als vom Gericht unabhängige Strafverfolgungsbehörde (vgl. § 150 GVG) die Tat- und Rechtsfragen ohne Bindung an die Rechtsprechung zu entscheiden hat.

546   § 170 I nennt nur eine Form der Erhebung der öffentlichen Klage, nämlich die Beantragung der Eröffnung des Hauptverfahrens durch Einreichen einer **Anklageschrift** (vgl. § 199 II). Damit ist allerdings nur der gesetzliche Regelfall bezeichnet. Die **mündliche Erhebung der Anklage** genügt gemäß § 418 III im beschleunigten Verfahren vor dem Strafrichter und dem Schöffengericht (*Rn. 1001*) sowie gemäß § 266 II 1 im Falle der Nachtragsanklage (*Rn. 822*). Im Strafbefehlsverfahren wird die öffentliche Klage gemäß § 407 I 4 durch den **Antrag auf Erlass eines Strafbefehls** erhoben (*Rn. 1010*).

547   Die Antragsschriften im Sicherungsverfahren und im Objektiven Verfahren sind zwar im eigentlichen Sinne keine Anklageschriften, gemäß §§ 414 II 2, 440 II 2 müssen sie aber den Erfordernissen der Anklageschrift entsprechen.

III Verfahrenseinstellung nach § 170 II und Klageerzwingung

1. Einstellungsverfahren

548   Bieten die Ermittlungen keinen genügenden Anlass zur Erhebung der öffentlichen Klage, d.h., fehlt der für die Anklageerhebung erforderliche hinreichende Tatverdacht, so stellt die Staatsanwaltschaft das Verfahren gemäß § 170 II ein. Der genügende Anlass fehlt nicht nur, wenn der sachbearbeitende Staatsanwalt zu dem Schluss gelangt, dass der Beschuldigte nach Durchführung des Hauptverfahrens wahrscheinlich nicht der ihm vorgeworfenen Tat überführt werden kann, sondern auch dann, wenn ein unbehebbares Verfahrenshindernis vorliegt oder der Staats-

---

[3] *Achenbach*, in: AKStPO, § 170 Rn. 9; *Meyer-Goßner*, § 170 Rn. 2; *Rieß*, in: LR[25], § 170 Rn. 23.
[4] BGHSt 15, 155, 158; *Schlüchter*, Lehrbuch, Rn. 61.1-5.

anwalt bei einem Privatklagedelikt das öffentliche Interesse an der Anklageerhebung gemäß § 376 verneint.

Die Einstellung nach § 170 II beendet das Strafverfahren nicht notwendig endgültig, da sie die Strafklage nicht verbraucht. Die Staatsanwaltschaft kann deshalb das Ermittlungsverfahren selbst bei unveränderter Sach- und Rechtslage **jederzeit wiederaufnehmen**[5]. 549

§ 170 II 2 schreibt die **Information des Beschuldigten** nicht generell vor, sondern nur dann, wenn er als Beschuldigter vernommen worden ist oder ein Haftbefehl gegen ihn erlassen worden war, wenn er um einen Bescheid gebeten hat oder wenn ein besonderes Interesse an der Bekanntgabe ersichtlich ist. Die Staatsanwaltschaft gibt dem Beschuldigten die Einstellungsgründe an, wenn er dies beantragt hat und keine schutzwürdigen Belange entgegenstehen oder wenn die Ermittlungen ergeben haben, dass er unschuldig ist bzw. kein begründeter Verdacht mehr gegen ihn besteht (vgl. Nr. 88 RiStBV). 550

Stellt die Staatsanwaltschaft das Verfahren nach § 170 II ein, obwohl der Verletzte oder ein Dritter einen Strafantrag im Sinne des § 158 (*Rn. 40*) gestellt hatte, so erhält der Antragsteller einen mit Gründen versehenen **Einstellungsbescheid** (§ 171 S. 1). Ist der Antragsteller zugleich der Verletzte, so wird er über die Möglichkeit des Klageerzwingungsverfahrens und die einzuhaltende Frist **belehrt** (§ 171 S. 2). Dieser Belehrung bedarf es jedoch nicht, wenn es sich bei der angezeigten Tat um ein Privatklagedelikt handelt und die Staatsanwaltschaft das öffentliche Interesse an der Anklageerhebung verneint. In diesem Fall wird die Einstellungsmitteilung mit der Verweisung auf den Privatklageweg verbunden (*Rn. 980 f.*). 551

2. Klageerzwingungsverfahren

Das Klageerzwingungsverfahren gemäß §§ 172 ff. kann nur der **Strafantragsteller, der zugleich der Verletzte ist**, betreiben. Es ist gemäß § 172 II 3 jedoch nicht zulässig, wenn die angezeigte Tat ausschließlich ein Privatklagedelikt zum Gegenstand hat, das der Antragsteller gemäß §§ 374 ff. selbst verfolgen kann, sowie bei Einstellungen aus Opportunitätserwägungen. 552

Der Antragsteller kann binnen zwei Wochen nach der Bekanntmachung der mit der Belehrung nach § 171 S. 2 versehenen Einstellungsentscheidung **Beschwerde** einlegen, und zwar entweder unmittelbar beim Generalstaatsanwalt oder bei der Staatsanwaltschaft, welche die Einstellungsentscheidung getroffen hat. Die Staatsanwaltschaft kann die Beschwerde gegenstandslos machen, indem sie die Ermittlungen wiederaufnimmt. Tut sie das nicht, so entscheidet der Generalstaatsanwalt. Bestätigt er die Entscheidung der Staatsanwaltschaft, so kann der Beschwerdeführer binnen einem Monat gemäß § 172 II-IV **Antrag auf gerichtliche Entscheidung** beim Oberlandesgericht stellen. Gelangt das Gericht auf Grund der bisherigen und etwaiger eigener Ermittlungen nach § 173 III zu dem Ergebnis, dass ein hinreichender Tatverdacht besteht, so beschließt es gemäß § 175 die Erhebung der öffentlichen Klage, ansonsten verwirft es den Antrag (§ 174). Das Oberlandesge- 553

---

[5] *Achenbach*, in: AKStPO, § 170 Rn. 17; *Beulke*, Rn. 320; *Meyer-Goßner*, § 170 Rn. 9.

richt entscheidet über die Wahrscheinlichkeit einer Verurteilung in eigener Verantwortung[6]; das Anklagemonopol der Staatsanwaltschaft wird in diesem Fall also durchbrochen.

554 Strittig ist, ob das Oberlandesgericht das Verfahren aus Opportunitätserwägungen in analoger Anwendung der §§ 153 II, 153a II einstellen darf. Zum Teil[7] wird dies mit der Begründung abgelehnt, die Einstellung nach §§ 153 ff. im Klageerzwingungsverfahren sei systemwidrig, weil das Oberlandesgericht nur die Einhaltung des Legalitätsprinzips zu prüfen habe, und nicht sachgerecht, nachdem die Staatsanwaltschaft und die Generalstaatsanwaltschaft von dieser Möglichkeit keinen Gebrauch gemacht hatten. Diese Bedenken greifen jedoch nicht durch, weil die Staatsanwaltschaft wegen der Ablehnung eines hinreichenden Tatverdachts eine Opportunitätseinstellung gar nicht in Erwägung gezogen hatte. Die h.M.[8] lässt deshalb zu Recht jedenfalls eine Einstellung nach § 153 II zu, wenn die Generalstaatsanwaltschaft und der Beschuldigte zustimmen. Eine Einstellung nach § 153a II kommt in Betracht, wenn das Oberlandesgericht die zur Annahme des hinreichenden Tatverdachts führenden Ermittlungen anstelle der Staatsanwaltschaft selbst vorgenommen hat und die Beteiligten mit dieser Art der Erledigung einverstanden sind[9].

IV Einstellung aus Opportunitätsgründen

555 §§ 153 ff. enthalten zahlreiche Regelungen, die es der Staatsanwaltschaft gestatten, von der Verfolgung einer Straftat bzw. von der Anklageerhebung abzusehen. Mit dem Terminus **Absehen von der Verfolgung bzw. von der Anklageerhebung** unterscheidet das Gesetz diese Einstellungsmöglichkeiten von der Einstellung mangels hinreichenden Tatverdachts gemäß § 170 II. Den Vorschriften liegen zumeist **justizökonomische Erwägungen** zugrunde, nämlich das Bestreben, die Verfolgung schwerer Straftaten dadurch effizienter zu machen, dass die Strafverfolgungsorgane und die Strafgerichte von dem Zwang, leichtere Taten zu verfolgen, befreit werden, und unökonomische Verfahren, die außer Verhältnis zu ihrem Anlass stehen, zu vermeiden. Die praktisch bedeutsamsten Einstellungsvorschriften enthalten §§ 153, 153a, 154, 154a; sie besitzen einen erheblichen Entlastungseffekt.

1. Einstellung wegen geringer Schuld

556 Die Staatsanwaltschaft kann das Verfahren gemäß § 153 I ohne Verhängung irgendwelcher Sanktionen einstellen, wenn dem Beschuldigten lediglich ein **Vergehen** (§ 12 II StGB) vorgeworfen wird, seine **Schuld als gering** anzusehen wäre und **kein öffentliches Interesse** an der Strafverfolgung besteht. § 153 begnügt sich mit einer bloßen **Schuldhypothese** („..., wenn die Schuld des Täters als gering anzusehen wäre ..."). Die Einstellung wegen Geringfügigkeit erfordert also

---

[6] OLG Rostock, NStZ-RR 1996, 272 f.
[7] *Meyer-Goßner*, § 174 Rn. 3; *Krehl*, in: HKStPO, § 174 Rn. 3.
[8] OLG Köln, NJW 1991, 764, 765; *Ranft*, Rn. 1277.
[9] OLG Stuttgart, NJW 1997, 3103, 3104.

keinen Nachweis der Schuld und darf auch keine Schuldfeststellung enthalten[10]. Das Geschehen muss deshalb auch nur so weit aufgeklärt werden, dass die Prognose möglich ist[11]. Die Schuld ist gering, wenn sie bei Gesamtabwägung aller Umstände deutlich unter dem Durchschnitt der Vergehen gleicher Art liegt[12]. Das öffentliche Verfolgungsinteresse fehlt, wenn weder general- noch spezialpräventive Gesichtspunkte eine Verurteilung geboten erscheinen lassen[13]. Ein Genugtuungsinteresse des Verletzten begründet zwar grundsätzlich kein öffentliches Verfolgungsinteresse, bei einer besonders starken Verletzung seiner Interessen kann es aber angenommen werden[14].

Die Einstellung bedarf zwar grundsätzlich der **Zustimmung** des für die Eröffnung des Hauptverfahrens zuständigen Gerichts. § 153 I 2 gewährt der Staatsanwaltschaft aber eine **autonome Einstellungsmöglichkeit**, wenn das Vergehen nicht mit einer im Mindestmaß erhöhten Strafe bedroht ist und die Folgen der Tat gering sind. Unter den Begriff Tat mit erhöhtem Mindeststrafmaß fallen nur qualifizierte Tatbestände, nicht dagegen besonders schwere Fälle. Die Staatsanwaltschaft kann deshalb z.B. einen Diebstahl in einem besonders schweren Fall gemäß §§ 242, 243 selbständig einstellen, wenn der verursachte Schaden gering ist, nicht jedoch einen Diebstahl mit Waffen bzw. einen Bandendiebstahl gemäß § 244[15]. Die Folgen der Tat sind gering, wenn es sich lediglich um einen Bagatellfall handelt. Bei Eigentums- und Vermögensdelikten liegt die Grenze bei 50 Euro[16]. 557

Die staatsanwaltschaftliche Einstellung wegen Geringfügigkeit verbraucht die Strafklage nicht, sodass ein **Wiederaufgreifen des Ermittlungsverfahrens jederzeit möglich** ist[17]. 558

Nach Anklageerhebung entscheidet gemäß § 153 II das Gericht mit Zustimmung der Staatsanwaltschaft und des Angeschuldigten über die Einstellung; die gerichtliche Einstellung bewirkt einen beschränkten Strafklageverbrauch (dazu *Rn. 847*). 559

§ 398 AO enthält eine in der Sache mit § 153 I übereinstimmende und deshalb überflüssige Einstellungsregelung für bestimmte Steuerstraftaten[18]. § 31a I BtMG gestattet die staatsanwaltschaftliche und gerichtliche Einstellung eines geringfügigen Betäubungsmittelvergehens nach § 29 I, II, IV BtMG, wenn die Tat eine geringe, zum Eigenverbrauch des Beschuldigten bestimmte Menge eines Betäubungsmittels betrifft. 560

---

[10] BVerfGE 82, 106, 116.
[11] *Meyer-Goßner*, § 153 Rn. 3; *Ranft*, Rn. 1148; *Rieß*, in: LR[25], § 153 Rn. 32 f. A.A. *Kühne*, Rn. 586, der einen „hinreichenden Verdacht" fordert, also offensichtlich Ermittlungen bis zur Anklagereife.
[12] *Krehl*, in: HKStPO, § 153 Rn. 8; *Ranft*, Rn. 1150.
[13] *Beulke*, Rn. 334; *Schöch*, in: AKStPO, § 153 Rn. 20 ff.
[14] *Krehl*, in: HKStPO, § 153 Rn. 9.
[15] *Meyer-Goßner*, § 153 Rn. 15; *Rieß*, in: LR[25], § 153 Rn. 47; *Schoreit*, in: KKStPO, § 153 Rn. 41.
[16] *Meyer-Goßner*, § 153 Rn. 17; *Schoreit*, in: KKStPO, § 153 Rn. 43.
[17] *Beulke*, Rn. 334; *Meyer-Goßner*, § 153 Rn. 37.
[18] Näher dazu *Hellmann*, Neben-Strafverfahrensrecht, S. 62 ff.

2. Einstellung nach Erfüllung von Auflagen und Weisungen

561 § 153a eröffnet einen weiteren Weg der Verfahrensbeendigung ohne Verurteilung bei leichten und mittleren Vergehen. Im Gegensatz zur Einstellung wegen Geringfügigkeit, für die eine Schuldhypothese ausreicht, erfordert die Einstellung nach § 153a eine Schuldfeststellung. Nach h.M.[19] genügt ein hinreichender Tatverdacht im Sinne der §§ 170 I, 203. Diese Sicht verkennt jedoch, dass der hinreichende Tatverdacht lediglich die Fortsetzung des Strafverfahrens rechtfertigt, nicht dagegen die Verhängung einer Sanktion. Notwendig ist deshalb die – auf dem jeweiligen Stand des Verfahrens gewonnene – Überzeugung der Staatsanwaltschaft und des Gerichts von der Schuld des Beschuldigten[20].

562 Die Einstellung nach § 153a kommt in Betracht, wenn durch die Erfüllung einer Auflage oder Weisung das an sich bestehende **öffentliche Interesse an der Strafverfolgung beseitigt** werden kann und die **Schwere der Schuld nicht entgegensteht**. Wann die Schuldschwere entgegensteht, ist abstrakt schwer zu bestimmen. § 153a ist jedenfalls nur auf Fälle der leichten und mittleren Kriminalität anzuwenden, in denen die Tatfolgen, vor allem aber die subjektive Verfehlung des Beschuldigten nicht sehr gravierend sind.

563 § 153a I 1 nennt drei Auflagen, nämlich Erbringung einer Leistung zur **Wiedergutmachung** des Schadens, **Zahlung eines Geldbetrages** an eine gemeinnützige Einrichtung oder die Staatskasse und Erbringung einer sonstigen **gemeinnützigen Leistung**, und drei Weisungen, nämlich **Unterhaltspflichten** in einer bestimmten Höhe nachzukommen, sich ernsthaft um einen **Täter-Opfer-Ausgleich** zu bemühen und an einem straßenverkehrsrechtlichen **Aufbauseminar** (§§ 2b II 2, 4 VIII 4 StVG) teilzunehmen. In der Praxis wird dem Beschuldigten ganz überwiegend die Zahlung eines Geldbetrages auferlegt.

564 Erwägt die Staatsanwaltschaft die Einstellung des Ermittlungsverfahrens, so müssen der Beschuldigte und grundsätzlich das für die Eröffnung des Hauptverfahrens zuständige Gericht der Auflage oder Weisung **zustimmen**. Der Zustimmung des Gerichts bedarf es gemäß § 153a I 6 jedoch – wie bei § 153 – nicht, wenn das einschlägige Strafgesetz keine im Mindestmaß erhöhte Strafe androht und die Tatfolgen gering sind.

565 Haben der Beschuldigte und – falls erforderlich – das Gericht der Auflage oder Weisung zugestimmt, so stellt die Staatsanwaltschaft das Verfahren zunächst vorläufig ein. Erfüllt der Beschuldigte die Auflage oder Weisung innerhalb der ihm gesetzten Frist, so tritt gemäß § 153a I 4 ein **endgültiges Verfahrenshindernis** ein. Die Tat kann dann nicht mehr als Vergehen verfolgt werden. Das Verfahrenshindernis entsteht aus Gründen des Vertrauensschutzes auch, wenn die Staatsanwaltschaft die an sich notwendige Zustimmung des Gerichts nicht eingeholt hat[21].

---

[19] *Beulke*, Rn. 337; *Meyer-Goßner*, § 153a Rn. 7; *Krehl*, in: HKStPO, § 153a Rn. 9; *Ranft*, Rn. 1163; *Schöch*, in: AKStPO, § 153a Rn. 11.
[20] *Eckl*, JR 1975, 99, 101; *Hanack*, Gallas-FS, S. 339, 349.
[21] *Karl*, NStZ 1995, 535; *Krehl*, in: HKStPO, § 153a Rn. 21. A.A. *Schroeder*, NStZ 1996, 319 f.

Nach Klageerhebung bis zum Ende der Hauptverhandlung kann das Gericht gemäß § 153a II 1 mit Zustimmung der Staatsanwaltschaft und des Angeschuldigten bzw. Angeklagten das Strafverfahren unter Erteilung von Auflagen oder Weisungen einstellen. **566**

Die bei ihrer Einfügung in die StPO durch das EGStGB 1974 heftig umstrittene, zum Teil als „Tuschelverfahren" oder „Millionärsschutzparagraph" bezeichnete Regelung hat einen **neuen Typ der Verfahrenserledigung** geschaffen. Er weist zwar Unterschiede zum Strafurteil (Auflage bzw. Weisung statt Strafe; freiwillige Unterwerfung des Beschuldigten) auf, ähnelt diesem aber immerhin, weil die ganz überwiegend „verhängte" Geldauflage – wie die Geldstrafe – ein Verschulden des Beschuldigten ahndet[22]. Obwohl sich § 153a in der Praxis durchgesetzt hat, ist die Kritik in der Literatur nicht verstummt. Gerügt wird unter anderem, dass die Vorschrift den Grundsatz der Gewaltenteilung verletze, indem ein erheblicher Teil der Kriminalität der Staatsanwaltschaft zur Entscheidung zugewiesen werde[23] und die theoretisch freiwillige Unterwerfung wegen des sonst drohenden Strafverfahrens praktisch mit einem an § 136a heranreichenden Zwang durchgesetzt werde[24]. Diese Bedenken greifen zwar nicht durch, weil die Einstellung nach § 153a kein Akt der Rechtsprechung ist und die Durchführung des Strafverfahrens im Falle der Nichtunterwerfung keinen unzulässigen Zwang darstellt. Die Gefahren, die § 153a birgt, sind aber nicht zu verkennen. Zum einen ermöglicht die Regelung in gewissen Grenzen einen „Freikauf" von der weiteren Strafverfolgung, wodurch der wohlhabende Beschuldigte gegenüber demjenigen, der nicht über die finanziellen Mittel verfügt, im Vorteil sein kann. Zum anderen eröffnet § 153 a zahlreiche Missbrauchsmöglichkeiten. Die Vorschrift kann z.B. als Mittel benutzt werden, Verfahren, in denen zwar gewichtige Gründe für die Begehung einer Straftat durch den Beschuldigten sprechen, der Schuldnachweis aber schwer zu führen ist, mit einer „Sanktion" abzuschließen[25]. **567**

Beispiel: Staatsanwalt S ermittelte gegen B wegen des Verdachts des Betruges. B hatte einen BMW unter der Zusicherung, das Auto sei unfallfrei, zu einem – für ein unfallfreies Fahrzeug angemessenen – Preis von 15.000 Euro an X verkauft. Tatsächlich hatte der Pkw bei V, von dem B den BMW zwei Wochen vor dem Verkauf an X für 10.000 Euro erworben hatte, einen schweren Unfall erlitten. B ließ sich ein, er sei von der Unfallfreiheit überzeugt gewesen. Den Erwerb des Autos von V habe er für ein „Schnäppchen" gehalten. V sagte in seiner Vernehmung aus, über den Zustand des Fahrzeugs sei bei dem Verkauf an B nicht gesprochen worden. B habe sich das Auto aber genau angesehen und ihm 10.000 Euro geboten. Er (V) sei davon ausgegangen, dass B, der auf ihn einen sachkundigen Eindruck gemacht habe, die – auch nach der Reparatur am Unterboden deutlich erkennbaren – Unfallspuren bei seiner Untersuchung bemerkt habe, zumal der Preis, den B ihm vorschlug, dem Wert des BMW nach dem Unfall entsprach. S

---

[22] *Hellmann*, MDR 1989, 952, 954 f.
[23] *Kühne*, Rn. 589.2 f.; *Roxin*, § 14 Rn. 15.
[24] *Dencker*, JZ 1973, 144, 149; *Roxin*, § 14 Rn. 15.
[25] *Meinberg*, Geringfügigkeitseinstellungen von Wirtschaftsstrafsachen, 1985, S. 189 ff.; 226 ff. *Rieß* (in: LR^{25}, § 153a Rn. 23) hält den empirischen Nachweis, dass die Staatsanwaltschaften in dieser Weise verfahren, allerdings für bislang nicht erbracht.

befragte B, ob er mit einer Einstellung des Verfahrens gegen eine Zahlung von 2.500 Euro an die Staatskasse einverstanden sei. B erklärte seine Zustimmung und zahlte den Betrag innerhalb der ihm gesetzten Frist. S stellte das Verfahren daraufhin endgültig ein.

568 Ein zwingender Beweis für den Täuschungs- und Schädigungsvorsatz sowie die Bereicherungsabsicht des B liegt zwar nicht vor, die Umstände lassen es aber naheliegend erscheinen, dass B die Unfallbeschädigung kannte und er X somit vorsätzlich über die Unfallfreiheit des Fahrzeugs täuschte. Ob der Richter im Falle einer Anklage zu einer Verurteilung wegen Betruges gelangen würde, ist deshalb letztlich offen. Die Zustimmung des B kann in dieser Situation nicht als Schuldeingeständnis gewertet werden, denn es ist zweifelhaft, ob der Richter seiner Einlassung Glauben schenken wird. Die Erteilung der Zustimmung durch einen Unschuldigen zur Vermeidung einer möglichen Verurteilung kann bei einer ihn belastenden Beweislage im konkreten Fall durchaus eine vernünftige Entscheidung sein.

569 Darüber hinaus kann § 153a missbraucht werden, um außerhalb des Strafverfahrens liegende Zwecke zu erreichen, indem die Einstellung von Leistungen des Beschuldigten, die nicht dem Katalog der Auflagen und Weisungen unterfallen, oder sogar von „freiwilligen" Vorleistungen Dritter abhängig gemacht wird[26].

3. Einstellung von Nebenstraftaten

570 § 154 ermöglicht eine Vereinfachung und Beschleunigung des Verfahrens durch einen **Teilverzicht auf Strafverfolgung bei mehreren Taten im prozessualen Sinne**. Gemäß § 154 I Nr. 1 kann eine Tat eingestellt werden, wenn die zu erwartende Strafe oder Maßregel neben einer Sanktion, die wegen einer anderen Tat bereits verhängt worden ist oder voraussichtlich verhängt werden wird, nicht beträchtlich ins Gewicht fällt, die eingestellte Tat also relativ geringfügig ist. § 154 I Nr. 2 gestattet die Einstellung zudem, wenn die wegen der eingestellten Tat zu erwartende Rechtsfolge zwar beträchtlich ins Gewicht fallen würde, ein Urteil aber erst nach einer unangemessen langen Verfahrensdauer ergehen könnte und die wegen einer anderen Tat verhängte oder zu erwartende Strafe oder Maßregel zur Einwirkung auf den Täter und zur Verteidigung der Rechtsordnung ausreichend erscheint. Ist der Beschuldigte einer Vielzahl von Straftaten verdächtig, so können auch mehrere Taten nach § 154 eingestellt werden. Auf diese Weise kann der Verfahrensstoff wesentlich beschränkt werden.

Beispiel: B wird verdächtigt, mehrere Einbruchsdiebstähle in Wohnhäuser begangen zu haben. In einem Fall wurde er von dem Wohnungsinhaber W überrascht. B stach W mit Tötungsvorsatz nieder, um eine Identifizierung durch ihn zu verhindern. W starb an der Stichwunde.

---

[26] Siehe die Beispiele bei *Dahs*, NJW 1996, 1192.

Neben der wegen des Verdeckungsmordes zu erwartenden lebenslangen Freiheitsstrafe fallen die möglichen Strafen wegen der übrigen Einbrüche, bei denen es sich jeweils um selbständige prozessuale Taten handelt, nicht wesentlich ins Gewicht, sodass die Staatsanwaltschaft das Ermittlungsverfahren wegen dieser Taten nach § 154 einstellen kann. 571

Die Staatsanwaltschaft soll von dieser Einstellungsmöglichkeit in weitem Umfang und möglichst frühzeitig im Ermittlungsverfahren Gebrauch machen (vgl. Nr. 101 I RiStBV). Die Einstellung kann gemäß § 154 II aber auch nach Anklageerhebung durch das Gericht auf Antrag der Staatsanwaltschaft erfolgen, und zwar in allen Verfahrensstadien, also noch in der Berufungs- und Revisionsinstanz[27]. 572

4. Beschränkung der Strafverfolgung

§ 154a dient – wie § 154 – der Verfahrensvereinfachung und -beschleunigung. Während die Einstellung nach § 154 die Konzentration auf einzelne prozessuale Taten durch Ausscheiden anderer bezweckt, ermöglicht § 154a die **Beschränkung des Verfahrensstoffes innerhalb einer prozessualen Tat**, nämlich auf einzelne abtrennbare Teile oder einzelne Gesetzesverletzungen. Als Gründe für die Beschränkung kommen auch hier die relative Geringfügigkeit des ausgeschiedenen Stoffes und die unangemessene Verzögerung des Verfahrens bei dessen Berücksichtigung in Betracht. 573

> **Beispiel**: B fuhr nach reichlichem Alkoholgenuss mit seinem Pkw von einer Gaststätte nach Hause. Nach einer Fahrstrecke von etwa zwei Kilometern geriet B mit seinem Auto auf den Bürgersteig. Passant P konnte nur durch einen geistesgegenwärtigen Sprung über eine Hecke verhindern, dass er von dem Fahrzeug erfasst wurde. Ein hinter B fahrender Autofahrer F sagte aus, dass B schon vor diesem Zwischenfall in Schlangenlinien gefahren sei und mehrfach am Straßenrand geparkte Autos „um ein Haar" gerammt hätte. B hatte zur Tatzeit eine Blutalkoholkonzentration von 1,73 Promille.

Die zeitlich hintereinander liegenden Gefährdungssituationen werden durch das zugrunde liegende Trunkenheitsdelikt zu einer Tat im Sinne des Dauerdelikts § 315c I Nr. 1a StGB zusammengefasst[28]. Da die Gefährdung der fremden Fahrzeuge gegenüber der Gefährdung des P nicht beträchtlich ins Gewicht fällt, kann die Verfolgung darauf beschränkt werden. 574

5. Sonstige Einstellungsmöglichkeiten

Weitere Einstellungsmöglichkeiten eröffnen § 153b bei Vorliegen der Voraussetzungen, unter denen das Gericht von Strafe absehen kann, § 153c bei bestimmten Auslandstaten, § 153d bei bestimmten politischen Straftaten, § 153e bei tätiger Reue des Täters nach Begehung eines Staatsschutzdeliktes, § 153f bei Straftaten nach dem Völkerstrafgesetzbuch (VStGB), § 154b bei Auslieferung des Beschul- 575

---

[27] *Meyer-Goßner*, § 154 Rn. 19.
[28] *Cramer*, in: Schönke/Schröder, § 315c Rn. 53.

digten an das Ausland oder seiner Ausweisung aus Deutschland, § 154c bei der Straftat, die ein anderer zur Nötigung oder Erpressung des Beschuldigten benutzt, § 154d zur Klärung einer für das Strafverfahren maßgeblichen zivil- oder verwaltungsrechtlichen Vorfrage, § 154e bei einer falschen Verdächtigung oder Beleidigung, solange ein Straf- oder Disziplinarverfahren gegen das mutmaßliche Opfer wegen der von dem Beschuldigten angezeigten oder behaupteten Handlung anhängig ist, sowie § 37 BtMG bei Straftaten eines Betäubungsmittelabhängigen, wenn er sich einer Drogentherapie unterzieht.

6. Kronzeugenregelung

576 Bei Vorliegen der Voraussetzungen, die dem Gericht nach Maßgabe der **"kleinen Kronzeugenregelungen"** bei Betäubungsmittelstraftaten nach § 31 BtMG und bei Geldwäsche gemäß § 261 X StGB das Absehen von Strafe gestatten, kann die Staatsanwaltschaft mit Zustimmung des für die Hauptverhandlung zuständigen Gerichts das Verfahren gemäß § 153b I einstellen.

577 Die außer Kraft getretene Kronzeugenregelung bei **terroristischen Straftaten** (*Rn. 542*) ermöglichte dem Generalbundesanwalt mit Zustimmung eines Strafsenats des BGH – also nicht des für das Hauptverfahren zuständigen Gerichts – von der Verfolgung einer **terroristischen Straftat** abzusehen, wenn der Beschuldigte einer Strafverfolgungsbehörde Informationen übermittelt, deren Kenntnis geeignet ist, die Begehung einer Straftat nach § 129a StGB oder einer mit diesem Delikt zusammenhängenden Straftat zu verhindern oder aufzuklären oder zur Ergreifung eines Täters oder Teilnehmers einer solchen Straftat zu führen (Art. 4 Kronzeugenregelung). Art. 5 Kronzeugenregelung dehnte den Anwendungsbereich auf eine **organisiert begangene Tat** nach § 129 StGB und damit zusammenhängende Straftaten aus. Zuständig waren in diesen Fällen die Staatsanwaltschaft und das für die Hauptverhandlung zuständige Gericht. In der rechtspolitischen Diskussion wird zum Teil die Wiedereinführung der Kronzeugenregelung gefordert.

Kontrollfragen

1. Was ist unter dem genügenden Anlass zur Klageerhebung zu verstehen? (Rn. 545)
2. Wodurch unterscheiden sich die Einstellungen nach § 153 und § 153a? (Rn. 556, 558, 561 f., 565)

Literatur

Dahs, § 153a StPO – ein „Allheilmittel" der Strafrechtspflege, NJW 1996, 1192.
Schlüchter, Erweiterte Kronzeugenregelung? ZRP 1997, 65.

Teil III. Das Zwischenverfahren

§ 11 Das Gericht als Prozesssubjekt

Die Anklageerhebung leitet im regulären Strafprozess das Zwischenverfahren gemäß §§ 199-211 ein. In diesem Verfahrensabschnitt befindet das Gericht, bei dem die Staatsanwaltschaft die öffentliche Klage erhebt, über den Fortgang des Strafverfahrens. Die Verfahrensherrschaft geht dadurch von der Staatsanwaltschaft auf das Gericht über.

578

I Zuständigkeit

Über die **Eröffnung des Hauptverfahrens** entscheidet gemäß § 199 I das **für die Hauptverhandlung zuständige Gericht**. Da es sich bei dieser Entscheidung um eine solche außerhalb der Hauptverhandlung handelt, wirken die Schöffen daran gemäß §§ 30 II, 76 I 2 GVG nicht mit. Die Entscheidung treffen also auch dann nur die **Berufsrichter**, wenn die Besetzung des jeweiligen Spruchkörpers an sich aus Berufsrichtern und Schöffen besteht, wie dies gemäß § 29 I GVG bei den Schöffengerichten und gemäß § 76 I 1 GVG bei den Strafkammern der Fall ist.

579

1. Sachliche Zuständigkeit

Die sachliche Zuständigkeit der Strafgerichte in der ersten Instanz regeln §§ 24, 25, 28, 74-74c, 120 GVG in sehr unübersichtlicher Weise. Zuständig können **vier Spruchkörper** bei **drei Gerichten** sein, und zwar beim **Amtsgericht** entweder der **Strafrichter** (ein Berufsrichter) oder das **Schöffengericht** (ein Berufsrichter und zwei Schöffen, § 29 I 1 GVG, bzw. zwei Berufsrichter und zwei Schöffen als erweitertes Schöffengericht auf Antrag der Staatsanwaltschaft, § 29 II GVG), beim **Landgericht** die **große Strafkammer** (drei Berufsrichter im Zwischenverfahren; in der Hauptverhandlung grundsätzlich zwei Berufsrichter und zwei Schöffen; drei Berufsrichter und zwei Schöffen, wenn die Kammer als Schwurgericht zuständig ist oder wenn die Mitwirkung eines dritten Richters wegen des Umfangs oder der Schwierigkeit der Sache, z.B. aus der Erforderlichkeit umfangreicher Sachverständigengutachten, aus zu erwartenden Beweisschwierigkeiten oder aus der Komplexität der Sach- und Rechtsfragen[1], notwendig erscheint, § 76 GVG) oder

580

---

[1] BGHSt 44, 328; BGH, NStZ 2004, 56; NStZ 2004, 175; siehe dazu *Haller/Janßen*, NStZ 2004, 469 ff., die dafür plädieren, die Besetzung der großen Strafkammer mit drei Berufsrichtern als gesetzlichen Regelfall auszugestalten; nach Auffassung des BGH verdient die Dreibesetzung „in Zweifelsfällen" den Vorzug, BGHSt 44, 328, 335.

beim **Oberlandesgericht** der **Strafsenat** (fünf Berufsrichter im Zwischenverfahren; in der Hauptverhandlung grundsätzlich drei Berufsrichter, in umfangreichen oder schwierigen Verfahren fünf Berufsrichter, § 122 II GVG).

581 Eindeutige Regelungen der erstinstanzlichen Zuständigkeit in Form einer **katalogartigen Aufzählung bestimmter Delikte** enthalten § 120 I, II GVG für den Strafsenat beim Oberlandesgericht und §§ 74 II, 74a I GVG für die große Strafkammer beim Landgericht, soweit sie als Schwurgericht oder als Staatsschutzkammer tätig wird. Darüber hinaus existieren spezialgesetzliche Zuständigkeitsregelungen für Steuerstrafsachen (vgl. § 391 I, III AO) und Binnenschifffahrtssachen (Schifffahrtsgerichte)[2].

582 Diese Sonderzuweisungen gelten aber nur für einen Teil der Strafverfahren, und zwar für den zahlenmäßig geringeren Teil. Für die Mehrzahl der Verfahren richtet sich die sachliche Zuständigkeit nach der **konkreten Rechtsfolgenerwartung**. Der Strafrichter beim Amtsgericht entscheidet gemäß § 25 Nr. 2 GVG im regulären Strafverfahren bei Vergehen, wenn lediglich mit einer Geldstrafe oder mit einer Freiheitsstrafe bis zu zwei Jahren zu rechnen ist. Maßgeblich ist allein die Straferwartung[3], wobei für die Prognoseentscheidung nicht die im Entscheidungszeitpunkt wahrscheinliche, sondern die unter den konkreten Umständen den oberen Rand der Straferwartung bildende Strafe maßgeblich ist, damit dem Gericht ein ausreichender Spielraum bei der Rechtsfolgenbemessung bleibt[4]. Außer in den Fällen einer Sonderzuweisung an das Oberlandesgericht oder Landgericht gemäß §§ 120, 74 II, 74a I ist das Schöffengericht grundsätzlich zuständig, wenn eine Freiheitsstrafe zwischen zwei und vier Jahren zu erwarten und nicht mit einer Unterbringung in einem psychiatrischen Krankenhaus oder in der Sicherungsverwahrung zu rechnen ist (§ 24 I Nr. 2 GVG). Die erstinstanzliche Zuständigkeit der großen Strafkammer beim Landgericht ist folglich gegeben, wenn eine höhere Strafe als vier Jahre Freiheitsstrafe oder die Unterbringung in einem psychiatrischen Krankenhaus oder in der Sicherungsverwahrung zu erwarten ist. § 74c I GVG weist die dort genannten Wirtschaftsstraftaten der Wirtschaftsstrafkammer zu, wenn das Landgericht nach den allgemeinen Kriterien zuständig ist. Zusätzlich kompliziert wird die Regelung der sachlichen Zuständigkeit dadurch, dass §§ 26, 74b GVG für Jugendschutzsachen im Sinne des § 26 I GVG bei den Amts- und Landgerichten eine Doppelzuständigkeit der allgemein zuständigen Spruchkörper und der Jugendgerichte gemäß § 33 JGG (Jugendrichter, Jugendschöffengericht, Jugendkammer) begründet.

583 Die Zuständigkeit des Schöffengerichts und der Strafkammer wird nicht ausschließlich durch die zu erwartenden Rechtsfolgen bestimmt, sondern §§ 24 I Nr. 3, 74 I 2 GVG enthalten eine **bewegliche Zuständigkeitsregelung**, nach der die Strafkammer für Verfahren, die wegen der konkreten Rechtsfolgenerwartung

---

[2] Siehe dazu OLG Nürnberg, NStZ-RR 1997, 271.
[3] OLG Köln, NStZ-RR 1996, 178 f.; OLG Oldenburg, NStZ 1994, 449 f.; *Fischer*, NJW 1996, 1044 f.; *Katholnigg*, § 25 Rn. 3; *Radtke/Bechtoldt*, GA 2002, 586, 587. A.A. AG Höxter, MDR 1994, 1139 f.; *Fuhse*, NStZ 1995, 165, 166 f., die eine Zuständigkeit des Strafrichters nur bei Sachen von minderer Bedeutung annehmen.
[4] OLG Karlsruhe, wistra 1997, 198.

an sich vor das Schöffengericht gehören, zuständig ist, wenn die Staatsanwaltschaft wegen der **besonderen Bedeutung des Falles** Anklage beim Landgericht erhebt. Um eine Sache von besonderer Bedeutung handelt es sich, wenn sie sich aus tatsächlichen oder rechtlichen Gründen aus der Masse der durchschnittlichen Straftaten nach oben heraushebt, z.B. wegen des Ausmaßes der Rechtsverletzung und der Auswirkungen der Tat[5] oder wegen der grundsätzlichen Bedeutung einer Rechtsfrage, die eine rasche Klärung durch den BGH wünschenswert erscheinen lässt[6].

2. Örtliche Zuständigkeit

Die örtliche Zuständigkeit ist in §§ 7-11 geregelt. §§ 7-9 begründen drei Hauptgerichtsstände, die durch den **Tatort** (§ 7 I), den **Wohnsitz** bzw. den gewöhnlichen Aufenthaltsort des Angeschuldigten (§ 8) und den **Ergreifungsort** (§ 9) begründet werden. Daneben existieren in §§ 7 II, 10, 10a, 11 besondere Regelungen der örtlichen Zuständigkeit für Presseinhaltsdelikte, für Straftaten auf deutschen Schiffen und Flugzeugen, für Umweltstraftaten, die im Bereich des Meeres außerhalb Deutschlands begangen wurden, und für Straftaten deutscher Beamter im Ausland. Bei einer **Zuständigkeitskonkurrenz** mehrerer örtlich zuständiger Strafgerichte ist das Gericht, das die Untersuchung zuerst eröffnet hat, gemäß § 12 I grundsätzlich ausschließlich zuständig. In der Regel wird es sich um das Gericht handeln, das zuerst das Hauptverfahren eröffnet hat.

584

3. Zuständigkeitsregelung durch Geschäftsverteilungsplan

Über die genannten gesetzlichen Regelungen der sachlichen und örtlichen Zuständigkeit hinaus bedarf es einer **internen Verteilung der Strafsachen auf einen konkreten Spruchkörper**, da bei den Gerichten in aller Regel mehrere Spruchkörper desselben „Typs", also mehrere Strafrichter, Schöffengerichte, Strafkammern oder Strafsenate vorhanden sind. Diese Zuweisung erfolgt nicht zufällig, sondern durch einen Geschäftsverteilungsplan (vgl. § 21e GVG), der für ein Jahr im Voraus die Verteilung der Strafsachen nach allgemeinen, abstrakten Kriterien[7], z.B. nach dem Anfangsbuchstaben des Namens des Angeschuldigten, nach dem Bezirk, in dem die Tat begangen wurde oder nach bestimmten Straftatbeständen festlegt. Auch die **personelle Besetzung der einzelnen Spruchkörper** erfolgt vor Beginn des Jahres. Die Berufsrichter werden ebenfalls durch den Geschäftsverteilungsplan bestimmt, die Schöffen durch Auslosung gemäß § 45 GVG.

585

II Die Problematik des gesetzlichen Richters

Die Zuständigkeitsregelungen sind Ausprägungen der in Art. 101 I 2 GG niedergelegten Gewährleistung des gesetzlichen Richters, die § 16 S. 2 GVG in das einfache Gesetz übernommen hat. Dieses vom BVerfG als grundrechtsähnlich bezeich-

586

---

[5] OLG Düsseldorf, NStZ-RR 1997, 115; *Meyer Goßner*, § 24 GVG Rn. 6
[6] BGH, NJW 1997, 2689, 2690.
[7] *Katholnigg*, § 21e Rn. 2.

nete Recht[8] soll der Gefahr vorbeugen, dass die Justiz durch eine Manipulation der Recht sprechenden Organe sachfremden Einflüssen ausgesetzt wird. Es schützt dadurch das Vertrauen der Rechtssuchenden und der Öffentlichkeit in die Unparteilichkeit und Sachlichkeit der Gerichte. Daraus folgt das Gebot, die richterliche Zuständigkeit **gesetzlich so eindeutig wie möglich zu regeln**[9], damit für jedes Verfahren von vornherein feststeht, welches Gericht in welcher personellen Besetzung entscheiden wird.

587 Die nähere Betrachtung der Zuständigkeitsregelungen ergibt, dass sie den strengen Anforderungen des Art. 101 I 2 GG eigentlich nicht genügen. Ein konkretes Strafverfahren gelangt nämlich nicht „automatisch" an ein bestimmtes Gericht, sondern durch die Anklageerhebung der Staatsanwaltschaft. Diese kann einen erheblichen Einfluss darauf nehmen, welches Gericht mit der Sache befasst wird.

> **Beispiel:** A war eines Raubes mit einer Waffe (§ 250 I Nr. 1a StGB) hinreichend verdächtig. Er hatte die Tat im Landgerichtsbezirk X begangen, war im Landgerichtsbezirk Y ergriffen worden und ist wohnhaft im Landgerichtsbezirk Z. Staatsanwalt S erwägt, die Anklage beim Landgericht Y zu erheben.

588 Die h.M.[10] billigt der Staatsanwaltschaft **hinsichtlich der örtlichen Zuständigkeit ein Wahlrecht** zu, bei dessen Ausübung allerdings die Berücksichtigung nicht justizgemäßer, sachfremder Gesichtspunkte verboten sei. Die Anklageerhebung bei dem Landgericht Y ist danach zulässig, wenn sich S nicht von sachwidrigen Erwägungen leiten lässt, z.B. nicht von der Erwartung, dass die Tat vom Landgericht Y voraussichtlich härter bestraft wird als von den Landgerichten X und Z. Die zutreffende Gegenauffassung[11], welche die Vorschriften über die örtlichen Zuständigkeit in §§ 7 ff. für unvereinbar mit Art. 101 I 2 GG hält, hat sich nicht durchsetzen können.

589 Nicht minder problematisch ist die Regelung der **beweglichen Zuständigkeit** in § 24 I Nr. 2, 3 und § 74 I 2 GVG. Nach h.M.[12] genügt auch sie den verfassungsrechtlichen Anforderungen, da der Staatsanwaltschaft kein Auswahlermessen zustehe, sondern es sich bei der besonderen Bedeutung des Falles um einen unbestimmten Rechtsbegriff handele. Die Staatsanwaltschaft habe lediglich die Voraussetzungen festzustellen und sei bei deren Vorliegen zur Anklageerhebung beim Landgericht verpflichtet. Auch bei dieser Sicht ist der Staatsanwaltschaft aber immerhin ein Beurteilungsspielraum einzuräumen, so dass sich eben nicht unmit-

---

[8] BVerfGE 61, 82, 104.
[9] Z.B. BVerfGE 6, 45, 50 f.; 17, 294, 298 f.; 20, 336, 344; 27, 18, 34; 40, 356, 360 f.
[10] BGHSt 10, 391, 392; 21, 212, 215; 247, 249; 26, 374; *Meyer-Goßner*, Vor § 7 Rn. 10; *Lange*, NStZ 1995, 110, 111; *Wendisch*, in: LR[25], Vor § 7 Rn. 20 ff.
[11] *Achenbach*, in: Wassermann-FS, 1985, S. 849, 855 ff.; *Heghmanns*, StV 2000, 277, 278 f.; *Maunz*, in: Maunz/Dürig, Grundgesetz, Art. 101 Rn. 32; *Rudolphi*, in: SKStPO, Vor § 7 Rn. 9. Kritisch auch *Katholnigg* (§ 16 Rn. 5), der die Regelung im Hinblick auf Art. 101 I 2 GG für problematisch und nur zu rechtfertigen hält, weil eine andere sinnvolle Regelung kaum zu finden sei.
[12] BVerfGE 9, 223, 226 ff.; BGHSt 9, 367, 368 f.; *Katholnigg*, § 24 Rn. 5; *Kissel/Mayer*, § 24 Rn. 9; *Meyer-Goßner*, § 24 GVG Rn. 5.

telbar aus dem Gesetz ergibt, welcher Richter in dem konkreten Verfahren entscheidet. An der Unvereinbarkeit mit Art. 101 I 2 GG ändert es nichts, dass gemäß § 209 das Gericht, bei dem die Staatsanwaltschaft die Anklage erhebt, seine Zuständigkeit prüft und gegebenenfalls die Eröffnung vor einem Gericht niedrigerer Ordnung in seinem Bezirk beschließt. Die Strafkammer kann sich also für sachlich unzuständig erklären und das Hauptverfahren vor dem Schöffengericht eröffnen, wenn sie die Sache nicht für besonders bedeutsam hält. Die Bestimmung des gesetzlichen Richters durch ein Gericht widerspricht nämlich ebenfalls Art. 101 I 2 GG. Die Regelung der beweglichen Zuständigkeit genügt somit den verfassungsrechtlichen Vorgaben an sich nicht[13]. Es ist allerdings zuzugeben, dass eine überzeugende Alternative bisher nicht entwickelt wurde. Zumindest die bewegliche örtliche Zuständigkeit ließe sich jedoch beseitigen, wenn sie generell nach dem Tatort bestimmt würde[14], der in der Praxis ohnehin einen Vorrang genießt.

Mit Art. 101 I 2 GG jedenfalls unvereinbar ist es, wenn der **Geschäftsverteilungsplan** die Möglichkeit eröffnet, das konkrete Strafverfahren einem von mehreren Richter zuzuweisen. So liegt es z.B., wenn der spruchkörperinterne Geschäftsverteilungsplan für eine große Strafkammer festlegt, dass in Verfahren, in denen eine Besetzung mit zwei Berufsrichter ausreicht, der eine beisitzende Richter an den Verhandlungen in den geraden, der andere an denen in den ungeraden Kalenderwochen zuständig ist, denn der vorsitzende Richter kann dann durch die Terminierung bestimmen, welcher Beisitzer an dem konkreten Verfahren mitwirkt[15].

590

III Ausschließung und Ablehnung von Gerichtspersonen

Nicht jeder Berufsrichter oder Schöffe, der zu einem Spruchkörper gehört, vor dem Anklage erhoben und später verhandelt wird, darf an dem Verfahren teilnehmen, sondern nur derjenige, der in der Lage ist, eine **unvoreingenommene Entscheidung** zu treffen. §§ 22 ff. legen die Voraussetzungen der Ausschließung kraft Gesetzes und der Ablehnung durch andere Verfahrensbeteiligte fest.

591

1. Ausschließung

§§ 22, 23 schließen einen Richter von der Mitwirkung aus, wenn er als Verletzter, als Ehegatte, Lebenspartner, Vormund oder Betreuer des Beschuldigten oder des Verletzten oder auf Grund einer verwandtschaftlichen oder schwägerlichen Beziehung zu dem Verletzten oder Beschuldigten von der Tat **persönlich betroffen** ist (§ 22 Nr. 1-3), wenn er **zuvor in einer anderen Funktion mit der Sache befasst** war, nämlich als Staatsanwalt, Polizeibeamter, Anwalt des Verletzten, Verteidiger des Beschuldigten oder als Richter in der Vorinstanz (§§ 22 Nr. 4, 23 I), oder wenn er in der Sache **als Zeuge oder Sachverständiger vernommen** worden ist (§ 22 Nr. 5).

592

---

[13] *Herzog*, StV 1993, 609, 610 ff.; kritisch auch *Achenbach*, in: Wassermann-FS, S. 849, 851 ff.; *Roxin*, § 7 Rn. 10 f.; *Ruping*, Rn. 47.
[14] *Achenbach*, in: Wassermann-FS, 849, 856 f.
[15] BGH, NJW 2000, 371 f., mit Besprechung *Roth*, NJW 2000, 3692 ff.

210 Teil III. Das Zwischenverfahren

593 § 30 setzt voraus, dass der von der Mitwirkung ausgeschlossene Richter dem Gericht, dem er angehört, **selbst den Grund anzeigt**. Er kann aber auch **von Amts wegen** ausgeschlossen werden, wenn das Gericht auf anderem Weg von einem Ausschließungsgrund Kenntnis erhält.

594 Schöffen und Urkundsbeamte der Geschäftsstelle sind gemäß § 31 unter den gleichen Voraussetzungen von der Mitwirkung ausgeschlossen wie Berufsrichter.

2. Ablehnung

595 Ein Richter, Schöffe oder Urkundsbeamter kann gemäß §§ 24, 31 von einem Verfahrensbeteiligten sowohl bei Vorliegen eines Ausschließungsgrundes (§§ 22, 23) als auch wegen **Besorgnis der Befangenheit** abgelehnt werden. Besorgnis der Befangenheit ist gemäß § 24 II gegeben, wenn ein Grund vorliegt, der geeignet ist, Misstrauen gegen die Unparteilichkeit eines Richters zu rechtfertigen. Es muss also nicht die Befangenheit festgestellt werden, sondern es genügt, dass der Ablehnende bei verständiger Würdigung des ihm bekannten Sachverhalts Grund zu der Annahme hat, der Richter könne ihm gegenüber nicht unparteilich und unvoreingenommen sein[16]. Es wird also ein individuell-objektiver Maßstab angelegt[17]. Die Besorgnis der Befangenheit kann resultieren aus den persönlichen Verhältnissen des Richters, z.B. aus einer engen freundschaftlichen Beziehung zu dem Beschuldigten oder dem Verletzten, sowie aus Erklärungen oder aus einer Verhandlungsführung[18], die auf eine Voreingenommenheit schließen lassen.

596 Das Ablehnungsgesuch kann gemäß § 24 III 1 von der Staatsanwaltschaft, dem Privatkläger, dem Beschuldigten sowie gemäß § 397 I 2 von dem Nebenkläger gestellt werden. Es genügt die **Glaubhaftmachung des Ablehnungsgrundes** (§ 26 II), d.h., die behaupteten Tatsachen müssen nicht zur vollen Überzeugung des Gerichts bewiesen werden, sondern es reicht aus, dass durch die beigebrachten Beweismittel in einem hinreichenden Maße die Wahrscheinlichkeit ihrer Richtigkeit dargetan wird[19].

597 Ein Ablehnungsgesuch wegen eines Ausschließungsgrundes gemäß §§ 22, 23 kann ohne zeitliche Beschränkungen angebracht werden. Das gilt auch für die Ablehnung wegen Befangenheit im Ermittlungs- und Zwischenverfahren. In der Hauptverhandlung ist das Ablehnungsgesuch wegen Besorgnis der Befangenheit dagegen gemäß § 25 I grundsätzlich bis zum Beginn der Vernehmung des Angeklagten zur Person anzubringen. Danach ist die Ablehnung nur zulässig, wenn der Grund später eingetreten oder bekannt geworden ist und die Ablehnung unverzüglich geltend gemacht wird (§ 25 II).

598 Die Entscheidung über das Ablehnungsgesuch trifft gemäß § 26 I 1 das Gericht, dem der Richter angehört. An der Entscheidung über die Zulässigkeit darf

---

[16] BVerfGE 20, 1, 5; 32, 288, 290; BGHSt 24, 336, 338; OLG Köln, StV 1988, 287, 288.
[17] BGH, NJW 1998, 550; *Rudolphi*, in: SKStPO, § 24 Rn. 7.
[18] Z.B. BGH, wistra 2005, 109 f. (Beanstandung der Ausübung des Fragerechts der Verteidigung in „ungewöhnlich drastischer Weise").
[19] BGH, NStZ 1991, 144; *Pfeiffer*, in: KKStPO, § 26 Rn. 4; *Wendisch*, in: LR[25], § 26 Rn. 18.

der abgelehnte Richter mitwirken (§ 26a II 1), von der Entscheidung über die Begründetheit ist er dagegen gemäß § 27 I ausgeschlossen.

Der Beschluss, durch den die Ablehnung für **begründet** erklärt wird, ist **unanfechtbar**, § 28 I. Wird das Ablehnungsgesuch **im Ermittlungs- oder Zwischenverfahren** als **unzulässig** verworfen oder als **unbegründet** zurückgewiesen, so unterliegt der Beschluss gemäß § 28 II 1 der Anfechtung mit der **sofortigen Beschwerde**. Ergeht der Beschluss nach der Eröffnung des Hauptverfahrens, so kann er gemäß § 28 II 2 nur zusammen mit dem Urteil angefochten werden (*Rn. 940*). 599

Kontrollfragen
1. Welche gerichtlichen Spruchkörper können erstinstanzlich in einem Strafverfahren zuständig sein? (Rn. 580)
2. Was bedeutet der Begriff Geschäftsverteilungsplan? (Rn. 585)
3. Was ist unter Besorgnis der Befangenheit zu verstehen? (Rn. 595)

Literatur

Achenbach, Staatsanwalt und gesetzlicher Richter - ein vergessenes Problem? in: Wassermann-FS (1985), S. 849.

Haller/Janssen, Die Besetzungsreduktion bei erstinstanzlichen Strafkammern, NStZ 2004, 469.

Herzog, Über bewegliche Zuständigkeitsregelungen, instrumentelle Zuständigkeitswahl und das Prinzip des gesetzlichen Richters, StV 1993, 609.

Roth, Gesetzlicher Richter und variable Spruchkörperbesetzung, NJW 2000, 3692.

§ 12 Funktion und Ablauf des Zwischenverfahrens

I Funktion

Das Zwischenverfahren besitzt eine **negative Kontrollfunktion**. Nicht erst die Verurteilung belastet den Angeklagten, sondern schon die Hauptverhandlung kann diskriminierende Wirkungen entfalten, weil sie öffentlich stattfindet. Mancher Angeklagte fürchtet die Hauptverhandlung sogar mehr als das Urteil, weil sie unter Umständen in Anwesenheit von Nachbarn, Bekannten oder Kollegen stattfindet und die Berichterstattung in der örtlichen Tageszeitung, selbst wenn sie ohne Namensnennung erfolgt, häufig erkennen lässt, gegen wen verhandelt wurde. Die Vorschaltung des nichtöffentlichen Zwischenverfahrens schützt den Angeschuldigten – mit Anklageerhebung wird der Beschuldigte gemäß § 157 zum Angeschuldigten –, indem ein Gericht prüft, ob die von der Staatsanwaltschaft ermit- 600 telten Umstände so gravierend sind, dass der Angeschuldigte den diskriminierenden Folgen einer öffentlichen Hauptverhandlung ausgesetzt werden darf.

II Gang des Zwischenverfahrens

601 Die Staatsanwaltschaft beantragt in ihrer Anklageschrift bei dem zuständigen Gericht, das Hauptverfahren zu eröffnen, und legt diesem die Akten vor (§ 199 II). Die Anklageschrift muss in dem sogenannten **Anklagesatz** den Angeschuldigten und die ihm zu Last gelegte Tat bezeichnen (§ 200 I 1). Die möglichst präzise Umgrenzung des Verfahrensgegenstandes in persönlicher, sachlicher und rechtlicher Hinsicht ist erforderlich, weil die Anklageschrift die prozessuale Tat festgelegt, die den Gegenstand der Urteilsfindung bildet (§ 264 I) und für die das rechtskräftige Urteil die Strafklage verbraucht[1] (**Umgrenzungsfunktion**). Der Anklagesatz bildet das Kernstück der Anklageschrift.

> Beispiel:
> Der Universitätsprofessor Dr. Xaver Müßig, geb. am 31.12.1956 in Buxtehude, wohnhaft in Potsdam, Karl-Marx-Str. 19, Deutscher, verheiratet,
>
> wird angeklagt,
> am 24.05.2005
> in Potsdam
>
> durch Fahrlässigkeit die Körperverletzung eines anderen verursacht zu haben.
>
> Am 24.05.2005 gegen 11.10 Uhr überquerte der Angeschuldigte, ohne den Verkehr zu beachten, die August-Bebel-Straße in Potsdam-Babelsberg in Höhe des Hauses Nr. 89 und veranlasste dadurch die Zeugin Beate Schock, die mit ihrem Pkw die August-Bebel-Straße befuhr, ihr Fahrzeug nach links auf die Gegenfahrbahn zu lenken, wo sie mit dem Pkw des Zeugen Rainer Bolt zusammenstieß. Die Zeugin erlitt bei dem Zusammenstoß eine Platzwunde am Knie.
>
> Vergehen der fahrlässigen Körperverletzung, strafbar nach § 229 StGB.

602 Die Anklageschrift dient darüber hinaus auch dazu, den Angeschuldigten durch die Mitteilung der gegen ihn erhobenen Vorwürfe in die Lage zu versetzen, sich sachgerecht zu verteidigen[2] (**Informationsfunktion**). Deshalb sind auch die Beweismittel anzugeben (§ 200 I 2) und – außer bei einer Anklageerhebung beim Strafrichter – das wesentliche Ergebnis der Ermittlungen darzustellen (§ 200 II)[3].

---

[1] BGHSt 40, 390, 391 f.; BGH, NStZ 1995, 297; BayObLG, wistra 1991, 195 f.; OLG Jena, NStZ-RR 1998, 144, 145.
[2] OLG Düsseldorf, NStZ 1997, 109; *Paeffgen*, in: SKStPO, § 200 Rn. 17 f.; *Rieß*, in: LR^{25}, § 200 Rn. 23 f., 27.
[3] Siehe z.B. die bei *Haller/Conzen*, S. 72 ff., und *Kühne*, Rn. 579, abgedruckten Anklageschriften.

Mängel, die ihre Umgrenzungsfunktion betreffen, machen die Anklageschrift 603
unwirksam und führen zur Ablehnung der Eröffnung des Hauptverfahrens[4]. Ausnahmsweise genügt jedoch eine pauschalere Beschreibung der Tat, wenn eine nähere Umgrenzung der Begehungszeit und der Modalitäten nicht möglich ist, z.B., weil es sich um eine länger zurückliegende Tat handelt und nur Tatzeugen zur Verfügung stehen, die zu einer präzisen Konkretisierung nicht in der Lage sind (z.B. sehr junge oder geistig behinderte Kinder)[5]. Erfüllt die Anklageschrift die Informationsaufgabe nicht, so hindert dies nach h.M.[6] die Wirksamkeit grundsätzlich nicht.

Der Vorsitzende des Gerichts übersendet dem Angeschuldigten gemäß § 201 I 604
die Anklageschrift und gibt ihm Gelegenheit, sich innerhalb der festgesetzten Frist zu dem Vorwurf zu äußern und Beweiserhebungen zu beantragen. Dem Angeschuldigten wird dadurch – erneut – **rechtliches Gehör** gewährt. Handelt es sich um einen Fall der notwendigen Verteidigung und hat der Angeschuldigte noch keinen Verteidiger, so bestellt das Gericht ihm nun einen Verteidiger (§ 141 I). Das Gericht kann gemäß § 202 I von sich aus **weitere Beweise erheben**, wenn lediglich einzelne Punkte des Vorwurfs genauer aufgeklärt werden müssen. Bestehen wesentliche Ermittlungslücken, so muss die Staatsanwaltschaft jedoch zur Rücknahme aufgefordert oder die Eröffnung des Hauptverfahrens abgelehnt werden[7].

III Entscheidung des Gerichts

Das Gericht hat drei Möglichkeiten, über die Anklage der Staatsanwaltschaft zu 605
entscheiden. Es kann das Hauptverfahren eröffnen, die Eröffnung ablehnen oder das Verfahren einstellen.

1. Eröffnungsbeschluss

Hält das Gericht den Angeschuldigten nach dem Ergebnis der Ermittlungen der 606
Staatsanwaltschaft und etwaiger eigener Beweiserhebungen für **hinreichend verdächtig**, die ihm vorgeworfene(n) Tat(en) begangen zu haben, d.h., gelangt es bei vorläufiger Tatbewertung zu dem Schluss, dass es den Angeschuldigten wahrscheinlich verurteilen wird[8], so ergeht gemäß § 203 ein Eröffnungsbeschluss. Das Gericht befindet zugleich darüber, ob die Untersuchungshaft oder einstweilige Unterbringung anzuordnen oder aufrechtzuerhalten ist (§ 207 IV).

Da das Gericht gemäß § 206 nicht an die Anträge der Staatsanwaltschaft ge- 607
bunden ist, kann der Beschluss **von der rechtlichen Beurteilung in der Anklage-**

---

[4] BGH, NStZ 1992, 553; NStZ 2005, 282 f.; OLG Düsseldorf, NStZ-RR 1996, 275 f.; *Julius*, in: HKStPO, § 200 Rn. 18.
[5] OLG Bamberg, NJW 1995, 1167, 1168.
[6] BGH, NJW 1996, 1221, 1222; *Fezer*, NStZ 1995, 298; *Meyer-Goßner*, § 200 Rn. 27; *Loos*, in: AKStPO, § 200 Rn. 27. A.A. OLG Düsseldorf, NStZ-RR 1997, 109; OLG Schleswig, StV 1995, 455, 455 f.; LG Dresden, NStZ-RR 1996, 208; *Krause/Thon*, StV 1985, 252, 256.
[7] *Loos*, in: AKStPO, § 202 Rn. 2.
[8] BGHSt 23, 304, 306; BayObLG, NStZ 1983, 123; *Beulke*, Rn. 357; *Meyer-Goßner*, § 203 Rn. 2; *Loos*, in: AKStPO, § 203 Rn. 3; *Roxin*, § 40 Rn. 8.

schrift abweichen (vgl. § 207 II Nr. 3). Hat die Staatsanwaltschaft z.B. Anklage wegen Mordes erhoben, so kann das Gericht das Hauptverfahren wegen Totschlags oder Körperverletzung mit Todesfolge eröffnen. Hat die Staatsanwaltschaft mehrere Taten im prozessualen Sinn angeklagt, hält das Gericht den Angeschuldigten aber nur wegen einzelner Taten für hinreichend verdächtig, so eröffnet es das Hauptverfahren insoweit und lehnt die Eröffnung wegen der anderen Taten ab (vgl. § 207 II Nr. 1). In diesem Fall muss die Staatsanwaltschaft gemäß § 207 III 1 eine neue, dem Eröffnungsbeschluss entsprechende Anklageschrift einreichen. Das Gericht darf das Verfahren aber nicht auf prozessuale Taten erstrecken, die nicht von der Staatsanwaltschaft angeklagt worden sind.

608 Das Gericht eröffnet gemäß § 209 I das Verfahren vor einem Gericht niedrigerer Ordnung in seinem Bezirk, wenn es dessen Zuständigkeit für gegeben hält. Nimmt das Gericht die Zuständigkeit eines Gerichtes höherer Ordnung, zu dessen Bezirk es gehört, an, so legt es diesem Gericht gemäß § 209 II die Akten durch Vermittlung der Staatsanwaltschaft vor.

609 Der **Angeklagte** – nach der Eröffnung des Hauptverfahrens wechselt die gesetzliche Bezeichnung des Beschuldigten erneut, § 157 – besitzt gemäß § 210 I **kein Rechtsmittel** gegen den Eröffnungsbeschluss; ausnahmsweise kann jedoch die Verfassungsbeschwerde zulässig sein[9].

610 Der Eröffnungsbeschluss ist eine **Prozessvoraussetzung** für das Hauptverfahren und die Rechtsmittelinstanzen. Die h.M.[10] lässt jedoch die Nachholung des Eröffnungsbeschlusses in der ersten Instanz zu. Wird das Fehlen des Eröffnungsbeschlusses erst in der Rechtsmittelinstanz entdeckt, so führt dies zur Einstellung des Verfahrens[11].

2. Nichteröffnungsbeschluss

611 Bei **Fehlen des hinreichenden Tatverdachts** ergeht ein Nichteröffnungsbeschluss. Das Gericht muss in dem Beschluß gemäß § 204 I darlegen, ob es die Verurteilungswahrscheinlichkeit aus tatsächlichen Gründen verneint, weil es den Sachverhalt, den die Staatsanwaltschaft dem Angeschuldigten zur Last legt, nicht für erweisbar hält, oder aus Rechtsgründen, weil ein endgültiges Verfahrenshindernis vorliegt oder das angeklagte Verhalten mangels Tatbestandsmäßigkeit oder wegen Eingreifens eines Rechtfertigungs-, Entschuldigungs-, Strafausschließungs- oder Strafaufhebungsgrundes nicht strafbar ist.

612 Der Nichteröffnungsbeschluss kann gemäß § 210 II von der Staatsanwaltschaft und gemäß § 400 II 1 vom Nebenkläger mit der **sofortigen Beschwerde** (§ 311) angefochten werden. Ein unanfechtbarer Beschluss erlangt eine **eingeschränkte Rechtskraft**. Die Klage kann gemäß § 211 nur bei Vorliegen neuer Tatsachen oder

---

[9] BVerfG, StV 2005, 196, 197, mit Anm. *Durth/Kempf* (Verstoß gegen das Doppelbestrafungsverbot).
[10] BGHSt 29, 224, 228; *Seidel*, in: KMR, § 203 Rn. 9; *Rieß*, in: LR^{25}, § 207 Rn. 45; *Tolksdorf*, in: KKStPO, § 207 Rn. 21. A.A. *Beulke*, Rn. 284; *Krey* II, Rn. 107; *Ranft*, Rn. 1374.
[11] BGHSt 33, 167, 168 f.; BGH, NStZ 1981, 448; OLG Zweibrücken, NStZ-RR 1998, 74 f.

Beweismittel, die so erheblich sind, dass sie dem früheren Ablehnungsbeschluss die Grundlage entziehen[12], wieder aufgenommen werden.

3. Einstellungsbeschluss

Während bei Vorliegen eines dauerhaften Verfahrenshindernisses ein Nichteröffnungsbeschluss gemäß § 204 ergeht, führt die Abwesenheit des Angeschuldigten oder ein anderes in seiner Person liegendes **vorübergehendes Verfahrenshindernis** zur vorläufigen Einstellung des Verfahrens gemäß § 205. Nach zutreffender Auffassung ist die Vorschrift auf alle vorübergehenden Prozesshindernisse entsprechend anwendbar[13]. Das gilt z.B., wenn ein Strafantrag nicht gestellt wurde, aber noch nachgeholt werden kann. Die bloße Nichterreichbarkeit eines Beweismittels, z.B. die Verhinderung oder Vernehmungsunfähigkeit eines Zeugen oder Sachverständigen, hindert die Durchführung des Verfahrens dagegen nicht, so dass eine analoge Anwendung des § 205 ausscheidet[14].

613

Darüber hinaus kann das Gericht das Verfahren **aus Opportunitätsgründen einstellen**, wenn die Staatsanwaltschaft und der Angeschuldigte zustimmen (§§ 153 II 1, 153a II 1, 153b II). Einzelne prozessuale Taten kann es auf Antrag der Staatsanwaltschaft gemäß § 154 II einstellen. Die Beschränkung auf einzelne abtrennbare Teile einer Tat oder auf einzelne Gesetzesverletzungen setzt gemäß § 154a II die Zustimmung der Staatsanwaltschaft voraus.

614

Kontrollfragen

1. Was ist unter der negativen Kontrollfunktion des Zwischenverfahrens zu verstehen? (Rn. 600)
2. Welche Entscheidungsmöglichkeiten hat das Gericht im Zwischenverfahren? (Rn. 605)

---

[12] *Meyer-Goßner*, § 211 Rn. 7.
[13] *Beulke*, Rn. 364; *Meyer-Goßner*, § 205 Rn. 8; *Loos*, in: AKStPO, § 205 Rn. 9; *Seidl*, in: KMR, § 205 Rn. 18; *Roxin*, § 40 Rn. 15.
[14] Insofern zutreffend OLG Frankfurt, NStZ 1982, 218; OLG München, NJW 1978, 176; siehe auch *Meyer-Goßner*, § 205 Rn. 8.

Teil IV. Das Hauptverfahren

§ 13 Ablauf des Hauptverfahrens

Im Gegensatz zum Ermittlungsverfahren, dessen Ablauf gesetzlich nur rudimentär geregelt ist und weitgehend durch das taktische Handlungsermessen der Staatsanwaltschaft bestimmt wird, gibt die StPO den Gang des Hauptverfahrens detailliert vor. Das Hauptverfahren besteht aus **zwei Abschnitten**, und zwar aus der **Vorbereitung der Hauptverhandlung**, geregelt in §§ 213-225a, und der **Hauptverhandlung** selbst, geregelt in §§ 226-275.

615

I Vorbereitung der Hauptverhandlung

Die Vorbereitung der Hauptverhandlung liegt vornehmlich in den Händen des Vorsitzenden des Gerichts.

616

Er beraumt gemäß § 213 den **Termin zur Hauptverhandlung** an. Die Terminsbestimmung steht in seinem pflichtgemäßen Ermessen und erfolgt unter Berücksichtigung der relevanten Umstände. Der Angeklagte hat zwar keinen Anspruch auf eine vorherige Terminsabsprache, der Vorsitzende muss aber versuchen, den Termin mit dem Verteidiger abzustimmen, um ihm die Teilnahme an der Hauptverhandlung zu ermöglichen[1]. Strittig ist, ob die Terminsbestimmung durch den Vorsitzenden von dem Angeklagten mit der Beschwerde angefochten werden kann oder ob es sich um eine Entscheidung des erkennenden Gerichts handelt, die der Urteilsfällung vorausgeht und § 305 S. 1 deshalb die Beschwerde ausschließt mit der Folge, dass eine rechtswidrige Terminierung erst im Revisionsverfahren geltend gemacht werden kann[2]. Zumeist handelt es sich um Fälle, in denen der Verteidiger an dem anberaumten Termin verhindert ist und um eine Terminsverlegung ersucht. Da die Bestimmung des Hauptverhandlungstermins in keinem inneren – sachlichen – Zusammenhang mit der Urteilsfällung steht, sondern nur ihrer Vorbereitung dient, ist § 305 S. 1 nach zutreffender Auffassung nicht anwendbar, sodass die Rechtmäßigkeit der Ermessensentscheidung des Vorsitzenden, nicht dagegen deren Zweckmäßigkeit, der Überprüfung im Beschwerdeverfahren unterliegt[3]. Befindet sich der Angeklagte in Untersuchungshaft, so ist im Übrigen auf eine besonders schleunige Terminierung zu achten.

617

---

[1] OLG Frankfurt, NStZ-RR 1997, 272 f.
[2] Zum Streitstand siehe *Kropp*, NStZ 2004, 668 ff., der gegen die überwiegende Auffassung in der Rechtsprechung einen Ausschluss der Beschwerde annimmt.
[3] *Meyer-Goßner*, § 213 Rn. 8, mit umfangreichen Nachweisen der Rechtsprechung.

618 Sodann veranlasst der Vorsitzende die **Ladung der Verfahrensbeteiligten** (§ 214 I); die Staatsanwaltschaft kann gemäß § 214 III weitere Personen unmittelbar laden. Dem Angeklagten muss die Ladung mindestens eine Woche vor dem Hauptverhandlungstermin zugestellt werden, wenn er nicht auf die Einhaltung der Frist verzichtet (§ 217 I, III). Die Ladung eines auf freiem Fuß befindlichen Angeklagten enthält gemäß § 216 I die Warnung, dass im Falle des unentschuldigten Ausbleibens ein Haftbefehl erlassen oder die Vorführung angeordnet wird, um seine Anwesenheit in der Hauptverhandlung sicherzustellen (vgl. § 230 II). Spätestens mit der Ladung wird dem Angeklagten der **Eröffnungsbeschluss zugestellt** (§ 215). Der Verteidiger wird gemäß § 218 ebenfalls von Amts wegen geladen. Die Staatsanwaltschaft erhält keine förmliche Ladung, sondern eine Terminsmitteilung.

619 Das Gericht muss nach § 222 I 1 grundsätzlich der Staatsanwaltschaft und dem Angeklagten die **Namen und Anschriften der Zeugen und Sachverständigen mitteilen**. Dieser Namhaftmachung bedarf es auch dann, wenn die Personen bereits in der Anklageschrift aufgeführt sind[4]. Lädt die Staatsanwaltschaft nach § 214 III weitere Zeugen und Sachverständige, so informiert sie das Gericht und den Angeklagten über die Personalien dieser Personen (§ 222 I 2). Die Verfahrensbeteiligten werden auf diese Weise in die Lage versetzt, rechtzeitig Erkundigungen über die Beweisperson einzuholen[5], z.B. Informationen, aus denen Rückschlüsse auf die Glaubwürdigkeit eines Zeugen gezogen werden können, oder solche über die wissenschaftliche Reputation und die Untersuchungsmethoden eines Sachverständigen. Ausnahmsweise unterbleibt die Mitteilung der Wohnanschrift eines Zeugen, wenn Anlass zu der Besorgnis besteht, d.h. die auf Grund kriminalistischer Anhaltspunkte, kriminologischer Erfahrungen oder der Lebenserfahrung noch nicht näher konkretisierte Gefahr[6], dass der Zeuge oder eine andere Person durch die Angabe der Anschrift gefährdet wird; bei einer Gefahr für Leib, Leben oder Freiheit des Zeugen oder eines Dritten kann sogar die – wahre – Identität des Zeugen geheimgehalten werden (§§ 222 I 3, 200 I 3,4, 68 I 2, II 1).

620 Für die **Herbeischaffung der Beweisgegenstände** ist gemäß § 214 IV 1 grundsätzlich die Staatsanwaltschaft zuständig, doch kann sie auch der Vorsitzende nach §§ 214 IV 2, 221 bewirken.

621 Der Vorsitzende entscheidet gemäß § 219 I über **Anträge des Angeklagten** auf Ladung von weiteren Zeugen oder Sachverständigen und Herbeischaffung weiterer Beweisgegenstände. Der Angeklagte kann die Beweisperson selbst laden, und zwar sowohl im Falle der Ablehnung seines Antrags als auch ohne vorgängigen Antrag (§ 220 I).

622 Stehen der Vernehmung eines Zeugen oder Sachverständigen in der Hauptverhandlung nicht zu beseitigende Hindernisse entgegen oder ist ihm das Erscheinen wegen großer Entfernung nicht zumutbar, so kann das Gericht gemäß § 223 die **kommissarische Vernehmung** durch einen beauftragten oder ersuchten Richter anordnen. Beauftragter Richter ist ein Mitglied des erkennenden Gerichts, ersuch-

---

[1] BGH, StV 1982, 457; OLG Hamm, NJW 1996, 534.
[5] BGHSt 23, 244, 245.
[6] *Lemke*, in: HKStPO, § 68 Rn. 17; *Meyer-Goßner*, § 68 Rn. 12.

ter Richter ein im Wege der Rechtshilfe nach § 157 GVG angegangener Richter am Amtsgericht des Bezirks, in dem die Vernehmung durchgeführt werden soll[7]. Auch die **Einnahme eines richterlichen Augenscheins** kann einem beauftragten oder ersuchten Richter übertragen werden (§ 225).

Findet die erstinstanzliche Hauptverhandlung vor der großen Strafkammer beim Landgericht oder vor dem Strafsenat des Oberlandesgerichts statt, so veranlasst der Vorsitzende die **Mitteilung der Gerichtsbesetzung** an die Staatsanwaltschaft, den Verteidiger und gegebenenfalls den Nebenkläger. In der Regel werden die Beteiligten gemäß § 222a I 2 schon vor der Hauptverhandlung informiert. Die Mitteilung muss spätestens zu Beginn der Hauptverhandlung erfolgen (§ 222a I 1). Die Regelung ist im Zusammenhang mit §§ 222b, 338 Nr. 1 zu sehen. Die vorschriftswidrige Besetzung des Gerichts stellt an sich einen absoluten Revisionsgrund nach § 338 Nr. 1 dar, der zur Aufhebung des Urteils führt, ohne dass es einer inhaltlichen Kontrolle unterzogen wird (*Rn. 910*). In den Fällen der Mitteilung nach § 222a I können die Beteiligten einen Einwand gegen die Gerichtsbesetzung jedoch nur bis zum Beginn der Vernehmung des ersten Angeklagten zur Sache erheben. Wird der Einwand gegen die Besetzung nicht oder nicht rechtzeitig geltend gemacht, so kann die Revision später nicht mehr auf die vorschriftswidrige Besetzung gestützt werden (§ 338 Nr. 1).   623

II Überblick über den Ablauf der Hauptverhandlung

Die Hauptverhandlung beginnt mit dem **Aufruf der Sache** (§ 243 I 1). Der Vorsitzende stellt sodann fest, ob die **geladenen Personen erschienen** und die **Beweismittel herbeigeschafft** worden sind (§ 243 I 2).   624

Nachdem die Zeugen den Sitzungssaal wieder verlassen haben, **vernimmt der Vorsitzende den Angeklagten zur Person** (§ 243 II). Diese Vernehmung soll sich auf die Feststellung der Personalien beschränken. Die Erörterung der Vorstrafen, die in der Praxis bisweilen in diesem Zusammenhang stattfindet, darf frühestens im Rahmen der Vernehmung zur Sache erfolgen (vgl. § 243 IV 3). Sie sollte erst am Ende der Hauptverhandlung vorgenommen werden und nur dann, wenn sich abzeichnet, dass der Angeklagte wahrscheinlich verurteilt werden wird[8].   625

Danach verliest der Staatsanwalt gemäß § 243 III den **Anklagesatz** (*Rn. 601*).   626

Sodann belehrt der Vorsitzende den Angeklagten über sein **Aussageverweigerungsrecht** (§ 243 IV 1). Ist der Angeklagte bereit, sich **zur Sache zu äußern**, so erhält er in der Regel die Gelegenheit, den Sachverhalt zusammenhängend zu schildern[9]. Daran schließen sich Fragen des Vorsitzenden, der übrigen Richter und Schöffen, des Staatsanwalts, des Verteidigers und eventuell des Nebenklägers an (§§ 243 IV, 240).   627

Es folgt gemäß § 244 die **Beweisaufnahme**, die gewissermaßen das Kernstück der Hauptverhandlung bildet. In ihrem Verlauf werden die Zeugen nacheinander vernommen, die Sachverständigen angehört, Beweisgegenstände in Augenschein   628

---
[7] *Weiland*, JuS 1986, 290, 291.
[8] *Meyer-Goßner*, § 243 Rn. 34; *Weiland*, JuS 1986, 290, 291.
[9] Näher dazu *Meyer-Mews*, JR 2003, 361 ff.

genommen, Urkunden und Protokolle verlesen. Die Reihenfolge der Aufnahme der Beweismittel bestimmt der Vorsitzende nach Zweckmäßigkeitsgesichtspunkten. Nach jeder einzelnen Beweiserhebung soll der Angeklagte befragt werden, ob er dazu etwas zu erklären habe (§ 257 I).

629 Hat das Gericht alle Beweise erhoben, so stellt es den **Schluss der Beweisaufnahme** fest. Danach halten die Staatsanwaltschaft, eventuell der Nebenkläger (§ 397 I 3), der Angeklagte und/oder sein Verteidiger ihre **Schlussvorträge** (Plädoyers), in denen sie zu dem Ergebnis der Beweisaufnahme Stellung nehmen und die Festsetzung einer Strafe und/oder Maßregel bzw. die Freisprechung des Angeklagten beantragen (§ 258 I). Der Sitzungsvertreter der Staatsanwaltschaft muss das Gesamtergebnis der Beweisaufnahme in tatsächlicher und rechtlicher Hinsicht würdigen; hält er die Schuld des Angeklagten für erwiesen, so erörtert er die Strafzumessungsgründe und stellt einen konkreten Strafantrag (vgl. Nr. 138 RiStBV).

630 Der Vorsitzende gewährt dem Angeklagten das **letzte Wort**, und zwar auch dann, wenn sein Verteidiger bereits für ihn gesprochen hat (§ 258 II 2. Halbsatz, III).

631 Die **Beratung und Abstimmung** des Gerichts erfolgt nach Maßgabe der §§ 192-197 GVG in geheimer Sitzung.

632 Die Hauptverhandlung schließt mit der **Verkündung des Urteils** (§ 260 I).

III Unterbrechung und Aussetzung der Hauptverhandlung

633 Die Hauptverhandlung soll nach Möglichkeit in einem Zug bis zur Entscheidung durchgeführt werden (**Konzentrationsmaxime**). Verzögerungen lassen sich aber nicht immer vermeiden, z.B. weil Verfahrensbeteiligte, deren Anwesenheit vorgeschrieben ist, wegen einer Erkrankung oder aus sonstigen Gründen verhindert sind, oder weil weitere Beweismittel herbeigeschafft werden müssen. Abhängig von der Dauer der Verzögerung sind Unterbrechung und Aussetzung zu unterscheiden. Diese Unterscheidung erlangt wegen der verschiedenen Konsequenzen Bedeutung. Während die Unterbrechung für den Fortgang des Verfahrens unschädlich ist, d.h. die Hauptverhandlung schlicht fortgesetzt wird, muss im Falle einer Aussetzung die Hauptverhandlung später von neuem begonnen werden (§ 229 IV).

634 Um eine Unterbrechung handelt es sich, wenn die Fortsetzung der Hauptverhandlung **bis zu drei Wochen** verzögert wird (§ 229 I). Unter den Voraussetzungen des § 229 II kann die Hauptverhandlung in umfangreichen Verfahren sogar **bis zu einem Monat** unterbrochen werden. Überschreitet die Verzögerung diese Dauer, so liegt eine Aussetzung vor. Die Frist wahrt nur ein Weiterverhandeln, welches das Verfahren sachlich fördert[10]. Eine Erkrankung des Angeklagten oder einer zur Urteilsfindung berufenen Person (Berufsrichter oder Schöffe) hemmt gemäß § 229 III den Fristablauf für einen Zeitraum bis zu sechs Wochen, wenn die Hauptverhandlung bereits an zehn Tagen stattgefunden hat. Eine entsprechende Anwendung dieser Vorschrift auf Hauptverhandlungsunterbrechungen infolge der Erkrankung

---

[10] BGH, NJW 1996, 3019, 3020; *Roxin*, § 42 Rn. 8.

anderer Verfahrensbeteiligter scheidet aus[11], zumal sich mehrere Staatsanwälte, Verteidiger oder Urkundsbeamte während der Hauptverhandlung ablösen können (*Rn. 639, 644*).

Unterbrechungen bis zu drei Wochen ordnet der Vorsitzende an; in den übrigen Fällen entscheidet das Gericht (§ 228 I). **635**

IV Anwesenheitspflichten

Zur – ununterbrochenen – Gegenwart in der Hauptverhandlung verpflichtet sind gemäß § 226 I die Berufsrichter und – ggf. – die Schöffen, die Staatsanwaltschaft sowie – mit Ausnahme der Hauptverhandlung vor dem Strafrichter (§ 226 II) ein Urkundsbeamter der Geschäftsstelle und gemäß § 231 I grundsätzlich der Angeklagte. Aus § 145 I folgt zudem, dass auch der Verteidiger anwesend sein muss, wenn es sich um einen Fall der notwendigen Verteidigung handelt. **636**

1. Zur Urteilsfindung berufene Personen

Die gerichtliche Entscheidung darf von dem jeweiligen **Spruchkörper nur in der vorgeschriebenen Besetzung** getroffen werden (§ 192 I GVG). Die an der Entscheidung beteiligten Richter und Schöffen müssen an der **gesamten Hauptverhandlung** teilgenommen haben. Fällt ein Richter oder Schöffe z.B. wegen Krankheit für einen so langen Zeitraum aus, dass die Hauptverhandlung ausgesetzt werden muss, oder scheidet er endgültig aus, weil ein Ausschließungs- oder Ablehnungsgrund vorliegt (*Rn. 591, 595*) oder weil er verstirbt, so muss die Hauptverhandlung von vorn beginnen. Um ein solches „Platzen" des Verfahrens zu verhindern, kann der Vorsitzende in länger dauernden Verhandlungen gemäß § 192 II, III GVG **Ergänzungsrichter und Ergänzungsschöffen** hinzuziehen, die der Hauptverhandlung von Beginn an und ununterbrochen beiwohnen, um im Fall des Ausscheidens einer Gerichtsperson diese zu ersetzen. **637**

Es genügt nicht, dass die Richter und Schöffen bloß körperlich anwesend sind, sondern sie müssen auch in der Lage sein, der Hauptverhandlung zu folgen. Das Gericht ist deshalb nicht vorschriftsmäßig besetzt, wenn ein infolge einer geistigen Erkrankung nicht mehr verhandlungs- oder erkenntnisfähiger Richter oder Schöffe mitwirkt. Das gilt auch, wenn eine Gerichtsperson für einen erheblichen Zeitraum geistig abwesend ist, z.B. schläft[12] (*Fallsammlung Rn. 655-661*) oder sich statt der Beweisaufnahme dem Aktenstudium widmet[13]. Unzulässig ist wegen des Mündlichkeitsgrundsatzes (*Rn. 681*) zudem die Mitwirkung eines tauben oder stummen Richters[14]. Nach zutreffender Auffassung[15] darf auch ein blinder Richter an einer **638**

---

[11] BGH, NStZ 1997, 503; die Entscheidung bezieht sich allerdings auf die Erkrankung eines Schöffen; § 229 III war in der damaligen Fassung auf die Erkrankung des Angeklagten beschränkt.
[12] BGHSt 2, 14, 15 f.; 11, 74, 77.
[13] BGH, NJW 1962, 2212; *Temming*, in: HKStPO, § 338 Rn. 4.
[14] BGHSt 35, 164, 165 f.; *Temming*, in: HKStPO, § 338 Rn. 4.
[15] *Fezer*, NStZ 1987, 335, 336; *ders.*, NStZ 1988, 375; *Meyer-Goßner*, § 338 Rn. 11; *Roxin*, § 44 Rn. 31.

strafgerichtlichen Tatsachenverhandlung nicht mitwirken, weil für die Überzeugungsbildung visuelle Eindrücke von maßgeblicher Bedeutung sind. Die Rechtsprechung hat jedoch noch nicht zu einer klaren Linie gefunden[16]. Das BVerfG sieht keinen Verfassungsverstoß, insbesondere keine Verletzung des Art 3 III 2 GG, in der Streichung einer Person von der Schöffenliste wegen mangelnder Sehfähigkeit[17].

2. Staatsanwaltschaft und Verteidigung

639 Die Staatsanwaltschaft und – im Falle einer notwendigen Verteidigung – der Verteidiger (vgl. § 145 I 1) müssen zwar während der gesamten Dauer der Hauptverhandlung vertreten sein. Es ist aber nicht notwendig, dass immer dieselben Personen anwesend sind (§ 227). Mehrere Staatsanwälte und mehrere Verteidiger können sich also bei der Prozessführung ablösen.

3. Angeklagter

640 Die **ununterbrochene Anwesenheit** des Angeklagten ist zwar grundsätzlich erforderlich (§§ 230 I, 231 I), und die Teilnahme kann bei einem unentschuldigten Ausbleiben nach § 230 II mittels Vorführung oder Haftbefehls erzwungen werden. Die StPO enthält aber **zahlreiche Ausnahmen** von diesem Grundsatz.

641 Verfahren, in denen nur geringe Rechtsfolgen zu erwarten sind, können gemäß § 232 ohne den Angeklagten stattfinden, wenn er ordnungsgemäß geladen und auf die Möglichkeit der Verhandlung in seiner Abwesenheit hingewiesen worden ist, sowie gemäß § 233, wenn er auf seinen Antrag von der Verpflichtung zum Erscheinen entbunden wurde.

642 In umfangreichen Verfahren mit mehreren Angeklagten können einzelne Angeklagte – und ihre Verteidiger – nach § 231c durch Gerichtsbeschluss für die Verhandlungsteile beurlaubt werden, von denen sie nicht betroffen sind. Eine vorübergehende Abwesenheit des Angeklagten hindert die Durchführung oder Fortsetzung der Hauptverhandlung darüber hinaus nicht, wenn er sich eigenmächtig aus der Verhandlung entfernt hat und bereits über die Anklage vernommen worden war (§ 231 II), wenn er seine Verhandlungsfähigkeit vorsätzlich und schuldhaft herbeigeführt hat, um die Durch- oder Fortführung der Hauptverhandlung zu verhindern (§ 231a), oder wenn er sich ordnungswidrig benommen hat und deshalb gemäß § 177 GVG aus dem Sitzungszimmer entfernt oder in Haft genommen wird (§ 231b).

---

[16] Ursprünglich hatte der BGH (St 4, 191, 192 ff.; 5, 354, 355) die Mitwirkung in einem Kollegialgericht für zulässig gehalten. Dann neigte er der Auffassung zu, dass ein blinder Richter generell von der strafgerichtlichen Hauptverhandlung ausgeschlossen sei, jedenfalls aber nicht als Vorsitzender in einer erstinstanzlichen Hauptverhandlung fungieren dürfe (BGHSt 34, 236, 238; 35, 164, 170 f.). Nach einer späteren Entscheidung (BGH, StV 1989, 143) ist die Mitwirkung als beisitzender Richter jedoch zulässig. Ein blinder Richter kann Vorsitzender einer Berufungsstrafkammer (OLG Zweibrücken, NStZ 1992, 50 f.) oder Strafvollstreckungskammer sein (OLG Hamburg, NStZ 2000, 616).

[17] BVerfG, NJW 2004, 2150 f., mit ablehnender Bespr. *Reichenbach*, NJW 2004, 3160 ff.

Der Angeklagte kann nach § 247 I zudem von der Vernehmung eines Mitange- 643
klagten oder Zeugen ausgeschlossen werden, wenn zu befürchten ist, d.h., wenn
die konkrete, auf Tatsachen gegründete Erwartung besteht[18], dass die zu vernehmende Person in seiner Anwesenheit nicht wahrheitsgemäß aussagen wird. Der
vorübergehende Ausschluss ist zudem zulässig zum Schutz des körperlichen und
seelischen Wohls eines kindlichen oder jugendlichen Zeugen (§ 247 S. 2) sowie
zum Schutz des Angeklagten, wenn sein Gesundheitszustand und die Behand-
lungsaussichten erörtert werden (§ 247 S. 3).

4. Urkundsbeamter der Geschäftsstelle

Grundsätzlich muss auch ein Urkundsbeamter der Geschäftsstelle (vgl. § 153 644
GVG) während der gesamten Dauer der Hauptverhandlung anwesend sein. Eine
Ausnahme lässt § 226 II nur für die Hauptverhandlung vor dem Strafrichter zu,
der von der Hinzuziehung eines Urkundsbeamten absehen kann[19]. Es muss im
Übrigen nicht derselbe Urkundsbeamte während der gesamten Hauptverhandlung
anwesend sein, sondern es können mehrere Urkundsbeamte nebeneinander oder
nacheinander tätig werden[20].

Kontrollfragen
1. Was ist unter Aussetzung der Hauptverhandlung zu verstehen, und welche Folge hat die Aussetzung? (Rn. 633, 644)
2. Welche Verfahrensbeteiligten müssen – grundsätzlich – an der Hauptver- handlung ununterbrochen teilnehmen? (Rn. 646)

Literatur

Kropp, Zur Überprüfung von Terminsbestimmungen des Vorsitzenden in Strafsa- chen, NStZ 2004, 668.
Meyer-Mews, Die Einlassung und Vernehmung des Angeklagten zur Sache gem. § 243 IV 2 StPO, JR 2003, 361.
Reichenbach, Die Mitwirkung blinder Richter im Strafverfahren, NJW 2004, 3160.
Weiland, Das Hauptverfahren in Strafsachen, JuS 1986, 290, 459, 710.

---

[18] *Julius,* in: HKStPO, § 247 Rn. 2.
[19] Siehe dazu *Fleindl,* JA 2005, 371, 373.
[20] *Meyer-Goßner,* § 226 Rn. 7.

§ 14 Grundsätze der Hauptverhandlung

I Öffentlichkeitsgrundsatz

645 Im Gegensatz zum Ermittlungs- und Zwischenverfahren, die ohne unmittelbare Beteiligung der Öffentlichkeit durchgeführt werden, findet die Hauptverhandlung grundsätzlich öffentlich statt (§ 169 S. 1 GVG). Der Öffentlichkeitsgrundsatz gilt allerdings nur im Verfahren gegen Erwachsene und Heranwachsende (18- bis 20-jährige). Die Hauptverhandlung im **Jugendstrafverfahren** ist dagegen gemäß § 48 I JGG nichtöffentlich, wenn ausschließlich Jugendliche (14- bis 17jährige) angeklagt sind. Wird in derselben Hauptverhandlung gegen Jugendliche und gegen Heranwachsende oder Erwachsene verhandelt (vgl. 103 JGG), so ist die Öffentlichkeit zugelassen, wenn nicht der Ausschluss im Interesse der Erziehung eines jugendlichen Mitangeklagten liegt (§ 48 III JGG).

1. Gewährleistung der Öffentlichkeit

646 Der Grundsatz, dass vor Gericht öffentlich verhandelt wird, geht auf das Gedankengut der Aufklärung zurück[1] und zählt zu den grundlegenden Einrichtungen des Rechtsstaates[2]. Die Beteiligung der Öffentlichkeit ermöglicht die **Kontrolle der Gerichte** durch die Bevölkerung und dient damit der **Festigung des Vertrauens der Allgemeinheit in die Unabhängigkeit der Rechtsprechung**[3]. Im Vordergrund steht somit nicht das Informationsinteresse der Allgemeinheit als solches[4], sondern die Gewährleistung eines rechtsstaatlichen Verfahrens. Das Öffentlichkeitsprinzip ist nicht nur in § 169 S. 1 GVG niedergelegt, sondern auch in Art. 6 I EMRK. Welch hohen Rang das Gesetz diesem Grundsatz beimisst, belegt § 338 Nr. 6, der bei einer Verletzung der Vorschriften über die Öffentlichkeit des Verfahrens die Aufhebung des Urteils zwingend vorschreibt.

647 § 169 S. 1 GVG sieht die Beteiligung der Öffentlichkeit für die Verhandlung vor dem erkennenden Gericht einschließlich der Verkündung der Entscheidungen vor. Im Strafverfahren ist damit die **Hauptverhandlung vom Aufruf der Sache bis zum Ende der Urteilsverkündung** gemeint. Die Vorschrift gilt somit nicht für prozessvorbereitende Maßnahmen, z.B. die Beweisaufnahme vor dem beauftragten oder ersuchten Richter[5], für die Beratung und Abstimmung der Mitglieder des Gerichts (vgl. § 193 I GVG) sowie für selbständige, nicht den Regeln der Hauptverhandlung unterliegende Verfahren wie die mündliche Verhandlung über die Verteidigerausschließung gemäß § 138d[6] und das Verfahren bei Ablehnung eines Richters[7].

---

[1] *Kohlmann*, JA 1981, 581; *Ranft*, Jura 1995, 573.
[2] BGHSt 9, 280, 281.
[3] BGHSt 9, 280, 281 f.; *Ranft*, Rn. 1421; *Roxin*, § 45 Rn. 2; *Schroeder*, Rn. 232.
[4] A.A. *Beulke*, Rn. 376; *Meyer-Goßner*, § 169 GVG Rn. 1.
[5] *Katholnigg*, § 169 Rn. 4.
[6] OLG Stuttgart, NJW 1975, 1696; *Katholnigg*, § 169 Rn. 4; *Kissel/Mayer*, § 169 Rn. 10.
[7] BGH, NJW 1996, 2382.

2. Beschränkung der Medienöffentlichkeit

Aus § 169 S. 2 GVG, der Radio- und Fernsehaufzeichnungen und -übertragungen sowie andere Ton- und Filmaufnahmen zum Zweck der öffentlichen Vorführung untersagt, folgt, dass nur die **unmittelbare Öffentlichkeit**, d.h. die körperliche Anwesenheit von Personen, die an dem Verfahren nicht beteiligt sind, umfassend gewährleistet wird. Die mittelbare Öffentlichkeit unterliegt dagegen erheblichen Beschränkungen. Gestattet ist selbstverständlich die Anwesenheit von Journalisten, die ihre Wahrnehmungen mündlich und schriftlich verbreiten können, und die Anfertigung und Publizierung von Zeichnungen der Beteiligten. Das Gericht darf missliebige Journalisten, die nach seiner Auffassung nicht „objektiv" berichten, nicht von der Verhandlung ausschließen[8]. Das Fotografieren in der Hauptverhandlung verbietet § 169 S. 2 GVG nicht, doch wird der Vorsitzende es in der Regel wegen der störenden Auswirkungen („Blitzlichtgewitter") nach § 176 GVG untersagen[9]. Ton- und Filmaufnahmen für Zwecke des Verfahrens (z.B. als Gedächtnisstütze bei der Verhandlungsleitung, für die Urteilsabsetzung oder für die Vorbereitung der Plädoyers) sind im Übrigen zulässig, wenn sie vor Missbrauch gesichert werden[10].

648

§ 169 S. 2 GVG verbietet Ton-, Film- und Fernsehaufnahmen nur während der eigentlichen Hauptverhandlung, nicht dagegen vor und nach der Verhandlung sowie in den Sitzungspausen. Der Vorsitzende kann zwar Beschränkungen zur Aufrechterhaltung der Ordnung nach § 176 GVG verfügen. Nach Auffassung des BVerfG hat er aber die Presse- und Rundfunkfreiheit (Art. 5 I 2 GG) und den Verhältnismäßigkeitsgrundsatz zu beachten. Besteht ein gesteigertes Informationsinteresse der Allgemeinheit an dem Verfahren, so dürfen Aufnahmen im Gerichtsgebäude und im Sitzungssaal danach nicht völlig verboten werden, sondern es ist zumindest ein Kamerateam zuzulassen, das sich verpflichtet, anderen Interessenten die Aufnahmen zugänglich zu machen („Pool-Lösung")[11].

649

Darüber hinaus wird die Forderung erhoben, **Fernsehaufnahmen in der Hauptverhandlung** zuzulassen. Auf die von einem Fernsehsender erhobene Verfassungsbeschwerde gegen das Verbot von Fernsehaufnahmen in der strafrechtlichen Hauptverhandlung hat das BVerfG jedoch festgestellt, dass weder die Informationsfreiheit (Art. 5 I 1 GG) noch die Rundfunkfreiheit (Art. 5 I 2 GG) eine Zulassung von Fernsehaufnahmen in Gerichtsverhandlungen gebietet, § 169 S. 2 GVG somit verfassungsgemäß ist[12]. Die Abschaffung des § 169 S. 2 GVG wird im

650

---

[8] BVerfGE 50, 234, 242 f.
[9] *Beulke*, Rn. 379; *Diemer*, in: KKStPO, § 169 GVG Rn. 13.
[10] *Meyer-Goßner*, § 169 GVG Rn. 11 f.
[11] BVerfG, NStZ 1995, 40, 41 f.; zustimmend *Scholz*, NStZ 1995, 42 f. Ablehnend *Ranft*, Rn. 1441; *ders.*, Jura 1995, 573, 580 f.; *Wolf*, ZRP 1994, 187, 191 f.
[12] BVerfGE 103, 44, 59 ff. Es handelt sich allerdings um eine Mehrheitsentscheidung; siehe aber auch die Begründung der abweichenden Meinung, BVerfGE 103, 44, 72 ff.

Übrigen zu Recht fast einhellig abgelehnt[13]. Die Durchführung einer Hauptverhandlung „vor laufender Kamera" kann die richterliche Unabhängigkeit ernsthaft gefährden, weil der – ohnehin vorhandene – Druck der Medienöffentlichkeit erheblich verstärkt würde und das Gericht veranlassen könnte, den Vorurteilen und Erwartungen nachzugeben. Zu befürchten ist zudem, dass der Angeklagte und die Zeugen ihr Aussageverhalten der theatralischen Situation anpassen, wodurch der Beweiswert ihrer Bekundungen gemindert würde. Vor allem ist das Verbot von Ton-, Film- und Fernsehaufnahmen in der Verhandlung aber unverzichtbar zum Schutz des Persönlichkeitsrechts der Verfahrensbeteiligten, insbesondere des Angeklagten und der Zeugen. Da sie an der Verhandlung nicht freiwillig teilnehmen, wären sie bei einer Zulassung von Bild- und Tonaufnahmen gezwungen, deren Verbreitung hinzunehmen. Der Staat würde die Betroffenen dadurch quasi öffentlich zur Schau stellen. – *Fallsammlung, Rn. 390-40.* –

3. Sonstige Schranken der Öffentlichkeit

651   Grundsätzlich müssen zwar alle am Verfahren nicht beteiligten Personen die Möglichkeit haben, anwesend zu sein. Zulässig sind jedoch Beschränkungen der Zuschauerzahl auf Grund der räumlichen Kapazitäten und die Anordnung von Maßnahmen zur Aufrechterhaltung der Ordnung (vgl. § 176 GVG) und der Sicherheit, z.B. Ausweiskontrollen[14] und sogar körperliche Durchsuchungen[15], selbst wenn sich einzelne Personen dadurch von einem Besuch der Verhandlung abhalten lassen sollten. – *Fallsammlung, Rn. 619 f.* –

4. Ausschließung der Öffentlichkeit und einzelner Personen

(a) Ausschluss der gesamten Öffentlichkeit

652   §§ 171a, 171b, 172 GVG eröffnen Möglichkeiten, die gesamte Öffentlichkeit für die ganze Hauptverhandlung oder für einen Teil davon auszuschließen. Es handelt sich um einen abschließenden Katalog der Ausschließungsgründe, sodass eine Erweiterung durch richterliche Rechtsschöpfung unzulässig ist[16]. Einzelnen Personen kann die Anwesenheit in einer nichtöffentlichen Verhandlung vom Gericht gestattet werden (§ 175 II 1 GVG); dem Verletzten soll sie sogar erlaubt werden (§ 175 II 2 GVG). Die Urteilsverkündung ist gemäß § 173 I GVG öffentlich, doch können die Urteilsgründe insgesamt oder ein Teil davon bei Vorliegen der Voraussetzungen der §§ 171b, 172 GVG unter Ausschluss der Öffentlichkeit verkündet

---

[13] Z.B. *Enders*, NJW 1996, 2712 ff.; *Ernst*, NJW 2001, 1624 ff.; *Huff*, NJW 1996, 571 ff.; NJW 2001, 1622 f.; *Lehr*, NStZ 2001, 63, 65 f.; *Ranft*, Jura 1995, 573, 576 ff.; *Wolf*, NJW 1994, 681 ff.; ders., ZRP 1994, 187, 188 ff. A.A. *Dieckmann*, NJW 2001, 2451 f.; *Zuck*, NJW 2001, 1623 f. Differenzierend *Gerhard*, ZRP 1993, 377, 381, der zwar während der Beweisaufnahme Fernsehaufnahmen ablehnt, diese aber bei den Plädoyers und der Urteilsverkündung zulassen will. Zu den verschiedenen Aspekten des Einflusses der Berichterstattung in den Medien auf das Stafverfahren siehe die Beilage zu StV 2005, 166 ff.
[14] BGHSt 27, 13, 16.
[15] BVerfGE 48, 118, 123.
[16] *Kohlmann*, JA 1981, 581, 584 f.

werden, § 173 II GVG. Die Verkündung des Urteilstenors erfolgt aber auch in diesen Fällen öffentlich.

§ 171a GVG gestattet den Ausschluss der Öffentlichkeit, wenn über die **Unterbringung des Beschuldigten in einem psychiatrischen Krankenhaus** (§ 63 StGB) oder **in einer Entziehungsanstalt** (§ 64 StGB) verhandelt wird. Da in diesen Fällen nicht die Verhängung einer Strafe, sondern einer Maßregel gegen einen vermutlich schuldunfähigen Täter in Betracht kommt, bedarf der Betroffene eines besonderen Schutzes seiner Persönlichkeitssphäre. 653

Der Ausschluss der Öffentlichkeit nach § 171b GVG dient dem Schutz der Prozessbeteiligten, insbesondere der Zeugen und des Verletzten, die **Umstände aus ihrem persönlichen Lebensbereich** offenbaren müssen. Dadurch werden z.B. Opfer von Sexualstraftaten davor bewahrt, die Tat vor dem gesamten Publikum schildern zu müssen. Eine öffentliche Erörterung dieser Umstände findet nur bei einem überwiegenden Interesse statt. 654

§ 172 GVG enthält darüber hinaus einen Katalog weiterer Gründe, die den Ausschluss der Öffentlichkeit zulassen. § 172 Nr. 1 GVG schützt vorrangige **Interessen der Allgemeinheit**, nämlich die Staatssicherheit (z.B. in Spionageprozessen), die öffentliche Ordnung (z.B. bei der Erörterung von geheimhaltungsbedürftigen Maßnahmen oder Einrichtungen zur Verhütung oder Aufklärung von Straftaten) und die Sittlichkeit (wenn die Erörterung das Scham- und Sittlichkeitsgefühl verletzt). § 172 Nr. 1a-4 GVG dient dagegen dem Schutz von **Einzelinteressen**, und zwar des Lebens, der körperlichen Unversehrtheit oder der Freiheit eines Zeugen oder einer anderen Person, die bei wahrheitsgemäßer Aussage in öffentlicher Verhandlung gefährdet wäre (Nr. 1a), des Interesses an der Geheimhaltung von Geschäfts-, Betriebs-, Erfindungs-, Steuer- und Privatgeheimnissen (Nr. 2, 3) sowie der Persönlichkeit des jungen Zeugen, für den das Auftreten vor Gericht eine besondere Belastung darstellen kann (Nr. 4). Mit dem Ausschluss der Öffentlichkeit wegen Gefährdung der Staatssicherheit tritt gemäß § 174 II GVG ein **Verbot öffentlicher Berichte** über die Verhandlung und den Inhalt eines die Sache betreffenden amtlichen Schriftstücks ein; die Missachtung dieses Verbots ist strafbar (§ 353d Nr. 1 StGB). Wurde die Öffentlichkeit wegen Gefährdung der Staatssicherheit oder nach §§ 171b, 172 Nr. 2 und 3 GVG ausgeschlossen, so kann das Gericht den Beteiligten ein **Schweigegebot** nach § 174 III GVG auferlegen, dessen Verletzung ebenfalls mit Strafe bedroht ist (§ 353d Nr. 2 StGB). 655

Die Entscheidung über den Ausschluss steht grundsätzlich im **Ermessen des Gerichts**. Der Betroffene kann jedoch im Anwendungsbereich des § 171b GVG den Ausschluss verhindern, wenn er ihm widerspricht (§ 171b I 2 GVG), bzw. herbeiführen, wenn er bei Vorliegen der Voraussetzungen den Ausschluss beantragt (§ 171b II GVG). 656

(b) Ausschließung einzelner Personen

„Unerwachsenen" Personen und Zuschauern, deren Erscheinung die Würde des Gerichts verletzt (z.B. Angetrunkene, Verwahrloste, anstößig Be- bzw. Entkleidete), kann der Vorsitzende den Zutritt gemäß § 175 I GVG verweigern. Darüber hinaus können Personen, die den Anordnungen, die das Gericht zur Aufrechterhaltung der Ordnung getroffen hat, nicht Folge leisten, aus dem Verhandlungsraum 657 entfernt und sogar für höchstens einen Tag in Ordnungshaft genommen werden (§ 177 GVG). Bei einem ungebührlichen Verhalten kann ein Ordnungsgeld oder Ordnungshaft bis zu einer Woche festgesetzt und sofort vollstreckt werden (§ 178 GVG).

Kontrollfragen
1. Für welche Phase des Strafverfahrens gilt der Öffentlichkeitsgrundsatz? (Rn. 647)
2. Sind Rundfunk- oder Fernsehübertragungen der Hauptverhandlung zulässig? (Rn. 648)
3. Kann die Öffentlichkeit während der Hauptverhandlung ausgeschlossen werden? (Rn. 652 ff.)

Literatur

Kohlmann, Die öffentliche Hauptverhandlung – überflüssig, zweckmäßig oder geboten? JA 1981, 581.
Lehr, Bildberichterstattung der Medien über Strafverfahren, NStZ 2001, 63.
Ranft, Verfahrensöffentlichkeit und „Medienöffentlichkeit" im Strafprozeß, Jura 1995, 573.
Wolf, Gerichtsberichterstattung – künftig „live" im Fernsehen? ZRP 1994, 187.

II Unmittelbarkeit und Mündlichkeit

658   Das Gericht darf das Urteil grundsätzlich nur auf Tatsachen stützen, die es in der Hauptverhandlung **selbst festgestellt** und **mündlich erörtert** hat. Die Grundsätze der Unmittelbarkeit und Mündlichkeit ergänzen sich. Sie stellen sicher, dass die gerichtliche Entscheidung auf einer verlässlichen Grundlage beruht und frei von Vorwissen bzw. Vorurteilen der Richter bleibt, alle Verfahrensbeteiligten über denselben Kenntnisstand verfügen und die Öffentlichkeit ihre Kontrollfunktion ausüben kann.

1. Ausprägungen des Unmittelbarkeitsgrundsatzes

(a) Formelle Unmittelbarkeit

659   Als formelle Unmittelbarkeit wird der Grundsatz bezeichnet, dass die Entscheidung ausschließlich auf Wahrnehmungen beruhen darf, die das Gericht in der Hauptverhandlung selbst getroffen hat[17]. Das Gesetz bringt dies in zwei Vorschriften zum Ausdruck, und zwar zum einen in § 264 I, nach dem Gegenstand der Urteilsfindung die angeklagte Tat ist, wie sie sich nach dem **Ergebnis der Ver-**

---

[17] *Dedes,* Mangakis-FS, S. 471, 472; *Geppert,* Jura 1991, 538, 541; *Lesch,* JA 1995, 691; *Roxin,* § 44 Rn. 2.

handlung darstellt, und zum anderen in § 261, der bestimmt, dass der Richter das Urteil nur aus dem **Inbegriff der Verhandlung** fällen darf. Die Entscheidung darf somit nicht auf Erkenntnisquellen außerhalb der Hauptverhandlung gestützt werden. Das gilt insbesondere für Informationen, die in der Strafakte niedergelegt sind, deren Richtigkeit sich in der Hauptverhandlung aber nicht erweisen lässt.

Den Berufsrichtern ist der **Inhalt der Strafakte** allerdings bereits aus dem Zwischenverfahren bekannt, und der Vorsitzende muss den Akteninhalt sogar genauestens kennen, weil dies für eine sachgerechte Verhandlungsführung erforderlich ist. Bei den Berufsrichtern kann jedoch auf Grund ihrer Vorbildung unterstellt werden, dass sie sich von diesem Wissen frei machen und ihrer Entscheidung allein die in der Hauptverhandlung zutage getretenen Umstände zugrunde legen. Strittig ist, ob den Schöffen, die den Akteninhalt nicht kennen, da sie an der Entscheidung über die Eröffnung des Hauptverfahrens nicht beteiligt waren (*Rn. 579*), die Strafakten oder Teile daraus zur Kenntnis gebracht werden dürfen. - *Fallsammlung, Rn. 668-675.* -

660

Beispiel: In der Hauptverhandlung wegen Betäubungsmittelstraftaten wurden umfangreiche fremdsprachige Tonbandaufnahmen, die bei einer Telefonüberwachung nach § 100a hergestellt worden waren, abgespielt und anschließend von einem Dolmetscher übersetzt. Da die Schöffen geäußert hatten, dass sie dem Wortwechsel nicht folgen konnten, händigte der Strafkammervorsitzende den Schöffen Kopien der in den Akten enthaltenen Aufzeichnungsprotokolle zur Nachbereitung der bereits abgespielten und zum Mitlesen der an den folgenden Verhandlungstagen noch abzuspielenden Aufnahmen aus. Die Protokolle enthielten neben den Übersetzungen des Gesprächsinhalts u.a. erläuternde Anmerkungen, Hervorhebungen wichtiger Passagen und Bearbeitungszusätze der Berufsrichter. Die Zusätze usw. wurden später zum Gegenstand der Verhandlung gemacht.

Die Rechtsprechung vertrat ursprünglich die Auffassung, dass den Schöffen der Akteninhalt nicht zur Kenntnis gegeben werden darf, da bei ihnen – anders als bei den Berufsrichtern – nicht die Gewähr gegeben sei, dass sie Akteninhalt und Ergebnis der Beweisaufnahme auseinanderhalten können[18]. Die Entscheidungen betreffen allerdings nur Fälle, in denen den Schöffen das von der Staatsanwaltschaft erstellte wesentliche Ergebnis der Ermittlung zugänglich gemacht worden war. Die h.M. in der Literatur[19] lehnt diese Sicht zu Recht ab, da die Schöffen gemäß § 30 GVG den Berufsrichtern grundsätzlich gleichgestellt sind. Die Gewährung von Akteneinsicht ist deshalb generell zulässig, sie kann sogar im Einzelfall geboten sein, um den Schöffen eine sachlich fundierte Entscheidung zu ermöglichen. Der BGH[20] neigt neuerdings dieser Auffassung zu. Er hat zwar offen gelassen, ob die Schöffen zulässigerweise vom wesentlichen Ergebnis der Ermitt-

661

---

[18] RGSt 69, 120, 124; BGHSt 13, 73, 74 f. Zustimmend *Beulke*, Rn. 408; *Lesch*, JA 1995, 691, 692; *Ranft*, Jura 1995, 573, 577; *Eb. Schmidt*, JR 1961, 31.
[19] *Hanack*, JZ 1972, 314 f; *Hannich*, in: KKStPO, § 30 GVG Rn. 2; *Meyer-Goßner*, § 30 GVG Rn. 2; *Terhorst*, MDR 1988, 809 ff.; *Volk*, Dünnebier-FS, S. 373, 382 f.
[20] BGHSt 43, 36, 39 ff., mit zustimmender Anm. *Katholnigg*, NStZ 1997, 507 f.; ebenso BGH, NJW 1998, 1163, 1164 f.

lungen Kenntnis nehmen dürfen, die Überlassung einzelner Teile der Akte zum besseren Verständnis der Beweisaufnahme verletzt den Unmittelbarkeitsgrundsatz aber nicht. Er hat in unserem Fall deshalb zu Recht nicht beanstandet, dass der Vorsitzende den Schöffen die übersetzten Mitschriften der abgehörten Telefongespräche überließ.

(b) Materielle Unmittelbarkeit

662 Eine weitere Konsequenz des Unmittelbarkeitsgrundsatzes besteht darin, dass sich die Beweisaufnahme grundsätzlich nicht auf Beweissurrogate beschränken darf, sondern die Beweismittel herangezogen werden müssen, die der **Beweistatsache am nächsten** sind (sog. materielle Unmittelbarkeit)[21]. Deshalb bestimmt § 250, dass dann, wenn der Beweis einer Tatsache auf der Wahrnehmung einer Person beruht, diese Person, also der Zeuge, zu vernehmen ist und seine Vernehmung nicht durch die Verlesung eines Protokolls über seine frühere Vernehmung ersetzt werden darf. Entsprechendes gilt nach zutreffender Auffassung[22] auch für die Vernehmung eines **„Zeugen vom Hörensagen"**. Dies ist ein Zeuge, der nicht über die Wahrnehmung der Beweistatsache selbst berichtet, sondern darüber, was der unmittelbare Zeuge ihm darüber mitgeteilt hat. Die Vernehmung eines Zeugen vom Hörensagen ist zwar nicht generell unzulässig[23], der unmittelbare Zeuge muss aber dann vernommen werden, wenn er erreichbar ist[24]. Die h.M.[25] vertritt zwar den Standpunkt, dass § 250 lediglich das Verbot enthalte, den Personal- durch einen Sachbeweis zu ersetzen, nicht dagegen das Gebot, grundsätzlich das sachnähere Beweismittel zu benutzen. Im Ergebnis gelangt sie aber ebenfalls zu einem Vorrang des unmittelbaren Zeugen, da die Amtsaufklärungspflicht (§ 244 II) die Benutzung des zuverlässigsten Beweismittels – und das ist in der Regel der unmittelbare Zeuge – gebiete. – *Fallsammlung, Rn. 526-529.* –

2. Scheinbare und echte Durchbrechungen des Unmittelbarkeitsgrundsatzes

663 Der Grundsatz der formellen Unmittelbarkeit gilt ohne Einschränkungen. Dem widerspricht es nur scheinbar, dass der Richter u.U. auch privates oder in einer anderen Sache dienstlich in Erfahrung gebrachtes Wissen über Tatsachen bei seiner Entscheidung berücksichtigen darf.

> **Beispiel**: D war wegen Volksverhetzung, übler Nachrede, Verunglimpfung des Andenkens Verstorbener und Aufstachelung zum Rassenhass angeklagt. Der Anklage lag zugrunde, dass D auf einer von ihm geplanten und organisierten Vortragsveranstaltung mit L dessen in englischer Sprache gehaltenen Vortrag übersetzte. In diesem Vortrag behauptete L, es habe keine Massenvergasungen von Juden in den Konzentrationsla-

---

[21] *Beulke*, Rn. 24; ders., in: Gollwitzer-Kolloquium, S. 1; *Kühne*, Rn. 914.
[22] *Gollwitzer*, in: LR[25], § 250 Rn. 24; *Grünwald*, JZ 1966, 489, 493 Fn. 42; *Peters*, § 39 II.
[23] BGHSt 17, 382, 383 ff.; 29, 390, 391; 36, 159, 162; *Detter*, NStZ 2003, 1 ff.; *Geppert*, Jura 1991, 538, 541; *Meyer-Goßner*, § 250 Rn. 3 ff. A.A. *Schünemann*, in: Meyer-Goßner-FS, S. 385, 400 ff.; *Seebode/Sydow*, JZ 1980, 506.
[24] BGH, StraFo 2002, 353; StV 2003, 485; OLG Brandenburg, NStZ 2002, 611 ff.
[25] BGHSt (GS) 32, 115, 123; BGH, NStZ 2004, 50 *Dölling*, in: AKStPO, § 250 Rn. 16; *Geppert*, Jura 1991, 538, 541 ff.; *Paulus*, in: KMR, § 244 Rn. 190; *Volk*, § 27 Rn. 1, 28.

gern gegeben. Die Strafkammer lehnte einen Beweisantrag des Angeklagten auf Vernehmung eines Sachverständigen ab, der zu dem Massenmord Stellung nehmen sollte, und legte seinem Urteil die Tatsache der systematischen Judenvernichtung zugrunde.

Entscheidungserhebliche Tatsachen und Erfahrungssätze, die allgemein bekannt sind oder über die sich jedermann ohne Fachkenntnisse zuverlässig informieren kann (sog. **allgemeinkundige Tatsachen**)[26], bedürfen keines Beweises und müssen in der Hauptverhandlung nur erörtert werden, wenn die Kenntnis nicht selbstverständlich ist[27]. Allgemeinkundig sind z.b. Naturvorgänge, geographische Gegebenheiten und historisch unstreitige Ereignisse. Einem Beweisantrag, der darauf gerichtet ist, die Richtigkeit der als allgemeinkundig behandelten Tatsache in Frage zu stellen, muss nur nachgegangen werden, wenn die Begründung Anlass zu vernünftigen Zweifeln gibt[28]. Da die historische Tatsache der Judenvernichtung vernünftigerweise nicht bezweifelt werden kann, durfte die Strafkammer ihre Entscheidung deshalb darauf stützen, ohne darüber Beweis zu erheben. – *Fallsammlung Rn. 408-412.* –

664

Kenntnisse, die der Richter in dienstlicher Funktion zuverlässig in Erfahrung gebracht hat (sog. **gerichtskundige Tatsachen**), sind nach h.M.[29] ebenfalls nicht beweisbedürftig. Das Gericht muss sie aber zum Gegenstand der Verhandlung machen[30], da eine Kenntnis der übrigen Verfahrensbeteiligten nicht vorausgesetzt werden kann. Die Allgemein- und Gerichtskundigkeit beschränkt sich im Übrigen auf mittelbar beweiserhebliche Tatsachen, insbesondere auf Hintergrundinformationen[31]. Hat der Richter privat Kenntnis von Tatsachen erlangt, die den Tatvorwurf unmittelbar betreffen, so ist sein Wissen durch seine Vernehmung als Zeuge in die Hauptverhandlung einzuführen[32]. Seine weitere Mitwirkung als Richter ist dann gemäß § 22 Nr. 5 allerdings ausgeschlossen.

665

Der Grundsatz der materiellen Unmittelbarkeit unterliegt dagegen einigen Einschränkungen.

666

Generell zulässig ist gemäß § 256 I die **Verlesung** der dort genannten behördlichen Zeugnisse, Gutachten, ärztlichen Atteste und Berichte sowie Protokolle und Urkunden der Strafverfolgungsbehörden über Ermittlungshandlungen **außer Vernehmungen**. Der Katalog der verlesbaren Erklärungen wurde 2004 durch das 1. Justizmodernisierungsgesetz (1. JuMoG) erheblich erweitert[33].

667

---

[26] BVerfGE 10, 177, 183; BGHSt 26, 56, 59; *Beulke*, Rn. 404; *Ranft*, Rn. 1560; *Roxin*, § 24 Rn. 9.
[27] BGHSt 40, 97, 99; BGH, NJW 2002, 2115, mit Anm. *Stegbauer*, JR 2003, 72 ff.; *Julius*, in: HKStPO, § 261 Rn. 6; *Meyer-Goßner*, § 244 Rn. 51; *Roxin*, § 24 Rn. 11.
[28] *Eisenberg*, Rn. 17; *Herdegen*, in: KKStPO, § 244 Rn. 69; *Schlüchter*, in: SKStPO, § 244 Rn. 92.
[29] BGHSt 6, 292, 295 f.; *Beulke*, Rn. 404. A.A. *Grünwald*, Das Beweisrecht der Strafprozeßordnung, 1993, S. 93 f. Differenzierend *Eisenberg*, Rn. 24 ff.
[30] BGH, NStZ 1995, 246 f.; NStZ 1998, 98 f.
[31] *Meyer-Goßner*, § 244 Rn. 52; *Ranft*, Rn. 1562.
[32] Vgl. *Roxin*, § 24 Rn. 10.
[33] Näher dazu *Fleindl*, JA 2005, 371, 373 ff.

668 § 251 I gestattet die **Verlesung eines Protokolls über eine frühere – polizeiliche, staatsanwaltschaftliche oder richterliche – Vernehmung** eines Zeugen, Sachverständigen oder Mitbeschuldigten sowie einer **Urkunde, die eine von diesen Personen stammende Erklärung enthält**, wenn der Angeklagte einen Verteidiger hat und Staatsanwalt, Verteidiger und Angeklagter mit der Verlesung einverstanden sind (Nr. 1), wenn der Vernommene bzw. Erklärende verstorben ist oder aus einem anderen Grund in absehbarer Zeit gerichtlich nicht vernommen werden kann (Nr. 2) sowie wenn die Niederschrift oder Urkunde das Vorliegen oder die Höhe eines Vermögensschadens betrifft (Nr. 3). Nach § 251 II kann ein **früheres richterliches Protokoll auch** verlesen werden, wenn dem Erscheinen des Zeugen, Sachverständigen oder Mitbeschuldigten in der Hauptverhandlung für eine längere oder ungewisse Zeit Krankheit, Gebrechlichkeit oder andere nicht zu beseitigende Hindernisse, z.B. die Weigerung eines im Ausland befindlichen Zeugen[34], entgegenstehen (Nr. 1), wenn dem Zeugen oder Sachverständigen das Erscheinen in der Hauptverhandlung wegen großer Entfernung nicht zugemutet werden kann (Nr. 2) oder wenn der Staatsanwalt, der Verteidiger und der Angeklagte mit der Verlesung einverstanden sind (Nr. 3). Ohne Einschränkungen dürfen Vernehmungsniederschriften, Urkunden und andere als Beweismittel dienende Schriftstücke verlesen werden, wenn die Verlesung nicht unmittelbar der Urteilsfindung, sondern anderen Zwecken dient (§ 251 III).

669 § 252 verbietet die Verlesung einer Vernehmungsniederschrift, wenn sich der Zeuge erst in der Hauptverhandlung auf ein **Aussageverweigerungsrecht** nach §§ 52 ff. beruft. Die Vorschrift gilt sowohl für richterliche als auch für nichtrichterliche Vernehmungen unabhängig davon, ob der Zeuge die Aussage in dem anhängigen oder einem früheren Strafverfahren oder in einem anderen Verfahren gemacht hat[35]. Das Beweisverbot des § 252 unterliegt nicht der Verfügung der Verfahrensbeteiligten, sodass eine Verlesung des Vernehmungsprotokolls auch dann unzulässig ist, wenn alle Verfahrensbeteiligten damit einverstanden sind[36]. Der Inhalt der Vernehmung darf grundsätzlich auch nicht durch die Vernehmung der Verhörsperson in das Verfahren eingeführt werden[37]. § 252 enthält somit – über das Verlesungsverbot hinaus – ein **Verwertungsverbot der früheren Aussage**[38].

670 Die Reichweite dieses Verlesungs- und Verwertungsverbotes ist im Einzelnen jedoch heftig umstritten. Die h.M.[39] lässt die **Vernehmung richterlicher Verhörspersonen** zu, wenn der Zeuge bereits bei der früheren Vernehmung zur Verweigerung des Zeugnisses berechtigt war und nach ordnungsgemäßer Belehrung

---

[34] BGHSt 32, 68, 73 ff.; *Meyer-Goßner*, § 251 Rn. 7.
[35] BGHSt 36, 384, 386 f.; *Geerds*, JuS 1991, 199 f.; *Julius*, in: HKStPO, § 252 Rn. 6; *Meier*, in: AKStPO, § 252 Rn. 4.
[36] BGH, NStZ 1997, 95, 96; *Meyer-Goßner*, § 252 Rn. 12; *Roxin*, in: Rieß-FS, S. 451.
[37] BGHSt 21, 218, 219; *Gollwitzer*, in: LR[25], § 252 Rn. 8. A.A. *Schlüchter*, in: SKStPO, § 252 Rn. 25.
[38] BGHSt 45, 203, 205; 46, 1, 3.
[39] BGHSt 2, 99, 105 ff.; 36, 384, 385 f.; 45, 342, 345; 46, 189, 195; 49, 72, 76 ff.; *Meyer-Goßner*, § 252 Rn. 14.

über sein Recht die Aussage gemacht hatte. Die Gegenmeinung[40] lehnt diese Sicht zu Recht ab. Die h.M. findet insbesondere keine Stütze in dem Argument, die richterliche Vernehmung sei besonders zuverlässig. Der richterlichen Vernehmung mag zwar ein höherer Beweiswert zukommen[41], § 252 differenziert aber gerade nicht zwischen richterlichen und nichtrichterlichen Vernehmungen, sondern schützt den zeugnisverweigerungsberechtigten Zeugen generell. – *Fallsammlung Rn. 679-687.* –

Uneinigkeit herrscht zudem darüber, ob ein Verwertungsverbot auch dann eingreift, wenn der Zeuge in der Hauptverhandlung von seinem **Zeugnisverweigerungsrecht Gebrauch macht**, mit der Verwertung seiner früheren Aussage oder einer sonstigen Bekundung im Rahmen des Strafverfahrens, z.B. gegenüber einem Sachverständigen oder dem Verteidiger des Angeklagten, jedoch **einverstanden** ist. Zum Teil[42] wird die Verwertung mit der Begründung abgelehnt, der Zeuge habe nicht das Recht, auf diese Weise über die Verhandlungsführung, also letztlich über die Geltung der Unmittelbarkeitsmaxime zu disponieren. Die Gegenauffassung lässt die Verwendung jedoch zu, weil zwar die Verfahrensbeteiligten nicht über das Verlesungs- und Verwertungsverbot des § 252 disponieren dürfen (*Rn. 669*), der zeugnisverweigerungsberechtigte Zeuge selbst dies aber könne, denn ihm stehe die Entscheidung darüber zu, ob und auf welche Weise er an der Aufklärung mitwirken will[43]. Diese Sicht verdient Zustimmung, weil § 252 nicht dem Schutz der Wahrheitsfindung, sondern der Interessen des zeugnisverweigerungsberechtigten Zeugen dient. Der eingeschränkte Beweiswert der Niederschrift einer früheren Bekundung des Zeugen bzw. der Aussage der Verhörsperson gegenüber einer unmittelbaren Aussage des Zeugen in der Hauptverhandlung ist allerdings im Rahmen der Beweiswürdigung zu berücksichtigen[44].

671

Weitere Durchbrechungen des Grundsatzes der materiellen Unmittelbarkeit enthalten §§ 253, 254. § 253 erlaubt die Verlesung eines früheren Protokolls über die Vernehmung eines Zeugen oder Sachverständigen **zur Gedächtnisunterstützung** und **zur Aufklärung eines Widerspruchs** zwischen der jetzigen und einer früheren Aussage.

672

> **Beispiel**: A war wegen gefährlicher Körperverletzung angeklagt. Er verteidigte sich mit der Behauptung, von dem Verletzten V angegriffen worden zu sein und ihn in Notwehr niedergestochen zu haben. Der Zeuge Z gab in der Hauptverhandlung vor, sich nicht

---

[40] *Beulke*, Rn. 420; *Geerds*, JuS 1991, 199, 200 f.; *Geppert*, Jura 1988, 305, 306 ff.; *Meier*, in: AKStPO, § 252 Rn. 11; *Mitsch*, JuS 2005, 102, 104; *Fezer*, 15/45 ff.
[41] *Geerds* (Blau-FS, S. 67, 70 ff.; JuS 1991, 200 f.) bestreitet allerdings die Behauptung, dass richterliche Vernehmungen von besserer „Qualität" seien.
[42] BGHSt 46, 1 ff., zur Verwertung einer Bekundung des Zeugen gegenüber dem Verteidiger des Angeklagten; zustimmend *Fezer*, JR 2000, 339, 341; *Firsching*, StraFo 2000, 124 ff.; *Keiser*, NStZ 2000, 458 ff.; *Roxin*, in: Rieß-FS, S. 451 ff.; *Vogel*, StV 2003, 598 ff.; *Volk*, JuS 2001, 130, 133; *Wollweber*, NJW 2000, 1702 f.; NJW 2001, 3760 f.
[43] BGHSt 45, 203 ff.; zustimmend *Amelung*, in: Schlüchter-GS, S. 430 ff.; *Gollwitzer*, in: LR[25], § 252 Rn. 12b; *Meyer-Goßner*, § 252 Rn. 16a; *Ranft*, NJW 2001, 1305, 1306 ff.; *Schittenhelm*, NStZ 2001, 50 f.
[44] BGHSt 45, 203, 208; siehe auch BGH, StV 2003, 604 f.

mehr daran erinnern zu können, wie es zu dem Messerstich gekommen war. Richter R verlas daraufhin das Protokoll der polizeilichen Vernehmung, das unmittelbar nach der Tat aufgenommen worden war. Damals hatte Z ausgesagt, A habe sich ohne erkennbaren Anlass auf V gestürzt und mit dem Messer verletzt. Auch nach der Verlesung blieb Z bei seiner Aussage, keine Erinnerung mehr an die Situation, die zu dem Messerstich führte, zu haben. Der Vorfall habe sich aber wohl so abgespielt, wie er es gegenüber der Polizei geschildert hatte. R verurteilte A und stützte seine Entscheidung auch auf den Inhalt des Vernehmungsprotokolls.

673 Bei der Verlesung einer Vernehmungsniederschrift trotz Anwesenheit des Zeugen handelt es sich um eine Durchbrechung des Unmittelbarkeitsgrundsatzes, weil der Personal- durch einen Urkundenbeweis ersetzt wird. Beweismittel ist das Protokoll[45], und nicht – wie zum Teil[46] behauptet wird – die Reaktion des Zeugen und Sachverständigen auf die Verlesung. Das gilt im Übrigen auch für die Verlesung eines richterlichen Protokolls über Erklärungen des Angeklagten, auch wenn diese von seinem Verteidiger abgegeben wurden[47], zum Zweck der Beweisaufnahme über ein Geständnis sowie zur Aufklärung eines Widerspruchs zwischen der jetzigen und einer früheren Aussage des Angeklagten (§ 254).

674 Davon zu unterscheiden ist der **einfache Vorhalt** einer früheren Aussage.

Beispiel: Der wegen fahrlässiger Tötung angeklagte A behauptete in der Hauptverhandlung, nicht er, sondern ein naher Angehöriger habe den Pkw gesteuert, mit dem der Getötete V überfahren worden war. Richter R hielt ihm den Inhalt seiner Aussage gegenüber der Polizei vor, die er nach ordnungsgemäßer Belehrung gemacht hatte. Damals hatte A eingestanden, das Auto gefahren und V aus Unaufmerksamkeit in einer Kurve erfaßt zu haben. A erklärte daraufhin, der vernehmende Polizeibeamte P müsse ihn falsch verstanden haben. Der Fehler im Protokoll sei ihm entgangen, da er es in seiner Aufregung nicht richtig durchgelesen habe. Anschließend vernahm R den P, der den Inhalt der Aussage des A jedoch nicht mehr wiedergeben konnte. R las ihm die entscheidenden Passagen des Protokolls vor. P erklärte daraufhin, sich nun wieder daran zu erinnern, dass A ihm eingestanden habe, der Fahrer des Pkw gewesen zu sein. R verurteilte A nach § 222 StGB.

675 Die Verlesung des Protokolls in der Vernehmung des A kann nicht auf § 254 gestützt werden, da nach dieser Vorschrift nur richterliche Vernehmungsniederschriften über Erklärungen des Angeklagten im Wege des Urkundsbeweises in die Hauptverhandlung eingeführt werden dürfen. § 253 gibt der Verlesung im Rahmen der Vernehmung des P ebenfalls keine Grundlage, weil nur das Protokoll über eine frühere Vernehmung des Zeugen verlesen werden darf. Daraus folgt aber nur die Unzulässigkeit der Einführung des Inhalts der Vernehmungsniederschrift im Wege des Urkundenbeweises. Erlaubt ist es dagegen, dem Angeklagten oder Zeugen das Protokoll vorzuhalten[48]. Es darf dann jedoch nicht der Protokollinhalt zur Urteils-

---

[45] BGH, NJW 1986, 2063, 2064; *Beulke*, Rn. 415; *Ranft*, Rn. 1723; *Roxin*, § 44 Rn. 12.
[46] *Grünwald*, JZ 1966, 489, 493 mit Fn. 45; *Meier*, in: AKStPO, § 253 Rn. 2.
[47] BGH, StV 2005, 122.
[48] BGHSt 3, 199, 201; 14, 310, 311 f.; *Gollwitzer*, in: LR[25], § 254 Rn. 24; *Meier*, in: AKStPO, § 249 Rn. 39; *Ranft*, Rn. 1687. Kritisch *Roxin*, § 44 Rn. 18.

grundlage gemacht werden, sondern nur die Aussage der vernommenen Person, d.h. ihre Reaktion auf den Vorhalt. Der Vorhalt lässt den Unmittelbarkeitsgrundsatz daher unberührt.

3. Die Problematik „gesperrter" Zeugen

In der Praxis gerät der Unmittelbarkeitsgrundsatz nicht selten in Konflikt mit dem Interesse der Strafverfolgungsbehörden an der Geheimhaltung der Identität eines Zeugen. 676

> **Beispiel**: A war wegen unerlaubten Handeltreibens mit Betäubungsmitteln angeklagt. In der Strafakte befand sich die Aussage eines Verdeckten Ermittlers, in der dieser schilderte, auf welche Weise A ein größeres Heroingeschäft abgewickelt hatte. Der Name des VE und die ladungsfähige Anschrift fehlten jedoch in der Akte. Der Innenminister des Landes B, in dessen Diensten der VE stand, verweigerte die Bekanntgabe der Personalien, weil die Aufdeckung der Identität dem Wohl des Landes B schade.

Der Unmittelbarkeitsgrundsatz erfordert an sich, dass der Verdeckte Ermittler als Zeuge in der Hauptverhandlung gehört wird. Der Innenminister kann jedoch die Vernehmung verhindern, indem er eine Sperrerklärung nach Maßgabe der §§ 110b III 3, 96 abgibt, d.h. die Geheimhaltung der Identität anordnet. Eine Sperre kommt in analoger Anwendung des § 96 im Übrigen auch in Betracht, wenn der Zeuge eine Vertrauensperson oder ein Informant der Polizei ist[49]. Zur Bewältigung dieser Problematik ist ein **stufenweises Vorgehen** angezeigt[50], um dem Unmittelbarkeitsgrundsatz so weit wie möglich Geltung zu verschaffen. 677

Zunächst muss das Gericht die gesetzlich vorgesehenen **Maßnahmen ergreifen, um eine Vernehmung der gesperrten Person in der Hauptverhandlung zu erreichen**. Das Gericht darf die Sperrerklärung also nicht einfach hinnehmen, sondern es muss die Begründung, zu der die Behörde verpflichtet ist[51], überprüfen und Gegenvorstellung erheben, falls dieser Rechtsbehelf nicht von vornherein aussichtslos erscheint[52]. Ein tragfähiger Grund für die Sperrerklärung liegt insbesondere vor, wenn eine Gefahr für Leib, Leben oder Freiheit des Zeugen oder einer anderen Person besteht (vgl. § 110b III 3). Ist die Entscheidung der Behörde auf diese Weise nicht zu beseitigen, so muss das Gericht eine Vernehmung in der Hauptverhandlung unter Zusicherung der zulässigen Vorkehrungen zum Schutz des Zeugen (Abschirmung des Zeugen durch sitzungspolizeiliche Maßnahmen, § 176 GVG; Ausschluss des Angeklagten, § 247 S. 1; Videovernehmung, § 247a S. 1; Ausschluss der Öffentlichkeit, § 172 Nr. 1a GVG, und Verpflichtung der anwesenden Personen zur Geheimhaltung, § 174 III GVG; Vernehmung unter Verschweigen des Wohnortes und der – wahren – Identität, § 68 II, III) anbieten. 678

---

[49] *Ellbogen*, Verdeckte Ermittlungstätigkeit, S. 125.
[50] Vgl. BGHSt (GS) 32, 115, 122 ff.; 33, 83, 87 ff.; 36, 159 ff.; *Beulke*, Rn. 427; *Lesch*, JA 1995, 691, 698 ff.; *Schlüchter*, in: SKStPO, § 251 Rn. 58 ff.; eingehend dazu *Ellbogen*, Verdeckte Ermittlungstätigkeit, S. 190 ff.
[51] BVerfGE 57, 250, 288; BGHSt 32, 115, 125.
[52] BGHSt 36, 159, 161 f.

679 Verweigert die Behörde trotzdem die Vernehmung in der Hauptverhandlung, so muss das Gericht – gewissermaßen auf der nächsten Stufe – versuchen, die „Freigabe" des Zeugen durch das Angebot einer **kommissarischen Vernehmung durch einen beauftragten oder ersuchten Richter** zu erwirken. Die Sperrerklärung errichtet nämlich ein nicht zu beseitigendes Hindernis im Sinne der §§ 223 I, 251 II Nr. 1, sodass die kommissarische Vernehmung und die Verlesung des richterlichen Protokolls in der Hauptverhandlung zulässig ist.

680 Erst wenn die Behörde auch diese Vernehmung nicht gestattet, z.B. weil sie befürchtet, die Identität werde durch den Verteidiger, dem die Anwesenheit bei der Vernehmung nicht versagt werden darf[53], aufgedeckt, darf das Gericht auf die Vernehmung des Zeugen verzichten und das **polizeiliche Vernehmungsprotokoll verlesen** (§ 251 I Nr. 2) oder den Vernehmungsbeamten als **Zeugen vom Hörensagen vernehmen**. Das Gericht muss bei seiner Beweiswürdigung dann aber berücksichtigen, dass die Vernehmungsniederschrift, die keinen Aufschluss über die Person des Zeugen und dessen Glaubwürdigkeit erlaubt, und die Aussage des Zeugen vom Hörensagen einen geringeren Beweiswert besitzen als die Aussage des unmittelbaren Zeugen in der Hauptverhandlung oder bei einer kommissarischen Vernehmung[54]. – *Fallsammlung, Rn. 520-523.* –

4. Mündlichkeitsprinzip

681 Der Unmittelbarkeitsgrundsatz wurde ursprünglich durch das Mündlichkeitsprinzip flankiert. Im geltenden Recht ist es in § 249 I aber nur noch scheinbar verankert. Danach müssen **Urkunden und andere als Beweismittel dienende Schriftstücke**, insbesondere auch Protokolle über die Einnahme des richterlichen Augenscheins (z.B. über Tatortbesichtigungen), **in der Hauptverhandlung verlesen** werden. Nach h.M.[55] kann die Verlesung durch einen Bericht des Vorsitzenden über den Urkundeninhalt ersetzt werden, wenn alle Beteiligten zustimmen und es auf den genauen Wortlaut nicht ankommt. Die mündliche Einführung von Urkunden und Schriftstücken stellt sicher, dass alle Verfahrensbeteiligten den Inhalt tatsächlich zur Kenntnis nehmen, und informiert zudem die Öffentlichkeit.

682 Die Ausdehnung des in § 249 II geregelten **Selbstleseverfahrens** durch das Verbrechensbekämpfungsgesetz vom 28. 10. 1994 hat den **Mündlichkeitsgrundsatz jedoch faktisch beseitigt**. Zwingend vorgeschrieben ist nur noch die Verlesung von Vernehmungsniederschriften in den Fällen der §§ 253, 254. Auf die Verlesung anderer Urkunden und sonstiger Schriftstücke kann auf Anordnung des Vorsitzenden verzichtet werden, wenn die Richter und Schöffen sie gelesen haben und die übrigen Verfahrensbeteiligten die Gelegenheit zur Kenntnisnahme hatten. Widerspricht die Staatsanwaltschaft, der Angeklagte oder der Verteidiger unverzüglich dem Selbstleseverfahren, so entscheidet das Gericht.

---

[53] BGHSt 32, 115, 128.
[54] BGHSt 33, 83, 88 f.; 33, 178, 181 f
[55] BGHSt 30, 10 ff.; OLG Düsseldorf, StV 1995, 120; *Meyer-Goßner*, § 249 Rn. 26. Die Gegenauffassung (*Gollwitzer*, JR 1982, 83 ff.; *Hellmann*, StV 1995, 121, 123; *Mayr*, in: KKStPO, § 249, Rn. 28) lehnt dies allerdings zutreffenderweise ab.

Das zur Verfahrensvereinfachung eingeführte Selbstleseverfahren begegnet erheblichen Bedenken. Die Richter und Schöffen sind zwar verpflichtet, die Urkunden zu lesen, und die Feststellung der Kenntnisnahme vom Wortlaut der Urkunde ist in das Hauptverhandlungsprotokoll aufzunehmen[56]. Ob die Kenntnisnahme tatsächlich stattgefunden hat, steht aber dennoch nicht fest. Für die übrigen Verfahrensbeteiligten besteht nicht einmal die Pflicht, die Schriftstücke zu lesen. Die Einführung eines Urkundenbeweises im Selbstleseverfahren vermag somit nicht sicherzustellen, dass alle Verfahrensbeteiligten über den gleichen Kenntnisstand verfügen, zumal der Wortlaut einer Urkunde häufig verschiedene Auslegungsmöglichkeiten eröffnet. Zu Recht wird deshalb bemängelt, dass dieses Verfahren die Transparenz der Hauptverhandlung erheblich beeinträchtigt[57]. Die Anordnung des Selbstleseverfahrens steht allerdings nicht in der freien Entscheidung des Vorsitzenden bzw. des Gerichts, sondern sie haben nach pflichtgemäßem Ermessen zu entscheiden. Bei der Ausübung des Ermessens ist auch der Zweck des in § 249 I zum Ausdruck gebrachten Mündlichkeitsprinzips zu berücksichtigen, sodass Urkunden dann zu verlesen sind, wenn es auf ihren Wortlaut ankommt[58] bzw. auf ein spezifisches Verständnis des Wortlauts.

683

Kontrollfragen

1. Was ist unter formeller und materieller Unmittelbarkeit zu verstehen? (Rn. 659, 662)
2. Ist die Vernehmung eines „Zeugen vom Hörensagen" zulässig? (Rn. 662)
3. Darf das Protokoll der früheren Vernehmung eines Zeugen in der Hauptverhandlung verlesen werden, wenn er sich erst in der Hauptverhandlung auf sein Zeugnisverweigerungsrecht beruft? (Rn. 669 ff.)
4. Wodurch unterscheidet sich der Vorhalt von der Protokollverlesung nach §§ 253, 254? (Rn. 675)
5. Welche Durchbrechung erfährt das Mündlichkeitsprinzip? (Rn. 682)

Literatur

Beulke, Der Grundsatz der Unmittelbarkeit der Hauptverhandlung – Neue Entwicklungen, Chancen und Anfechtungen, Gollwitzer-Kolloquium, S. 1.
Dedes, Unmittelbarkeit der Beweisaufnahme und Überzeugungsbildung, Festschrift für Mangakis, S. 471.
Detter, Der Zeuge vom Hörensagen – eine Bestandsaufnahme, NStZ 2003, 1.
Geerds, Zur Reichweite des Verwertungsverbots (§ 252 StPO) nach früheren Aussagen - BGHSt 36, 384, JuS 1991, 199.

---

[56] BGH, NStZ 2005, 160.
[57] *Dahs,* NJW 1995, 553, 555; *Hamm,* StV 1994, 457, *Julius,* in: HKStPO, § 249 Rn 12; *Ranft,* Rn. 1656; *Scheffler,* NJW 1994, 2191, 2194 f.
[58] *Gollwitzer,* in: LR[25], § 249 Rn. 65; *Paulus,* in: KMR, § 249 Rn. 24.

Geppert, Der Zeuge vom Hörensagen, Jura 1991, 538.
Lesch, Die Grundsätze der Mündlichkeit und Unmittelbarkeit im Strafverfahren, JA 1995, 691.
Ranft, Ausübung des Zeugnisverweigerungsrechts in der Hauptverhandlung bei gleichzeitigem Verzicht auf das Verwertungsverbot des § 252 StPO, NJW 2001, 1305.
Roxin, Steht im Falle des § 252 StPO die Verwertbarkeit der früheren Aussage zur Disposition des Zeugen?, Rieß-FS, S. 451.

III Instruktionsmaxime und richterliche Verhandlungsleitung

1. Instruktionsmaxime

684 Im Gegensatz zum Zivilprozess, in dem die Parteien für die tatsächlichen Urteilsgrundlagen zu sorgen haben (sog. Verhandlungsmaxime) und das Gericht folglich über den Sachverhalt entscheidet, den die Parteien ihm unterbreiten (Prinzip der formellen Wahrheit), muss das Gericht im Strafverfahren die **materielle Wahrheit** erforschen[59] und zu diesem Zweck **alle erreichbaren Beweismittel heranziehen, die für die Entscheidung Bedeutung erlangen können**. Dieser Grundsatz wird als Instruktionsmaxime bezeichnet; zum Teil werden auch die Bezeichnungen Inquisitionsmaxime, Untersuchungs- oder Ermittlungsgrundsatz verwendet.

685 Dieser Grundsatz hat in §§ 155 II, 244 II Ausdruck gefunden. Innerhalb der Grenzen der angeklagten Tat ist das Gericht gemäß § 155 II ohne eine Bindung an die gestellten Anträge zu einer selbständigen Untersuchung berechtigt und verpflichtet. Es muss gemäß § 244 II die Beweisaufnahme von Amts wegen auf alle Tatsachen und Beweismittel erstrecken, die bei verständiger Würdigung der Sachlage den Schuldvorwurf widerlegen, in Frage stellen oder begründen können[60]. Konkret bedeutet dies, dass die Staatsanwaltschaft zwar den Rahmen der gerichtlichen Untersuchung vorgibt, indem sie eine bestimmte Tat anklagt, d.h. einen Lebenssachverhalt, den sie für strafrechtlich relevant hält (zum prozessualen Tatbegriff *Rn. 815 ff.*), und das Gericht auch nur diesen Sachverhalt erforschen darf. Innerhalb dieses vorgegebenen Rahmens muss das Gericht aber den Tatvorwurf in eigener Verantwortung aufklären.

2. Richterliche Verhandlungsleitung

686 Prozessual umgesetzt wird die Instruktionsmaxime vornehmlich durch den **Vorsitzenden des Gerichts**. Er leitet die Verhandlung, d.h., er trifft die Anordnungen zur Eröffnung, Durchführung, Unterbrechung und Schließung der Verhandlung, und bestimmt den Verfahrensablauf, er vernimmt den Angeklagten und ordnet die Beweiserhebungen an (§ 238 I). Die bei der Verhandlung beteiligten Personen (Staatsanwalt, Verteidiger, Angeklagter, Nebenkläger, Zeugen und Sachverständi-

---

[59] BVerfGE 57, 250, 275; 63, 45, 61.
[60] BGH, NStZ-RR 1996, 299; NStZ-RR 2002, 68. Näher dazu *Meyer-Goßner*, § 244 Rn. 12.

ge) können jedoch die Anordnungen des Vorsitzenden gemäß § 238 II **als unzulässig beanstanden** und dadurch eine Entscheidung des Gerichts, also des Spruchkörpers in seiner Gesamtheit, herbeiführen. Die früher übliche Unterscheidung von Maßnahmen der formellen Verhandlungsleitung, die nur die äußere Gestaltung des Verfahrens betreffen und der Beanstandung nach § 238 II nicht zugänglich sein sollten, und solchen der Sachleitung, die unmittelbar die Entscheidung des Gerichts beeinflussen können, wird heute überwiegend abgelehnt[61]. Eine Anrufung des Gerichts ist damit zwar in allen Fällen möglich. Die Rüge dringt aber nur durch, wenn die konkrete Maßnahme unzulässig war, nicht dagegen, wenn deren bloße Unzweckmäßigkeit beanstandet wird.

Nach h.M.[62] führt der Verzicht auf die nach § 238 II mögliche Beanstandung einer Anordnung des Vorsitzenden grundsätzlich zu einem **Verlust des Rügerechts** im Revisionsverfahren. Dem ist jedoch entgegenzuhalten, dass der bloßen Nichtgeltendmachung der Unzulässigkeit nicht der Verzicht auf das Recht entnommen werden kann und eine Verwirkung des Rügerechts nur in Betracht kommt, wenn der Beteiligte die Beanstandung der Maßnahme in der Absicht unterließ, sich einen Revisionsgrund zu erhalten[63]. Im Übrigen schließt nach h.M. die fehlende Beanstandung die Geltendmachung der Unzulässigkeit einer Maßnahme der Verhandlungsleitung durch den Angeklagten dann nicht aus, wenn er keinen Verteidiger hatte und das Beanstandungsrecht nicht kannte[64].

687

IV Die Problematik der Absprachen im Strafverfahren

Mit den genannten Grundsätzen der Hauptverhandlung auf den ersten Blick unvereinbar scheint es zu sein, dass das Gericht mit den Verfahrensbeteiligten eine Absprache (auch „Deal", Verständigung, Vergleich oder Kooperation genannt) über den Verfahrensausgang trifft. Manche ausländischen Strafprozessordnungen lassen dagegen die Verständigung der Staatsanwaltschaft und des Angeklagten auf einen bestimmten Tatvorwurf zu, weil das Strafverfahren als Parteiprozess ausgestaltet ist und das Legalitätsprinzip nicht gilt. So ermöglicht z.B. das Strafprozessrecht der USA ein „plea bargaining", d.h. die Absprache zwischen der Staatsanwaltschaft und dem Angeklagten des Inhalts, dass die Staatsanwaltschaft auf die Erhebung einer Anklage wegen eines schwereren Delikts (z.B. wegen Mordes) verzichtet, wenn der Angeklagte sich eines leichteren (z.B. eines Totschlags) schuldig bekennt. Ein vergleichbarer „Deal" wäre im deutschen Strafverfahren zwar unzulässig, weil der **staatliche Strafanspruch grundsätzlich nicht zur Disposition der Staatsanwaltschaft und des Gerichts steht**. Absprachen des Gerichts mit dem Angeklagten und der Staatsanwaltschaft werden aber auch in

688

---

[61] *Beulke*, 373; *Gollwitzer*, in: LR[25], § 238 Rn. 19 ff.; *Meyer-Goßner*, § 238 Rn. 12.
[62] BGHSt 1, 322, 325; 3, 368, 369 f.; 4, 364, 366; BGH, NStZ 1992, 346; BGH bei Becker, NStZ-RR 2003, 2 f.; *Meyer-Goßner*, § 238 Rn. 22.
[63] *Beulke*, Rn. 375; *Gollwitzer*, in: LR[25], § 238 Rn. 47; *Roxin*, § 42 Rn. 16.
[64] OLG Koblenz, StV 1992, 263; OLG Stuttgart, NStZ 1988, 240.

Deutschland – insbesondere in umfangreichen Verfahren – nicht selten[65] getroffen. Der von dem Angeklagten zu erbringende Beitrag besteht zumeist in der Ablegung eines Geständnisses und/oder dem Verzicht auf die Stellung von Beweisanträgen, bisweilen auch in der Zusage von Schadensersatz an den Verletzten. Das Gericht kündigt als Gegenleistung an, eine bestimmte Strafobergrenze nicht zu überschreiten, wobei die später tatsächlich verhängte Strafe oft dieser Obergrenze entspricht oder nur geringfügig darunter bleibt. Auf diese Weise lassen sich Hauptverhandlungen, die streitig geführt viele Wochen oder Monate dauern würden, u.U. auf wenige Tage abkürzen.

1. Zulässigkeit

689 Eine ausdrückliche gesetzliche Regelung der Verständigungspraxis enthält das Gesetz nicht. In der Literatur wird sie zwar überwiegend heftig kritisiert[66], die Rechtsprechung[67] und ein Teil der Literatur[68] halten sie aber jedenfalls im Erwachsenenstrafrecht – zu Recht – grundsätzlich für zulässig. Eine Verständigung im Strafverfahren ist nämlich nicht generell unzulässig, sondern zahlreiche Regelungen in der StPO setzen sogar das Einverständnis einzelner oder aller Verfahrensbeteiligten mit einer bestimmten Maßnahme voraus, z.B. §§ 153 II 1, 153a II 1, 153b II, 154 II, 154a II, 251 I Nr. 1, II Nr. 3, 265a, 266 I, 303. Ein konsensuales Vorgehen ist dem deutschen Strafprozessrecht somit keineswegs wesensfremd. Ob Absprachen auch in **Jugendstrafverfahren** zulässig sind, ist dagegen zweifelhaft. Der BGH hat sich noch nicht grundsätzlich dazu verhalten, aber festgestellt, dass die Anwendung von Jugendstrafrecht auf einen Heranwachsenden als Gegenleistung für ein Geständnis nicht Gegenstand einer Absprache sein dürfe, und wegen des Erziehungscharakters der Jugendstrafe Zweifel an der Zulässigkeit einer Zusage einer Strafobergrenze geäußert[69].

690 Das Gericht darf allerdings auch dem – erwachsenen – Angeklagten keine Vergünstigung versprechen und gewähren, die nicht auch ohne vorherige Vereinbarung prozessual erlaubt und sachlich angemessen wären. Ein **„Handel mit der**

---

[65] *Dahs* (NStZ 1988, 153) behauptet, dass „nach den Erfahrungen der Praxis" in etwa 30 bis 40% aller Strafverfahren von Prozessbeteiligten der Versuch einer Absprache mit dem Ziel einer partiellen oder vollständigen Prozesserledigung unternommen wird.
[66] Z.B. *Hassemer*, JuS 1989, 890, 891 ff.; *Lüderssen*, StV 1990, 415 ff.; *Wolter*, in: SKStPO, § 151 Rn. 66 ff. Nach Auffassung von *Schünemann* (Baumann-FS, S. 361, 366) legen die „informellen Absprachen … wahrscheinlich die Axt an die Wurzeln einer hundertjährigen Tradition, in letzter Konsequenz aber sogar an unseren Begriff des Strafrechts überhaupt und damit in gewisser Weise an die für unsere Gesellschaft fundamentale Trennung von Rechtssystem und ökonomischem System".
[67] Z.B. BVerfG, NJW 1987, 2662 f.; BGHSt 43, 195; BGH, NJW 2004, 1396, 1397; BGH (GS), NJW 2005, 1440, 1442 ff.
[68] Z.B. *Dahs*, NStZ 1988, 153 ff.; *Eschelbach*, in: KMR, Vor § 213 Rn. 45; *Rieß*, in: LR²⁵, Einl. Abschn. G Rn. 58 ff.; eingehend *Ioakimidis*, Absprache, S. 45 ff.; siehe auch *Altenhain/Haimerl*, GA 281 ff., zu „Handlungsmodellen" der Absprache.
[69] BGH, NStZ 2001, 555 f.; siehe dazu *Noak*, StV 2002, 445 ff.

Gerechtigkeit" ist dem Gericht untersagt[70], sodass die **Strafe in jedem Fall schuldangemessen** sein muss. Feste Zusagen zur Höhe der Strafe[71] oder zur Strafaussetzung zur Bewährung[72] als Gegenleistung für ein Geständnis des Angeklagten darf das Gericht deshalb nicht machen, weil sie zum einen das Verbot des § 136a I 3, die Willensfreiheit des Angeklagten durch das Versprechen eines gesetzlich nicht vorgesehenen Vorteils zu beeinträchtigen, verletzen[73], und zum anderen nicht mit § 261, der bestimmt, dass die Entscheidung auf dem Ergebnis der Beweisaufnahme beruhen muss, vereinbar sind. Das Gericht darf aber in Aussicht stellen, dass es ein Geständnis strafmildernd berücksichtigen und deshalb eine bestimmte Strafobergrenze nicht überschreiten werde[74], denn ein Geständnis kann auch dann im Rahmen der Strafzumessung nach Maßgabe des § 46 StGB zu Gunsten des Angeklagten wirken, wenn es auf Grund einer Absprache abgelegt wird[75]. Generell unzulässig ist, Zusagen des Angeklagten, die in keinem Zusammenhang mit der Schuld des Angeklagten stehen, mit der Zusage einer Strafmilderung zu verknüpfen[76]. Die Konnexität fehlt insbesondere bei der – in der Praxis nicht selten praktizierten[77] – Vereinbarung eines Rechtsmittelverzichts mit dem Angeklagten vor der Urteilsverkündung als Gegenleistung für eine mildere Strafe[78] (zur Wirksamkeit des dennoch erklärten Rechtsmittelverzichts *Rn. 700*). Erst recht verboten ist es, dem Angeklagten dadurch ein Geständnis abzunötigen, dass ihm für den Fall mangelnder Geständnisbereitschaft eine überhöhte Strafe[79] oder die Untersuchungshaft[80] angekündigt wird.

Erweckt der Richter den Eindruck, dass er eine unzulässige Absprache einhalten will, so begründet dies die Besorgnis der Befangenheit, also die Befürchtung, dass er zu einer unvoreingenommenen Entscheidung nicht in der Lage ist.

691

Beispiel: Staatsanwalt S hatte A wegen Betruges, Steuerhinterziehung, Untreue und Unterschlagung in mehreren Fällen bei der Strafkammer des Landgerichts D angeklagt. Der Umfang des Verfahrensstoffs und die Zahl der zu vernehmenden Zeugen ließ eine Prozessdauer von mindestens acht Monaten erwarten. Einen Monat vor Beginn der Hauptverhandlung führte der Vorsitzende R mit Staatsanwalt S ein vertrauliches Gespräch über eine Abkürzung der Verhandlung, in dem S die Auffassung vertrat, dass A im Falle eines Geständnisses zu mindestens fünf Jahren Freiheitsstrafe verurteilt werden sollte. Danach sprach R mit dem Verteidiger V des A, dem er „namens der Kam-

---

[70] BVerfG, NJW 1987, 2662, 2663; BGHSt 37, 298, 305; BGH, NJW 1994, 1293; NJW 2004, 1396, 1397.
[71] BGH, NJW 1994, 1293; BGHSt 43, 195, 206 f.; *Zschockelt*, NStZ 1991, 305, 309, 310.
[72] BGHSt 40, 287, 290.
[73] BVerfG, NStZ 1987, 419; *Fezer*, 21/16 ff.; *Hamm*, ZRP 1990, 337, 339; *Zschockelt*, NStZ 1991, 305, 308 f.
[74] BGHSt 43, 195, 207 f.
[75] *Ioakimidis*, Absprache, S. 82 ff.
[76] BGH, NJW 2004, 1396, 1397 (Zahlung einer Steuerschuld aus einer bereits abgeurteilten Steuerstraftat).
[77] Siehe dazu *F. Meyer*, StV 2004, 41, 42.
[78] BGHSt 42, 46, 48; 43, 195, 204 f.; 47, 238, 242; BGH (GS), NJW 2005, 1440, 1444 f.
[79] BGH, StV 2004, 470; StV 2005, 201.
[80] BGH, StV 2004, 636, 638, mit Anm. *Eidam*, StV 2005, 201 ff.

mer" erklärte, dass A mit einer Freiheitsstrafe von vier Jahren zu rechnen habe, falls er ein Geständnis ablegen würde. In einem weiteren Gespräch mit S versuchte R, diesen davon zu überzeugen, eine Strafe von vier Jahren zu akzeptieren, was S jedoch ablehnte. A legte am ersten Verhandlungstag ein Geständnis ab, woraufhin S auf die Vernehmung eines Teils der Zeugen verzichtete. Nachdem der Angeklagte gegenüber einem Journalisten geäußert hatte, R habe ihm eine milde Strafe zugesagt, lehnte S den R wegen Besorgnis der Befangenheit ab. Das Gesuch wurde jedoch abgelehnt, und die Strafkammer verurteilte A in der ursprünglichen Besetzung zu einer Freiheitsstrafe von vier Jahren und zwei Monaten.

692 Da das Verhalten des R darauf schließen lässt, dass er sich schon vor Beginn der Hauptverhandlung auf einen bestimmten Verfahrensausgang festgelegt hatte, durfte er gemäß § 24 II nicht an der Entscheidung mitwirken. Seine Teilnahme an der Urteilsfindung begründet gemäß § 338 Nr. 3 die Revision[81].

2. Voraussetzungen

693 Die formellen Voraussetzungen einer wirksamen Absprache hat der BGH erst in einer Grundsatzentscheidung aus dem Jahr 1997 festgelegt[82]: Danach sind die für die Hauptverhandlung geltenden Verfahrensgrundsätze zu beachten, insbesondere die Instruktionsmaxime, der Anspruch auf rechtliches Gehör und der Öffentlichkeitsgrundsatz[83].

694 Besondere Bedeutung kommt der **Instruktionsmaxime** zu. Da das Gericht zur Ermittlung der materiellen Wahrheit verpflichtet ist, darf es das Geständnis des Angeklagten nicht ohne weiteres für wahr nehmen, sondern es muss – auch im Interesse des Angeklagten und ggf. im Interesse von Mitangeklagten, welche die Tat bestreiten – die Glaubwürdigkeit prüfen und weitere Beweismittel heranziehen, wenn es Zweifel an der Richtigkeit des Geständnisses hegt[84].

695 Die Absprachen müssen zudem hinsichtlich ihres Inhalts und ihres Zustandekommens in der Hauptverhandlung offengelegt werden, und das Ergebnis ist im Hauptverhandlungsprotokoll festzuhalten[85]. Die Anbahnung einer Verständigung kann zwar in vertraulichen Gesprächen außerhalb der Hauptverhandlung erfolgen[86]. Die Erörterung des Ergebnisses in der Hauptverhandlung ist aber zum einen erforderlich, weil § 33 I verlangt, dass den Beteiligten **rechtliches Gehör** zu gewähren ist, wenn sich das Gericht im Wege einer zulässigen Zwischenberatung vorläufig zur Straffrage, insbesondere zur strafmildernden Wirkung eines Geständnisses äußert[87], und zum anderen, weil der **Öffentlichkeitsgrundsatz** die Offenlegung der Absprache gebietet, damit die Urteilsgrundlagen auch für die

---

[81] BGHSt 37, 298, 299.
[82] BGHSt 43, 195 ff.
[83] Vgl. auch BVerfG, NStZ 1987, 419 f.
[84] BVerfG, NStZ 1987, 419; BGHSt 43, 195, 204; *Beulke*, Rn. 395; *Ranft*, Rn. 1233.
[85] BGHSt 43, 195, 206.
[86] BGHSt 42, 46, 47; BGHSt 43, 195, 206. A.A. *Ranft*, Rn. 1240. Kritisch auch *Rönnau*, wistra 1998, 49, 51.
[87] BGHSt 38, 102, 104; *Zschockelt*, NStZ 1991, 305, 309. Bedenklich deshalb BGHSt 42, 46, 47 ff.; siehe dazu *Zschockelt*, NStZ 1995, 449.

Allgemeinheit transparent sind[88]. Die öffentliche Erörterung und die Protokollierung des Ergebnisses dienen auch dem Schutz des Angeklagten, indem er im Revisionsverfahren den Beweis über das Ergebnis der Absprache erbringen kann, wenn das Gericht sie nicht einhält. Eine unter Ausschluss der Öffentlichkeit getroffene Absprache wird dagegen häufig nicht zu beweisen sein[89].

3. Rechtsnatur und Konsequenzen der Absprache

Die Rechtsnatur der Absprache ist noch nicht geklärt. Der BGH geht von einer **faktischen Bindungswirkung** aus, sie schaffe für den Angeklagten einen Vertrauenstatbestand[90]. Dem ist schon deshalb zuzustimmen, weil der Angeklagte durch die Ablegung eines Geständnisses in „Vorleistung" treten und deshalb davor geschützt werden muss, dass das Gericht seinen Teil der Vereinbarung nicht einhält, indem es die zugesagte Strafobergrenze überschreitet. Der BGH geht dabei sogar recht weit, indem er eine Abweichung von der Vereinbarung nur zulässt, wenn nachträglich schwerwiegende Umstände, z.B. neue Tatsachen oder Beweismittel, die zur Qualifizierung der Tat als Verbrechen, statt – wie bisher angenommen – als Vergehen führen, oder erhebliche Vorstrafen des Angeklagten bekannt werden. Ansonsten bedeute die Nichteinhaltung der Absprache einen Verstoß gegen den Grundsatz des fairen Verfahrens. Worauf diese Bindungswirkung beruht, legt der BGH allerdings nicht dar. In der Literatur reicht das Meinungsspektrum sehr weit. Zum Teil[91] werden Absprachen als bloße unverbindliche Prognosen oder Absichtserklärungen bezeichnet, andere[92] betrachten sie als vertragsähnliches Institut mit faktischer Bindungswirkung, quasi als „gentlemen's agreement" oder sogar – in Anlehnung an das in der italienischen StPO geregelte „patteggiamento" (Paktieren) – als Verwaltungsvertrag[93]. 696

Trotz der allgemein anerkannten Bindungswirkung der Absprache trägt der Angeklagte ein gewisses Risiko des Fehlschlags. 697

> **Beispiel**: A war wegen eines Banküberfalls vor der Strafkammer angeklagt. Am fünften Verhandlungstag kam es in einer Sitzungspause zu einem Gespräch zwischen dem Strafkammervorsitzenden R, der Staatsanwältin S, dem Verteidiger V und A, in dem erörtert wurde, ob und unter welchen Voraussetzungen A, der sich bis dahin nicht zur Sache eingelassen hatte, zur Ablegung eines Geständnisses bereit sein würde. Ergebnis dieses Gespräches war, dass A im Falle eines Geständnisses voraussichtlich zu einer Freiheitsstrafe von acht Jahren verurteilt werden würde und weitere Taten des A nach

---

[88] BGHSt 37, 298, 304; 43, 195, 205 f.; 45, 227, 230 f.; *Krekeler*, NStZ 1994, 196, 197; *Satzger*, JuS 2000, 1157, 1158; *Schmidt-Hieber*, NJW 1982, 1017, 1021. Der absolute Revisionsgrund des § 338 Nr. 6 (Verletzung der Öffentlichkeitsvorschriften) soll nach – zweifelhafter – Auffassung des 3. Senats des BGH (NJW 2005, 519, 520) jedoch nicht gegeben sein, wenn das Ergebnis der außerhalb der Hauptverhandlung geführten Absprachverhandlungen nicht in der Hauptverhandlung erörtert wurde.
[89] Vgl. BGH, NStZ 1997, 561.
[90] BGHSt 43, 195, 210.
[91] *Schmidt-Hieber*, NJW 1990, 1884 f.
[92] *Dahs*, NJW 1987, 1318.
[93] *Ioakimidis*, Absprache, S. 116 ff.

§ 154 eingestellt werden sollten. A legte daraufhin ein Geständnis ab. Erst danach stellte sich ein Dissens unter den Gesprächsteilnehmern über das Ergebnis der Unterredung heraus. Während R, V und A die Vereinbarung so verstanden hatten, dass alle noch gegen A anhängige Ermittlungsverfahren nach § 154 von der Staatsanwaltschaft eingestellt werden sollten, hatte S die Vereinbarung nur auf Straftaten bezogen, die den Gegenstand des vorliegenden Verfahrens bildeten. Die Einstellung sämtlicher Ermittlungsverfahren lehnte sie ab. Die Strafkammer beschloss daraufhin, das Geständnis des A nicht zu verwerten. Sie gelangte jedoch auf Grund der übrigen Beweise zu der Überzeugung von der Täterschaft des A und verurteilte ihn zu einer Freiheitsstrafe von acht Jahren.

698 Zweifelhaft ist in unserem Fall schon, ob überhaupt eine Verständigung erzielt wurde, da S bei ihrer Zusage einen abweichenden Inhalt zugrunde gelegt hatte. Jedenfalls schuf die Absprache für den Angeklagten einen Vertrauenstatbestand für den Angeklagten. Beruht die Nichteinhaltung der Absprache auf einem Missverständnis, so verbieten die Grundsätze eines fairen Verfahrens die Verwertung des Geständnisses bei der Prüfung der Schuldfrage[94]. Im Rahmen der Strafzumessung kann es zugunsten des Angeklagten gleichwohl zu berücksichtigen sein[95]. – *Fallsammlung, Rn. 33-37.* –

699 Die Bindungswirkung geht generell nicht so weit, dass eine Abweichung nur noch zulässig wäre, wenn nachträglich schwerwiegende Umstände bekannt werden, z.B. neue Tatsachen oder Beweismittel, die zu einer Qualifizierung der Tat als Verbrechen statt – wie bisher angenommen – als Vergehen führen, oder erhebliche Vorstrafen des Angeklagten[96]. Nach zutreffender Auffassung[97] dürfen und müssen alle bei der Absprache unbekannten Gesichtspunkte, die für eine schuldangemessene Bestrafung maßgeblich sind, berücksichtigt werden. Will das Gericht von seiner vorläufigen Bewertung zuungunsten des Angeklagten abweichen oder die angegebene Strafobergrenze überschreiten, so muss es ihn bzw. seinen Verteidiger in der Hauptverhandlung darauf hinweisen[98]. Im Übrigen gilt auch hier, dass das Geständnis nicht zur Schuldfrage, wohl bei der Strafzumessung zu berücksichtigen ist. Wurde der Angeklagte durch eine Zusage, deren Einhaltung von vornherein nicht beabsichtigt war, bewusst irregeführt, so unterliegt sein Geständnis dem Verwertungsverbot des § 136a III. Die Nichteinhaltung der Absprache führt jedoch nicht zu einem Verfahrenshindernis[99].

700 Uneinigkeit herrschte unter den Strafsenaten des BGH über die Wirksamkeit eines Rechtsmittelverzichts, den der Angeklagte als Teil der Absprache erklärt[100].

---

[94] *Beulke/Satzger*, JuS 1997, 1072, 1076. Offengelassen in BGHSt 42, 191, 193. A.A. *Fezer*, 21/21.
[95] BGHSt 42, 191, 194 f.
[96] So aber BGHSt, 43, 195, 210.
[97] *Rönnau*, wistra 1998, 49, 52.
[98] BGHSt 36, 210, 216; BGH, NJW 1992, 519, 520.
[99] BGHSt 37, 10, 13; 42, 191, 193; *Beulke/Satzger*, JuS 1997, 1072, 1074.
[100] Ausführlich zu diesem Streit *Beulke/Swoboda*, JZ 2005, 67 ff.; *Meyer-Goßner*, ZRP 2004, 187, 188; *Satzger/Höltkemeier*, NJW 2004, 2487 ff; *G. Schöch*, NJW 2004, 3462 ff.

Der 1. und 2. Senat erkannten die Wirksamkeit an[101], der 3. und 5. Senat lehnten sie ab[102]. Der Große Senat hat daraufhin entschieden, der Rechtsmittelberechtigte müsse nach jedem Urteil, dem eine Absprache zugrunde liegt, stets auch darüber belehrt werden, dass er ungeachtet der Absprache in seiner Entscheidung frei ist, ein Rechtsmittel einzulegen und ein nach einer Urteilsabsprache erklärte Rechtsmittelverzicht ohne diese qualifizierte Belehrung unwirksam sei[103]. Es bleibt abzuwarten, ob diese Entscheidung die Instanzgerichte dazu bewegen wird, auf die unzulässige Vereinbarung eines Rechtsmittelverzichts im Rahmen einer Absprache zu verzichten. Zutreffend erscheint die **ausnahmslose Ablehnung der Wirksamkeit**. Zwar muss sich der Angeklagte grundsätzlich an seinen Prozesserklärungen festhalten lassen. Hier ist aber zu berücksichtigen, dass den Tatgerichten seit langem bekannt ist, dass die Verknüpfung einer Strafmilderung mit einem Rechtsmittelverzicht unzulässig ist. Wenn sie sich dennoch darüber hinwegsetzen, so wird dies häufig dem Zweck dienen, die Entscheidung der Überprüfung durch das Rechtsmittelgericht zu entziehen und dadurch zu verhindern, dass Mängel der Sachaufklärung und der rechtlichen Beurteilung aufgedeckt werden. Es ist deshalb sachgerecht, wegen der bewussten Missachtung der rechtlichen Voraussetzungen die Unwirksamkeit des Rechtsmittelverzichts anzunehmen, zumal auf die Beachtung der Verfahrensgrundsätze nur hingewirkt werden kann, wenn die Kontrolle der Entscheidung durch das Rechtsmittelgericht möglich ist.

Kontrollfragen
1. Darf das Gericht dem Angeklagten eine feste Zusage zum Strafmaß als Gegenleistung für ein Geständnis geben? (Rn. 690)
2. Ist eine Absprache für das Gericht bindend? (Rn. 696)
3. Welche Folgen hat es, wenn das Gericht oder die Staatsanwaltschaft die Absprache nicht einhält? (Rn. 697 ff.)
4. Ist ein Rechtsmittelverzicht, den der Angeklagte auf Grund einer Absprache erklärt hat, wirksam? (Rn. 700)

Literatur

Altenhain/Haimerl, Modelle konsensualer Erledigung des Hauptverfahrens, GA 2005, 281.
Beulke/Satzger, Der fehlgeschlagene Deal und seine prozessualen Folgen – BGHSt 42, 191, JuS 1997, 1072.

---

[101] BGH, NStZ 2004, 164 ff. (1. Senat), mit Anm. *Salditt,* StraFo 2004, 57; BGH, NJW 2004, 1336 ff. (2. Senat).
[102] BGH, NJW 2003, 677 ff. (3. Senat), mit Anm. *Grunst,* NStZ 2004, 54 f.; *Meyer-Goßner,* NStZ 2004, 216 f.; *Mosbacher,* NStZ 2004, 52 ff.; BGH, NJW 2004, 1335 f. (5. Senat).
[103] BGH (GS), NJW 2005, 1440 ff.

F. Meyer, Der vereinbarte Rechtsmittelverzicht, StV 2004, 41.
Meyer-Goßner, Gesetzliche Regelung der „Absprachen im Strafprozess"?, ZRP 2004, 187.
Noak, Urteilsabsprachen im Jugendstrafrecht, StV 2002, 445.
Rönnau, Die neue Verbindlichkeit bei den strafprozessualen Absprachen, wistra 1998, 49.
Satzger/Höltkemeier, Zur Unwirksamkeit eines abgesprochenen Rechtsmittelverzichts, NJW 2004, 2487.
G. Schöch, Konnexität und Vertrauensschutz bei versuchter Verständigung im Strafverfahren, NJW 2004, 3462.
Zschockelt, Die Urteilsabsprache in der Rechtsprechung des BVerfG und des BGH, NStZ 1991, 305.

§ 15 Die Beweisaufnahme

701 Die Beweisaufnahme bildet in der Regel den Schwerpunkt der Hauptverhandlung. Schon bei der Erörterung des Unmittelbarkeitsgrundsatzes (*Rn. 658 ff.*) und der Instruktionsmaxime (*Rn. 684 ff.*) wurde deutlich, dass der Beweisaufnahme fundamentale Bedeutung für die Ermittlung der materiellen Wahrheit und die rationale Entscheidungsfindung zukommt.

I Grundlagen

1. Beweisbedürftigkeit

702 Im Strafverfahren bedürfen grundsätzlich alle Tatsachen, die in irgendeiner Weise für die gerichtliche Entscheidung von Bedeutung sein können, des Beweises. Die Beweisbedürftigkeit geht also sehr weit und ist der Hauptgrund für die oft sehr lange Dauer von umfangreichen Hauptverfahren. Lediglich offenkundige, d.h. allgemein- und gerichtskundige Tatsachen müssen – wie oben (*Rn. 664 f.*) bereits dargelegt – nicht bewiesen werden.

703 Eine Tatsache ist bewiesen und darf deshalb der Entscheidung zugrunde gelegt werden, wenn der Richter die **persönliche Überzeugung** vom Vorliegen der Tatsache gewonnen hat (§ 261). Nur ausnahmsweise verzichtet das Gesetz auf den vollen Beweis und begnügt sich mit der **Glaubhaftmachung**, die bereits dann gelungen ist, wenn das Gericht die behauptete Tatsache für wahrscheinlich hält (*Rn. 596*). So genügt z.B. die Glaubhaftmachung des Ablehnungsgrundes und der Rechtzeitigkeit der Geltendmachung im Richterablehnungsverfahren (§ 26 II), der Tatsachen zur Begründung des Antrages auf Wiedereinsetzung in den vorigen Stand (§ 45 II) und des Grundes, der den Zeugen zur Zeugnis- oder Auskunftsverweigerung berechtigt (§ 56).

Üblicherweise werden Haupt-, Indiz- und Hilfstatsachen unterschieden[1]. **Haupttatsachen** sind solche Umstände, die unmittelbar erheblich für die Begründung oder den Ausschluss der Strafbarkeit sind, z.B. der Schuss auf das Opfer, die Entwendung einer Sache, die Inbrandsetzung eines Gebäudes usw. **Indizien** sind dagegen Tatsachen, die allein oder im Zusammenhang mit anderen Umständen einen Schluss auf eine unmittelbar erhebliche Tatsache zulassen. Indiztatsachen sind z.B. die Anwesenheit des Angeklagten am Tatort oder an einem anderen Ort zur Tatzeit (Alibibeweis), der Besitz der Tatwaffe oder des Diebesgutes, Brandspuren an der Kleidung usw. Als **Hilfstatsachen** werden Umstände bezeichnet, die für die Beurteilung der Beweiskraft eines Beweismittels relevant sind, z.B. für die Glaubwürdigkeit eines Zeugen. Die Unterscheidung beschreibt lediglich den Grad der Beweiserheblichkeit, sie hat aber keine Bedeutung für die Beweisbedürftigkeit, die für alle Tatsachen in gleicher Weise gilt.

704

2. Streng- und Freibeweis

Die Feststellung der Tatsachen, die für die **Schuld des Angeklagten und die zu verhängenden Rechtsfolgen** Bedeutung erlangen, unterliegt strengen Anforderungen. Diese Tatsachen können nur durch die gesetzlichen Beweismittel (Zeuge, Sachverständiger, Augenschein und Urkunde) sowie die Einlassung des Angeklagten nach den in §§ 244 bis 256 festgelegten Regeln und unter Beachtung der Grundsätze der Öffentlichkeit, Unmittelbarkeit und Mündlichkeit bewiesen werden[2]. Dies wird als Strengbeweisverfahren bezeichnet.

705

Alle **übrigen Tatsachen** kann das Gericht im Wege des Freibeweises, d.h. ohne Bindung an die gesetzlichen Beweismittel und die Vorschriften über deren Erhebung und Verwendung, erforschen. Der Richter kann sich also das Wissen aus den Akten, durch behördliche Auskünfte, formlose Nachfragen usw. verschaffen. Das Freibeweisverfahren ist zum einen zulässig zur Ermittlung der prozessual erheblichen Tatsachen, z.B. zur Klärung, ob ein erforderlicher Strafantrag rechtzeitig gestellt wurde oder ob andere Verfahrensvoraussetzungen vorliegen, zum anderen zur Aufklärung von materiell-rechtlichen Tatsachen, die nicht für die Urteilsfindung relevant sind, sondern z.B. für den Erlass eines Haftbefehls oder für die Eröffnung des Hauptverfahrens.

706

Schuld- oder rechtsfolgenrelevante Tatsachen dürfen auch dann nicht im Freibeweisverfahren festgestellt werden, wenn ihre Ermittlung im Strengbeweisverfahren einen erheblichen Aufwand erfordert.

707

> **Beispiel**: Das OLG befand die Angeklagte A wegen Beteiligung an der Entführung des Lufthansa-Flugzeugs „Landshut" nach Mogadischu und der Ermordung des Flugkapitäns der Maschine des Mordes und anderer Straftaten für schuldig. Statt der für Mord an sich vorgeschriebenen lebenslangen Freiheitsstrafe verhängte der Senat unter Anwendung der §§ 1, 2 Kronzeugenregelung[3] eine Freiheitsstrafe von zwölf Jahren. Die Voraussetzungen der Strafmilderung (Eignung der von A offenbarten Tatsachen zur

---

[1] *Beulke*, Rn. 405; *Eisenberg*, Rn. 8 ff.
[2] *Eisenberg*, Rn. 35; *Meyer-Goßner*, § 244 Rn. 6.
[3] Die Regelung ist am 31.12.1999 ausgelaufen, siehe *Rn. 542*.

Aufklärung der terroristischen Straftat über ihren eigenen Tatbeitrag hinaus und zur Ergreifung der Tatbeteiligten H) stellte der Senat nicht im Strengbeweisverfahren fest, sondern durch Verlesung von gerichtlichen Entscheidungen, die gegen H ergangen waren.

708 Die Zulässigkeit des Freibeweisverfahrens zur Feststellung der für die Strafzumessung bedeutsamen Tatsachen folgert das OLG Hamburg[4] aus der Behauptung, den mit der Kronzeugenregelung verfolgten Zielen sei zu entnehmen, dass der Gesetzgeber die ohnehin vorhandenen Probleme bei der Anwendung der Regelung nicht noch durch eine Bindung an die Grundsätze des Strengbeweisverfahrens habe vermehren wollen. Dem kann jedoch nicht zugestimmt werden. Selbst wenn die Ermittlung der schuld- und rechtsfolgenrelevanten Umstände einen erheblichen Mehraufwand für die Beweisaufnahme erfordern, gelten die Grundsätze des Strengbeweisverfahrens. Weder prozessökonomische Gründe noch sonstige Schwierigkeiten der Beweisaufnahme rechtfertigen es, diese Grundsätze des Beweisrechts ohne gesetzliche Regelung einzuschränken. Hätte der Gesetzgeber die Beweisaufnahme über die Voraussetzungen der Kronzeugenregelung durch eine Anwendung des Freibeweisverfahrens erleichtern wollen, so hätte er dies ausdrücklich bestimmen müssen. Der bloßen Einführung einer Regelung, die faktisch zu einer Ausweitung der Beweisaufnahme führt, kann ein konkludenter Ausschluss des Strengbeweisverfahrens nicht entnommen werden.

Kontrollfragen
1. Worin unterscheidet sich die Glaubhaftmachung vom Vollbeweis? (Rn. 703)
2. Was ist unter Streng- und Freibeweisverfahren zu verstehen? (Rn. 705, 706)

II Die Beweismittel

709 Die StPO kennt nur vier Beweismittel, nämlich den Zeugen-, Sachverständigen-, Urkunden- und Augenscheinsbeweis. Zeuge und Sachverständiger sind **persönliche**, Urkunde und Augenschein **sachliche Beweismittel**. Die Einlassung des Angeklagten ist im eigentlichen Sinn kein Beweismittel. Das Gericht darf seine Entscheidung aber auch auf die Aussage des Angeklagten stützen, sodass seine Einlassung als **Beweismittel im weiteren Sinn** bezeichnet wird[5].

---

[4] OLG Hamburg, NStZ 1997, 443 f.
[5] *Beulke*, Rn. 179.

1. Zeugenbeweis

Der Zeuge ist in der Praxis das wichtigste Beweismittel. Obwohl Zeugenaussagen keineswegs immer verlässlich sind[6] und die Zuverlässigkeit mit zunehmendem zeitlichem Abstand von dem beobachteten Vorgang abnimmt, ist der Zeuge in aller Regel ein unverzichtbares Beweismittel.   710

(a) Begriff des Zeugen

Zeuge ist eine Person, die **eigene Wahrnehmungen über Tatsachen** dem Gericht kundtun soll. Jeder Mensch, der zur sinnlichen Wahrnehmung und zur Wiedergabe dieser Wahrnehmung in der Lage ist, kann Zeuge sein. Auch – kleine – Kinder kommen deshalb als Zeugen in Betracht, und zwar unabhängig von einem bestimmten Mindestalter, wenn von ihnen eine verständliche Kundgabe ihrer Wahrnehmungen erwartet werden kann.   711

Zeuge ist eine Person auch dann, wenn sie eine Tatsache auf Grund einer besonderen Sachkunde wahrgenommen hat. Das gilt z.B. für einen Arzt, der das Opfer einer Körperverletzung nach der Tat untersucht und behandelt hat und in der Hauptverhandlung über seine Wahrnehmung der Verletzungen aussagt. Obwohl seine Aussage auf den medizinischen Kenntnissen beruht, besitzt der Arzt nicht die Stellung eines Sachverständigen, sondern eines **sachverständigen Zeugen** (näher dazu *Rn. 741*).   712

(b) Vereinbarkeit der Zeugenstellung mit anderen Prozessrollen

Richter und **Schöffen** sind nach einer Zeugenaussage in derselben Sache gemäß §§ 22 Nr. 5, 31 I von der Mitwirkung an der Entscheidungsfindung ausgeschlossen. Die Unvereinbarkeit der Zeugenstellung mit der Richterrolle gilt nicht nur für den Fall, dass der Richter bzw. Schöffe in der Hauptverhandlung eine zeugenschaftliche Aussage macht, da er seine eigene Bekundung nicht unvoreingenommen würdigen kann, sondern der Ausschluss tritt von Gesetzes wegen generell ein, d.h., auch dann, wenn sich der Richter/Schöffe in einem früheren Verfahrensstadium gegenüber einem zuständigen Strafverfolgungsorgan zur Sache – mündlich oder schriftlich[7] – geäußert hat. § 22 Nr. 5 eröffnet den Beweisantragsberechtigten eine Möglichkeit, einen missliebigen Richter von der weiteren Mitwirkung in der Hauptverhandlung auszuschließen, indem dessen Zeugenvernehmung durch einen geschickt formulierten Beweisantrag herbeigeführt wird. Um einem Missbrauch der Ausschlusswirkung entgegenzuwirken, ist die Ablehnung eines Beweisantrages zulässig, wenn der Richter dienstlich erklärt, über die Beweistatsache nichts zu wissen[8]. Diese dienstliche Erklärung ist keine Zeugenaussage, sodass § 22 Nr. 5 der weiteren Mitwirkung des Richters nicht entgegensteht.   713

§ 22 Nr. 5 gilt für den **Staatsanwalt** zwar weder unmittelbar noch analog[9], grundsätzlich lässt sich die Zeugenrolle mit der Stellung als Sitzungsvertreter der   714

---

[6] Näher dazu *Kühne*, Rn. 795 f.; *Scholz*, NStZ 2001, 572 ff.
[7] *Eisenberg*, Rn. 1008; *Meyer-Goßner*, § 22 Rn. 20; *Rudolphi*, in: SKStPO, § 22 Rn. 21. A.A. *Wendisch* (in: LR^{25}, § 22 Rn. 43), der eine schriftliche Äußerung nicht genügen lässt.
[8] BGHSt 7, 330, 331; *Geppert*, Jura 1991, 80, 87; *Meurer*, S. 63.
[9] *Eisenberg*, Rn. 1019; *Meyer-Goßner*, Vor § 22 Rn. 3.

Staatsanwaltschaft in der Hauptverhandlung aber nicht vereinbaren, da dem „Zeugenstaatsanwalt" die erforderliche Sachlichkeit und Objektivität bei der Würdigung seiner eigenen Aussage im Schlußvortrag fehlt[10]. Im Ermittlungs- und Zwischenverfahren kommt eine zeugenschaftliche Aussage des Staatsanwalts praktisch nicht vor. In der Hauptverhandlung werden jedoch bisweilen Beweisanträge gestellt, die auf die Vernehmung des Sitzungsstaatsanwalts gerichtet sind. Gerade in umfangreichen Strafverfahren dient die Herbeiführung seiner Zeugenaussage nicht selten dem Zweck, den Staatsanwalt, der die Ermittlungen geführt hat und deshalb mit der Sache am besten vertraut ist, aus dem Verfahren „herauszuschießen". In solchen Verfahren vertritt nämlich meistens der ermittelnde Staatsanwalt die von ihm erhobene Anklage auch in der Hauptverhandlung.

Beispiel: Die Verteidigung der wegen gemeinschaftlichen Betruges und Vortäuschens einer Straftat angeklagten M und W beantragte die Vernehmung der Sitzungsstaatsanwältin S, die auch das Ermittlungsverfahren durchgeführt hatte. S sollte zu den Erkenntnissen der Staatsanwaltschaft und der Polizei über andere Beschuldigte und zu dem Verhalten der Behörden diesen gegenüber vernommen werden. Die Strafkammer gab dem Beweisantrag statt, und S sagte als Zeugin aus. Die Verteidigung beantragte daraufhin ihren Ausschluss von der weiteren Hauptverhandlung. Die Strafkammer lehnte diesen Antrag jedoch ab. S nahm deshalb an der Hauptverhandlung weiter teil und hielt einen Schlussvortrag, wobei ihre eigene Aussage allerdings von einem anderen Staatsanwalt gewürdigt wurde. Zwei Fortsetzungstermine nahm S allein wahr und wiederholte in der zweiten Sitzung ihren früheren Strafantrag.

715 Die konsequente Anwendung des Grundsatzes, dass der als Zeuge vernommene Staatsanwalt an der Hauptverhandlung nicht mehr teilnehmen darf, würde faktisch zu einem Ausschluss des ermittelnden Staatsanwalts führen. Seine Entfernung aus der Sitzung wäre nämlich – quasi nach Belieben des Angeklagten oder seines Verteidigers – möglich, da sich in der Regel mit etwas Geschick ein Beweisantrag formulieren lässt, der vom Gericht nicht abgelehnt werden kann[11]. Die h.M. gestattet deshalb in zwei Fallgruppen die weitere Mitwirkung des Zeugenstaatsanwalts, und zwar zum einen, wenn seine Aussage lediglich technische, mit seiner Tätigkeit im bisherigen Verfahren notwendig verbundene Vorgänge betrifft[12], und zum anderen, wenn sich die Erörterung und Bewertung der eigenen Aussage von der übrigen Tätigkeit als Sitzungsvertreter abgrenzen lässt, z.B. bei zeugenschaftlichen Bekundungen, die nur einen von mehreren Angeklagten oder einen von mehreren Tatvorwürfen betreffen[13]. Erforderlich ist allerdings, dass ein weiterer Staatsanwalt hinzugezogen wird, der die Aussage des Zeugenstaatsanwalts im Schlussvortrag würdigt[14]. Der BGH[15] beanstandete die weitere Mitwir-

---

[10] BGHSt 21, 85, 90; BGH, NStZ 1983, 135; *Beulke*, Rn. 95; *Roxin*, § 26 Rn. 9.
[11] Vgl. *Dose*, NJW 1978, 349, 350 f.
[12] BGHSt 14, 265, 267; *Eisenberg*, Rn. 1021; *Krey* I, Rn. 458; *Schneider*, NStZ 1994, 457, 458.
[13] BGHSt 21, 85, 89; *Dahs*, in: LR[25], Vor § 48 Rn. 26; *Eisenberg*, Rn. 1022.
[14] *Eisenberg*, Rn. 1021, 1022.
[15] BGH, NStZ 1989, 583.

kung der S in unserem Fall deshalb zu Recht nicht. Die Zeugenvernehmung in einer früheren Hauptverhandlung hindert die Sitzungsvertretung im Übrigen generell nicht[16].

Der **Privatkläger** kann nicht zugleich Zeuge sein. Mit der Rolle als **Nebenkläger** ist die Zeugenstellung dagegen vereinbar (vgl. § 397 I 1). 716

Der **Verteidiger** kann weiterhin tätig sein, auch wenn er in derselben Sache als Zeuge ausgesagt hat. §§ 138a I, II, 138b führen die Gründe, die zum Ausschluss des Verteidigers führen, abschließend auf, und die Zeugenvernehmung ist dort nicht genannt. 717

Strittig ist, ob und unter welchen Voraussetzungen ein – früherer – **Mitbeschuldigter** als Zeuge vernommen werden darf. Wird gegen mehrere Angeklagte gemeinsam verhandelt, so scheiden sie als Zeugen aus, da der Beschuldigte/Angeklagte nach deutschem Strafprozessrecht nicht Zeuge in dem gegen ihn gerichteten Verfahren sein kann[17]. Die Hauptverhandlung muss aber nicht notwendig gegen alle Mitbeschuldigten gemeinsam stattfinden, sondern es ist grundsätzlich zulässig, dass die Staatsanwaltschaft oder das Gericht das Verfahren gegen Mitbeschuldigte abtrennt und sie in einem gesonderten Strafverfahren verfolgt oder das abgetrennte Verfahren einstellt. Dann stellt sich die Frage, ob der frühere Mitbeschuldigte bzw. Mitangeklagte, in der Hauptverhandlung zeugenschaftlich vernommen werden darf. 718

Beispiel: Der Verteidiger des Angeklagten A beantragte in der Hauptverhandlung die zeugenschaftliche Vernehmung des früheren Mitangeklagten B. B, der Bruder des A, war ursprünglich wegen eines gemeinschaftlich mit A begangenen Diebstahls angeklagt worden. Die Strafkammer hatte jedoch das Verfahren gegen B abgetrennt und gemäß § 205 vorläufig eingestellt. Das Gericht lehnte den Beweisantrag mit der Begründung ab, B habe durch seine Stellung als Mitangeklagter die Fähigkeit verloren, Zeuge in diesem Verfahren zu sein.

Die h.M.[18] vertritt einen **formellen Mitbeschuldigtenbegriff**. Danach ist nur derjenige ein Mitbeschuldigter, gegen den in ein und demselben Verfahren ermittelt bzw. verhandelt wird. Der formale Akt der Verbindung mehrerer Strafsachen (vgl. § 237) begründet somit die Mitbeschuldigteneigenschaft, die Trennung hebt sie auf. Die Gegenmeinung[19] propagiert einen **materiellen Mitbeschuldigtenbegriff**, nach dem jeder Verdächtige einer Tat im prozessualen Sinne unabhängig von seiner formalen Stellung als (Mit-)Beschuldigter zu betrachten ist. Eine dritte Auffassung[20] kombiniert **formelle und materielle Elemente**. Für die Begründung der Mitbeschuldigteneigenschaft ist danach zwar das formelle Element der Einleitung des Ermittlungsverfahrens erforderlich. Ist die Stellung als Mitbeschuldigter 719

---

[16] BGH, NStZ 1994, 194.
[17] BGHSt 10, 8, 10.
[18] BGH, NJW 1985, 76; *Geppert*, Jura 1991, 80, 85 f.; *Meyer-Goßner*, Vor § 48 Rn. 21; *Meurer*, S. 63; *Rogall*, in: SKStPO, Vor § 133 Rn. 55.
[19] *Peters*, § 42 II 2; *Prittwitz*, Der Mitbeschuldigte im Strafprozeß, 1984, S. 139 ff.; *Roxin*, § 26 Rn. 5.
[20] *Beulke*, Rn. 185; *Eisenberg*, Rn. 931; *Schlüchter*, Lehrbuch, Rn. 478 f.

auf diese Weise entstanden, so bleibe sie aber bis zum rechtskräftigen Abschluss des Strafverfahrens wegen derselben Tat bestehen.

720 Die an dem materiellen Kriterium des Tatverdachts orientierten Auffassungen stützen ihre Sicht hauptsächlich auf das Argument, dass die Staatsanwaltschaft und das Gericht nicht die Möglichkeit haben dürften, dem Tatverdächtigen seine Rechtsstellung als Beschuldigter durch eine Abtrennung nach eigenem Belieben zu entziehen. Anzuerkennen ist, dass zumindest die Gefahr einer Manipulation zum Nachteil des Beschuldigten besteht. Er hat zwar als Zeuge bei einer Selbstbelastungsgefahr gemäß § 55 I ein Auskunftsverweigerungsrecht, dieses reicht aber nicht so weit wie das umfassende Schweigerecht des Beschuldigten. Mit dem Gesetz sind die materiellen Theorien dennoch nicht vereinbar, denn §§ 55 I, 60 Nr. 2 setzen voraus, dass der Mitbeschuldigte als Zeuge in Betracht kommt. Der Missbrauchsgefahr trägt im Übrigen auch die h.M. Rechnung, indem sie eine willkürliche Verfahrenstrennung, die allein dem Zweck dient, den Mitbeschuldigten als Zeugen zu „gewinnen", als prozessordnungswidrig betrachtet mit der Folge, dass die so erlangte Aussage einem Beweisverwertungsverbot unterfällt[21]. Auf diese Weise ist sowohl den Belangen der Strafrechtspflege als auch den Interessen des Mitbeschuldigten gedient. Die h.M. verdient somit Zustimmung. – *Fallsammlung, Rn. 483-488.* –

721 In unserem Fall durfte B deshalb in der Hauptverhandlung als Zeuge vernommen werden, da die Verfahrenstrennung nicht dazu diente, ihn zu einer Zeugenaussage bewegen zu können. Die Strafkammer durfte den Beweisantrag des A daher nicht ablehnen[22].

(c) Rechte und Pflichten des Zeugen

722 Der Zeuge ist grundsätzlich berechtigt, sich zur Sicherung der Zeugnis- und Auskunftsverweigerungsrechte und zur Vermeidung von Aussagefehlern, Fehlinterpretationen seines Aussageverhaltens und sonstiger Missverständnisse des **Beistands eines Rechtsanwalts** zu bedienen[23]. Ausdrücklich gesetzlich geregelt ist dies für richterliche und staatsanwaltschaftliche Vernehmungen des Verletzten (§ 406f II). Für andere Zeugen folgt dieses Recht aus dem Gebot einer fairen Verfahrensgestaltung[24]. § 68b, der durch das Zeugenschutzgesetz eingefügt wurde, schreibt zudem die Beiordnung eines anwaltlichen Beistands vor, wenn ersichtlich ist, dass der Zeuge seine Befugnisse nicht selbst wahrnehmen kann. Der Zeuge hat darüber hinaus das **Recht auf angemessene Behandlung**. Verbotenen Vernehmungsmethoden im Sinne des § 136a darf er selbstverständlich nicht unterworfen werden (§ 69 III)

723 Der Zeuge ist verpflichtet, auf eine ordnungsgemäße Ladung vor dem Gericht zu erscheinen. Die StPO nennt die **Erscheinenspflicht** nicht ausdrücklich. § 51, der die Folgen eines unentschuldigten Ausbleibens regelt, setzt sie jedoch voraus. Erscheint der Zeuge nicht zu dem festgesetzten Termin, so erlegt das Gericht ihm

---

[21] Näher dazu *Geppert*, Jura 1991, 80, 86.
[22] BGH, NJW 1985, 76 f.
[23] *Lemke*, in: HKStPO, Vor §§ 48 ff. Rn. 14.
[24] Vgl. BVerfGE 38, 105, 112.

die durch das Ausbleiben verursachten Kosten auf (§ 51 I 1) und setzt zugleich ein Ordnungsgeld sowie für den Fall der Uneinbringlichkeit Ordnungshaft fest (§ 51 I 2), es sei denn, dass der Zeuge sein Ausbleiben rechtzeitig genügend entschuldigt (§ 51 II 1). Die Mindest- und Höchstgrenzen der Ordnungsmittel sind nicht in der StPO, sondern in Art. 6 EGStGB festgelegt. Das Ordnungsgeld beträgt danach mindestens 5,- Euro und höchstens 1.000,- Euro, die Ordnungshaft beläuft sich auf mindestens einen Tag und höchstens sechs Wochen. Ordnungsmittel können in derselben Sache noch einmal wiederholt werden (§ 51 I 4). Unabhängig davon kann das Gericht den Zeugen im Wege der Vorführung zum Erscheinen zwingen (§ 51 I 3), wenn zu befürchten ist, dass der Zeuge einer erneuten Ladung nicht Folge leisten wird.

Die **Aussagepflicht** des Zeugen ergibt sich aus § 70, der die Auferlegung der Kosten sowie die Verhängung von Ordnungsgeld und (Ersatz-)Ordnungshaft für den Fall vorschreibt, dass der Zeuge die Aussage ohne gesetzlichen Grund verweigert (§ 70 I). Darüber hinaus kann der Zeuge gemäß § 70 II zur Erzwingung der Aussage für maximal sechs Monate in Beugehaft genommen werden, jedoch nicht über die Beendigung des Verfahrens in der Instanz hinaus. Es versteht sich von selbst, dass die Aussage des Zeugen der Wahrheit entsprechen muss. §§ 153 ff. StGB stellen die Verletzung der Wahrheitspflicht im Übrigen unter Strafe.

724

In der Hauptverhandlung besteht zudem grundsätzlich die **Pflicht zur Beeidigung der Aussage**. Bis zur Neuregelung durch das 1. Justizmodernisierungsgesetz (JuMoG) vom 24. 8. 2004 war die Vereidigung der gesetzliche Regelfall (§ 59 StPO a.F.). Nunmehr wird der Zeuge nach § 59 I 1 nur noch vereidigt, wenn das Gericht nach seinem Ermessen die Vereidigung wegen der ausschlaggebenden Bedeutung der Aussage des Zeugen oder zur Herbeiführung einer wahren Aussage für notwendig hält[25]. Die Entscheidung trifft auch nach der Neuregelung zunächst der Vorsitzende kraft seiner Sachleitungsbefugnis[26] (§ 238 I). Im deutschen Strafprozess wird der Zeuge gemäß § 59 II 1 nach seiner Aussage vereidigt (sog. Nacheid). Die Trennung von Aussage und Eidesleistung gibt ihm die Gelegenheit, eine falsche Aussage noch zu berichten und so die erhöhte Strafe des § 154 StGB zu vermeiden. Nicht vereidigt werden dürfen Eidesunmündige, d.h. Personen, die noch nicht sechzehn Jahre alt sind, und Eidesunfähige, d.h. Zeugen, die wegen mangelnder Verstandesreife oder wegen einer psychischen Krankheit oder wegen einer geistigen oder seelischen Behinderung das Wesen und die Bedeutung des Eides nicht erfassen (§ 60 Nr. 1), sowie Personen, die der Beteiligung an der Tat oder der Begünstigung, Strafvereitelung oder Hehlerei verdächtig oder deswegen bereits verurteilt worden sind (§ 60 Nr. 2).

725

(d) Zeugnis-, Auskunfts- und Eidesverweigerungsrechte

Der Zeuge kann nach Maßgabe der §§ 52-56 das Zeugnis insgesamt oder Auskünfte zu bestimmten Fragen sowie nach § 61 die Eidesleistung zulässigerweise verweigern.

726

---
[25] Siehe dazu *Knauer/Wolf*, NJW 2004, 2932 f.; *Peglau/Wilke*, NStZ 2005, 186 ff.
[26] BGH, StV 2005, 200, mit Anm. *Schlothauer*.

727 Ein umfassendes Zeugnisverweigerungsrecht steht dem **Angehörigen des Beschuldigten/Angeklagten** im Sinne des § 52 I zu[27]. Die Aufzählung der in der Vorschrift genannten Personen ist abschließend, sodass z.B. Pflegekindern gegenüber ihren Pflegeeltern kein Zeugnisverweigerungsrecht zusteht[28]. Der Zeuge kann das Zeugnis insgesamt verweigern, wenn sich das Verfahren gegen mehrere Angeklagte richtet und der Sachverhalt, zu dem er aussagen soll, auch seinen Angehörigen betrifft[29]. Das Zeugnisverweigerungsrecht entfällt nach neuerer Rechtsprechung jedoch, wenn das Verfahren gegen den mitbeschuldigten Angehörigen durch einen rechtskräftigen Freispruch oder eine rechtskräftige Verurteilung abgeschlossen oder der Angehörige verstorben ist[30]. – *Fallsammlung, Rn. 419 f.* –

728 Die in § 53 I 1 Nr. 1-4 genannten **Berufsgeheimnisträger** – Geistliche (Nr. 1), Verteidiger (Nr. 2), Rechtsanwälte, Ärzte und Angehörige ähnlicher Berufsgruppen (Nr. 3), Schwangerschaftsberater (Nr. 3a), Drogenberater (Nr. 3b), Abgeordnete (Nr. 4) – sowie ihre **Berufshelfer** (§ 53a) dürfen die Aussage über Tatsachen verweigern, die ihnen in ihrer beruflichen Eigenschaft anvertraut oder bekanntgeworden sind. Das Zeugnisverweigerungsrecht der Mitarbeiter von Presse und Rundfunk (§ 53 I 1 Nr. 5) ist recht unübersichtlich geregelt. Es umfasst Informationen über die Person des Verfassers, Einsenders oder Gewährsmanns von Beiträgen und Unterlagen oder sonstigen Informanten, über Mitteilungen, die der Mitarbeiter in seiner beruflichen Eigenschaft erhalten hat, sowie grundsätzlich auch über den Inhalt selbst recherchierten Materials, soweit es sich um Beiträge, Unterlagen oder Mitteilungen für den redaktionellen Teil oder redaktionell aufbereitete Informations- und Kommunikationsdienste handelt (§ 53 I 2). Das Recht zur Verweigerung der Zeugnisses über selbst recherchierte Informationen entfällt gemäß § 53 II 2 allerdings, wenn die Aussage zur Aufklärung eines Verbrechens im technischen Sinne (§ 12 I StGB) beitragen soll oder wenn Gegenstand der Untersuchung eine Straftat aus dem Katalog der Vorschrift ist und die Erforschung des Sachverhalts oder die Ermittlung des Aufenthaltsortes des Beschuldigten auf andere Weise aussichtslos oder wesentlich erschwert wäre (strenge Subsidiaritätsklausel). Lässt die Aussage über selbst recherchierte Informationen jedoch Rückschlüsse auf Informationen zu, die dem uneingeschränkten Zeugnisverweigerungsrecht nach § 53 I 1 Nr. 5 unterliegen (z.B. auf einen Informanten), so darf der Journalist auch in diesen Fällen die Aussage verweigern (§ 53 II 3). Im Gegensatz zu dem umfassenden Zeugnisverweigerungsrecht des Angehörigen steht den Berufsgeheimnisträgern also nur ein **thematisch begrenztes Zeugnisverweigerungsrecht** zu.

729 Entbindet derjenige, zu dessen Gunsten das Zeugnisverweigerungsrecht besteht, einen Berufsgeheimnisträger im Sinne des § 53 I Nr. 2 bis 3b (Verteidiger, Rechtsanwalt, Arzt usw., Schwangerschafts- oder Drogenberater), so muss dieser

---

[27] Ausführlich hierzu *Fürmann*, JuS 2004, 303 ff.
[28] *Kett-Straub*, ZRP 2005, 46, 47 ff., die aber eine entsprechende Ergänzung des § 52 I fordert.
[29] BGHSt 34, 215, 216.
[30] BGHSt 38, 96, 101; BGH, NJW 1992, 1118 f.; NJW 1993, 2326. A.A. *Beulke*, Rn. 192; *Dahs*, in LR[25], § 52 Rn. 20.

aussagen (§ 53 II 1). Die Entbindung von der Schweigepflicht kann widerrufen werden. Strittig ist, ob die Bekundungen eines zeugnisverweigerungsberechtigten Berufsgeheimnisträgers, der sich zur Aussage entschließt, ohne von seiner Schweigepflicht entbunden worden oder sonst zur Offenbarung befugt zu sein, verwertet werden dürfen. Eine in der Literatur vertretene Auffassung[31] lehnt die Verwertung generell ab, wenn die Aussage des Geheimnisträgers eine nach § 203 I StGB strafbare Geheimnisverletzung darstellt. Nach h.M.[32] hindert das fehlende Einverständnis desjenigen, zu dessen Gunsten das Aussageverweigerungsrecht besteht, die Verwertung der Aussage des Geheimnisträgers dagegen selbst dann nicht, wenn sie gegen § 203 StGB verstößt. Zustimmung verdient grundsätzlich die h.M., da § 203 StGB keine unmittelbaren Auswirkungen auf das Strafprozessrecht entfaltet und § 53 I gerade kein Aussageverbot, sondern lediglich ein Aussageverweigerungsrecht enthält (siehe auch *Rn. 391*). Ein Verwertungsverbot kann sich allerdings im Einzelfall nach den allgemeinen Regeln aus dem Grundgesetz ergeben, wenn das Geheimnis der Privatsphäre zuzuordnen ist, in die nur eingegriffen werden darf, wenn unabweisbare Bedürfnisse einer wirksamen Strafverfolgung und Verbrechensverfolgung dies rechtfertigen[33]. Da die Verwertung eines an sich durch § 53 I geschützten Geheimnisses in ähnlicher Weise in die Privatsphäre eingreifen kann wie die Verwertung von Tagebuchaufzeichnungen, bietet es sich an, die dafür entwickelten Maßstäbe (*Rn. 398*) heranzuziehen. Unabhängig davon ist die Aussage eines zeugnisverweigerungsberechtigten Berufsgeheimnisträgers generell unverwertbar, wenn das Gericht in dessen Entschließungsfreiheit durch den falschen Hinweis, der Geschützte habe ihn von der Schweigepflicht entbunden, eingreift und der Zeuge deshalb glaubt, gemäß § 53 II 1 zur Aussage verpflichtet zu sein[34].

Angehörige des öffentlichen Dienstes dürfen – und müssen – das Zeugnis über Tatsachen, die der dienstlichen Verschwiegenheitspflicht unterliegen, verweigern, es sei denn, dass der Dienstvorgesetzte eine Aussagegenehmigung erteilt hat (vgl. § 54)[35]. Versagt er die Aussagegenehmigung, so ist die Vernehmung des Zeugen unzulässig[36]. Das Gericht darf die Versagung der Aussagegenehmigung jedoch nicht ohne weiteres akzeptieren, sondern es muss die gesetzlich vorgesehenen Maßnahmen ergreifen, um den Vorgesetzten umzustimmen, wenn dies nicht von vornherein aussichtslos erscheint (*Rn. 678*). Sagt der Zeuge ohne Aussagegenehmigung aus, so sind seine Bekundungen verwertbar[37].

730

---

[31] *Beulke*, Rn. 194, 462; *Fezer*, 15/21; *Ranft*, Rn. 551 ff.; *Roxin*, § 26 Rn. 22; *Rüping*, Rn. 490.
[32] BGHSt 9, 59, 61; 15, 200, 202; 18, 146, 147; *Eisenberg*, Rn. 1265; *Meyer-Goßner*, § 53 Rn. 6; *Schlüchter*, Lehrbuch, Rn. 489.2.
[33] *Dencker*, Verwertungsverbote im Strafprozeß, 1977, S. 131 f.; *Kühne*, in: AKStPO, § 53 Rn. 6.
[34] BGHSt 42, 73, 75 ff.
[35] Zu den einschlägigen Regelungen über die Amtsverschwiegenheit und die Erteilung einer Aussagegenehmigung siehe *Meyer-Goßner*, § 54 Rn. 4 ff.
[36] BGHSt 17, 382, 384; OLG Hamm, MDR 1976, 1040.
[37] *Meyer-Goßner*, § 54 Rn. 15; *Kühne*, in: AKStPO, § 54 Rn. 10.

731 Der Zeuge hat gemäß § 55 das Recht, die Auskunft auf einzelne Fragen zu verweigern, wenn er durch die Beantwortung der Frage sich oder einen Angehörigen im Sinne des § 52 I der Verfolgungsgefahr wegen einer Straftat oder Ordnungswidrigkeit aussetzen würde. Da § 55 im Gegensatz zu §§ 52, 53, 53a, 54 die Zeugnispflicht grundsätzlich unberührt lässt, wird dieses Recht als **Auskunftsverweigerungsrecht** bezeichnet.

732 Der Angehörige des Beschuldigten sowie der gesetzliche Vertreter, der zur Entscheidung über die Ausübung des Zeugnisverweigerungsrechts eines Zeugen, dem die notwendige Verstandesreife oder -kraft fehlt, berufen ist (§ 52 II), sind gemäß § 52 III 1 vor jeder Vernehmung über das Zeugnisverweigerungsrecht zu **belehren**. Unterbleibt die Belehrung, die im Übrigen auch für staatsanwaltschaftliche und polizeiliche Vernehmungen vorgeschrieben ist (§§ 161a I 2, 163a V), so darf die Aussage nicht verwertet werden, es sei denn, es steht fest, dass der Zeuge bzw. sein Vertreter das Zeugnisverweigerungsrecht kannte und auch bei ordnungsgemäßer Belehrung davon keinen Gebrauch gemacht hätte[38]. § 55 II schreibt die Belehrung eines Zeugen über das Auskunftsverweigerungsrecht vor, wenn Grund zu der Annahme besteht, dass die Beantwortung der Frage(n) ihn oder einen Angehörigen in die Gefahr der Verfolgung bringen könnte. Das Unterbleiben der Belehrung macht die Aussage im Verfahren gegen den Angeklagten nach zutreffender Auffassung[39] nicht unverwertbar, da die Belehrung nicht in seinem Interesse, sondern in dem des Zeugen bzw. des Angehörigen erfolgt. Eine Belehrung der Berufsgeheimnisträger und ihrer Helfer ist nicht vorgesehen und auch nicht zu erteilen, da bei den Angehörigen der betroffenen Berufsgruppen vorausgesetzt wird, dass sie Ausmaß und Grenzen des Zeugnisverweigerungsrechts kennen[40]. Auch die Angehörigen des öffentlichen Dienstes werden nicht belehrt.

733 Beruft sich der Zeuge auf ein Zeugnis- oder Auskunftsverweigerungsrecht nach §§ 52, 53, 53a[41], 55, so muss er die Tatsachen, aus denen es sich ergibt, nicht beweisen, sondern es genügt die **Glaubhaftmachung** (*Rn. 703*), die durch eine eidliche Versicherung erfolgen kann (§ 56).

734 Die Angehörigen im Sinne des § 52 I haben, auch wenn sie sich zur Aussage entschließen, das Recht, die **Beeidigung zu verweigern**; über dieses Recht sind sie zu belehren (§ 61).

(e) Maßnahmen zum Schutz des Zeugen

735 Die Pflicht, in öffentlicher Hauptverhandlung die für die gerichtliche Entscheidung relevanten Wahrnehmungen zu offenbaren, kann zu vielfältigen und unter Umständen ganz erheblichen Belastungen des Zeugen führen. Das Strafverfahrensrecht enthält zahlreiche Vorschriften, die der Wahrung der schutzwürdigen Belange des Zeugen – und anderer Personen – dienen. Gleichwohl wird beklagt,

---

[38] BGHSt 40, 336, 339, mit abl. Anm. *Eisenberg*, StV 1995, 625. Differenzierend *Eisenberg/Zötsch*, NJW 2003, 3676, 3679.
[39] BGHSt (GS) 11, 213, 218; *Beulke*, Rn. 464. A.A. *Roxin*, § 24 Rn. 26.
[40] BGHSt 42, 73, 76.
[41] § 56 gilt auch für die Berufshelfer nach § 53a, *Lemke*, in: HKStPO, § 56 Rn. 1.

dass die Wahrheitsfindung und der Beschuldigtenschutz vielfach zu einseitig auf Kosten des Zeugen verfolgt würden[42].

Die **Persönlichkeitsrechte** des Zeugen sind zu schützen, soweit sich dies mit dem Interesse an der Sachaufklärung vereinbaren lässt[43]. Zu Tatsachen, die dem Zeugen oder einem Angehörigen zur Unehre gereichen oder deren persönlichen Lebensbereich betreffen, soll der Zeuge deshalb nur befragt werden, wenn es für die Aufklärung der Wahrheit unerläßlich ist (§ 68a I), zu Vorstrafen, wenn deren Feststellung zur Entscheidung über die Vereidigungsvoraussetzungen oder zur Beurteilung der Glaubwürdigkeit des Zeugen notwendig ist (§ 68a II). Fragen, die aus rechtlichen Gründen nicht gestellt werden dürfen, sind ungeeignet im Sinne des § 241 II[44] und können vom Vorsitzenden gemäß § 238 I zurückgewiesen werden. Während der Erörterung von Umständen aus dem persönlichen Lebensbereich des Zeugen kann gemäß § 171b GVG die Öffentlichkeit ausgeschlossen werden. Die vorübergehende Ausschließung des Angeklagten ist zulässig, wenn die Anwesenheit des Angeklagten bei der Vernehmung zu einer erheblichen Gesundheitsgefährdung des Zeugen führen kann (§ 247 S. 2). Noch weiter geht der **Schutz kindlicher und jugendlicher Zeugen unter sechzehn Jahren**. § 241a I legt ihre Vernehmung in die Hände des Vorsitzenden. Wollen die übrigen Beteiligten den Zeugen befragen, so müssen sie ihre Fragen grundsätzlich über den Vorsitzenden stellen; eine unmittelbare Befragung findet nur statt, wenn kein Nachteil für das Wohl des Zeugen zu befürchten ist (§ 241a II). Während der Vernehmung des jugendlichen Zeugen können zudem die Öffentlichkeit nach § 172 Nr. 4 GVG und der Angeklagte nach § 247 S. 2 ausgeschlossen werden, wenn seine Gegenwart einen erheblichen Nachteil für das Wohl des Zeugen befürchten lässt.

736

Diese Maßnahmen können dem Zeugen allerdings die schwerwiegenden Belastungen, die bisweilen mit einer Aussage im Sitzungszimmer in Anwesenheit der übrigen Prozessbeteiligten verbunden sind, nicht ersparen. Der Einsatz der Videotechnologie soll hier Abhilfe schaffen.

737

> **Beispiel**: In einem Verfahren wegen sexuellen Missbrauchs von Kindern beschloss die Strafkammer, kindliche Zeugen durch den Vorsitzenden nicht im Gerichtssaal, sondern in einem Vernehmungszimmer zu befragen und die Vernehmung mittels Videoprojektion in den Gerichtssaal zu übertragen. Während der Vernehmung der Kinder nahm der Stellvertreter des Vorsitzenden die Sitzungsleitung wahr und übermittelte diesem telefonisch Anträge und Beanstandungen der Verfahrensbeteiligten. Die Videoaufnahmen wurden nicht mitgeschnitten, sondern lediglich auf eine Leinwand im Gerichtssaal übertragen. Allen Verfahrenbeteiligten war dadurch eine akustische und visuelle Wahrnehmung der Vernehmung durch den Vorsitzenden möglich.

Über die Zulässigkeit der **Videovernehmung**, für die vor Einfügung des § 247a durch das Zeugenschutzgesetz keine ausdrückliche gesetzliche Grundlage

738

---

[42] *Krey*, Meyer-Gedächtnisschrift, 1990, 239, 240.
[43] BGHSt 48, 372; BGH, NJW 2005, 1519, 1520 f.; siehe auch den Rahmenbeschluss der EU über die Stellung des Opfers im Strafverfahren vom 15. 3. 2001, ABlEG Nr. L 82 vom 22. 3. 2001, S. 1.
[44] BGHSt 13, 252, 253; 21, 334, 360; *Meyer-Goßner*, § 241 Rn. 15.

vorhanden war, wurde heftig gestritten. Nach überwiegender Auffassung[45] verletzt eine Videovernehmung, bei der der Vorsitzende den Sitzungssaal verlässt, die Prinzipien der Unmittelbarkeit und Mündlichkeit, die Pflicht zur ununterbrochenen Anwesenheit der zur Urteilsfindung berufenen Personen in der Hauptverhandlung (§ 226) und die Prozessleitungskompetenz des Vorsitzenden (§ 238 I). Diese Bedenken greifen zwar nach zutreffender Auffassung nicht durch[46]. Nicht zu verkennen ist aber, dass das Prinzip der formellen Unmittelbarkeit und die Pflicht der Gerichtspersonen zur ununterbrochenen Anwesenheit in der Hauptverhandlung gewisse Einschränkungen erfahren, weil der Vorsitzende während der Vernehmung von dem Geschehen im Gerichtssaal ausgeschlossen ist und er somit die Reaktionen der übrigen Beteiligten, insbesondere des Angeklagten, auf die Aussagen des Zeugen nicht wahrnehmen kann. § 247a liegt deshalb ein anderes Modell der Videovernehmung, das diese Nachteile vermeidet, zugrunde[47]. Der Vorsitzende bleibt im Sitzungssaal und führt von dort aus die Vernehmung des in einem anderen Raum befindlichen Zeugen durch, dessen Aussagen per Videoübertragung in den Sitzungssaal übermittelt werden. Die Vorschrift gestattet die simultan übertragene Videovernehmung im Übrigen nicht nur von Kindern, sondern auch von Erwachsenen, wenn bei einer Vernehmung in Gegenwart der in der Hauptverhandlung anwesenden Personen die dringende Gefahr eines schwerwiegenden Nachteils für das Wohl des Zeugen besteht, die nicht in anderer Weise abgewendet werden kann[48]. Die Regelung gewährleistet dadurch in umfassender Weise den Schutz von Zeugen, die durch ihre Aussage besonderen Belastungen ausgesetzt sind. Zum Schutz des Zeugenwohls darf darüber hinaus unter denselben Voraussetzungen die richterliche **Zeugenvernehmung im Ermittlungsverfahren** unter Einsatz der Videotechnologie erfolgen, indem der Richter die Vernehmung getrennt von den Anwesenheitsberechtigten durchführt und die Vernehmung diesen Personen simultan in Bild und Ton übertragen wird (§ 168e StPO). Dem Zeugen wird für die Dauer der Vernehmung ein Rechtsanwalt als **Beistand** beigeordnet, wenn ersichtlich ist, dass er seine Befugnisse bei der Vernehmung nicht selbst wahrnehmen kann (§ 68b). Sowohl dem Zeugenschutz als auch dem Aufklärungsinteresse des Staates dienen die Möglichkeiten, **Videoaufzeichnungen von Zeugenaussagen** herzustellen, wenn zu erkennen ist, dass der Zeuge voraussichtlich in der Hauptverhandlung nicht zur Verfügung stehen wird und die Aufzeichnung zur Erforschung der Wahrheit unerlässlich ist. Unter diesen Voraussetzungen kann schon im Ermittlungsverfahren eine Videoaufzeichnung der Aussage angefertigt werden (§ 58a), aber auch in der Hauptverhandlung (§ 247a S. 4), wenn damit zu

---

[45] *Dahs*, NJW 1996, 178; *Eisenberg*, Rn. 1328f; *Geppert*, Jura 1996, 550, 552 ff.; *Hohnel*, NJW 2004, 1356, 1357; *Hussels*, ZRP 1995, 242 f.; *Julius*, in: HKStPO, § 250 Rn. 5; *Laubenthal*, JZ 1996, 335, 343; *Mehle*, StraFo 1996, 2; *Strate*, StraFo 1996, 2, 4 f. Unentschieden BGH, NStZ 1995, 557, 558.
[46] LG Mainz, NJW 1996, 208 f.; *Wegner*, ZRP 1995, 406 ff.; *Rüping*, Rn. 413.
[47] *Meyer-Goßner*, § 247a Rn. 1. Ob die Videovernehmung für die Kinder schonender ist als die unmittelbare Vernehmung in der Hauptverhandlung, ist allerdings zweifelhaft, zu den Erfahrungen mit der Videovernehmung von Kindern siehe von *Knoblauch zu Hatzbach*, ZRP 2000, 276 ff.
[48] Dazu BGH, NStZ 2000, 440, 441.

rechnen ist, dass der Zeuge in einer weiteren Hauptverhandlung nicht vernommen werden kann. Die **Vorführung einer Videoaufzeichnung** ist aus den gleichen Gründen zulässig, die eine Verlesung des Protokolls über eine Zeugenaussage gestatten (§ 255a)[49]. Zu beachten ist insbesondere § 252, sodass die Videoaufzeichnung nicht verwertet werden darf, wenn der Zeuge erst in der Hauptverhandlung von seinem Zeugnisverweigerungsrecht Gebrauch macht[50].

Zum Schutz der **Geheimnissphäre** des Zeugen oder eines Dritten können die Öffentlichkeit während der Vernehmung des Zeugen ausgeschlossen und den Beteiligten ein Schweigegebot auferlegt werden (§§ 172 Nr. 2,3, 174 III GVG). 739

Zu den Schutzmaßnahmen bei einer **Gefahr für Leib, Leben oder Freiheit** des Zeugen oder einer anderen Person siehe *Rn. 678*. 740

Kontrollfragen

1. Darf ein früherer Mitbeschuldigter als Zeuge vernommen werden? (Rn. 718-720)
2. Welche Pflichten treffen den Zeugen? (Rn. 723, 724, 725)
3. Unter welchen Voraussetzungen ist ein Zeuge zur Aussageverweigerung berechtigt? (Rn. 727, 728, 730, 731)
4. Darf die Videoaufzeichnung einer früheren Vernehmung verwertet werden, wenn der Zeuge erst in der Hauptverhandlung von seinem Zeugnisverweigerungsrecht Gebrauch macht? (Rn. 738)

Literatur

Eisenberg/Zötsch, Der Zeugenbeweis im Strafverfahren – Tendenzen in der höchstrichterlichen Rechtsprechung, NJW 2003, 3676.
Fürmann, Das Zeugnisverweigerungsrecht der StPO – Eine Übersicht, JuS 2004, 303.
Geppert, Der Zeugenbeweis, Jura 1991, 80, 132.
Geppert, Die Vernehmung kindlicher Zeugen mittels Videotechnologie, Jura 1996, 550.
Hohnel, Audiovisuelle Zeugenvernehmung trotz Zeugenschutzprogramms?, NJW 2004, 1356.
Kett-Straub, Zeugnisverweigerungsrecht für Kinder auch gegenüber „Nenn-„ und Pflegeeltern, ZRP 2005, 46.
Krey, Probleme des Zeugenschutzes im Strafverfahrensrecht, Meyer-GS, 1990, 239.

---

[49] Vgl. BGHSt 49, 68, 70, mit Anm. *Kölbel,* NStZ 2005, 220 ff.
[50] BGHSt 49, 72, 74 f., mit Besprechung *Mitsch,* JuS 2005, 102 ff.; die Verwertung der Videoaufzeichnung einer früheren richterlichen Vernehmung soll jedoch zulässig sein, da die Reichweite des Verwertungsverbots des § 252 insoweit beschränkt sei (BGH, aaO, S. 76 ff.); siehe dazu Rn. 670 f.

Laubenthal, Schutz sexuell mißbrauchter Kinder durch Einsatz von Videotechnologie im Strafverfahren, JZ 1996, 335.
Mitsch, Videoaufzeichnung als Vernehmungssurrogat in der Hauptverhandlung, JuS 2005, 102.
Peglau/Wilke, Änderungen im strafprozessualen Vereidigungsrecht durch das Justizmodernisierungsgesetz, NStZ 2005, 186.
Scholz, Wie können nicht glaubhafte Zeugenaussagen entstehen?, NStZ 2001, 572.

2. Sachverständigenbeweis

(a) Begriff des Sachverständigen

741 Der Sachverständige ist das zweite persönliche Beweismittel. Im Gegensatz zum Zeugen berichtet er nicht über eigene Wahrnehmungen in der Vergangenheit, die im Zusammenhang mit der angeklagten Straftat stehen, sondern er **vermittelt dem Gericht eine Sachkunde**, über die es selbst nicht verfügt[51]. Bisweilen wird der Sachverständige deshalb als „Gehilfe des Richters"[52] bezeichnet. Dieser Terminus ist jedoch zum einen inhaltsleer, denn auch der Zeuge hilft dem Gericht bei der Sachverhaltsaufklärung, und zum anderen irreführend, weil er den Sachverständigen in die Nähe des Richters rückt, obwohl er keine rechtlichen Entscheidungen zu treffen hat. Nach zutreffender Auffassung[53] wird eine Person dadurch zum Sachverständigen, dass sie **im Auftrag des Gerichts** (§ 73 I) – im Ermittlungsverfahren auch der Staatsanwaltschaft (*Rn. 128*) – ihre besonderen Kenntnisse anwendet. Die Beauftragung unterscheidet den Sachverständigen somit vom sachverständigen Zeugen, der seine Wahrnehmungen zwar ebenfalls auf Grund besonderer Kenntnisse, aber ohne gerichtlichen oder staatsanwaltschaftlichen Auftrag gemacht hat. Auf den sachverständigen Zeugen sind nur die Vorschriften über den Zeugenbeweis anwendbar (§ 85).

> **Beispiel**: Gegen A wurde vor dem Schwurgericht des Landgerichts P wegen Körperverletzung mit Todesfolge verhandelt. A wurde zur Last gelegt, seiner Tochter T durch Schläge und Fußtritte tödliche Verletzungen beigebracht zu haben. A behauptete dagegen, T habe sich die Verletzungen bei einem Sturz zugezogen. In der Hauptverhandlung wurde der Hausarzt Dr. H, den A am Abend vor dem Tod der T gerufen hatte, zu der Art der Verletzungen vernommen. Dr. H bekundete, dass die Verletzungen nach seiner Überzeugung nicht durch einen Sturz, sondern durch Gewalteinwirkung verursacht wurden. Zu dem gleichen Ergebnis gelangte der Rechtsmediziner Prof. Dr. R, der die Leiche der T auf Anordnung des Ermittlungsrichters E obduziert hatte.

---

[51] *Detter,* NStZ 1998, 57 f.; *Eisenberg,* Rn. 1500.
[52] BGHSt 9, 292, 293.
[53] *Beulke,* Rn. 197; *Meyer-Goßner,* § 85 Rn. 3; *Roxin,* § 27 Rn. 3; *Rüping,* Rn. 186. Die Gegenmeinung (BGH, NStZ 1985, 182; *Lemke,* in: HKStPO, § 85 Rn. 1) nimmt die Abgrenzung nach dem Inhalt der Bekundung vor. Für eine Kombination mehrerer Kriterien *Meurer,* S. 70.

Obwohl die Bekundungen beider Ärzte auf ihren medizinischen Fachkenntnissen beruhen, sagte Dr. H als sachverständiger Zeuge aus, Prof. Dr. R dagegen als Sachverständiger.

(b) Seine Aufgaben

Sachverständige können in vier Aufgabenbereichen eingesetzt werden[54].

Seine Tätigkeit kann sich auf die **Vornahme von Verrichtungen**, zu denen der Richter mangels der erforderlichen Sachkunde nicht in der Lage ist, beschränken. Das ist etwa der Fall bei der Durchführung eines körperlicher Eingriffs, für den eine medizinische Sachkunde notwendig ist (z.B. §§ 81a, 81c).

Auch **bloße Tatsachenbekundungen** können Gegenstand der Sachverständigenvernehmung sein. Darum handelt es sich z.b. bei der Feststellung der Alkoholkonzentration einer Blutprobe, der Vornahme einer DNA-Analyse oder der Untersuchung einer Leiche auf Giftspuren.

Das Gericht kann den Sachverständigen zur **Vermittlung von Erfahrungswissen** heranziehen, z.B. über wissenschaftliche Forschungsergebnisse, technische Vorgänge oder Handelsbräuche. Rechtskenntnisse darf sich der Richter grundsätzlich nicht vermitteln lassen („iura novit curia"); zulässig ist es jedoch, einen Sachverständigen zur Erläuterung ausländischer Rechtsvorschriften oder inländischen Gewohnheitsrechts zu bestellen. Bei der Vermittlung von Erfahrungswissen verzichtet der Sachverständige auf die Mitteilung eigener Schlussfolgerungen.

In der Praxis spielt die **Gutachtenerstattung** die wichtigste Rolle. Der Sachverständige wendet dabei seine Sachkunde auf einen Sachverhalt, den das Gericht ihm vorlegt oder den er selbst im Auftrag des Gerichts feststellt, an. Der klassische Fall ist der psychiatrische bzw. psychologische Sachverständige, den das Gericht bei der Beurteilung der Schuldfähigkeit des Angeklagten einschaltet.

> **Beispiel**: Die Angeklagte A hatte ihren fünfjährigen Sohn S getötet und danach versucht, sich selbst mit einer Überdosis Schlaftabletten das Leben zu nehmen. A wurde jedoch von einer Nachbarin bewusstlos aufgefunden und ins Krankenhaus gebracht. Dort stellten die Ärzte fest, dass sich A in einem depressiven Zustand befand. A erklärte, dass sie ihr Leben nicht mehr habe ertragen können und deshalb aus dem Leben scheiden wollte. S habe sie mit in den Tod nehmen wollen, da ihr der Gedanke, ihren Sohn ohne ihre Fürsorge allein zurückzulassen, unerträglich gewesen sei. Da die Schwurgerichtskammer Zweifel an der Schuldfähigkeit hegte, beauftragte sie Prof. Dr. P mit der Erstellung eines psychiatrischen Gutachtens.

Die Beurteilung der Schuldfähigkeit erfolgt in zwei Stufen. Zunächst ist zu untersuchen, ob die „biologische Komponente" des § 20 StGB vorliegt, also eine krankhafte seelische Störung, eine tiefgreifende Bewusstseinsstörung, Schwachsinn oder eine schwere andere seelische Abartigkeit. Wird eine biologische Regelwidrigkeit festgestellt, so ist in einem zweiten Schritt zu prüfen, ob sie einen solchen Grad erreichte, dass dadurch die Einsichts- oder Steuerungsfähigkeit des

---

[54] *Meyer-Goßner*, Vor § 72 Rn. 4 ff. *Dahs* (in: LR[25], Vor § 72 Rn. 4 ff.) unterscheidet fünf Bereiche, indem er die Beurteilung von Tatsachen und Rechtsfragen als eigenständige Aufgaben betrachtet.

Täters ausgeschlossen oder eingeschränkt war („psychologische Komponente"). Beide Gesichtspunkte kann der Richter in der Regel nicht aus eigener Sachkunde beurteilen, da ihm die erforderlichen psychiatrischen und psychologischen Kenntnisse fehlen. Sie sind deshalb von einem Sachverständigen zu begutachten. Zu diesem Zweck legt das Gericht ihm die bisher ermittelten Tatsachen (sog. **Anknüpfungstatsachen**) vor. Nicht selten stellt der Sachverständige im Rahmen der Exploration weitere den Tatvorwurf betreffende Tatsachen fest, für deren Ermittlung es an sich keiner besonderen Sachkunde bedarf (sog. **Zusatztatsachen**), z.B. weil der Beschuldigte/Angeklagte bislang unbekannte Einzelheiten des Tathergangs offenbart. Diese Zusatztatsachen, die nicht Teil des Gutachtens sind, müssen durch eine zeugenschaftliche Vernehmung des Sachverständigen in das Verfahren eingeführt werden[55]. **Befundtatsachen** sind die Tatsachen, die der Sachverständige im Zusammenhang mit der Gutachtenerstellung auf Grund seiner besonderen Sachkunde ermittelt. Sie sind Bestandteil des Gutachtens. Auf ihrer Grundlage erstattet der Sachverständige sein Gutachten, indem er aus dem Sachverhalt unter Anwendung seiner Erfahrungssätze bestimmte Schlussfolgerungen zieht.

749 Aufgabe des Gerichts ist es, unter Berücksichtigung des Ergebnisses des Gutachtens in eigener Verantwortung die rechtliche Entscheidung zu treffen, in unserem Fall also festzustellen, ob A im Tatzeitpunkt schuldunfähig, vermindert oder voll schuldfähig war. Dazu ist es verpflichtet, das Gutachten einer eigenen Prüfung zu unterziehen. Dieser Kontrolle sind zwar Grenzen gesetzt, weil dem Richter ja gerade die eigene Sachkunde fehlt. Das Gericht muss sich aber über die wissenschaftliche Reputation und die Untersuchungsmethoden Klarheit verschaffen und gegebenenfalls die für und gegen die Methoden und Erkenntnisse sprechenden Gesichtspunkte abwägen[56]. Hält das Gericht das Gutachten für ungenügend, so kann es eine neue Begutachtung durch denselben oder einen anderen Sachverständigen anordnen (§ 83 I).

(c) Rechtsstellung des Sachverständigen

750 Auf Sachverständige finden im Wesentlichen die **Regelungen über Zeugen entsprechende Anwendung** (vgl. § 72). Der Sachverständige ist – wie der Zeuge – zum Erscheinen, zur Aussage und zur Beeidigung seiner Bekundungen – gegebenenfalls durch Berufung auf den allgemein geleisteten Sachverständigeneid (§ 79 III) – verpflichtet und kann aus den gleichen Gründen, die einen Zeugen zur Verweigerung der Aussage berechtigen, das Gutachten verweigern (§ 76). Als Ungehorsamsfolgen werden ihm im Falle des unentschuldigten Nichterscheinens oder der unberechtigten Gutachtenverweigerung die dadurch entstandenen Kosten und ein Ordnungsgeld auferlegt (§ 77); Ordnungshaft ist dagegen nicht zulässig.

751 §§ 74 ff. enthalten darüber hinaus einige ergänzende Vorschriften. Ein Sachverständiger kann von der Staatsanwaltschaft, dem Privatkläger, dem Nebenkläger (§ 397 I) und dem Beschuldigten grundsätzlich aus den gleichen Gründen, die zur Ablehnung eines Richters berechtigen, **abgelehnt** werden (§ 74 I 1). Mit der Rolle des Sachverständigen lässt sich die des Zeugen jedoch vereinbaren. Nicht selten

---

[55] BGHSt 22, 268, 271; BGH, NStZ 2005, 205 f.; *Meyer-Goßner*, § 79 Rn. 11.
[56] BGHSt 41, 206, 215.

ist diese mit jener sogar verbunden, nämlich wenn der Sachverständige als Zeuge über Zusatztatsachen berichtet. Auf die zeugenschaftliche Vernehmung des Sachverständigen kann die Ablehnung deshalb nicht gestützt werden (§ 74 I 2). Eine generelle **Sachverständigenpflicht** besteht zwar nicht. Der Ernennung zum Sachverständigen Folge leisten müssen aber gemäß § 75 I öffentlich bestellte Sachverständige (z.B. Gerichtsärzte, Buchsachverständige, und Wirtschaftsprüfer) sowie Personen, welche die Wissenschaft, die Kunst oder das Gewerbe, deren Kenntnis Voraussetzung der Begutachtung ist, öffentlich zum Erwerb ausüben (z.B. Ärzte, Künstler und Handwerker) oder zu ihrer Ausübung öffentlich bestellt (z.B. Hochschullehrer) oder ermächtigt sind (z.B. Lehrbeauftragte). Zur Erstattung des Gutachtens verpflichtet ist darüber hinaus, wer sich hierzu gegenüber dem Gericht – oder der Staatsanwaltschaft – bereiterklärt hat (§ 75 II).

(d) Pflichten des Sachverständigen gegenüber dem Beschuldigten und Zeugen

Insbesondere zur Vorbereitung von „Psychogutachten" ist es häufig unumgänglich, dass der Sachverständige mit dem Beschuldigten und Zeugen über das Tatgeschehen spricht. Dabei handelt es sich zwar nicht um eine Vernehmung im eigentlichen Sinn, da eine solche den Strafverfolgungsorganen vorbehalten bleibt. Diese Gespräche sind aber einer Vernehmung vergleichbar, zumal der Sachverständige die in Erfahrung gebrachten Zusatztatsachen grundsätzlich als Zeuge zu offenbaren hat[57]. Nach zutreffender Auffassung muss der Sachverständige deshalb analog § 136 den Beschuldigten auf dessen Schweigerecht hinweisen[58]. Auch der zeugnisverweigerungsberechtigte Zeuge ist in entsprechender Anwendung des § 52 III zu belehren (vgl. auch § 81c III), und zwar entweder durch den Sachverständigen[59] oder durch denjenigen, der die Untersuchung angeordnet hat[60]. Verbotene Vernehmungsmethoden (§ 136a) darf der Sachverständige nicht anwenden[61].

752

Kontrollfragen

1. Wodurch unterscheidet sich der Sachverständige vom sachverständigen Zeugen? (Rn. 741)
2. In welchen Aufgabenbereichen können Sachverständige eingesetzt werden? (Rn. 744, 745, 746, 747)

Literatur

Detter, Der Sachverständige im Strafverfahren – eine Bestandsaufnahme, NStZ 1998, 57.

---

[57] BGH, NJW 1963, 401; *Lemke*, in: HKStPO, § 53 Rn. 17; *Meyer-Goßner*, § 53 Rn. 20.
[58] BGHSt 13, 394, 398 f.; BGH, NStZ 1988, 142, 143; StV 1996, 195 f.; *Dörig*, NStZ 1988, 143 f.; *Eisenberg*, Rn. 1580. A.A. BGH, JZ 1969, 437; StV 1995, 564, 565.
[59] *Eisenberg*, Rn. 1580; *Roxin*, § 27 Rn. 15.
[60] BGH, StV 1993, 563.
[61] BGHSt 11, 211, 212; *Beulke*, Rn. 201; *Hanack*, in: LR[25], § 136a Rn. 8. A.A. *Kühne*, in: AKStPO, § 136a Rn. 8 ff.

3. Urkundsbeweis

753 Die Zulässigkeit des Urkundsbeweises ist in der StPO nicht ausdrücklich geregelt. §§ 249-256 bestimmen lediglich die Art und Weise der Erhebung und die Grenzen der Beweisführung mittels Urkunden. Daraus folgt, dass der Urkundsbeweis zulässig ist, wenn er zur Sachverhaltsaufklärung beitragen kann und das Gesetz ihn nicht ausdrücklich untersagt[62].

(a) Urkundenbegriff im Beweisrecht

754 Gegenstand des Urkundsbeweises können nach § 249 I 1 Urkunden und andere als Beweismittel dienende Schriftstücke sein. Es handelt sich dabei um eine Tautologie, denn zwischen beiden Begriffen besteht kein Unterschied. Urkunden im strafprozessualen Sinne sind **alle Schriftstücke, deren gedanklicher Inhalt von dem Gericht und den Verfahrensbeteiligten durch Lesen unmittelbar erschlossen werden kann**[63]. Der Urkundsbegriff der §§ 249 ff. stimmt somit nicht mit dem des § 267 StGB überein. Er ist einerseits weiter, weil er die Erkennbarkeit eines bestimmten Ausstellers nicht voraussetzt, sodass auch Abschriften, Fotokopien und anonyme Schriftstücke Gegenstand des Urkundsbeweises sein können. Er ist andererseits aber enger, weil er nur Schrifturkunden erfasst. Die sogenannten Beweiszeichen, die nach h.M.[64] dem materiell-strafrechtlichen Urkundsbegriff unterfallen, können nicht im Wege des Urkundsbeweises in das Strafverfahren eingeführt werden, da sich ihr Gedankeninhalt nicht durch Lesen erschließt; sie sind deshalb Gegenstand des Augenscheinsbeweises. Das gilt auch dann, wenn nicht der gedankliche Inhalt der Urkunde zum Gegenstand des Beweises gemacht wird, sondern ihre Existenz oder Beschaffenheit. Schriftstücke, die in einer Fremdsprache oder in einer Geheim- oder Kurzschrift verfasst sind, können nicht ohne weiteres im Urkundsbeweis in das Verfahren eingeführt werden. Ist das Gericht nicht auf Grund eigener Sachkunde zur Übersetzung in der Lage, so muss es einen Sachverständigen heranziehen[65].

755 Die exemplarische Aufzählung einiger verlesbarer Urkunden in § 249 I 2 ist zwar an sich überflüssig, immerhin bietet sie aber eine gewisse Auslegungshilfe. So wird aus der Erwähnung des Protokolls über eine richterliche Augenscheinseinnahme geschlossen, dass Protokolle über Augenscheinseinnahmen durch die Staatsanwaltschaft und die Polizei nicht zum Gegenstand des Urkundsbeweises gemacht werden dürfen, weil diese Protokolle in § 249 I 2 nicht genannt sind[66]. Die Einführung der Ergebnisse einer Augenscheinseinnahme durch eine nichtrichterliche Person muss deshalb im Wege ihrer zeugenschaftlichen Vernehmung in der Hauptverhandlung erfolgen.

---

[62] BGHSt 39, 305, 306; *Beulke*, Rn. 203; *Eisenberg*, Rn. 2025.
[63] BGHSt 27, 135, 136; *Meyer-Goßner*, § 249 Rn. 3; *Schlüchter*, in: SKStPO, § 249 Rn. 9.
[64] *Lackner/Kühl*, § 267 Rn. 9; *Krey*, BT-1 Rn. 681 ff.; *Küpper*, Teil II § 1 Rn. 12 ff.
[65] BGH, NStZ 1985, 466; *Eisenberg*, Rn. 2006 f., 2011; *Meyer-Goßner*, § 249 Rn. 4 f.
[66] *Eisenberg*, Rn. 2021; *Meier*, in: AKStPO, § 249 Rn. 22. A.A. *Wömpner*, NStZ 1984, 479, 487.

(b) Erhebung des Urkundsbeweises

§ 249 I 1 erweckt den Eindruck, dass der Urkundsbeweis durch Verlesung des Schriftstücks in der Hauptverhandlung geführt werden müsse. Zwingend vorgeschrieben ist jedoch nur noch die Verlesung von Vernehmungsniederschriften in den Fällen der §§ 253, 254. Andere Urkunden können gemäß § 249 II im Wege des Selbstleseverfahrens in das Verfahren eingeführt werden (dazu *Rn. 682 f.*).

756

Kontrollfragen
1. Wodurch unterscheidet sich der prozessuale von dem materiell-rechtlichen Urkundenbegriff? (Rn. 754)
2. Müssen Urkunden zwingend in der Hauptverhandlung verlesen werden? (Rn. 756)

---

4. Augenscheinsbeweis

(a) Begriff

Augenschein ist nach einer Definition des BGH[67] jede sinnliche Wahrnehmung von Personen und Sachen durch Sehen, Hören, Riechen, Schmecken oder Fühlen. Diese Begriffsbestimmung besitzt jedoch keinen wirklichen Gehalt, weil alle richterlichen Beweiserhebungen mittels sinnlicher Wahrnehmung erfolgen. Augenscheinsbeweis ist deshalb **jede nicht als Zeugen-, Sachverständigen- oder Urkundsbeweis besonders geregelte Beweisaufnahme durch sinnliche Wahrnehmung**. Um einen Augenscheinsbeweis handelt es sich beispielsweise, wenn sich das Gericht einen Eindruck von der Existenz oder Beschaffenheit eines Menschen oder einer Sache verschafft, wenn es die Lage von Örtlichkeiten oder Gegenständen feststellt (z.B. Tatortbesichtigung) oder wenn es eine Verhaltensweise oder einen wiederholbaren Vorgang beobachtet (z.B. Tatrekonstruktion).

757

(b) Verfahren der Augenscheinseinnahme

Der Unmittelbarkeitsgrundsatz gilt für die Augenscheinseinnahme nicht. Das Gericht kann deshalb die eigene Wahrnehmung des Beweisgegenstandes durch die Vernehmung von Zeugen oder durch die Heranziehung von Lichtbildern oder Lageskizzen ersetzen. Zulässig ist es auch, einen **Augenscheinsgehilfen** mit der Wahrnehmung zu beauftragen, der in der Hauptverhandlung über seine Wahrnehmungen berichtet. Begrenzt werden diese Möglichkeiten allerdings durch die Aufklärungspflicht gemäß § 244 II, sodass der Richter den Augenschein selbst einnehmen muss, wenn die unmittelbare Wahrnehmung erforderlich ist[68]. Zieht das Gericht einen Augenscheinsgehilfen heran, so gelten nach h.M.[69] die Vorschriften über Auswahl, Ablehnung und Pflicht zum Tätigwerden des Sachverständigen (§§ 73 I, 74, 75). Über seine Wahrnehmungen wird der Augenscheins-

758

---

[67] BGHSt 18, 51, 53.
[68] *Eisenberg*, Rn. 2227 ff.
[69] *Dahs*, in: LR^{25}, § 86 Rn. 5; *Meyer-Goßner*, § 86 Rn. 4. A.A. *Eisenberg*, Rn. 2273 ff.

gehilfe grundsätzlich als Zeuge vernommen[70]. Wird ein Sachverständiger nach §§ 81a, 81c mit einer Augenscheinseinnahme beauftragt, so handelt es sich dagegen insgesamt um einen Sachverständigenbeweis[71].

759 Das Verfahren der richterlichen Inaugenscheinnahme regeln §§ 86, 168d, 225. Nach § 86 ist ein Protokoll anzufertigen, das nicht nur den vorgefundenen Sachbestand darstellt, sondern gegebenenfalls auch auf das Fehlen von Umständen eingeht, die nach der Sachlage zu erwarten waren. Die Staatsanwaltschaft, der Beschuldigte und sein Verteidiger sind nach Maßgabe des § 168d I zur Anwesenheit berechtigt. Ihnen ist der Termin der Augenscheinseinnahme durch den beauftragten oder ersuchten Richter gemäß §§ 225, 224 mitzuteilen.

760 Nach zutreffender h.M.[72] sind auch **Tonaufnahmen** Augenscheinsobjekte mit der Folge, dass sie grundsätzlich in der Hauptverhandlung abgespielt werden müssen. Der BGH[73] lässt es jedoch zu, dass die Niederschrift über den Inhalt von Gesprächen, die im Rahmen einer Telefonüberwachung (§ 100a) aufgezeichnet wurden, im Wege des Urkundsbeweises verwertet wird. Dem ist jedoch zu widersprechen. Zwar gilt der Unmittelbarkeitsgrundsatz für die Augenscheinseinnahme nicht. Daraus ergibt sich aber lediglich, dass die eigene Wahrnehmung des Richters durch die einer anderen Person ersetzt werden kann. Diese Person muss dann aber als Zeuge oder als Sachverständiger vernommen werden, da Protokolle nichtrichterlicher Augenscheinseinnahmen gerade nicht zum Gegenstand des Urkundsbeweises gemacht werden dürfen (*Rn. 755*). Die Ersetzung der Wahrnehmung des aufgezeichneten Gesprächs durch ein Aufzeichnungsprotokoll scheidet demnach aus. Zulässig ist lediglich die Verwendung der Mitschriften zum Mitlesen, um ein besseres Verständnis des Gehörten zu gewährleisten (vgl. *Rn. 660 f.*).

(c) Speziell geregelte Fälle des Augenscheins

761 §§ 87-91 regeln das Verfahren bei der **Leichenschau**, d.h. der Besichtigung der äußeren Beschaffenheit einer Leiche, und der **Leichenöffnung** (sog. Obduktion). Die Inaugenscheinnahme und Begutachtung von – möglicherweise – **gefälschtem Geld und sonstigen Wertzeichen** erfolgt durch Vorlage bei der Behörde, die es in Umlauf gesetzt hat (§ 92). Die **Schriftvergleichung** zur Ermittlung der Echtheit oder Unechtheit eines Schriftstücks sowie zur Ermittlung seines Urhebers kann in der Regel nicht durch die richterliche Augenscheinseinnahme erfolgen, da der Richter nur selten über die notwendige Sachkunde verfügt. Die Schriftvergleichung wird deshalb unter Zuziehung eines Sachverständigen erfolgen (vgl. § 93).

Kontrollfragen
1. Muss das Gericht den Augenschein in der Hauptverhandlung selbst einnehmen? (Rn. 758)
2. Sind Tonaufnahmen Augenscheinsobjekte? (Rn. 760)

---

[70] RGSt 47, 100, 106; *Lemke*, in: HKStPO, § 86 Rn. 3.
[71] *Meyer-Goßner*, § 86 Rn. 5; *Lemke*, in: HKStPO, § 86 Rn. 3.
[72] BGHSt 14, 339, 341; *Ranft*, Rn. 571; *Roxin*, § 28 Rn. 9.
[73] BGHSt 27, 135, 136.

III Der Beweisantrag

Die Instruktionsmaxime verpflichtet das Gericht zwar dazu, die Beweisaufnahme von Amts wegen auf alle relevanten Beweismittel zu erstrecken (*Rn. 684 f.*). Die Staatsanwaltschaft, der Angeklagte, sein Verteidiger und der Nebenkläger haben aber das Recht, auf den Umfang der Beweisaufnahme Einfluss zu nehmen.

762

1. Beweisantrag und Beweisermittlungsantrag

Den Verfahrensbeteiligten stehen drei Möglichkeiten offen, die Heranziehung von Beweismitteln zu erreichen, deren Verwendung das Gericht nicht von sich aus beabsichtigt. Der sicherste Weg besteht darin, das Beweismittel selbst herbeizuschaffen. Das Gericht muss die Beweisaufnahme gemäß § 245 II 1 grundsätzlich auf **präsente Beweismittel** erstrecken, wenn ein entsprechender Beweisantrag gestellt wird. Die Ablehnung des Antrages ist nur unter engen Voraussetzungen zulässig (§ 245 II 2,3). Schafft der Verfahrensbeteiligte das Beweismittel nicht selbst herbei, so kann er die Ausdehnung der Beweisaufnahme erreichen, indem er einen Beweisantrag oder einen Beweisermittlungsantrag stellt bzw. eine sonstige Beweisanregung gibt.

763

Um einen **Beweisantrag** handelt es sich, wenn das Begehren darauf gerichtet ist, dass ein bestimmtes Beweismittel zum Beweis einer bestimmten Tatsache vom Gericht herbeigeschafft wird[74]. Der Antragsteller darf dabei nicht nur Tatsachen behaupten, von deren Richtigkeit er überzeugt ist, sondern grundsätzlich auch solche, die er nur vermutet oder für möglich hält, um das Gericht auf diese Weise zu einer ergänzenden Beweiserhebung zu zwingen[75]. Der Antrag muss also in zweifacher Weise individualisiert sein, nämlich hinsichtlich des Beweismittels und der Beweistatsache. Wird eine Zeugenvernehmung beantragt, so muss aus dem Antrag zudem hervorgehen, dass der Zeuge die behauptete Tatsache auf Grund eigener Wahrnehmung bekunden kann[76]. Maßgeblich für die Bestimmtheit ist nicht der formale Wortlaut des Antrags, sondern der Sinnzusammenhang[77].

764

> **Beispiel:** A war angeklagt, seine geschiedene Ehefrau am 12. Juli um 23.00 Uhr heimtückisch getötet zu haben. Im Ermittlungsverfahren hatte er sich nicht geäußert, und auch in der Hauptverhandlung ließ er sich zunächst nicht zur Sache ein. Nachdem in der Beweisaufnahme einige ihn belastende Indizien festgestellt worden waren, beantragte A, den Wirt W als Zeugen darüber zu vernehmen, dass er (A) am Tattag von 18.30 bis 24.00 Uhr ununterbrochen in der Gaststätte des W anwesend gewesen sei.

Der Antrag des A weist die für einen Beweisantrag erforderliche doppelte Bestimmtheit auf, indem die Vernehmung des W (Beweismittel) zum Beweis eines Alibis des A (Beweistatsache) begehrt wird. Aus dem Antrag ergibt sich auch, dass W die behauptete Beweistatsache selbst wahrgenommen hat.

765

---

[74] BGHSt 6, 128, 129; *Nierwetberg*, Jura 1984, 630, 631; *Schlüchter*, Kernwissen, S. 146.
[75] BGH, NStZ-RR 1997, 309, 310.
[76] BGH, StV 1998, 195, 197.
[77] BGH, bei Pfeiffer/Miebach, NStZ 1983, 210; *Widmaier*, NStZ 1993, 602, 603.

766 Vom Beweisantrag zu unterscheiden ist der **Beweisermittlungsantrag**. Um einen solchen handelt es sich, wenn der Antrag in der Angabe eines Beweismittels oder einer Beweistatsache oder in beiden Teilen unbestimmt ist[78]. Er ist deshalb darauf gerichtet, dem Gericht eine Anregung zu geben, mit einem bestimmten Ziel weitere Ermittlungen vorzunehmen, um eventuell ein relevantes Beweismittel aufzudecken.

> **Beispiel**: A war angeklagt, die Mitangeklagten S und P dafür gewonnen zu haben, einen Einbruch in die von A betriebene Gaststätte vorzutäuschen und dabei einen Brand zu legen, damit A den Einbruchs- und Brandschaden gegenüber seiner Versicherung geltend machen konnte. Die Staatsanwaltschaft warf A vor, sich in der Tatnacht in die Diskothek F begeben zu haben, um sich ein Alibi zu verschaffen. Nach Ausführung der Tat durch S und P habe er sich mit ihnen in der Diskothek getroffen. Der Verteidiger V beantragte, die in der Diskothek als Kellnerin beschäftigte K zum Beweis der Tatsache, dass A sich in der Tatnacht nicht in der Diskothek aufgehalten und sich folglich dort auch nicht mit S und P getroffen habe, als Zeugin zu vernehmen.

767 V behauptet zwar, dass eine bestimmte Tatsache nicht vorliegt (sog. Negativtatsache), nämlich dass A sich in der Tatnacht nicht in der Diskothek mit S und P getroffen hatte. Diese Tatsache ist der Wahrnehmung durch K jedoch nicht unmittelbar zugänglich. Sie könnte allenfalls Umstände bekunden, aus denen sich ergibt, dass ihr die Anwesenheit des A und ein Gespräch mit S und P nicht hätte entgehen können, z.B. weil sie sich in der fraglichen Zeit ununterbrochen in der Diskothek aufgehalten hatte, und zwar an einer Stelle, von der sie die Räumlichkeiten vollständig überblicken konnte. Der Antrag des V war somit bei einer Auslegung nach seinem tatsächlichen Sinn lediglich auf ein Beweisziel gerichtet, nämlich dass die Zeugin möglicherweise Tatsachen bekunden könne, aus denen das Gericht die erstrebte Schlussfolgerung ziehen soll. Die maßgeblichen Tatsachen führt der Antrag aber nicht an, sodass es sich lediglich um einen Beweisermittlungsantrag handelt[79]. – *Fallsammlung, Rn. 492-500.* –

768 Die Einordnung als Beweisantrag oder Beweisermittlungsantrag bzw. Beweisanregung besitzt Konsequenzen für die **Rechtsfolgen**. Einem Beweisantrag muss das Gericht nachgehen, es sei denn, dass ein Ablehnungsgrund gemäß §§ 244 III-V, 245 II 2,3 vorliegt. Beweisermittlungsanträgen und sonstigen Beweisanregungen muss das Gericht dagegen nur im Rahmen seiner allgemeinen Aufklärungspflicht (§ 244 II) nachkommen, sodass die Beweiserhebung im pflichtgemäßen Ermessen des Gerichts liegt.

2. Stellung eines Beweisantrages

769 Beweisanträge sind in der Hauptverhandlung bis zum Beginn der Urteilsverkündung unter Nennung des Beweismittels und der Beweistatsache mündlich zu stellen, sofern das Gericht nicht nach § 257a Schriftlichkeit verlangt. Es ist zulässig, die Beweiserhebung nur für den Fall zu beantragen, dass eine Bedingung eintritt

---

[78] BGHSt 30, 131, 142 f.
[79] BGHSt 39, 251, 252.

oder das Gericht zu einer bestimmten Entscheidung gelangt. Üblicherweise werden bedingte Beweisanträge, Hilfsbeweisanträge und Eventualbeweisanträge unterschieden. Die Terminologie ist allerdings nicht einheitlich.

Um einen **bedingten Beweisantrag** handelt es sich, wenn der Antragsteller die Beweiserhebung von einer bestimmten prozessualen Lage abhängig macht, z.B. von der Stellung eines Beweisantrages durch einen anderen Verfahrensbeteiligten, von der Erhebung eines anderen Beweises durch das Gericht oder vom Inhalt einer Zeugenaussage[80]. Als **Hilfsbeweisantrag** wird ein – zumeist aus verteidigungstaktischen Gründen im Schlussvortrag gestellter – Beweisantrag bezeichnet, dem das Gericht nur nachgehen soll, wenn es zu einer bestimmten Entscheidung im Urteilstenor (z.B. Verurteilung, bestimmte Rechtsfolgen, Strafmaß) gelangt[81]. 770

Beispiel: Der Verteidiger V des wegen Raubes angeklagten A hielt den Nachweis, dass sein Mandant die Tat begangen hatte, nicht für erbracht. In seinem Schlussvortrag beantragte er, A freizusprechen. Für den Fall, dass die Strafkammer gleichwohl zu einem Schuldspruch gelangen sollte, beantragte er die Vernehmung weiterer Zeugen, die das Alibi des A bestätigen würden.

Der **Eventualbeweisantrag** stellt eine Kombination von bedingtem Beweisantrag und Hilfsbeweisantrag dar, indem der Antragsteller die Beweiserhebung davon abhängig macht, dass das Gericht bei seiner Entscheidungsfindung eine Sachverhaltsfrage (z.B. Echtheit einer Urkunde, Glaubwürdigkeit eines Zeugen, Schuldfähigkeit des Angeklagten) in einer bestimmten Weise entscheidet[82]. 771

Über Hilfs- und Eventualbeweisanträge entscheidet das Gericht wegen der Abhängigkeit von der Hauptentscheidung grundsätzlich erst im Urteil. Der BGH[83] vertritt die Auffassung, dass dies auch dann gilt, wenn der Antragsteller eine Bescheidung seines Antrages – vorausgesetzt die Bedingung tritt ein – vor Urteilsverkündung verlangt. 772

Strittig ist, ob das Beweisantragsrecht des Angeklagten im Falle eines **Missbrauchs** beschränkt werden darf. 773

Beispiel: Der Angeklagte P hatte in der Hauptverhandlung wegen des Vorwurfs betrügerischen Verhaltens bei der Erteilung von Aufträgen an Handwerker bezüglich zweier Bauprojekte, die bereits ein Jahr dauerte, ca. 300 Beweisanträge gestellt. Vom 78. bis zum 107. Verhandlungstag war die Strafkammer fast ausschließlich damit beschäftigt, Beweisanträge des P entgegenzunehmen und – fast ausnahmslos abschlägig – zu bescheiden. Nachdem P ankündigte, etwa 200 weitere Beweisanträge zu stellen und sich

---

[80] *Eisenberg*, Rn. 162; *Meyer-Goßner*, § 244 Rn. 22.
[81] *Eisenberg*, Rn. 164; *Julius*, in: HKStPO, § 244 Rn. 17. Unzulässig ist ein Hilfsbeweisantrag jedoch, wenn sich die zu beweisende Behauptung gegen den Schuldspruch wendet, dem Begehren aber nur für den Fall einer bestimmten Rechtsfolgenentscheidung nachgegangen werden soll; BGHSt 40, 287, 288, mit zustimmender Anm. *Herdegen*, NStZ 1995, 202 f; BGH, NStZ 1995, 246.
[82] *Eisenberg*, Rn. 163; *Meyer-Goßner*, § 244 Rn. 22b.
[83] BGH, NStZ 1995, 98; NStZ-RR 1996, 362, 363. Ebenso *Brause*, NJW 1992, 2865, 2868; *Meyer-Goßner*, § 244 Rn. 44a. A.A. BGH, NStZ 1989, 191; *Scheffler*, NStZ 1991, 348 f.

ca. 8.500 Beweisanträgen des Mitangeklagten R, die dieser schon schriftlich eingereicht hatte, anzuschließen, erließ die Strafkammer einen Beschluss, in dem sie anordnete, dass P zukünftig nur noch über seinen Verteidiger Beweisanträge stellen dürfe.

774 Der BGH hat das Vorgehen der Strafkammer akzeptiert, indem er den Gesamtumständen einen Missbrauch des Beweisantragsrechts entnahm. Um einen Missbrauch prozessualer Rechte handele es sich, wenn ein Verfahrensbeteiligter die ihm eingeräumten Möglichkeiten nicht zur Wahrung seiner verfahrensrechtlichen Belange, sondern gezielt zur Verfolgung verfahrensfremder oder verfahrenswidriger Zwecke benutzt. Im Strafverfahren gelte – wie in anderen Prozessen auch – ein allgemeines Missbrauchsverbot, das den Verfahrensbeteiligten den Einsatz ihrer Rechte zur Erreichung rechtlich missbilligter Zwecke untersage[84]. Die Gegenauffassung lehnt eine Beschränkung des Beweisantragsrechts des Angeklagten bei einem Missbrauch wegen der Konturenlosigkeit dieses Begriffs und eine Inpflichtnahme des Verteidigers zur Gewährleistung eines sachdienlichen Verfahrens ab[85]. Diese Bedenken treffen jedoch nicht zu, wenn die Annahme eines Missbrauchs auf extreme Fälle beschränkt wird, in denen ein Verfahrensbeteiligter – wie hier – das Beweisantragsrecht als Mittel benutzt, das Verfahren zu blockieren. Ein bloß extensiver Gebrauch des Beweisantragsrechts reicht dafür allerdings nicht. Macht der Angeklagte aber in rechtsmissbräuchlicher Weise von der Beweisantragsmöglichkeit Gebrauch, so ist die Einschaltung des Verteidigers – quasi als „Filter" – hinnehmbar, weil dieses Verfahren eine effektive Wahrnehmung der Rechte des Beschuldigten gewährleistet.

3. Ablehnung eines Beweisantrages

775 Ein auf die Herbeischaffung eines Beweismittels gerichteter Beweisantrag darf in der regulären Hauptverhandlung nur nach Maßgabe des § 244 III-V abgelehnt werden (zu den Besonderheiten im Privatklageverfahren und im beschleunigten Verfahren vor dem Strafrichter siehe *Rn. 983* und *Rn. 1003*).

(a) Ablehnungsgründe

776 § 244 III 1 **verpflichtet** das Gericht zur Ablehnung eines Beweisantrages im Falle der **Unzulässigkeit der Beweiserhebung**. Um eine unzulässige Beweiserhebung handelt es sich, wenn die Verwendung eines unzulässigen Beweismittels begehrt wird (z.B. die zeugenschaftliche Vernehmung eines Angeklagten), wenn das Beweisthema nicht Gegenstand der Beweisaufnahme sein kann (z.B. Vorgänge der laufenden Hauptverhandlung) oder wenn ein **Beweisverbot** (*Rn. 780 ff.*) eingreift. Bei Vorliegen eines Ablehnungsgrundes nach § 244 III 2 entscheidet das Gericht dagegen nach **pflichtgemäßem Ermessen**. Abgelehnt werden kann danach ein Antrag auf Beweiserhebung wegen **Offenkundigkeit**, d.h. wegen Allgemein- oder Gerichtskundigkeit der Tatsache (*Rn. 664 f.*). Über **bedeutungslose Tatsachen**,

---

[84] BGHSt 38, 111, 113. Zustimmend *Haller/Conzen*, Rn. 282; *Niemöller*, StV 1996, 501, 506; *Schroeder*, Rn. 262; *Widmaier*, NStZ 1992, 519.
[85] *Beulke*, Rn. 150; *Bottke*, NStZ 1994, 81, 82; *Eisenberg*, Rn. 174; *Kempf*, StV 1996, 507, 510; kritisch auch *Kühne*, StV 1996, 684, 686, 689; *Schulz*, in: Meurer-GS, 355, 356.

d.h., solche, die aus rechtlichen oder tatsächlichen Gründen keinen Zusammenhang zur Schuld- oder Straffrage aufweisen[86], und über bereits **erwiesene Tatsachen**, von deren Richtigkeit das Gericht also schon überzeugt ist, muss ebenfalls nicht Beweis erhoben werden. Die Ablehnung ist zudem zulässig, wenn das Beweismittel **völlig ungeeignet** oder **unerreichbar** ist. Ungeeignetheit liegt vor, wenn sicher ist, dass sich mit dem Beweismittel die behauptete Tatsache nicht beweisen lässt[87], Unerreichbarkeit, wenn die erforderlichen Bemühungen des Gerichts, das Beweismittel herbeizuschaffen, fehlgeschlagen sind und keine begründete Aussicht besteht, es in absehbarer Zeit beizubringen[88]. In der Praxis entfaltet der Ablehnungsgrund der Unerreichbarkeit hauptsächlich Bedeutung für die beantragte Vernehmung eines Zeugen, der unbekannten Aufenthalts ist oder sich im Ausland befindet. Die vom Gericht aufzubringenden Anstrengungen zur Herbeischaffung des Beweismittels sind dabei abhängig von der Bedeutung der beantragten Beweiserhebung, sodass umfangreiche Ermittlungsmaßnahmen vor- und Verzögerungen von längerer Dauer hinzunehmen sind, wenn die Zeugenaussage für einen schwerwiegenden Vorwurf entscheidende Bedeutung erlangt (zur Ablehnung eines Beweisantrages, der auf die Vernehmung eines Auslandszeugen, dessen Aussage zur Erforschung der Wahrheit nicht erforderlich ist, gerichtet ist, siehe *Rn. 777*). Vor der Ablehnung eines Beweisantrages wegen Unerreichbarkeit eines im Ausland befindlichen Zeugen, der die Teilnahme an der Hauptverhandlung verweigert, muss das Gericht zudem prüfen, ob eine kommissarische Vernehmung (§ 223) oder eine Videovernehmung (§ 247a) im Ausland in Betracht kommt[89]. Die Ablehnung eines Beweisantrages wegen **Prozessverschleppung** setzt eine wesentliche Verzögerung des Verfahrens durch einen aussichtslosen Antrag voraus, den der Antragsteller – ohne ein Beweisziel zu verfolgen – allein mit dem Zweck der Verfahrensverzögerung stellt[90]; der bloße Umstand, dass der Beweisantrag schon früher hätte gestellt werden können, reicht für die Annahme der Verschleppungsabsicht allerdings regelmäßig nicht aus[91]. Ein Beweisantrag kann schließlich abgelehnt werden, wenn das Gericht die unter Beweis gestellte Tatsache **zugunsten des Angeklagten als wahr behandelt**. Tatsachen, aus denen das Gericht Schlüsse zuungunsten des Angeklagten zieht, dürfen also nicht als wahr unterstellt werden. – *Fallsammlung, Rn. 633 f.* –

Über diese allgemeinen Ablehnungsgründe hinaus enthält § 244 IV, V Sonderregelungen für Beweisanträge, die auf die Vernehmung eines Sachverständigen, die Augenscheinseinnahme und die Vernehmung eines im Ausland befindlichen

777

---

[86] Der Ablehnungsbeschluss muss die Erwägungen anführen, aus denen der Tatrichter den behaupteten Tatsachen keine Bedeutung beimisst, BGH, NStZ 2005, 224, 226.
[87] BGH, StV 1990, 98; NStZ-RR 1997, 311; NStZ 2000, 156 f.; ein Zeuge ist nicht schon deshalb ein ungeeignetes Beweismittel, weil der Vorgang, über den er berichten soll, längere Zeit zurück liegt, BGH, StV 2005, 115, 116, oder weil das Gericht im Wege einer unzulässigen Beweisantizipation dessen Unglaubwürdigkeit unterstellt, OLG Zweibrücken, StV 2005, 117.
[88] BGH, NStZ 1982, 78.
[89] BGH, wistra 2000, 30, 31 ff.; *Rose*, wistra 2001, 290, 292.
[90] BGH, NStZ 1990, 350. Näher dazu *Schweckendieck*, NStZ 1991, 109 ff.
[91] BGH, NStZ 1998, 207.

Zeugen gerichtet sind. Das Gericht kann auf die beantragte Heranziehung eines Sachverständigen verzichten, wenn es **selbst über die erforderliche Sachkunde verfügt** (§ 244 IV 1). Unerheblich ist, ob diese Sachkunde dienstlich durch die häufige Befassung mit gleichgelagerten Fachfragen (z.B. Auswirkungen der Blutalkoholkonzentration auf die Fahrtüchtigkeit oder Beurteilung der Glaubwürdigkeit von Zeugen) oder privat erworben wurde. Bei Kollegialgerichten genügt es, wenn ein Richter den anderen seine Sachkunde vermittelt. Die Ablehnung wird jedoch nur bei der Beurteilung von Routinefragen in Betracht kommen. Den Antrag auf **Vernehmung eines weiteren Sachverständigen** kann das Gericht ablehnen, wenn es vom Gegenteil der unter Beweis gestellten Tatsache bereits durch das Gutachten des bereits angehörten Sachverständigen überzeugt ist. Es muss dem Beweisantrag jedoch nachgehen, wenn die Sachkunde des früheren Gutachters zweifelhaft ist, wenn sein Gutachten von unzutreffenden tatsächlichen Voraussetzungen ausgeht oder nicht erklärbare Widersprüche enthält oder wenn der neue Sachverständige über überlegene Forschungsmittel verfügt (§ 244 IV 2). Ein Antrag auf **Augenscheinseinnahme** kann abgelehnt werden, wenn der Augenschein nach dem pflichtgemäßen Ermessen zur Erforschung der Wahrheit nicht erforderlich ist (§ 244 V 1). Die Augenscheinseinnahme muss somit nur erfolgen, wenn die Aufklärungspflicht gemäß § 244 II dies gebietet. Aus den gleichen Gründen darf ein Beweisantrag auf **Vernehmung eines Auslandszeugen** abgelehnt werden (§ 244 V 2). Die Regelung ergänzt den Ablehnungsgrund der Unerreichbarkeit (*Rn. 776*), indem sie die mitunter aufwändigen Bemühungen um die Herbeischaffung eines Zeugen, der sich im Ausland aufhält, vermeidet, wenn die Aufklärungspflicht dessen Vernehmung nicht erfordert. Deshalb darf auf die audiovisuelle Vernehmung des Zeugen im Ausland verzichtet werden, wenn von ihr keine weiter gehende oder bessere Sachaufklärung zu erwarten ist als durch das Verlesen eines bereits vorliegenden richterlichen Vernehmungsprotokolls[92].

778 Für die Ablehnung eines auf die Heranziehung eines **präsenten Beweismittels** gerichteten Beweisantrages gelten die strengeren Voraussetzungen des § 245 II 2,3. Eine Ablehnung lässt die Vorschrift nur zu bei Unzulässigkeit der Beweiserhebung, bei Erwiesenheit oder Offenkundigkeit der behaupteten Tatsache, bei fehlendem Sachzusammenhang zwischen Tatsache und Gegenstand der Urteilsfindung, bei völliger Ungeeignetheit sowie bei einer Antragstellung zum Zweck der Prozessverschleppung. Auf die Bedeutungslosigkeit des Beweismittels kann die Ablehnung dagegen nicht gestützt werden, sodass ein präsentes Beweismittel auch dann heranzuziehen ist, wenn der Beweiserhebung nach Auffassung des Gerichts aus rechtlichen oder tatsächlichen Gründen keine Bedeutung mehr zukommt[93].

(b) Ablehnungsverfahren

779 Die Ablehnung eines Beweisantrages bedarf gemäß § 244 VI eines Gerichtsbeschlusses, der mit den tragenden tatsächlichen und rechtlichen Gründen versehen sein muss. Diese Begründungspflicht erlangt besondere Bedeutung, weil die fehlerhafte Ablehnung eines Beweisantrages mit der Revision geltend gemacht wer-

---

[92] BGHSt 46, 73, 74 ff.
[93] BGH, NStZ 1997, 610, 611; *Meyer-Goßner*, § 245 Rn. 7.

den kann. Zahlreiche Urteile werden aufgehoben, weil das Gericht einen Beweisantrag zu Unrecht abgelehnt hat.

Kontrollfragen
1. Welche Voraussetzungen muss ein Beweisantrag erfüllen? (Rn. 764)
2. Was ist unter einem Hilfsbeweisantrag zu verstehen? (Rn. 770)
3. Aus welchen Gründen darf in der regulären Hauptverhandlung ein Beweisantrag, der auf die Herbeischaffung eines Beweismittels gerichtet ist, abgelehnt werden? (Rn. 776, 777)

Literatur

Nierwetberg, Der Beweisantrag im Strafverfahren, Jura 1984, 630.
Rose, Auslandszeugen im Strafprozess: Aktuelle Gesetzeslage und jüngere Rechtsprechung, wistra 2001, 290.
Schulz, Missbrauch des Beweisantragsrechts, Meurer-GS (2002), S. 355.

IV Beweisverbote

Es existieren zahlreiche Beweisverbote, die den Strafverfolgungsorganen und – in der Hauptverhandlung – dem Gericht untersagen, einen bestimmten Beweis zu erheben (**Beweiserhebungsverbot**) oder einen bereits vorhandenen Beweis zu verwerten (**Beweisverwertungsverbot**). Unterschieden werden **Beweisthemaverbote**, welche die Aufklärung eines bestimmten Sachverhalts untersagen, z.B. die Aufklärung getilgter Vorstrafen (§ 51 I BZRG), **Beweismittelverbote**, welche die Heranziehung bestimmter Beweismittel ausschließen, z.B. eines Zeugen, der von seinem Zeugnisverweigerungsrecht Gebrauch macht, und **Beweismethodenverbote**, die eine bestimmte Art und Weise der Beweisgewinnung verbieten, z.B. den Einsatz unzulässiger Vernehmungsmethoden (§ 136a I, II)[94]. Einen Erkenntnisgewinn erbringt dieser Versuch einer Systematisierung jedoch nicht.

780

1. Grundlagen

(a) Beweiserhebungsverbote

Die Beweisverbote dienen dem Zweck, einen Ausgleich zwischen zwei kollidierenden Ausprägungen des Rechtsstaatsprinzips herbeizuführen. Das strafprozessuale Beweisrecht steht nämlich in einem Spannungsfeld, dessen Pole von dem notwendigen Schutz des Beschuldigten/Angeklagten vor einer unzulässigen Inanspruchnahme und der ebenfalls dem Rechtsstaatsprinzip entspringenden Forde-

781

---
[94] *Blau,* Jura 1993, 513, 517; *Gössel,* GA 1991, 483, 484.

rung nach einer funktionstüchtigen Strafrechtspflege gebildet werden. Ein genereller Vorrang der Funktionstüchtigkeit der Strafrechtspflege besteht nicht, denn es ist **kein Grundsatz des Strafprozessrechts, dass die Wahrheit um jeden Preis erforscht werden müsste**[95]. Die StPO und andere Gesetze enthalten deshalb detaillierte Regelungen der Beweiserhebungsvoraussetzungen. Ob ein Beweiserhebungsverbot vorliegt, lässt sich daher zumeist relativ leicht ermitteln. Zum Teil verbietet das Strafprozessrecht ausdrücklich eine bestimmte Ermittlungsmaßnahme, z.B. den Einsatz von Zwang und Täuschung bei der Vernehmung (§ 136a I, II). Überwiegend schreibt es die Art und Weise der Beweisgewinnung vor mit der Folge, dass eine Sachverhaltsermittlung unter Überschreitung oder Nichtbeachtung der Regelung unzulässig ist. Darüber hinaus ergeben sich Beweiserhebungsverbote bisweilen unmittelbar aus dem Verfassungsrecht, z.B. aus dem Grundrechtskatalog oder aus dem Rechtsstaatsprinzip[96].

(b) Unselbständige Beweisverwertungsverbote

782 Im Gegensatz zur Feststellung eines Beweiserhebungsverbotes fällt die Beantwortung der Frage, ob aus einem Erhebungsverbot ein Beweisverwertungsverbot folgt, in der Regel schwerer, da das Gesetz die Verwertung eines auf unzulässige Art und Weise gewonnenen Beweismittel nur ausnahmsweise ausdrücklich anordnet, wie dies z.B. in § 136a III 2 geschehen ist. Weitgehende Einigkeit besteht darüber, dass **nicht jeder Verfahrensfehler** zur Unverwertbarkeit des Beweismittels führt[97]. Trotz zahlreicher Versuche ist es bisher jedoch nicht gelungen, eine überzeugende allgemeine Regel aufzustellen, nach der sich das Vorliegen eines Beweisverwertungsverbotes beurteilen ließe.

783 Der BGH[98] entwickelte die sog. **Rechtskreistheorie**, nach der ein Verwertungsverbot anzunehmen ist, wenn die Verletzung des Beweiserhebungsverbotes den Rechtskreis des Beschuldigten/Angeklagten wesentlich berührt. Verfahrensverstöße, die für den Beschuldigten nur von untergeordneter oder ohne Bedeutung sind, sollen dagegen die Verwertung des unzulässig gewonnenen Beweismittels nicht hindern. Ein trennscharfes Abgrenzungskriterium liegt darin jedoch nicht[99]. Diese Auffassung wird in der Literatur deshalb fast einhellig abgelehnt, und auch der BGH hat in späteren Entscheidungen andere Gesichtspunkte herangezogen, nämlich das **Ausmaß und die Schwere des Verstoßes**[100] oder die **Bedeutung der Sache und die Wichtigkeit des Beweismittels**[101]. Ein Teil der Literatur nimmt ein Beweisverwertungsverbot bei einer **Verletzung des Schutzzwecks der Verfah-

---

[95] BGHSt 14, 358, 365; siehe auch *Meyer-Mews*, JuS 2004, 39.
[96] *Beulke*, ZStW 103 (1991), 657, 665; *Gössel*, NJW 1981, 2217; *ders.*, GA 1991, 483, 500 ff.; *Meyer-Mews*, JuS 2004, 39.
[97] BGHSt 19, 325, 331; 38, 372, 373; *Beulke*, Rn. 457; *Rogall*, NStZ 1988, 385, 386 f.; *Roxin*, § 24 Rn. 19. A.A. *Jahn/Dallmeyer*, NStZ 2005, 297, 303 f.; *Gössel*, NStZ 1998, 126, 130; *Kühne*, in: AKStPO, vor § 48 Rn. 52a.
[98] BGHSt (GS) 11, 213, 215; zustimmend *Bauer*, NJW 1994, 2530 f.; ausführlich hierzu *Wolter*, BGH-Festgabe aus der Wissenschaft, S. 965, 983 ff.
[99] *Amelung*, Roxin-FS, S. 1259, 1260 ff.; *Ellbogen*, S. 238.
[100] BGHSt 27, 355, 357.
[101] BGHSt 29, 244, 249 f.

rensvorschrift[102] oder von „**Informationsbeherrschungsrechten**"[103] durch den Verstoß an. Nach anderer Auffassung[104] ist die Verwertung des unzulässig erlangten Beweismittels prinzipiell erlaubt, wenn es auch auf **legalem Wege** hätte gewonnen werden können („hypothetic clean path"). Vereinzelt[105] wird ein grundsätzlich anderer Ansatz verfolgt; die Beweisverwertungsverbote dienen danach auch der **Disziplinierung der Strafverfolgungsorgane**. Dahinter steht der Gedanke, dass ein drohendes Verwertungsverbot für nicht justizförmig gewonnene Beweismittel geeignet ist, die Staatsanwaltschaft und die Polizei zur Einhaltung der Verfahrensvorschriften anzuhalten. Der Schutz des Beschuldigten wäre also nur ein Reflex der drohenden Sanktion.

Die überwiegende Meinung steht inzwischen auf dem zutreffenden Standpunkt, dass eine Herleitung von Beweisverwertungsverboten aus einem einzelnen Prinzip nicht möglich ist, sondern eine **Abwägung zwischen den geschützten Interessen des Beschuldigten und dem Strafverfolgungsinteresse des Staates** im Einzelfall stattzufinden hat[106]. Bei dieser Abwägung finden die zuvor genannten Kriterien Berücksichtigung, also die Schwere des Tatvorwurfs und des Verfahrensverstoßes, die Bedeutung des Beweismittels, der Schutzzweck des Beweiserhebungsverbots und die Möglichkeit einer legalen Gewinnung des Beweismittels. Auch wenn den Beweisverwertungsverboten grundsätzlich keine Disziplinierungsfunktion zukommt[107], gebietet es der Grundsatz des fairen Verfahrens, Beweismittel, die **unter bewusster Missachtung von Verfahrensvorschriften** erlangt worden sind, nicht zu verwerten[108].

784

(c) Selbständige Beweisverwertungsverbote

Ein Beweisverwertungsverbot setzt im Übrigen nicht notwendig voraus, dass das Beweismittel unter Verstoß gegen ein Beweiserhebungsverbot gewonnen wurde. Bisweilen ordnet das Gesetz ein selbständiges Beweisverwertungsverbot **trotz rechtmäßiger Gewinnung des Beweismittels** ausdrücklich an (siehe die Beispiele in *Rn. 786*).

785

---

[102] *Beulke*, Rn. 458; *Flöhr*, Jura 1995, 131, 133; *Rudolphi*, MDR 1970, 93, 97 ff.
[103] *Amelung*, Informationsbeherrschungsrechte im Strafprozeß, 1990, S. 27.
[104] BGH, NStZ 1989, 375, 376; *Grünwald*, JZ 1966, 489, 501; *Schlüchter*, Lehrbuch, Rn. 4.3. Strenger *Roxin*, § 24 Rn. 21, der fordert, dass die zulässige Erlangung höchstwahrscheinlich gewesen wäre.
[105] *Dencker*, Verwertungsverbote im Strafprozeß, 1977, S. 52 ff.
[106] BVerfGE 34, 238, 250; BGHSt 24, 125, 130; BGH, NJW 2001, 528, 529; OLG Frankfurt, NJW 1997, 2963, 2964; *Daleman/Heuchemer*, JA 2003, 430, 434 f.; *Rogall*, NStZ 1988, 385, 391 ff.; *Roxin*, § 24 Rn. 23; *Schroeder*, Rn. 125; *Wolter*, BGH-Festgabe aus der Wissenschaft, S. 965, 993 ff.
[107] BGHSt 32, 345, 355 f.; 33, 283, 284; *Rogall*, JZ 1996, 944, 947.
[108] BGHSt 24, 125, 131; KG, StraFo 1997, 108, 112; *Meurer*, JR 1990, 389, 392; *Roxin*, § 24 Rn. 22; *Schneider*, NJW 1974, 1914, 1915; *Schroeder*, Rn. 55, 125; *Wolter*, in: SKStPO, Vor § 151 Rn. 203.

2. Die Beweisverwertungsverbote im Einzelnen

(a) Gesetzlich geregelte Fälle

786 Die StPO und andere Gesetze enthalten nur wenige ausdrücklich geregelte Beweisverbote. An die **Rechtswidrigkeit der Beweisgewinnung** knüpft § 136a III 2 an, der die Verwertung von Aussagen untersagt, die der Beschuldigte unter Einsatz von verbotenen Vernehmungsmethoden gemacht hat. Dieses Verwertungsverbot gilt auch für Aussagen von Zeugen (§ 69 III) und Sachverständigen (§§ 72, 69 III), die mit verbotenen Mitteln erreicht wurden. Daneben existieren einige **selbständige Beweisverwertungsverbote**. § 252 verbietet die Verlesung des Protokolls über die frühere Aussage eines Zeugen, der erst in der Hauptverhandlung von seinem Zeugnisverweigerungsrecht Gebrauch macht (näher dazu *Rn. 669 ff.*). Erbringen Ermittlungsmaßnahmen, die nur bei dem Verdacht bestimmter Straftaten zulässig sind, Beweismittel für andere Taten, so dürfen diese Zufallsfunde in der Regel nur zu Beweiszwecken in Strafverfahren verwertet werden, die ebenfalls eine Katalogtat zum Gegenstand haben (§§ 98b III 3, 100b V, 100d II, 110e, 100h III). § 108 II verbietet die Verwertung von Zufallsfunden aus einem Strafverfahren gegen einen Arzt für ein Strafverfahren gegen eine Patientin nach § 218 StGB. Wurde ein Zeuge, der nicht über eine ausreichende Verstandesreife verfügt, ohne Einwilligung des gesetzlichen Vertreters untersucht, so bedarf die Verwertung der durch die Untersuchung erhobenen Beweise der Zustimmung des gesetzlichen Vertreters (§ 81c III 5). Außerhalb der StPO geregelte Beweisverwertungsverbote finden sich z.B. in § 51 I BZRG für getilgte bzw. tilgungsreife Straftaten, in §§ 4, 6, 7 IV, 8 IV 5 G 10 für geheimdienstlich erlangte Kenntnisse und Unterlagen in den dort genannten Fällen sowie in § 393 II AO für Tatsachen und Beweismittel, die der Steuerpflichtige der Finanzbehörde in einem Besteuerungsverfahren vor Einleitung des Strafverfahrens oder in Unkenntnis der Einleitung offenbart hat.

(b) Ungeregelte strafprozessuale Beweisverwertungsverbote

787 Da grundsätzlich jede prozessordnungswidrige Erlangung eines Beweismittels nach Abwägung der Umstände des Einzelfalls zu einem Beweisverwertungsverbot führen kann, ist eine vollständige Auflistung aller in Betracht kommenden Fälle an dieser Stelle nicht möglich. Deshalb können hier nur einige wichtige Beispiele, die zum Teil auch schon in dem jeweiligen Sachzusammenhang angesprochen wurden, genannt werden.

788 Einhellig anerkannt ist die Unverwertbarkeit der Aussagen des Beschuldigten, die er **ohne die erforderliche Belehrung über sein Aussageverweigerungsrecht** (§§ 136 I 2, 163a III 2, IV 2, 243 IV 1) gemacht hat (*Rn. 451*). Die **unterlassene Belehrung des Zeugen** über sein Zeugnisverweigerungsrecht nach §§ 52 III, 161a I 2, 163a V führt ebenfalls zu einem Verwertungsverbot[109]. Nach zutreffender h.M. bleibt die Aussage eines Zeugen bei unterbliebener Belehrung nach §§ 55 II, 161a, I 2, 163a V dagegen im Verfahren gegen den Beschuldigten verwertbar; sie darf aber nicht in einem späteren Strafverfahren gegen den Zeugen verwertet wer-

---

[109] BGHSt 14, 159, 160.

den[110]. Einem Verwertungsverbot unterfallen zudem Aussagen des Beschuldigten, die er unter **Verletzung der Pflicht zur Belehrung über das Recht auf Verteidigerkonsultation und zur Hilfeleistung bei der Kontaktaufnahme** gemacht hat (*Rn. 456*). Unverwertbar sind Beweismittel, die trotz eines **Beschlagnahmeverbotes** gemäß § 97 erlangt wurden[111], sowie unter **Umgehung des § 100a** gewonnene Tonaufzeichnungen eines Telefongesprächs[112].

(c) Verfassungsrechtliche Beweisverwertungsverbote

Strafprozessuale Beweisverwertungsverbote können sich auch aus dem Verfassungsrecht ergeben[113]. So kann die Verwertung **heimlich aufgenommener Ton- und Bildaufnahmen** wegen einer Verletzung des allgemeinen Persönlichkeitsrechts unzulässig sein. Generell unverwertbar sind solche Aufzeichnungen, wenn sie der unantastbaren Intimsphäre zuzurechnen sind, wie dies z.B. bei einem privaten Gespräch zwischen dem Beschuldigten und seiner Ehefrau der Fall ist[114]. Verletzt die Aufnahme lediglich die Privatsphäre des Beschuldigten, in die bei einem überwiegenden Interesse der Allgemeinheit eingegriffen werden darf, so richtet sich die Verwertbarkeit nach den konkreten Umständen.

789

> **Beispiel**: Der Angeklagte E betrieb mehrere Videotheken. Die Staatsanwaltschaft warf ihm vor, A durch Vermittlung des J dazu angestiftet zu haben, dass A ein Wohn- und Geschäftshaus in Brand setzte, in dem S, ein geschäftlicher Konkurrent des E, eine Videothek eröffnen wollte. A führte die Brandstiftung aus. Das Feuer ergriff das gesamte Gebäude und versperrte den sechs Bewohnerinnen den Zugang zum Treppenhaus. Sie konnten sich nur über das vereiste Dach zum Nebengebäude retten. In der Hauptverhandlung beantragte die Staatsanwaltschaft, eine Videokassette abzuspielen, die J ohne Wissen des Angeklagten E aufgenommen hatte. Die Aufzeichnung betraf ein Gespräch des E mit J, in dem E sich zur Zahlung von 10.000,- Euro an A für die Ausführung der Brandstiftung bereit erklärt hatte.

Überwiegt das Strafverfolgungsinteresse, weil eine schwerwiegende Straftat, z.B. ein Mord oder – wie in unserem Fall – eine Anstiftung zur schweren Brandstiftung, aufzuklären ist, so steht das Persönlichkeitsrecht einer Verwertung grundsätzlich nicht entgegen[115]. Die Rechtsprechung wendet diese Maßstäbe auch auf die Verwertung von **Tagebuchaufzeichnungen** des Beschuldigten an. Bei dem Verdacht einer Straftat von geringerem Gewicht (z.B. wegen geheimdienstlicher Agententätigkeit[116]) begründet das überwiegende Interesse des Beschuldigten ein

790

---

[110] BGHSt 11, 213, 218; 38, 302, 305 f.; *Beulke*, Rn. 464. In der Literatur wird zum Teil (*Gössel*, GA 1991, 483, 489; *Schlüchter*, Kernwissen, S. 135; *Roxin*, § 24 Rn. 26) generell ein Verwertungsverbot befürwortet.
[111] BGHSt 18, 227, 228; 44, 46, 51; *Beulke*, Rn. 463; *Nack*, in: KKStPO, § 97 Rn. 9.
[112] BGHSt 31, 304, 309.
[113] *Blau*, Jura 1993, 513, 519 ff.; *Gössel*, GA 1991, 483, 500 ff.
[114] BVerfGE 109, 279 ff.; BGHSt 31, 296, 299; *Blau*, Jura 1993, 513, 521.
[115] BGHSt 36, 167, 173; siehe auch BVerfGE 34, 238, 244; 80, 367, 375 f.; BGHSt 19, 325, 332; 34, 397, 401.
[116] Vgl. BGH (Ermittlungsrichter), NJW 1994, 1970; zum Beweiserhebungsverbot *Rn. 397 f.*

Verwertungsverbot. Die Behandlung dieser Fallgruppen macht das von der h.M. befürwortete Abwägungsprinzip besonders deutlich.

791 Die **unter Androhung oder Anwendung von Zwang in einem Zivil- oder Verwaltungsverfahren gewonnenen Informationen** unterliegen im Strafverfahren einem Verwertungsverbot, das aus dem nemo-tenetur-Grundsatz (Art. 2 I, Art. 1 I GG) folgt[117]. Ein Verwertungsverbot kann sich zudem aus der Verletzung des **Rechts des Beschuldigten auf rechtliches Gehör** (Art. 103 I GG) oder seines **Anspruchs auf ein faires Verfahren**, den das BVerfG aus dem Rechtsstaatsprinzip in Verbindung mit dem allgemeinen Freiheitsrecht (Art. 2 I GG) herleitet, ergeben. Deshalb darf die Vernehmungsniederschrift eines Zeugen, der auf Grund einer Sperrerklärung analog § 96 dem Strafverfahren entzogen wird (zur Problematik „gesperrter" Zeugen *Rn. 676 ff.*), nicht verlesen werden, wenn die Behörde die Offenbarung des Namens oder der Anschrift des Zeugen willkürlich, offensichtlich rechtsfehlerhaft oder ohne Angabe von Gründen verweigert[118].

3. Das Problem der Fernwirkung

792 Ein Beweisverwertungsverbot führt nach zutreffender Auffassung (*Rn. 484*) grundsätzlich nur zur Unverwertbarkeit des Beweismittels, das unmittelbar unter Verletzung des Rechts gewonnen wurde. Es entfaltet also regelmäßig keine Fernwirkung für Beweise, die auf Grund des unverwertbaren Beweismittels gefunden wurden, sodass diese dem Verfahren nicht entzogen sind. Eine Fernwirkung ist aber nicht generell ausgeschlossen, sondern es sind die Umstände des konkreten Falles zu berücksichtigen. Die Unverwertbarkeit mittelbarer Beweise kommt danach in Betracht, wenn es sich um eine **besonders schwerwiegende Verletzung der strafprozessualen Schutzrechte oder der Grundrechte des Beschuldigten** handelt. Zu erwägen ist eine Fernwirkung zudem, wenn das Strafverfolgungsorgan sich **bewusst über die Rechte des Beschuldigten hinweggesetzt** hat, um auf diese Weise ein Beweismittel zu erlangen, dass auf legalem Wege nicht hätte ermittelt werden können.

Kontrollfragen

1. Welche Arten von Beweisverboten gibt es? (Rn. 780)
2. Welche Kriterien sind zur Bestimmung eines unselbständigen Beweisverwertungsverbotes heranzuziehen? (Rn. 783 f.)
3. Was ist unter der Fernwirkung eines Beweisverwertungsverbotes zu verstehen? (Rn. 792)

---

[117] BVerfGE 56, 37, 50 f; *Hellmann*, Neben-Strafverfahrensrecht, S. 102 f., 382 f.
[118] BVerfGE 57, 250, 290; BGHSt 36, 159, 161; in den konkreten Fällen beanstandeten die Gerichte die Verlesung jedoch nicht, weil die Sperrerklärungen nicht willkürlich oder offensichtlich fehlerhaft waren. Siehe auch *Ellbogen*, Verdeckte Ermittlungstätigkeit, S. 241 ff.

Literatur

Amelung, Zum Streit über die Grundlagen der Lehre von den Beweisverwertungsverboten, Roxin-FS, S. 1259.
Blau, Beweisverbote als rechtsstaatliche Begrenzung der Aufklärungspflicht im Strafprozeß, Jura 1993, 513.
Daleman/Heuchemer, Verwertungsverbot für die Beweisergebnisse rechtswidriger Hausdurchsuchungen?, JA 2003, 430.
Gössel, Die Beweisverbote im Strafverfahrensrecht der Bundesrepublik Deutschland, GA 1991, 493.
Jahn/Dallmeyer, Zum heutigen Stand der beweisrechtlichen Berücksichtigung hypothetischer Ermittlungsverläufe im deutschen Strafprozess, NStZ 2005, 297.
Meyer-Mews, Beweisverwertungsverbote im Strafverfahren, JuS 2004, 39.
Rogall, Hypothetische Ermittlungsverläufe im Strafprozeß. Ein Beitrag zur Lehre der Beweiserhebungs- und Beweisverwertungsverbote, NStZ 1988, 385.

§ 16 Die abschließende Entscheidung

I Beratung und Abstimmung

Nach dem Schluss der Beweisaufnahme, den Schlussvorträgen des Staatsanwalts, des Nebenklägers, falls ein solcher beteiligt ist, des Angeklagten und/oder seines Verteidigers sowie dem letzten Wort des Angeklagten berät das Gericht über die Entscheidung und stimmt darüber ab. Die Einzelheiten der Beratung und Abstimmung regeln §§ 263 StPO, 192-197 GVG. 793

Beratung und Abstimmung erfolgen **nichtöffentlich**. Anwesend sein dürfen außer den zur Entscheidung berufenen Richtern nur die bei dem Gericht beschäftigten Referendare sowie ausländische Richter, Staatsanwälte und Rechtsanwälte oder im Ausland in einem Ausbildungsverhältnis hierzu stehende Juristen, die dem Gericht zur Ableistung eines Studienaufenthaltes zugewiesen worden sind; im Revisionsverfahren vor dem BGH sind auch die dort beschäftigten wissenschaftlichen Hilfskräfte zur Anwesenheit berechtigt (§ 193 I, II GVG). Jurastudenten, die ein Gerichtspraktikum ableisten, dürfen dagegen an der Beratung nicht teilnehmen[1]. Der Hergang der Entscheidungsfindung unterliegt dem **Beratungsgeheimnis** (§ 43 DRiG). 794

Während das Gericht gemäß § 196 GVG grundsätzlich mit der absoluten Mehrheit der Stimmen entscheidet, schreibt § 263 I, II für alle **dem Angeklagten nachteiligen Entscheidungen über die Schuldfrage und die Rechtsfolgen eine Mehrheit von zwei Dritteln der Stimmen** vor. Die Stimmen der Berufsrichter 795

---
[1] BGHSt 41, 119, 120 ff.; *Burhoff,* Hauptverhandlung, Rn. 916; *Meyer-Goßner,* § 193 GVG Rn. 5. A.A. *Seifert,* MDR 1996, 125 ff., 128; *Speiermann,* NStZ 1996, 397.

und der Schöffen haben dabei dasselbe Gewicht, sodass bei dem Schöffengericht – und bei der kleinen Strafkammer im Berufungsverfahren – die Laienrichter den Berufsrichter überstimmen können.

> **Beispiel**: A war wegen Raubes vor dem Schöffengericht P angeklagt. Der Schöffe G gelangte nicht zu der Überzeugung, dass A die Tat begangen hatte, und sprach sich deshalb für einen Freispruch aus. Der Schöffe B hielt nur den Nachweis eines Diebstahls für erbracht, der mit einer Geldstrafe in Höhe von sechzig Tagessätzen zu bestrafen sei. Der Vorsitzende Richter V war dagegen davon überzeugt, dass A bei der Wegnahme Gewalt eingesetzt hatte, und hielt eine Freiheitsstrafe von achtzehn Monaten für angemessen.

796 Die erforderliche Zweidrittelmehrheit hinsichtlich der Schuld ist gegeben, sodass A jedenfalls zu verurteilen ist, und zwar wegen Diebstahls zu einer Geldstrafe von sechzig Tagessätzen, da die dem A nachteiligste Stimme (achtzehn Monate Freiheitsstrafe) der minder nachteiligen Stimme (Geldstrafe) hinzugerechnet wird (§ 196 III GVG).

797 Um Auswirkungen der Autorität oder eines Abhängigkeitsverhältnisses auf die Abstimmung zu verhindern, schreibt § 197 GVG vor, dass zuerst die Schöffen ihre Stimme abgeben, und zwar der jüngere vor dem älteren. Die Berufsrichter stimmen nach dem Dienstalter, der Vorsitzende zuletzt.

II Die Verarbeitung der erhobenen Beweise

798 Bei der Verarbeitung der aufgenommenen Beweise durch das Gericht gelten zwei Prinzipien, und zwar der Grundsatz der freien Beweiswürdigung und der Grundsatz „in dubio pro reo".

1. Freie Beweiswürdigung

(a) Der Grundsatz

799 Über das Ergebnis der Beweisaufnahme entscheidet das Gericht gemäß § 261 nach seiner **freien, aus dem Inbegriff der Hauptverhandlung geschöpften Überzeugung**. Im Gegensatz zu älteren Prozessrechten, die den Richter anweisen, unter welchen Voraussetzungen er den Beweis einer Tatsache als erbracht anzusehen hatte (z.B. auf Grund eines Geständnisses oder der Aussage von zwei einwandfreien Zeugen)[2], bindet die StPO den Richter somit grundsätzlich nicht an Beweisregeln. Die Feststellung der Wahrheit im Strafprozess erfordert nicht mehr, aber auch nicht weniger, als dass der Richter eine **persönliche Gewissheit**[3] von den entscheidungserheblichen Tatsachen gewinnt. Der Beweis ist danach erbracht, wenn der Richter keine vernünftigen Zweifel an dem Vorliegen der Tatsache hat; bloße „abstrakte" oder „theoretische" Zweifel, für die es keine reale Grundlage

---

[2] *Jerouschek*, GA 1992, 493, 497 ff.
[3] OLG Celle, NJW 1976, 2030, 2031; *Gollwitzer*, in: LR[25], § 261 Rn. 7; *Meyer-Goßner*, § 261 Rn. 2; *Maiwald*, in: AKStPO, § 261 Rn. 10; *Nack*, StV 2002, 510, 511.

gibt, stellen die Überzeugung nicht in Frage⁴. Die richterliche Überzeugung kann deshalb nicht durch die Feststellung einer an Sicherheit grenzenden Wahrscheinlichkeit ersetzt werden, sodass es dem Richter z.B. nicht verwehrt ist, die Einlassung des Angeklagten für wahr zu halten, selbst wenn mehrere Zeugen eine andere Darstellung geben, oder trotz eines Geständnisses des Angeklagten einen für diesen günstigen Sachverhalt anzunehmen.

Der Grundsatz der freien Beweiswürdigung darf allerdings nicht dahingehend missverstanden werden, dass der Richter seiner Entscheidung irgendeinen Sachverhalt zugrunde legen darf, wenn er nur behauptet, er sei von dessen Vorliegen überzeugt, denn sonst wäre das Schicksal des Angeklagten völlig in die Hand des Richters gegeben. Deshalb sind zum einen an die Entscheidungsfindung strenge Anforderungen zu stellen. Die subjektive Überzeugung kommt nur dann rechtsfehlerfrei zustande, wenn sie – nach erschöpfender Auseinandersetzung mit dem Ergebnis der Beweisaufnahme, die auf alle für die Entscheidung möglicherweise relevanten Beweismittel zu erstrecken ist (*Rn. 684 f.*) – auf einer **tragfähigen Tatsachengrundlage** beruht und aus einer **von einem Dritten nachvollziehbaren lückenlosen Argumentation** erwächst⁵. Er darf deshalb weder die Einlassung des Angeklagten⁶ noch das Gutachten eines Sachverständigen oder den Inhalt einer Urkunde ungeprüft seiner Entscheidung zugrunde legen. Besondere Anforderungen sind an die Beurteilung der Glaubhaftigkeit⁷ und des Beweiswerts⁸ von Zeugenaussagen zu stellen. Das gilt insbesondere, wenn Aussage gegen Aussage steht⁹. Beweismittel, die der Überzeugung des Richters widersprechen, darf er nicht übergehen, sondern er muss eine denkgesetzlich mögliche Erklärung dafür geben, weshalb seine Überzeugung mit diesen Gegenbeweisen vereinbar ist. Erscheinen andere für den Angeklagten günstige Geschehensabläufe denkbar, so muss der Richter erklären, weshalb er zu der Überzeugung gelangt, dass sie ausscheiden. Die zur Anwendung gebrachten Erfahrungssätze müssen schließlich objektiv begründbar sein¹⁰. Zum anderen bedarf es eines Maßstabes, anhand dessen die Würdigung der Beweise zu erfolgen hat. In der Rechtsprechung besteht jedoch lediglich Einigkeit darüber, dass die Schlussfolgerungen nicht in bloßen Vermutungen bestehen dürfen¹¹. Zum Teil steckt der BGH die Grenzen der tatrichterlichen Beweiswürdigung sehr weit; der Tatrichter könne weder daran gehindert

---

[4] BGH, NStZ 1988, 236, 237.
[5] BGH, JR 1981, 304; NStZ 1982, 478; *Gollwitzer*, in: LR²⁵, § 261 Rn. 13.
[6] BGH, NStZ 1987, 474; BGH, bei Kusch, NStZ 1996, 325; *Nack*, StV 2002, 510, 514.
[7] Z.B. BGH, NStZ-RR 1997, 105 f.; 269, zur Beurteilung der Glaubwürdigkeit der Zeugenaussage eines Mitbeschuldigten, der in einem getrennten Verfahren verfolgt wird. BGH, StV 1998, 250 f, zur Beweiswürdigung, wenn der schweigende Angeklagte nur durch die Aussage eines einzigen Zeugen belastet wird. Eingehend dazu *Loddenkemper*, Revisibilität tatrichterlicher Zeugenbeurteilung, 2003, S. 50 ff.
[8] Z.B. BGH, NStZ 1997, 355; NStZ 1998, 265, 266; 266, 267, zum Beweiswert des wiederholten Wiedererkennens einer Person.
[9] BGH, NStZ-RR 1998, 15 f.; 16 f.; NStZ 2001, 161; NStZ-RR 2005, 149; ThürOLG, StV 1998, 118, 119; *Maier*, NStZ 2005, 246, 247 ff.; *Nack*, StV 2002, 558.
[10] *Roxin*, § 15 Rn. 14.
[11] BGH, NStZ 1987, 473 f.; NStZ 1990, 501.

werden, an sich mögliche, wenn auch nicht zwingende Folgerungen aus bestimmten Tatsachen zu ziehen, noch könne ihm vorgeschrieben werden, unter welchen Voraussetzungen er zu einer bestimmten Schlussfolgerung und einer bestimmten Überzeugung gelangen müsse[12]. Bisweilen wird wenigstens ein nach der Lebenserfahrung ausreichendes Maß an Sicherheit gefordert, „dem gegenüber vernünftige Zweifel nicht mehr laut werden können"[13]. In neueren Entscheidungen verlangt der BGH – allerdings ohne dass eine einheitliche Linie feststellbar wäre[14] – zu Recht zunehmend eine objektiv hohe Wahrscheinlichkeit der Richtigkeit des Beweisergebnisses[15]. Das BVerfG betrachtet – wohl nur – diesen Maßstab als mit der freiheitssichernden Funktion des Art. 2 II 1 GG für das faire, rechtsstaatliche Verfahren vereinbar[16].

801 Die freie Beweiswürdigung erweist sich somit als **Verknüpfung von objektivierbarer Gewinnung der Tatsachengrundlage und subjektiver Überzeugungsbildung auf Grund einer rationalen, in hohem Maße plausiblen Argumentation**[17]. Da der Weg der Entscheidungsfindung der Überprüfung durch das Revisionsgericht unterliegt, muss der Tatrichter die Gesichtspunkte, aus denen er seine Überzeugung schöpft, im Urteil darlegen[18].

(b) Grenzen der freien Beweiswürdigung

802 Über diese strengen Anforderungen an die Überzeugungsbildung hinaus existieren echte objektive Grenzen der freien Beweiswürdigung.

803 Die Freiheit von Beweisregeln gilt nicht ausnahmslos. § 274 S. 1 enthält eine Beweisregel für Tatsachen, welche die **Förmlichkeiten der Hauptverhandlung** betreffen. Die Beachtung der vorgeschriebenen Förmlichkeiten kann grundsätzlich nur durch das Hauptverhandlungsprotokoll erbracht werden. Ist z.B. die Vereidigung eines Zeugen im Sitzungsprotokoll vermerkt, dann hat er als vereidigt zu gelten, selbst wenn er tatsächlich keinen Eid geleistet hat. Das Protokoll besitzt auch eine **negative Beweiskraft**, sodass als nicht geschehen gilt, was nicht beurkundet wurde[19]. Fehlt der Vereidigungsvermerk, so liegt darin der Beweis, dass der Zeuge nicht vereidigt wurde. Gegen die Beweiskraft des Protokolls ist nur der Nachweis der Fälschung zulässig (§ 274 S. 2). Die Beweiskraft ist allerdings auf das anhängige Verfahren beschränkt[20], indem das Protokoll im Rechtsmittelverfahren gegenüber dem Gericht höherer Instanz Beweis über die Beachtung der Verfahrensvorschriften erbringt. Für die Schuld- und Straffrage ist § 274 nicht relevant, sodass der Richter in einem gegen den Zeugen gerichteten Strafverfahren

---

[12] BGHSt 10, 208, 210; 29, 18, 20; BGH, NJW 1998, 2753, 2756.
[13] BGH, NJW 1951, 122; NJW 1993, 605, 607.
[14] Informativ dazu *Herdegen*, NJW 2003, 3513, 3514 ff.
[15] BGH, NJW 1988, 3273; StV 1990, 534; NStZ 1992, 48; StV 1995, 453; NJW 1999, 1562, 1564. Ebenso *Fezer*, StV 1995, 95, 99; *Herdegen*, Hanack-FS, S. 331, 323 ff.; *Jähnke*, Hanack-FS. S. 355, 360 ff.; *Schäfer*, StV 1995, 147, 149 ff.
[16] BVerfG, NJW 2003, 2444, 2445.
[17] *Herdegen*, NJW 2003, 3513, 3515.
[18] Näher dazu *Jerouschek*, GA 1992, 493, 506 ff.
[19] *Meyer-Goßner*, § 274 Rn. 14.
[20] BGHSt 26, 281, 282.

wegen Meineids nach den allgemeinen Regeln die Vereidigung feststellen muss. Eine Beweisregel, die unmittelbare Bedeutung für die materiell-strafrechtliche Beurteilung eine Verhaltens besitzt, enthält dagegen § 190 StGB. Besteht die dem Angeklagten vorgeworfene Ehrverletzung in der **Behauptung, ein anderer habe eine Straftat begangen**, so gilt der Nachweis dieser Straftat als erbracht, wenn der Betroffene wegen der Tat rechtskräftig verurteilt worden ist. Wurde der Beleidigte rechtskräftig freigesprochen, so ist der Beweis der Wahrheit der behaupteten Straftat ausgeschlossen. In beiden Fällen ist der Richter, der über das Beleidigungsdelikt zu befinden hat, somit an das Urteil des Richters gebunden, der über die Vortat entschieden hat.

Eine Bindung an sonstige Entscheidungen, die in einem anderen Straf- oder sonstigen Gerichtsverfahren ergangen sind, existiert grundsätzlich nicht. § 262 I verschafft dem Strafrichter eine uneingeschränkte „**Vorfragenkompetenz**", da die Vorschrift über ihren Wortlaut hinaus auf Vorfragen aus anderen Rechtsgebieten anwendbar ist[21]. Eine Ausnahme gilt nur für Entscheidungen, die gegen alle oder rechtsgestaltend wirken[22], z.B. die Feststellung der Vaterschaft (§ 1600d BGB) oder die Festsetzung der Höhe der Unterhaltszahlung.

804

Feststehende **wissenschaftliche Erkenntnisse** entfalten die gleiche Wirkung wie gesetzliche Beweisregeln, d.h., der Richter darf sie keiner Würdigung unterziehen, sondern er muss sie so hinnehmen, wie er sie vorfindet[23].

805

Es versteht sich von selbst, dass auch das Vorliegen eines **Beweisverwertungsverbotes** die Beweiswürdigung begrenzt, indem der Richter das Beweismittel zur Entscheidungsfindung nicht heranziehen darf, selbst wenn es ihm bekannt geworden ist.

806

Nach zutreffender Auffassung beschränken schließlich vorrangige Beteiligtenrechte die Freiheit der Beweiswürdigung. Aus dem **Schweigen des Angeklagten** darf der Richter keine nachteiligen Schlüsse ziehen, da dieses Schutzrecht sonst unterlaufen würde[24]. Dem Schweigen steht das Bestreiten der Täterschaft gleich[25]. Lässt sich der Angeklagte teilweise zur Sache ein, verweigert er im Übrigen aber die Aussage, so darf der Richter aus diesem Aussageverhalten – nachteilige – Schlüsse ziehen[26]. Als Einlassung zur Sache in der Hauptverhandlung ist auch der Widerruf einer im Ermittlungsverfahren gemachten Aussage anzusehen[27]. Der Beweiswürdigung zum Nachteil des Angeklagten ebenfalls entzogen ist die **berechtigte Aussageverweigerung durch einen Zeugen**[28]. Auch hier gilt, dass eine teilweise Aussageverweigerung der Würdigung zugänglich ist[29].

807

---

21 OLG Köln, wistra 1991, 74, 75; *Meyer-Goßner*, § 262 Rn. 1; *Meurer*, S. 76.
22 *Hellmann*, Anwendbarkeit, S. 96; *Julius*, in: HKStPO, § 262 Rn. 3 ff.
23 BGHSt 10, 208, 211.
24 BVerfG, NStZ 1995, 555; BGHSt 20, 281, 282 f.; 38, 302, 305; *Schlüchter*, in: SKStPO, § 261 Rn. 36.
25 BGHSt 25, 365, 368; 38, 302, 307.
26 BGHSt 20, 298, 300; 32, 140, 145. A.A. *Kühl*, JuS 1986, 115, 120.
27 BGH, NStZ 1998, 209.
28 BGHSt 22, 113, 114; 32, 140, 142; 34, 324, 327.
29 BGHSt 32, 140, 142; *Meyer-Goßner*, § 261 Rn. 21. A.A. *Kühl*, JuS 1986, 115, 121.

2. In dubio pro reo

808 Der Grundsatz, dass **im Zweifel für den Angeklagten** zu entscheiden ist, hat zwar keine ausdrückliche gesetzliche Regelung erfahren. Er ergibt sich aber als Konsequenz aus § 261 sowie aus dem Schuldgrundsatz und aus der in Art. 6 II EMRK niedergelegten Unschuldsvermutung. Da der gesetzliche Schuldnachweis voraussetzt, dass der Richter die persönliche Gewissheit von der Schuld des Angeklagten erlangt, muss dieser freigesprochen werden, wenn dem Richter ein vernünftiger Zweifel an der Schuld des Angeklagten bleibt. Der Zweifelssatz greift somit nicht schon deshalb ein, weil bei objektiver Betrachtung (durch einen Dritten) Bedenken hinsichtlich der Schuld bestehen. Hat der Tatrichter zu Lasten des Angeklagten seine Überzeugung jedoch nur auf Vermutungen gestützt, die nicht die hohe Wahrscheinlichkeit, sondern lediglich einen bloßen Verdacht begründen, ohne sich mit einem denkbaren Geschehen, das für den Angeklagten günstiger wäre, auseinanderzusetzen (vgl. *Rn. 800*), so ist das Revisionsgericht an die Überzeugung des Tatrichters nicht gebunden, weil der Entscheidung eine tragfähige Tatsachengrundlage fehlt[30].

809 Strittig ist, ob der in-dubio-Grundsatz erst bei der **Gesamtwürdigung** des Ergebnisses der Beweisaufnahme Anwendung findet[31] oder auch bei der Beurteilung einzelner Indiztatsachen[32].

> **Beispiel:** Der Angeklagte A brach am späten Abend mit einem – unbekannten – Mittäter in das Einfamilienhaus der Eheleute F ein, die zur Tatzeit 68 bzw. 70 Jahre alt waren. Während der Tatausführung traf zumindest einer der Mittäter auf Herrn und Frau F, die er mit Handschellen aneinander fesselte. Infolge der Aufregung erlitt Frau F einen Herzanfall. Die Täter verließen danach fluchtartig unter Mitnahme der Diebesbeute das Haus. A rief anonym die Feuerwehr an und teilte ihr unter Angabe der Anschrift der F mit, dass Frau F einen Herzinfarkt erlitten habe und dringend einen Notarzt benötige. Als der Notarzt eintraf, fand er sowohl Frau F als auch Herrn F tot vor. Herr F war inzwischen ebenfalls auf Grund der akuten Stresssituation an Herzversagen gestorben. Die Strafkammer verurteilte A wegen Diebstahls (in einem besonders schweren Fall). Eine Verurteilung wegen Raubes oder Raubes mit Todesfolge lehnte sie ab, weil der genaue Inhalt der Absprache zwischen den Mittätern nicht habe festgestellt werden können, sodass zugunsten des A das Fehlen einer Abrede über eine eventuelle Gewaltanwendung zu unterstellen sei. Zudem sei zugunsten des A davon auszugehen, dass er weder die Gewalt selbst angewendet noch die Anwesenheit der F und die konkrete Gewaltanwendung bei der Tatausführung bemerkt habe.

810 Es trifft zwar zu, dass der Richter eine belastende Indiztatsache seiner Entscheidung nur dann zugrunde legen darf, wenn er ihr Vorliegen festgestellt hat. Bleiben daran Zweifel, so folgt daraus allerdings nicht, dass zugunsten des Täters

---

[30] BGH, NStZ-RR 1996, 202 f.
[31] BGHSt 35, 308, 316; 36, 286, 290; BGH, NStZ 1999, 205; 2001, 609; 2002, 656; *Eisenberg*, Rn. 124; *Foth*, NStZ 1996, 423 f.; *Meyer-Goßner*, § 261 Rn. 26; *Stree*, JZ 1974, 299.
[32] BGH, NJW 1989, 1043, 1044; NStZ 1995, 539, 540; *Herdegen*, in: KKStPO, § 244 Rn. 4; *Hoyer*, ZStW 105 (1993), 523 ff.

ihr Nichtvorliegen zu unterstellen ist, sondern das Ergebnis bleibt lediglich offen. Das gilt ebenso für eine entlastende Indiztatsache, die nicht schon deshalb zugunsten des Angeklagten angenommen werden darf, weil sie möglicherweise gegeben ist[33]. Eine isolierte Betrachtung einzelner Indizien erlaubt somit für sich keinen Rückschluss auf die Schuld des Angeklagten, sondern sie ist in eine Gesamtwürdigung aller Beweise einzubringen. Die Überzeugung des Richters von der Schuld des Angeklagten kann aus der erforderlichen einheitlichen Betrachtung aller Indizien erwachsen, mögen diese jeweils für sich allein auch nicht ausreichen. In unserem Fall hatte das Landgericht weitere Umstände nicht aufgeklärt (Beleuchtungsverhältnisse im Haus und die Einsichtsmöglichkeiten von außen) bzw. nicht gewürdigt (Wissen des A um das Alter der Opfer; Einbruch zu einer Zeit, in der mit deren Anwesenheit zu rechnen war; Vorbereitung der Tat; Äußerung von Bedenken vor der Tat, dass den alten Leuten etwas passieren könne). Zugunsten des Angeklagten wäre nur zu entscheiden, wenn nach dieser Gesamtwürdigung vernünftige Zweifel des Richters bestehen bleiben. Die Strafkammer verstieß gegen diese Grundsätze, sodass der BGH[34] das Urteil zu Recht aufgehoben hat.

Streit herrscht zudem darüber, ob der Zweifelssatz ausschließlich für die Schuld- und Straffrage gilt oder ob er auch auf **verfahrensrechtlich erhebliche Tatsachen** anzuwenden ist. Weitgehende Übereinstimmung[35] besteht darüber, dass die **Prozessvoraussetzungen** (z.B. Strafantrag bei den Antragsdelikten, Nichteintritt der Verfolgungsverjährung[36], Verhandlungsfähigkeit[37]) sicher vorliegen müssen, denn die Unschuldsvermutung darf nur entkräftet werden, wenn zur Überzeugung des Gerichts feststeht, dass die Tat und der Täter der staatlichen Strafgewalt unterliegen. Nach h.M.[38] gilt der in-dubio-Grundsatz dagegen nicht für den **Nachweis von Verfahrensfehlern**. Danach muss derjenige, der sich auf einen Verfahrensfehler beruft, diesen beweisen, d.h., den Richter zu der Überzeugung bringen, dass der behauptete Verfahrensverstoß tatsächlich vorgekommen ist.

811

Beispiel: Der Angeklagte behauptete in der Hauptverhandlung, dass er bei seiner polizeilichen Vernehmung von den Beamten X und Y misshandelt worden sei und seine Aussage deshalb gemäß § 136a III 2 nicht verwertet werden dürfe. Zum Beweis legte er ein ärztliches Attest vor, in dem sein Hausarzt bescheinigt, dass Brust und Rücken des A am Tag nach der Vernehmung frische Hämatome aufwiesen. X und Y bestritten, A geschlagen zu haben.

---

[33] Vgl. BGH, NStZ-RR 2005, 147, 148.
[34] BGH, NStZ-RR 1997, 269, 270.
[35] *Beulke*, Rn. 25, 273; *Eisenberg*, Rn. 127; *Roxin*, § 15 Rn. 38 f. Differenzierend *Ranft* (Rn. 1641 f.), der eine analoge Anwendung nur für einige Prozessvoraussetzungen befürwortet.
[36] BGHSt 18, 274, 278 f.; BGH, NJW 1995, 1297, 1299.
[37] BGH, NStZ 1984, 520 f.
[38] BGHSt 16, 164, 166 f.; *Schoreit*, in: KKStPO, § 261 Rn. 63; *Meyer-Goßner*, § 261 Rn. 35; *Ranft*, Rn. 1642.

812 Zwar kann nicht jede – unsubstantiierte – Behauptung eines Verfahrensverstoßes zugunsten desjenigen, der sie erhebt, wirken, sondern es ist grundsätzlich zu vermuten, dass die Strafverfolgungsorgane das Verfahrensrecht beachten. Indem die h.M. deshalb einen vollen Beweis des Verfahrensfehlers verlangt, stellt sie den – möglicherweise – Betroffenen aber in vielen Fällen völlig schutzlos. Das gilt insbesondere für Vernehmungen, bei denen der Vernommene in der Regel allein einer oder mehreren Vernehmungspersonen gegenübersteht, die kaum bereit sein werden, ihr Fehlverhalten ohne weiteres einzugestehen. Nach zutreffender Auffassung[39] muss der Richter daher schon dann zugunsten des Betroffenen einen Verfahrensverstoß unterstellen, wenn der Betroffene die Vermutung für die Rechtmäßigkeit des Verfahrens ernsthaft erschüttert. In unserem Fall beweist das Attest zwar nicht, dass X und Y dem A die Verletzungen bei der Vernehmung beibrachten. Wenn aber keine Anhaltspunkte dafür vorliegen, dass A sie sich bei einer anderen Gelegenheit zugezogen hat, erscheint seine Behauptung aber doch immerhin sehr wahrscheinlich. Deshalb ist zu seinen Gunsten von einer Misshandlung während der Vernehmung und damit von der Unverwertbarkeit seiner Aussage auszugehen.

Kontrollfragen
1. Wann gilt der Beweis der Schuld des Angeklagten als erbracht? (Rn. 799 ff.)
2. Darf der Richter aus dem Schweigen des Angeklagten zu dem Tatvorwurf Schlussfolgerungen zu dessen Nachteil ziehen? (Rn. 807)
3. Gilt der Grundsatz in dubio pro reo auch für den Nachweis von Verfahrensfehlern? (Rn. 811 f.)

Literatur

Foth, Bemerkungen zum Zweifelssatz (in dubio pro reo), NStZ 1996, 423.
Herdegen, Strafrichterliche Aufklärungspflicht und Beweiswürdigung, NJW 2003, 3513.
Jerouschek, Wie frei ist die freie Beweiswürdigung? GA 1992, 493.
Maier, Aussage gegen Aussage und freie Beweiswürdigung, NStZ 2005, 246.
Nack, Revisibilität der Beweiswürdigung, StV 2002, 510, 558.

III Formen der Entscheidung

813 Die Entscheidung des Gerichts nach Durchführung einer Hauptverhandlung ergeht grundsätzlich durch Urteil, und zwar unabhängig davon, ob das Gericht in der Sache entscheidet, d.h. über die Schuldfrage befindet, oder ob es das Verfahren nach Abschluss der Hauptverhandlung wegen eines Verfahrenshindernisses ein-

---

[39] *Beulke*, Rn. 143; *Eisenberg*, Rn. 709; *Hanack*, in: LR[25], § 136a Rn. 69.

stellt (§ 260 III). Im ersten Fall handelt es sich um ein **Sachurteil**, im zweiten um ein **Prozessurteil**. Ausnahmsweise trifft das Gericht die verfahrenserledigende Entscheidung nach Durchführung der Hauptverhandlung in der Form des Beschlusses, nämlich dann, wenn das Verfahren aus Opportunitätserwägungen nach §§ 153 II 3, 153a II 3 eingestellt wird. Die Beschlussform gilt auch für andere Verfahrenseinstellungen (§§ 153e II, 154 II, 154b IV).

IV Die Tat im prozessualen Sinn als Gegenstand des Urteils

Gegenstand der Urteilsfindung ist gemäß § 264 I die angeklagte Tat, wie sie sich nach dem Ergebnis der Hauptverhandlung darstellt. Die Befugnis, aber auch die Pflicht des Gerichts zur Untersuchung und Entscheidung ist also beschränkt, und zwar auf „die Tat", die den Gegenstand des Hauptverfahrens bildet. Die Erstreckung der Untersuchung auf eine nicht angeklagte Tat soll allerdings zulässig sein, wenn diese mit der abzuurteilenden Tat einen solch engen Zusammenhang aufweist, dass sie zwecks Findung der gerechten Strafe aufgeklärt werden muss[40]. Der Festlegung des Prozessgegenstandes bedarf es nicht nur, um die **Grenzen der richterlichen Urteilsfindung** zu bestimmen, sondern auch und vor allem, weil das – rechtskräftige – Urteil die Strafklage verbraucht. Eine erneute Strafverfolgung und Bestrafung wegen derselben Tat („**ne bis in idem**") ist gemäß Art. 103 III GG grundsätzlich ausgeschlossen ist (dazu *Rn. 833*).

1. Der prozessuale Tatbegriff

Nach h.M.[41] umfasst die Tat im strafprozessualen Sinne den von der zugelassenen Anklage betroffenen **geschichtlichen Vorgang**, innerhalb dessen der Angeklagte einen Straftatbestand verwirklicht haben soll. Zu dieser Tat gehört das gesamte Verhalten des Angeklagten, soweit es mit diesem geschichtlichen Vorkommnis **nach der Lebensauffassung einen einheitlichen Vorgang** darstellt, sodass eine **getrennte Aburteilung als unnatürliche Aufspaltung** erscheinen würde. In der Literatur wird dieser vorrechtliche Tatbegriff zwar verschiedentlich kritisiert[42], die vorgeschlagenen Alternativen, z.B. die strikte Bindung an den materiell-rechtlichen Tatbegriff, vermögen aber nicht zu überzeugen[43]. Die Festlegung der Tat im Sinne des § 264 I erfolgt also durch die Schilderung der strafbaren Handlung nach Ort und Zeit oder in einer sonstigen Weise, welche die Konkretisierung ermöglicht[44]. Der prozessuale Tatbegriff ist von den materiell-strafrechtlichen Kategorien Tateinheit (§ 52 StGB) und Tatmehrheit (§ 53 StGB) zu unterscheiden[45]. Zwar liegt in aller Regel bei einem tateinheitlichen Zusammentreffen mehrerer Geset-

814

815

---
[40] BGH, NStZ-RR 1996, 334, 335.
[41] BVerfGE 56, 22, 28; BGHSt 35, 60, 62; 43, 252, 255; BGH, NStZ 1996, 243; NJW 2001, 2643, 2644, mit Anm. *Mitsch*, NStZ 2002, 159 f.; *Beulke*, Rn. 513; *Roxin*, § 20 Rn. 5.
[42] *Bauer*, NStZ 2003, 174 ff.; *Herzberg*, JuS 1972, 113, 115; *Jescheck*, JZ 1957, 29, 30.
[43] *Mitsch*, NStZ 2002, 159 f.
[44] BGH, NJW 1991, 2716; NJW 1994, 2966; OLG Celle, NStZ-RR 1997, 367.
[45] BGHSt 29, 288, 292; 43, 312, 314; BGH, NStZ 2001, 436, 438; *Beulke*, Rn. 513; *Erb*, GA 1994, 265, 272 f.; *Mitsch*, NStZ 2002, 159, 160; *Rieß*, NStZ 1981, 74 f.

zesverletzungen auch eine einzige prozessuale Tat vor[46], und bei Tatmehrheit handelt es sich zumeist um mehrere Taten im prozessualen Sinn. Die materiell-rechtliche Einordnung ist aber nur ein Indiz für die verfahrensrechtliche Beurteilung. Das ist auch konsequent, weil die Bestimmung des materiell-rechtlichen Konkurrenzverhältnisses oft maßgeblich auf rechtlichen Gesichtspunkten beruht („rechtliche Handlungseinheit"[47]), während der prozessuale Tatbegriff – jedenfalls im Wesentlichen – eine vorrechtliche Natur aufweist. Trotz tateinheitlichen Zusammentreffens mehrerer Gesetzesverletzungen nimmt die Rechtsprechung[48] verschiedene prozessuale Taten an, wenn der Angeklagte lediglich wegen Mitgliedschaft in einer kriminellen oder terroristischen Vereinigung (§§ 129, 129a StGB) angeklagt ist, nicht jedoch wegen der Begehung von Straftaten, die er in Verfolgung der Ziele der Vereinigung verwirklicht hat, und diese Straftaten (z.B. Mord oder Totschlag) mit schwererer Höchststrafe bedroht sind als das Organisationsdelikt[49]. Diese Grundsätze wendet der BGH auch auf § 20 I Nr. 1 VereinsG an, wenn der Täter den verbotenen Verein durch mehrere von einander unabhängige Handlungen unterstützt[50] oder als Mitglied des Vereins andere Straftaten begeht[51]. Auch von der Regel, dass bei Tatmehrheit selbständige prozessuale Taten vorliegen, werden Ausnahmen gemacht.

> **Beispiel:** A war wegen fahrlässiger Trunkenheit im Verkehr angeklagt, weil er mit einer Blutalkoholkonzentration in Höhe von 1,23‰ mit seinem Auto gefahren war. In der Hauptverhandlung stellte sich heraus, dass A während der vorangegangenen Fahrt auf Grund eines alkoholbedingten Fahrfehlers einen Unfall verursacht hatte, bei dem der Pkw des O erheblich beschädigt worden war, und er die Fahrt fortgesetzt hatte, ohne sich um den angerichteten Schaden zu kümmern.

816 Nach Auffassung der Rechtsprechung[52] bildet ein Unfall während einer Trunkenheitsfahrt des Angeklagten eine Zäsur im Sachverhalt mit der Folge, dass die Vorkommnisse vor (§ 315c StGB) und nach dem Unfall (§§ 142, 316 StGB) in Tatmehrheit (§ 53 StGB) stehen. Gleichwohl handelt es sich bei der gesamten Fahrt um eine Tat im prozessualen Sinn[53], sodass auch die Straßenverkehrsgefährdung mit abgeurteilt werden kann, wenn der Angeklagte nach § 265 zuvor auf die Veränderung des rechtlichen Gesichtspunktes hingewiesen wurde (dazu *Rn. 820*).

---

[46] BVerfGE 45, 434, 435; BGHSt 29, 288, 292; BGH, NStZ 1991, 549; wistra 1997, 228, 229.
[47] *Kühl*, § 21 Rn. 21 ff.; *Mitsch*, in: Baumann/Weber/Mitsch, § 36 Rn. 18 ff.
[48] BVerfGE 56, 22, 29; BGHSt 29, 288, 293 f.; 46, 238, 249, mit Besprechung *Paeffgen*, NStZ 2002, 281 ff.; BGH, NJW 2001, 2643, 2645.
[49] Anders *Ranft* (Rn. 308), der bei einem tateinheitlichen Zusammentreffen einer Dauerstraftat mit weiteren Straftaten generell verschiedene prozessuale Taten annimmt.
[50] BGHSt 43, 312, 314.
[51] BGH, NStZ 2001, 436, 437, mit Anm. *Mitsch*, NStZ 2002, 159 f.
[52] BGHSt 21, 203, 204 f.; 23, 141, 144. Für Tateinheit z.B. *Stree*, in: Schönke/Schröder, Vorbem. §§ 52 ff. Rn. 85.
[53] BGHSt 23, 141, 147.

Strittig ist, ob bei der Bestimmung der prozessualen Tat auch normative **817**
Merkmale, insbesondere die **Angriffsrichtung des Täterverhaltens**, zu berücksichtigen sind.

> **Beispiel:** A war wegen Fahrens ohne Fahrerlaubnis (§ 21 StVG) angeklagt. Vorgeworfen wurde ihm unter anderem eine Fahrt am 20.01.2002. Später stellte sich heraus, dass A sich bei dieser Fahrt auf der Flucht nach einem als schwere räuberische Erpressung (§§ 255, 250 StGB) zu qualifizierenden Banküberfall befunden hatte.

In der Literatur[54] wird zum Teil der Standpunkt vertreten, dass zur Festlegung **818**
der Tat im prozessualen Sinn auch die Richtung des Angriffs auf das Handlungsobjekt bzw. das Rechtsgut heranzuziehen sei. Es handele sich deshalb nicht mehr um dieselbe Tat, wenn die neu festgestellte Angriffsrichtung dem Geschehen ein völlig anderes rechtliches Gepräge gebe. Nach dieser Auffassung würden das Fahren ohne Fahrerlaubnis und der Banküberfall voneinander unabhängige prozessuale Taten darstellen. Die h.M. hält dagegen an dem Grundsatz fest, dass der prozessuale Tatbegriff den gesamten historischen Vorgang ohne Berücksichtigung der rechtlichen Qualifizierung umfasst. Diese Sicht bedarf allerdings der Modifizierung, wenn ein Dauerdelikt durch ein Vorkommnis konkretisiert wird, das keinen unmittelbaren tatsächlichen Zusammenhang mit der Begehung eines anderen Tatbestandes aufweist, der seinerseits mit dem Dauerdelikt in Tateinheit steht. Praktisch relevant wird diese Problematik insbesondere bei dem unerlaubten Waffenbesitz (§§ 51, 52 Waffengesetz). Wird der Täter wegen dieses Dauerdeliktes angeklagt, weil er die Waffe zu einem bestimmten Zeitpunkt erworben oder geführt hat, so erfasst die Anklage nicht die – bis dahin unbekannte – frühere oder spätere Verwendung der Waffe zur Begehung eines Mordes, eines Raubes oder eines anderen Deliktes. Die h.M.[55] erzielt dieses Ergebnis jedoch nicht durch eine Heranziehung normativer Merkmale zur Bestimmung der prozessualen Tat, sondern dadurch, dass sie die Verwendung der Waffe zur Begehung eines Verbrechens als sachlich-rechtlich selbständige Handlung (§ 53 StGB) im Verhältnis zu dem „bloßen" Besitz oder Führen der Waffe betrachtet. Ob diese materiell-rechtliche Lösung zutrifft, erscheint zwar zweifelhaft. Wird der unerlaubte Waffenbesitz durch ein Ereignis beschrieben, das nicht in Kontinuität zu einem anderen Verhalten steht, bei dem der Angeklagte die Waffe zur Begehung einer Straftat benutzt, so liegt aber jedenfalls eine andere strafprozessuale Tat vor, da es sich um einen davon unterscheidbaren geschichtlichen Vorgang handelt[56] (*Fallsammlung, Rn. 466-472*). In unserem Beispiel liegt es jedoch anders. Die Anklage konkretisiert ein geschichtliches Vorkommnis, nämlich die Fahrt mit dem Kraftfahrzeug zu einem bestimmten Zeitpunkt, sodass zu fragen ist, ob diese (Flucht-)Fahrt eine

---
[54] *Beulke*, Rn. 519; *Engelhardt*, in: KKStPO, § 264 Rn. 8; *Schlüchter*, in: SKStPO, § 264 Rn. 17.
[55] BGHSt 36, 151, 153 f.; BGH, wistra 1997, 228, 229; *Mitsch*, MDR 1988, 1005, 1011 ff.; JR 1990, 161 ff.; *Puppe*, JR 1986, 205 ff.
[56] OLG Hamm, NStZ 1986, 278 f.; *Erb*, GA 1994, 265, 276 f.; JR 1995, 169, 170 f.; *Loos*, in: AKStPO, Anhang zu § 264, Rn. 58; *Neuhaus*, StV 1990, 342 ff.

Einheit mit dem zuvor begangenen Banküberfall bildet. Der BGH[57] hat dies mit der zutreffenden Begründung angenommen, dass die Art der Flucht bei einem Banküberfall eine wesentliche Rolle spiele, die Abtrennung dieser Fahrt von der räuberischen Erpressung somit als unnatürliche Aufspaltung eines einheitlichen Lebensvorgangs erscheint.

819 Die vorstehenden Erwägungen zeigen, dass der prozessuale Tatbegriff im konkreten Fall durchaus zu Abgrenzungsschwierigkeiten führen kann, weil die Grenzen des geschichtlichen Vorgangs nicht immer eindeutig zu bestimmen sind. Dies hat zu einer schier unübersehbaren Fülle von Einzelentscheidungen geführt, die hier nicht im Einzelnen dargestellt werden können[58].

2. Die Veränderung der rechtlichen Bewertung durch das Gericht

820 § 264 I beschränkt die gerichtliche Untersuchungs- und Entscheidungsbefugnis zwar grundsätzlich auf die in Anklageschrift und Eröffnungsbeschluss festgelegte prozessuale Tat. Bei der Beurteilung dieser Tat ist das Gericht aber **nicht an die im Eröffnungsbeschluss getroffene rechtliche Bewertung gebunden** (§ 264 II), d.h., es kann den Angeklagten aus einem Tatbestand verurteilen, der im Eröffnungsbeschluss nicht aufgeführt wurde. Die **Verurteilung auf Grund eines anderen Strafgesetzes** darf allerdings gemäß § 265 I nur erfolgen, wenn der Angeklagte auf die Veränderung des rechtlichen Gesichtspunktes hingewiesen wurde. Diese Hinweispflicht ist Ausdruck des Anspruchs auf rechtliches Gehör und sichert die sachgemäße Verteidigung. Der Hinweis muss deshalb grundsätzlich auch bei der Anwendung eines milderen Gesetzes erteilt werden[59], um dem Angeklagten die Möglichkeit zu erhalten, sich des neuen Vorwurfs zu erwehren. Entbehrlich ist der Hinweis allerdings dann, wenn die Anwendung des milderen Gesetzes lediglich auf dem Wegfall eines Merkmals des angeklagten Tatbestandes beruht (z.B. § 212 statt § 211; § 242 statt § 249; § 249 statt § 250). § 265 II schreibt zudem die Erteilung eines Hinweises vor, wenn sich erst in der Hauptverhandlung Umstände ergeben, die zur **Erhöhung der Strafe** oder zur **Anordnung einer Maßregel der Besserung und Sicherung** führen. Über den Wortlaut des § 265 I, II hinaus gilt die Hinweispflicht, wenn das Gericht auf eine **andere Begehungsform desselben Tatbestandes**, die sich in ihrem Wesen von der angeklagten Alternative unterscheidet (z.B. Mord zur Befriedigung des Geschlechtstriebes statt Mord aus niedrigen Beweggründen[60]), oder auf eine andere Teilnahmeform (z.B. Allein- statt Mittäterschaft[61]) übergehen will, oder wenn sich – innerhalb des angeklagten Tatbestandes – eine **Änderung der Tatsachengrundlage** ergibt, die dem Vorwurf

---

[57] BGH, NStZ 1996, 41, 42.
[58] Siehe die Übersicht bei *Schlüchter*, in: SKStPO, § 264 Rn. 18 f. Zum prozessualen Tatbegriff bei Wahlfeststellung *Beulke/Fahl*, Jura 1998, 262 ff.
[59] BGHSt 2, 250 f.; BGH, NStZ 1983, 424; *Gollwitzer*, in: LR^{25}, § 265 Rn. 23.
[60] BGHSt 23, 95, 97 f.; *Küpper*, NStZ 1986, 249, 250 ff.
[61] BGH, NStZ-RR 1996, 108 f.

eine neue Richtung oder ein gesteigertes Gewicht geben[62], sodass der Angeklagte seine Verteidigung entsprechend ausrichten muss. Der Angeklagte muss zudem darauf hingewiesen werden, wenn der nach § 154 II ausgeschiedene Verfahrensstoff bei der Beweiswürdigung berücksichtigt werden soll[63].

Das Gericht ist **zur Aussetzung der Hauptverhandlung auf Antrag des Angeklagten verpflichtet**, wenn die Veränderung des rechtlichen Gesichtspunktes auf dem Hinzutreten neuer Tatsachen beruht, die der Angeklagte weder aus der Anklageschrift noch aus dem Eröffnungsbeschluss ersehen konnte, er die Richtigkeit dieser Tatsachen bestreitet und behauptet, auf die Verteidigung gegen die neuen Umstände nicht genügend vorbereitet zu sein (§ 265 III). Eine bloße – kurzfristige – Unterbrechung der Hauptverhandlung (*Rn. 634*) genügt schon nach dem eindeutigen Gesetzeswortlaut nicht. Hinzu kommt, dass der Angeklagte in einem solchen Fall eine ausreichende Zeit für die Planung seiner neuen Verteidigungsstrategie benötigt und er zudem einen Anspruch auf Aburteilung durch ein von der bisherigen Beweisaufnahme „unbelastetes" Gericht hat[64]. Darüber hinaus setzt das Gericht gemäß § 265 IV die Hauptverhandlung auf Antrag eines Verfahrensbeteiligten oder von Amts wegen aus, wenn es nach pflichtgemäßer Ermessensausübung zu dem Schluss gelangt, dass die veränderte Sachlage eine weitere Vorbereitung der Anklage oder der Verteidigung erforderlich macht. Eine Aussetzung ist somit – anders als nach § 265 III – nicht zwingend vorgeschrieben.

3. Die Ausdehnung auf nicht angeklagte Taten

Das Gericht darf eine nicht angeklagte Tat im prozessualen Sinn nur dann in die Untersuchung und Entscheidung einbeziehen, wenn die Staatsanwaltschaft eine **Nachtragsanklage** erhebt, **der Angeklagte der Einbeziehung ausdrücklich zustimmt** und das Gericht auch für die neue Tat zuständig ist (§ 266 I). Die Nachtragsanklage kann zwar mündlich erhoben werden, im Übrigen muss ihr Inhalt aber den Anforderungen an eine reguläre Anklageschrift (§ 200 I) genügen (§ 266 II 1,2). Die Einbeziehung steht im pflichtgemäßen Ermessen des Gerichts und erfolgt durch Beschluss. Die Hauptverhandlung muss von Amts wegen oder – grundsätzlich – auf Antrag des Angeklagten unterbrochen werden, wenn die sachgemäße Vorbereitung des weiteren Verfahrens oder die Verteidigung des Angeklagten es erfordert (§ 266 III).

---

[62] BGH, NStZ 1994, 46; BGH, NStZ-RR 1997, 72; *Beulke*, Rn. 384; *Gollwitzer*, in: LR[25], § 265 Rn. 80. Strenger *Gillmeister*, StraFo 1997, 8, 10, der bei jeder Tatsachenveränderung einen Hinweis fordert.
[63] BGHSt 31, 302, 303; BGH, NStZ 1996, 611 f; *Gillmeister*, StraFo 1997, 8, 11. Siehe aber auch BGH, NJW 1996, 2585 f.
[64] BGHSt 48, 183, 188.

Kontrollfragen
1. Was ist unter einer Tat im prozessualen Sinn zu verstehen? (Rn. 815)
2. Darf das Gericht den Angeklagten aus einem Straftatbestand, der nicht in der Anklageschrift angeführt ist, verurteilen? (Rn. 820)
3. Unter welchen Voraussetzungen ist die Einbeziehung einer nicht angeklagten prozessualen Tat in die gerichtliche Untersuchung und Entscheidungsfindung zulässig? (Rn. 822)

Literatur

Beulke/Fahl, Prozessualer Tatbegriff und Wahlfeststellung – Strafprozessuale Probleme bei alternativer Tatsachenfeststellung, Jura 1998, 262.
Erb, Die Reichweite des Strafklageverbrauchs bei Dauerdelikten und bei fortgesetzten Taten, GA 1994, 265.
Gillmeister, Die Hinweispflicht des Tatrichters, StraFo 1997, 8.
Küpper, Die Hinweispflicht nach § 265 StPO bei verschiedenen Begehungsformen desselben Strafgesetzes, NStZ 1986, 249.
Paeffgen, § 129a StGB und der prozessuale Tatbegriff, NStZ 2002, 281.

V Urteilsverkündung

823 Auf die Beratung folgt die – mündliche – Urteilsverkündung (§ 260 I). Das Urteil soll gemäß § 268 III 1 am Schluss der Hauptverhandlung verkündet werden. In umfangreichen Verfahren ist dies allerdings häufig nicht möglich, weil die Beratung und die Vorbereitung der Urteilsverkündung einige Zeit in Anspruch nimmt. Das Gericht beraumt dann einen besonderen Verkündungstermin an. Das Urteil muss aber spätestens am elften Tag nach dem Schluss der Verhandlung verkündet werden (§ 268 III 2).

824 Das Urteil ergeht **im Namen des Volkes** (§ 268 I) und besteht aus der Urteilsformel, dem sogenannten **Tenor** (z.B.: „Der Angeklagte wird freigesprochen." „Der Angeklagte wird wegen Diebstahls gemäß § 242 StGB zu einer Geldstrafe von dreißig Tagessätzen zu je 30,- Euro verurteilt."), und den Urteilsgründen, die zumindest in ihrem wesentlichen Inhalt mitzuteilen sind (§ 268 II).

VI Absetzung und Inhalt des schriftlichen Urteils

825 Das schriftliche Urteil muss unverzüglich, spätestens fünf Wochen nach der Urteilsverkündung abgesetzt, d.h. zu den Akten gebracht werden (§ 275 I 1,2). Dauerte die Hauptverhandlung länger als drei Tage, so verlängert sich die Frist nach Maßgabe des § 275 I 2, 2. Teilsatz.

826 Die Urteilsniederschrift besteht aus dem Urteilskopf (sogenanntes **Rubrum**), dem **Tenor**, den **Entscheidungsgründen** und den **Unterschriften der Berufs-**

richter[65]. Das Rubrum bezeichnet den Namen und die Personalien des Angeklagten, den gerichtlichen Spruchkörper, den Tag der Sitzung sowie die Namen der beteiligten Richter, des Staatsanwalts, des Verteidigers und des Urkundsbeamten der Geschäftsstelle (siehe § 275 III, der nur die zwingend erforderlichen Angaben nennt). Den Inhalt der Urteilsgründe legt § 267 fest. Das Urteil ist erst vollständig, wenn es von den beteiligten Berufsrichtern unterzeichnet ist. Der Unterschrift der Schöffen bedarf es nicht (§ 275 II 3).

VII Kosten- und Auslagenentscheidung

Das Gericht muss in dem Urteil eine Entscheidung darüber treffen, wer die Kosten des Verfahrens und die notwendigen Auslagen zu tragen hat (§ 464 I, II). Zu den Kosten gehören gemäß § 464a I die **Gerichtsgebühren** nach dem Gerichtskostengesetz (zur Höhe der Gebühren siehe Teil 3 der Anlage 1 zum GKG) sowie die **Auslagen der Staatskasse** (z.B. Zustellungskosten, Entschädigung von Zeugen und Sachverständigen). Zu den **notwendigen Auslagen der Beteiligten** zählen gemäß § 464a II z.B. die Gebühren und Auslagen eines Rechtsanwalts als Verteidiger des Angeklagten oder als Nebenklagevertreter sowie die Kosten, die infolge der Heranziehung durch die Strafverfolgungsbehörden und das Gericht oder die Wahrnehmung der strafprozessualen Rechte entstanden sind (z.B. Verdienstausfall, Kosten für die Reise zu dem Rechtsanwalt usw.). 827

Die Kosten und notwendigen Auslagen trägt grundsätzlich derjenige, der im Prozess „unterlegen" ist, d.h. im Falle der Verurteilung der Angeklagte (§ 465), bei einem Freispruch, der Ablehnung der Eröffnung des Hauptverfahrens oder der Einstellung des Verfahrens sowie bei einer Zurücknahme der Anklage durch die Staatsanwaltschaft die Staatskasse (§§ 467, 467a). Insbesondere in den Fällen eines Teilfreispruchs lässt § 464d eine Kostenquotelung zu. §§ 468 ff. enthalten weitere detaillierte Regelungen der Kostenentscheidung in besonderen Konstellationen. 828

VIII Entschädigung für Strafverfolgungsmaßnahmen

Die Entschädigung des Beschuldigten für Strafverfolgungs- und Urteilsfolgen erfolgt nach Maßgabe des Gesetzes über die Entschädigung für Strafverfolgungsmaßnahmen (StrEG). Über die Entschädigung des freigesprochenen Angeklagten, der durch den Vollzug der Untersuchungshaft oder eine andere Strafverfolgungsmaßnahme einen Schaden erlitten hat (§ 2 StrEG), entscheidet grundsätzlich das Gericht in dem verfahrensabschließenden Urteil oder Beschluss (§ 8 I 1 StrEG). 829

---

[65] Siehe die Wiedergabe eines schöffengerichtlichen Urteils bei *Haller/Conzen*, S. 172 ff.

§ 17 Die Rechtskraft

830 Die Verkündung des mündlichen und die Absetzung des schriftlichen Urteils beenden das Hauptverfahren. Ficht keiner der Verfahrensbeteiligten das Urteil an, so erwächst es nach Ablauf der Rechtsmittelfrist in Rechtskraft (zu den übrigen rechtskraftfähigen Entscheidungen siehe *Rn. 846 f.*). Das Urteil wird schon vorher rechtskräftig, wenn die Anfechtungsberechtigten einen Rechtsmittelverzicht erklären bzw. ein bereits eingelegtes Rechtsmittel zurücknehmen (*Rn. 871 ff.*). Die rechtskräftige Verurteilung des Angeklagten zu einer Strafe und/oder zu einer Maßregel der Besserung und Sicherung bildet die Grundlage für die Vollstreckung bzw. den Vollzug der verhängten Sanktion.

I Formen der Rechtskraft

1. Formelle Rechtskraft

831 Der Begriff der formellen Rechtskraft bezeichnet die **Wirkungen der Entscheidung für das konkrete Strafverfahren**. Mit Eintritt der formellen Rechtskraft kann das Urteil nicht mehr angegriffen werden. Die Unanfechtbarkeit ist Voraussetzung für die Vollstreckung (§ 449) sowie für die Eintragung in das Bundeszentralregister (§ 4 BZRG) und in das Verkehrszentralregister (§ 28 Nr. 1 StVG).

2. Materielle Rechtskraft

832 Die Rechtskraft wirkt über das konkrete Strafverfahren hinaus. Die rechtskräftige Entscheidung beendet nämlich nicht nur dieses Verfahren, sondern sie führt zum **Verbrauch der Strafklage**, sodass die Beurteilung der abgeurteilten Tat – grundsätzlich – unabänderlich ist. Diese Wirkung wird als materielle Rechtskraft bezeichnet. Die rechtskräftige Entscheidung besitzt somit eine Sperrwirkung für die Zukunft. Das gilt jedenfalls für **Sachurteile**, nach zutreffender Auffassung aber auch für **Prozessurteile**, die ein unbehebbares Verfahrenshindernis annehmen[1]. Eine – formell – rechtskräftige Entscheidung, die auf einem behebbaren Verfahrenshindernis beruht, steht der erneuten Durchführung eines Verfahrens in derselben Sache nach der Beseitigung des Grundes nicht entgegen[2].

833 Der Grundsatz, dass niemand wegen derselben Tat auf Grund der allgemeinen Strafgesetze mehrmals bestraft werden darf („**ne bis in idem**"), ist in Art. 103 III GG niedergelegt. Diese Formulierung beschreibt die materielle Rechtskraft jedoch nur unpräzise. Der Strafklageverbrauch greift nämlich nicht nur bei einer Verurteilung ein, sondern auch im Falle eines Freispruchs. Selbst wenn sich später herausstellt, dass der freigesprochene Angeklagte die ihm damals vorgeworfene Tat begangen hatte, verhindert die Rechtskraft grundsätzlich die Durchführung eines

---

[1] *Beulke*, Rn. 503; *Roxin*, § 50 Rn. 20; *Schlüchter*, Lehrbuch, Rn. 601. A.A. *Meyer-Goßner*, Einleitung Rn. 172; *Ranft*, Rn. 1868.
[2] Vgl. OLG Frankfurt, NStZ 1987, 573 f.; OLG Zweibrücken, StV 1998, 66, 67 (neue Anklageerhebung in derselben Sache trotz eines rechtskräftigen Einstellungsbeschlusses des Revisionsgerichts wegen Fehlens eines Eröffnungsbeschlusses).

neuen Strafverfahrens. Der mit der Rechtskraft eintretende Strafklageverbrauch errichtet somit ein **umfassendes Verfahrenshindernis**[3], das nicht nur die erneute Verurteilung, sondern bereits die Einleitung und Durchführung von Ermittlungen wegen derselben Tat verbietet. Dieser Grundsatz dient zum einen dem **Schutz des Angeklagten**, der von dem Druck befreit wird, aufs neue wegen derselben Sache in ein Strafverfahren verwickelt zu werden, zum anderen aber auch der **Wahrung des Rechtsfriedens**, indem die rechtskräftige Entscheidung die Angelegenheit endgültig abschließt. Darüber hinaus wird der Rechtskraft eine Sanktionsfunktion zugeschrieben, welche die Strafverfolgungsorgane und das Strafgericht durch den Ausschluss späterer ergänzender Ermittlungen zu einer sorgfältigen tatsächlichen Erforschung und rechtlichen Würdigung des Tatvorwurfs anhält[4].

Art. 103 III GG gilt nur für inländische rechtskräftige Entscheidungen[5], sodass die Verurteilung wegen derselben Tat im Ausland die Strafverfolgung im Inland grundsätzlich nicht hindert.

834

> **Beispiel**: Der deutsche Staatsangehörige A war vor dem Schöffengericht wegen sexuellen Missbrauchs eines Kindes gemäß § 176 I StGB angeklagt. Ihm wurde vorgeworfen, während eines Urlaubs in Thailand an einem elfjährigen Mädchen sexuelle Handlungen vorgenommen zu haben. A verlangte die Einstellung des Verfahrens wegen eines Verfahrenshindernisses, weil er bereits in Thailand zu einer Freiheitsstrafe von einem Monat verurteilt worden war, die er auch verbüßt hatte.

Die Tat unterliegt gemäß § 5 Nr. 8b StGB der deutschen Strafgewalt, obwohl A sie im Ausland begangen hat. Die rechtskräftige Verurteilung in Thailand hindert die – erneute – Strafverfolgung in Deutschland nicht, da Art. 103 III GG nicht eingreift. Die im Ausland wegen dieser Tat erlittene Freiheitsentziehung wird allerdings nach Maßgabe des § 51 III 2 StGB auf die in Deutschland verhängte Strafe angerechnet.

835

Ein Strafklageverbrauch durch eine Aburteilung im Ausland kann allerdings eintreten, wenn dies in einem **völkerrechtlichen Vertrag** mit dem anderen Staat vereinbart wurde. Dies ist in Art. 54 des Schengener Durchführungsübereinkommens (SDÜ) geschehen mit der Folge, dass die rechtskräftige Aburteilung in einem Vertragsstaat des SDÜ der Strafverfolgung in Deutschland entgegensteht, wenn der Täter freigesprochen wurde[6] oder – im Falle der Verurteilung – die gegen ihn verhängte Sanktion bereits vollstreckt worden ist, gerade vollstreckt wird oder nach dem Recht des Urteilsstaats nicht mehr vollstreckt werden kann[7]. Das gilt auch, wenn die Vollstreckung der Strafe zur Bewährung ausgesetzt wurde[8]. Die Einstellung des Verfahrens durch die Staatsanwaltschaft nach der Erfüllung

836

---

[3] BVerfGE 3, 248, 251; BGHSt 5, 323, 328.
[4] *Achenbach*, ZStW 87 (1975), 74, 87; *Roxin*, § 50 Rn. 8.
[5] BVerfGE 12, 62, 66; BGHSt 6, 176, 177; 24, 54, 57.
[6] BGH, NStZ 2001, 557, 558, mit Anm. *Radtke*, NStZ 2001, 662 ff.; *Schomburg*, NJW 2000, 1833, 1834.
[7] Siehe dazu *Lagodny*, NStZ 1997, 265 f.
[8] BGHSt 46, 187, 189.

von Auflagen durch den Beschuldigten bewirkt einen Strafklageverbrauch nach Maßgabe des Art. 54 SDÜ in einem anderen Vertragsstaat[9].

3. Teilrechtskraft

837 Gemäß §§ 316 I, 318 S. 1, 343 I, 344 I kann die Anfechtung eines Urteils mit der Berufung und der Revision auf bestimmte Beschwerdepunkte beschränkt werden. Das Rechtsmittelgericht überprüft das Urteil dann nur in dem Umfang, in dem es angefochten wird (§§ 327, 352 I). Die teilweise Anfechtung von Beschlüssen ist zwar gesetzlich nicht ausdrücklich geregelt, nach einhelliger Auffassung aber unter den gleichen Voraussetzungen ebenfalls möglich[10]. Die Rechtsmittel hemmen die Rechtskraft dann nur in dem Umfang, in dem die Entscheidung angefochten wird. Die Beschränkung des Rechtsmittels führt dazu, dass die nicht angefochtenen Teile der Entscheidung rechtskräftig werden.

838 Teilrechtskraft ist jedoch nur möglich, wenn es sich um **abtrennbare Teile der Entscheidung** handelt, d.h., wenn der angegriffene Teil einer selbständigen Beurteilung und Entscheidung ohne Berücksichtigung des nicht angefochtenen Teils zugänglich ist[11]. Ist das nicht der Fall, so hemmt die Einlegung eines Rechtsmittels den Eintritt der Rechtskraft für die gesamte Entscheidung.

(a) Vertikale Teilrechtskraft

839 Relativ unproblematisch ist die sogenannte vertikale Teilrechtskraft, die eintritt, wenn die Anfechtung des Urteils auf einen von mehreren Prozessgegenständen beschränkt wird. Richtet sich die Entscheidung gegen **mehrere Angeklagte** und erfolgt die Anfechtung nur hinsichtlich eines Angeklagten, so wird die Entscheidung gegen die Angeklagten, die kein Rechtsmittel einlegen, rechtskräftig. Bei einer Beschränkung der Anfechtung auf **eine von mehreren prozessualen Taten** eines Angeklagten, die zusammen abgeurteilt werden, erwächst die Entscheidung hinsichtlich der nicht angefochtenen Tat(en) in Rechtskraft. Teilrechtskraft tritt darüber hinaus ein, wenn das Rechtsmittel auf einen Deliktstatbestand beschränkt wird, der materiell-rechtlich in Tatmehrheit mit einem anderen steht, mit diesem aber eine Tat im prozessualen Sinn bildet[12].

> **Beispiel**: A war vom Strafrichter wegen Straßenverkehrsgefährdung (§ 315c StGB) und anschließenden unerlaubten Entfernens vom Unfallort (§ 142 StGB) verurteilt. Er hielt aber nur den Vorwurf der Unfallflucht für zutreffend und beschränkte deshalb seine Revision auf die Verurteilung wegen Straßenverkehrsgefährdung.

840 Die Straßenverkehrsgefährdung ist zwar Teil derselben prozessualen Tat, da sie aber – nach Auffassung der Rechtsprechung – in Tatmehrheit (§ 53 StGB) zur

---

[9] EuGH, NJW 2003, 1173 f., mit Anm. *Thym*, NStZ 2003, 334 f. Offen gelassen von BGH, NStZ 1999, 250, 251 f.; 579 f.
[10] OLG Frankfurt, NJW 1980, 2535, 2536; OLG Koblenz, NStZ 1987, 24, 25; *Meyer-Goßner*, § 304 Rn. 4.
[11] RGSt 33, 17, 22; BGHSt 10, 100, 101; *Roxin*, § 51 Rn. 15.
[12] BGHSt 24, 185, 187.

Verkehrsunfallflucht steht (siehe dazu *Rn. 816*), kann sie gesondert angefochten werden, sodass die Verurteilung wegen unerlaubten Entfernens vom Unfallort rechtskräftig wird.

Nicht möglich ist dagegen eine vertikale Begrenzung der Rechtskraft auf einen Tatbestand, der mit einem anderen in materiell-rechtlicher Tateinheit (§ 52 StGB) steht[13]. Maßgeblich ist die Beurteilung des Konkurrenzverhältnisses durch das Rechtsmittelgericht, sodass die vertikale Rechtskraft nicht eintritt, wenn in der angefochtenen Entscheidung unrichtigerweise Tatmehrheit angenommen wurde[14].

(b) Horizontale Teilrechtskraft

Nach ganz h.M.[15] ist eine Begrenzung der Anfechtung auch innerhalb eines Prozessgegenstandes möglich. Die Teilanfechtung führt dann zu einer „**horizontalen Rechtskraft**" des nicht angegriffenen Bestandteils. Es handelt sich dabei zwar nicht um Rechtskraft im strengen Sinne, sondern um eine **innerprozessuale Bindungswirkung**. Diese bewirkt aber faktisch die Unanfechtbarkeit des nicht angegriffenen Teils der Entscheidung. Unwirksam ist allerdings eine Beschränkung des Rechtsmittels auf einzelne Deliktsmerkmale innerhalb des Schuldspruchs, sodass eine isolierte Anfechtung der Entscheidung z.B. hinsichtlich eines Rechtfertigungs- oder Schuldausschließungsgrundes oder der Schuldfähigkeit ausscheidet. Das Rechtsmittel kann aber z.B. auf die verhängten **Rechtsfolgen** beschränkt werden mit der Konsequenz, dass der Schuldspruch unanfechtbar wird und das Rechtsmittelgericht ausschließlich die Rechtmäßigkeit der Art und der Höhe der Sanktion überprüft. Zu beachten ist dabei, dass die Bindungswirkung in diesen Fällen nicht nur für den Schuldspruch gilt, sondern auch für die tatsächlichen Feststellungen, die ihn tragen. Für das Rechtsmittelgericht bindend sind deshalb die sogenannten **doppelrelevanten Tatsachen**, d.h. die Umstände, die für den Schuldspruch und für die Bemessung der Sanktionen Bedeutung erlangen. Beschränkt der Beschwerdeführer sein Rechtsmittel gleichwohl ausdrücklich und eindeutig auf den Rechtsfolgenausspruch, so darf das Rechtsmittelgericht bei der Entscheidung über die Rechtsfolgenbemessung – weder zugunsten noch zuungunsten des Angeklagten – von ihnen abweichen[16]. Die horizontale Rechtskraft setzt allerdings voraus, dass der Rechtsfolgenausspruch erschöpfend nachgeprüft werden kann, also die tatsächlichen Feststellungen und die rechtlichen Folgerungen zur Schuldfrage nicht berührt werden[17]. Eine getrennte Überprüfung scheidet somit aus, wenn eine enge Verbindung zwischen den Ausführungen zur Schuld- und zur Straffrage besteht, z.B. weil der Grad der Schuldfähigkeit zu würdigen ist, oder wenn die Feststellungen zur Schuld mangelhaft sind, sodass sie keine Grundlage für die Entscheidung über die Rechtsfolge bilden können[18].

---

[13] BGH, NStZ-RR 1997, 331, 332.
[14] BGH, NStZ-RR 1996, 267.
[15] BGHSt 10, 71, 72; *Dölling*, in: AKStPO, § 318 Rn. 40; *Meyer-Goßner*, Einl. Rn. 185a; *Ranft*, Rn. 2058 ff. A.A. *Grünwald*, JZ 1966, 106 ff.
[16] BGHSt 28, 119, 121; 30, 340, 342 f.; OLG Frankfurt, NStZ-RR 1997, 45.
[17] BGHSt 29, 359, 361; OLG Saarbrücken, NStZ 1997, 149.
[18] BGH, NStZ 1994, 130; BayObLG, NStZ 1997, 359; NStZ-RR 2003, 310.

843 Strittig ist, ob das Rechtsmittelgericht bei einer auf den Rechtsfolgenausspruch beschränkten Anfechtung an einen den Angeklagten belastenden Schuldspruch gebunden bleibt, zu dem der Tatrichter auf Grund einer offensichtlich fehlerhaften Subsumtion gelangt ist.

> **Beispiel**: Das Schöffengericht verurteilte den Angeklagten A wegen Raubes zu einer Freiheitsstrafe von zehn Monaten. Sowohl der Angeklagte als auch die Staatsanwaltschaft legten gegen das Urteil auf das Strafmaß beschränkte Berufungen ein. Das Landgericht sah die Berufungsbeschränkungen als wirksam an, verwarf das Rechtsmittel des A und verhängte auf die Berufung der Staatsanwaltschaft eine Freiheitsstrafe von fünfzehn Monaten. Auf die von A eingelegte Revision gelangte das OLG zu dem Schluss, dass die Verurteilung wegen Raubes auf einer offensichtlich falschen Subsumtion des festgestellten Sachverhaltes unter § 249 StGB durch das Schöffengericht beruhte und die tatrichterlichen Feststellungen nur eine Verurteilung wegen Diebstahls tragen.

844 Nach h.M.[19] hindert die horizontale Teilrechtskraft die Änderung des Schuldspruchs auch dann, wenn das Rechtsmittelgericht die offensichtliche Unrichtigkeit der Entscheidung des Tatrichters zur Schuldfrage erkennt. Die Gegenmeinung[20] betrachtet die Beschränkung des Rechtsmittels jedoch zutreffend als unwirksam, weil ein offensichtlich fehlerhafter Schuldspruch keine tragfähige Grundlage für die Rechtsfolgenbemessung bildet. In unserem Fall bestand somit keine Bindung des OLG an den Schuldspruch wegen Raubes, weil dieser – mangels wirksamer Berufungsbeschränkung – nicht in Rechtskraft erwachsen war[21].

845 Horizontale Teilrechtskraft kann im Übrigen nach h.M. auch innerhalb des Rechtsfolgenausspruchs eintreten, wenn die isolierte Überprüfung einzelner Sanktionen oder sogar abtrennbarer Bestandteile möglich ist. Grundsätzlich zulässig ist danach z.B. die Beschränkung des Rechtsmittels auf die Zahl der Tagessätze oder die Höhe des einzelnen Tagessatzes bei der Geldstrafe (§ 40 I, II StGB)[22], auf die Entscheidung über die Aussetzung der Freiheitsstrafe zur Bewährung (§ 56 StGB)[23] oder auf die Anordnung des Verfalls[24]. Die isolierte Anfechtung der Entziehung der Fahrerlaubnis (§ 69 StGB) wird überwiegend nur zugelassen, wenn die Ungeeignetheit zum Führen eines Fahrzeugs auf körperlichen oder geistigen Mängeln beruht, nicht dagegen, wenn sie auf einen Charaktermangel zurückzuführen ist[25].

---

[19] BGHSt 10, 71, 72; 30, 340, 342 f.; OLG Köln, NStZ 1987, 339, 340; *Ranft*, Rn. 2059 f.
[20] OLG Saarbrücken, NStZ 1997, 149, 150; *Frisch*, in: SKStPO, Vor § 296 Rn. 313; *Gollwitzer*, in: LR^{25}, § 318 Rn. 41 f.; *Roxin*, § 51 Rn. 19.
[21] OLG Saarbrücken, NStZ 1997, 149, 150.
[22] *Meyer-Goßner*, § 318 Rn. 19.
[23] BGHSt 24, 164, 165; BGH, NJW 1983, 1624; KG, NZV 2002, 240; *Meyer-Goßner*, § 318 Rn. 20. Differenzierend *Frisch*, in: SKStPO, § 318 Rn. 65 ff. Ablehnend *Hanack*, in: LR^{25}, § 344 Rn. 40 ff.
[24] BGH, NStZ-RR 1997, 270 f.
[25] Vgl. OLG Frankfurt, NStZ-RR 1997, 46; OLG Stuttgart, NStZ-RR 1997, 178 f.

II Die rechtskraftfähigen Entscheidungen

Nicht alle gerichtlichen Entscheidungen sind rechtskraftfähig, sondern nur solche, die einen bestimmten Verfahrensgegenstand endgültig erledigen (können). Das sind alle **Urteile** und die den **Prozess abschließenden Beschlüsse im Revisionsverfahren** (§ 349 I, II) sowie die **mit der sofortigen Beschwerde anfechtbaren Beschlüsse** (*Rn. 937*) und die **Entscheidungen der Beschwerdegerichte**. 846

Manche Entscheidungen entfalten nur eine **beschränkte Rechtskraft**. Das gilt z.B. für die **Einstellungsbeschlüsse im Klageerzwingungs- und im Zwischenverfahren**. Die Erhebung der öffentlichen Klage durch die Staatsanwaltschaft setzt in diesen Fällen das Bekanntwerden neuer Tatsachen oder Beweismittel voraus (§§ 174 II, 211). Obwohl eine gesetzliche Regelung fehlt, bewirkt auch die **gerichtliche Einstellung wegen Geringfügigkeit** gemäß § 153 II einen beschränkten Strafklageverbrauch, sodass die Staatsanwaltschaft die Ermittlungen nur bei Vorliegen bestimmter – im einzelnen strittiger – Umstände erneut aufgreifen darf. Nach zutreffender Auffassung ist dies der Fall, wenn auf Grund neuer Tatsachen oder Beweismittel die Schuld nicht mehr als gering anzusehen wäre oder das öffentliche Interesse nunmehr zu bejahen ist sowie generell bei einer Neubewertung der Tat als Verbrechen[26]. Die **Einstellung gemäß § 153a** entfaltet ebenfalls eine beschränkte Rechtskraftwirkung, da die Tat nach der Erfüllung der Auflagen und Weisungen durch den Beschuldigten/Angeklagten nicht mehr als Vergehen verfolgt werden kann (§ 153a I 4, II 2). 847

Alle übrigen Entscheidungen sind rechtskraftunfähig, insbesondere die Beschlüsse, die mit der einfachen Beschwerde angefochten werden können, denn diese Beschwerde ist unbefristet möglich. 848

III Rechtskraftdurchbrechungen

Rechtskräftige Entscheidungen sind zwar grundsätzlich unabänderlich, es existieren aber einige rechtskraftdurchbrechende Rechtsbehelfe. 849

Im Falle einer unverschuldeten Fristversäumung gewährt § 44 die **Wiedereinsetzung in den vorigen Stand**. Die Versäumung einer Rechtsmittelfrist ist gemäß § 44 S. 2 insbesondere dann unverschuldet, wenn die erforderliche Rechtsmittelbelehrung (§§ 35a, 319 II 3, 346 II 3) unterblieben ist. Die Wiedereinsetzung ist zudem bei einer unzureichenden Rechtsmittelbelehrung zu gewähren[27]. Der Anfechtungsberechtigte muss den Antrag auf Wiedereinsetzung binnen einer Woche nach Wegfall des Hindernisses, z.B. der Unkenntnis, auf der die Fristversäumung beruht, stellen, die Tatsachen zur Begründung des Antrags glaubhaft machen und die versäumte Handlung – ebenfalls innerhalb der Wochenfrist – nachholen. Hat der Rechtsmittelberechtigte die Wiedereinsetzungsgründe glaubhaft gemacht und die versäumte Handlung nachgeholt, so kann die Wiedereinsetzung auch ohne förmlichen Antrag gewährt werden (§ 45 II 3). Über die Wiedereinsetzung befindet gemäß § 46 I das zur Entscheidung in der Sache selbst berufene Gericht. 850

---

[26] BGHSt 48, 331, 333; OLG Hamm, GA 1993, 231; *Beulke*, in: LR[25], § 153 Rn. 89 ff.
[27] BVerfG, NJW 1996, 1811 f.

851 Unter den engen Voraussetzungen der §§ 359, 362 ist – zugunsten oder zuungunsten des Angeklagten – die **Wiederaufnahme eines rechtskräftig abgeschlossenen Verfahrens** zulässig (*§ 22*). Zu weiteren rechtskraftdurchbrechenden Rechtsbehelfen siehe *Rn. 856*.

852 Rechtskraftdurchbrechende Wirkung besitzt zudem § 357, der unter bestimmten Voraussetzungen die **Revisionserstreckung auf Mitangeklagte**, die das Urteil nicht selbst angefochten haben, anordnet (*Rn. 932 ff.*).

Kontrollfragen

1. Was ist unter formeller und materieller Rechtskraft zu verstehen? (Rn. 831, 832 f.)
2. Welche Formen der Teilrechtskraft gibt es? (Rn. 839, 842)
3. Erwächst die gerichtliche Einstellung des Verfahrens gemäß § 153 II in Rechtskraft? (Rn. 847)
4. Unter welchen Voraussetzungen ist die Wiedereinsetzung in den vorigen Stand zu gewähren? (Rn. 850)

Teil V. Das Rechtsmittelverfahren

§ 18 Grundlagen

Der Erlass des Urteils oder einer anderen richterlichen Entscheidung schließt das 853
Strafverfahren nicht notwendig endgültig ab. Eröffnet das Gesetz eine Anfechtungsmöglichkeit und macht ein Anfechtungsberechtigter davon Gebrauch, so leitet dies den vierten Abschnitt des Strafverfahrens ein, nämlich das Rechtsmittelverfahren.

I Notwendigkeit eines Instanzenzuges

Eine richterliche Entscheidung ist der Anfechtung nur dann zugänglich, wenn das 854
Gesetz einen Rechtsbehelf zur Verfügung stellt. Eine verfassungsrechtliche Garantie des Instanzenzuges enthält das Grundgesetz zwar nicht, weil Art. 19 IV GG lediglich den Rechtsweg zu einem unabhängigen Gericht, also den Rechtsschutz durch den Richter, nicht dagegen den Rechtsschutz gegen richterliche Entscheidungen gewährleistet und auch das Rechtsstaatsprinzip (Art. 20 III GG) die gerichtliche Instanz nicht verbürgt[1]. Das Gesetz gestattet aber in der Regel die Überprüfung richterlicher Entscheidungen, um die **Richtigkeit der Entscheidung im Einzelfall** sicherzustellen und die **Einheitlichkeit der Rechtsprechung** sowie die **Fortbildung des Rechts** zu gewährleisten. Eine einfachgesetzliche Garantie der Überprüfung strafgerichtlicher Verurteilungen durch eine höhere Instanz enthält Art. 14 V des Internationalen Pakts über bürgerliche und politische Rechte (IPBR)[2].

II Rechtsbehelfsarten

Als **ordentliche Rechtsbehelfe** werden die Rechtsbehelfe bezeichnet, mit denen 855
eine (noch) nicht rechtskräftige Entscheidung angegriffen werden kann. Dazu gehören die **Rechtsmittel** im technischen Sinne, also Beschwerde, Berufung und Revision, sowie der **Einspruch gegen den Strafbefehl** (§ 410).

Außerordentliche Rechtsbehelfe ermöglichen dagegen die Durchbrechung 856
der Rechtskraft. Rechtskraftdurchbrechende Wirkung besitzen die Wiedereinsetzung in den vorigen Stand (*Rn. 850*), die Wiederaufnahme des Verfahrens, die

---

[1] BVerfGE 54, 277, 291; *Achenbach*, in: AKStPO, Vor § 296 Rn. 1. A.A. *Schlüchter*, Lehrbuch, Rn. 614.
[2] Näher dazu *Achenbach*, in: AKStPO, Vor § 296 Rn. 2.

Verfassungsbeschwerde gegen ein Strafurteil, die Rehabilitierung nach dem Gesetz über die Rehabilitierung und Entschädigung von Opfern rechtsstaatswidriger Strafverfolgungsmaßnahmen im Beitrittsgebiet[3] sowie – nach überstaatlichem Recht – die Menschenrechtsbeschwerde nach Art. 34 EMRK[4] und die Individualbeschwerde nach Art. 2 des Fakultativprotokolls zum IPBPR[5].

857 Die so genannten **informellen Rechtsbehelfe** Dienstaufsichtsbeschwerde und Gegenvorstellung besitzen für die Anfechtung verfahrensabschließender Entscheidungen des Strafrichters keine Bedeutung.

III Devolutiv- und Suspensiveffekt

858 Alle Rechtsmittel (Beschwerde, Berufung, Revision) führen grundsätzlich zur Nachprüfung der Entscheidung durch ein **Gericht höherer Ordnung** (Devolutiveffekt). Für die Beschwerde gilt das allerdings nur dann, wenn das Gericht, das die Entscheidung getroffen hat, der Beschwerde nicht selbst abhilft (§ 306 II). Berufung und Revision **hemmen zudem den Eintritt der Rechtskraft** der angegriffenen Entscheidung in dem Umfang, in dem sie angefochten wird, und schieben dadurch die Vollstreckbarkeit hinaus (Suspensiveffekt). Die Beschwerde besitzt gemäß § 307 I keinen Suspensiveffekt. Das Gericht, dessen Entscheidung angefochten wird, und das Beschwerdegericht können jedoch die Aussetzung der Vollziehung anordnen (§ 307 II).

IV Anfechtungsberechtigte

859 Die zulässigen Rechtsmittel gegen gerichtliche Entscheidungen stehen der Staatsanwaltschaft und dem Beschuldigten/Angeklagten zu (§ 296 I). Für den Beschuldigten können auch sein Verteidiger, jedoch nicht gegen seinen ausdrücklichen Willen (§ 297), der gesetzliche Vertreter des Beschuldigten (§ 298) sowie die Staatsanwaltschaft (§ 296 II) ein Rechtsmittel einlegen. Privat- und Nebenkläger sind nach Maßgabe der §§ 390 I, 400, 401 zur Anfechtung berechtigt. Darüber hinaus können andere Personen, die von richterlichen Beschlüssen und Verfügungen betroffen sind, diese – mit der Beschwerde – angreifen (§ 304 II).

V Notwendigkeit einer Beschwer

860 Allgemeine Zulässigkeitsvoraussetzung aller Rechtsbehelfe ist ein **Rechtsschutzbedürfnis**. Es liegt vor, wenn die angegriffene Entscheidung den Anfechtenden beschwert, d.h., wenn seine Rechte oder schutzwürdigen Interessen durch die Entscheidung unmittelbar beeinträchtigt werden.

---

[3] Abgedruckt bei *Meyer-Goßner*, Anhang 11.
[4] Die Originalfassungen der Konvention und der Zusatzprotokolle in englischer und französicher Sprache sowie die deutsche Übersetzung sind abgedruckt bei *Gollwitzer*, in: LR[25], MRK, IPBPR, Vertragstexte 1.-5.
[5] Siehe dazu *Achenbach*, in: AKStPO, Vor § 296 Rn. 38 ff., 42 ff. Abdruck des Paktes und der Fakultativprotokolle bei *Gollwitzer*, aaO, Vertragstexte 6.-8.

Die Beschwer kann sich nach h.M.⁶ nur aus dem Tenor der Entscheidung ergeben, nicht dagegen aus den Entscheidungsgründen. 861

Beispiel: Strafrichter R sprach A vom Vorwurf der Körperverletzung frei, weil A der angeklagten Tat nicht überführt werden konnte. In den Urteilsgründen bezeichnete R ihn als „notorischen Säufer" und „hartnäckigen Lügner". A möchte den Freispruch wegen dieser – wie er meint – unwahren und beleidigenden Äußerungen anfechten.

Da A freigesprochen wurde, fehlt ihm nach h.M. mangels Beschwer das 862
Rechtsschutzbedürfnis für die Einlegung der Berufung oder der Revision, so dass ein Rechtsmittel danach unzulässig wäre. Die **Anfechtung eines Freispruchs durch den Angeklagten** ist nach dieser Sicht generell ausgeschlossen, und zwar auch dann, wenn der Freispruch aus Mangel an Beweisen erfolgt („Freispruch zweiter Klasse") oder wenn das Gericht den Angeklagten wegen Schuldunfähigkeit freispricht, ohne eine Maßregel der Besserung und Sicherung zu verhängen. Der BGH⁷ führt als Begründung an, das Strafverfahren diene nicht dem Zweck, den Angeklagten zu rehabilitieren, sondern der Prüfung seiner Schuld. Werde sie nicht festgestellt, so sei der Angeklagte auch nicht beschwert. Die zutreffende Gegenauffassung⁸ steht auf dem Standpunkt, dass die gesamte Entscheidung als Grundlage der Beschwer in Betracht kommt. Der Angeklagte ist allerdings nicht schon dann beschwert, wenn sich aus den Entscheidungsgründen ergibt, dass er mangels Beweises freigesprochen wurde. Ein Freispruch wegen Schuldunfähigkeit belastet den Angeklagten dagegen wegen der stigmatisierenden Wirkung, die aus der Eintragung in das Bundeszentralregister gemäß § 11 I Nr. 1 BZRG resultiert. Aber auch grundrechtsbeeinträchtigende Äußerungen in den Entscheidungsgründen müssen der Anfechtung zugänglich sein. Das BVerfG hat in mehreren Fällen⁹ die Verfassungsbeschwerde, die ebenfalls eine Beschwer voraussetzt, wegen grundrechtsverletzender Feststellungen und Äußerungen im freisprechenden Strafurteil zugelassen. In den konkreten Verfahren wies es die Verfassungsbeschwerden zwar als unbegründet ab, weil die Beeinträchtigungen nicht so gravierend waren, dass sie nicht durch den Freispruch aufgewogen wurden. Wenn aber ein Rechtsschutzbedürfnis besteht, so ist es zunächst Aufgabe der Strafgerichte, dem Angeklagten Schutz zu gewähren. Die Aufhebung des Freispruchs und eine Neuverhandlung ist jedoch nicht der richtige Weg, sondern es ist die sofortige Beschwerde zur Beseitigung der belastenden Feststellungen zuzulassen¹⁰.

---

⁶ BGHSt 7, 153; 13, 75, 77; 16, 374, 376; OLG Karlsruhe, NJW 1984, 1975, 1976; *Beulke*, Rn. 537; *Hanack*, in: LR²⁵, Vor § 296 Rn. 49; *Lesch*, JA 2004, 679; *Meyer-Goßner*, Vor § 296 Rn. 11.
⁷ BGHSt 16, 374, 378 f.
⁸ *Achenbach*, in: AKStPO, Vor § 296 Rn. 16 f.; *Frisch*, in: SKStPO, Vor § 296 Rn. 134 ff., 153 ff.; *Rüping*, Rn. 576.
⁹ BVerfGE 1, 7, 9; 28, 151, 159 ff.
¹⁰ *Achenbach*, in: AKStPO, Vor § 296 Rn. 18; *Peters*, § 71 II 7. A.A. *Frisch* (in: SKStPO, Vor § 296 Rn. 166), der diesen Weg de lege lata nicht für gangbar, de lege ferenda aber für „beherzigenswert" hält.

863 Ein **Schuldspruch belastet den Angeklagten in jedem Fall**, auch wenn keine nachteiligen Rechtsfolgen verhängt werden, weil das Gericht ihn für straffrei erklärt (§ 199 StGB), es von Strafe absieht (§ 60 StGB) oder es den Angeklagten mit Strafvorbehalt verwarnt (§ 59 StGB).

864 Die **Einstellung des Verfahrens wegen eines Verfahrenshindernisses** gemäß § 260 III beschwert den Angeklagten, wenn bereits feststeht, dass ihm keine Straftat nachzuweisen ist, und er deshalb freizusprechen war[11]. Kein Vorrang des Freispruchs besteht dagegen, wenn eine weitere Sachaufklärung erforderlich wäre, das Verfahren wegen eines nicht behebbaren Verfahrenshindernisses eingestellt wird und auch die Nebenentscheidungen den Angeklagten nicht belasten[12].

865 Heftig umstritten war, ob eine bereits **erledigte richterlichen Entscheidung** angefochten werden kann. Der BGH[13] hatte die Anfechtbarkeit mangels Beschwer grundsätzlich abgelehnt. Das BVerfG[14] entschied diesen Streit jedoch dahingehend, dass in Fällen tiefgreifender Grundrechtseingriffe, gegen die das Prozessrecht eine weitere Instanz eröffnet, das Erfordernis eines effektiven Rechtsschutzes eine gerichtliche Prüfung der richterlichen Entscheidung auch dann gewährleistet, wenn die Grundrechtsbeeinträchtigung nicht mehr fortwirkt (näher dazu *Rn. 214 ff.*). Das Rechtsschutzbedürfnis entfällt jedoch, wenn das Rechtsmittel erst lange Zeit nach Abschluss der Maßnahme eingelegt wird[15] oder die Rechtmäßigkeit der Maßnahme bereits in einem anderen Rechtszug geltend gemacht wurde[16].

866 **Neben- und Privatkläger** können eine gerichtliche Entscheidung nur zuungunsten des Angeklagten angreifen, denn eine den Angeklagten belastende Entscheidung beschwert sie nicht (vgl. *Rn. 984, 988*).

867 Die **Staatsanwaltschaft** als zur Objektivität verpflichtetes Justizorgan wird durch jede rechtswidrige Entscheidung beschwert. Sie kann deshalb sowohl zuungunsten als auch zugunsten des Angeklagten ein Rechtsmittel einlegen. § 296 II bestimmt dies im Übrigen ausdrücklich. Die Rechtsmitteleinlegung ist sogar zulässig, wenn die gerichtliche Entscheidung auf Antrag des Sitzungsvertreters der Staatsanwaltschaft erging[17].

VI Verbot der reformatio in peius

868 Im Berufungs- und Revisionsverfahren sowie im Wiederaufnahmeverfahren zugunsten des Angeklagten gilt das Verbot der reformatio in peius (§§ 331 I, 358 II 1, 373 II 1). Haben der Angeklagte, sein Verteidiger, sein gesetzlicher Vertreter oder die Staatsanwaltschaft zu seinen Gunsten Berufung oder Revision eingelegt oder die Wiederaufnahme beantragt, so darf die neue Entscheidung den Angeklag-

---

[11] BGH, GA 1959, 17, 18; OLG Oldenburg, NJW 1985, 1177; *Achenbach*, in: AKStPO, Vor § 296 Rn. 19.
[12] BGH, NStZ-RR 1996, 299, 300.
[13] BGHSt 28, 57, 58. Im Grundsatz bestätigt durch BVerfGE 49, 329, 342 f.
[14] BVerfG, NJW 1997, 2163 f.; NJW 1998, 2131 f.; NJW 1999, 273 f.
[15] BVerfG, NJW 2003, 1514 f. (Beschwerde gegen Durchsuchung zwei Jahre nach deren Vollzug und Abschluss des gesamten Verfahrens durch Einstellung nach § 153a).
[16] OLG Frankfurt, NStZ-RR 2003, 175 f.
[17] *Achenbach*, in: AKStPO, Vor § 296 Rn. 22; *Frisch*, in: SKStPO, Vor § 296 Rn. 171.

ten nicht schlechter stellen als die angegriffene. Das **Verschlechterungsverbot** verhindert, dass eine Anfechtung zugunsten des Angeklagten wegen der Befürchtung unterbleibt, die Überprüfung der Entscheidung könne zur Aufdeckung eines Rechtsfehlers, der den Angeklagten begünstigt, führen. Ein „Verbesserungsverbot" existiert dagegen nicht. Fechten der Neben- oder Privatkläger oder die Staatsanwaltschaft zuungunsten des Angeklagten die Entscheidung an, so darf das Rechtsmittelgericht die Entscheidung auch zu seinen Gunsten ändern.

Das Verschlechterungsverbot gilt für alle **Strafen und Maßregeln mit Ausnahme der Unterbringung in einem psychiatrischen Krankenhaus und einer Entziehungsanstalt** (§§ 331 II, 358 II 2, 373 II 2), da das Gesetz diese Maßregeln als dem Angeklagten förderliche therapeutische Maßnahmen betrachtet. Unzulässig ist also die Erhöhung der Freiheits- oder Geldstrafe. Die Freiheitsstrafe darf auch nicht verschärft werden, wenn gleichzeitig eine Geldstrafe wegfällt[18]. Bei der Geldstrafe darf weder die Zahl der Tagessätze noch die Gesamtsumme erhöht werden. Eine Anhebung der Höhe des einzelnen Tagessatzes ist jedoch zulässig, wenn zugleich die Anzahl der Tagessätze vermindert wird, so dass die Gesamtsumme nicht erhöht wird. Unzulässig ist die Streichung der Strafaussetzung zur Bewährung, doch dürfen die Bewährungsauflagen verschärft werden[19]. Eine Freiheitsstrafe kann in eine Geldstrafe umgewandelt werden, wenn die Ersatzfreiheitsstrafe das ursprüngliche Maß der Freiheitsstrafe nicht übersteigt. Generell verboten ist dagegen die Umwandlung einer Geldstrafe in eine Freiheitsstrafe. 869

Eine **Verschärfung des Schuldspruchs** ist im Übrigen zulässig, wenn die Strafe nicht erhöht wird. Wurde der Angeklagte z.B. wegen Diebstahls zu einer Geldstrafe von dreißig Tagessätzen zu je 30,- Euro verurteilt, so kann die neue Entscheidung auf Raub lauten. Der Angeklagte würde dann aus einem Verbrechenstatbestand zu einer – geringen – Geldstrafe verurteilt, obwohl § 249 StGB nur Freiheitsstrafe vorsieht. 870

VII Rechtsmittelverzicht und Zurücknahme

Die Anfechtungsberechtigten können gemäß § 302 I 1 **vor Ablauf der Einlegungsfrist** einen Rechtsmittelverzicht erklären. Verzichten alle Anfechtungsberechtigten, z.B. unmittelbar nach der Verkündung des Urteils, wirksam auf die Einlegung eines Rechtsmittels, so wird die Entscheidung sogleich rechtskräftig. 871

Das Gesetz regelt die **Form** des Rechtsmittelverzichts nicht. Es gelten deshalb die Vorschriften über die Einlegung (§§ 306 I, 314 I, 341 I) analog[20]. Der Verzicht kann also **schriftlich** oder **zu Protokoll der Geschäftsstelle** erklärt werden. Der Schriftform genügt nach h.M.[21] auch der im Anschluss an die Urteilsverkündung erklärte Verzicht, der **im Hauptverhandlungsprotokoll beurkundet** wird. Diese Form des Rechtsmittelverzichts ist jedoch durchaus problematisch, da Angeklagte 872

---

[18] Vgl. BGH, NJW 1997, 2335, zum Wegfall der außer Kraft getretenen Vermögensstrafe.
[19] OLG Oldenburg, NStZ-RR 1997, 9 f.
[20] BGHSt 18, 257, 260; *Achenbach*, in: AKStPO, § 302 Rn. 12.
[21] BGHSt 31, 109, 113 ff.; BGH, NJW 1984, 1974 f.; BayObLG, wistra 1997, 359, 360; *Meyer-Goßner*, § 302 Rn. 19. A.A. *Stratenwerth*, JZ 1964, 264, 265.

unter dem Eindruck der gerade überstandenen Hauptverhandlung ihn nicht selten übereilt erklären. Das Gericht soll den Angeklagten deshalb nicht zum Verzicht im unmittelbaren Anschluss an die Hauptverhandlung veranlassen (Nr. 142 II RiStBV). Die Erklärung eines verhandlungsfähigen Angeklagten ist gleichwohl grundsätzlich wirksam, und zwar selbst dann, wenn sie noch vor einer Rechtsmittelbelehrung erfolgt[22]. Ein wirksamer Verzicht kann nicht widerrufen, wegen Irrtums angefochten oder sonst zurückgenommen werden[23]. Nach zutreffender Auffassung ist ein Rechtsmittelverzicht, zu dessen Erklärung sich der Angeklagte im Rahmen einer unzulässigen Absprache gegenüber dem Gericht verpflichtet hatte, unwirksam (siehe dazu *Rn. 700*). Die Unwirksamkeit der Verzichtserklärung ist zudem anzunehmen, wenn sie durch eine Drohung oder eine unrichtige richterliche Auskunft[24] bzw. unter Ausschaltung oder ohne die notwendige Beteiligung eines Verteidigers[25] herbeigeführt wurde.

873 Ein **bereits eingelegtes Rechtsmittel** kann gemäß § 302 I 1 wieder **zurückgenommen** werden, und zwar ebenfalls schriftlich oder zu Protokoll der Geschäftsstelle. Nach Beginn der Hauptverhandlung in der Rechtsmittelinstanz, d.h. nach dem Aufruf der Sache, bedarf die Zurücknahme jedoch grundsätzlich der Zustimmung des Gegners (§ 303 S. 1). Der Nebenkläger kann die Zurücknahme des Rechtsmittels durch den Angeklagten jedoch nicht durch die Verweigerung seiner Zustimmung verhindern (§ 303 S. 2). Die Staatsanwaltschaft darf ein von ihr zugunsten des Angeklagten eingelegtes Rechtsmittel immer, also auch vor Beginn der Hauptverhandlung, nur mit dessen Zustimmung zurücknehmen (§ 302 I 2), weil der Angeklagte möglicherweise wegen der Anfechtung der Entscheidung durch die Staatsanwaltschaft selbst kein Rechtsmittel eingelegt hatte. Der Verteidiger benötigt im Übrigen gemäß § 302 II zur Zurücknahme eine ausdrückliche Ermächtigung seines Mandanten.

874 Die Rücknahme ist grundsätzlich unwiderruflich und unanfechtbar[26]. Für die Wirksamkeit der Rücknahmeerklärung gelten die für den Rechtsmittelverzicht dargelegten Kriterien sinngemäß.

Kontrollfragen
1. Welche Wirkungen entfaltet die Einlegung der Berufung oder der Revision? (Rn. 858)
2. Was ist unter dem Begriff Beschwer zu verstehen? (Rn. 860 ff.)
3. Darf das Rechtsmittelgericht die angefochtene Entscheidung zum Nachteil des Angeklagten ändern, wenn das Rechtsmittel zu seinen Gunsten eingelegt wurde? (Rn. 868)
4. Welche Folge hat ein von allen Anfechtungsberechtigten erklärter Rechtsmittelverzicht? (Rn. 871)

---

[22] BGH, NStZ 1984, 181.
[23] BGH, NStZ-RR 2005, 149, 150.
[24] OLG Stuttgart, NStZ-RR 1996, 146.
[25] OLG Köln, NStZ-RR 1997, 336.
[26] BGH, StV 1994, 64; OLG Düsseldorf, NStZ-RR 1996, 307.

Literatur

Bloy, Die Ausgestaltung der Rechtsmittel im deutschen Strafprozeßrecht, JuS 1986, 585.
Kohlmann, Zu den Zulässigkeitsvoraussetzungen der Rechtsmittel im Strafprozeß, JA 1979, 243.
Lesch, Das System der Rechtsmittel gegen Strafurteile, JA 2004, 679.

§ 19 Berufung

I Begriff

Die Berufung ist ein **Rechtsmittel gegen Urteile des Strafrichters und des Schöffengerichts**, das eine **weitere Tatsacheninstanz** eröffnet. Eine – zulässige – Berufung führt somit zu einer neuen Hauptverhandlung mit erneuter Beweisaufnahme. Anders als im Zivilprozess, in dem alle im ersten Rechtszug erlassenen Endurteile mit der Berufung anfechtbar sind, wenn der Wert des Beschwerdegegenstandes 600 Euro übersteigt (§ 511 II Nr. 1 ZPO), steht die Berufung im Strafprozess nicht gegen die erstinstanzlichen Urteile der – großen – Strafkammer des Landgerichts und des Strafsenats des OLG zur Verfügung. Das hat zur Folge, dass Urteile wegen besonders schwerwiegender Tatvorwürfe nur der rechtlichen Kontrolle durch das Revisionsgericht unterliegen. Begründet wird die Beschränkung der Berufung auf die Anfechtung amtsgerichtlicher Strafurteile damit, dass auf Grund der personell schwächeren Besetzung und wegen der Vielzahl der zur Verhandlung anstehenden Verfahren die Gefahr einer eher summarischen, d.h. etwas oberflächlicheren Beweisaufnahme besteht. Die zahlenmäßig stärkere Besetzung der Strafkammern und Strafsenate ermögliche dagegen eine umfassendere Sachverhaltsaufklärung, die eine weitere Tatsacheninstanz überflüssig mache[1]. Gleichwohl wurde in der Vergangenheit auch für Kapitalverbrechen eine zweite Tatsacheninstanz gefordert. Derzeit geht die Diskussion – vor allem unter dem Eindruck der angespannten Finanzlage der Länder – jedoch eher dahin, die Berufung zu beschränken[2] oder – wie im Jugendstrafrecht (§ 55 II 1 JGG) – ein Wahlrechtsmittel einzuführen[3], d.h., die Anfechtung des erstinstanzlichen Urteils generell nur noch mit einem Rechtsmittel, also entweder mit der Berufung oder mit der

875

---
[1] Vgl. *Dölling*, in: AKStPO, Vor § 312 Rn. 5; *Frisch*, in: AKStPO, Vor § 296 Rn. 25.
[2] Siehe den Bundesrats-Entwurf eines Zweiten Gesetzes zur Entlastung der Rechtspflege, BT-Drucks. 13/4541, S. 6; kritisch dazu *Feuerhelm*, StV 1997, 99, 105 f.; siehe auch *Nobis*, StV 2000, 449 ff.
[3] Entschließung der Präsidenten der Oberlandesgerichte und des BGH, DRiZ 1994, 320. Dagegen zu Recht die Stellungnahme eines Arbeitskreises von Strafrechtslehrern, ZRP 1995, 268, 271; ablehnend auch *Meyer-Goßner/Ströber*, ZRP 1996, 354, 358. Der Entwurf eines 2. RpflEntlG (*Fn. 2*) sah in § 333 II ebenfalls die Einführung eines Wahlrechtsmittels gegen Urteile des Amtsgerichts vor.

Revision zuzulassen. Es ist zu hoffen, dass sich diese Bestrebungen nicht durchsetzen werden, zumal ein praktisches Bedürfnis für eine Beschränkung der Anfechtung amtsgerichtlicher Strafurteile nicht besteht, da nur ein geringer Teil dieser Entscheidungen mit beiden Rechtsmitteln, also zunächst mit der Berufung und danach mit der Revision gegen das Berufungsurteil, angefochten wird[4].

II Zulässigkeitsvoraussetzungen

1. Statthaftigkeit

876 Wie bereits dargelegt ist die Berufung grundsätzlich gegen Strafurteile der Amtsgerichte statthaft (§ 312). § 313 I macht die Zulässigkeit der Berufung in Fällen der Kleinstkriminalität allerdings von der zusätzlichen Voraussetzung der Annahme durch das Berufungsgericht abhängig. Die **Annahmeberufung** gilt für Urteile, die auf eine Geldstrafe von nicht mehr als fünfzehn Tagessätzen, auf eine Verwarnung mit Strafvorbehalt (§ 59 StGB) mit einer vorbehaltenen Strafe von nicht mehr als fünfzehn Tagessätzen oder auf eine Geldbuße wegen einer Ordnungswidrigkeit erkennen, sowie für Freisprüche und Einstellungsurteile, wenn die Staatsanwaltschaft eine Geldstrafe von nicht mehr als dreißig Tagessätzen beantragt hatte. Die Berufung wird angenommen, wenn sie **nicht offensichtlich unbegründet** ist (§ 313 II). Offensichtlich unbegründet ist die Berufung, wenn jeder Sachkundige an Hand des Akteninhalts, der Urteilsgründe, des Hauptverhandlungsprotokolls und einer eventuell vorliegenden Berufungsbegründung ohne längere Prüfung erkennt, dass keine Verfahrensfehler begangen worden sind und das Urteil auch sachlich-rechtlich nicht zu beanstanden ist[5]. Die Ablehnung der Annahme als offensichtlich unbegründet scheidet deshalb grundsätzlich aus, wenn der Beschwerdeführer neue Beweisanträge ankündigt[6]. Über die Annahme der Berufung entscheidet gemäß § 322a S. 1, 2 das Berufungsgericht durch **unanfechtbaren Beschluss**. Ein ablehnender Beschluss bedarf – entgegen § 34, der einen Begründungszwang nur für anfechtbare Entscheidungen vorsieht – einer Begründung (Umkehrschluss aus § 322a S. 3).

2. Frist und Form

877 Die Berufung ist **innerhalb einer Woche** nach Verkündung des Urteils bei dem Gericht, das die Entscheidung getroffen hat (sogenannter **iudex a quo**), einzulegen, und zwar **schriftlich oder zu Protokoll der Geschäftsstelle** dieses Gerichts (§ 314 I). Hat die Urteilsverkündung in Abwesenheit des Angeklagten stattgefunden, so beginnt die Wochenfrist mit der Zustellung des Urteils, sofern nicht in den genannten Fällen die Urteilsverkündung in Anwesenheit des mit schriftlicher Vollmacht versehenen Verteidigers stattgefunden hat (§ 314 II). Das Rechtsmittel

---

[4] *Bode*, Das Wahlrechtsmittel im Strafverfahren, 2000, S. 112.
[5] BVerfG, NJW 1996, 2785, 2786; *Meyer-Goßner*, § 313 Rn. 9 f.; zur Problematik dieses Terminus, der dem Revisionsrecht entlehnt (§ 349 II) und auf das Berufungsverfahren nicht ohne weiteres übertragbar ist, siehe *Fezer*, NStZ 1995, 265, 266 f.
[6] BVerfG, NJW 1996, 2785, 2786; NStZ 2002, 43, 44.

muss nicht von Anfang an als Berufung bezeichnet werden. Da amtsgerichtliche Strafurteile mit der Berufung und der Sprungrevision (§ 335 I) angefochten werden können, besitzt der Anfechtungsberechtigte das **Wahlrecht**, mit welchem Rechtsmittel er das Urteil anfechten will. Die Rechtsprechung hält dem Angeklagten dieses Wahlrecht bis zum Ablauf der Revisionsbegründungsfrist offen, um ihn vor einer frühzeitigen Festlegung des weiteren Verfahrensganges zu schützen[7]. Entscheidet er sich nicht, so wird sein Rechtsmittel als Berufung behandelt, weil sie die umfassendere Überprüfung ermöglicht[8]. Der Vorrang der Berufung gilt im Übrigen auch dann, wenn ein Beteiligter Revision und ein anderer Berufung eingelegt hat (§ 335 III).

Eine **Berufungsbegründung ist gesetzlich nicht vorgeschrieben**. Es genügt also, dass der Berufungsführer erklärt, gegen das Urteil des Schöffengerichts X vom ..., Aktenzeichen ..., Berufung einzulegen. Die Staatsanwaltschaft muss auf Grund innerdienstlicher Weisung (Nr. 156 I RiStBV) jedoch jedes von ihr eingelegte Rechtsmittel, also auch die Berufung, begründen. § 317 schreibt zwar vor, dass die – fakultative – Begründung binnen einer Woche nach Ablauf der Einlegungsfrist bei dem erstinstanzlichen Gericht zu Protokoll der Geschäftsstelle oder durch Einreichung einer Beschwerdeschrift zu geben ist. Diese Frist entfaltet aber keine Ausschlusswirkung, da das Berufungsgericht Ausführungen auch dann berücksichtigen muss, wenn sie nach Ablauf dieser Frist gemacht werden[9]. Die Berufung kann gemäß § 318 auf bestimmte Beschwerdepunkte beschränkt werden (dazu *Rn. 837 ff.*). 878

III Berufungsgericht

Über Berufungen entscheidet gemäß § 76 I 1 GVG grundsätzlich die **kleine Strafkammer** des Landgerichts, die in der Hauptverhandlung mit einem Berufsrichter und zwei Schöffen besetzt ist. Richtet sich die Berufung gegen ein Urteil des erweiterten Schöffengerichts (zwei Berufsrichter und zwei Schöffen, § 29 II GVG), so ist in der Hauptverhandlung ein weiterer Berufsrichter hinzuziehen (§ 76 III 1 GVG). Außerhalb der Hauptverhandlung entscheidet der Vorsitzende der kleinen Strafkammer allein (§ 76 I 2, III 2 GVG). 879

IV Berufungsverfahren

1. Zulässigkeitsprüfungen

Zunächst prüft das Gericht des ersten Rechtszuges die **Einhaltung der Einlegungsfrist**. Wurde die Berufung verspätet eingelegt, so verwirft das Gericht sie als unzulässig (§ 319 I). Der Beschwerdeführer kann dagegen binnen einer Woche nach Zustellung des Verwerfungsbeschlusses die **Entscheidung des Berufungs-** 880

---

[7] OLG Frankfurt, NStZ 1991, 506.
[8] BGHSt 2, 63, 71; OLG Köln, MDR 1980, 690; *Meurer*, S. 163 f.
[9] *Meyer-Goßner*, § 317 Rn. 2.

gerichts beantragen (§ 319 II 1). Bei diesem Antrag handelt es sich nicht um eine sofortige Beschwerde, sondern um einen **Rechtsbehelf eigener Art**[10].

881 Ist die Einlegungsfrist – nach Auffassung des iudex a quo – gewahrt, so werden die Akten durch die Staatsanwaltschaft dem Berufungsgericht zugeleitet (§§ 320, 321). Es prüft erneut die **Beachtung der Einlegungsfrist und der Form** und verwirft die Berufung bei Nichteinhaltung der Vorschriften als unzulässig (§ 322 I). Der Verwerfungsbeschluss unterliegt der Anfechtung mit der **sofortigen Beschwerde** (§ 322 II). Das OLG hebt ihn auf, wenn das Berufungsgericht die Unzulässigkeit zu Unrecht angenommen hatte. Dadurch gelangt die Sache zur Hauptverhandlung.

882 In Fällen der **Annahmeberufung** (*Rn. 876*) beschließt das Berufungsgericht über die Annahme.

2. Hauptverhandlung

883 Ist die Berufung zulässig, so kommt es zur Hauptverhandlung. Für die **Vorbereitung der Berufungsverhandlung** gelten im Wesentlichen die Vorschriften über die erstinstanzliche Hauptverhandlung (§ 323 I 1). In der Ladung ist der Angeklagte auf die Folgen des Ausbleibens ausdrücklich hinzuweisen (§ 323 I 2).

884 Der Gang der Berufungsverhandlung weist einige Besonderheiten gegenüber der erstinstanzlichen Hauptverhandlung auf:

885 Die Verlesung der Anklageschrift wird ersetzt durch einen **Vortrag des Strafkammervorsitzenden als Berichterstatter über die Ergebnisse des bisherigen Verfahrens** (§ 324 I 1). Das angefochtene Urteil muss grundsätzlich verlesen werden (§ 324 I 2). Auf diesen Vortrag folgen die Vernehmung des Angeklagten und die Beweisaufnahme (§ 324 II).

886 Obwohl die Berufung zu einer Neuverhandlung in dem Umfang führt, in dem das erstinstanzliche Urteil angefochten wird, erleichtert § 325 die Beweisaufnahme, indem die Vorschrift bei Vorliegen bestimmter Voraussetzungen – unter Durchbrechung des Unmittelbarkeitsgrundsatzes – die **Verlesung von Protokollen** über die Vernehmung von Zeugen und Sachverständigen in der erstinstanzlichen Hauptverhandlung gestattet. Diese Befugnis beschränkt die richterliche Aufklärungspflicht gemäß § 244 II allerdings nicht, so dass insbesondere bei Aussagen von Prozess entscheidender Bedeutung der Zeuge oder Sachverständige auch in der Berufungsverhandlung gehört werden muss[11]. Niederschriften über die Vernehmung von Zeugen und Sachverständigen, die zur Berufungsverhandlung geladen sind oder deren Ladung der Angeklagte rechtzeitig beantragt hatte, dürfen grundsätzlich nur mit Zustimmung der Staatsanwaltschaft und des Angeklagten – sowie der übrigen Verfahrensbeteiligten, die eigene prozessuale Rechte haben[12] – verlesen werden; bei Vorliegen der Voraussetzungen der §§ 251, 253 ist die Verlesung jedoch auch ohne deren Einverständnis zulässig (§ 325 2. Halbsatz). Die

---

[10] *Meyer-Goßner*, § 319 Rn. 2.
[11] OLG Zweibrücken, NStZ 1992, 147. Zu weiteren Gründen, die eine Vernehmung erforderlich machen, *Rautenberg*, in: HKStPO, § 325 Rn. 6.
[12] *Meyer-Goßner*, § 325 Rn. 4.

Beweisaufnahme beschränkt sich im Übrigen nicht notwendig auf die Wiederholung der Beweiserhebungen in der ersten Hauptverhandlung, sondern es können **neue Beweismittel** herangezogen werden (vgl. § 323 III).

Die **Reihenfolge der Schlussvorträge** regelt § 326 S. 1 abweichend von § 258 I. Es plädiert derjenige zuerst, der die Berufung eingelegt hat. Der Angeklagte erhält jedoch auch in der Berufungsverhandlung in jedem Fall das **letzte Wort** (§ 326 S. 2). 887

3. Verfahren bei Abwesenheit des Angeklagten

Hat der **Angeklagte Berufung eingelegt** und **erscheint er ohne genügende Entschuldigung nicht** zur Berufungsverhandlung, so **verwirft das Berufungsgericht sein Rechtsmittel**, ohne zur Sache zu verhandeln (§ 329 I 1)[13]. Als Ausbleiben gilt es auch, wenn der Angeklagte in verhandlungsunfähigem Zustand, z.B. betrunken, erscheint[14]. Der Angeklagte kann sich allerdings durch einen Verteidiger vertreten lassen, wenn der Strafprozess nicht durch eine Anklageschrift, sondern durch einen Strafbefehl eingeleitet wurde (vgl. § 411 II 1). Die Berufung darf dann nur verworfen werden, wenn auch der Verteidiger nicht erscheint (§ 329 I 1). 888

Auf eine **Berufung der Staatsanwaltschaft** kann dagegen ohne den Angeklagten verhandelt werden (§ 329 II 1). 889

Hat der **gesetzliche Vertreter des Angeklagten** Berufung eingelegt, so ist der Angeklagte zum Erscheinen verpflichtet und kann im Falle des Ausbleibens zwangsweise vorgeführt werden (§ 330 I). Bleiben der gesetzliche Vertreter und der Angeklagte aus, so wird die Berufung nach § 329 I verworfen, erscheint nur der Angeklagte nicht, so kann ohne ihn verhandelt werden (§ 330 II). 890

V Die möglichen Entscheidungen

Verwirft der Vorsitzende der kleinen Strafkammer die Berufung nicht durch Beschluss als unzulässig wegen Nichtbeachtung der Frist für die Einlegung bzw. der Formvorschriften (§ 322 I 1) oder lehnt er in Fällen der Annahmeberufung die Annahme nicht als offensichtlich unbegründet ab (§§ 313, 322a), so entscheidet das Berufungsgericht durch Urteil. Auf die Berufung des Angeklagten ergeht bei seinem unentschuldigten Ausbleiben ein Verwerfungsurteil[15]. Besteht ein Verfahrenshindernis, so stellt das Berufungsgericht das Verfahren durch Urteil ein (§§ 332, 260 III). 891

Ansonsten ergeht ein **Urteil in der Sache**. Ist die Berufung begründet, so hebt die kleine Strafkammer das erstinstanzliche Urteil auf und trifft eine **eigene Sachentscheidung** (§ 328 I). Die Begründung des Berufungsurteils muss klar, eindeutig und aus sich heraus verständlich sein. Eine Bezugnahme auf die Gründe des angefochtenen Urteils ist nur zulässig, wenn das Berufungsgericht genau angibt, in 892

---

[13] Zu den zahlreichen Konstellationen siehe *Rieß*, NStZ 2000, 120 ff.
[14] BGHSt 23, 331, 334; *Roxin*, § 52 Rn. 25. Das LG Berlin (NStZ-RR 1997, 338 f.) nimmt ein Ausbleiben zudem an, wenn der Angeklagte zwar erscheint, aber nicht zur Mitwirkung an der Berufungsverhandlung bereit ist.
[15] *Meyer-Goßner*, § 329 Rn. 30 ff.

welchem Umfang es den Inhalt des erstinstanzlichen Urteils übernimmt, und wenn dadurch die Gesamtdarstellung nicht unklar wird[16]. Es gilt gemäß § 331 das Verbot der reformatio in peius (*Rn. 868 ff.*). Das Berufungsgericht verweist das Verfahren unter Aufhebung des angefochtenen Urteils allerdings ohne eigene Entscheidung in der Sache an das zuständige Gericht, wenn das erstinstanzliche Gericht seine örtliche oder sachliche Zuständigkeit zu Unrecht angenommen hatte (§ 328 II). In diesem Fall wird ein neuer vollständiger Instanzenzug eröffnet.

893 Führt die Berufungsverhandlung zu demselben Ergebnis wie das erstinstanzliche Urteil, so verwirft das Gericht die Berufung **durch Urteil als unbegründet**[17].

Kontrollfragen

1. Eröffnet die – zulässige – Berufung eine neue Tatsacheninstanz? (Rn. 875, 883-887)
2. Gegen welche Urteile ist im Strafverfahren die Berufung statthaft? (Rn. 875 f.)
3. Welches Gericht wird als iudex a quo bezeichnet? (Rn. 877)
4. Welcher Spruchkörper entscheidet über die Berufung? (Rn. 879)
5. Wie entscheidet das Gericht, wenn die Berufung begründet ist? (Rn. 892)

Literatur

Fezer, Zum Verständnis der sog. Annahmeberufung (§ 313 StPO), NStZ 1995, 265.

Nobis, Die Reform der Rechtsmittel im Strafprozess, StV 2000, 449.

Rieß, Unentschuldigtes Ausbleiben des Angeklagten, Privatklägers oder Nebenklägers in der Hauptverhandlung, NStZ 2000, 20.

---

[16] OLG Hamm, NStZ-RR 1997, 369.
[17] *Meyer-Goßner*, § 328 Rn. 2.

§ 20 Revision

I Begriff

Im Gegensatz zur Berufung führt die Revision nur zu einer **beschränkten Überprüfung** des angefochtenen Urteils. Die Revision eröffnet nämlich keine neue Tatsacheninstanz, so dass der Sachverhalt des angefochtenen Urteils grundsätzlich feststeht. Das Revisionsgericht untersucht lediglich, ob das Urteil auf einer **Gesetzesverletzung**, d.h. der Nichtanwendung oder fehlerhaften Anwendung prozessualer Vorschriften oder des materiellen Strafrechts, beruht (§ 337). Eine zulässige und begründete Revision führt deshalb nur unter den engen Voraussetzungen des § 354 I zu einer eigenen Sachentscheidung des Revisionsgerichts. In der Regel hebt es das angefochtene Urteil auf und verweist die Sache zur Neuverhandlung an einen anderen Tatrichter zurück (§ 354 II, III). Das Revisionsgericht entscheidet also nur über Rechtsfragen, nicht dagegen über Tatfragen. Daraus folgt allerdings nicht, dass die **tatsächlichen Feststellungen des angefochtenen Urteils** der Überprüfung durch das Revisionsgericht gänzlich entzogen wären.

894

> Beispiel: Der Angeklagte W warf um 21.30 Uhr einen Molotowcocktail durch ein geöffnetes Fenster in ein dahinter liegendes Zimmer eines Hauses, das von türkischen Arbeitern bewohnt wurde. Das Obergeschoss des Hauses wurde durch das Feuer vollständig zerstört. Menschen kamen nicht zu Schaden. Das Landgericht verurteilte W wegen schwerer Brandstiftung in Tateinheit mit Ausübung der tatsächlichen Gewalt über einen Brandsatz. Die Verurteilung wegen eines versuchten Tötungsdelikts oder wegen versuchter gefährlicher Körperverletzung lehnte es ab. W sei zwar die abstrakte Gefährlichkeit der Brandstiftung für Leib und Leben der Hausbewohner bekannt gewesen. Ein tödlicher Ausgang oder schwere Verletzungen der Hausbewohner hätten aber aus der Sicht des W nicht zwingend nahegelegen, weil keine besonders hohe Brandgefahr wegen der massiven Bauweise des Hauses bestanden habe und nicht zu erwarten gewesen sei, dass die Bewohner bereits schliefen. Die Staatsanwaltschaft legte gegen das Urteil zuungunsten des W Revision ein, um eine Verurteilung des W wegen eines versuchten Tötungs- oder Körperverletzungsdelikts zu erreichen.

Eine Kontrolle der Tatsachengrundlage des angefochtenen Urteils findet dadurch statt, dass der Weg der Entscheidungsfindung des Tatrichters, d.h. die Gewinnung der Tatsachengrundlage, der Überprüfung durch das Revisionsgericht unterliegt (*Rn. 800 f.*). Der BGH erzielt dieses Ergebnis, indem er die Denk- und Erfahrungssätze den juristischen Gesetzen gleichstellt[1]. Das Landgericht hatte in

895

---

[1] BGHSt 6, 70, 72. Im Ergebnis ebenso, aber mit anderer Begründung *Roxin* (§ 53 Rn. 24), der die Überprüfung der tatrichterlichen Beweiswürdigung als gewohnheitsrechtlich anerkannte Ausdehnung des Revisibilitätsbereichs über den vom Gesetzgeber ursprünglich gesetzten Rahmen hinaus betrachtet.

unserem Fall die Gesichtspunkte nicht hinreichend gewürdigt, die für einen Tötungs- bzw. Körperverletzungsvorsatz sprechen, nämlich dass W mit den Ereignissen anderer Brandanschläge konkrete Beispiele schwerster Folgen bei der Verwendung von Brandflaschen bekannt waren und er die Tat nicht spontan, sondern auf Grund einer gewissen Planung durchgeführt hatte. Nach Auffassung des BGH lag es danach äußerst nahe, dass W den drohenden tödlichen Ausgang erkannte[2]. Das Gericht hob deshalb das Urteil auf und gab dem Tatrichter auf, erneut zu prüfen, ob W mit Tötungs- oder Körperverletzungsvorsatz handelte, als er den Brandsatz warf.

896 Für die Kontrolle der **Sanktionenbemessung** gilt ähnliches. Zwar ist die Strafzumessung grundsätzlich Sache des Tatrichters. § 267 III, VI enthält aber detaillierte Anweisungen für die Darlegung der Umstände, die für die Zumessung der Strafe und die Entscheidung über die Anordnung einer Maßregel der Besserung und Sicherung bestimmend gewesen sind. Das Revisionsgericht prüft auf dieser Grundlage die zutreffende Festlegung des Strafrahmens durch den Tatrichter (z.B. die inhaltlichen Erwägungen zur Annahme oder Ablehnung eines gesetzlich vorgesehenen besonders schweren oder minder schweren Falles)[3], die Vereinbarkeit seiner Darlegungen mit den allgemeinen Grundsätzen der Strafzumessung (vgl. § 46 StGB), die Beachtung der rechtlich anerkannten Strafzwecke und die Einhaltung der Ober - oder Untergrenze der schuldangemessenen Strafe in dem konkreten Fall[4]. In der Praxis ist ein erheblicher Anteil der Revisionen wegen fehlerhafter Strafzumessungserwägungen erfolgreich[5].

II Zweck des Revisionsverfahrens

897 Strittig ist, worin der Zweck der Revision besteht. Nach zutreffender h.M.[6] erfüllt sie zwei Aufgaben. Sie dient zum einen der Verwirklichung der **Einzelfallgerechtigkeit** und zum anderen der **Sicherung einer einheitlichen Rechtsprechung**. Das Prinzip der Einzelfallgerechtigkeit, d.h. der Gewährleistung einer dem Gesetz entsprechenden Entscheidung des konkreten Falles, bringt § 337 zum Ausdruck. Die Einheitlichkeit der Rechtsprechung sichert ein Geflecht von Vorlegungsvorschriften. § 121 II GVG verpflichtet das OLG zur Vorlage an den BGH, wenn es von der Entscheidung eines anderen OLG oder des BGH abweichen will. Nach Maßgabe des § 132 GVG muss ein Strafsenat des BGH, der in einer Rechtsfrage von der Entscheidung eines anderen Strafsenats abweichen will, die Entscheidung des Großen Senats für Strafsachen herbeiführen bzw. bei einer beabsichtigen Abweichung von der Rechtsauffassung eines Zivilsenats die Frage dem Vereinigten

---

[2] BGH, NStZ-RR 1996, 35, 36.
[3] Näher dazu *Kalf*, NJW 1996, 1447, 1448 ff.
[4] BGHSt 34, 345, 349 ff.
[5] *Nack*, NStZ 1997, 153, 156: In der Praxis des BGH machen Strafzumessungsfehler ca. 40 % der sachlich-rechtlichen Aufhebungsgründe aus; das ist etwa ein Drittel aller Aufhebungen.
[6] *Beulke*, Rn. 559; *Maiwald*, in: AKStPO, Vor § 333 Rn. 2. Nach anderer Auffassung bezweckt die Revision die Gewährung eines realistischen Rechtsschutzes (*Roxin*, § 53 Rn. 10) bzw. die Wahrung des Rechtsstaatsprinzips (*Ranft*, Rn. 2097).

Großen Senat vorlegen. Aus § 132 IV GVG folgt zudem, dass eine weitere Aufgabe des Revisionsverfahrens in der **Fortbildung des Rechts** besteht[7].

III Zulässigkeitsvoraussetzungen

1. Statthaftigkeit

Zulässig ist die Revision gegen alle strafgerichtlichen **Urteile der Landgerichte**, also sowohl gegen die **Berufungsurteile** der kleinen Strafkammern als auch gegen die **erstinstanzlichen Urteile** der großen Strafkammern und Schwurgerichte, sowie die **erstinstanzlichen Urteile der Oberlandesgerichte** (§ 333). Mit der Revision anfechtbar sind also alle Urteile, die nicht selbst Revisionsurteile sind. Die erstinstanzlichen Urteile der Amtsgerichte können – statt mit der Berufung – mit der **Sprungrevision** angefochten werden (§ 335). Heftig umstritten ist, ob die Sprungrevision auch dann uneingeschränkt zulässig ist, wenn sie sich gegen ein Urteil richtet, dessen Anfechtung mit der Berufung gemäß § 313 der Annahme bedürfte (*Rn. 876*). Nach zutreffender Auffassung[8] gilt § 313 nur für das Berufungsverfahren, die Vorschrift beseitigt also auch in Bagatellverfahren die durch § 335 eröffnete Wahlmöglichkeit zwischen Berufung und Revision nicht. Hätte der Gesetzgeber die Zulässigkeit der Sprungrevision in diesen Fällen davon abhängig machen wollen, dass zuvor eine Berufung eingelegt – und diese angenommen – wurde, so hätte er eine entsprechende Ergänzung des § 335 vornehmen müssen. Über die Sprungrevision eines Anfechtungsberechtigten ist sogar zu entscheiden, wenn ein anderer Beteiligter gegen das Urteil Berufung eingelegt hat und diese vom Berufungsgericht nicht angenommen wurde[9]. Zwar hat die Berufung gemäß § 335 III 1 bei einem Zusammentreffen beider Rechtsmittel grundsätzlich Vorrang, so dass die Sprungrevision – ebenfalls – als Berufung behandelt wird. Das gilt jedoch nur, solange die Berufung nicht als unzulässig verworfen wird. Lehnt das Berufungsgericht die Annahme ab, so verwirft es dieses Rechtsmittel als unzulässig (§ 313 II), so dass die Sprungrevision „wiederauflebt"[10].

898

2. Frist und Form

(a) Einlegung der Revision

Die Revision muss innerhalb einer Woche nach Verkündung des angefochtenen Urteils bei dem iudex a quo (*Rn. 877*) schriftlich oder zu Protokoll der Geschäftsstelle eingelegt werden (§ 341 I). Fand die Urteilsverkündung in Abwesenheit des

899

---

[7] *Temming*, in: HKStPO, Vor §§ 333 ff. Rn. 11.
[8] BGHSt 40, 395, 397; BayObLG, StV 1993, 572; OLG Hamm, NJW 2003, 3286, 3287; OLG Zweibrücken, NStZ 1994, 203; *Feuerhelm*, StV 1997, 99, 102; *Temming*, in: HKStPO, § 335 Rn. 1. A.A. *Meyer-Goßner*, § 335 Rn. 21; *Meyer-Goßner*, NStZ 1998, 19 f.; NJW 2003, 1369, 1370 f.; *Scheffler*, GA 1995, 449, 455. Offengelassen vom OLG Frankfurt, NStZ-RR 1996, 174, 175.
[9] BayObLG, StV 1994, 238; *Hartwig*, NStZ 1997, 111, 114. A.A. OLG Karlsruhe, NStZ 1995, 562 f.; *Meyer-Goßner*, NStZ 1998, 19, 20 ff.
[10] OLG Frankfurt, NStZ-RR 2003, 53; *Maiwald*, in: AKStPO, § 335 Rn. 2. A.A. OLG Koblenz, JBlRP 2000, 22; *Meyer-Goßner*, § 335 Rn. 22.

Angeklagten statt, so beginnt die Einlegungsfrist mit der Zustellung des Urteils, sofern die Urteilsverkündung nicht in Anwesenheit eines mit schriftlicher Vollmacht versehenen Verteidigers stattgefunden hat (§ 341 II).

(b) Revisionsbegründung

900 Im Gegensatz zur Berufung ist eine **Begründung der Revision obligatorisch**. Der Beschwerdeführer muss binnen eines Monats nach Ablauf der Einlegungsfrist bzw. nach Zustellung des schriftlichen Urteils, wenn diese erst nach Ablauf der Einlegungsfrist erfolgte, erklären, in welchem Umfang er das Urteil anficht und dessen Aufhebung beantragt, und seine Anträge begründen (§§ 344 I, 345 I). Für die Antragstellung und die Begründung genügt grundsätzlich die Schriftform. Der Angeklagte muss seine Revisionsanträge und die Begründung jedoch in einer von einem Rechtsanwalt unterzeichneten Schrift oder zu Protokoll der Geschäftsstelle abgeben (§ 345 II)[11]. Der BGH verlangt darüber hinaus, ohne dass dies im Gesetz eine tragfähige Grundlage hätte, es dürften keine Zweifel an der Übernahme der vollen Verantwortung durch den Verteidiger für den Inhalt der Schrift bestehen[12].

901 Will der Beschwerdeführer lediglich die **Anwendung der materiellen Strafgesetze** angreifen, so genügt die Erklärung, dass er die Verletzung des materiellen Rechts rügt. Die Erhebung dieser sogenannten **Sachrüge** erfordert also keine nähere Begründung, eine solche ist allerdings empfehlenswert. Das Revisionsgericht prüft auf die Sachrüge die sachlich-rechtlichen Ausführungen des Urteils vollständig bzw. – im Fall einer Revisionsbeschränkung – in dem Umfang, in dem der Revisionsführer es angreift. Zur sachlich-rechtlichen Prüfung gehört auch die Kontrolle der Tatsachengrundlage des angefochtenen Urteils und der Sanktionenbemessung (*Rn. 895 f.*). Eine rechtsstaatswidrige Verfahrensverzögerung, die an sich mit der Verfahrensrüge geltend gemacht werden muss, prüft der BGH in Ausnahmefällen schon auf die Sachrüge hin[13].

902 Strenge Anforderungen gelten dagegen, wenn der Beschwerdeführer eine Verletzung des Verfahrensrechts behauptet. Die sogenannte **Verfahrensrüge** muss nämlich die Tatsachen, aus denen sich der Verfahrensverstoß ergibt, anführen (§ 344 II 2).

> **Beispiel**: Die Strafkammer verurteilte den Angeklagten A wegen Betruges, weil A bei dem Verkauf eines gebrauchten Pkw dem O die Unfallfreiheit des Fahrzeugs vorgetäuscht habe. Einen Beweisantrag des A, durch eine Augenscheinseinnahme festzustellen, dass die Unfallbeschädigung des Autos auch für den Laien erkennbar war, lehnte die Kammer mit der Begründung ab, die unter Beweis gestellte Tatsache werde als wahr unterstellt. A ist der Meinung, dass die Kammer diese Wahrunterstellung nicht vorgenommen habe, weil sie davon ausgegangen sei, O habe die Beschädigung jeden-

---

[11] Siehe das bei *Schroeder/Meindl* (S. 195 f.) abgedruckte Beispiel einer Revisionsbegründungsschrift.
[12] BGH, NStZ-RR 2002, 309; siehe auch BGH, NStZ 2004, 166: Verwerfung der Revision als unzulässig trotz Unterzeichnung durch einen Rechtsanwalt, weil die Formulierungen in der Begründung auf eine Distanzierung des Verteidigers von ihrem Inhalt hindeuteten.
[13] BGH, NStZ 2005, 223 f.; wistra 2005, 109.

falls nicht erkannt. Einen weiteren Verfahrensmangel sieht A darin, dass die Kammer den Wert des verkauften Pkw nicht ermittelt habe.

Bei der Erhebung einer Verfahrensrüge müssen die den Mangel begründenden Tatsachen so vollständig und genau benannt werden, dass das Revisionsgericht allein auf Grund der Begründungsschrift prüfen kann, ob ein Verfahrensfehler vorliegt, wenn die behaupteten Tatsachen bewiesen werden[14]. Die zulässige Erhebung einer Verfahrensrüge wegen Nichtbeachtung der Wahrunterstellung erfordert, dass A bzw. sein Verteidiger – am besten wörtlich – den Inhalt des Beweisantrages und des Ablehnungsbeschlusses sowie die Passage des Urteils, in der die Strafkammer die unter Beweis gestellte Tatsache nicht als wahr behandelt hat, anführt. Zum notwendigen Revisionsvorbringen gehört bei der **Aufklärungsrüge**, mit der eine Verletzung der Aufklärungspflicht geltend gemacht wird, dass der Beschwerdeführer die Tatsache, die das Tatgericht nicht genügend erforscht hat, und die Beweismittel, dessen es sich hätte bedienen können, nennt[15]. In der Praxis scheitern viele Verfahrensrügen an der Nichtbeachtung dieser strengen Formvorschrift. Wird die Verfahrensrüge nicht vorschriftsmäßig erhoben, so ist sie **unzulässig**. Hat der Beschwerdeführer nicht zugleich die Sachrüge erhoben, so führt dies zur Verwerfung der Revision insgesamt[16], ohne dass eine inhaltliche Prüfung des angefochtenen Urteils stattfindet.

903

Der BGH[17] verlangt darüber hinaus, dass der Revisionsführer auch die Tatsachen anzugeben habe, aus denen sich die Möglichkeit des ursächlichen Zusammenhangs von Verfahrensfehler und Urteil (zur Beruhensfrage *Rn. 918 ff.*) ergibt. Diese Sicht ist jedoch abzulehnen, da sie in § 344 II 2 keine Stütze findet, so dass den Beschwerdeführer insofern keine Äußerungslast trifft[18].

904

IV Revisionsgericht

Das **OLG** entscheidet über die Revision in allen Strafverfahren, die **in erster Instanz vor einem Amtsgericht**, also vor dem Strafrichter oder dem Schöffengericht verhandelt wurden, und zwar unabhängig davon, ob das amtsgerichtliche Urteil zunächst mit der Berufung angefochten wurde (§ 121 I Nr. 1b GVG) oder gleich mit der Sprungrevision (§ 335 II). Das OLG ist darüber hinaus zuständig für die Revision gegen erstinstanzliche Urteile der Landgerichte, über die an sich der BGH entscheidet, wenn **ausschließlich die Verletzung von Landesrecht gerügt** wird (§ 121 I Nr. 1c GVG). Im Revisionsverfahren entscheidet ein **Strafsenat des OLG** in der Besetzung mit **drei Berufsrichtern** (§ 122 I GVG). Bayern hatte von der Möglichkeit einer Zuständigkeitskonzentration des § 9 EGGVG Gebrauch gemacht und – unter anderem – die zur Zuständigkeit der bayerischen

905

---

[14] BGHSt 3, 213, 214; 21, 334, 340; 29, 203; BGH, NStZ 2002, 216. Im Einzelnen siehe z.B. die Übersichten über die BGH-Rechtsprechung bei *Sander*, NStZ-RR 2003, 33 ff.; NStZ-RR 2004, 1 ff.; NStZ-RR 2005, 1 ff.
[15] BGHSt 2, 168 f.; BGH, NStZ 2004, 112; BGH, bei *Sander*, NStZ-RR 2005, 1, 4 ff.
[16] BGH, NJW 1995, 2047.
[17] BGHSt 30, 131, 135.
[18] *Herdegen*, NStZ 1990, 513, 517; *Meyer-Goßner*, § 344 Rn. 27.

Oberlandesgerichte gehörenden Revisionsverfahren in Strafsachen einem Obersten Landesgericht zugewiesen, nämlich dem Bayerischen Obersten Landesgericht (BayObLG). Das BayObLGAuflG vom 25. 10. 2004 legt die Auflösung dieses Gerichtes fest mit der Folge, dass für Revisionen in Strafsachen, die nach dem 31. 12. 2004 erhoben werden, die Oberlandesgerichte des Landes zuständig sind.

906   Über Revisionen gegen erstinstanzliche Urteile der Landgerichte und Oberlandesgerichte entscheidet ein mit **fünf Berufsrichtern** besetzter **Strafsenat des BGH** (§§ 135 I, 139 I GVG).

V Revisionsgründe

907 Die Revision ist erfolgreich, wenn das Revisionsgericht eine Verletzung des formellen oder materiellen Strafrechts feststellt und das angefochtene Urteil auf dieser Gesetzesverletzung beruht (§ 337 I). § 338 enthält jedoch einen Katalog von Verfahrensverstößen, die zwingend zu einer Aufhebung des angegriffenen Urteils führen. Bei diesen sogenannten **absoluten Revisionsgründen** vermutet das Gesetz unwiderleglich das Beruhen des Urteils auf dem Verfahrensverstoß. Gesetzesverletzungen, bei denen die Beruhensfrage geprüft wird, werden dagegen als **relative Revisionsgründe** bezeichnet.

1. Absolute Revisionsgründe

908 Die zwingende Urteilsaufhebung sieht § 338 zum einen bei besonders gravierenden Verfahrensverstößen und zum anderen aber auch bei Gesetzesverletzungen vor, bei denen das Beruhen gar nicht ermittelt werden kann, z.B. weil der Verfahrensverstoß der Urteilsverkündung nachfolgt (Nr. 7).

909 Nach § 338 Nr. 1-4 ist das Urteil aufzuheben, wenn das Gericht verfahrenswidrig besetzt oder unzuständig war.

910 Der absolute Revisionsgrund der **vorschriftswidrigen Gerichtsbesetzung** (Nr. 1) sichert das Recht auf den gesetzlichen Richter. Nach h.M.[19] kann die fehlerhafte Besetzung jedoch nur mit Erfolg gerügt werden, wenn sie **objektiv willkürlich** ist, d.h. auf einer nicht mehr vertretbaren Anwendung des Gesetzes beruht, nicht dagegen, wenn ein bloßer Irrtum zu einer fehlerhaften Auslegung unklarer, lückenhafter oder auslegungsbedürftiger Verfahrensvorschriften geführt hat. Gegen erstinstanzliche Urteile der Landgerichte und der Oberlandesgerichte ist die Rüge der nicht vorschriftsmäßigen Gerichtsbesetzung nur unter den Voraussetzungen des § 338 Nr. 1a-d zulässig, denn gemäß § 222b muss der Besetzungseinwand in diesen Verfahren grundsätzlich bis zum Beginn der Vernehmung des ersten Angeklagten in der erstinstanzlichen Hauptverhandlung erhoben werden (*Rn. 623*). Mit der Besetzungsrüge können im Übrigen auch Mängel in der Person des Richters oder Schöffen (*Rn. 638*) geltend gemacht werden. – *Fallsammlung Rn. 655-661; 705.* –

---

[19] BVerfGE 20, 336, 346; BGHSt 33, 303, 305; *Meyer-Goßner*, § 338 Rn. 6. A.A. *Maiwald*, in: AKStPO, § 338 Rn. 10.

Darüber hinaus führt gemäß § 338 Nr. 2 die **Mitwirkung eines kraft Gesetzes** 911
ausgeschlossenen (§§ 22, 23, 31) und gemäß § 338 Nr. 3 die Mitwirkung eines
wegen Besorgnis der Befangenheit abgelehnten Berufs- oder Laienrichters
(§§ 24, 31) zur Aufhebung des angefochtenen Urteils.

Nach § 338 Nr. 4 kann zudem die **Unzuständigkeit des Gerichts** gerügt wer- 912
den. Dabei ist jedoch zu beachten, dass der Angeklagte gemäß § 6a Satz 3 den
Einwand der Unzuständigkeit einer besonderen Strafkammer und gemäß § 16
Satz 3 den Einwand der örtlichen Unzuständigkeit nur bis zum Beginn seiner
Vernehmung in der erstinstanzlichen Hauptverhandlung geltend machen kann.
Eine Verfahrensrüge des Angeklagten ist in diesen Fällen deshalb nur erfolgreich,
wenn er die Unzuständigkeit rechtzeitig beanstandet und das Gericht seinen Einwand zu Unrecht zurückgewiesen hat[20]. Die sachliche Zuständigkeit muss vom
Gericht ohnehin in jeder Lage des Verfahrens von Amts wegen geprüft werden
(§ 6)[21], so dass § 338 Nr. 4 insofern überflüssig ist[22]. Es empfiehlt sich gleichwohl,
die sachliche Unzuständigkeit zu rügen, um das Revisionsgericht auf den Fehler
hinzuweisen. Die Revision begründet es allerdings grundsätzlich nicht, dass ein
Gericht höherer Ordnung anstelle eines Gerichts niederer Ordnung (z.B. Schöffengericht statt des Strafrichters, Strafkammer des Landgerichts statt des Schöffengerichts) entschieden hat, weil die weitergehende Zuständigkeit die weniger
weitgehende einschließt (vgl. § 269). Das gilt jedoch nicht, wenn das Gericht
höherer Ordnung seine Zuständigkeit objektiv willkürlich, d.h. auf Grund sachfremder oder anderer offensichtlich unhaltbarer Erwägungen angenommen hat[23].
Nach zutreffender Auffassung[24] führt ein solcher Verstoß zu einem Verfahrenshindernis, das vom Revisionsgericht auch ohne Verfahrensrüge zu berücksichtigen ist.

Nach § 338 Nr. 5 begründet die vorschriftswidrige Abwesenheit der Staats- 913
anwaltschaft oder einer zur ununterbrochenen Anwesenheit in der Hauptverhandlung
verpflichteten Person (insbesondere Angeklagter, notwendiger Verteidiger, Urkundsbeamter; siehe *Rn. 639 ff.*) die Revision. Die h.M.[25] wendet die Vorschrift
jedoch nur an, wenn die zur Anwesenheit verpflichtete Person einen wesentlichen
Teil der Hauptverhandlung versäumt hat. Die – zeitweise – Abwesenheit eines
Richters unterfällt nicht dem Anwendungsbereich des § 338 Nr. 5, sondern dem
des § 338 Nr. 1.

Ein nach § 338 Nr. 6 zur Aufhebung führender **Verstoß gegen die Öffentlich-** 914
keitsvorschriften liegt nach h.M. vor, wenn die Öffentlichkeit unzulässig beschränkt, nicht dagegen, wenn sie vorschriftswidrig zugelassen wurde[26]. Diese

---
[20] *Maiwald*, in: AKStPO, § 338 Rn. 24, 26.
[21] OLG Brandenburg, NStZ 2001, 611 f., mit Anm. *Meyer-Goßner*.
[22] *Hegmann*, NStZ 2000, 574, 577; *Meyer-Goßner*, NStZ 2001, 612.
[23] BGH, NJW 1993, 1607 f.; BGHSt 43, 53, 55
[24] BGHSt 38, 172, 176; 40, 120, 123 f.; 45, 58, 60 ff.; BGH, NStZ 1992, 397; OLG Köln, NStZ-RR 1996, 178. A.A. BGH, NJW 1993, 1607, 1608; BGHSt 43, 53, 56 ff.
[25] BGHSt 15, 263, 264; 16, 178, 180; 26, 84, 91; *Meyer-Goßner*, § 338 Rn. 36. A.A. *Maiwald*, in: AKStPO, § 338 Rn. 28.
[26] BGHSt 36, 119, 120; *Meyer-Goßner*, § 338 Rn. 47; *Paulus*, in: KMR, § 338 Rn. 73.

Sicht ist jedoch abzulehnen[27], da sie im Wortlaut der Vorschrift keine Grundlage findet und auch in der Sache nicht überzeugt. Die Verfälschung des Urteils durch eine vorschriftswidrige Zulassung der Öffentlichkeit, z.B. durch die Gestattung von Ton-, Rundfunk- oder Filmaufnahmen, dürfte wahrscheinlicher sein als die Beeinflussung des Urteils durch eine Beschränkung der Öffentlichkeit. Keine Zustimmung verdient zudem die Behauptung der h.M.[28], § 338 Nr. 6 setze eine dem Gericht vorwerfbare Verletzung des Öffentlichkeitsgrundsatzes voraus, so dass der versehentliche Ausschluss der Öffentlichkeit (z.B. durch Zufallen der Außentür des Gerichtsgebäudes) nicht gerügt werden könne. Wie bei anderen Rechtsverletzungen auch kommt es hier nach zutreffender Auffassung[29] nicht auf die Vorwerfbarkeit an.

915 Die fehlende oder verspätete Absetzung des schriftlichen Urteils führt gemäß § 338 Nr. 7 zur Urteilsaufhebung.

916 § 338 Nr. 8 ordnet die **Beschränkung der Verteidigung in einem wesentlichen Punkt** den absoluten Revisionsgründen zu, wenn sie durch einen in der Hauptverhandlung ergangenen Gerichtsbeschluss erfolgt. In der Sache handelt es sich jedoch um einen relativen Revisionsgrund, da mit der Voraussetzung der Verteidigungsbeschränkung „in einem für die Entscheidung wesentlichen Punkt" lediglich das Beruhen des Urteils auf dem Verfahrensverstoß umschrieben wird[30].

917 Anzumerken ist, dass die absoluten Revisionsgründe in der Aufhebungspraxis – jedenfalls des BGH – nur eine geringe Bedeutung besitzen[31].

2. Relative Revisionsgründe

918 Bei relativen Revisionsgründen genügt es nicht, dass der Tatrichter das Recht verletzt hat, sondern die unrichtige Anwendung des Gesetzes muss nach h.M. für den Inhalt des Urteils **ursächlich** sein[32]. Für die Annahme des **Beruhens** genügt nach einhelliger Auffassung[33] jedoch die bloße **Möglichkeit**, dass das Urteil bei richtiger Rechtsanwendung anders ausgefallen wäre. Ein voller Kausalitätsnachweis ist somit nicht erforderlich; er wäre bei Verfahrensverstößen auch häufig gar nicht zu führen.

---

[27] *Hanack*, in: LR[25], § 338 Rn. 106; *Mayer*, in: Kissel, GVG, § 169 Rn. 59; *Maiwald*, in: AKStPO, § 338 Rn. 30.
[28] BGHSt 21, 72 ff.; 22, 297, 300 ff.; *Hanack*, in: LR[25], § 338 Rn. 113.
[29] *Maiwald*, in: AKStPO, § 338 Rn. 32; *Roxin*, § 45 Rn. 19, § 53 Rn. 32.
[30] BGHSt 30, 131, 135; *Meyer-Goßner*, § 338 Rn. 58; *Rüping*, Rn. 655. A.A. *Hanack*, in: LR[25], § 338 Rn. 125; *Kühne*, Rn. 1084.
[31] In den Jahren 1992 bis 1995 führte nur in 33 Verfahren ein absoluter Revisionsgrund zur Urteilsaufhebung. Die „Erfolgsquote" lag unter einem Prozent der erhobenen Rügen; *Nack*, NStZ 1997, 153, 158, 159.
[32] *Beulke*, Rn. 565; *Hanack*, in: LR[25], § 337 Rn. 254; *Roxin*, § 53 Rn. 30. Die Gegenmeinung (*Maiwald*, in: AKStPO, § 337 Rn. 18; *Schlüchter*, Krause-FS, S. 485, 488 ff.) versteht das Beruhen als normativen Zusammenhang zwischen Gesetzesverstoß und Urteil.
[33] *Beulke*, Rn. 565; *Meyer-Goßner*, § 337 Rn. 37; *Roxin*, § 53 Rn. 30.

Hat der Tatrichter das materielle Recht verletzt, so ergibt sich das Beruhen in der Regel ohne weiteres aus dem Mangel[34].

919

Bei Verfahrensfehlern ist dagegen eine Prüfung der Beruhensfrage erforderlich. Da aber bereits die Möglichkeit einer Auswirkung auf die Entscheidung genügt, führt die Revision schon dann zum Erfolg, wenn **nicht ausgeschlossen werden kann, dass die Entscheidung auf dem Rechtsfehler beruht**[35].

920

> **Beispiel**: Die Strafkammer des Landgerichts R verurteilte den Angeklagten A wegen unerlaubten Handeltreibens mit Betäubungsmitteln in nicht geringer Menge zu einer Freiheitsstrafe von sechs Jahren. A hatte nach Beendigung der Beweisaufnahme das letzte Wort. Danach zog sich das Gericht zunächst zur Beratung zurück, trat dann jedoch noch einmal in die Verhandlung ein, um A einen rechtlichen Hinweis nach § 265 zu erteilen. Der Vorsitzende schloss erneut die Beweisaufnahme, und die Staatsanwaltschaft sowie der Verteidiger wiederholten ihre zuvor gestellten Anträge. A wurde aber ausweislich des Sitzungsprotokolls nicht erneut das letzte Wort erteilt.

Das Revisionsgericht trägt die Beweislast für den Ausschluss des Beruhens[36]. In unserem Fall konnte sich die Nichterteilung des letzten Wortes zwar nicht auf den Schuldspruch auswirken, weil A die Vorbereitung und Abwicklung des Rauschgiftgeschäfts eingestanden und das Gericht sein Geständnis der Verurteilung zugrunde gelegt hatte. Hinsichtlich des Strafausspruches konnte der BGH dagegen nicht ausschließen, dass es die Strafzumessung zugunsten des A beeinflusst hätte, wenn ihm erneut das letzte Wort gewährt worden wäre. Der BGH hob deshalb das Urteil im Strafausspruch auf[37]. Zu beachten ist im Übrigen, dass die Beweislast für den Verfahrensverstoß selbst in der Regel den Revisionsführer trifft, weil der Grundsatz in dubio pro reo für den Nachweis von Verfahrensfehlern nur ausnahmsweise gilt (vgl. *Rn. 811 f.*). Da die Erteilung des letzten Wortes (§ 258 II, III) zu den wesentlichen Förmlichkeiten der Hauptverhandlung zählt, kann der Beweis darüber gemäß § 274 nur durch das Hauptverhandlungsprotokoll geführt werden[38]. In unserem Fall ist die erneute Gewährung des letzten Wortes nicht im Protokoll vermerkt worden. Damit ist der Verfahrensverstoß bewiesen. Nur wenn das Hauptverhandlungsprotokoll insofern unklar ist und deshalb dessen Beweiskraft entfällt, kann im Freibeweisverfahren durch Einholung dienstlicher Äußerungen der Richter, des Sitzungsvertreters der Staatsanwaltschaft und des Protokollführers geklärt werden, ob dem Angeklagten das letzte Wort gewährt wurde[39].

921

Die Staatsanwaltschaft kann die zuungunsten des Angeklagten eingelegte Revision im Übrigen nicht auf Rechtsnormen, d.h. Verfahrensnormen, stützen, die

922

---

[34] *Meyer-Goßner*, § 337 Rn. 40; *Ranft*, Rn. 2192.
[35] BGHSt 20, 160, 164; 21, 288, 290; 22, 278, 280.
[36] *Hellmann*, StV 1995, 121, 122; *Herdegen*, NStZ 1990, 513, 516.
[37] BGH, NStZ-RR 1998, 15.
[38] BGHSt 22, 278, 280.
[39] BGH, NStZ 2005, 280 f.; OLG Hamburg, StV 2005, 205, 206.

dem Schutz des Angeklagten dienen (§ 339). Die Vorschrift gilt auch für den Privat- und Nebenkläger[40].

VI Revisionsverfahren

923 Der Richter, dessen Entscheidung mit der Revision angefochten wird, prüft die Einhaltung der Frist und der Form der Einlegung und verwirft die Revision durch Beschluss, wenn die **Revision nicht rechtzeitig oder nicht in der in § 345 II vorgeschriebenen Form** erhoben wurde (§ 346 I). Der Beschwerdeführer kann binnen einer Woche gegen diesen Beschluss die **Entscheidung des Revisionsgerichts beantragen** (§ 346 II). Tut er dies nicht, so erwächst das angefochtene Urteil in Rechtskraft.

924 Wurde die Frist – nach Auffassung des iudex a quo – frist- und formgerecht eingelegt, so stellt er die Revisionsschrift dem Gegner des Beschwerdeführers zu und gibt ihm Gelegenheit, binnen einer Woche eine **Gegenerklärung** abzugeben[41] (§ 347 I). Nach Eingang der Gegenerklärung bzw. nach Fristablauf übersendet die Staatsanwaltschaft die Akten dem Revisionsgericht (§ 347 II). Dieses prüft erneut die Zulässigkeit; im Falle der **Unzulässigkeit verwirft es die Revision durch Beschluss** (§ 349 I).

925 Eine **Hauptverhandlung** ist im Revisionsverfahren **nicht obligatorisch**. Hält das Revisionsgericht die Revision **einstimmig für offensichtlich unbegründet**, so verwirft es die Revision auf Antrag der Staatsanwaltschaft ohne Hauptverhandlung durch Beschluss (§ 349 II)[42]. Dem Revisionsführer ist jedoch zuvor rechtliches Gehör zu gewähren, indem ihm die Gelegenheit zur Einreichung einer schriftlichen Gegenerklärung gegeben wird (§ 349 III). Offensichtlich unbegründet ist die Revision, wenn für jeden Sachkundigen ohne längere Prüfung erkennbar ist, welche Rechtsfragen vorliegen, wie sie zu beantworten sind und dass die Revisionsrügen das Rechtsmittel nicht begründen[43]. Das Revisionsgericht kann zudem das angefochtene Urteil durch Beschluss aufheben, wenn es eine **zugunsten des Angeklagten eingelegte Revision einstimmig für begründet** erachtet (§ 349 IV).

926 Zu einer **mündlichen Verhandlung** kommt es nur, wenn das Revisionsgericht nicht nach § 349 I, II, IV entscheidet. Das Gericht teilt dem Angeklagten und seinem Verteidiger zwar den Hauptverhandlungstermin mit (§ 350 I), der Angeklagte ist aber nicht zur Teilnahme verpflichtet (§ 350 II). Die Anwesenheit des Verteidigers ist grundsätzlich ebenfalls nicht notwendig. Wurde dem Angeklagten jedoch gemäß § 140 II oder § 350 III ein Pflichtverteidiger für die Revisions-

---

[40] *Hanack*, in: LR[25], § 339 Rn. 7; *Krekeler*, NStZ 1984, 183.
[41] Zur Gegenerklärung der Staatsanwaltschaft siehe Nr 162 RiStBV; dazu *Kalf*, NStZ 2005, 190 ff.
[42] Der BGH verwirft 75-80 % aller Revisionen von Angeklagten auf diese Weise; *Barton*, StV 2004, 332, 338; *Gieg/Widmaier*, NStZ 2001, 57; *Schlothauer*, StV 2004, 340. Kritisch zu dieser Praxis *Bauer*, wistra 2000, 252 ff.; *Detter*, StV 2004, 345, 348 ff.; *Friemel*, NStZ 2002, 72 ff.
[43] BVerfG, NStZ 2002, 487, 489; OLG Düsseldorf, GA 1983, 220, 221; *Meyer-Goßner*, § 349 Rn. 10.

hauptverhandlung bestellt, so muss dieser daran teilnehmen. Die Staatsanwaltschaft (bei einer Verhandlung vor dem OLG ein Beamter der Generalstaatsanwaltschaft, vor dem BGH ein Beamter des Generalbundesanwalts) ist dagegen zur Teilnahme verpflichtet.

Den **Ablauf der Revisionshauptverhandlung** regelt § 351. Sie beginnt mit dem Vortrag des Berichterstatters über die Ergebnisse des bisherigen Verfahrens (§ 351 I). Sodann werden die Staatsanwaltschaft und – falls anwesend – der Angeklagte und/oder sein Verteidiger mit ihren Ausführungen und Anträgen gehört, wobei der Beschwerdeführer zuerst das Wort erhält (§ 351 II 1). Eine Beweisaufnahme über die Tat findet nicht statt, da das Revisionsgericht auf der Grundlage der Feststellungen des Tatrichters entscheidet. Bedürfen Umstände, die für das Vorliegen von Prozessvoraussetzungen oder für die Verfahrensrügen relevant sind, der Aufklärung, so kann das Revisionsgericht Beweise jeder Art jedoch im Freibeweisverfahren erheben[44]. Auch die Revisionsverhandlung schließt mit dem letzten Wort des Angeklagten, wenn er anwesend ist (§ 351 II 2).

927

Anschließend berät das Gericht und stimmt über das Urteil ab. Es überprüft die Entscheidung nur in dem Umfang, in dem sie angefochten wurde (§ 352 I). Die Rechtmäßigkeit des Verfahrens untersucht es nur, wenn Verfahrensrügen erhoben worden sind, wobei es allein die in der Revisionsbegründung angeführten Tatsachen beachtet. Auf die Sachrüge hin wird dagegen die gesamte sachlich-rechtliche Begründung einer Prüfung unterzogen, auch wenn der Beschwerdeführer nur bestimmte Verletzungen des materiellen Strafrechts behauptet hat. Für die Urteilsverkündung gilt § 268 (§ 356).

928

VII Entscheidungen

Auf die Möglichkeiten, die Revision durch **Beschluss** als unzulässig oder offensichtlich unbegründet zu verwerfen oder das angefochtene Urteil auf die zugunsten des Angeklagten eingelegte Revision durch Beschluss aufzuheben, wurde oben (*Rn. 925*) bereits eingegangen. Das Revisionsgericht kann darüber hinaus das Verfahren außerhalb der Hauptverhandlung gemäß § 206a wegen eines Verfahrenshindernisses[45] sowie nach §§ 153 II[46], 154 II, 154a II einstellen. Eine Einstellung nach § 153a ist im Revisionsverfahren dagegen nicht mehr möglich, da § 153a II 1 die Einstellung nur bis zum Ende der – letzten – tatrichterlichen Hauptverhandlung zulässt[47].

929

Hat das Revisionsgericht eine **Hauptverhandlung durchgeführt**, so entscheidet es durch **Urteil**. Erachtet es die Revision als unzulässig oder als unbegründet, so verwirft es die Revision. Führt die Prüfung zu dem Ergebnis, dass die Revision zulässig und begründet ist, so hebt das Revisionsgericht grundsätzlich das angefochtene Urteil auf (§ 353 I), und zwar nicht nur den Tenor, sondern auch die Feststellungen des Tatrichters, soweit sie durch die festgestellte Gesetzesverlet-

930

---

[44] BGH, NStZ 1993, 349, 350.
[45] BGHSt 24, 208, 212.
[46] Vgl. BGH, NJW 1995, 737, 738 f.
[47] *Beulke*, Rn. 570; *Meyer-Goßner*, § 153a Rn. 28, 47.

zung betroffen sind (§ 353 II). In der Regel **verweist das Revisionsgericht die Sache zugleich zur erneuten Verhandlung** an einen anderen Spruchkörper des Gerichts, dessen Urteil aufgehoben wurde, oder an ein anderes Gericht gleicher Ordnung innerhalb desselben Bundeslandes (§ 354 II). Gehört das Verfahren in die Zuständigkeit eines anderen Gerichtes, so kann das Revisionsgericht die Sache dorthin verweisen (§§ 354 III, 355). Der mit der Sache neu befasste Tatrichter ist an die Rechtsauffassung des Revisionsgerichts gebunden (§ 358 I) und hat – gegebenenfalls – das Verbot der reformatio in peius zu beachten (§ 358 II).

931 Eine **Entscheidung des Revisionsgerichts in der Sache selbst** war ursprünglich nur ausnahmsweise zulässig, und zwar gemäß § 354 I dann, wenn der Angeklagte freizusprechen ist, ohne dass weitere Feststellungen zu treffen sind, wenn das Verfahren wegen eines Verfahrenshindernisses eingestellt wird, wenn auf Grund der fehlerfreien Feststellungen des Tatrichters auf eine absolut bestimmte Strafe (lebenslange Freiheitsstrafe bei §§ 211, 220a I Nr. 1 StGB) zu erkennen ist oder wenn das Revisionsgericht in Übereinstimmung mit der Staatsanwaltschaft die gesetzlich niedrigste Strafe verhängt bzw. von Strafe absieht. In – verfassungsrechtlich unbedenklicher[48] – analoger Anwendung des § 354 I lässt die h.M.[49] darüber hinaus eine **Schuldspruchberichtigung** durch das Revisionsgericht zu, wenn die Sachrüge erhoben wurde, die Urteilsfeststellungen vollständig und tragfähig sind, kein rechtlicher Hinweis nach § 265 erforderlich ist und die Strafdrohung des nunmehr angewendeten Tatbestandes mit der des ausgewechselten übereinstimmt oder nur geringfügig von dieser abweicht oder die Änderung der Sanktionenbemessung aus anderen Gründen nicht zu erwarten ist[50]. Das 1. JuMoG hat die Möglichkeiten der Sachentscheidung des Revisionsgerichts zudem weiter ausgedehnt. Nach § 354 Ia kann es trotz Feststellung einer Gesetzesverletzung bei der Zumessung der Rechtsfolgen eigene Strafzumessungserwägungen anstellen und entweder von der Aufhebung des Urteils absehen, wenn die verhängte Rechtsfolge angemessen ist[51] (S. 1) oder die Rechtsfolge auf Antrag der Staatsanwaltschaft angemessen herabsetzen (S. 2). Eine weitere Einschränkung der Zurückverweisung zur erneuten Verhandlung enthält § 354 Ib für die Fälle, in denen das Revisionsgericht das Urteil nur wegen Gesetzesverletzung bei der Bildung einer Gesamtstrafe aufhebt[52]. Ansonsten, und das ist noch immer die Regel, hebt das Revisionsgericht aber den Strafausspruch auf und verweist die Sache zur erneuten Verhandlung zurück.

VIII Erstreckung der Revision auf Mitangeklagte

932 Die Revision hemmt den Eintritt der Rechtskraft des angefochtenen Urteils nur hinsichtlich desjenigen, der die Revision eingelegt hat, so dass die Entscheidung gegen andere Mitangeklagte, die auf die Revision verzichtet haben, in Rechtskraft

---

[48] BVerfG, wistra 2000, 216.
[49] BGH, NJW 1993, 2188, 2189; *Beulke*, Rn. 574; *Meyer-Goßner*, § 354 Rn. 12 ff.
[50] Siehe dazu *Meyer-Goßner*, § 354 Rn. 19 ff.
[51] Das soll auch gelten, wenn das Revisionsgericht eine Schuldspruchänderung vornimmt, BGH, NJW 2005, 913 f.
[52] Siehe dazu BGH, NJW 2005, 912 f.; *Peglau*, JR 2005, 143, 144 f.

erwächst. § 357 erstreckt eine erfolgreiche Revision jedoch auf Mitangeklagte, die durch dasselbe Urteil wegen der „nämlichen Tat", d.h. desselben tatsächlichen Ereignisses, verurteilt worden sind, wenn das Revisionsgericht das Urteil wegen einer Verletzung des Strafgesetzes aufhebt und die rechtlichen Erwägungen auch zur Aufhebung der Verurteilung des Nichtrevidenten führen würde, falls er ebenfalls Revision eingelegt hätte[53]. Nach dem eindeutigen Wortlaut der Vorschrift ist es – entgegen einer in der Literatur vertretenen Auffassung[54] – nicht erforderlich, dass der Nichtrevident der Erstreckung auf ihn zustimmt[55]. Es handelt sich also um einen Fall der **Rechtskraftdurchbrechung** im Interesse der materiellen Gerechtigkeit.

> **Beispiel**: Das Schöffengericht erkannte in demselben Urteil, dass A wegen Betruges und B wegen Anstiftung zu diesem Betrug strafbar seien. A legte gegen das Urteil Sprungrevision ein, während B auf eine Anfechtung verzichtete. Das OLG gelangte zu dem Ergebnis, dass die dem A vorgeworfene Tathandlung nicht als Täuschung im Sinne des § 263 StGB anzusehen sei, und hob deshalb das Urteil auf.

Der Verstoß gegen das sachliche Strafrecht, der zur Aufhebung des Urteils gegen A führt, wirkt sich zugunsten des B aus, da er mangels Haupttat nicht wegen Anstiftung strafbar sein kann. Das Revisionsgericht hebt deshalb gemäß § 357 das Urteil auch insofern auf, als es B betrifft. 933

Nach einhelliger Auffassung[56] ist § 357 nicht nur – wie es der Wortlaut nahelegt – auf Verletzungen des sachlichen Strafrechts anzuwenden, sondern die Vorschrift gilt auch, wenn eine von Amts wegen zu beachtende Verfahrensvoraussetzung fehlt oder ein Verfahrenshindernis vorliegt. In diesen Fällen ist das Urteil nämlich im Ergebnis ebenso unrichtig wie bei einer Verletzung des materiellen Rechts. Die Aufhebung des Urteils wegen sonstiger Verfahrensverstöße führt dagegen nicht zur Erstreckung der Revision auf Mitangeklagte. 934

Eine **analoge Anwendung** des § 357 auf das Berufungsverfahren **scheidet aus**[57]. Die Verurteilung eines Mitangeklagten, der kein Rechtsmittel eingelegt hat, bleibt somit bestehen, wenn das Berufungsgericht feststellt, dass die angefochtene Entscheidung sachlich unrichtig ist, und wenn dieser Mangel an sich auch die Verurteilung betrifft. – *Fallsammlung, Rn. 720 f.* – 935

---

[53] *Hanack*, in: LR[25], § 357 Rn. 20.
[54] *Basdorf*, Meyer-Goßner-FS, S. 665, 679 f.; *Wohlers/Gaede*, NStZ 2004, 9, 12 ff.
[55] BGHSt 20, 77 ff.; 24, 208, 211; *Hanack*, in: LR[25], § 357 Rn. 1, 23; *Maiwald*, in: AKStPO, § 357 Rn. 12; *Meyer-Goßner*, § 357 Rn. 1, 16.
[56] BGHSt 12, 335, 340; BGH, wistra 2003, 151; *Hanack*, in: LR[25], § 357 Rn. 14.
[57] OLG Hamm, NJW 1957, 392; *Mitsch*, OLG Brandenburg-FS, S. 379, 388 ff.; *Pikart*, in: KKStPO, § 357 Rn. 23. A.A. *Oberrath*, Die Probleme des § 357 StPO (1992), S. 112 ff. Differenzierend *Paulus*, in: KMR, § 357 Rn. 8.

> **Kontrollfragen**
> 1. Was gehört zum notwendigen Revisionsvorbringen bei der Erhebung einer Verfahrensrüge? (Rn. 902 f.)
> 2. Worin unterscheiden sich absolute und relative Revisionsgründe? (Rn. 907)
> 3. Welche Entscheidungen kann das Revisionsgericht treffen? (Rn. 929-931)
> 4. Unter welchen Voraussetzungen ist die Wirkung der Revisionsentscheidung auf einen Mitangeklagten, der das Urteil nicht angefochten hat, zu erstrecken? (Rn. 932-934)

Literatur

Barton, Kennzeichen und Effekte der modernen Revisionsrechtsprechung, StV 2004, 332.
Friemel, Zur Beschlussverwerfung wegen offensichtlicher Unbegründetheit der Revision, NStZ 2002, 72.
Kalf, Die Gestaltung der staatsanwaltschaftlichen Gegenerklärung, NStZ 2005, 190.
Miebach, Die Zulässigkeit von Verfahrensrügen in der Rechtsprechung des BGH, NStZ-RR 1998, 1.
Mitsch, Anwendbarkeit des § 357 StPO im Berufungsverfahren, OLG Brandenburg-FS, S. 379.
Nack, Aufhebungspraxis der Strafsenate des BGH, NStZ 1997, 153.
Nobis, Die Reform der Rechtsmittel im Strafprozess, StV 2000, 449.
Peglau, Neue strafprozessuale Möglichkeiten der eigenen Sachentscheidung des Revisionsgerichts nach dem JuMoG, JR 2005, 143.
Wohlers/Gaede, Die Revisionserstreckung auf Mitangeklagte – Plädoyer für eine konventionskonforme Auslegung des § 357 StPO, NStZ 2004, 9.

§ 21 Beschwerde

I Begriff

936 Die Beschwerde ist das Rechtsmittel gegen **gerichtliche Beschlüsse** im ersten Rechtszug und im Berufungsverfahren sowie gegen **richterliche Verfügungen** (§ 304 I).

937 Die „einfache" Beschwerde ist der Regelfall. Sie kann ohne Einhaltung einer Frist eingelegt werden. Bestimmte richterliche Entscheidungen, die aus Gründen der Rechtssicherheit einer schnellen und endgültigen Klärung bedürfen, unterliegen kraft ausdrücklicher gesetzlicher Anordnung der Anfechtung mit der **sofortigen Beschwerde**, die binnen einer Woche nach Bekanntmachung der Entschei-

dung eingelegt werden muss (§ 311 II). Mit der sofortigen Beschwerde anfechtbar sind z.B. die Anordnung einer Unterbringung zur Beobachtung in einem psychiatrischen Krankenhaus (§ 81 IV 1), der Beschluss, mit dem das Berufungsgericht die unzulässige Berufung verwirft (§ 322 II), der Widerruf der Strafaussetzung zur Bewährung (§ 453 II 3) und die nachträgliche Gesamtstrafenbildung (§§ 460, 462 III).

Die Beschwerde hat – anders als die Berufung und die Revision – **keinen Suspensiveffekt**, sie hemmt also den Vollzug der angefochtenen Entscheidung nicht (§ 307 I); der iudex a quo und das Beschwerdegericht können allerdings die Vollziehung aussetzen (§ 307 II). Bisweilen ordnet das Gesetz die aufschiebende Wirkung allerdings ausdrücklich an (z.B. § 81 IV 2). Die Beschwerde führt zudem nicht notwendig zu einer Befassung des übergeordneten Gerichts mit der Sache, da der Richter, der die angefochtene Entscheidung erlassen hat, der Beschwerde abhelfen muss, wenn sie begründet ist (§ 306 II). Die sofortige Beschwerde besitzt dagegen grundsätzlich einen **Devolutiveffekt**, da § 311 III 1 die Entscheidungen, die mit diesem Rechtsmittel angefochten werden müssen, der Änderung durch den iudex a quo entzieht. Eine eigene Entscheidung in der Sache ist hier nur zulässig, wenn der Beschwerdeführer, dem zuvor kein rechtliches Gehör gewährt worden war, nachträglich Tatsachen oder Beweisergebnisse vorbringt, welche die Beschwerde begründet erscheinen lassen (§ 311 III 2). Mangels gesetzlicher Anordnung gilt im Beschwerdeverfahren **kein Verbot der reformatio in peius**[1], so dass die Beschwerdeentscheidung den Beschwerdeführer schlechter stellen darf. 938

Keine Beschwerde im Sinne des § 304, sondern ein Rechtsbehelf eigener Art ist die Beschwerde gemäß § 172 I 1, 2 an den vorgesetzten Beamten der Staatsanwaltschaft, also den Generalstaatsanwalt, im Klageerzwingungsverfahren (*Rn. 553*). 939

II Zulässigkeitsvoraussetzungen

1. Statthaftigkeit

Gerichtliche Beschlüsse und richterliche **Verfügungen** können gemäß § 304 I zwar grundsätzlich mit der Beschwerde angefochten werden. Über die **Beschränkungen** des § 304 III, IV, V hinaus versagt das Gesetz aber ausdrücklich die Beschwerde gegen zahlreiche richterliche Entscheidungen[2]. Der Ausschluss führt jedoch nicht immer dazu, dass die richterliche Entscheidung der Überprüfung durch ein übergeordnetes Gericht völlig entzogen wird. So lässt § 28 II 1 die Beschwerde gegen den Beschluss, durch den das Richterablehnungsgesuch verworfen oder zurückgewiesen wurde, nicht zu, wenn es sich um einen erkennenden, d.h. zur Mitwirkung an der Hauptverhandlung berufenen Richter handelt. Die erfolglose Ablehnung kann allerdings zusammen mit dem Urteil, an dem der abge- 940

---

[1] KG, JR 1981, 391, 392; *Beulke*, Rn. 577; *Bloy*, JuS 1986, 583, 589. A.A. *Wittschier*, Das Verbot der reformatio in peius im strafprozessualen Beschlußverfahren, 1985, S. 185 ff.
[2] Siehe die Aufzählung bei *Meyer-Goßner*, § 304 Rn. 5.

lehnte Richter mitgewirkt hat, angefochten werden, und zwar mit der Revision (vgl. § 338 Nr. 3). § 305 S. 1 entzieht darüber hinaus aus Gründen der Prozessökonomie grundsätzlich alle **Entscheidungen der erkennenden Gerichte**, die in einem inneren Zusammenhang mit der Urteilsfällung stehen, ausschließlich ihrer Vorbereitung dienen und bei der Urteilsfällung nochmals geprüft werden, der Anfechtung durch die Beschwerde, wenn die Unrichtigkeit der Entscheidung im Rahmen der Urteilsanfechtung gerügt werden kann[3]. Deshalb ist es folgerichtig, die Beschwerde gegen solche Entscheidungen zuzulassen, die bei der Urteilsfällung nicht mehr geprüft werden, weil sie rückwirkend weder beseitigt noch nachgeholt werden können bzw. Dritte betreffen, denen kein Rechtsmittel gegen das Urteil zusteht. § 305 S. 2 nennt einige Beispiele; die Aufzählung ist jedoch nicht abschließend[4].

> **Beispiel**: Die Strafkammer des Landgerichts hatte das Hauptverfahren gegen A wegen eines Betäubungsmitteldelikts zugelassen. Der Vorsitzende lehnte es ab, dem A seinen bisherigen Wahlverteidiger V als Pflichtverteidiger gemäß § 140 I Nr. 1 beizuordnen, weil V nicht geeignet sei, die Belange des A sachgerecht zu vertreten.

941 Bei der Ablehnung der Verteidigerbeiordnung durch den Vorsitzenden handelt es sich um eine Entscheidung, die derjenigen des erkennenden Gerichts gleichzustellen ist. Sie geht zwar der Urteilsfällung voraus. Es fehlt aber der innere Zusammenhang mit der Urteilsfällung, weil die Entscheidung über die Verteidigerbeiordnung die Sicherung der Justizförmigkeit des Verfahrens betrifft und deshalb eine eigenständige verfahrensrechtliche Bedeutung besitzt[5]. Die Beschwerde gegen die Entscheidung des Vorsitzenden ist hier somit statthaft.

2. Form und Frist

942 Die Beschwerde ist gemäß § 306 I **schriftlich** oder **zu Protokoll der Geschäftsstelle** bei dem Gericht, dessen Entscheidung angefochten wird, einzulegen. Wie oben bereits dargelegt ist die **einfache Beschwerde unbefristet** zulässig, die **sofortige Beschwerde** muss dagegen **binnen einer Woche** nach Bekanntgabe der Entscheidung eingelegt werden. Eine Beschwerdebegründung schreibt das Gesetz zwar nicht vor. Es ist aber selbstverständlich zulässig – und zu empfehlen –, die Gründe für die Rechtswidrigkeit der Entscheidung anzuführen, um das Beschwerdegericht auf die maßgeblichen Umstände hinzuweisen.

---

[3] *Beulke*, Rn. 578; *Meyer-Goßner*, § 305 Rn. 1; *Rautenberg*, in: HKStPO, § 305 Rn. 1.
[4] OLG Koblenz, NStZ 1994, 355, 356.
[5] RGSt 67, 310, 312; OLG Köln, NStZ 1991, 248, 249. Das gilt auch, wenn der Beschluss während der Hauptverhandlung ergangen ist; OLG Braunschweig, StV 1996, 6; OLG Stuttgart, NStZ-RR 1998, 110, 111; *Beulke*, Rn. 168; *Dieblich*, NStZ 1988, 288 f.; a.A. OLG Hamm, NStZ 1985, 518 f.; OLG Karlsruhe, NStZ 1988, 287, 288.

III Beschwerdegericht

Hat das Amtsgericht (Ermittlungsrichter, Strafrichter oder Schöffengericht) die angefochtene Entscheidung erlassen, so ist gemäß § 73 I GVG die Strafkammer des Landgerichts das Beschwerdegericht, und zwar die große Strafkammer (§ 76 I 1 GVG)[6] in der Besetzung von drei Berufsrichtern ohne Mitwirkung der Schöffen, da die Entscheidung über die Beschwerde gemäß § 309 I ohne Hauptverhandlung ergeht. Über Beschwerden gegen Entscheidungen des Landgerichts entscheidet gemäß § 121 I Nr. 2 GVG der Strafsenat des OLG (drei Berufsrichter), über Beschwerden gegen Entscheidungen des OLG und Verfügungen des Ermittlungsrichters des BGH der Strafsenat des BGH (§ 135 II GVG) in der Besetzung mit drei Berufsrichtern (§ 139 II 1 GVG).

943

IV Beschwerdeverfahren und Entscheidungen

Das Gericht bzw. der Vorsitzende des Gerichts, dessen Beschluss oder Verfügung mit der – einfachen – Beschwerde angefochten wird, überprüft zunächst die Entscheidung. Erachtet das Gericht bzw. der Vorsitzende die Beschwerde für begründet, so helfen sie ihr ab (§ 306 II 1. Teils.), d.h., sie berichtigen die ursprüngliche Entscheidung; Entscheidungen, die mit der sofortigen Beschwerde anfechtbar sind, entzieht § 311 III 1 allerdings grundsätzlich der Änderung durch den iudex a quo (*Rn. 938*). Eine Verwerfung wegen Unzulässigkeit steht dem iudex a quo nicht zu[7]. Er überprüft seine Entscheidung auch, wenn er die Beschwerde für unzulässig erachtet, da das Rechtsmittel dann als Gegenvorstellung zu behandeln ist[8].

944

Hilft der iudex a quo der Beschwerde nicht ab, so hat er sie sofort, spätestens vor Ablauf von drei Tagen, dem **Beschwerdegericht vorzulegen** (§ 306 II 2. Teils.). Dieses kann gemäß § 308 II Ermittlungen anordnen oder selbst durchführen. Eine **mündliche Verhandlung findet nicht statt**, und sogar die Anhörung der Staatsanwaltschaft steht im Ermessen des Gerichts (§ 309 I). Die Anhörung der Staatsanwaltschaft wird aber nur unterbleiben können, wenn ihrer Beschwerde stattgegeben oder wenn die Beschwerde eines anderen Verfahrensbeteiligten verworfen wird. Dem Gegner des Beschwerdeführers muss grundsätzlich dann rechtliches Gehör gewährt werden, wenn das Beschwerdegericht die angefochtene Entscheidung zu seinem Nachteil ändern will (§ 308 I 1). Eine Anhörung unterbleibt jedoch, wenn überraschende Maßnahmen zu ergreifen sind (z.B. Anordnung der Untersuchungshaft oder der Beschlagnahme) und deren Zweck durch eine vorherige Anhörung gefährdet wäre (§§ 308 I 2, 33 IV). Die Nachholung des rechtlichen Gehörs von Amts wegen oder auf Antrag des Betroffenen in einem **Nachverfahren** schreibt § 311a jedoch vor, wenn das Beschwerdegericht einer Beschwerde ohne Anhörung des Gegners des Beschwerdeführers stattgegeben hat, dieser durch die Entscheidung noch beschwert ist und die Beschwerdeentscheidung nicht angefochten werden kann. Das Beschwerdegericht ist dann zu einer Änderung seiner Entscheidung befugt (§ 311a I 2). Im Gegensatz zum allgemei-

945

---

[6] OLG Köln, StV 1993, 464.
[7] RGSt 43, 179, 180.
[8] *Beulke*, Rn. 581; *Meyer-Goßner*, § 306 Rn. 12.

nen Beschwerderecht kann im Übrigen bei der Haftbeschwerde gemäß § 118 II eine mündliche Verhandlung angeordnet werden (*Rn. 252*).

946 Das Beschwerdegericht **entscheidet durch Beschluss**. Ist die Beschwerde unzulässig oder trifft die angefochtene Entscheidung zu, so **verwirft es die Beschwerde als unzulässig bzw. als unbegründet**. Erachtet das Beschwerdegericht die Beschwerde als zulässig und begründet, so ergeht grundsätzlich eine **eigene Sachentscheidung** (§ 309 II). Das Beschwerdegericht verweist das Verfahren also nicht an den iudex a quo zurück. Eine **Zurückverweisung** kommt nur in Betracht, wenn die angefochtene Entscheidung an einem Mangel leidet, der im Beschwerdeverfahren nicht behoben werden kann, z.B. wenn ein unzuständiges Gericht die angefochtene Entscheidung erlassen hat und das Beschwerdegericht nicht an die Stelle des an sich zur Entscheidung berufenen Gerichts treten kann[9].

V Weitere Beschwerde

947 Der Beschluss, den das Beschwerdegericht auf die Beschwerde hin erlässt, ist **grundsätzlich unanfechtbar** (§ 310 II). Ein Rechtsmittel, nämlich die weitere Beschwerde, ist gemäß § 310 I nur gegen Beschwerdeentscheidungen der Landgerichte und der Oberlandesgerichte statthaft, die **Verhaftungen** (nach §§ 112 ff., 230 II, 236, 329 IV 1[10]) oder die **einstweilige Unterbringung betreffen**. Hat das Landgericht über eine Beschwerde gegen die Entscheidung des Ermittlungsrichters des Amtsgerichts, des Strafrichters oder des Schöffengerichts entschieden, so ist das OLG das Gericht der weiteren Beschwerde (§ 121 I Nr. 2 GVG). Der BGH ist für die weitere Beschwerde zuständig, wenn der Strafsenat des OLG über die Beschwerde gegen eine Haft- oder Unterbringungsentscheidung des Landgerichts bzw. gegen eine solche Entscheidung des Ermittlungsrichters des OLG entschieden hat (§ 135 II GVG). Eine weitere Beschwerde gegen Entscheidungen des Strafsenats des BGH, die dieser auf eine Beschwerde gegen die Haft- oder Unterbringungsentscheidung des Ermittlungsrichters des BGH getroffen hat, ist mangels eines übergeordneten Gerichts nicht gegeben.

948 Für das Verfahren gelten die allgemeinen Beschwerdevorschriften[11].

---

[9] Vgl. BGHSt 38, 312, 313.
[10] *Meyer-Goßner*, § 311 Rn. 5.
[11] *Renzikowski/Günther*, in: AKStPO, § 310 Rn. 38.

Kontrollfragen
1. Welche Entscheidungen können mit der Beschwerde angefochten werden? (Rn. 936)
2. Wodurch unterscheidet sich die sofortige von der einfachen Beschwerde? (Rn. 937)
3. Kann die Entscheidung des Beschwerdegerichts angefochten werden? (Rn. 947)

Schaubild 2: Der Instanzenzug

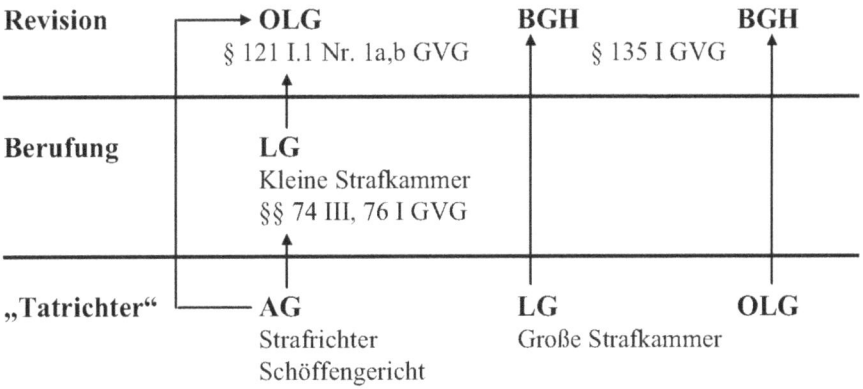

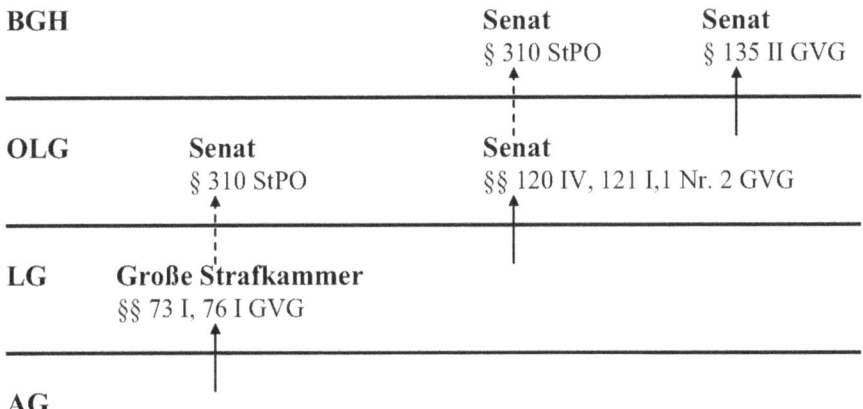

§ 22 Wiederaufnahme des Verfahrens

I Begriff

950 Während die Rechtsmittel im technischen Sinne innerhalb eines noch nicht rechtskräftig abgeschlossenen Strafverfahrens zur Anwendung kommen, handelt es sich bei der Wiederaufnahme des Verfahrens um einen **Rechtskraft durchbrechenden Rechtsbehelf**. Die Wiederaufnahme dient der Lösung eines Konflikts zweier widerstreitender Aspekte des Rechtsstaatsprinzips im Falle eines mit ordentlichen Rechtsmitteln nicht mehr angreifbaren Fehlurteils, nämlich der Rechtssicherheit und des Rechtsfriedens auf der einen und der Wahrheit und Gerechtigkeit auf der anderen Seite[1]. Deshalb kann nicht jede nachträglich erkannte Unrichtigkeit einer rechtskräftigen Entscheidung zum Wiederaufgreifen des Verfahrens führen, sondern nur ein Fehler, der so schwer wiegt, dass der Gerechtigkeit ein Vorrang vor der Rechtssicherheit einzuräumen ist. Ob das geltende Recht beide Gesichtspunkte zutreffend gewichtet, wird zum Teil bestritten[2]. Das Gesetz lässt die Wiederaufnahme nämlich in der Regel nur bei gravierenden Mängeln der Tatsachengrundlage der Entscheidung zu. Rechtliche Fehler begründen die Wiederaufnahme dagegen nur ausnahmsweise, und zwar wenn das Urteil auf einer vom BVerfG für verfassungswidrig erklärten Norm beruht (§ 79 I BVerfGG), wenn der EGMR eine Verletzung der EMRK festgestellt hat (§ 359 Nr. 6) oder wenn ein Richter sich der Rechtsbeugung schuldig gemacht hat (vgl. §§ 359 Nr. 3, 362 Nr. 3). Ansonsten kann die Wiederaufnahme weder auf eine Änderung des angewendeten Gesetzes oder der Rechtsprechung noch auf eine falsche Rechtsanwendung gestützt werden, selbst wenn es sich um einen groben Fehler handelt.

> **Beispiel**: Das Reichsgericht verurteilte Karl von Ossietzky 1931 wegen Verrats militärischer Geheimnisse zu einer Gefängnisstrafe von einem Jahr und sechs Monaten. Von Ossietzky hatte in der „Weltbühne" einen Artikel über den Aufbau einer Luftwaffe, durch den das Deutsche Reich gegen den Versailler Vertrag verstoßen habe, veröffentlicht. Karl von Ossietzkys Tochter beantragte 1990 beim Kammergericht die Wiederaufnahme des Verfahrens.

951 Das KG verwarf den Wiederaufnahmeantrag mit der Begründung, dass die Antragstellerin keinen gesetzlichen Wiederaufnahmegrund geltend gemacht und kein neues Beweismittel angeführt habe[3]. Der BGH bestätigte auf die sofortige Beschwerde die Entscheidung des KG, ohne die Rechtsprechung des RG zum „publizistischen Landesverrat" zu überprüfen, da eine auf einer falschen Rechtsauffassung beruhende „noch so falsche Entscheidung" im Wiederaufnahmeverfahren nur

---

[1] BVerfG, MDR 1975, 468, 469; BGHSt 39, 75, 78; *Beulke*, Rn 585; *Peters*, S. 668; *Roxin*, § 55 Rn. 1; *Wasserburg*, ZRP 1997, 412.
[2] Siehe z.B. *Stern*, NStZ 1993, 409 ff.; *Wasserburg*, ZRP 1997, 412 ff.
[3] KG, NJW 1991, 2505, 2506 f.

beseitigt werden könne, wenn sie auf der Grundlage eines unrichtigen Sachverhalts ergangen war[4].

Einige Sonderregelungen dienen der Beseitigung von Unrechtsurteilen, die in der Zeit des Nationalsozialismus oder in der DDR ergangen sind. Zum Teil ermöglichen sie die Wiederaufnahme des Verfahrens (z.B. Thüringer Gesetz über die Zulassung der Wiederaufnahme gegen Urteile der Standgerichte vom 26.10.1945; nach § 5 dieses Gesetzes kann die Wiederaufnahme eines standgerichtlichen Urteils „auf die veränderte heutige Auffassung über die Tat und Beweggründe des Angeklagten" gestützt werden[5]). Überwiegend ermöglichen sie jedoch die Aufhebung von Unrechtsurteilen ohne förmliches Wiederaufnahmeverfahren (z.B. bayerisches Gesetz Nr. 21 vom 28. 5. 1946; Berliner Gesetz zur Wiedergutmachung nationalsozialistischen Unrechts auf dem Gebiet des Strafrechts[6]; Gesetz zur Beseitigung nationalsozialistischer Unrechtsurteile[7]; Strafrechtliches Rehabilitierungsgesetz[8]). Das Gesetz zur Aufhebung nationalsozialistischer Unrechtsurteile hebt bestimmte Entscheidungen sogar generell ohne Prüfung des Einzelfalls auf. 952

II Zulässigkeit

1. Statthaftigkeit

§§ 359, 362 lassen die Wiederaufnahme eines durch **rechtskräftiges Urteil abgeschlossenen Verfahrens** zu. Das Gesetz bedarf jedoch in zweifacher Hinsicht der Präzisierung bzw. Korrektur. 953

Da das Wiederaufnahmeverfahren der Beseitigung fehlerhafter richterlicher Entscheidungen dient, die einer erneuten Befassung der Strafverfolgungsinstanzen mit derselben Sache an sich entgegenstehen, ist die Wiederaufnahme nicht gegen alle – formell – rechtskräftigen Urteile statthaft, sondern nur gegen solche, die auch in materielle Rechtskraft erwachsen, nämlich gegen Sachurteile sowie nach zutreffender Auffassung[9] auch gegen Prozessurteile, die ein unbehebbares Verfahrenshindernis annehmen (siehe oben *Rn. 832*). Im Falle der vertikalen Rechtskraft kann das Wiederaufnahmeverfahren hinsichtlich des nicht angefochtenen Prozessgegenstandes betrieben werden[10]. Die h.M.[11] lässt die Wiederaufnahme auch zu, wenn der Schuldspruch wegen der Beschränkung des Rechtsmittels auf den 954

---

[4] BGHSt 39, 75, 79.
[5] Dazu OLG Jena 1998, 915 f.; *Priesoph/Brissa*, ZRP 1998, 91 ff.
[6] Siehe dazu KG, NJW 1997, 953 ff.; LG Berlin, NJW 1996, 2740 ff.; 2742 ff.; NJW 1998, 1002 ff.; *Mohr*, NJW 1997, 914 ff.; NJW 1998, 958 ff.; *Spendel*, ZRP 1997, 41 ff.
[7] Vgl. OLG Düsseldorf, NJW 1998, 916 ff.
[8] Dazu OLG Brandenburg, OLG-NL 2005, 22 ff.; *Achenbach*, in: AKStPO, Vor § 296 Rn. 46.
[9] *Loos*, in: AKStPO, § 362 Rn. 6, 16; *Marxen/Tiemann*, Wiederaufnahme, Rn. 20. Die Gegenmeinung (*Meyer-Goßner*, Vor § 359 Rn. 4; *Pfeiffer*, Vor § 359 Rn. 2) lehnt die Anwendung der Wiederaufnahmevorschriften auf Einstellungsurteile generell ab.
[10] BGHSt 14, 85, 88; *Marxen/Tiemann*, Wiederaufnahme, Rn. 22; *Ranft*, Rn. 2255. A.A. *Gössel*, NStZ 1983, 381, 394 ff.
[11] OLG Celle, StV 1990, 537; OLG Frankfurt, NStZ 1983, 426 f.; *Ranft*, Rn. 2259. A.A. *Meyer-Goßner*, Vor § 359 Rn. 4.

Rechtsfolgenausspruch rechtskräftig geworden ist („horizontale Teilrechtskraft"). Nach der hier vertretenen Auffassung ist das Rechtsmittelgericht jedoch nicht an den – nicht angefochtenen – Schuldspruch gebunden, wenn es dessen Unrichtigkeit erkennt (*Rn. 843 f.*), so dass eine Korrektur im regulären Rechtsmittelverfahren erfolgen kann[12].

955 Die Wiederaufnahme setzt im Übrigen nicht notwendig ein Urteil voraus, sondern sie ist auch zulässig, wenn die **verfahrensabschließende Sachentscheidung durch einen Beschluss**, der an die Stelle eines Urteils tritt, ergeht (§ 349 II, IV). Eine analoge Anwendung des Wiederaufnahmerechts auf sonstige Beschlüsse lehnt die h.M.[13] jedoch ab.

956 Der Wiederaufnahme zugunsten des Verurteilten **steht weder die Vollstreckung der Strafe noch sein Tod entgegen** (§ 361 I), so dass eine Rehabilitierung des Verurteilten auch Jahrzehnte nach dessen Tod erfolgen kann. Stirbt der Verurteilte während des Wiederaufnahmeverfahrens und tritt keiner der antragsberechtigten Angehörigen (*Rn. 958*) an seine Stelle, so wird das Verfahren allerdings eingestellt[14].

957 Nicht um eine Wiederaufnahme im Sinne der §§ 359 ff. handelt es sich, wenn die verfahrensabschließende Entscheidung nur einen beschränkten Strafklageverbrauch bewirkt und das Verfahren auf Grund neuer Tatsachen oder Beweismittel (z.B. §§ 174 II, 211) bzw. einer geänderten rechtlichen Beurteilung (z.B. § 153a I 4, II 2; Qualifizierung als Verbrechen) wieder aufgegriffen werden darf.

2. Form

958 Der Antrag auf Wiederaufnahme des Verfahrens muss den **Wiederaufnahmegrund bezeichnen** und die **Beweismittel angeben** (§ 366 I), und zwar so genau, dass sie vom Gericht beigezogen werden können. Der Angeklagte sowie im Falle seines Todes die in § 361 II genannten Angehörigen (Ehegatte, Lebenspartner Verwandte auf- und absteigender Linie, Geschwister) können den Wiederaufnahmeantrag nur durch eine **von dem Verteidiger oder einem Rechtsanwalt unterzeichnete Schrift** oder **zu Protokoll der Geschäftsstelle** des zuständigen Wiederaufnahmegerichts oder des Gerichts, dessen Entscheidung angegriffen wird, stellen (§§ 366 II, 367 I 2). Die Regelung gilt auch für den gesetzlichen Vertreter des Angeklagten sowie den Erziehungsberechtigten[15]. Für die Antragstellung durch die Staatsanwaltschaft reicht die einfache Schriftform.

3. Beschwer

959 Die Wiederaufnahme erfordert eine „qualifizierte" Beschwer. § 363 I schließt die Wiederaufnahme nämlich aus, wenn der Antrag nur auf eine Änderung der Straf-

---

[12] *Roxin*, § 55 Rn. 5.
[13] *Meyer-Goßner*, Vor § 359 Rn. 5, mit Nachw. A.A. *Böse*, JR 2005, 12, 14 (für alle Einstellungen nach §§ 153 ff.); *Hellmann*, MDR 1989, 952, 953 ff. (für den Einstellungsbeschluss nach § 153a II 3); *Marxen/Tiemann*, Wiederaufnahme, Rn. 24 ff.
[14] BGHSt 43, 169, 170.
[15] *Gössel*, in: LR[25], § 366 Rn. 4; *Krehl*, in: HKStPO, § 366 Rn. 4.

bemessung auf Grund desselben Strafgesetzes oder auf eine Anwendung des § 21 StGB gerichtet ist. Nach zutreffender Auffassung[16] handelt es sich bei allen **benannten Strafschärfungs- und Strafmilderungsgründen** um ein anderes Gesetz, unabhängig davon, ob sie im Allgemeinen Teil (§§ 13 II, 23 II, 49 II StGB) oder im Besonderen Teil des StGB – unter Anwendung der Regelbeispieltechnik – (z.B. §§ 213 1. Alt., 243 StGB) geregelt sind. Die Wiederaufnahme mit dem Ziel einer bloßen Änderung des Schuldspruchs, die keine Auswirkungen auf den Rechtsfolgenausspruch hat, z.B. zur Beseitigung eines tateinheitlich verwirklichten Delikts, dem der Strafrahmen nicht entnommen wird, soll nach einer in der Literatur vertretenen Auffassung jedoch nicht zulässig sein[17]. Der BGH vertritt unter zutreffender Bezugnahme auf den Wortlaut und die Entstehungsgeschichte des § 363 I dagegen die Auffassung, dass die Vorschrift der Änderung eines unrichtigen Schuldspruchs nicht entgegenstehe[18].

Auch für das Wiederaufnahmeverfahren gilt im Übrigen, dass die Staatsanwaltschaft durch jede unrichtige Entscheidung beschwert ist, so dass sie das Wiederaufnahmeverfahren zugunsten des Verurteilten nicht nur betreiben kann, sondern bei Vorliegen von Wiederaufnahmegründen sogar betreiben muss[19].

III Wiederaufnahmegericht

Im Wiederaufnahmeverfahren entscheidet grundsätzlich ein **anderes Gericht** innerhalb desselben OLG-Bezirks **mit der gleichen sachlichen Zuständigkeit** wie das Gericht, dessen Entscheidung angegriffen wird (§ 140a I 1, II GVG). Unter den Voraussetzungen des § 140a III-VI GVG kann auch ein anderer gleichrangiger Spruchkörper desselben Gerichts oder eines anderen Gerichts, das in einem benachbarten OLG-Bezirk oder sogar in einem benachbarten Bundesland liegt, zum Wiederaufnahmegericht bestimmt werden. Wurde das Erstverfahren durch eine Entscheidung des Revisionsgerichts abgeschlossen, so ist ein anderes Gericht bzw. ein anderer Spruchkörper mit dem gleichen Rang wie das Gericht, dessen Urteil mit der Revision angefochten wurde, für die Wiederaufnahme zuständig (§ 140a I 2 GVG)[20].

IV Wiederaufnahmegründe

Die gesetzliche Regelung der Wiederaufnahmegründe ist abschließend, so dass eine richterrechtliche Erweiterung ausscheidet[21]. §§ 359, 362 enthalten Kataloge

---

[16] *Krehl*, in: HKStPO, § 363 Rn. 2; *Loos*, in: AKStPO, § 363 Rn. 5 ff. A.A. einerseits OLG Düsseldorf (NStZ 1984, 571), das eine Wiederaufnahme bei benannten Strafänderungsgründen des BT ablehnt, und andererseits *Marxen/Tiemann* (Wiederaufnahme, Rn. 64 f.; StV 1992, 534, 535 f.), die eine Wiederaufnahme generell bei Erwartung einer wesentlich milderen Strafzumessungsentscheidung zulassen.
[17] *Gössel*, JR 2003, 518; *Loos*, in: AKStPO, § 363 Rn. 7; *Meyer-Goßner*, § 363, Rn. 2.
[18] BGH, NStZ 2003, 678, 679 f., mit Anm. *Loos*.
[19] *Grüner/Wasserburg*, NStZ 1999, 286, 290.
[20] BGH, NStZ-RR 1999, 176.
[21] *Gössel*, in: LR^{25}, Vor § 359 Rn. 129, § 359 Rn. 10; *Meyer-Goßner*, § 359 Rn. 1.

der Wiederaufnahmegründe zugunsten und zuungunsten des Verurteilten/Angeklagten. § 79 I BVerfGG enthält einen weiteren Wiederaufnahmegrund.

1. Wiederaufnahme zugunsten des Verurteilten

963 § 359 führt die Gründe auf, welche die Wiederaufnahme zur **Freisprechung** des Verurteilten, zur **Verfahrenseinstellung**, zur **milderen Verurteilung** auf Grund eines anderen Strafgesetzes sowie zur Herbeiführung einer wesentlich anderen und den Verurteilten **besser stellenden Entscheidung über Sicherungsmaßnahmen** zulassen.

964 Eine geringe praktische Bedeutung besitzen die Wiederaufnahmegründe des § 359 Nr. 1-4. Die Wiederaufnahme kann danach darauf gestützt werden, dass im Erstverfahren eine **unechte oder verfälschte Urkunde** im materiell-strafrechtlichen Sinn (§ 267 StGB)[22] zuungunsten des Verurteilten verwendet wurde (Nr. 1), ein Zeuge oder Sachverständiger zu dessen Lasten ein **Aussagedelikt** nach §§ 153-155, 163 StGB schuldhaft begangen hat (Nr. 2), ein **Richter oder Schöffe einer strafbaren Amtspflichtverletzung schuldig** ist (z.B. §§ 331, 332, 336, 343, 344 StGB), die in einer Beziehung zu der Strafsache steht und nicht vom Verurteilten veranlasst wurde (Nr. 3), oder ein **zivil-, arbeits-, sozial- bzw. verwaltungsgerichtliches Urteil**[23], das wegen seiner Rechtsgestaltungs- oder Beweiswirkung Grundlage des Strafurteils war, **rechtskräftig aufgehoben** wurde (Nr. 4).

965 Die Mehrzahl der zugunsten des Verurteilten durchgeführten Wiederaufnahmeverfahren beruht auf der Geltendmachung **neuer Tatsachen oder Beweismittel** (§ 359 Nr. 5). Neu sind sie, wenn sie das Gericht im Erstverfahren seiner Entscheidungsfindung nicht zugrunde gelegt hat, unabhängig davon, ob sie noch gar nicht bekannt waren oder vom Gericht lediglich nicht berücksichtigt wurden.

> **Beispiel**: Die Strafkammer legte A einen Banküberfall zur Last und verurteilte ihn wegen räuberischer Erpressung mit einer Waffe zu einer Freiheitsstrafe von sechs Jahren. Das Gericht hielt A durch die Aufnahmen einer Überwachungskamera und die Aussage eines Bankangestellten für überführt, obwohl der Täter eine Skimaske getragen hatte, die nur die Augen- und Stirnpartie freiließ. Nachdem die Entscheidung rechtskräftig geworden war und A bereits zwei Jahre Strafhaft verbüßt hatte, beauftragte er einen neuen Verteidiger (V) mit der Wahrnehmung seiner Interessen. V brachte das Gutachten eines Sachverständigen bei, der die auf der Videoaufzeichnung erkennbaren Körperteile (Augen, Stirn und Hände) des Täters vermessen und die Ergebnisse mit den Körpermaßen des A verglichen hatte. Der Sachverständige gelangte zu dem Schluss, dass A nicht als Täter in Betracht komme.

---

[22] Die Regelung gilt nach h.M. auch für unechte oder verfälschte technische Aufzeichnungen (§ 268 StGB), *Meyer-Goßner*, § 359 Rn. 5. A.A. *Gössel*, in: LR[25], § 359 Rn. 18.
[23] Über den Wortlaut des § 359 Nr. 4 hinaus ist die Vorschrift auf alle nicht strafgerichtlichen Urteile anwendbar sowie nach zutreffender Auffassung (BVerfGE 22, 21, 27; *Krehl*, in: HKStPO, § 359 Rn. 12) auf Verwaltungsakte. A.A. BGHSt 23, 86, 94; OLG Karlsruhe, NJW 1978, 116 f.

Bei dem Sachverständigengutachten handelt es sich um ein neues Beweismittel, das geeignet ist, die Täterschaft des A auszuschließen und somit einen Freispruch zu begründen. Das Verfahren ist deshalb wiederaufzunehmen.

966

§ 359 Nr. 6 lässt die Wiederaufnahme zugunsten des Verurteilten zu, wenn der EGMR eine **Verletzung der EMRK oder ihrer Protokolle** festgestellt hat und das Urteil auf dieser Verletzung beruht. Da die EMRK unmittelbar geltendes innerstaatliches Recht ist, müssen Verletzungen der Konvention schon im Instanzenzug korrigiert werden; ist dies nicht geschehen, so eröffnet die Vorschrift die Wiederaufnahme nach Feststellung der Konventionswidrigkeit durch den EGMR[24]. Eine analoge Anwendung des § 359 Nr. 6 auf Fälle, in denen der Verurteilte das Wiederaufnahmeverfahren aus einem anderen Grund betreibt und das Wiederaufnahmegericht eine Verletzung der EMRK feststellt, scheidet aus, da nicht die Konventionswidrigkeit als solche, sondern deren Feststellung durch den EGMR den Wiederaufnahmegrund darstellt[25]. Für das Beruhen des Urteils auf der Konventionsverletzung gilt § 337 zwar entsprechend[26], entgegen der Rechtsprechung[27] ist die Darlegung der Gründe für die Möglichkeit eines ursächlichen Zusammenhangs aber – wie in der Revisionsbegründung – nicht erforderlich (siehe *Rn. 904*). Im Gegensatz zur Feststellung der Nichtigkeit oder der Unvereinbarkeit einer Norm mit dem Grundgesetz durch das BVerfG, die nach § 79 I BVerfGG einen Wiederaufnahmegrund für alle auf der Grundlage dieser Norm Verurteilten darstellt (*Rn. 968*), soll § 359 Nr. 6 nach h.M. selbst dann nur für denjenigen, der die Entscheidung des EGMR erstritten hat, gelten, wenn das Gericht eine Strafvorschrift für konventionswidrig erklärt hat[28]. Nach zutreffender Auffassung ist diese Einschränkung dem Wortlaut der Vorschrift jedoch nicht zu entnehmen[29].

967

Ein weiterer Wiederaufnahmegrund ist in § 79 I BVerfGG geregelt. Danach ist die Wiederaufnahme zulässig, wenn ein rechtskräftiges Strafurteil auf einer **vom BVerfG für nichtig oder für mit dem Grundgesetz unvereinbar erklärten Norm bzw. Auslegung einer Norm beruht.** Das BVerfG hebt die Entscheidung also nicht selbst auf, und das Strafurteil darf auch grundsätzlich vollstreckt werden, da § 79 II 2 BVerfGG nicht für Strafurteile gilt[30]. Diese Regelung ist gemäß § 95 III 3 BVerfGG auch anwendbar, wenn der Verurteilte das rechtskräftige Strafurteil erfolgreich mit der Verfassungsbeschwerde angreift.

968

> **Beispiel**: A war rechtskräftig zu einer Geldstrafe wegen gemeinschaftlicher Nötigung verurteilt worden, weil er am 9. 5. 1983 mit fünf weiteren Demonstranten die Straße zu einem Sondermunitionsdepot der Bundeswehr blockiert und dadurch ein Fahrzeug der Bundeswehr an der Durchfahrt gehindert hatte. Das BVerfG stellte fest, dass die erwei-

---

[24] *Meyer-Goßner*, § 359 Rn. 52.
[25] *Meyer-Goßner*, § 359 Rn. 52; *Schmidt*, in: KKStPO, § 359 Rn. 39. A.A. LG Ravensburg, NStZ-RR 2001, 115, 116.
[26] BT-Drucks. 13/10333, 5; *Schmidt*, in: KKStPO, § 359 Rn. 40 ff.; *Weigend*, StV 2000, 384, 388.
[27] OLG Stuttgart, NStZ-RR 2000, 243, 244.
[28] *Eisele*, JA 2005, 390, 392 f.; *Meyer-Goßner*, § 359 Rn. 52.
[29] *Weigend*, StV 2000, 384, 388.
[30] BVerfGE 15, 303, 308; 15, 309, 311 f.; 16, 246, 250.

ternde Auslegung des Gewaltbegriffs in § 240 I StGB im Zusammenhang mit Sitzdemonstrationen gegen Art. 103 II GG verstößt.[31]

969 A kann die Wiederaufnahme des Strafverfahrens nach §§ 95 III 3, 79 I BVerfGG betreiben. Der Wiederaufnahmegrund gilt darüber hinaus für alle Teilnehmer an Sitzblockaden, die auf Grund der für verfassungswidrig erklärten Auslegung des Gewaltbegriffs in § 240 I StGB rechtskräftig verurteilt wurden, und zwar unabhängig davon, ob die Verurteilung vor der ersten Entscheidung des BVerfG aus dem Jahre 1986, in der das Gericht die erweiternde Auslegung noch gebilligt hatte[32], ergangen sind oder danach[33]. Folgt man der Auffassung des BGH[34], dass die Entscheidung des BVerfG der Annahme einer strafbaren Nötigung nicht entgegensteht, wenn die Teilnehmer an einer Sitzblockade vorsätzlich durch die in erster Reihe haltenden Fahrzeuge ein für die nachfolgenden Fahrzeugführer unüberwindliches physisches Hindernis errichtet haben, so scheidet eine Wiederaufnahme in diesen Konstellationen allerdings aus[35].

970 Norm im Sinne des § 79 I BVerfGG ist nach h.M.[36] im Übrigen nur eine solche des **materiellen Strafrechts**. Eine Wiederaufnahme ist danach unzulässig, wenn das Strafurteil auf einer verfassungswidrigen Norm des Strafverfahrens- oder Gerichtsverfassungsrechts beruht. Die zutreffende Gegenmeinung[37] wendet den Wiederaufnahmegrund jedoch unabhängig von der Zugehörigkeit der jeweiligen Norm zum materiellen oder formellen Recht an, wenn sie oder ihre verfassungswidrige Auslegung zu einer inhaltlich unrichtigen Entscheidung geführt hat, so dass eine Wiederaufnahme beispielsweise bei Vorliegen eines vom BVerfG aus dem Grundgesetz abgeleiteten Verfahrenshindernisses möglich ist[38]. Nach Auffassung des BGH[39] gilt § 363 I, der eine Wiederaufnahme mit dem ausschließlichen Ziel einer milderen Bestrafung verbietet, nicht, wenn das BVerfG einen besonderen verfassungsrechtlichen Strafmilderungsgrund festgestellt hat.

2. Wiederaufnahme zuungunsten des Angeklagten

971 Die Wiederaufnahme, um eine Verurteilung des freigesprochenen Angeklagten oder eine strengere Bestrafung aus einem anderen Straftatbestand herbeizuführen, lässt § 362 bei einer rechtskräftigen Verurteilung nur in engeren Grenzen zu als § 359. Die Wiederaufnahme kann darauf gestützt werden, dass zugunsten des Angeklagten eine **unechte oder verfälschte Urkunde** in der Hauptverhandlung vor-

---

[31] BVerfGE 92, 1 ff.
[32] BVerfGE 73, 206 ff.
[33] OLG Koblenz, NStZ-RR 1998, 44, 45 f.; LG Trier, NStZ-RR 1997, 241 f.; *Angerer/Stumpf*, NJW 1996, 2216. A.A. *Graßhof*, NJW 1995, 3085, 3089 f.
[34] BGHSt 41, 182, 183 ff.; BGH, NStZ 1995, 592 f.; 593.
[35] So OLG München, NStZ-RR 1997, 174; OLG Zweibrücken, NJW 1996, 866, 867. A.A. OLG Koblenz, NJW 1996, 3351, 3352 f.; NStZ-RR 1998, 44, 46 ff.; LG Trier, NStZ-RR 1997, 241, 242 f. Eingehend zu dieser Problematik *Krey*, BT-1, Rn. 350 ff.
[36] BVerfGE, 11, 263, 265; 12, 338, 340; *Achenbach*, in: AKStPO, vor § 296 Rn. 37.
[37] *Marxen/Tiemann*, Wiederaufnahme, Rn. 353; *Zimmermann*, NJW 1995, 2471, 2472 f.
[38] BGHSt 42, 314, 316 ff.
[39] BGHSt 42, 324, 329.

gebracht wurde (Nr. 1) oder ein Zeuge bzw. Sachverständiger ein **Aussagedelikt** begangen hat (Nr. 2) sowie darauf, dass ein Richter oder Schöffe in strafbarer Weise seine **Amtspflichten verletzt** hat (Nr. 3). Darüber hinaus ist die Wiederaufnahme nur zulässig, wenn der Angeklagte nach einem rechtskräftigen Freispruch in einem anderen gerichtlichen Verfahren oder außergerichtlich ein **glaubwürdiges Geständnis** ablegt (Nr. 4). Die Wiederaufnahme eines im regulären Strafverfahren ergangenen rechtskräftigen Urteils zuungunsten des Angeklagten kann also nicht darauf gestützt werden, dass nachträglich den Angeklagten belastende Tatsachen oder Beweismittel entdeckt worden sind (zu der Sonderregelung des § 373a für rechtskräftige Strafbefehle siehe *Rn. 1019*).

V Wiederaufnahmeverfahren

Das Wiederaufnahmeverfahren besteht aus drei Abschnitten. 972

1. Zulässigkeitsprüfung

Im sog. **Aditionsverfahren** kontrolliert das Wiederaufnahmegericht, ob der Inhalt 973
und die Form des Wiederaufnahmeantrags den Anforderungen des § 366 entsprechen, und es nimmt eine Schlüssigkeitsprüfung vor, indem es die Richtigkeit der vorgebrachten Umstände unterstellt und auf dieser Grundlage das Vorliegen eines Wiederaufnahmegrundes untersucht. Ist der Antrag unzulässig oder unschlüssig, so ergeht ein **Verwerfungsbeschluss** (§ 368 I), der mit der sofortigen Beschwerde angefochten werden kann (§ 372 S. 1). Erlässt das Gericht einen Zulassungsbeschluss, so stellt es diesen dem Gegner zur Abgabe einer Gegenerklärung zu (§ 368 II) und beauftragt einen Richter mit der Beweisaufnahme (§ 369 I).

2. Begründetheitsprüfung

Im sog. **Probationsverfahren** überprüft zunächst der beauftragte Richter die 974
Stichhaltigkeit der im Aditionsverfahren als richtig unterstellten Gründe. Die Verfahrensbeteiligten (Staatsanwaltschaft, Verurteilter/Angeklagter, Verteidiger, evtl. Nebenkläger) haben ein Anwesenheitsrecht bei der Vernehmung von Zeugen und Sachverständigen sowie bei der Augenscheinseinnahme (§ 369 III). Nach der Beweisaufnahme erhalten die zur Anwesenheit berechtigten Personen Gelegenheit zur Stellungnahme innerhalb der ihnen gesetzten Frist (§ 369 IV).

Das Wiederaufnahmegericht entscheidet dann auf der Grundlage des Ergebnis- 975
ses der Beweisaufnahme ohne mündliche Verhandlung über die Begründetheit des Wiederaufnahmeantrags. Es verwirft den Antrag als unbegründet, wenn er keine genügende Bestätigung gefunden hat oder wenn ein ursächlicher Zusammenhang zwischen der Vorlage einer unechten Urkunde oder einer Falschaussage und dem Urteil ausgeschlossen ist (§ 370 I). Der Verwerfungsbeschluss kann wiederum mit der sofortigen Beschwerde angegriffen werden (§ 372 S. 1). Hält das Gericht den Wiederaufnahmeantrag für begründet, so ordnet es die Wiederaufnahme des Verfahrens und die Durchführung einer neuen Hauptverhandlung an (§ 370 II). Begründet ist der Wiederaufnahmeantrag, wenn es **hinreichend wahrscheinlich** erscheint, dass die neue Hauptverhandlung zu einer von dem Ersturteil abweichen-

den Entscheidung führen wird[40]. Nach h.M.[41] ist die Beweiswürdigung aus der Sicht des Richters, der die angefochtene Entscheidung erlassen hat, vorzunehmen. Der Grundsatz in dubio pro reo gilt für die Wiederaufnahmeentscheidung selbst zwar nicht unmittelbar, die Wiederaufnahme erfordert aber auch keinen Vollbeweis der aufgestellten Behauptungen[42]. Der Zweifelssatz findet deshalb indirekt Anwendung, weil bereits die Erschütterung der früheren Urteilsfeststellungen bzw. das Bestehen ernsthafter Zweifel an deren Richtigkeit den Antrag begründet erscheinen lässt. Das ist schon der Fall, wenn die Tatsachengrundlage des angefochtenen Urteils durch die neuen Beweisergebnisse ihre Überzeugungskraft verliert[43].

976 Die Wiederaufnahmeanordnung kann von der Staatsanwaltschaft nicht angefochten werden (§ 372 S. 2). Sie **beseitigt die Rechtskraft** der angefochtenen Entscheidung[44] und deren **Vollstreckbarkeit**.

3. Durchführung einer neuen Hauptverhandlung

977 In der neuen Hauptverhandlung wird nicht das angefochtene Urteil überprüft, sondern die Sache wird ohne Bindung an die frühere Entscheidung in jeder Hinsicht **selbständig untersucht**[45]. Gelangt das Wiederaufnahmegericht zu demselben Ergebnis wie das Erstgericht, so hält es das frühere Urteil aufrecht, ansonsten hebt es die Entscheidung auf und entscheidet selbst in der Sache (§ 373 I). Wird das Wiederaufnahmeverfahren zugunsten des Verurteilten betrieben, so gilt das **Verbot der reformatio in peius** (§ 373 II). Die Entscheidung kann mit den üblichen Rechtsmitteln angefochten werden.

978 Das Wiederaufnahmegericht entscheidet **ohne erneute Hauptverhandlung**, wenn der Verurteilte verstorben ist (§ 371 I) oder das Probationsverfahren bereits genügende Beweise für einen sofortigen Freispruch – bzw. für eine Verfahrenseinstellung wegen eines Prozesshindernisses[46] – erbracht hat (§ 371 II).

Kontrollfragen

1. Aus welchen Abschnitten besteht das Wiederaufnahmeverfahren? (Rn. 973, 974, 977)
2. Welche Wirkungen besitzt die Anordnung der Wiederaufnahme des Verfahrens? (Rn. 976)

---

[40] Vgl. *Beulke*, Rn. 588; *Meyer-Goßner*, § 370 Rn. 4. Nach *Roxin* (§ 55 Rn. 16) genügen ernsthafte Zweifel an der Richtigkeit der Verurteilung in tatsächlicher Hinsicht.
[41] BGHSt 19, 365, 366 f.; *Krehl*, in: HKStPO, § 370 Rn. 3. A.A. *Loos* in: AKStPO, § 370 Rn. 13: Beweiswürdigung aus der Sicht des Wiederaufnahmegerichts.
[42] BVerfG, NStZ 1990, 499, 500; OLG Stuttgart, StV 1990, 539; *Stern*, NStZ 1993, 409, 414.
[43] Näher dazu *Loos*, in: AKStPO, § 370 Rn. 14 ff.
[44] BGHSt 14, 64, 66; 19, 280, 282; 21, 373, 375.
[45] *Gössel*, in: LR^{25}, § 373 Rn. 5; *Meyer-Goßner*, § 373 Rn. 2.
[46] *Meyer-Goßner*, § 371 Rn. 8.

Literatur

Böse, Die Unzulässigkeit einer Widerafnahme nach § 364 Satz 1 StPO bei Einstellung des Strafverfahrens wegen der behaupteten Tat nach den §§ 153 ff. StPO, JR 2005, 12.

Eisele, Die Bedeutung der Europäischen Menschenrechtskonvention für das deutsche Strafverfahren, JA 2005, 390.

Grüner/Wasserburg, Die Mitwirkungspflichten der Staatsanwaltschaft im Wiederaufnahmeverfahren zugunsten des Verurteilten, NStZ 1999, 286.

Stern, Zur Verteidigung des Verurteilten im Wiederaufnahmeverfahren, NStZ 1993, 409.

Wasserburg, Zur Notwendigkeit einer Reform der Wiederaufnahme des Strafverfahrens, ZRP 1997, 412.

Weigend, Die Europäische Menschenrechtskonvention als deutsches Recht – Kollisionen und Lösung, StV 2000, 384.

Teil VI. Sonderformen des Verfahrens

§ 23 Beteiligung des Verletzten am Strafverfahren

Der Verletzte ist nicht nur – als Zeuge oder Augenscheinsobjekt – ein Beweismittel, sondern die StPO weist ihm die Stellung eines Prozesssubjektes zu und eröffnet ihm durch Modifikationen bzw. Ergänzungen des regulären Strafverfahrens Möglichkeiten, seine Interessen selbst wahrzunehmen.

I Privatklageverfahren

1. Begriff

Der Verletzte sowie die in § 374 II, III Genannten (Strafantragsberechtigte, gesetzliche Vertreter des Verletzten) können die in § 374 I aufgeführten Privatklagedelikte **ohne vorherige Anhörung der Staatsanwaltschaft** verfolgen. In der Praxis ist es allerdings zumeist so, dass zunächst die Staatsanwaltschaft durch eine Strafanzeige oder einen Strafantrag mit der Sache befasst wird. Da die Staatsanwaltschaft ein Privatklagedelikt jedoch nur verfolgen darf, wenn dies im öffentlichen Interesse liegt (§ 376), und das Interesse in der Regel fehlt, wenn die Straftat den Rechtsfrieden nicht über den Lebenskreis des Verletzten hinaus gestört hat (vgl. Nr. 86 II RiStBV), muss die Staatsanwaltschaft zahlreiche Ermittlungsverfahren wegen eines Privatklagedelikts einstellen.

> **Beispiel:** B ärgerte sich schon seit längerem darüber, dass sich die V im Sommer auf der Terrasse des Nachbarhauses „oben ohne" sonnte. B meinte, ihr Mann halte sich bei der Gartenarbeit dann unnötig lange an der Grundstücksgrenze auf, um längere Blicke auf seine nackte Nachbarin zu werfen. Als V erneut in dieser Weise ein Sonnenbad nahm, bezeichnete B sie als „Schlampe" und machte despektierliche Bemerkungen über deren körperlichen Zustand. V stellte daraufhin bei der Staatsanwaltschaft Strafantrag wegen Beleidigung.

Bei der Beleidigung handelt es sich gemäß § 374 I Nr. 2 um ein Privatklagedelikt. Weil B die ehrverletzenden Äußerungen nur gegenüber der V gemacht hat, fehlt das öffentliche Interesse an der Strafverfolgung, sodass die Staatsanwaltschaft das Verfahren einstellt. In der Einstellungsmitteilung (§ 171) verweist sie die V auf den Privatklageweg. Das Klageerzwingungsverfahren kann V gemäß § 172 II 3 nicht betreiben. Will sie eine Bestrafung der B erreichen, so muss sie das Privatklageverfahren führen.

2. Ablauf des Verfahrens

982 Die **Klageerhebung** durch den Privatkläger erfolgt entweder zu Protokoll der Geschäftsstelle oder durch Einreichung einer Anklageschrift, die den Anforderungen des § 200 I entsprechen muß (§ 381). Zuständig für das Privatklageverfahren ist der **Strafrichter** (§ 25 Nr. 1 GVG). Bei Hausfriedensbruch, Beleidigung, Verletzung des Briefgeheimnisses, Körperverletzung, Bedrohung und Sachbeschädigung sowie bei Vollrausch, wenn eines der genannten Vergehen im Rausch begangen wurde, ist die Klageerhebung jedoch erst zulässig, wenn ein **Sühneverfahren** vor einer Vergleichsbehörde ohne Erfolg durchgeführt wurde (§ 380). In der Mehrzahl der Bundesländer findet der Sühneversuch vor der Schiedsfrau bzw. dem Schiedsmann statt[1].

983 Für die Entscheidung über die **Eröffnung des Hauptverfahrens** gelten gemäß § 383 I die entsprechenden Vorschriften des regulären Verfahrens (§§ 199 ff.). Das Gericht kann jedoch – abweichend von § 153 II 1 – das Verfahren wegen geringer Schuld ohne Zustimmung des Privatklägers einstellen (§ 383 II 1).

984 Auch das Hauptverfahren richtet sich grundsätzlich nach den Vorschriften für das Offizialverfahren (§ 384 I), doch sind einige nicht unerhebliche Modifizierungen zu beachten. Die **Rechte und Pflichten der Staatsanwaltschaft** stehen, soweit sie nicht Ausfluss der staatsanwaltschaftlichen Amtsgewalt sind[2], dem Privatkläger zu (§ 385 I). Er kann einen Rechtsanwalt als Beistand heranziehen oder sich durch einen Rechtsanwalt vertreten lassen (§ 378 S. 1). Die Staatsanwaltschaft ist nicht zur Mitwirkung verpflichtet, sie kann aber in jeder Lage des Verfahrens die Verfolgung übernehmen (§ 377). Die strengen **Regeln des Beweisantragsrechts sind erheblich gelockert**. Die Beteiligten können zwar Beweisanträge stellen. Diese haben aber lediglich die Wirkung von Beweisanregungen, da das Gericht gemäß § 384 III nur an die Amtsaufklärungspflicht des § 244 II gebunden ist und gemäß § 386 I über die Ladung von Zeugen und Sachverständigen unabhängig von Beweisangeboten der Beteiligten entscheidet. Das Gericht kann deshalb Beweisanträge ablehnen, ohne an die Ablehnungsgründe der §§ 244 III-V, 245 gebunden zu sein. Zulässig ist daher die Ablehnung auch dann, wenn das Gericht bereits von dem Gegenteil der unter Beweis gestellten Tatsache überzeugt ist[3]. Der Privatkläger kann die **Klage in jeder Lage des Verfahrens zurücknehmen**, also auch noch im Revisionsverfahren, nach Beginn der Vernehmung des Angeklagten in der ersten Hauptverhandlung jedoch nur mit dessen Zustimmung (§ 391 I). Eine weitere Besonderheit besteht in der Möglichkeit des Angeklagten, **Widerklage** gegen den Privatkläger zu erheben (§ 388). Der Angeklagte kann bis zur Beendigung des letzten Wortes in der ersten Instanz die Bestrafung des Privatklägers beantragen, wenn er von diesem durch ein Privatklagedelikt, das in einem Zusammenhang mit dem Gegenstand des Verfahrens steht, verletzt wurde. Die

---

[1] Im Einzelnen siehe die Zusammenstellung der landesgesetzlichen Regelungen bei *Meyer-Goßner*, § 380 Rn. 3.
[2] *Fezer*, in: KMR, § 385 Rn. 1; *Meyer-Goßner*, § 385 Rn. 1.
[3] *Pelchen*, in: KKStPO, § 384 Rn. 3; *Meyer-Goßner*, § 384 Rn. 14. A.A. *Fezer*, in: KMR, § 384 Rn. 7 f.

Widerklage kommt z.B. bei wechselseitigen Körperverletzungen oder Beleidigungen in Betracht.

3. Rechtsmittelverfahren

Dem Privatkläger stehen die **Rechtsmittel** der Staatsanwaltschaft zu (§ 390 I 1), um eine Verurteilung des freigesprochenen Angeklagten oder eine strengere Bestrafung zu erreichen, sowie die Beantragung der Wiederaufnahme zuungunsten des Angeklagten (§ 390 I 2). Auf ein Rechtsmittel oder den Wiederaufnahmeantrag des Privatklägers hin kann die angefochtene Entscheidung zugunsten des Angeklagten abgeändert werden (§ 390 I 3).

985

II Nebenklage

1. Begriff

Im Gegensatz zum Privatklageverfahren, das vom regulären Verfahren nicht unerheblich abweicht, lässt die Nebenklage den eigentlichen Verfahrensgang unberührt. Der Anschluss des Nebenklageberechtigten führt lediglich dazu, dass der Angeklagte einem **weiteren Ankläger** neben der Staatsanwaltschaft gegenübersteht. Der Nebenkläger hat nämlich nicht die Möglichkeit, von sich aus Anklage zu erheben, sondern er kann sich nur dem bereits eingeleiteten Offizialverfahren anschließen. Nach erfolgtem Anschluss kann er seine Rechte jedoch unabhängig von der Staatsanwaltschaft ausüben. Der Nebenkläger wird dadurch in die Lage versetzt, sein persönliches Genugtuungs- und Restitutionsinteresse wahrzunehmen, aber auch die Staatsanwaltschaft zu kontrollieren und unmittelbar zur Sachverhaltsaufklärung beizutragen[4]. Darüber hinaus bietet das Nebenklageverfahren dem Verletzten dadurch einen besonderen Schutz, dass er sich des Beistands eines Rechtsanwalts bedienen kann (§§ 397 I 2, 378). Wird der Nebenkläger als Opfer der Straftat zeugenschaftlich vernommen, so kann sein Rechtsanwalt die Rechte seines Mandanten schützen, z.B. indem er Einschüchterungsversuche der Verteidigung abwehrt oder unzulässige Fragen beanstandet.

986

Der Kreis der **Nebenklageberechtigten** ist inzwischen recht weit gezogen. Zum Anschluss berechtigt sind der durch eine in § 395 I Nr. 1, 2 genannte rechtswidrige Tat Verletzte, der erfolgreiche Antragsteller im Klageerzwingungsverfahren (§ 395 I Nr. 3), nahe Angehörige eines durch eine rechtswidrige Tat Getöteten (§ 395 II Nr. 1) sowie im Falle bestimmter Wettbewerbsstraftaten und Straftaten zum Schutz des geistigen Eigentums der Privatklageberechtigte oder der durch den Verstoß Verletzte (§ 395 II Nr. 2). Der Anschluss des Opfers einer fahrlässigen Körperverletzung ist nur zulässig, wenn dies aus besonderen Gründen zur Wahrnehmung seiner Interessen geboten erscheint, insbesondere wegen der schweren Folgen der Tat (§ 395 III).

987

---

[4] *Beulke*, Rn. 593; *Fabricius*, NStZ 1994, 257, 260 f.

2. Anschlusserklärung

988 Der Nebenklageberechtigte kann sich in jeder Lage des Verfahrens der erhobenen Anklage anschließen, indem er bei dem Gericht eine **schriftliche Anschlusserklärung** einreicht (§§ 395 IV, 396 I 1). Die Nebenklagebefugnis besteht schon dann, wenn nach der Sachlage oder auf Grund des tatsächlichen Vorbringens des Antragstellers die Verurteilung des Angeklagten wegen einer Nebenklagestraftat rechtlich möglich erscheint[5]. Eine vor Anklageerhebung eingegangene Anschlusserklärung wird jedoch erst mit der Erhebung der öffentlichen Klage wirksam (§ 396 I 2), im Strafbefehlsverfahren mit Anberaumung eines Hauptverhandlungstermins oder Ablehnung des Antrags auf Erlass eines Strafbefehls (§ 396 I 3). Im Ermittlungsverfahren stehen dem Verletzten die Informations- und Beteiligungsrechte der §§ 406e-406h zu (dazu *Rn. 531 ff.*). Das Gericht entscheidet nach Anhörung der Staatsanwaltschaft über die Berechtigung zur Nebenklage (§ 396 II 1). Gegen die Entscheidung ist die Beschwerde zulässig[6]. Der Beschluss, der über die Gebotenheit des Anschlusses bei einer fahrlässigen Körperverletzung befindet, kann von den Beteiligten dagegen nicht angefochten werden (§ 396 II 2). Nach zutreffender Auffassung[7] ist die Nebenklage auch im Sicherungsverfahren (*Rn. 1020 ff.*) zulässig. § 80 III JGG schließt die Nebenklage in einem Strafverfahren gegen einen Jugendlichen zwar aus. Wird in einem verbundenen Verfahren (§ 103 I JGG) zugleich gegen einen Heranwachsenden oder Erwachsenen verhandelt, so kann sich der Nebenklageberechtigte aber der Verfolgung der Tat des Heranwachsenden oder Erwachsenen anschließen[8].

3. Rechtsstellung des Nebenklägers

989 Die **Rechte des Nebenklägers** wurden oben bereits in dem jeweiligen Zusammenhang behandelt, sodass hier ein kurzer Überblick genügt. Er hat das Recht auf **Anwesenheit in der Hauptverhandlung**, und zwar auch dann, wenn er als Zeuge vernommen wird und deshalb den Sitzungssaal an sich bis zu seiner Vernehmung verlassen müsste (§ 397 I 1). Darüber hinaus kann er gemäß § 397 I 3 im Wesentlichen die **Rechte** geltend machen, **die auch der Staatsanwaltschaft in der Hauptverhandlung zustehen** (Ablehnung eines Richters oder Sachverständigen; Befragung des Angeklagten, Zeugen oder Sachverständigen; Beanstandung von Anordnungen des Vorsitzenden und von Fragen; Stellen von Beweisanträgen; Abgabe von Erklärungen). Der Nebenkläger kann zudem **unabhängig von der Staatsanwaltschaft Rechtsmittel einlegen** (§ 401 I 1), im Gegensatz zu dieser

---

[5] OLG Düsseldorf, NStZ 1997, 204, 205.
[6] *Meyer-Goßner*, § 396 Rn. 19.
[7] BGH, NStZ 2002, 275 unter Aufgabe der früheren Rechtsprechung (BGH bei Kusch, NStZ 1992, 30; NStZ 1999, 312); siehe auch den Vorlagebeschluss des Senats, NJW 2001, 3489 ff.; OLG Frankfurt, NStZ-RR 2002, 17; OLG Hamburg, NJW 2001, 238, 240. A.A. OLG Oldenburg, NStZ-RR 1996, 310. Offen gelassen von BVerfG, NStZ 2000, 544.
[8] BGHSt 41, 288, 290; OLG Düsseldorf, NStZ 1994, 299; *Mitsch*, GA 1998, 159, 161 ff. A.A. OLG Köln, NStZ 1994, 298 f.; *Eisenberg*, NStZ 1994, 299 f.; *Graul*, NStZ 1996, 402 f.

nach h.M.⁹ aber nur, um eine Entscheidung zu Lasten des Angeklagten herbeizuführen. Im Übrigen beschränkt § 400 I 2. Alt. das Anfechtungsrecht des Nebenklägers auf die Geltendmachung von Gesetzesverletzungen, die das Nebenklagedelikt betreffen[10].

III Adhäsionsverfahren

1. Begriff

Der **Verletzte** oder sein **Erbe** kann gemäß § 403 I im Rahmen des Strafverfahrens vor dem Amtsgericht im sog. Adhäsionsverfahren einen **aus der Straftat erwachsenen vermögensrechtlichen Anspruch** geltend machen, wenn dieser in die Zuständigkeit der Zivilgerichte fällt und noch nicht bei einem anderen Gericht anhängig ist. Das Opferrechtsreformgesetz (OpferRRG) vom 24.06.2004 hat das Adhäsionsverfahren im Interesse des Geschädigten einer Straftat erheblich gestärkt. Er kann das Strafverfahren z.B. zur Durchsetzung von Schadensersatz-, Schmerzensgeld-, Herausgabe- und Bereicherungsansprüchen[11] benutzen, und zwar unabhängig von der Höhe des Anspruchs, sodass der Strafrichter bzw. das Schöffengericht auch dann entscheidet, wenn ein entsprechender Zivilprozess nach dem Streitwert (mehr als 5.000 Euro) in die Zuständigkeit der Zivilkammer des Landgerichts (§ 23 I Nr. 1 GVG) fallen würde. Der Verletzte bzw. sein Erbe ist in der Regel und so früh wie möglich von der Staatsanwaltschaft über die Möglichkeit der Geltendmachung seiner vermögensrechtlichen Ansprüche und die Modalitäten des Adhäsionsverfahrens zu informieren (§ 406h II). Im Strafbefehlsverfahren ist das Adhäsionsverfahren nach zutreffender fast einhelliger Meinung jedoch ausgeschlossen[12], da § 407 die Zuerkennung zivilrechtlicher Ansprüche nicht vorsieht.

990

2. Verfahren

Die Verfolgung des Anspruchs im Adhäsionsverfahren ist im Vergleich mit dem Zivilprozess erheblich erleichtert. Der Antrag kann **schriftlich** oder **mündlich zur Niederschrift des Urkundsbeamten** sowie **in der Hauptverhandlung mündlich** bis zum Beginn der Schlussvorträge gestellt werden (§ 404 I 1). Er hat dieselbe **Wirkung wie eine Klageerhebung im Zivilprozess** (§ 404 II). Der Antrag muss sich gegen den Beschuldigten/Angeklagten richten[13], Gegenstand und Grund des Anspruchs sind darin bestimmt zu bezeichnen, und auch die Beweismittel sollen

991

---

⁹ BGHSt 37, 136, 137; *Beulke*, Rn. 596; *Meyer-Goßner*, § 401 Rn. 1. A.A. *Fabricius* (NStZ 1994, 257, 261) mit dem Argument, auch eine ungerechte Verurteilung des Angeklagten verletze das Genugtuungsinteresse des Nebenklägers.
[10] Vgl. BGHSt 43, 15 f.
[11] Nicht dagegen arbeitsrechtliche Ansprüche, *Dallmeyer*, JuS 2005, 327, 328; *Kuhn*, JR 2004, 397, 399.
[12] BGH, NJW 1982, 1047, 1048; *Engelhardt*, in: KKStPO, § 403 Rn. 12; *Hilger*, in: LR²⁵, § 403 Rn. 20; *Kurth*, in: HKStPO, § 403 Rn. 15. A.A. *Sommerfeld/Guhra*, NStZ 2004, 420, 421 ff.
[13] *Beulke*, Rn. 598; *Kuhn*, JR 2004, 397, 399.

angegeben werden (§ 404 I 2). Die Beweisaufnahme findet nach Maßgabe des Strafprozessrechts statt. Das hat für den Antragsteller den Vorteil, dass der Amtsermittlungsgrundsatz gilt und nicht – wie es im Zivilprozess der Fall wäre – die Beibringungsmaxime[14]. § 405 I 1 eröffnet zudem die Möglichkeit der gerichtlichen Protokollierung eines **Vergleichs** über die aus der Straftat erwachsenen Ansprüche gegen den Angeklagten auf Antrag des Verletzten oder seines Erben. Das Gericht soll den Beteiligten auf deren Antrag einen Vergleichsvorschlag unterbreiten (§ 405 I 2).

992 Nach der Neuregelung durch das OpferRRG darf der Strafrichter bzw. das Schöffengericht nur noch in wenigen Konstellationen **von einer Entscheidung über den Antrag des Verletzten absehen**. Das ist zwingend der Fall, wenn der Antrag unzulässig ist oder soweit er unbegründet erscheint (§ 406 I 3). Ansonsten kann das Gericht von einer Entscheidung absehen, wenn sich der Antrag auch unter Berücksichtigung der berechtigten Belange des Antragstellers nicht zur Erledigung im Strafverfahren eignet (§ 406 I 4), insbesondere, wenn die Prüfung des zivilrechtlichen Anspruchs umfangreiche zusätzliche Ermittlungen erfordert, die das Strafverfahren erheblich verzögern würden (§ 406 I 5). Der Antrag auf Zuerkennung eines Schmerzensgeldes darf jedoch nicht mit dieser Begründung, sondern nur wegen Unzulässigkeit oder Unbegründetheit zurückgewiesen werden (§ 406 I 6). Erwägt das Gericht, von einer Entscheidung über den Antrag abzusehen, so hat es die Verfahrensbeteiligten so früh wie möglich darauf hinzuweisen (§ 406 V 1). Die ablehnende Entscheidung ergeht durch Beschluss (§ 406 V 2).

993 Das Strafgericht gibt dem Antrag statt, wenn und soweit er **begründet** ist (§ 406 I 1). Die Entscheidung kann sich gemäß § 406 I 2 auf den Grund oder einen Teil des geltend gemachten Anspruchs beschränken. Möglich ist z.B. die Feststellung der Schadensersatzpflicht des Angeklagten dem Grunde nach, ohne die Höhe zu bestimmen. Erkennt der Angeklagte den gegen ihn geltend gemachten Anspruch ganz oder teilweise an, so ergeht ein Anerkenntnisurteil (§ 406 II). Ist im Adhäsionsverfahren nur über den Grund des Anspruchs rechtskräftig entschieden worden, so findet gemäß § 406 III 4 die Verhandlung über den Betrag nach § 304 II 2 ZPO vor dem zuständigen Zivilgericht statt. Gibt das Gericht dem Anspruch nur zum Teil statt, so kann der Antragsteller sein weitergehendes Begehren im Zivilprozess weiterverfolgen (§ 406 III 3). Das Zivilgericht ist dann an die Entscheidung des Strafgerichtes z.B. zum Grund des Ersatzanspruchs gebunden (§ 406 I 2, 2. Teils. i.V. mit § 318 ZPO). Die stattgebende Entscheidung steht einem **zivilgerichtlichen Urteil gleich** (§ 406 III 1).

3. Rechtsmittel

994 Der **Antragsteller** kann den Beschluss, mit dem das Gericht von der Entscheidung im Adhäsionsverfahren absieht, nur mit der **sofortigen Beschwerde** (§ 311) anfechten, wenn der Antrag vor Beginn der Hauptverhandlung gestellt wurde und solange keine den Rechtszug abschließende Entscheidung in der „Hauptsache" ergangen ist (§ 406a I 1). Im Übrigen ist die Ablehnung seines Antrags **unan-**

---

[14] *Dallmeyer*, JuS 2005, 327, 329.

fechtbar (§ 406a I 2). Da sie keine Rechtskraftwirkung entfaltet, kann er den Anspruch erneut vor dem Zivilgericht geltend machen (§ 406 III 3). Der **Angeklagte** kann die Entscheidung über den Anspruch mit dem zulässigen **strafprozessualen Rechtsmittel** anfechten, ohne zugleich den strafrechtlichen Teil des Urteils anzugreifen (§ 406a II 1). Handelt es sich um einen Fall der Annahmeberufung (*Rn. 876*), so soll die Verurteilung zum Schadensersatz die Annahmebedürftigkeit jedenfalls dann nicht entfallen lassen, wenn die Höhe des zugesprochenen Anspruchs nicht die Berufungssumme im Zivilprozess erreicht (600 Euro, § 511 II Nr. 1 ZPO)[15]. Der Angeklagte kann die **Wiederaufnahme** des Verfahrens auf den zivilrechtlichen Teil des Urteils beschränken (§ 406c).

4. Vollstreckung

Das Gericht erklärt die stattgebende Entscheidung für vorläufig vollstreckbar (§ 406 III 2). Die Vollstreckung des zivilrechtlichen Teils des Strafurteils richtet sich nach den zivilprozessualen Vorschriften (§ 406b).

995

Kontrollfragen
1. Welche Stellung besitzt der Privatkläger? (Rn. 984)
2. Wer kann sich als Nebenkläger dem Strafverfahren anschließen? (Rn. 987)
3. Was ist unter dem Begriff Adhäsionsverfahren zu verstehen? (Rn. 990)

Literatur

Dallmeyer, Das Adhäsionsverfahren nach der Opferrechtsreform, JuS 2005, 327.
Fabricius, Die Stellung des Nebenklagevertreters, NStZ 1994, 257.
Kuhn, Das „neue" Adhäsionsverfahren, JR 2004, 397.
Kurth, Rechtsprechung zur Beteiligung des Verletzten am Strafverfahren, NStZ 1997, 1.
Sommerfeld/Guhra, Zur „Entschädigung des Verletzten" im Verfahren bei Strafbefehlen", NStZ 2004, 420.

---

[15] OLG Jena, NStZ-RR 1997, 274

§ 24 Vereinfachte Verfahren

996 Zahlreiche Regelungen in der StPO bewirken eine **Entlastung der Strafverfolgungsbehörden und der Strafgerichte** im Bereich der kleinen und mittleren Kriminalität. Im regulären Verfahren sind insbesondere die vielfältigen Möglichkeiten zur Einstellung des Verfahrens aus Opportunitätserwägungen (*Rn. 555 ff.*) zu nennen. Das Privatklageverfahren (*Rn. 980 ff.*) führt de facto ebenfalls zu einer Entlastung der Staatsanwaltschaften und – wegen des vorgeschalteten Sühneverfahrens – häufig auch der Gerichte, die bei Erreichung eines Sühnevergleichs mit der Sache nicht mehr befasst werden. Darüber hinaus existieren zwei besondere Verfahrensarten, die das Strafverfahren erheblich vereinfachen, nämlich das beschleunigte Verfahren und das Strafbefehlsverfahren.

I Beschleunigtes Verfahren

1. Anwendungsbereich

997 §§ 417 ff. ermöglichen vor dem Strafrichter und dem Schöffengericht ein „Schnellverfahren". Das beschleunigte Verfahren wurde durch das Verbrechensbekämpfungsgesetz neu geregelt, um dieser Verfahrensart zu einer breiteren Anwendung zu verhelfen. Während § 212 StPO a.F. die Beantragung der Entscheidung im beschleunigten Verfahren in das Ermessen der Staatsanwaltschaft stellte, schreibt § 417 dieses Vorgehen nunmehr bei Vorliegen der Voraussetzungen zwingend vor. Faktisch besteht gleichwohl kein Zwang, da der Staatsanwaltschaft ein **Beurteilungsspielraum** bei der Feststellung der – recht vagen – Voraussetzungen zusteht. Auffällig ist, dass in den einzelnen Bundesländern und Gerichtsbezirken in unterschiedlichem Ausmaß vom beschleunigten Verfahren Gebrauch gemacht wird[1]. Dies dürfte insbesondere darauf beruhen, dass die Justizverwaltungen noch nicht überall die notwendigen organisatorischen Bedingungen (feste Zuständigkeiten für diese Verfahrensart bei Staatsanwaltschaften und Gerichten, Einrichtung eines Bereitschaftsdienstes, Abstimmung zwischen Polizei und Staatsanwaltschaft usw.)[2] für eine Nutzung dieser Verfahrensart geschaffen haben.

998 Die Staatsanwaltschaft stellt vor dem Strafrichter oder dem Schöffengericht den Antrag auf Entscheidung im beschleunigten Verfahren, wenn sich die Sache **auf Grund des einfachen Sachverhalts oder der klaren Beweislage zur sofortigen Verhandlung eignet** (§ 417). Um einen einfachen Sachverhalt handelt es sich, wenn er im Tatsächlichen für alle Beteiligten leicht überschaubar ist[3]. Eine klare Beweislage liegt vor, wenn der Angeklagte ein glaubwürdiges Geständnis abgelegt hat oder andere sichere Beweismittel zur Verfügung stehen, sodass es

---

[1] Zu den unterschiedlichen „Modellen" des beschleunigten Verfahrens in einzelnen Bundesländern, insbesondere Nordrhein-Westfalen und Brandenburg siehe *Scheffler*, Meurer-GS, S. 437, 438 ff., 443 ff.

[2] *Lemke/Rothstein-Schubert*, ZRP 1997, 488, 492.

[3] *Meyer-Goßner*, § 417 Rn. 14. Zum Teil (*Krehl*, in: HKStPO, § 417 Rn. 2; *Loos/Radtke*, NJW 1995, 569, 572) wird zusätzlich die problemlose Aufklärbarkeit des Sachverhalts gefordert.

voraussichtlich nicht zu einer umfangreichen Beweisaufnahme kommen wird[4]. Das Gesetz nennt diese Voraussetzungen zwar alternativ, in der Regel werden sie aber kumulativ gegeben sein müssen[5], weil zusätzlich erforderlich ist, dass sich die Sache zur sofortigen Verhandlung eignet. Das ist nur der Fall, wenn die Hauptverhandlung in erheblich kürzerer Zeit als im regulären Verfahren durchgeführt werden kann[6]. Es ist kaum vorstellbar, dass über einen schwierigen Sachverhalt trotz klarer Beweislage oder über einen einfachen Sachverhalt bei schwieriger Beweislage sofort verhandelt werden kann.

Der Anwendungsbereich des beschleunigten Verfahrens wird zudem dadurch begrenzt, dass nur **bestimmte Sanktionen** verhängt werden dürfen. Die Strafobergrenze beträgt gemäß § 419 I 2 ein Jahr Freiheitsstrafe. Der Angeklagte kann deshalb zu einer Geldstrafe, zu einem Fahrverbot (§ 44 StGB) oder eben zu einer Freiheitsstrafe von höchstens einem Jahr (§ 419 I 2) verurteilt werden. Zulässig ist zudem die Anordnung des Verfalls (§§ 73 ff. StGB) und der Einziehung (§§ 74 ff. StGB). Auf eine Maßregel der Besserung und Sicherung darf mit Ausnahme der Entziehung der Fahrerlaubnis jedoch nicht erkannt werden (§ 419 I 2, 3). Obwohl § 417 das beschleunigte Verfahren sowohl vor dem Strafrichter als auch vor dem Schöffengericht zulässt, wird die Hauptverhandlung in aller Regel vor dem Strafrichter stattfinden, da dieser gemäß § 25 Nr. 2 GVG ausschließlich für die Aburteilung von Vergehen zuständig ist, wenn keine höhere Strafe als Freiheitsstrafe von zwei Jahren zu erwarten ist. Das beschleunigte Verfahren vor dem Schöffengericht kommt deshalb allenfalls ausnahmsweise in Betracht, wenn Gegenstand des Verfahrens ein Verbrechen ist und die Verhängung der Mindeststrafe von einem Jahr genügt oder wegen des Eingreifens eines Strafmilderungsgrundes eine geringere Freiheitsstrafe zu erwarten ist[7]. Eine weitere faktische Grenze für die Anwendung des beschleunigten Verfahrens ergibt sich aus § 418 IV, der vorschreibt, dass dem Beschuldigten ein Verteidiger bestellt werden muss, wenn eine Freiheitsstrafe von mindestens sechs Monaten zu erwarten ist. Da dem Verteidiger Zeit zur Akteneinsicht und zur Einarbeitung zu gewähren und zudem auf dessen sonstige Termine Rücksicht zu nehmen ist, wird die sofortige oder kurzfristige Durchführung der Hauptverhandlung zumeist nicht möglich sein[8].

Die Zusammenschau aller Voraussetzungen, also Eignung der Sache zur sofortigen Verhandlung und Beschränkung des Sanktionsrahmens, ergibt, dass die Durchführung des beschleunigten Verfahrens praktisch in erster Linie bei Massendelikten oberhalb der Bagatellgrenze (leichtere Verkehrsdelikte, Diebstähle, Verstöße gegen das Ausländergesetz usw.) in Betracht kommt[9].

---

[4] *Krehl*, in: HKStPO, § 417 Rn. 3.
[5] *Meyer-Goßner*, § 417 Rn. 16; *Loos/Radtke*, NStZ 1995, 569, 573. A.A. *König/Seitz*, NStZ 1995, 1, 4.
[6] OLG Düsseldorf, NStZ 1997, 613, mit Anm. *Radtke* und *Scheffler*, NStZ 1998, 370 ff.; *Fezer*, in: KMR, § 418 Rn. 1.
[7] *Loos*, in: AKStPO, § 417 Rn. 3.
[8] *Ernst*, StV 2001, 367, 370; *Loos/Radtke*, NStZ 1996, 7, 10.
[9] *Loos*, in: AKStPO, Vor § 417 Rn. 13, 17. Zur Praxis in Brandenburg siehe *Lemke/ Rothstein-Schubert*, ZRP 1997, 488, 491.

2. Verfahren

1001 Der Beschleunigungs- und Entlastungseffekt beruht darauf, dass wesentliche Förmlichkeiten des regulären Verfahrens nicht gelten. Die Hauptverhandlung wird **sofort oder in kurzer Frist**[10] durchgeführt, wenn die Staatsanwaltschaft einen **schriftlichen oder mündlichen Antrag** auf Entscheidung im beschleunigten Verfahren stellt (§§ 417, 418 I 1). Eine Hilfe zur Auslegung des Begriffs der „kurzen Frist" enthält § 418 I 2, indem die Vorschrift bestimmt, dass zwischen dem Eingang des Antrags der Staatsanwaltschaft und dem Beginn der Hauptverhandlung nicht mehr als sechs Wochen liegen sollen. Die Einreichung einer Anklageschrift ist entbehrlich (§ 418 III 1). Die Staatsanwaltschaft kann bei Beginn der Hauptverhandlung die **Anklage mündlich erheben**; der wesentliche Inhalt wird dann in das Hauptverhandlungsprotokoll aufgenommen (§ 418 III 2)[11]. Das **Zwischenverfahren einschließlich des Eröffnungsbeschlusses entfällt** völlig (§ 418 I). Der Richter prüft lediglich, ob sich die Sache zur Verhandlung im beschleunigten Verfahren eignet (vgl. § 419 I 1). Die **Ladung des Beschuldigten** ist nur erforderlich, wenn er sich der Hauptverhandlung nicht freiwillig stellt oder wenn er dem Gericht nicht vorgeführt wird; die Ladungsfrist beträgt dann vierundzwanzig Stunden (§ 418 II). Zur **Sicherung der Hauptverhandlung** lässt § 127b die vorläufige Festnahme und die Anordnung der Hauptverhandlungshaft zu (*Rn. 230*). Auf diese Weise kann der Beschuldigte innerhalb kürzester Zeit vor den Richter gebracht werden.

> **Beispiel**: Der polnische Staatsangehörige A wurde von dem Kaufhausdetektiv D beobachtet, als er eine Videokamera in eine mitgebrachte Einkaufstasche steckte und das Kaufhaus mit dem Gerät verließ, ohne es zu bezahlen. D hielt A vor dem Kaufhaus auf und rief die Polizei. Der Polizeibeamte P setzte sich mit Staatsanwalt S in Verbindung, der P anwies, A festzunehmen und sogleich zu ihm zu bringen. S vernahm A, der die Tat ohne Umschweife eingestand. Daraufhin beantragte S bei dem für die Entscheidung im beschleunigten Verfahren zuständigen Richter R die sofortige Verhandlung. R setzte für den nächsten Tag den Hauptverhandlungstermin an. A wurde von P vorgeführt, und S erhob mündlich Anklage gegen A wegen Diebstahls.

1002 Die Sache eignet sich für das beschleunigte Verfahren, sodass R die mündliche Hauptverhandlung gegen A innerhalb einer kurzen Frist durchführen kann. Auf diese Weise ist eine Verurteilung des A möglich, obwohl seit der Tatbegehung erst ein Tag vergangen ist.

1003 Auch die **Beweisaufnahme ist wesentlich vereinfacht**. Niederschriften über frühere Vernehmungen von Zeugen, Sachverständigen oder Mitbeschuldigten sowie deren schriftliche Äußerungen und behördliche Erklärungen dürfen in weitergehendem Umfang als im regulären Verfahren verlesen werden, wenn der Anklagte, sein Verteidiger und die Staatsanwaltschaft zustimmen (§ 420 I-III). Zudem gilt im beschleunigten Verfahren vor dem Strafrichter das Beweisantragsrecht

---

[10] Dazu *Putzke*, Beschleunigtes Verfahren bei Heranwachsenden, 2004, S. 15 ff., 22 ff.
[11] Siehe dazu OLG Frankfurt, StV 2001, 391 f.

nicht, sondern der Richter bestimmt den Umfang der Beweisaufnahme unter Beachtung seiner Amtsermittlungspflicht (§ 420 IV).

3. Entscheidungen

Das Gericht **lehnt den Antrag auf Verhandlung im beschleunigten Verfahren ab**, wenn sich die Sache für diese Verfahrensart nicht eignet. Es kann die Ablehnung schon bei Eingang des Antrages beschließen, aber auch noch in der Hauptverhandlung bis zur Verkündung des Urteils (§ 419 II 1). Der Ablehnungsbeschluss ist unanfechtbar (§ 419 II 2). Auch im Falle der Ablehnung prüft das Gericht jedoch, ob der Angeschuldigte der ihm vorgeworfenen Tat hinreichend verdächtig ist. Es beschließt die **Eröffnung des – regulären – Hauptverfahrens**, wenn es einen hinreichenden Tatverdacht annimmt (§ 419 III 1. Teils.). Lehnt das Gericht auch die Eröffnung ab, so gibt es das Verfahren an die Staatsanwaltschaft zurück, die über den Fortgang des Verfahrens befindet. Eine Fortsetzung des Verfahrens ist dann nur durch **Einreichung einer neuen Anklageschrift** möglich (vgl. § 419 III 2. Teils.).

1004

Für das Urteil nach Durchführung der Hauptverhandlung gelten grundsätzlich keine Besonderheiten. Die verhängten Sanktionen dürfen allerdings den Rahmen des § 419 I 2, 3 nicht überschreiten. Die Entscheidung unterliegt im Übrigen der **Anfechtung mit der Berufung und der Revision**. Auch im Rechtsmittelverfahren ist die Rechtsfolgengrenze zu beachten[12]. Hat das erstinstanzliche Gericht diese Grenze überschritten, so kann das Berufungsgericht die Strafe auf das zulässige Maß herabsetzen[13].

1005

4. Kritik an dem beschleunigten Verfahren

Gegen die Neuregelung des beschleunigten Verfahrens durch das Verbrechensbekämpfungsgesetz werden in der Literatur **schwerwiegende rechtsstaatliche Bedenken** geltend gemacht[14]. Es ist nicht zu verkennen, dass der Verzicht auf eine schriftliche Anklage, das Eröffnungsverfahren und eine angemessene Ladungsfrist sowie die Vereinfachungen der Beweisaufnahme zahlreiche Sicherungen des regulären Verfahrens außer Kraft setzt. Zu dem beschworenen „kurzen Prozess mit rechtsstaatlichen Grundsätzen"[15] kommt es jedoch nicht, wenn sich die Staatsanwaltschaften und Gerichte strikt an den Anwendungsbereich dieser Verfahrensart halten und dem Beschuldigten eine genügende Zeit zur Vorbereitung seiner Verteidigung geben (vgl. Art. 6 III lit. b EMRK). In der Praxis wird das beschleunigte Verfahren in der Regel ohnehin nur angewendet werden können, wenn der Beschuldigte damit einverstanden ist, da er z.B. durch die Ankündigung einer Reihe von Beweisanträgen die Klarheit der Beweislage beseitigen[16] und durch seinen

1006

---
[12] *Meyer-Goßner*, § 419 Rn. 14.
[13] BGHSt 35, 251, 255; *Roxin*, § 59 Rn. 2.
[14] *Hamm*, StV 1994, 456 ff.; *Meyer-Goßner*, Vor § 417 Rn. 3 ff.; *Loos/Radtke*, NStZ 1996, 7, 11 f.; *Scheffler*, NJW 1994, 2191, 2192 ff.; *Sprenger*, NStZ 1997, 574, 576.
[15] So der Titel des Aufsatzes von *Scheffler*, NJW 1994, 2191.
[16] *Paeffgen*, in: SKStPO, § 417 Rn. 14.

Widerspruch die Verlesung von Vernehmungsprotokollen, schriftlichen Äußerungen und behördlichen Erklärungen verhindern kann. Faktisch handelt es sich also um ein **Konsensualverfahren**, dessen Entlastungs- und Beschleunigungseffekt nur eintritt, wenn die Staatsanwaltschaft und das Gericht den Angeklagten nicht „überfahren", denn er kann in gleicher Weise wie im regulären Verfahren Rechtsmittel einlegen und damit eine Fortsetzung des Verfahrens erzwingen.

II Strafbefehlsverfahren

1007 Das Strafbefehlsverfahren entlastet in erster Linie die Strafgerichte, indem es die einseitige Festsetzung strafrechtlicher Sanktionen in einem schriftlichen Verfahren ohne Hauptverhandlung und Urteil ermöglicht, wenn der Angeklagte den Strafbefehl akzeptiert. Für den Angeklagten besitzt diese Verfahrensart den Vorteil, dass ihm die negativen Folgen einer öffentlichen Hauptverhandlung erspart bleiben.

1. Anwendungsbereich

1008 Der Anwendungsbereich des Strafbefehlsverfahrens deckt sich weitgehend mit dem des beschleunigten Verfahrens. Es ist – wie jenes – zulässig in Verfahren, die in die Zuständigkeit des Strafrichters oder des Schöffengerichts fallen, im Gegensatz zum beschleunigten Verfahren jedoch nur, wenn dem Angeschuldigten ein **Vergehen** zur Last gelegt wird (§ 407 I 1). Da das Rechtspflegeentlastungsgesetz dem Strafrichter in § 25 Nr. 2 GVG generell die Kompetenz zur Aburteilung von Vergehen bei einer Straferwartung von nicht mehr als zwei Jahren übertragen hat, scheidet ein Strafbefehlsantrag an das Schöffengericht faktisch aus. Hinsichtlich der zulässigen Sanktionen stimmen das Strafbefehlsverfahren und das beschleunigte Verfahren ebenfalls im Wesentlichen überein. Durch einen Strafbefehl darf auf **Geldstrafe** sowie die sonstigen in § 407 II 1 Nr. 1, 3 genannten Rechtsfolgen erkannt werden. Als einzige Maßregel ist auch im Strafbefehlsverfahren die **Entziehung der Fahrerlaubnis** zulässig, wobei die Sperrfrist jedoch nicht mehr als zwei Jahre betragen darf (§ 407 I 1 Nr. 2). Nach § 407 II 2 kann darüber hinaus eine **Freiheitsstrafe bis zu einem Jahr** verhängt werden, wenn diese **zur Bewährung ausgesetzt** wird und der Angeschuldigte einen Verteidiger hat.

1009 Die Staatsanwaltschaft beantragt die Festsetzung einer oder mehrerer dieser Rechtsfolgen im Strafbefehlsverfahren, wenn sie einen **hinreichenden Tatverdacht** annimmt (§ 170 I) und nach dem Ergebnis der Ermittlungen eine **Hauptverhandlung nicht für erforderlich** erachtet (§ 407 I 2). Auf eine Hauptverhandlung kann verzichtet werden, wenn der Sachverhalt ausreichend aufgeklärt ist, Abweichungen vom Ermittlungsergebnis nicht zu erwarten sind und der Richter seine Überzeugung aus den Akten gewinnen kann[17]. Die – öffentliche – Hauptverhandlung kann auch aus Gründen der Spezial- oder Generalprävention erforderlich sein[18].

---

[17] BT-Drucks. 10/1313, 34; *Kurth*, in: HKStPO, § 407 Rn. 10; *Loos*, in: AKStPO, § 407 Rn. 21.
[18] *Fischer*, in: KKStPO, § 407 Rn. 5; *Meurer*, JuS 1987, 882, 885; *Ranft*, JuS 2000, 633, 637. A.A. *Fezer*, in: KMR, § 407 Rn. 12.

2. Antrag und Entscheidung nach Aktenlage

Der Antrag der Staatsanwaltschaft auf Festsetzung von Rechtsfolgen durch schriftlichen Strafbefehl hat den **inhaltlichen Anforderungen an eine Anklageschrift** zu entsprechen (vgl. § 409 I 1 Nr. 1-6) und die festzusetzenden **Rechtsfolgen** genau zu bezeichnen (§ 407 I 3).

1010

Der Richter **erlässt den beantragten Strafbefehl**, wenn **keine Bedenken** entgegenstehen (§ 408 III 1). Das ist der Fall, wenn er nach Prüfung der vorgelegten Akten zu dem Schluss gelangt, dass die angeführten Tatsachen und vorgelegten Beweismittel die rechtliche Beurteilung der Staatsanwaltschaft tragen und die beantragten Rechtsfolgen tat- und schuldangemessen erscheinen. Die rechtliche Bewertung und die Festsetzung der Rechtsfolgen müssen dem Antrag der Staatsanwaltschaft entsprechen. Will der Richter von dem Strafbefehlsantrag abweichen, so muss er versuchen, eine Einigung mit der Staatsanwaltschaft herbeizuführen. Gelingt das nicht, weil die Staatsanwaltschaft auf ihrem Antrag beharrt, so beraumt er die Hauptverhandlung an (§ 408 III 2). Beabsichtigt der Richter, dem Antrag auf Festsetzung einer Freiheitsstrafe zu entsprechen, so ist dem unverteidigten Angeschuldigten ein **Verteidiger** zu bestellen (§ 408b). Erlässt der Richter den Strafbefehl, stellt er ihn dem Angeklagten zu. Legt dieser nicht innerhalb von zwei Wochen nach Zustellung schriftlich oder zu Protokoll der Geschäftsstelle Einspruch ein (§§ 410 I, II), erlangt der Strafbefehl **Rechtskraftwirkung** (§ 410 III).

1011

Hält der Richter den Angeschuldigten **nicht für hinreichend verdächtig**, so lehnt er den Erlass des Strafbefehls ab (§ 408 II 1). Die Staatsanwaltschaft kann diesen Beschluss mit der sofortigen Beschwerde anfechten (§§ 408 II 2, 210 II). Tut sie dies nicht oder verwirft das Beschwerdegericht die Beschwerde, so erwächst der Beschluss in **beschränkte Rechtskraft**. Das Verfahren darf dann nämlich nur auf Grund neuer Tatsachen oder Beweismittel wieder aufgenommen werden (§§ 408 II 2, 211).

1012

3. Hauptverhandlung bei richterlichen Bedenken

Der Richter erlässt den Strafbefehl nicht, sondern beraumt die Hauptverhandlung an, wenn er zu dem Ergebnis gelangt, dass nach der Aktenlage zwar ein **hinreichender Tatverdacht** gegen den Angeschuldigten besteht, die **Aburteilung aber nicht im schriftlichen Verfahren** erfolgen kann, oder wenn er mit der **rechtlichen Beurteilung** der Staatsanwaltschaft bzw. den von ihr beantragten **Rechtsfolgen nicht übereinstimmt** und **keine Einigung** darüber zu erzielen ist (§ 408 III 2). Es kommt dann zu einer regulären Hauptverhandlung.

1013

4. Verfahren bei Einspruch des Angeklagten

1014 Erlässt der Richter den Strafbefehl, so kann der Angeklagte innerhalb von **zwei Wochen** nach dessen Zustellung **schriftlich**[19] **oder zu Protokoll der Geschäftsstelle** des Gerichts, das den Strafbefehl erlassen hat, **Einspruch** gegen den Strafbefehl einlegen (§ 410 I 1) und dadurch eine mündliche Hauptverhandlung erzwingen. Für die Einlegung des Einspruchs gelten im Übrigen die allgemeinen Rechtsmittelvorschriften sinngemäß (§ 410 I 2). Er kann auf bestimmte Beschwerdepunkte beschränkt werden (§ 410 II).

1015 Der Richter, der den Strafbefehl erlassen hat, prüft die Einhaltung der Frist und der sonstigen Zulässigkeitsvoraussetzungen. Einen **unzulässigen Einspruch** verwirft er durch Beschluss, den der Angeklagte mit der sofortigen Beschwerde anfechten kann (§ 411 I 1). Ist der Einspruch zulässig, so beraumt der Richter einen Termin zur Hauptverhandlung an (§ 411 I 2).

1016 Für die Hauptverhandlung gelten einige Besonderheiten. Der Angeklagte ist nicht zum Erscheinen verpflichtet, sondern er kann sich durch einen **Verteidiger** vertreten lassen (§ 411 II 1). Bleiben der Angeklagte und sein Verteidiger ohne genügende Entschuldigung bei Beginn der Hauptverhandlung aus, so verwirft der Richter den Einspruch, ohne zur Sache zu verhandeln (§§ 412 S. 1, 329 I 1). Die **Beweisaufnahme** ist gemäß § 411 II 2 in gleicher Weise vereinfacht wie im beschleunigten Verfahren (*Rn. 1003*). Die Klage, d.h. der Strafbefehlsantrag, und der Einspruch können bis zur Urteilsverkündung zurückgenommen werden, nach Beginn der mündlichen Verhandlung jedoch nur noch mit Zustimmung des Gegners (§ 411 III 1, 2). Der Richter ist grundsätzlich weder an die im Strafbefehl getroffene rechtliche Beurteilung noch an die dort angeordneten Rechtsfolgen gebunden (§ 411 IV), sodass auch eine **Verschärfung** zulässig ist[20]. Den Richter trifft in diesem Fall grundsätzlich nicht einmal die Pflicht, den Angeklagten auf eine beabsichtigte Verschärfung hinzuweisen. Das Gebot des fairen Verfahrens kann einen Hinweis jedoch gebieten, wenn der Richter eine wesentliche Schlechterstellung erwägt, damit der Angeklagte die Gelegenheit erhält, seinen Einspruch zurückzunehmen[21]. Das Verbot der reformatio in peius gilt gemäß § 411 I 3, 2. Teils. jedoch ausnahmsweise, wenn der Angeklagte seinen Einspruch auf die Höhe der Tagessätze einer Geldstrafe beschränkt hat.

1017 Da das Urteil unabhängig von dem Strafbefehl ergeht, fällt der Richter eine **eigene Entscheidung** in der Sache, die allerdings mit der des Strafbefehls übereinstimmen kann. – *Fallsammlung, Rn. 727 ff.* –

---

[19] Die Anforderungen an die Schriftlichkeit des Einspruchs sind gering; eine eigenhändige Unterzeichnung ist nicht erforderlich, wenn die Erklärung zweifelsfrei einer bestimmten Person zuzurechnen ist und kein Entwurf vorliegt; BVerfG, NJW 2002, 3534 f.
[20] *Beulke*, Rn. 528; *Gössel*, in: LR[25], § 411 Rn. 58; *Ranft*, JuS 2000, 633, 637. A.A. *Roxin*, § 66 Rn. 12.
[21] *Kurth*, in: HKStPO, § 411 Rn. 23; *Ranft*, JuS 2000, 633, 637.

5. Strafbefehl in der Hauptverhandlung

Nach § 408a ist auf Antrag der Staatsanwaltschaft der Übergang des ordentlichen Verfahrens in das Strafbefehlsverfahren möglich, wenn das Hauptverfahren bereits eröffnet worden ist, die **Voraussetzungen für den Erlass eines Strafbefehls** vorliegen und die **Hauptverhandlung** wegen Nichterscheinens bzw. Ausbleibens des Angeklagten oder aus einem anderen wichtigen Grund **längerfristig nicht durchgeführt** werden kann.

1018

6. Rechtskraft des Strafbefehls und Wiederaufnahme

Der unanfechtbare Strafbefehl steht gemäß § 410 III zwar einem rechtskräftigen Urteil gleich. § 373a lässt die **Wiederaufnahme zuungunsten des Angeklagten** allerdings in weitergehendem Maße zu, weil die den Schuldvorwurf begründenden Tatsachen weniger sorgfältig geprüft werden, als dies in der Hauptverhandlung der Fall ist. Abweichend von § 362 kann das Verfahren deshalb auch wieder aufgenommen werden, wenn **neue Tatsachen oder Beweismittel** vorliegen, die allein oder in Verbindung mit den bereits bekannten die Verurteilung wegen eines **Verbrechens** im technischen Sinne (§ 12 I StGB) begründen, nicht dagegen, wenn lediglich die Verurteilung wegen eines schwereren Vergehens in Betracht kommt.

1019

Kontrollfragen

1. Worin bestehen die wesentlichen Vereinfachungen des beschleunigten Verfahrens? (Rn. 1001, 1003)
2. Unter welchen Voraussetzungen kann der Beschuldigte in einem schriftlichen Verfahren bestraft werden? (Rn. 1008 f.)
3. Auf welche Weise kann der Angeklagte, gegen den per Strafbefehl Rechtsfolgen festgesetzt wurden, die Durchführung einer Hauptverhandlung herbeiführen? (Rn. 1014)

Literatur

Ernst, Die notwendige Verteidigung im beschleunigten Verfahren vor dem Amtsgericht, StV 2001, 367.
Lemke/Rothstein-Schubert, Effektivierung von Strafverfahren im Bereich der einfachen und mittleren Kriminalität nach geltendem Recht, ZRP 1997, 488.
Loos/Radtke, Das beschleunigte Verfahren (§§ 417-420 StPO) nach dem Verbrechensbekämpfungsgesetz, NStZ 1995, 569, NStZ 1996, 7.
Meurer, Der Strafbefehl, JuS 1987, 882.
Ranft, Grundzüge des Strafbefehlsverfahrens, JuS 2000, 633.
Scheffler, Das beschleunigte Verfahren als ein Akt angewandter Kriminalpolitik, Meurer-GS, S. 437.

§ 25 Sonstige Sonderverfahren

I Sicherungsverfahren

1020 Einige **Maßregeln der Besserung und Sicherung**, und zwar die Unterbringung in einem psychiatrischen Krankenhaus (§ 63 StGB) oder in einer Entziehungsanstalt (§ 64 StGB), die Entziehung der Fahrerlaubnis (§ 69 StGB) und das Berufsverbot (§ 70 StGB), können gemäß § 71 StGB **selbständig angeordnet** werden, d.h., ohne dass ein Schuldspruch gegen den Täter ergeht. Das Sicherungsverfahren dient dazu, auf Antrag der Staatsanwaltschaft eine solche Maßregel festzusetzen, wenn die Durchführung des regulären Verfahrens an der **Schuldunfähigkeit** oder an der – **dauernden** – **Verhandlungsunfähigkeit des Täters** scheitert (§ 413). Für die selbständige Anordnung der Unterbringung in einer Entziehungsanstalt, der Entziehung der Fahrerlaubnis und des Berufsverbots ist grundsätzlich der **Strafrichter** zuständig, da § 25 Nr. 2 GVG die Verhängung dieser Maßregeln umfasst[1]. Die Unterbringung in einem psychiatrischen Krankenhaus darf dagegen nicht vom Amtsgericht angeordnet werden (§ 24 II GVG), sodass dafür die **Strafkammer** des Landgerichts zuständig ist.

1021 Auf das Sicherungsverfahren finden die **Vorschriften des allgemeinen Strafverfahrensrechts sinngemäß Anwendung**, soweit nichts anderes bestimmt ist (§ 414 I). An die Stelle der Anklageschrift tritt gemäß § 414 II eine **Antragsschrift**, die den Erfordernissen der Anklageschrift entsprechen und die beantragten Maßregeln enthalten muss. Grundsätzlich findet auch im Sicherungsverfahren eine Hauptverhandlung in Anwesenheit des Beschuldigten statt. Ist seine Teilnahme jedoch auf Grund seines Zustands (z.B. wegen Transportunfähigkeit, Selbstmordgefahr oder sonstigen Gefahren für seine Gesundheit) unmöglich oder aus Gründen der öffentlichen Sicherheit oder Ordnung (z.B. weil tätliche Angriffe oder Ausbruchsversuche zu befürchten sind) unangebracht, so kann die **Hauptverhandlung ohne den Beschuldigten** durchgeführt werden (§ 415 I). Der Beschuldigte ist dann gemäß § 415 II vor der Hauptverhandlung durch einen beauftragten Richter unter Zuziehung eines Sachverständigen zu vernehmen (§ 415 II). Das Vernehmungsprotokoll wird in der Hauptverhandlung verlesen (§ 415 IV 2). Liegen die Voraussetzungen des § 415 I nicht vor, so muss der Beschuldigte in der Hauptverhandlung wenigstens zur Sache vernommen werden. Auf eine Teilnahme an der weiteren Verhandlung kann dagegen aus Rücksichtnahme auf seinen Zustand oder zur Gewährleistung einer ordnungsgemäßen Durchführung der Verhandlung verzichtet werden (§ 415 III). In der Hauptverhandlung ist in jedem Fall ein **Sachverständiger** über den Zustand des Beschuldigten zu vernehmen (§ 415 V). Zu diesem Zweck soll dem Sachverständigen schon im Ermittlungsverfahren Gelegenheit zur Vorbereitung des Gutachtens gegeben werden (§ 414 III).

1022 Stellt sich nach der Eröffnung des Hauptverfahrens heraus, dass der Beschuldigte doch schuldfähig ist, so **geht das Sicherungsverfahren in ein reguläres**

---
[1] *Meyer-Goßner*, § 414 Rn. 8.

Strafverfahren über. Ist das Gericht für die Sache nicht zuständig, so verweist es sie an das zuständige Gericht (§ 416 I).

II Verfahren bei Einziehung und Verfall

Der Verfall (§§ 73 ff. StGB) und die Einziehung (§§ 74 ff. StGB) können in einem regulären Hauptverfahren gegen einen bestimmten Beschuldigten, also in einem subjektiven Verfahren angeordnet werden. Wenn die Verfalls- bzw. Einziehungsanordnung in die **Rechte Dritter** eingreift, bedarf es besonderer Regelungen, die dem Betroffenen die Wahrnehmung seiner Interessen ermöglichen[2]. § 76a StGB lässt unter den dort genannten Voraussetzungen aber auch die **selbständige Anordnung** der Einziehung und des Verfalls in einem sogenannten objektiven Verfahren zu, d.h., ohne dass ein subjektives Verfahren durchgeführt wird.

1023

1. Beteiligung Dritter

Steht einem Dritten das Eigentum oder ein sonstiges Recht an dem einzuziehenden Gegenstand zu oder richtet sich der Verfall gegen eine andere Person als den Angeschuldigten, so ordnet das Gericht die **Beteiligung** des Dritten an dem Verfahren an (§§ 431 I 1, 440 III, 442 II 1). Der Einziehungs- bzw. Verfallsbeteiligte soll schon im Ermittlungsverfahren gehört werden (§§ 432 I, 442 I). Im Hauptverfahren stehen ihm die **Rechte des Angeklagten** zu (§ 433 I), d.h., ihm ist rechtliches Gehör zu gewähren, er kann Anträge stellen, Zeugen laden und Rechtsbehelfe einlegen[3]. In der Hauptverhandlung darf er sich durch einen Verteidiger vertreten lassen (§ 434 I), wenn nicht sein persönliches Erscheinen angeordnet wird (§ 433 II). Bleibt der Nebenbeteiligte trotz ordnungsgemäßer Terminsnachricht aus, so kann ohne ihn verhandelt werden (§ 436 I). Er ist grundsätzlich zur **Einlegung von Rechtsmitteln** gegen das Urteil (Berufung und/oder Revision) berechtigt[4], soweit es ihn beschwert. Die Anfechtung des Schuldspruchs ist jedoch nur unter den Voraussetzungen des § 437 zulässig.

1024

Hatte der von der Einziehung oder der Verfallsanordnung betroffene Dritte keine Möglichkeit, seine Rechte in der erstinstanzlichen Verhandlung oder im Berufungsverfahren geltend zu machen, so kann er innerhalb eines Monats nach Kenntniserlangung von der ihn belastenden Entscheidung deren Überprüfung in einem **Nachverfahren** beantragen, wenn er glaubhaft macht, dass er seine Interessen ohne Verschulden nicht wahrnehmen konnte (§§ 439 I, II 1, 442 II 2). Das Nachverfahren kann also zur Durchbrechung der Rechtskraft führen. Der Antrag ist jedoch nur innerhalb von zwei Jahren nach Eintritt der Rechtskraft zulässig, wenn die Vollstreckung der Entscheidung bereits beendet ist (§ 439 II 2). Für die Durchführung des Nachverfahrens ist das Gericht zuständig, das in der Hauptsache erstinstanzlich entschieden hatte (§ 441 I 1).

1025

---

[2] Zum Spannungsverhältnis des Verfalls und den Rechten Dritter siehe *Kiethe/Hohmann*, NStZ 2003, 505 ff
[3] *Meyer-Goßner*, § 433 Rn. 1.
[4] *Günther*, in: AKStPO, § 437 Rn. 2.

2. Objektives Verfahren

1026 Die selbständige Anordnung des Verfalls oder der Einziehung lässt § 76a StGB in drei Fallgruppen zu. Sowohl die Einziehung als auch der Verfall können nach § 76a I StGB selbständig angeordnet werden, wenn wegen der Straftat **aus tatsächlichen Gründen keine bestimmte Person verfolgt werden kann**, z.B. weil der Täter nicht ermittelt wurde oder weil er sich verborgen hält, sowie nach § 76a III StGB, wenn das Gericht **von Strafe absieht oder wenn das Verfahren aus Opportunitätserwägungen eingestellt wird**. Darüber hinaus ist die Einziehung zum Schutz gegen Gefahren (§§ 74 II Nr. 2, III, 74d StGB) im objektiven Verfahren nach § 76a II StGB zulässig, wenn das subjektive Verfahren **wegen Verjährung oder aus anderen rechtlichen Gründen** nicht durchgeführt werden kann. Das objektive Verfahren kommt auf Antrag der Staatsanwaltschaft – bzw. des Privatklägers – in Gang (§§ 440 I, 442 I). Die Vorschriften über die Nebenbeteiligung und das Nachverfahren gelten auch im objektiven Verfahren (§ 440 III). Das Gericht entscheidet grundsätzlich ohne mündliche Verhandlung durch Beschluss (§ 441 II), doch kann unter den Voraussetzungen des § 441 III auch auf Grund einer mündlichen Verhandlung durch Urteil entschieden werden. Zuständig ist das Gericht, das im subjektiven Verfahren zu entscheiden hätte, sowie das Gericht, in dessen Bezirk der Gegenstand sichergestellt wurde (§ 441 I 1,2).

III Verfahren bei Anordnung der Verbandsgeldbuße

1027 Für die Anordnung der **Geldbuße gegen eine juristische Person oder eine Personenvereinigung** nach § 30 OWiG gelten die Vorschriften über die Verfahrensbeteiligung sinngemäß (§ 444 I, II), wenn sie **kumulativ**, d.h. neben einer Strafe gegen eine natürliche Person, festgesetzt wird. Die selbständige Festsetzung im objektiven Verfahren ist nach §§ 30 IV 1 OWiG, 444 III zulässig, wenn das Strafverfahren nicht eingeleitet oder eingestellt oder wenn von Strafe abgesehen wird. Eine **isolierte Verbandsgeldbuße** kann danach insbesondere verhängt werden, wenn der Täter der konkreten Anknüpfungstat nicht ermittelt werden konnte[5]. Ist die Verfolgung der Anlasstat aus rechtlichen Gründen nicht möglich, z.B. weil sie verjährt ist, so scheidet jedoch auch die Verbandsgeldbuße aus (§ 30 IV 3 OWiG).

IV Steuerstrafverfahren

1028 Für das Strafverfahren wegen Steuerstraftaten (z.B. Steuerhinterziehung, §§ 370, 370a AO, Bannbruch, § 372 AO, Steuerhehlerei, § 374 AO, Steuerwertzeichenfälschung und deren Vorbereitung, §§ 148, 149 StGB, Begünstigung eines Steuerstraftäters, § 257 StGB) enthalten §§ 386 ff. AO einige Modifizierungen des allgemeinen Strafprozessrechts, die hier nur grob skizziert werden können. Die Besonderheiten betreffen hauptsächlich das Ermittlungsverfahren.

---

[5] *Hellmann/Beckemper*, Wirtschaftsstrafrecht, 2004, Rn. 950 ff.

1. Ermittlungsbehörden

Hat das Ermittlungsverfahren ausschließlich eine Steuerstraftat zum Gegenstand oder eine Steuerstraftat und zugleich ein Allgemeindelikt, das Kirchensteuern oder andere öffentlich-rechtliche Abgaben betrifft, für deren Festsetzung die Besteuerungsgrundlagen maßgeblich sind („Abgabenbetrug" nach § 263 StGB), so ist – neben der Staatsanwaltschaft – die Finanzbehörde (Hauptzollamt, Finanzamt, Bundesamt für Finanzen, Familienkasse, § 386 I 2 AO) zur **selbständigen Durchführung des Ermittlungsverfahrens** zuständig (§ 386 II AO). Es existieren also „Steuerstaatsanwaltschaften", denen grundsätzlich die Rechte und Pflichten der Staatsanwaltschaft übertragen worden sind (§ 399 I AO). Zur Wahrnehmung dieser Aufgaben und Befugnisse wurden bei den Finanz- und Hauptzollämtern **Strafsachenstellen** gebildet. Die Finanzbehörde verliert diese selbständige Ermittlungsbefugnis allerdings, wenn gegen den Beschuldigten ein Haft- oder Unterbringungsbefehl erlassen wurde (§ 386 III AO). Die Staatsanwaltschaft kann gemäß § 386 IV 2 AO zudem das Steuerstrafverfahren jederzeit übernehmen (sogenanntes Evokationsrecht), doch erfährt sie in der Praxis zumeist nichts von den Ermittlungsverfahren der Finanzbehörde. Die Strafsachenstelle kann von allen Einstellungsmöglichkeiten (§§ 170 II, 153 ff. StPO, 398 AO) Gebrauch machen, die öffentliche Klage jedoch nur durch Beantragung eines Strafbefehls oder der Festsetzung von Nebenfolgen im selbständigen Verfahren erheben (§§ 400 1. Teils., 401 AO). Soll Anklage erhoben werden, muss sie das Verfahren an die Staatsanwaltschaft abgeben (§ 400 2. Teils. AO). Die Finanzbehörde hat zudem im staatsanwaltschaftlichen und gerichtlichen Steuerstrafverfahren weitgehende Akteneinsichts-, Beteiligungs- und Mitwirkungsrechte (§§ 395, 403, 406, 407 AO).

1029

Die **Steuer- und Zollfahndungsstellen** nehmen gemäß § 404 AO im Steuerstrafverfahren die Aufgaben der Kriminalpolizei wahr (siehe schon *Rn. 152*).

1030

§§ 399 II, 402 AO übertragen darüber hinaus in bedenklicher Weise[6] steuerstrafverfahrensrechtliche Aufgaben und Befugnisse auf Besteuerungsbehörden, sodass letztlich alle Finanzbehörden bei Vorliegen eines Anfangsverdachts zur Aufnahme der Ermittlungen berechtigt und verpflichtet sind. In der Praxis schalten diese Behörden aber in aller Regel die Strafsachen- oder Fahndungsstelle ein.

1031

2. Nebeneinander von Besteuerungs- und Steuerstrafverfahren

Weitere Regelungen dienen dem Schutz des Beschuldigten eines Steuerstrafverfahrens, der zugleich Beteiligter eines Besteuerungsverfahrens ist, das denselben Steuerfall betrifft. Konflikte können entstehen, weil in der Regel beide Verfahren **nebeneinander** betrieben werden und die Ermittlung der Besteuerungsgrundlagen sowohl für die Steuerfestsetzung als auch für die Feststellung des Tatbestandes der Steuerhinterziehung erforderlich ist. Der Beschuldigte bedarf in dieser Situation des besonderen Schutzes, weil er im Besteuerungsverfahren an sich erzwingbar zur Mitwirkung verpflichtet ist[7].

1032

---

[6] *Hellmann*, in: Hübschmann/Hepp/Spitaler, § 399 Rn. 13 ff.; § 402 Rn. 6.
[7] Vgl. *Rüping/Kopp*, NStZ 1997, 530 ff.

> **Beispiel**: A, der eine Gaststätte betreibt, hatte in seinen Umsatz- und Einkommensteuererklärungen falsche Angaben gemacht und dadurch Steuern in erheblicher Höhe verkürzt. Als das Finanzamt durch Ermittlungen bei einem seiner Lieferanten Anhaltspunkte für „Schwarzeinkäufe" gefunden hatte, forderte es A auf, seine Buchführungsunterlagen vorzulegen, und drohte ihm für den Fall der Weigerung ein Zwangsgeld in Höhe von 5.000 Euro an.

1033 A ist im Besteuerungsverfahren gemäß § 90 I AO zur Mitwirkung verpflichtet, und er kann nach §§ 328 ff. AO grundsätzlich zur Erfüllung dieser Pflicht gezwungen werden. Im Strafverfahren gilt dagegen der Grundsatz „nemo tenetur se ipsum accussare", der die Androhung und Anwendung von Zwang zur Herbeiführung einer Selbstbelastung verbietet (*Rn. 433*). § 393 I 1 AO bestimmt, dass sich die Rechte und Pflichten des Steuerpflichtigen und der Finanzbehörde im Besteuerungs- und im Steuerstrafverfahren nach den für das jeweilige Verfahren geltenden Vorschriften richten. Danach bleibt A zur Mitwirkung im Besteuerungsverfahren verpflichtet. Käme er dieser Pflicht nach, indem er wahrheitsgemäße Angaben über den Steuerfall macht, so hätte das zur Folge, dass er die Steuerhinterziehung aufdecken müsste, weil gemäß § 30 IV Nr. 1 AO die in einem Besteuerungsverfahren offenbarten Informationen auch in einem Steuerstrafverfahren verwertet werden dürfen. Um die Aushöhlung des strafverfahrensrechtlichen Mitwirkungsverweigerungsrechts des Beschuldigten zu verhindern, verbietet § 393 I 2 AO die Androhung und Anwendung von Zwangsmitteln im Besteuerungsverfahren, wenn der Steuerpflichtige dadurch gezwungen würde, sich wegen einer Steuerstraftat zu belasten. Die unter Zwangsmittelandrohung erfolgte Aufforderung des Finanzamts zur Vorlage der Buchführungsunterlagen war somit rechtswidrig, sodass A ihr nicht Folge leisten musste. Obwohl die steuerrechtliche Mitwirkungspflicht bei einer steuerstrafrechtlichen Selbstbelastungsgefahr also formal bestehen bleibt, führt das Zwangsmittelverbot faktisch zu einer Suspendierung dieser Pflicht, da eine Mitwirkungsverweigerung letztlich ohne Folgen bleibt[8]. Das **Zwangsmittelverbot** gilt im Übrigen stets, wenn gegen den Steuerpflichtigen ein Steuerstraf- (oder Steuerordnungswidrigkeiten-)verfahren eingeleitet wurde (§ 393 I 3 AO). § 397 I AO enthält eine auf andere Strafverfahren übertragbare Regelung (*Rn. 56*) der Einleitung des Steuerstrafverfahrens, und § 397 II AO schreibt vor, dass der Zeitpunkt der Einleitung unverzüglich in den Akten zu vermerken ist.

3. Schutz vor Selbstbelastung wegen einer Nichtsteuerstraftat

1034 Der Steuerpflichtige kann zudem in die Situation geraten, dass er sich durch wahrheitsgemäße Angaben im Besteuerungsverfahren wegen einer Nichtsteuerstraftat belasten würde. Nach § 40 AO ist es nämlich für die Besteuerung unerheblich, ob ein Verhalten, das den Tatbestand eines Steuergesetzes erfüllt, gegen ein gesetzliches Verbot oder die guten Sitten verstößt. Die Pflicht, in einem Besteuerungsverfahren wahrheitsgemäße Angaben zu machen, entfällt deshalb auch dann nicht, wenn der Erklärungspflichtige strafrechtlich relevante Informationen mitteilen

---

[8] *Böse*, S. 475 ff.; *Hellmann*, in: Hübschmann/Hepp/Spitaler, § 393 Rn. 39.

muss. Ihm kann die Erfüllung seiner steuerlichen Mitwirkungspflicht bei einer strafrechtlichen Selbstbelastungsgefahr aber nur zugemutet werden, wenn sichergestellt ist, dass ihn die mitgeteilten Tatsachen nicht in einem Strafverfahren zur Last gelegt werden. Die AO gewährt dem Betroffenen in dieser Konfliktlage einen doppelten Schutz. Das Steuergeheimnis (§ 30 AO) verbietet der Finanzbehörde grundsätzlich die Offenbarung von Informationen, die ihr in einem Steuerverfahren mitgeteilt worden sind. Zudem unterliegen steuerliche Informationen, die den Strafverfolgungsbehörden oder dem Strafgericht gleichwohl bekannt werden, gemäß § 393 II AO einem **Verwertungsverbot in Strafverfahren wegen einer Nichtsteuerstraftat**, wenn der Steuerpflichtige sie vor Einleitung des Strafverfahrens oder in Unkenntnis der Einleitung in Erfüllung steuerrechtlicher Pflichten offenbart hatte. Dieser Schutz versagt jedoch, wenn es sich bei den Nichtsteuerstraftaten um Verbrechen, vorsätzliche schwere Vergehen gegen Leib und Leben oder gegen den Staat und seine Einrichtungen sowie um gravierende Wirtschaftsstraftaten handelt, denn § 30 IV Nr. 5a, b AO gestattet die Offenbarung steuerlicher Informationen zur Verfolgung solcher Straftaten (*Rn. 114*), und § 393 II 2 AO nimmt sie von dem Verwertungsverbot ausdrücklich aus. Da der nemo-tenetur-Grundsatz aber auch in diesen Fällen gilt, muss der Betroffene davor geschützt werden, dass die von ihm unter Androhung oder Anwendung von Zwang mitgeteilten selbst belastenden Tatsachen zu seiner Überführung in einem Strafverfahren benutzt werden. Die h.M.[9] hält die Regelung deshalb zwar zutreffend für verfassungswidrig und folgert daraus, dass die Offenbarung durch die Besteuerungsbehörden und die Verwertung solcher Informationen im Strafverfahren unzulässig ist. Das BVerfG, das allein die Verfassungswidrigkeit feststellen könnte, hat darüber bisher aber noch nicht entschieden[10].

Kontrollfragen

1. Welche Rechtsfolgen können im Sicherungsverfahren verhängt werden? (Rn. 1020)
2. Was ist unter dem Begriff „Objektives Verfahren" zu verstehen? (Rn. 1023, 1026)
3. Welche Stellung haben die Strafsachenstellen der Hauptzoll- und Finanzämter im Steuerstrafverfahren? (Rn. 1029)

Literatur

Kiethe/Hohmann, Das Spannungsverhältnis von Verfall und Rechten Verletzter (§ 73 I 2 StGB), NStZ 2003, 505.
Rüping/Kopp, Steuerrechtliche Mitwirkungspflichten und strafrechtlicher Schutz vor Selbstbelastung, NStZ 1997, 530.

---

[9] *Hellmann*, in: Hübschmann/Hepp/Spitaler, § 393 Rn. 180 ff.; *Joecks*, in: Franzen/Gast/Joecks, Steuerstrafrecht, § 393 Rn. 10, 72 ff.; *Kohlmann*, Steuerstrafrecht, § 393 Rn. 83.
[10] Offengelassen in BVerfG, wistra 1988, 302 f.

Paragraphenregister

Die angegebenen Fundstellen beziehen sich auf Randnummern des Buches; Hauptfundstellen sind durch Hervorhebung kenntlich gemacht.

AO
§ 30:   114, 1033
§ 40:   1034
§ 90:   1033
§ 116:   47
§ 386:   1029
§ 393:   786, **1033 ff.**
§ 397:   **23**, **67**, 1033
§ 398:   560
§ 404:   152, **175**, 415, 1030

BRRG
§ 38:   95

BVerfGG
§ 79:   967 ff.
§ 95:   968 f.

EGGVG
§ 9:   905
§§ 23 ff.: 105, 186 f., 309, 424, 499
§ 31:   504

EGStGB
Art. 6: 129, 723

EGStPO
§ 6:   102, **158 f.**

EMRK
Art. 5: 498
Art. 6: 8 f., 169, 203, 437, 646, 808, 1006

GG
Art. 1:   7
Art. 2:   9, 166, 199, 439
Art. 5:   649 f.
Art. 10: 116, 333
Art. 16: 256
Art. 19: 215
Art. 20: 9, 94, 158 f.
Art. 35: 107
Art. 101: 586 ff.
Art. 103: **435**, 814, **833 ff.**
Art. 104: **130**, 282

GVG
§ 16:   586
§ 21e: 178, 585
§ 24:   582 f., 589, 1020
§ 25:   582, 982, 999, 1008, 1020
§ 29:   580
§ 30:   661
§ 74:   581, 589, 949
§ 74c: 582
§ 76:   579 f., 879
§ 120:   178, 213, 581, 949
§ 121:   897
§ 132:   897
§ 140a: 961
§ 141:   83
§ 142:   82, 85
§ 144:   **88**, 91
§ 145:   84, **89**, 105
§ 146:   **90 f.**, 98
§ 147:   92
§ 150.   66, 105, 545
§ 152:   55, 79, **172 f.**

§ 153:	644
§ 157:	622
§ 159:	68
§ 169:	645 ff.
§ 171a:	652 **f.**
§ 171b:	652, **654**, 736
§ 172:	652, **655**
§ 174:	655
§ 175:	657
§ 176:	648 f., 651, 678
§ 177:	642, 657
§ 178:	657
§ 183:	47
§ 192:	637
§ 196:	795 f.
§ 197:	797

G 10
§ 3:	344
§ 4:	345
§ 5:	346
§ 7:	346
§ 8:	347

OWiG
| § 30: | 1027 |
| § 111: | 448 |

StGB
§ 69:	204
§ 76a:	1026
§§ 77 ff.:	42, 44
§ 78:	128

StPO
§ 22:	592, 713 f.
§ 24:	595 f.
§ 25:	597
§ 26:	596, 598
§ 27:	598
§ 28:	598, 940
§ 30:	593
§ 33:	**435**, 695
§ 33a:	435
§ 44:	850
§ 51:	130, 723
§ 52:	727
§ 53:	391, 728 f.
§ 54:	730

§ 55:	731 ff.
§ 59:	725
§ 68:	14
§ 70:	724
§ 73:	128, 148
§ 74:	751
§ 75:	751
§ 81:	279
§ 81a:	283 ff.
§ 81b:	306 f.
§ 81c:	290 f.
§ 81e:	296 f.
§ 81f:	296 f.
§ 81g:	300 ff.
§ 92:	761
§ 93:	761
§ 94:	382 f.
§ 95:	382
§ 96:	110, 387
§ 97:	111, **388 ff.**, 398
§ 98:	**185 ff.**, 204, 384 f.
§ 98a:	317 ff.
§ 98b:	320 f.
§ 98c:	322
§ 99:	386
§ 100a:	**329 ff.**, 342, 529
§ 100b:	121 f., 329, 334 f.
§ 100c:	125, 358 f., 362 ff., 529
§ 100d:	125
§ 100f:	350 ff., 358 ff.
§ 100g:	**336 ff.**, 342
§ 100h:	336, **338 ff.**
§ 100i:	342, **355 ff.**
§ 102:	303, 405
§ 103:	304, 406
§ 108:	413 f.
§ 110:	126, 415
§ 110a:	373 ff., 377
§ 110b:	110, 376
§ 110c:	377
§ 111:	315
§ 111a:	204
§ 111b:	402
§ 112:	221 ff.
§ 112a:	221, **231 f.**
§ 113:	234
§ 114:	237
§ 114a:	238
§ 114b:	239

Paragraphenregister 367

§ 115:	240	§ 163b:	132, **275 f.**
§ 115a:	240	§ 163c:	274, 277
§ 116:	243 ff.	§ 163d:	323 ff.
§ 116a:	243, 245	§ 163e:	326
§ 117:	253 f.	§ 163f:	370 ff.
§ 118:	254	§ 165:	192
§ 119:	241	§ 166:	194
§ 120:	247 ff.	§ 167:	195
§ 121:	250	§ 168c:	441, 494 f.
§ 125:	192 f.	§ 168e:	536, 738
§ 126a:	280 f.	§ 169:	178
§ 127:	175, **259 ff.**	§ 170:	22, **544 ff.**, **548 ff.**
§ 127b:	221, **230**, 270	§ 171:	41, 551
§ 128:	274	§ 172:	939
§ 130:	219	§ 200:	601 ff.
§ 131:	136, 311	§ 203:	24 f., 606
§ 131a:	312	§ 204:	25, 611
§ 131b:	313	§ 205:	613
§ 133:	447	§ 206:	25
§ 136:	**433**, 444, 752	§ 206a:	929
§ 136a:	433, **457 ff.**, 690, 699, 752, 786	§ 207:	607
		§ 209:	608
§ 137:	439, 487, 493 f.	§ 213:	617
§ 138a:	519 ff.	§ 214:	618 ff.
§ 138b:	522	§ 216:	618
§ 140:	506 ff.	§ 217:	618
§ 142:	512 f.	§ 218:	618
§ 145:	636, 639	§ 219:	621
§ 146:	515	§ 220:	621
§ 147:	498 f.	§ 222:	619
§ 148:	330, **501 ff.**	§ 222a:	623
§ 151:	78	§ 222b:	623, 910
§ 152:	23, 50, **55**, 57	§ 223:	**622**, 776
§ 153:	554, **556 ff.**, 847, 929	§ 225:	622
§ 153a:	554, **561 ff.**, 847, 929	§ 226:	636
§ 154:	**570 ff.**, 929	§ 227:	639
§ 154a:	**573**, 929	§ 229:	634
§ 155:	78, 685	§ 230:	230, 618, 640
§ 158:	39 ff.	§ 231a:	642
§ 159:	47	§ 231b:	642
§ 160:	23, 50, **70**, 101	§ 231c:	642
§ 161:	70 f., 80, **106 ff.**, **133 ff.**, 140, 149 f., 167	§ 232:	641
		§ 233:	641
§ 161a:	128 ff., 496	§ 237:	719
§ 162:	71, 177 f., 189	§ 238:	686 f.
§ 163:	23, 50, 55, **70 f.**, **81**, **141 ff.**, 149, **165 ff.**, 192	§ 241a:	736
		§ 243:	433, **624 ff.**
§ 163a:	131, 437 f., 440, 444, 447, 494	§ 244:	628, 662, 685, **775 ff.**, 886, 984

§ 245:	763, 778	§ 349:	925
§ 247:	**643**, 736	§ 351:	927
§ 247a:	738, 776	§ 353:	930
§ 249:	681 f., **753 ff.**	§ 354:	930 f.
§ 250:	184, 662	§ 357:	932 ff.
§ 251:	668	§ 359:	963 ff.
§ 252:	**669 f.**, 738	§ 361:	956
§ 253:	672, 675	§ 362:	971
§ 254:	184, 672 f., 675	§ 363:	959
§ 256:	667	§ 366:	958, 973
§ 257:	628	§ 368:	973
§ 258:	630	§ 369:	973 f.
§ 260:	632	§ 370:	975
§ 261:	659, 690, 703, **799 ff.**, 808	§ 371:	978
§ 262:	804	§ 372:	973, 975
§ 263:	795	§ 373:	977
§ 264:	78, 659, **814 f.**, 820	§ 388:	984
§ 265:	820 f.	§ 390:	985
§ 266:	822	§ 396:	988
§ 268:	823 f.	§ 403:	990
§ 269:	912	§ 404:	991
§ 274:	803	§ 406:	13, 992 f.
§ 275:	825 f.	§ 406e:	531 **f.**
§ 296:	867	§ 406f:	533
§ 302:	871, 873	§ 406g:	534
§ 304:	213, 252, 518, **936 ff.**	§ 407:	990, **1008 f.**
§ 305:	617, 940	§ 408:	1011 f.
§ 306:	**252**, 858, **944 f.**	§ 410:	1014
§ 307:	858	§ 411:	1015 f.
§ 308:	945	§ 415:	1021
§ 309:	945	§ 416:	1022
§ 310:	947	§ 417:	997 ff.
§ 311a:	945	§ 418:	999, **1001**
§ 313:	**876**, 898	§ 419:	999, 1004 f.
§ 314:	877	§ 474:	423 f.
§ 317:	878	§ 475:	423 f.
§ 322a:	876	§ 476:	423 f.
§ 324:	885	§ 477:	423
§ 325:	886	§ 478:	424
§ 326:	887	§ 481:	425
§ 328:	892	§ 482:	426
§ 333:	898	§ 483:	417
§ 335:	877, 898	§ 484:	417
§ 337:	897, 907, **918 ff.**	§ 492:	419 ff.
§ 338:	623, 692, **907 ff.**	§ 494:	422
§ 341:	899		
§ 344:	902 ff.		
§ 345:	900		
§ 346:	923		

Sachverzeichnis

Die Zahlenangaben beziehen sich auf Randnummern des Buches; Hauptfundstellen sind durch Hervorhebung kenntlich gemacht.

A

Abgeordnete
- Beschlagnahmeverbot 394

Abhören des nichtöffentlich gesprochenen Wortes 358 ff.

Abschließende Entscheidung 793 ff.
- Entscheidungsformen 813

Abschluss des Ermittlungsverfahrens 539 ff.
- Einstellung des Verfahrens 548 ff.
- Erhebung der öffentlichen Klage 544 ff.
- Formen 540 ff.

Absprache 688 ff.
- Beweisverwertungsverbot 698 f.
- Konsequenzen 696 ff.
- Rechtsmittelverzicht 690, **700**
- Rechtsnatur 696
- Voraussetzungen 693 ff.
- Zulässigkeit 689 ff.

Abstimmung 793 ff.

Abwendungsauskunft 117 f.

Adhäsionsverfahren 37, **990 ff.**
- Begriff 990
- Entscheidungsmöglichkeit 992 f.
- Rechtsmittel 994
- Verfahren 991
- Vollstreckung 995

Aditionsverfahren 973

Akkusationsprinzip 78

Akteneinsicht 423 f.
- Beschuldigter 500
- Richter 660 f.
- Schöffe 660 f.
- Verletzter 532

- Verteidiger 498 ff.

Aktive Teilnahme am Strafprozess 526 ff.

Amtliche Verwahrung 382

Amtsanwalt 85

Amtshilfe 107

Anfangsverdacht **57 ff.**
- Ausschluss des Verteidigers 522
- Ausschreibung zur polizeilichen Beobachtung 326
- Beschuldigteneigenschaft 427
- Bildaufzeichnungen 350
- Durchsuchung beim Beschuldigten 405
- körperliche Durchsuchung 303
- Lichtbilder 350
- Rasterfahndung 318
- Schleppnetzfahndung 324
- Sicherstellung 383
- Steuerstrafverfahren 1031
- Technische Observationsmittel 354
- Verdeckter Ermittler 375

Anfechtung
- siehe Rechtsschutz

Anfechtungsberechtigter 859
- Wahlrecht 877, 898

Angehörige
- Zeugnisverweigerungsrecht 727

Angeklagter
- Abwesenheit 888 ff.
- Anwesenheitspflicht **640 ff.**, 926
- Ausbleiben 888
- Begriff 609
- Belehrung über Aussageverweigerungsrecht 627

- Beurteilung der Schuldfähigkeit 747 ff.
- Beweis der Schuld 799 ff.
- Erscheinenspflicht 890
- letztes Wort 630, 887, 920 f., 927
- Schweigen 807
- Wahlrecht des Rechtsmittels 877

Angeschuldigter 600
Anklageerhebung 22, **544 ff.**
Anklagegrundsatz 78
Anklagemonopol der Staatsanwaltschaft 553
Anklagesatz 601, 626
Anklageschrift 601 ff.
Anklagezwang 56
Annahmeberufung **876**, 882, 994
Anschlusserklärung 988
Antragsdelikt **42 ff.**, 77
Anwesenheitspflichten **636 ff.**, 888 ff., 926
- Verletzung als absoluter Revisionsgrund 913

Anwesenheitsrecht
- Beschuldigter 441
- Nebenkläger 974, 989
- Verteidiger **494 ff.**, 974

Anzeigepflicht 45 ff.
- Behörden 46 ff.
- gesetzliche 47 ff.
- Polizei 50 ff.
- Privatpersonen 45
- Staatsanwaltschaft 50 ff.
- Strafvollzugsbeamte 48 f.

Arten strafprozessualer Ermittlungstätigkeit der Polizei 138 ff.
Asservate 498
Aufenthaltsermittlung mittels Standorterkennung eines Mobiltelefons **341 f.**, 356
Aufhebung des Haftbefehls 247 ff.
Aufklärungsrüge 903
Aufzeichnen des nichtöffentlich gesprochenen Wortes 358 ff.
Augenscheinsbeweis 757 ff.
- Augenscheinsgehilfen 758
- Begriff 757
- Lichtbilder 758
- Tonaufnahmen 760
- Unmittelbarkeitsgrundsatz 758, 760

- Verfahren 758 ff.

Augenscheinsobjekt 11, 760
Ausbleiben des Angeklagten 888
Auskunft über Telekommunikationsverbindungsdaten 336 ff.
Auskunftsersuchen 70
Auskunftserteilung 423 f.
Auskunftspflicht 107
Auskunftsrecht der Staatsanwaltschaft 70, **107 ff.**
- Grenzen 107 ff.

Auskunftsverlangen 70
Auskunftsverweigerungsrecht 731 f.
- Behörde 110 ff.

Auslagen des Verfahrens 827 f.
Auslandszeuge 776 f.
Auslieferung 255 ff.
Aussagepflicht
- Sachverständiger 129, 750
- Zeuge 129, 131, 724

Aussageverweigerungsrecht
- Angeklagter 627
- Zeuge 669, 726 ff.

Ausschließung
- Angeklagter 643
- Gerichtspersonen 591 ff.
- Öffentlichkeit **652 ff.**, 736, 739
- Richter 591 ff.
- Schöffe 591 ff.
- Staatsanwalt 102 ff.
- Verteidiger 519 ff.

Ausschreibung
- zur Aufenthaltsermittlung 312
- zur Festnahme 311
- zur polizeilichen Beobachtung 326 f.

Außerdienstliche Kenntniserlangung von dem Verdacht einer Straftat 51 ff.
Aussetzung der Hauptverhandlung **633 ff.**, 821

B
BAföG-Rasterfahndung 319
Bankgeheimnis 115
Bayerisches Oberstes Landesgericht 905
Beauftragung eines Sachverständigen
- durch Polizei 148

- durch Staatsanwaltschaft 128
Befangener Staatsanwalt 102 ff.
- Befangenheitsgründe 102 ff.
- Geltendmachung eines Ablehnungsgrundes 105
Befangenheit
- absoluter Revisionsgrund 911
- bei Einhaltung einer unzulässigen Absprache 691
- Gerichtspersonen **595 ff.**, 691
- Richter **595 ff.**, 691
- Staatsanwalt 102 ff.
Befriedungsfunktion des Strafrechts 4 f.
Befugnisgeneralklausel
- Polizei 70, 133, **143 ff.**
- Staatsanwaltschaft 70, **106 ff.**, **133 ff.**
Belehrung
- Aussageverweigerungsrecht 627
- Eidesverweigerungsrecht 734
- qualifizierte 700
- Schweigerecht 450 f.
- unterbliebene Beschuldigtenbelehrung 451, 456, 788
- unterbliebene Zeugenbelehrung 732, 788
- Verletzung der Belehrungspflicht 451
- Zeugnisverweigerungsrecht 732
Berufsgeheimnisträger
- Beschlagnahmeverbot 389 ff.
- Entbindung von der Schweigepflicht 729
- Zeugnisverweigerungsrecht 728
Beschlagnahme 380 ff.
- Begriff 382
- Herausgabeverlangen 382
- Postbeschlagnahme 386
- potentieller Beweismittel 381 f.
- Rückgabe beschlagnahmter Gegenstände 403
- Zweck 380
beschlagnahmefreie Gegenstände 388 ff.
Beschlagnahmeprivileg 111
Beschlagnahmeverbote 387 ff.
- Abgeordnete 394
- Bekennerschreiben 395 f.

- beschlagnahmefreie Gegenstände 388 ff.
- Durchsuchung 407
- Presse 395 f.
- Rundfunk 395 f.
- selbst recherchiertes Material 396
- Sperrerklärung 387
- verfassungsrechtliche Beschlagnahmeverbote 397 f.
Beschleunigtes Verfahren 33, **997 ff.**
- Anwendungsbereich 997 ff.
- Beweisaufnahme 1003
- Eignung zur sofortigen Verhandlung 998
- einfacher Sachverhalt 998
- Entscheidungsmöglichkeiten 1004 f.
- Kritik 1006
- Rechtsmittel 1005
- Vereinfachungen 1001, 1003
- Verfahren 1001 ff.
- Voraussetzungen 997 ff.
- Zuständigkeit 999
Beschleunigungsgebot 250, 256
Beschränkung der Strafverfolgung 573 f.
Beschuldigtenvernehmung 442 ff.
- Ablauf 446
- Begriff 443 ff.
- Belehrung 450 ff.
- Ermöglichung der Verteidigerkonsultation 439, **452 ff.**
- Erscheinenspflicht 447
- Pflichten der Vernehmenden 450 ff.
- verbotene Vernehmungsmethoden 457 ff.
- Verwertungsverbot 451, 456, 477 ff., 482 ff., 788
- Wahrheitspflicht bei Aussagebereitschaft 449
Beschuldigter
- Akteneinsicht 500
- Anwesenheitsrecht 441
- Beschuldigteneigenschaft 427 ff.
- Beweisantragsrecht 440
- Einflussnahme auf das Ermittlungsverfahren 73
- Erscheinenspflicht 131, 447
- Mitwirkungsverweigerungsrecht 7

- Objektsqualität 432 f.
- Pflichten 447 ff.
- rechtliches Gehör 435 ff.
- Rechtsstellung 427 ff.
- Schutz 6 ff.
- Subjektstellung 434 ff.
- Schweigerecht 433, **450 f.**
- Übergang von der Zeugen- zur Beschuldigtenvernehmung 430 f.
- Verkehrsrecht mit Verteidiger 501 ff.
- Vernehmung 442 ff.
- Vernehmungspflicht 437 f.
- Verteidigerkonsultation 439, **452 ff.**, 788
- Vorführung **131**, 230, **282**, 890

Beschwer 860 ff.
- qualifizierte 959

Beschwerde 31, 213 ff., 518, 553, **936 ff.**, 988
- Abhelfen 944 f.
- Ausschluss 940
- Begriff 936 ff.
- Beschwerdegericht 943
- einfache **937**, 942, 944
- Entscheidungsmöglichkeit 946
- Form 942
- Frist 942
- Haftbeschwerde **251 ff.**, 945
- Hauptverhandlung 943
- sofortige 279, 599, 612, 881, **937**, 942, 944, 973, 975, 994, 1012, 1015
- Statthaftigkeit 940 f.
- Terminbestimmung der Hauptverhandlung 617
- Verfahren 944 ff.
- Verwerfung 944, 946
- weitere Beschwerde 947 f.
- Zulässigkeit 940 ff.
- Zurückverweisung 946
- Zuständigkeit 943

Besetzungsrüge 910

Besondere
- Bedeutung des Falles 583
- Verfahrensarten 32 ff., **979 ff.**

Bestrafung wegen derselben Tat 814, **833 ff.**

Beteiligungsrechte des Verletzten 531 ff.

Beugehaft 478 f., 724
Bewegungsbild 326, 341 f.
Beweisantrag 762 ff.
- Ablehnung 775 ff.
- Arten 769 ff.
- bedingter 770
- Begriff 764
- Hilfsbeweisantrag 770, 772
- Eventualbeweisantrag 771 f
- Privatklageverfahren 984
- Stellung 769 ff.
- Voraussetzungen 764 f.

Beweisantragsrecht 440
- Missbrauch 773 f.

Beweisaufnahme 628 f., 662 ff., **701 ff.**
- Berufung 886
- Beschleunigtes Verfahren 1003
- Beweisbedürftigkeit 702 ff.
- formelle Unmittelbarkeit **659 ff.**, 663 ff., 738
- Freibeweis 705 ff.
- gesperrte Zeugen **676 ff.**, 791
- materielle Unmittelbarkeit **662**, 666 ff., 738
- Mündlichkeit 681 ff.
- Revision 927
- Strafbefehlsverfahren 1016
- Strengbeweis 705 ff.
- Verlesung 667 ff., 886
- Vernehmung von Verhörspersonen 669 f.
- Vorhalt einer früheren Aussage 674 f.

Beweisbedürftigkeit 702 ff.
Beweiserhebungsverbot 780 f.
Beweisermittlungsantrag 763, **766 ff.**
- Begriff 766

Beweiskraft des Sitzungsprotokolls 803
Beweislast 921
Beweismethodenverbot 780
Beweismittel 709 ff.
- Augenscheinsbeweis 757 ff.
- Einlassung des Angeklagten 709
- gesetzliche 27, 705
- im weiteren Sinn 709
- neue 965 f.
- persönliche 709
- präsente 763, 778
- sachliche 709

- Sachverständigenbeweis 741 ff.
- Sicherstellung 381 ff.
- unerreichbares 776
- ungeeignetes 776
- Urkundsbeweis 753 ff.
- Zeugenbeweis 710 ff.

Beweismittelverbot 780
Beweisregeln 799
Beweissicherungspflicht der Strafverfolgungsorgane 70
Beweissurrogate 662
Beweisthemaverbot 780
Beweisverbote 780 ff.
- Arten 780
- Zweck 781

Beweisverwertungsverbote 780, **782 ff.**
- Absprache 698 f.
- Abwägungsprinzip 784, 789 f.
- Aussagen aus nichtstrafrechtlichen Verfahren 478 f.
- Beschlagnahmeverbot 788
- Beweiswürdigung 806
- Bildaufnahmen 789
- Fernwirkung 792
- gesetzliche 786
- gesperrter Zeuge 791
- Informationen aus Verwaltungs- oder Zivilverfahren 791
- Kriterien 782 ff.
- Privatpersonen 789 f.
- Rechtskreistheorie 783
- Rechtswidrige Erlangung des Beweismittels durch Privatpersonen 477, 530
- Reichweite des Verlesungsverbotes 670 f.
- selbständige 785 f.
- Steuerstrafverfahren 1034
- Tagebuchaufzeichnungen 790
- Telefonüberwachung 788
- Tonaufnahmen 788 f.
- ungeregelte 787 f.
- unselbständige 782 ff.
- unterbliebene Beschuldigtenbelehrung **451, 456,** 788
- unterbliebene Zeugenbelehrung **732,** 788
- Untersuchung 786
- verbotene Vernehmungsmethoden 477, **482 ff.**, 786
- verfassungsrechtliche Verwertungsverbote 789 ff.
- Verletzung des Beweiserhebungsverbotes 782 ff.
- Verstoß gegen die Schweigepflicht 729
- willkürliche Verfahrenstrennung zur Zeugengewinnung eines Mitbeschuldigten 720
- Zeugnisverweigerungsrecht und Verlesung **669 ff.**, 786
- Zufallsfunde 786

Beweiswürdigung
- Beweisverwertungsverbot 806
- freie Beweiswürdigung 799 ff.
- Grenzen 802 ff.
- in dubio pro reo 808 ff.
- Schweigen des Angeklagten 807
- Vorfragenkompetenz 804
- wissenschaftliche Erkenntnisse 805

Bildaufzeichnungen 125, 306, **350 ff.**, 529

Bindung
- an andere Entscheidung 803 f.
- an Rechtsauffassung des Revisionsgerichts 930
- der Staatsanwaltschaft an die Rechtsprechung 64 ff.

Blinder Richter 638
Blutprobe 203 f., **286 ff.**
- DNA-Analyse 295 f.

Brechmittel 289
Briefgeheimnis 116
Bundeskriminalamt 151

D

Dateiregelungen 417 f.
Datenabgleich 322
Deal 688
Devolutionsrecht **89**, 96
Devolutiveffekt 252 f., **858**, 938
Dienstaufsicht der Staatsanwaltschaft 92
DNA-Analyse 294 ff.
- Identitätsfeststellung 300 ff.

DNA-Massentest 297 f.
Doppelte Bestrafung 814, **832 ff.**

Doppelzuständigkeit 582
Dringender Tatverdacht **219**, 231, 248, 265, 520
Drohung mit einer unzulässigen Maßnahme 473
Durchermitteln durch die Polizei 142
Durchsicht von Papieren 126, 415
Durchsuchung
- Abgrenzung zur Untersuchung 284 f.
- Anordnungsbefugnis 305
- Dritter 304
- Durchführung 410 ff.
- körperliche Durchsuchung **283 ff.**, 651
- Sachen und Räume 404 ff.
- Verdächtiger 303

E
Eidespflicht
- Sachverständiger 750
- Zeuge **725**, 734
Eidesunfähige 725
Eidesunmündige 725
Eidesverweigerungsrecht 734
Eilkompetenz der
- Polizei 127, 144
- Staatsanwaltschaft 120 ff.
Einflussnahme des Beschuldigten auf das Ermittlungsverfahren 73
Einleitung des Ermittlungsverfahrens
- durch Anzeigen von Behörden 46 ff.
- bei außerdienstlicher Kenntniserlangung 51 ff.
- Beginn 23, 67
- kraft amtlicher Wahrnehmung 50 ff.
- kraft privater Initiative 39 ff.
Einsatz
- technischer Mittel 349 ff.
- von Waffen 156 f., 161, 271
Einstellung des Verfahrens 548 ff.
- autonome Einstellungsmöglichkeit 557
- Beschränkung der Strafverfolgung 573 f.
- Beschwer 864
- nach Erfüllung von Auflagen 561 ff.

- nach Erfüllung von Weisungen 561 ff.
- geringe Schuld 556 ff.
- Klageerzwingungsverfahren 554
- Kronzeugenregelung 542, **576 f.**
- mangels Tatverdachts 548 ff.
- Nebenstraftaten 570 ff.
- aus Opportunitätsgründen **555 ff.**, 614
- sonstige Einstellungsmöglichkeiten 575
- vorläufige Einstellung 613 f.
Einstellungsbeschluss 613 f.
Einstweilige Unterbringung 280 f.
Einzelfallgerechtigkeit 897
Einziehung 1023 ff.
Entbindung von der Schweigepflicht 729
Entschädigungsansprüche 401 f, 538, 827, 829, **990 ff.**
Entziehung der Fahrerlaubnis 204
Erforderlichkeit 208 f.
Erforschungspflicht der Strafverfolgungsorgane 70
Ergänzungsrichter 637
Ergänzungsschöffe 637
Erhebung der öffentlichen Klage 544 ff.
Erkenntnisverfahren 17 ff.
- Zeitraum 18
Erkennungsdienst 149
Erkennungsdienstliche Behandlung 307
- eines Unverdächtigen 315
Ermittlungsbefugnisse der Polizei 143 ff.
- originäre Kompetenz **144**, 186
Ermittlungsgrundsatz 684, 991
Ermittlungsmaßnahmen
- Verhältnismäßigkeitsgrundsatz 206 ff.
Ermittlungspersonen der Staatsanwaltschaft 72, **79**, **172 ff.**
- Legalitätsprinzip 174 f.
- sachliche Zuständigkeit 173
Ermittlungsrecht des Verteidigers 505
Ermittlungsrichter 120, **176 ff.**
- Amtshilfe durch eigene Ermittlungshandlungen 183 f.
- Anordnungskompetenz 181
- Bestätigung staatsanwaltschaft-

licher Eilmaßnahmen 182
- Eingriff in die Verfahrensherrschaft der Staatsanwaltschaft 192 ff.
- Funktionen 179, **181 ff.**
- nachträglicher Rechtsschutz 185 ff., 190
- Notstaatsanwalt 192 ff.
- Präventive Rechtskontrolle **181**, 189
- Prüfungsrecht 188 ff.
- Tätigwerden aus eigener Initiative 192 ff.
- Vernehmung 183 f.

Ermittlungstätigkeit der Staatsanwaltschaft 106 ff.
- Eilkompetenz 120 ff.
- Originäre Kompetenz 123 ff.

Ermittlungsverfahren 21 ff., **39 ff.**, 539 ff.
- Abschluss 22, **539 ff.**
- Beauftragung von Sachverständigen 128, 148
- Beginn 23, 67
- Beweissicherungspflicht 70
- Durchführung 69 ff.
- Einleitung 39 ff.
- Einstellung 548 ff.
- Erforschungspflicht 70
- Grundsatz der freien Gestaltung 71
- Routineverfahren 142

Eröffnungsbeschluss 606 ff., 820 f.

Erscheinenspflicht
- Angeklagter 890, 1016
- Beschuldigter 131, 447
- Sachverständiger 129, 750
- Zeuge 129 f., 723

Erster Zugriff 81, **141 f., 147 f.**
Erzwingungshaft 129
Eurojust 87
Europäischer Haftbefehl 255 ff.
Europäisches Polizeiamt 153 f.
Europäische Staatsanwaltschaft 87
Europol 153 f.
Evokationsrecht 1029
Ex officio 77
Exploration 476, 748
Externes Weisungsrecht 92, 97

F
Fahndung 310 ff.
Fahndungsstelle 149
Faires Verfahren (fair-trial) **9**, 169, 433, 494, 506, 696, 698, 722, 784, **791**, 1016
Falsa demonstratio non nocet 41
Fernmeldegeheimnis 116
Fernsehaufnahmen 648 ff.
Fernwirkung 483 f., 792
Fesselung 156 f., 241, 271
Feste Zusage zum Strafmaß 690
Festhalten eines Unverdächtigen 276
Festnahme
- siehe vorläufige Festnahme
Festnahmegründe 267 ff.
Feststellung der Identität 132
Feststellungsinteresse 187
Filmaufnahmen 648 ff.
Fingerabdrücke 306
Flagranzfestnahme 259 ff.
Flucht 221 ff.
Fluchtgefahr 221, **224 ff.**
Folter 473
Formelle
- Rechtskraft 831
- Unmittelbarkeit **659 ff., 663 ff.**, 738
- Wahrheit 684
Formeller
- Mitbeschuldigtenbegriff 719 f.
- Vernehmungsbegriff 443 f.
Freibeweisverfahren 706 ff.
Freiheitsbeschränkung **130**, 282
Freiheitsentziehung 130
Freispruch zweiter Klasse 862
frische Tat
- Betreffen 261 f.
- Verfolgen 263 f.
Fruit of the poisonous tree doctrine 484
Funktion des
- Ermittlungsrichters 179, **181 ff.**
- Strafprozessrechts 1 ff.
Funktioneller Vernehmungsbegriff 443 f.

G
Gefahr im Verzug **120 ff.**, 127, 144
Gefahrenprognose 301 f.
Gen-Datenbank 300

Generalbundesanwalt 84
Generalklausel
- polizeiliche (§ 163 I 2 StPO) 70, 133, **143 ff.**
- Reichweite der polizeilichen Generalklausel 147
- staatsanwaltschaftliche (§ 161 I 1 StPO) 70, **106 ff.**, **133 ff.**
- Verteidigung 506
Generalstaatsanwalt 84
Genetischer Fingerabdruck 294 ff.
Gericht 578 ff.
- Gerichtsbesetzung 623
- Verfahrensherrschaft 578
- Zuständigkeit 579 ff.
Gerichtliche Voruntersuchung 177
Gerichtshilfe 196 f.
Geringe Schuld 556
Geschäftsverteilungsplan **585**, 590
Gesetzlicher Richter **586 ff.**, 910
Gesundheitsschädigung bei der Festnahmen 271
Glaubhaftmachung **596**, 703, 733
Global Positioning System (GPS) 353
Große Strafkammer 580, 943
Großer Lauschangriff 349, 362 f.
- Subsidiaritätsklausel 349, **363**
Großer Senat für Strafsachen 897
Grundrechtsbeeinträchtigende Ermittlungsmaßnahmen 198 ff.
- Verhältnismäßigkeit 206 ff.
- Ziele 200 ff.
Grundsatz
- der Beschleunigung 250, 256
- der Ermittlung 684, 991
- des fairen Verfahrens **9**, 169, 433, 494, 506, 696, 698, 722, 784, **791**, 1016
- freie Beweiswürdigung 799 ff.
- der freien Gestaltung des Ermittlungsverfahrens 71
- Hauptverhandlung 645 ff.
- in dubio pro reo 233, 451, **808 ff.**, 921, 975
- der Mündlichkeit 638, 658, **681 ff.**
- nemo-tenetur 114, 131, **433**, 479, 791, 1033 f.
- Offenkundigkeit 776
- Öffentlichkeit **645 ff.**, 693, 695, 914

- der persönlichen Vernehmung 184
- des rechtlichen Gehörs 9, 240, **435 ff.**, 604, 693, 695, 791, 820, 925, 945, 1024
- der Unmittelbarkeit **658 ff.**, 676 ff., 886
- der Untersuchung 684
- der Verhältnismäßigkeit **206 ff.**, 243 f., 256, 271, 279, 286, 289 f., 303, 311
Gutachten 747 ff.
Gutachtenverweigerungsrecht 750
G 10 343 ff.

H
Haftbefehl 237 f.
- Aufhebung 247 ff.
- Reservehaltung 250
Haftbeschwerde **251 ff.**, 945
Haftgründe 221 ff.
Haftprüfung 251, **253 f.**
Haftverschonung 243 ff.
Handel mit der Gerechtigkeit 690
Handy 337, **341 f.**, 349, **355 f.**
Hauptverfahren 26 f., **615 ff.**
- Ablauf 615 ff.
- Abschluss 26
Hauptverhandlung 624 ff.
- Ablauf 615 ff., 624 ff.
- abschließende Entscheidung 793 ff.
- Anwesenheitspflichten **636 ff.**, 913
- Aussetzung **633 ff.**, 821
- Berufung 883 ff.
- Beschwerde 943
- Beweisaufnahme 628 f., **701 ff.**
- Entscheidungsformen 813
- Gerichtsbesetzung 623
- Grundsätze 645 ff.
- Privatklageverfahren 983 f.
- Revision 925 ff.
- Sicherungsverfahren 1021
- Strafbefehlsverfahren 1013 ff.
- Übergang des ordentlichen Verfahrens in das Strafbefehlsverfahren 1018
- Unterbrechung **633 ff.**, 821 f.
- Veränderung des rechtlichen Gesichtspunktes 820 f.
- Verlesung von Protokollen früherer

Vernehmungen 669 ff.
- Vorbereitung 616 ff.
- Wiederaufnahme des Verfahrens 977 f.
Hauptverhandlungshaft 221, **230**, 1001
Haussuchung 410
Herausgabeverlangen 209, **382**
Hilfsbeamte der Staatsanwaltschaft 79
Hinreichender Tatverdacht **24**, 520, **545**, 561, **606**, 611, 1009, 1012 f.
Hinweispflicht 820 f.
Hörfalle 444
Hypnose 470
Hypothetic clean path 783

I
Identifizierungsverfahren 275 ff.
IMEI 355
IMSI 355
IMSI-Catcher 355 ff.
Indizien 704
in dubio pro reo 233, 451, **808 ff.**
- Beurteilung einzelner Indiztatsachen 809 f.
- Nachweis von Verfahrensfehlern 811 f., 921
- verfahrensrechtlich erhebliche Tatsachen 811 f., 921
- Wiederaufnahmeverfahren 975
Information über Verfahrensausgang
- Beschuldigter 550
- Polizeibehörde 426
Informationelle Selbstbestimmung **146**, 199, 301, **416**
Informationsrechte des Verletzten 531 ff.
Inhalt der Strafakte 660 f.
Inhaltsüberwachung 329 ff.
Initiativermittlungen 68
Inquisitionsmaxime 684
Inquisitionsprozess 78
Instanzenzug 854, **949**
Instruktionsmaxime **684 ff.**, 693 f., 762 f., 991
Interessentheorie 489 f.
Internes Weisungsrecht 92
Iudex a quo **877**, 899, 924, 938, 944 ff.

J
Jugendstrafverfahren 38
Justizbehörde 82
Justizverwaltungsakt 105, 309, 424, 499

K
Kettenanordnungen 338
Kindliche Zeugen 11, 711, 736 ff.
Klageerzwingungsverfahren 552 ff.
- Einstellung aus Opportunitätserwägungen 554
Kleine
- Kronzeugenregelung 542, 576
- Strafkammer 879
- Telefonüberwachung 337
Kommissarische Vernehmung **622**, 679 f., 776
Konfliktverteidigung 517
Konsensualverfahren 1006
Kontaktperson **354**, 356, 371
Kontaktsperre 504
Kontrolle des Schriftverkehrs 502 f.
Kontrollstellen 315 f.
- erkennungsdienstliche Behandlung eines Unverdächtigen 315
Konzentrationsmaxime 633 f.
Kooperation 688
Körperliche Durchsuchung
- siehe Durchsuchung
Körperliche Eingriffe **284 ff.**, 460
Körperliche Untersuchung
- siehe Untersuchung
Kosten des Verfahrens 827 f.
Kostenpflicht 828
Kostenquotelung 828
Kriminalpolizei 149
Kriminaltechnischer Untersuchungsdienst 149
Kronzeugenregelung 542, **576 f.**
- Strengbeweisverfahren 707 f.

L
Ladung der Verfahrensbeteiligten 618
Lauschangriff
- großer 362 ff.
- kleiner 358 ff.
Legalitätsprinzip 50, **55 f.**, 141, **174 f.**, 542
Leichenöffnung 124, 761

Leichenschau 124, 761
Leitender Oberstaatsanwalt 84
Letztes Wort 630, 887, 920 f., 927
Lichtbilder 125, 306, **350 ff.**, 529, 758
Lockspitzel 166, 171
LOStA 84
Lügendetektor 474

M
Massenscreening 297
Massentest 297 f.
Maßregeln der Besserung und Sicherung 203 ff.
Materielle
- Rechtskraft 832 ff.
- Unmittelbarkeit **662, 666 ff.**, 738
- Wahrheit **684**, 701

Materieller Mitbeschuldigtenbegriff 719 f.
Medien
- Beschlagnahmeverbot 395 f.
- Beschränkung der Medienöffentlichkeit 648 ff.

Mehrfachverteidigung 512, **515**
Millionärsschutzparagraph 567
Mischdateien 417
Misshandlung 458
Mitangeklagter
- Berufungserstreckung 935
- Revisionserstreckung 852, **932 ff.**
- als Zeuge 718 ff.

Mitbeschuldigter
- Begriff 719 f.
- formeller Mitbeschuldigtenbegriff 719 f.
- materieller Mitbeschuldigtenbegriff 719 f.
- willkürliche Verfahrenstrennung zur Zeugengewinnung 720
- als Zeuge 718 ff.

Mitteilung der Gerichtsbesetzung 623
Mitwirkung des Verletzten am Verfahren 74, **526 ff.**, 979 ff.

Mitwirkungspflicht des Beschuldigten 1032 ff.
Mitwirkungsverweigerungsrecht des Beschuldigten **7**, 433
Mobiltelefon 337, **341 f.**, 349, **355 f.**

Mündlichkeitsgrundsatz 638, 658, **681 ff.**
- Durchbrechung 682
- Selbstleseverfahren **682 f.**, 756

N
Nacheid 725
Nachrichtenmittler 330
Nachtragsanklage 822
Nachverfahren 1025
Namhaftmachung 619
Nebenklage 534, 716, **986 ff.**
- Anschlusserklärung 988
- Befugnis 988
- Begriff 986 f.
- Berechtigte 987 f.
- Rechtsstellung des Nebenklägers 989
- Zweck 986

ne bis in idem 814, **833 ff.**
negative
- Beweiskraft 803
- Kontrollfunktion 600

Negativprognose 300 f.
nemo-tenetur-Grundsatz 114, 131, **433**, 479, 791, 1033 f.
Notstaatsanwalt 180, **192 ff.**
notwendige Verteidigung 506 ff.
Notwendigkeit des Weisungsrechts 97 ff.

O
Obduktion 124, 761
Objektives Verfahren **37**, 543, 1023, **1026 f.**
Objektivitätspflicht der Staatsanwaltschaft 101 ff.
Observation 349 ff.
- längerfristige 370 ff.

Offenkundigkeit 776
Öffentliche Fahndung 311 ff.
Öffentlichkeit
- mittelbare 648
- unmittelbare 648

Öffentlichkeitsgrundsatz **645 ff.**, 693, 695
- Ausschluss der Öffentlichkeit **652 ff.**, 736, 739
- Beschränkung der Medienöffent-

lichkeit 648 ff.
- Schranken 648 ff., 651
- Verletzung als absoluter Revisionsgrund 914
- Zweck 646
Offizialprinzip 77
Opferrechte 526 ff.
Opferrechtsreformgesetz 525
Opferschutz 11 ff.
Opferschutzgesetz 525
Opportunitätsprinzip 542, **555 ff.**, 613 f.
Ordentliche Erkenntnisverfahren 20 ff.
- Stadien 20
Ordnungsgeld **129**, 657, **723 f.**, 750
Ordnungshaft 120, **129**, 320, 657, **723 f.**, 750
Organisiertes Verbrechen 153
Organtheorie 489 f.
Orientierungsfunktion des Strafrechts 3, 5
Originäre Kompetenz der
- Polizei **144**, 186
- Staatsanwaltschaft 123 ff.

P
Papiere 126, 415
Persönliche Gewissheit 799
Pflicht zur Personalienangabe 448
Pflichtverteidiger 506, **512 ff.**
Plädoyer 629, 887
Plea bargaining 688
Politische Einflussnahme auf das Strafverfahren 97 ff.
Polizei 137 ff.
- Anzeigepflicht 50 ff.
- Arten strafprozessualer Ermittlungstätigkeit 138 ff.
- Durchermitteln 142
- Eigenverantwortliche Ermittlungstätigkeit 141 ff.
- Eilkompetenz 144
- Ermittlungsbefugnisse 143 ff.
- Erster Zugriff 81, **141 f.**
- Generalklausel 70, 133, **143 ff.**
- Inanspruchnahme durch die Staatsanwaltschaft 80, **138 ff.**, 160 f.
- Information über Verfahrensausgang 426

- Legalitätsprinzip 55, **81**, 141
- Routineverfahren 142
- Tatortarbeit 147
- ungeregelte Ermittlungsmaßnahmen 145 ff.
- unmittelbarer Zwang 155 ff.
- Verhältnis zur Staatsanwaltschaft 137
Polizeibehörden 149 ff.
Polygraph 474
Pool-Lösung 649
Postbeschlagnahme 386
Postgeheimnis 116
Private Ermittlungen 527 ff.
Privatklagedelikte 77, 980
Privatkläger als Zeuge 716
Privatklageverfahren 36, **980 ff.**
- Begriff 980
- Beweisantragsrecht 984
- Hauptverhandlung 983 f.
- Rechtsmittel 985
- Staatsanwaltschaft 984
- Stellung des Privatklägers 984
- Verfahren 982 ff.
- Widerklage des Angeklagten 984
- Zuständigkeit 982
Probationsverfahren 974
Proportionalität **210 f.**, 233 f.
Prozessurteil **813**, 832, 954
Prozessverschleppung 776
Psychogutachten 752

Q
Quälerei 462
Qualifizierte
- Belehrung 700
- Beschuldigtenvernehmung 482
- Beschwer 959

R
Rasterfahndung 317 ff.
- nach dem „G 10" 346
Raumgespräch 331 ff.
Recht auf Lüge **449**, 489, 491
Rechtliches Gehör 9, 240, **435 ff.**, 604, 693, 695, 791, 820, 925, 945, 1024
Rechtsbehelfe
- Arten 855 ff.
- außerordentliche 856

Sachverzeichnis

- informelle 857
- ordentliche 855

Rechtskraft 830 ff.
- Beschlüsse 846 ff.
- beschränkte **847**, 1012
- eingeschränkte 612
- formelle 831
- Formen 831 ff.
- Funktion 833
- Hauptverhandlung 1013 ff.
- horizontale Teilrechtskraft **842 ff.**, 954
- materielle 832 ff.
- Rechtskraftdurchbrechungen **849 ff.**, 932 ff., 950 f., 1025
- rechtskräftige Entscheidungen 846 ff.
- Strafbefehl 1011, 1019
- Strafklageverbrauch 832 ff.
- Teilrechtskraft 837 ff.
- vertikale Teilrechtskraft **839 ff.**, 954

Rechtskreistheorie 783

Rechtsmittel
- Adhäsionsverfahren 994
- Beschleunigtes Verfahren 1005
- Devolutiveffekt 252 f., **858**, 938
- Grundlagen 853 ff.
- Privatklageverfahren 985
- Rechtsbehelfsarten 855 ff.
- Rechtskraftdurchbrechung 856, 932 ff.
- Rechtsschutzbedürfnis 860 ff.
- reformatio in peius **868 ff.**, 892, 930, 938, 977, 1016
- Strafbefehlsverfahren 1012, 1014
- Suspensiveffekt **858**, 938
- Verwerfung 888, 890, 924, 944, 975
- Verzicht 871 ff.
- Wirkung 858
- Zurücknahme 872 ff.

Rechtsmittelverfahren 28 ff., **853 ff.**

Rechtsmittelverzicht 871 ff.
- Absprache 690, **700**

Rechtsschutz 9
- Akteneinsicht 424
- Aufbewahrung von Unterlagen 309
- Auskunftserteilung 424
- Beschlagnahme 385
- Beschluss 837
- Beschluss zum Ablehnungsgesuch 599, 940
- Entscheidung des Beschwerdegerichts 947
- Entscheidung über Widerruf der Pflichtverteidigerbestellung 518
- Entscheidung über Zurücknahme der Pflichtverteidigerbestellung 518
- erledigte Maßnahmen 187
- erledigte richterliche Maßnahmen **214 ff.**, 865
- Ermittlungsmaßnahmen 185 ff., 212 ff.
- Eröffnungsbeschluss 609
- Folgen der Anfechtung 853 ff.
- Freispruch 862
- Herausgabe 385
- nicht erledigte richterliche Maßnahmen 213
- Maßnahmen der Polizei 186
- Nichteröffnungsbeschluss 612
- Rechtsmittelverzicht 872
- Rücknahme des Rechtsmittels 874
- Terminbestimmung der Hauptverhandlung 617
- Unterbringungsbeschluss 279
- Untersuchungshaft 240
- Urteil 837
- Urteil im Beschleunigten Verfahren 1005
- Verletzung des Anspruchs auf rechtliches Gehör 435
- Verwerfungsbeschluss der Berufung 881
- Verwerfungsbeschluss des Wiederaufnahmeverfahrens 973
- Wiederaufnahmeanordnung 976

Rechtsschutzbedürfnis 860 ff.

Rechtsstellung
- Beschuldigter 427 ff.
- Nebenkläger 989
- Sachverständiger 750 f.
- Staatsanwaltschaft 82
- Verletzter 525 ff.
- Verteidiger 487 ff.

Referendare 85, 794

Reformatio in peius **868 ff.**, 892, 930, 938, 977, 1016
Rehabilitierung des Beschuldigten 10
Remonstrationspflicht 95
Retrospektive Prognose 57
Revision 30, **894 ff.**
- Anwesenheitspflicht 926
- Begriff 894 ff.
- Beweisaufnahme 927
- Beweislast 921
- Entscheidungsmöglichkeiten 929 ff.
- Erstreckung auf Mitangeklagte 852, **932 ff.**
- fehlerhafte Ablehnung eines Beweisantrages 779
- Form 899 ff.
- Frist 899
- Hauptverhandlung 925 ff.
- mündliche Verhandlung 926
- offensichtlich unbegründet 925
- Revisionsbegründung 900 ff.
- Revisionsgericht 905 f.
- Sprungrevision 877, 898
- Statthaftigkeit 898
- Verfahren 923 ff.
- Verwerfung 924, 930
- Wirkung der Einlegung 858
- Zulässigkeit 898 ff.
- Zuständigkeit 905 f.
- Zweck 897
Revisionsgründe 907 ff.
- absolute 623, 646, 692, **907 ff.**
- ausgeschlossener Richter 911
- Beschränkung der Verteidigung 916
- Besorgnis der Befangenheit 911
- Öffentlichkeitsgrundsatz 914
- relative 907, **918 ff.**
- Unzuständigkeit 912
- Verletzung der Anwesenheitspflicht 913
- verspätete Absetzung des Urteils 915
Richter
- Ablehnung 591, **595 ff.**
- Akteneinsicht 660 f.
- Anwesenheitspflicht 637 f.
- ausgeschlossener 911
- beauftragter 622
- blinder 638

- erkennender 940
- Ermittlungsrichter 120, **176 ff.**
- ersuchter 622
- gesetzlicher **586 ff.**, 910
- Inhalt der Strafakte 660 f.
- als Zeuge 713
Routineverfahren 142
Rubrum 826
Rüge
- Aufklärungsrüge 903
- Besetzungsrüge 910
- Sachrüge 901, 928
- Verfahrensrüge 902 f., 928

S
Sachrüge 901, 928
Sachurteil **813**, 832, 954
Sachverständigenbeweis 741 ff.
Sachverständigenpflicht 751
Sachverständiger
- Abgrenzung zum sachverständigen Zeugen 741
- Aufgaben 743 ff.
- Aussagepflicht 129, 750
- Auswahlrecht der Staatsanwaltschaft 128
- Beauftragung im Ermittlungsverfahren 128, 148
- Begriff 741
- Eidespflicht 750
- Erscheinenspflicht 129, 750
- Gutachten 747 ff.
- Gutachtenverweigerungsrecht 750
- Namhaftmachung 619
- Ordnungsgeld 750
- Ordnungshaft 750
- Pflichten 750 ff.
- Rechtsstellung 750 f.
- Vernehmung durch Sachverständigen 752
- Vernehmung eines weiteren Sachverständigen 777
Sachverständige Zeuge 712, **741**
- Abgrenzung zum Sachverständigen 741
Schiedsmann 982
Schifffahrtsgericht 581
Schleppnetzfahndung 323 ff.
Schlussvortrag 629, 887

Schnellverfahren 997 ff.
Schöffe
- Ablehnung 591, **595 ff.**
- Akteneinsicht 660 f.
- Anwesenheitspflicht 637 f.
- Befugnisse 661, 795
- Stimmengewicht 795
- als Zeuge 713

Schöffengericht 580
- erweitertes 580, 879

Schriftvergleichung 761
Schuldfähigkeit des Angeklagten, Beurteilung 747 ff.
Schuldspruchberichtigung 931
Schusswaffengebrauch 156 f., 161, 271
Schutz
- des Beschuldigten 6 ff.
- des Opfers 11 ff.

Schutzpolizei 149
Schweigegebot 655
Schweigerecht 433, **450 f.**
Schwellentheorie 146
Schwere
- der Schuld 562
- der Tat 508

Schwurgericht 580
Selbstleseverfahren **682 f.**, 756
selbst recherchiertes Material 396, 728
Sequenzzuständigkeit 82
Sicherstellung 380 ff.
- amtliche Verwahrung 382
- Arten 382
- Beschlagnahme 382 ff.
- Beweismittel 381 ff.
- Führerschein 204
- in anderer Weise 382
- Sicherung des Vollstreckungsverfahrens 399
- Voraussetzungen 383
- Zurückgewinnungshilfe **401 f.**, 538
- Zweck 380

Sicherung
- der Allgemeinheit **203 ff.**, 280, 400
- des Erkenntnisverfahrens **201**, 222, 280
- des Vollstreckungsverfahrens **202**, 222, 399
- der zivilrechtlichen Ansprüche 401 f., 538

Sicherungshaft 231 f.
Sicherungsverfahren 37, 543, **1020 ff.**
- Hauptverhandlung 1021
- Verfahren 1021
- Zuständigkeit 1020

Sich-Verborgen-Halten 223
Sitzungspolizeiliche Maßnahmen 642, 648 f., 651, 657, 678
Sitzungsprotokoll 803
Sofortige Vorführung 131
Sonderformen von Strafverfahren 32 ff., **979 ff.**
Sozialgeheimnis 46, **113**
Sperrerklärung 110, 387, 677 f.
Spontanäußerung 445
Sprungrevision 877, 898
Staatsanwaltschaft 75 ff.
- Ablehnung 102 ff.
- Akkusationsprinzip 78
- Anwesenheitspflicht 639, 926
- Anzeigepflicht 50 ff.
- Aufbau 84 ff.
- Beschwer 867, 960
- Bindung an die Rechtsprechung 64 ff.
- Eingriff in die Verfahrensherrschaft **192 ff.**, 553
- Ermittlungstätigkeit 106 ff.
- Europäische 87
- Generalklausel 70, **106 ff.**, **133 ff.**
- Objektivitätspflicht 101 ff.
- Offizialprinzip 77
- Polizei 79 ff.
- Privatklageverfahren 984
- Rechtsstellung 82
- Schranken des Auskunftsanspruchs 109 ff.
- Sequenzzuständigkeit 82
- ungeregelte Ermittlungsmaßnahmen 133 ff.
- Verfahrensherrschaft **76 ff.**, 142, 161, 249
- Vernehmung 128 ff.
- Vertretungsbefugnis der Staatsanwälte 88
- Wahlrecht hinsichtlich örtlicher Zuständigkeit 588
- Weisungsgebundenheit 90 ff., 97 ff.
- Weisungsrechte 89 ff., 160 f.

- Zeugenstaatsanwalt 714f.
Staatsanwaltschaftliches Verfahrensregister 419 ff.
- Zweck 419 ff.
Standorterkennung eines Mobiltelefons 341 f., 356
Steuerfahndungsstellen 152
Steuergeheimnis 46, **114**, 1034
Steuerkriminalpolizei 152, 159
Steuerstaatsanwaltschaft 86, **1029**
Steuerstrafverfahren 37, **1028 ff.**
- Beweisverwertungsverbot 1034
- Einleitung der Ermittlungen 23
- Ermittlungsbehörden 1029
- Mitwirkungspflicht des Beschuldigten 1032 ff.
- nebeneinander von Besteuerungs- und Steuerstrafverfahren 1032
- Zuständigkeit 1029
Strafantrag 40 ff.
- der Staatsanwaltschaft 629
Strafanzeige 40 ff.
Strafbefehlsverfahren 34 f., **1007 ff.**
- Anwendungsbereich 1008 f.
- Begriff 1007
- Beweisaufnahme 1016
- Einspruch des Angeklagten 1014 ff.
- Entgegenstehen von Bedenken 1011
- Entscheidung nach Aktenlage 1010 ff.
- Entscheidungsmöglichkeiten 1011 f.
- in der Hauptverhandlung 1018
- Rechtskraft und Wiederaufnahme 1019
- Rechtsmittel 1012, 1014
- Zurücknahme des Strafbefehlsantrages 1016
- Zuständigkeit 1008
Strafklageverbrauch 549, 558 f., 601, 814, **832 ff.**
- Aburteilung im Ausland 834 ff.
- beschränkter 559, **847**, 957
Strafrichter 580
Strafsachenstelle 1029
Strafsenat 580, 905 f., 943, 947
Straftat 58

Strafverfahren
- Steuerstraftaten 37
- Überblick über den Gang 17 ff.
Strafverfolgungsbegehren 40 ff.
Strafverfolgungsorgane 75 ff.
- Legalitätsprinzip 55
- Polizei 137 ff.
- Staatsanwaltschaft 75 ff.
Strafvollstreckung 19
Strengbeweisverfahren 27, 705
- Kronzeugenregelung 707 f.
Subjektives Verfahren 1023
Subjektstellung des Beschuldigten 434 ff.
Subsidiaritätsklausel
- einfache 350, 354, 356
- qualifizierte 311 f., 318, 326, 351, 371
- strenge 313, 329, 338, 344, 358, 363, 375, 728
Substitutionsrecht **89**, 96
Sühneverfahren 982
Suspensiveffekt **858**, 938

T
Tagebuchaufzeichnungen **126**, **398**, 729, 790
Tarnidentität 537
Tatbegriff
- des § 127 I 1 StPO 265 f.
- strafprozessualer 814 ff.
Tatprovokation 162 ff.
- aktive Einwirkung 166 f.
- Folgen 170 f.
- gezielte Einwirkung 166 f.
- Schaffung der tatprovozierenden Situation 164 f.
- Unverdächtiger 168 f.
- Unzulässige 168 ff.
- Vorliegen eines Tatverdachts 163 ff.
Tatsachen
- allgemeinkundige **664**, 702
- Anknüpfungstatsachen 748
- bedeutungslose 776
- Befundtatsachen 748
- doppelrelevante 842
- erwiesene 776
- gerichtskundige **665**, 702

384 Sachverzeichnis

- Haupttatsache 704
- Hilfstatsache 704
- Indiztatsache 704
- Negativtatsachen 767
- neue 965
- Zusatztatsachen **748**, 751 f.

Tatsacheninstanz 875
Tatverdacht 57 ff.
- Anfangsverdacht **57 ff.**, 303, 522, 1031
- dringender Tatverdacht **219**, 231, 248, 265, 520
- hinreichender Tatverdacht **24**, 520, **545**, 561, **606**, 611, 1009, 1012 f.

Technische
- Observationsmittel **350 ff.**, 529
- Überwachung 336 ff.

Telefonüberwachung
- Beweisverwertungsverbot 788

Telekommunikation 333
Telekommunikationsüberwachung **329 ff.**, 356
Tenor **824**, 826
Tonaufnahmen 648 ff.
- als Augenscheinsobjekte 760

Tuschelverfahren 567

U

Überhaft **235**, 248
Überwachung der Telekommunikation 328 ff.
- nach dem „G 10" 343 ff.
- im Strafprozess 329 ff.

Ungeregelte Ermittlungsmaßnahmen
- der Polizei 145 ff.
- der Staatsanwaltschaft 133 ff.

Unmittelbarer Zwang 155 ff.
- Art und Weise 156 ff.
- erkennungsdienstliche Behandlung 307
- gesetzliche Regelung 156 ff.
- Polizei 155 ff.
- Staatsanwaltschaft 160 f.
- Steuerfahndungsbeamte 159
- Zollfahndungsbeamte 159
- Zusammentreffen von Strafverfolgung und Gefahrenabwehr 161

Unmittelbarkeitsgrundsatz 658 ff
- Augenscheinseinnahme 758, 760

- Beweissurrogate 662
- Durchbrechungen **663 ff.**, 886
- formeller **659 ff.**, **663 ff.**, 738
- gesperrter Zeuge 676 ff.
- Inhalt der Strafakte 660 f.
- Materielle Unmittelbarkeit **662**, **666 ff.**, 738
- Zeuge vom Hörensagen **662**, 680

Unrechtsurteile 952
Unschuldsvermutung **8**, 203, 808
Unterbrechung der Hauptverhandlung **633 ff.**, 821 f.
Unterbringung zur Beobachtung 279
Untersuchung
- Abgrenzung zur Durchsuchung 284 f.
- Anordnungsbefugnis 293
- Beschuldigter 286 ff.
- Dritter 290 f.
- körperliche 283 ff.
- molekulargenetische 296 ff.
- Verhältnismäßigkeitsgrundsatz 286
- Vernichtung 292
- Voraussetzungen 286 ff.
- Zweckbindung 292

Untersuchungsgrundsatz 684
Untersuchungshaft 217 ff.
- dringender Tatverdacht 219
- Haftbefehl 237 f.
- Haftgründe 221 ff.
- Kontaktsperre 504
- Kontrolle des Schriftverkehrs 502 f.
- nächste Richter 240
- Rechtsschutz 240, 251 ff.
- Verhältnismäßigkeit 233 f.
- Vollzug 241 f.
- Voraussetzungen 218 ff.
- zuständige Richter 240

Untersuchungshaftvollzugsordnungen 242
Unzulässige Beweiserhebung 776, 780 ff.
Urkunde 754 f.
Urkundsbeamter
- Anwesenheitspflicht 644

Urkundsbeweis 753 ff.
Urteil
- Absetzung **825 f.**, 915

- Anerkennungsurteil 993
- Gegenstand 814 ff.
- in der Sache 892, 931, 977, 1017
- Inhalt 825 f.
- Prozessurteil **813**, 832, 954
- Revision 930 f.
- Sachurteil **813**, 832, 954
- Verkündung 632, **823 f.**
- Verwerfungsurteil 891

Urteilsberatung 793 ff.

V

Verabreichen von Mitteln 461
Verbandsgeldbuße 1027
- isolierte 1027

Verbesserungsverbot 868
Verbotene Vernehmungsmethoden 457 ff.
- Adressat 476 ff.
- Prävention von Verstößen 480 ff.
- Sanktion von Verstößen 480 ff.

Verdeckter Ermittler 110, 127, 181, **373 ff.**, 469
- Befugnisse 377 f.
- Begriff 374
- Einsatzvoraussetzungen 375 f.
- Geheimhaltung der wahren Identität 379

Verdunkelungsgefahr 221, **227**
Vereinfachtes Verfahren 996 ff.
Vereinigter Großer Senat 897
Verfahren
- gegen Abwesende 37, **640 ff.**
- Auslagen 827 f.
- Kosten 827 f.
- Sonderformen 979 ff.

Verfahrensherrschaft
- Eingriff in Verfahrensherrschaft der Staatsanwaltschaft **192 ff.**, 553
- des Gerichts 578
- der Staatsanwaltschaft **76 ff.**, 142, 161, **192 ff.**, 249, 553

Verfahrenshindernis 10, 170 f., 699, 912, 929, 934, 970
- behebbares 832
- dauerhaftes 613
- endgültiges 565, 611, 832, 864, 954
- umfassendes 833
- unbehebbares 611, 832, 864, 954

- vorübergehendes 541, 613

Verfahrensrüge 902 f., 928
Verfall 1023 ff.
Verfassungsbeschwerde 856
Verfolgbarkeit 58
Vergleich 688, 991
Verhaftungsverfahren 236 ff.
Verhältnismäßigkeit im engeren Sinne 210 f., 233 f.
Verhältnismäßigkeitsgrundsatz **206 ff.**, 243 f., 256, 271, 279, 286, 289 f., 303, 311
- Untersuchungshaft 233 f.

Verhandlungen 142
Verhandlungsleitung 686 f.
- Beanstandungen der Anordnungen des Vorsitzenden 686 f.

Verhandlungsmaxime 684
Verkündung des Urteils 632, **823 f.**
Verlesung
- zur Aufklärung von Widersprüchen 184, **672 f.**
- Aussageverweigerungsrecht 669
- bei der Berufung 886
- zur Gedächtnisunterstützung 672
- gesperrte Zeugen 680
- polizeilicher Protokolle 668
- von Protokollen früherer Vernehmungen in der Hauptverhandlung 669 ff.
- richterliche Protokolle 184, 668, 673
- von Schriftstücken 667 ff.
- staatsanwaltschaftlicher Protokolle 668
- von Vernehmungsniederschriften 669 ff.

Verletzter
- Akteneinsicht 532
- als Augenscheinsobjekt 11
- Mitwirkung am Verfahren 74, **526 ff.**, 979
- als Nebenkläger 534, **986 ff.**
- Rechtsstellung 525 ff.
- Zurückgewinnungshilfe **401 f.**, 538

Vernehmung
- Auslandszeuge 777
- Begriff 443 f.
- des Beschuldigten 442 ff.

- kommissarische **622**, 679 f., 776
- persönliche 184
- richterliche 183 f.
- durch Sachverständigen 752
- eines weiteren Sachverständigen 777
- von Verhörspersonen 669 f.

Veröffentlichung von Abbildungen 313
Verschlechterungsverbot **868 ff.**, 892, 930, 938, 977, 1016
Verständigung 688
Verteidiger 485 ff.
- Abberufung 517 f.
- Ablehnung 512, 519 ff., 941
- Akteneinsicht 498 ff.
- Anwesenheitspflicht 639, 926
- Anwesenheitsrechte **494 ff.**, 974
- Anzahl 515
- Ausschluss 519 ff.
- Doppelstellung 488 ff.
- Ermittlungsrecht 505
- Funktion 485 f.
- gemeinschaftlicher 515
- notwendige Verteidigung 506 ff.
- Rechte im Ermittlungsverfahren 493 ff.
- Rechtsstellung 487 ff.
- Sicherungsverteidiger 516
- Verkehrsrecht mit dem Beschuldigten 501 ff.
- Wahrheitspflicht 489, 491
- als Zeuge 717

Verteidigerkonsultation 439, **452 ff.**, 788
Verteidigung 506 ff.
Vertrauensperson **374**, 469, 677
Verwerfung
- Berufung 888, 890
- Beschwerde 944, 946
- Revision 924, 930
- Wiederaufnahme des Verfahrens 975

Verwerfungsbeschluss 881, 973, 975
Verwerfungsurteil 891
Verwertungsverbote
- siehe Beweisverwertungsverbote

Videovernehmung **737 f.**, 776
Volkszählungsurteil 146
Vollbeweis 703

Vollstreckungsverfahren 17, 19
Vollzug 19
Vorermittlungen 68
Vorfragenkompetenz 804
Vorführung
- siehe zwangsweise Vorführung

Vorführungsrecht der Staatsanwaltschaft 130 f.
Vorhalt einer früheren Aussage 674 f.
Vorläufige Einstellung des Verfahrens 541, 565
Vorläufige Festnahme **259 ff.**, 1001
- Dauer 274
- Durchführung 271 ff.
- Typen 260

Vorschriftswidrige Gerichtsbesetzung 910
Vorstrafen 625
Vorverfahren 21 ff.
Vorwegvollzug 203

W

Wahllichtbildvorlage 307
Wahlrecht
- des Anfechtungsberechtigten 877, 898
- der Staatsanwaltschaft hinsichtlich örtlicher Zuständigkeit 588

Wahlrechtsmittel 875
Wahlverteidiger 512 ff.
Wahrheitspflicht **449**, 489, 491
Widerklage 984
Wiederaufleben der Sprungrevision 898
Wiederaufnahme des Verfahrens 851, **950 ff.**
- Begriff 950 ff.
- Begründetheitsprüfung 974 ff.
- Beschwer 959 f.
- Form 958
- neue Hauptverhandlung 977 f.
- Statthaftigkeit 953 ff.
- Strafbefehl 1019
- Verwerfung 975
- Wiederaufnahmegericht 961
- Wiederaufnahmegründe 962 ff.
- Wiederaufnahmeverfahren 972 ff.
- Zulässigkeitsprüfung 973
- Zuständigkeit 961
- Zweck 950

Wiederaufnahmeanordnung 975 f.
Wiederaufnahmegründe 962 ff.
- Wiederaufnahme zuungunsten des Angeklagten 971
- Wiederaufnahme zugunsten des Verurteilten 963 ff.
Wiedereinsetzung in den vorigen Stand 850
Wiedergutmachung 13
Wiederholungsgefahr 221, **231 f.**
Willkürverbot 62
Wohnraumüberwachung 362 ff.

Z
Zeuge
- Augenscheinsgehilfen 758
- Auslandszeuge 776 f.
- Aussagepflicht 129, 131, 724
- Aussageverweigerungsrecht 669, 726 ff.
- Begriff 711
- Beistand eines Rechtsanwalts 722
- Eidespflicht 725, 734
- Erscheinenspflicht 129 f., 723
- gesperrte Zeugen **676 ff.**, 791
- kindliche Zeugen 11, 711, 736 ff.
- Namhaftmachung 619
- Pflichten 723 ff.
- Rechte 722
- sachverständiger Zeuge 712, **741**
- Tarnidentität 537
- Vom Hörensagen **662**, 680
- Vorführung 130, 282
Zeugenbeweis 710 ff.
Zeugenschutz 11 f., 536 f., 678, **735 ff.**
Zeugenschutzgesetz 525
Zeugenstaatsanwalt 714 f.
Zeugenstellung
- früherer Mitbeschuldigter 718 ff.
- Vereinbarkeit mit anderen Prozessrollen 713 ff.
Zeugnisverweigerungsrecht 726 ff.
- Angehörige 727
- begrenztes 728
- Belehrung 732
- Berufsgeheimnisträger 728
- Beschlagnahmeverbot 387 ff.
- Geltendmachung in der Hauptverhandlung **669 ff.**, 738, 786

- Personen des öffentlichen Dienstes 730
- umfassendes 727
- Verwertungsverbot **732**, 788
Zielwahlsuche 338
Zollfahndungsämter 152
Zollkriminalamt 152
ZStV 419 ff.
Zufallsfunde 413 f.
- Verwertung 786
Zulassungsbeschluss 973
Zurückgewinnungshilfe **401 f.**, 538
Zurücknahme
- der Pflichtverteidigerbestellung 517 f.
- des Rechtsmittels 872 ff.
- des Strafbefehlsantrages 1016
Zurückverweisung 946
Zuständigkeit des Gerichts 579 ff.
- Berufung 879
- Beschleunigtes Verfahren 999
- Beschwerde 943
- bewegliche 583, 589
- Doppelzuständigkeit 582
- örtliche 584
- Privatklageverfahren 982
- Revision 905 f.
- sachliche 580 ff.
- Sicherungsverfahren 1020
- Steuerstrafverfahren 1029
- Strafbefehlsverfahren 1008
- Wahlrecht hinsichtlich örtlicher Zuständigkeit 588
- Wiederaufnahmeverfahren 961
Zuständigkeitskonkurrenz 584
Zwang
- siehe unmittelbarer Zwang
Zwangsmaßnahmen 199
- der Polizei 144
- der Staatsanwaltschaft 135
Zwangsmittelverbot 471 f., 1033
Zwischenverfahren 24 f., 578 ff., **600 ff.**
- Ablauf 601 ff.
- Einstellungsbeschluss 613 f.
- Entscheidung des Gerichts 605 ff.
- Eröffnungsbeschluss 606 ff.
- Funktion 600
- negative Kontrollfunktion 600
- Nichteröffnungsbeschluss 611 f.

The manufacturer's authorised representative in the EU is Springer Nature Customer Service Centre GmbH, Europaplatz 3, 69115 Heidelberg, Germany. If you have any concerns regarding our products, please contact ProductSafety@springernature.com

Printed and bound by CPI Group (UK) Ltd, Croydon, CR0 4YY

23/03/2026

02076668-0016